GESCHICHTE DER DEUTSCHEN LITERATUR III

GESCHICHTE
DER DEUTSCHEN LITERATUR
VON DEN ANFÄNGEN
BIS ZUR GEGENWART

BAND III

PHILIPP RECLAM JUN. STUTTGART

GESCHICHTE
DER DEUTSCHEN LITERATUR
VON DER ROMANTIK
BIS ZUM SPÄTEN GOETHE

VON

WERNER KOHLSCHMIDT

MIT 79 ABBILDUNGEN

PHILIPP RECLAM JUN. STUTTGART

Universal-Bibliothek Nr. 10233-42
Alle Rechte vorbehalten. © Philipp Reclam jun. Stuttgart 1974
Gesetzt in Borgis Garamond-Antiqua. Printed in Germany 1974
Herstellung: Kösel, Kempten
ISBN 3-15-010233-2

VORWORT

Was im Vorwort zu Band II allgemein über diese Literaturgeschichte gesagt wurde, gilt selbstverständlich auch für die nunmehr folgenden weiteren zwei Bände. An Sinn und Ziel, wie sie dort formuliert wurden, hat sich nichts geändert. Wiederum stützt sich die Darstellung der historischen Zusammenhänge stark auf die Interpretation der Quellen selber und ist nicht aus zweiter Hand gearbeitet worden. Wiederum ist auch die literarische Wertung nicht vermieden. Die Kritik des Bandes II *Vom Barock bis zur Klassik* hatte denn auch beides positiv bewertet.

Seit seinem Erscheinen ist längere Zeit verstrichen, als von Verlag und Autor vorgesehen war. Das hat verschiedene, vor allem in der Sache selber liegende Gründe. Das Jahrhundert von der Romantik bis zum Naturalismus steht uns geschichtlich um einiges näher als die älteren Epochen der deutschen Literatur. Zudem schwillt in ihm der Stoff rein dem Umfange nach stark an. Dies bewirkte, daß nun aus dem beabsichtigten einen Bande III zwei Bände geworden sind. Der Ort der Trennung ergab sich sinngemäß mit dem Abtreten Goethes und mit dem Ende der Romantik. Der folgende Band IV setzt dann ebenso natürlich mit der revolutionären Wendung des Jungen Deutschland ein und schließt mit der zweiten Literaturrevolution des Jahrhunderts, dem Naturalismus und seinen unmittelbaren Folgeerscheinungen. Dem Leser wird dadurch dem Umfang nach mehr geboten, als Verlag und Autor ursprünglich vorsahen. Er wird nicht minder eingehend als im vorigen Bande auch über Vorgänge informiert, die dem zeitbezogenen Bewußtsein schon ferner gerückt sind. So über weite Bereiche des literarischen Historismus und, in gewissen auf die Trivialliteratur eingehenden Kapiteln, auch über den bürgerlichen Leser des vergangenen Jahrhunderts. Denn den Ehrgeiz, nur darzustellen, was heute noch lesenswert ist, hat diese Literaturgeschichte freilich nicht. Ihr Ehrgeiz liegt auf einer anderen Ebene: Sie will Einführung und Ratgeber sein für die Lektüre und Deutung geben von literarischen Bewegungen und Stilrichtungen, die in der Geschichte wirksam und bestimmend waren, ohne Rücksicht auf ein Mehr oder Weniger an vordergründiger Aktualität der Quellen.

Natürlich ist es dem Autor nur allzugut bewußt, daß man bei der Auswahl der zeit- und stilbestimmenden Erscheinungen sich auch des öfteren anders hätte entscheiden können. Ebenso könnte man die Zuordnungen, auf denen die Disposition beruht, manchen Ortes auch anders vornehmen. Aber eine hierin vollkommene und unanfechtbare Literaturgeschichte mag vom Wesen der Sache aus überhaupt schwer denkbar sein. Wenn die folgenden Bände hinreichend informieren, das Darzustellende lesbar darstellen, dem Leser Orientierungspunkte und den Anreiz, sich mit den Quellen auseinanderzusetzen, geben können, so werden sie ihren Sinn haben.

W. K.

INHALT

DER SPÄTE GOETHE

ANHANG

DIE FRÜHROMANTIK

I. BEGRIFF UND ERSCHEINUNGSFORMEN

Um die Mitte der neunziger Jahre, also ein volles Jahrzehnt vor Schillers Tod, acht Jahre vor dem Herders und nur geringe Zeit nach der Aufnahme der klassischen Kommunikation zwischen Schiller und Goethe, kommt eine neue Bewegung in die deutsche Literatur. Ihr Höhepunkt liegt gleichzeitig mit der Klassik, bedeutet demnach nicht deren zeitliche Ablösung, sondern etwas ohne sie nicht Denkbares bei zugleich erheblichen Kontrasten zu ihr. Zumeist realisiert man sich das historisch nicht in seiner vollen Bedeutung. Was sich in seinen Ursprüngen noch gar nicht als Romantik bezeichnet, was erst im Konflikt mit Schiller allmählich zum Selbstbewußtsein einer eigenen Kunstrichtung sich entfaltet, ist nur in sehr eingeschränktem Sinne Gegenbewegung oder Antithese zur Weimarer Klassik. Die auch am Barock praktizierte Antithetik von „Klassik und Romantik oder Vollendung und Unendlichkeit" (Fritz Strich) ist historisch gesehen viel nuancierter und differenzierter, als die geisteswissenschaftliche Stiltypologie der zwanziger Jahre es annahm. Soweit die Frühromantik nicht als die ‚sentimentalische' Reaktion der Jüngeren gegen die Hauptstadt des Rationalismus Berlin – wie im Falle des jungen Tieck und Wackenroders – gelten muß, was ohne Bezug auf die gleichzeitige Weimarer Situation zu verstehen wäre, bedeutete sie eine Art Unterwanderung von Jena und Weimar, den Hochburgen der Klassik – jedoch ursprünglich durchaus noch in deren Zeichen. Daß Schiller die Brüder Schlegel nach Jena zieht, ist sein Bedürfnis nach begabten Mitarbeitern für seine Zeitschriften- und Almanach-Editionen. Daß eben diese Anfänger binnen kurzem sich die Freiheit nehmen, seine normative Poetik zu brechen, lag dabei natürlich außerhalb seiner Berechnung. Daß in Tieck und Wackenroder ein sozusagen antinicolaischer Komplex gänzlich ohne Rücksicht auf das nur die Rangfrage berücksichtigende Antinicolaitum der Klassiker am Ort Nicolais selber, gemischt dazu mit enthusiastischen Elementen gegengroßstädtischer Art entstehen konnte, lag gleichfalls außerhalb von Schillers Kalkül. Daß es im Zeitgeist lag, konnte er kaum spüren. Eher konnte dies Goethe, der minder Absolute und Normative.

Nun muß man sich darüber Rechenschaft geben, daß die Frühromantik, von Tieck einmal abgesehen, ihren Schwerpunkt nicht in jenen Motiven hat, die mit dem bis heute noch kaum überwundenen Vulgärbegriff der Romantik verbunden sind: Ritter- und Räuberfreiheit, unbürgerliches Vagieren der Taugenichtse und Wandergesellen, Magie des echten Zigeunertums oder hintergründige Zaubereien sonst bürgerlicher Räte und Beamter, Hörnerklang in nächtlichen Wäldern, Einsiedler und Alraunen. Das alles ist aus der jüngeren Romantik der Arnim, Brentano, Eichendorff und Hoffmann abgezogen. Die ältere Romantiker-Generation (außer Tieck) nährt sich geistig vorwiegend aus der allmählich Kant ablösenden Philosophen-Generation der Fichte und Schelling, von deren neuen Ansätzen sie ebenso dichterisch symbolischen Gebrauch macht wie von Goethe und anfangs auch von Schiller. Dazu kommt mit den Frühromantikern ein unpathetischer Spielcharakter auf, der seine Vorgängerschaft in Lessing und Lichtenberg hat, also im Rationalismus selber. Alles dies zusammengenommen bringt die Dinge in einem von den Klassikern unvorhergesehenen Ausmaß in Bewegung. Es ist einerseits eine Bewegung, der eigentlich nur eine veränderte Interpretation der Antike heilig bleibt, dazu das Gotisch-Altdeutsche, das die Klassiker gerade nach der Geschmacksnorm Win-

ckelmanns eliminiert zu haben glaubten. Hier findet
sich ein echter Interpretationsgegensatz. Dieser Gegensatz liegt auch nicht im Denkprozeß. Die Frühromantik knüpft ihre Ästhetik und Dichtung ebensowohl an
das vorklassische 18. Jahrhundert des Sturm und
Drang (August Wilhelm Schlegel kam ja direkt von
G. A. Bürger nach Jena) wie auch an die auf Denk-
schärfe beruhende Ironie eines Lessing (Friedrich
Schlegel).

Über Namen und Wortbildung von ‚Romantik‘ und
‚romantisch‘ gibt es eigene Untersuchungen, die die
Wortgeschichte bis in ihre Verästelungen hinein verfolgen. Sie verweisen auf den Tatbestand, daß das deutsche Wort ‚romantisch‘ – wie die Bezeichnungen ‚go-
tisch‘ und ‚barock‘ als Ekelname – im 17. Jahrhundert
(Gotthard Heidegger: *Mythoscopia romantica*) auf-
kam, im Sturm und Drang aber erst, vor allem unter
englischem Einfluß, als Ableitung aus den Gattungs-
bezeichnungen ‚Roman‘ und ‚Romanze‘ sich herausgebildet hat. Die Hochblüte des Romans in England
und die Wiederentdeckung der mittelalterlichen Verserzählung, die in der Romania ihren Namen ‚Romanze‘ erhalten hat, führen vorerst in der Generation
Herders und Bürgers zu der ganz einfachen Bedeutung
von ‚romantisch‘ im Sinne dieser beiden Gattungen.
Dichten, wie es im Prosa- oder Versroman üblich ist:
davon geht die Bedeutung in Deutschland aus. Beide
Gattungen aber schließen in sich – sowohl nach der
deutschen Barocktradition des Romans wie nach der
Erzählweise der großen englischen Romanciers des 18.
Jahrhunderts und nach den Stoffen der Romanzen-
tradition in liedhafter oder breiter erzählender Form –
das Phantastische, das Abenteuerliche im heroischen
oder erotischen Sinne, das Hineinwirken übersinnli-
cher Mächte in menschliche Schicksale, Fortunats
Glückssäckel und die Siebenmeilenstiefel, Ahasver und

Schlemihls Schatten, kurz: das Irrationale schlechthin.

Daß dies, gleichsam vorweggenommen, seine Wurzeln tief im Irrationalismus schon des Aufklärungs-
jahrhunderts hat, vor allem aber in der ‚Vorromantik‘
des Sturm und Drang, im Pietismus, bei Hamann,
Herder und Lavater, hat vor allem die geistesgeschicht-
liche Forschung um die Zeit des Ersten Weltkrieges
verfolgt und geklärt. Im vorromantischen Bereich sind
nicht nur die Ballade, die Romanze, das Volkslied
wiederentdeckt worden, nicht nur der Enthusiasmus
für das Mittelalter wieder erweckt, sondern auch in
den Schauern, die von der Ossianischen Mythologie
ausgingen, das freie Spiel der Phantasie wieder in seine
Rechte eingesetzt worden. Zugleich wurde in der Philosophie und Dichtungstheorie Hamanns und Herders
die gleichgewichtige Norm des rationalistischen und
später klassischen Geschmacks gebrochen und durch
„Sinn und Geschmack für das Unendliche“ nicht nur
theologisch, sondern auch ästhetisch ersetzt. Die Romantik konnte hieran anknüpfen. Allein, zwischen sie
und diese ‚Vorromantik‘ hatte sich zeitlich nun doch
die Weimarer Klassik geschoben. Und die historische
Romantik ist ebensowenig ohne den Irrationalismus
des Sturm und Drang denkbar wie ohne Schillers
Ästhetik und Goethes *Wilhelm Meister*. Sie ist auch
nicht denkbar ohne eine profunde weltliterarische und
besonders humanistische Bildung, in der die Klassiker
unmittelbar vorangegangen waren. Aus Schillers Theorie des Naiven konnten die Romantiker geradezu ihre
Existenzberechtigung herleiten, aus Goethes *Wilhelm
Meister*, was sie unter einer welthaltigen und universalen Dichtung verstanden. Und noch eines: Nicht nur
das philosophische Denkbild und das Geschichtsbewußtsein hatten sich mit der Klassik verändert, sondern diese war auch durch Goethe mit der Natur-

wissenschaft verknüpft, und zwar nicht allein nach
deren mehr mysteriösen und alchimistischen Seiten
hin. Die werdende Romantik steht zugleich auch mitten in einer neuen Phase sachlicher Naturbeobachtung.
Man darf über Novalis' experimentierenden naturphilosophischen Denkversuchen nicht vergessen, daß
er wirklicher Bergfachmann von guter Schule und – in
welchem Umfange, weiß man erst seit kurzem – auch
solider Bergbeamter war. Das gleiche gilt von dem
Bergrat Abraham Gottlob Werner, dem Vorbild des
‚Lehrers‘ in den *Lehrlingen von Sais,* den Thomas
Mann in *Lotte in Weimar* ganz so sachlich geschildert
hat, wie der Freiberger Akademielehrer gewesen sein
dürfte. Hier, in Geschichte und Naturwissenschaft,
fanden die Romantiker eben die Verbindung von Weimar und Universität Jena vor und konnten daraus
ihren Nutzen ziehen. Der Sturm und Drang hatte dergleichen geistigen Mittelpunkt nicht gehabt.

Deutlich, nicht zuletzt in der Lyrik, schloß die Romantik an vorbereitende und verwandte Töne des 18.
Jahrhunderts an. Sie hallten nach aus der Vorromantik des ‚Hain‘, aus der Anakreontik und dem liedhaf-
ten Subjektivismus des Sturm und Drang. Diese Stim-
mungsdichtung, Lieder der Schwermut und der Freude,
der Liebe und Begeisterung, ins Romantische zu trans-
ponieren war zum Teil nur eine Sache der Form. Matthissons *Adelaide* hätte auch ein Romantiker schreiben
können, und Beethovens Komposition entspricht dem.
Friederike Brun-Münters *Ich denke dein* konnte mit
seiner rhythmisch bewegten Strophe die unmittelbare
Vorlage zu Goethes schönerem gleichnamigen Gedicht
geben.

Damit sind schon einige der Namen des Übergangs
gefallen. Die Brüder Stolberg überlebten beide die Romantik (Friedrich Leopold bis 1819, Christian bis
1821). Aber sie waren nicht die einzigen lyrischen Re-

präsentanten des 18. Jahrhunderts, deren langes Leben
vom ‚Göttinger Hain‘ bis ins Biedermeier hineinreich-
te. Erben des Göttinger Stils waren noch immer zu
Beginn des neuen Jahrhunderts auch Friedrich von
M a t t h i s s o n (1761–1831) und sein Freund Johann
Gaudenz Freiherr von S a l i s - S e e w i s (1762 bis
1834).

Bei Matthisson war der lyrische Ton aus seinem
Lebensweg leicht abzuleiten. Nach dem Studium der
Theologie und Philologie im pietistischen Halle trat
er als Hofmeister früh in Berührung mit Klopstocks
Hamburger Kreis. Dem fürstlichen ‚Reisegefährten‘
am Anhalter und Württemberger Hofe erschlossen
sich Landschaften und Kunst der Schweiz und Italiens. Alles dies bestimmte seinen aus zarter impressio-
nistischer Beobachtung und Schwermut gemischten Stil
zeitlich bis über die Romantik hinaus.

Leben und Dichten fällt bei Matthissons Freund Salis-Seewis nicht so ohne weiteres in eins. Von Beruf war
Salis Militär: erst in der Schweizer Garde in Paris,
später als Generalinspektor der eidgenössischen Miliz.
In der Zwischenzeit sorgte er politisch für den Anschluß seiner Heimat Bünden an die Eidgenossen-
schaft. Daß dieser Mann der Tat zarte, nicht ungra-
ziöse Lieder in Matthissons Stil dichtete, von denen
eines, *Der Jüngling an der Quelle,* zur Zeit der hohen
Romantik von Schubert vertont wurde, ist eher erstaunlich als selbstverständlich. Freilich war er aber
auch Besitzer eines Idylls in Malans.

Wie die andern mit der Schweiz, der Musterland-
schaft der Sehnsucht des 18. Jahrhunderts, verbunden
war auch der Däne Jens B a g g e s e n (1764–1826),
war wie sie auch zäher Repräsentant der Ideen wie
der Stilfundamente des 18. Jahrhunderts bis ins Biedermeier hinein. Hervorragender Briefschreiber und
-empfänger der Großen von Schiller bis Jean Paul,

blieb er zwar prinzipiell aggressiver Antiromantiker, wovon sein *Klingklingel-Almanach* gegen die Heidelberger und sein Kampf in Dänemark gegen Oehlenschläger Zeugnis ablegen, aber seine umfänglichen deutschgeschriebenen Epen, vor allem die *Parthenais oder die Alpenreise* (die stilisierte Geschichte seiner eigenen Brautfahrt), ganz aus dem Geiste des vergangenen Jahrhunderts entstanden, aber noch 1823 umgegossen, verweisen ihn in eine ähnliche Funktion wie Matthisson und seine Freunde. Die alte Natur- und Landschaftsschwärmerei im Geiste des Idylls hat er in seinen deutschen Gedichten noch bis an sein Lebensende kultiviert.

Es war eine Generationenfrage. Nicht Notwendigkeit, sondern der Zufall brachte es mit sich, daß viele Autoren, die noch der ‚Hain‘ und Klopstock mitgeprägt hatten, nicht nur die Romantik erlebten, sondern auch überlebten – mit den schon Genannten der Bundesälteste des ‚Hains‘ selber, Johann Heinrich Voß, der erst 1826 in Heidelberg starb. Traten sie auch, wie Voß und Baggesen, persönlich gegen die Romantik auf oder sangen sie, wie Matthisson und Salis-Seewis, unbekümmert den Nachtigallen- und Kirchhofston der alten Zeit weiter: sie schufen eine Ausgangs- und Begleitmelodie zu der Lyrik der Romantik, die sie stimmungsmäßig mit vorbereitet hatten, der sie den Hauch, das Lispeln, viel Klangmalerei und bewegliche Rhythmik vererbt hatten.

Die Theorie Josef Nadlers über den landschaftlichen Ursprung von Sturm und Drang wie Romantik aus dem Ostraum trifft weder für die eine noch die andere Literaturbewegung zu. Daß die Romantik entscheidende Impulse aus dem preußisch-sächsischen Kolonialraum empfangen haben dürfte, wird niemand leugnen. Ob aber eine tiefere Bindung zwischen der Abstammung führender Geister der Romantik und

dem Wesen der Bewegung an sich besteht, ob nicht
bestimmte ideengeschichtliche und gesellschaftliche
Vorgänge hier entscheidender gewirkt haben (Entwicklung des Naturgefühls zu einem modernen anti-
städtischen, literarsoziologische Wandlungen) – das
dürfte mit voller Beweiskraft nicht auszumachen sein.
Und auch von der Seite der Herkunft: Hölderlin,
Schelling, Hegel waren schließlich Schwaben, Görres
und die Brüder Grimm Hessen, Novalis Niederdeut-
scher, Clemens und Bettina Brentano süddeutsch-ro-
manischer Herkunft.

Doch wird man, im Anschluß an die Wahrnehmung
einer verspäteten Klassik in Deutschland (Karl Scheffler), darauf hinweisen dürfen, daß es sich, unter dem
Gesichtspunkt des Vergleichs mit anderen europäischen
Literaturen, bei der Erscheinung der deutschen Romantik gerade umgekehrt verhält. Sie steht am Anfang einer europäischen Entwicklung, die dann auch
in England, Skandinavien, Frankreich und Italien zu
den gleichnamigen literarischen Epochen führt.

II. DER JUNGE TIECK UND WACKENRODER

Die zeitlich früheste Verwirklichung dessen, was der Historiker die deutsche Romantik nennt, liegt nicht in den kleinen, damals noch ländlichen Städten Jena und Halle. Sie bildet sich in der Großstadt Berlin heraus. Und die beiden Namen, die sie decken: Ludwig Tieck und Wilhelm Heinrich Wackenroder leisten ihren Beitrag zu der entscheidenden Öffnung neuer Bildungsbereiche und noch nicht dagewesener Ausdrucksformen, der mit dem Aufbruch dieser Romantik verbunden ist, als Großstädter. Wenn man den Weg der Freunde, die beide im Jahre 1773 geboren sind, eingehender ins Auge faßt, so wird er zeigen, daß der Kunstenthusiasmus des einen: Wackenroders, der in einem streng altpreußischen Elternhause der preußischen Hauptstadt heranwuchs, erst in Göttingen und Erlangen aufblühte, in der Intimität der kleinen geistigen Studienzentren, die ihm der herbe und nüchterne Vater, ein hoher Jurist im Staate, verstattete. Die Begeisterung des Zwanzigjährigen ist zuerst Reaktion auf die strenge Ordnung der preußischen Metropole, ihrer Gesellschaft und der aus Rationalismus und Pietismus gemischten Sphäre des Elternhauses. Eine Ausnahme ist freilich anzumerken: Die Musik, die als Beruf zu wählen ihm der Vater untersagte, brauchte er nicht zur Befreiung sich von außen zu gewinnen. Die intensive Berührung mit ihr verdankte er seiner Stadt Berlin selber. Doch Zeichnen und Kunstgeschichte, altdeutsche Quellenstudien (wenn er sie z. T. auch für seinen Berliner Lehrer Erduin Julius Koch betrieb), Dürer und Raffael, verdankte er vor allem Göttingen und Franken, die ihm eine inbrünstig ergriffene, die Grenzen seiner preußischen Form sprengende universale Welt erschlossen. Als Wackenroder 25jährig 1798

an einem sogenannten Nervenfieber stirbt, hat er
eigentlich nur dies erlebt und gelebt. Ob sein früher
Tod wirklich kausal mit dem vom Vater ihm aufgezwungenen Juristenberuf und dem darin liegenden
Verbot der Musik als Lebensbasis zusammenhängt,
bleibe dahingestellt. Daß Wackenroder körperlich wie
seelisch äußerst zart, sensibel, scheu, ja schüchtern
war, scheint allerdings festzustehen. Körperlich wie
geistig war seine Widerstandskraft ohne Zweifel begrenzt.

Ganz anders Tieck (1773–1853). Diesem hatte das
Handwerkertum seiner Vorväter eine derbe physische
Anlage und körperliche Gesundheit vererbt. Sonst hätte das im Geistigen frühreife und von außen wie von
innen gefährdete typische Großstadtkind die Krisen
niemals überstanden, die seine Begabung und Einfüh-
lungsfähigkeit ihm schon in einem Alter einbrachte,
in dem man gemeinhin noch lernt. Die Versuchungen
kamen von seiten zweier jüngerer Lehrer, die beide
tief in das untere Literatenwesen Berlins verstrickt
waren: August Ferdinand Bernhardi und Friedrich
Eberhard Rambach. Sie zogen den Gymnasiasten in
ihre Wirbel hinein, indem sie ihn zur Mitarbeit an
ihren Schriftenreihen von Unterhaltungs- und Schauergeschichten bestimmten. Kein Wunder, daß die ohnehin reizbare Phantasie des Sechzehn- bis Siebzehn-
jährigen damit überhitzt wurde. Das Ergebnis war
jene Weltweisheit mit düsteren Aspekten bis zum Nihilistischen hin, wie sie sich am schärfsten in der Mär-
chennovelle *Abdallah* (1792), in den frühen Schicksalsdramen *Der Abschied* (1792) und *Karl von Berneck*
(1793), vor allem aber in dem Briefroman *Geschichte
des Herrn William Lovell* (1795/96) widerspiegelt. Sie zeigen die Tieckschen Ausschlagsmöglich-
keiten der Jahre 1792 bis 1796, gerade während der
Freundschaft mit Wackenroder. Was also Tieck ein-

zubringen hatte in diese Epoche, das war ein unge-
hemmtes, ja wildes Spiel der Einbildungskraft mit
eben erst angelesenen Stoffen und Formen, eine frühreife Schwermut voll gespielter Menschenverachtung
und Todeslust. Vielleicht hätte er ohne den Halt des
Freundes trotz seiner Konstitution diese Krisenzeit
nicht überstanden. Denn hier zeigt sich nun Wackenroders zwar scheuer, aber unbestechlich treuer Charakter. Als Tieck in Halle durch erneute Exzesse seines
Hanges zur Schauerliteratur, durch Lektüre bei Tag-
und Nachtzeit dem Wahnsinn und dem Selbstmord
nahe gerät, ruft ihn Wackenroder in einem Brief von
beschwörendem Ernst zu sich selbst zurück. Als Tieck
dem Freunde die *Abdallah*-Geschichte vorlegt, in der
der Teufel Omar den Helden aus einem unschuldigen
Jüngling zu einem epikureischen Zyniker macht und
in beabsichtigter Folge zum Vatermörder, kritisiert
Wackenroder unbestechlich das Ausschweifend-Über-
treibende des Motivs und der Bildlichkeit – eigentlich
seiner eigenen unkritischen Natur zuwider. Schade,
daß ähnlich Abschließendes von Wackenroders Hand
nicht auch über den *William Lovell* vorliegt, eine
Übertragung des *Abdallah*-Motivs auf die Gegenwart
und in die moderne Form eines psychologischen Brief-
romans mit englischem Motiv. Denn auch William
Lovell wird aus einem unschuldigen Schwärmer durch
die Schule der Sinne in Paris und Rom gleichfalls
Opfer einer zynischen Intrige, zum immer gröberen
Epikureer und weltverachtenden Zyniker, um als Verführer, Falschspieler und Räuber schließlich in nihilistischer Verzweiflung durch die Kugel eines von ihm
betrogenen Freundes zu enden. Dieser ganze frühreife
Pessimismus lag Wackenroder fern. Er brachte seinen
Kunstenthusiasmus in die Freundschaft ein, seine echte
und nicht angefühlte tragische Problematik der Kunst-
existenz. Beides griff Tieck gierig auf. Denn beides

war positiv, kein anempfundenes Nichts. Er witterte mit Recht darin etwas Rettendes:

> Da fiel ins dürre Herz der frische Regen,
> Der Himmel glüht' mit neuen Liebessternen.

So eines der Sonette Tiecks an den Freund. Daher das fast hektische Einstimmen Tiecks in den Ton der *Herzensergießungen eines kunstliebenden Klosterbruders* (1797), der ihm insofern nicht fremd sein konnte, als das erste Stück, das er in Johann Friedrich Reichardts (1752–1814) Journal *Deutschland* zum – von Wackenroder gar nicht beabsichtigten – Druck beförderte, das *Ehrengedächtnis unsers ehrwürdigen Ahnherrn Albrecht Dürers,* der Preis des alten Nürnberg, wirklich gemeinsames Erlebnis war. Die Klosterbruder-Fiktion stammte übrigens weder von Tieck noch von Wackenroder selber, sondern von dem geschickten Organisator und Mittler Reichardt. Sie gibt den isolierten Bezeugungen des Kunstenthusiasmus einen von vornherein sentimentaleren Akzent, zugleich aber auch ein verbindendes Element, an dem Tiecks überarbeitende und ergänzende Hand dann in der Folge auch kräftigen Anteil hat. Die Klosterbruder-Fiktion stempelt die einzelnen Künstlerlegenden und ästhetischen Meditationen Wackenroders zu innerlich zusammenhängenden Erinnerungen eines Mönchs an die Erlebnisse seiner kunstbegeisterten Jugend. Diesen Rahmen gibt Tieck in der Zuschrift *An den Leser dieser Blätter.* Darin ist von „einem stillen heiligen Schauer", von einer den Kunstenthusiasten bis zu Tränen rührenden „unbeschreiblichen wehmütigen Inbrunst" die Rede, die sich einstellen, wenn der Klosterbruder „die großen, gebenedeiten Kunstheiligen" Raffael oder Michelangelo sich vergegenwärtigt. Zugleich umreißt Tieck den grundsätzlichen Standort des Werkes: er ist bestimmt von Demut und Ehrfurcht, und er schließt den „kalten, kritisierenden Blick" der Vergleichung aus.

Wackenroder aber wollte Bilder geben, Charaktere von Künstlern darstellen, aus denen zusammen sein Kunstideal eindrücklich durchleuchten sollte. Das gleiche versucht er auch durch die ästhetischen Betrachtungen zu erreichen. Diese Stücke sind, wie auch die Künstlerlegenden und Werkschilderungen, in einem erbaulichen, jugendlich warmen und einfachen Ton vorgetragen, der vor allem Wackenroders individuellen Stil ausmacht. Er gehört nicht nur mit zum Gegengroßstädtischen des Sohnes einer durch ihren scharfen Witz und ihre Neigung zur Kritik berühmten rationalistischen Metropole. Das ist dieser Ton auch. Aber er bedeutet zugleich positives, ästhetisiertes Pietismuserbe, wie auch der Toleranzgedanke, vor allem aber der stets vorwiegende Ausdruck christlicher Frömmigkeit, den hier alles Künstlerische hat. Wackenroder stößt kaum je zu wirklich formalen Kriterien vor. Er schwärmt vielmehr für die Frömmigkeit und die Moral, die ihm das wichtigste an seinen Künstler-Viten scheinen, so wie Irrungen und Superbia eines Francesco Francia oder Piero di Cosimo für ihn die Tragik eines Abfalls vom Künstlerideal voll christlicher Demut haben. Dies ist für Wackenroder aber gleichbedeutend mit künstlerischer Fragwürdigkeit. Eine andere als die (ethische) Charakterfrage stellt er sich nicht. Zwar fordert er Toleranz auch für die Kunst der Griechen, aber wohlweislich klammert er diese auch praktisch aus. Das vielsagendste Beispiel findet sich in dem Stück *Raffaels Erscheinung*, wo ein schon von Winckelmann zitierter Brief Raffaels an Baltasare Castiglione über die antike Galatea in einen Zusammenhang gestellt ist, als handle er von christlicher Inspiration durch die Madonna. Der griechische Tempel soll zwar mit dem gotischen Dom „auf einer Erde wohnen". Aber wohlweislich wird das religiöse Prinzip, das ja dann auf Heidentum diagnostizieren müßte, gerade auf ihn nicht angewandt. So ergibt sich eine geschlossene, vor- oder unterrationale ästhetische Erbaulichkeit als Haltung und Sphäre, für die man indessen den oft gebrauchten Ausdruck ‚Kunstmystik' aus dem Spiele lassen sollte. Er bezeichnet nur gewisse Teile der Fassade (in diesem Falle Berührung der ästhetischen Begrifflichkeit mit der Sprache der Mystik). Mystik aber ist mehr als Liebhabertum und sein Enthusiasmus.

Die *Herzensergießungen* enthalten (neben den Tieckschen oder strittigen Stücken) vor allem die Künstlerlegenden *Raffaels Erscheinung, Der Tod des Francesco Francia, Leonardo da Vinci, Zwei Gemäldeschilderungen, Ehrengedächtnis Albrecht Dürers, Seltsamkeiten des Malers Piero di Cosimo, Die Größe des Michelangelo Buonarotti,* alle mit Sicherheit von Wackenroders Hand. Ebenfalls unangefochten sind die beiden Meditationen *Über Allgemeinheit, Toleranz und Menschenliebe in der Kunst* und *Von zwei wunderbaren Sprachen,* zu denen (vielleicht nicht ganz ohne Überarbeitung durch Tieck) die Betrachtung *Wie und auf welche Weise man die Werke der großen Künstler der Erde eigentlich betrachten und zum Wohle seiner Seele gebrauchen müsse* tritt. Das einzige novellistische Stück, das auch den Bereich der bildenden Kunst verläßt, ist das abschließende *Das Leben des Tonkünstlers Joseph Berglinger.* Das Gemeinsame der nach Vasari, Sandrart und anderen Quellen auf Wackenroders Gesichtspunkt gebrachten Künstlergeschichten ist, wie gesagt, das biographische Idealbild einer Genialität, die gleichbedeutend mit Frömmigkeit, einer treuherzig-biederen Moralität und Humanität ist. Raffael und Dürer verkörpern sie am reinsten. Francesco Francia findet die verlorene Demut wieder. Leonardo und

Der Göttliche Raphael

Frontispiz der Erstausgabe von Wackenroder/Tiecks
„Herzensergießungen eines kunstliebenden Klosterbruders"

Michelangelo vertreten sie, mit gewissen unheimlichen Zügen gemischt. Piero di Cosimo trägt ein Künstlerantlitz mit verzerrten Zügen, dem die klare Idealität mangelt, so daß die Ablehnung unverhohlen ist. Gerade hier zeigt sich, wie stark im Grunde Wackenroders kunstgeschichtlicher Dilettantismus von Winckelmanns Idealbild klassischer Ruhe, Reinheit und Geistesgröße geprägt ist, so daß Inhalt und Tendenz unter diesem Gesichtspunkt nur sehr beschränkt ‚romantisch‘ sind. Höchstenfalls liegt eine Antizipation der späteren Nazarener vor, deren christlicher Idealismus freilich gleichfalls eine Übertragung von Winckelmanns klassischem Idealismus auf christliche Ikonographie und acta sanctorum ist. Formale Wagnisse und revolutionäre Ideen sind mit dieser Haltung nicht verbunden. Wackenroder ist hier einem Novalis, Friedrich Schlegel, Brentano oder Görres, also den entscheidenden romantischen Geistern, fremder als der Klassik.

Freilich ist er beiden, Klassikern wie Frühromantikern, gleich fremd in seiner Ablehnung aller theoretischen und besonders aller analytisch-logischen Kunstbetrachtung. „Die überklugen Schriftsteller neuerer Zeiten", die „Afterweisen", „die sogenannten Theoristen und Systematiker" bedeuten ihm nichts als „eitle und profane Philosophasterei". Mindestens die Jenenser Frühromantik aber verzichtet nirgends auf philosophisches Denken und auf logisch-dialektische Argumentation. Friedrich Schlegel hat, Wackenroder boshaft parodierend, in einem Fragment formuliert, wenn es nach manchem der neueren mystischen Kunstliebhaber ginge, so wäre das beste Urteil über das würdigste Werk: Potztausend! Dagegen steht bei den Jenensern schon die enge Beziehung zur idealistischen Philosophie, die wiederum für Wackenroder nicht vorhanden ist. Dies muß man sich vergegenwärtigen, wenn man wahrnimmt, wie der Gegensatz zu Wackenroders

Abscheu vor jedem Räsonieren („Der Enthusiasmus,
der itzt nur in wenigen einzelnen Herzen wie ein
schwaches Flämmchen flimmert") natürlich *auch* ein
romantischer Wert ist. Romantisch bei Wackenroder
ist das Zeitverhältnis und Geschichtsbewußtsein, den
goldenen Epochen des Mittelalters und der Renaissance zugewandt, der öden rationalistischen Gegenwart fremd und feindlich. Romantisch von der pietistischen Linie her ist ferner der Rückzug in die Innerlichkeit, die nicht allein durch die Genialität der
dargestellten Künstler, sondern auch durch die eigenen
dunklen Gefühle von Ehrfurcht und Anbetung, das
eigentliche Organ seiner Art von Betrachtung, repräsentiert ist. Diese Gefühle sind entsprechend die Grundlage und Voraussetzung der drei quasi theoretischen
Stücke. In ihnen wird das Wesen der Kunstbetrachtung bestimmt als der Gegensatz zum Jahrmarkt der
Eitelkeit, den die Kritiker in den zeitgenössischen Bil-
dersälen aufführen. Die Sammlungen der Werke der
großen Künstler sollten Tempel sein, Stätten der Andacht und des Gebets, der inneren Rührung:

> Die Kunst ist über dem Menschen: wir können die herr-
> lichen Werke ihrer Geweiheten nur bewundern und ver-
> ehren und ... unser ganzes Gemüt vor ihnen auftun.

Diese Offenheit mit dem zugestandenen Willen zu
Bewunderung und Ehrfurcht ist die Voraussetzung für
die Predigt ästhetischer Toleranz sowohl wie des Rück-
zugs aus der Sprache der Worte in die unmittelbare
Sprache der Natur und die ins Unsichtbare und Unendliche reichende Sprache der Kunst. Die „Sprache
der Worte" ist für Wackenroder „ein allzu irdisches
und grobes Werkzeug". Offenheit also, in Ehrfurcht
a priori, für die unmittelbare Sprache Gottes, Distanzierung von der „Sprache der Worte" – alles zielt auf
eine unendliche Ausbreitung, auf eine unmittelbare

Welt- und Naturfreundschaft, die alles duldet oder
noch lieber genießt. In dieser Haltung hat „für sich
ein jeglicher recht". „Blöde" (im alten Wortsinne des
Beschränkten) ist, wer das Dasein seiner Antipoden
nicht anerkennt, wer nicht wahrnimmt, daß vor Gott
„der gotische Tempel so wohlgefällig als der Tempel
der Griechen" sei. Ausbreitung also auf alles, von der
Kunst der Wilden bis zu den Griechen und der kunst-
reichsten neueren Kirchenmusik mit dem Ausspruch:
„O so ahndet euch doch in die fremden Seelen hinein."
Wort und Begriff des Einfühlens kommen von Herder.
Doch sind sie bei diesem eine Forderung an den Historiker. Bei Wackenroder dagegen richtet sie sich an den
Betrachter, der als Liebhaber verstanden ist. Ganz folgerichtig ist daher die wieder radikal antilogische Ver-
werfung der Regeln und Systeme:

> Wer ein System glaubt, hat die allgemeine Liebe aus
> seinem Herzen verdrängt! Erträglicher noch ist Intoleranz
> des Gefühls als Intoleranz des Verstandes; – Aberglaube
> besser als Systemglaube.

Direkt in die berühmteste der Künstlerlegenden,
*Ehrengedächtnis unsers ehrwürdigen Ahnherrn Al-
brecht Dürers*, schlägt diese Apotheose der Toleranz
und der Sprache der Unmittelbarkeit hinüber. Ja, sie
ist die Voraussetzung für das schöne kindliche Lob
der alten Kunststadt in ihrer noch gegenwärtigen Fülle
von Genialität:

> Liegt Rom und Deutschland nicht auf *einer* Erde? . . .
> Sind die Alpen unübersteiglich? – Nun, so muß auch mehr
> als *eine* Liebe in der Brust des Menschen wohnen können. – –

Aber man täusche sich nicht! Im Grunde lebt in Wak-
kenroders Herzen nur die *eine* Liebe. Dürer und Raffael sind austauschbar. Sie repräsentieren das gleiche
nazarenische Ideal der edlen Einfalt und stillen Größe,

Franz Sternbalds

Wanderungen.

Eine altdeutsche Geschichte

herausgegeben

von

Ludwig Tieck.

Erster Theil.

Berlin

bei Johann Friedrich Unger.

1798.

Titelblatt der Erstausgabe von Tiecks
„Franz Sternbalds Wanderungen"

Winckelmann umbezogen auf den christlichen Äon.
Hand in Hand stehen Raffael und Dürer in der Erinnerung des Klosterbruders da. Ihr eigentlicher Gegensatz ist das Künstliche, das Zierliche, das Gleißende
und Leichtfertig-Sinnliche der neueren Zeiten. Dürers
wie Raffaels aber ist die Wahrheit in der Treue und
Einfalt.

Wackenroders Einstellung war – über die Grenzen des
männlich Verantwortbaren hinaus – durch und durch
positiv. Nichts von der Anfechtung, von dem tiefen
Pessimismus, die für den Tieck vom *Abdallah* über den
Lovell bis zu den *Volksmärchen* kennzeichnend sind.
Kein Wunder, daß Tieck sich mitgerissen sieht, daß er
das Prinzip des sich Einfühlens und Hineinahndens in
alle Erscheinungsformen der Kunst auf sich selbst bezieht und schon die *Herzensergießungen* um eigene
Beiträge im nachgefühlten Tone Wackenroders vermehrt. Schon Rudolf Haym hat diesen Ton eine Vergröberung Wackenroders genannt. Und das ist es auch,
wenn man vielleicht noch die etwas differenziertere
Bezeichnung ‚Zuspitzung‘ ergänzt.

Die produktive Hauptwirkung auf Tieck aber zeigt
sich, deutlich abzuheben von der düsteren Weltansicht
des *Lovell* und den Märchen vom *Blonden Eckbert*
und dem *Runenberg,* in dem Künstlerroman *Franz
Sternbalds Wanderungen,* dessen Erstausgabe die Jah-
reszahl von Wackenroders Tod 1798 trägt. Der Roman ist der Form nach kein Briefroman mehr wie der
Lovell, obwohl der aus Prosaerzählung und viel Lyrik
gemischten Struktur gelegentlich auch Briefe eingeschoben sind. Er nennt sich auch nicht Roman, sondern
vorsichtigerweise „eine altdeutsche Geschichte". Tieck
hat den Roman fast ein halbes Jahrhundert später
überarbeitet und um einiges ergänzt, jedoch nicht vollendet, sondern 1843 nur das Schema des geplanten
Abschlusses nachgeliefert. Der *Sternbald* steht am Be-

Johann Gottlieb Fichte am Katheder. Zeichnung von M. Henschel

Friedrich Wilhelm Schelling.
Bleistiftzeichnung von Friedrich Tieck

ginn der Reihe romantischer Künstlerromane nach dem
Vorbild des *Wilhelm Meister*. Der unmittelbare Vorläufer ist aber Wilhelm Heinse, dessen *Ardinghello*
im Verlauf der Arbeit den Nachklang Wackenroders
verdrängt. Die ursprüngliche Konzeption ist noch,
nach Tiecks Zeugnis, eine quasi gemeinsame, bei
Lebzeiten Wackenroders unter beiden Freunden verhandelt und ausgemacht. Mitgewirkt hat indessen
Wackenroder nicht mehr. Der *Sternbald* wurde für
Tieck zur liebenden Erinnerung an die Jahre der Gemeinsamkeit, und vor allem im ersten der beiden Teile
klingen deutlich Ton und Fiktion der *Herzensergießungen* nach. Sternbald ist wie sein sanfter Freund
Sebastian (hinter dessen frommer Einfachheit sich
Wackenroder verbirgt) Schüler Dürers. Der erste
Schauplatz ist demnach auch hier das alte Nürnberg.
Zwischen Nürnberg, den Niederlanden und Rom erstreckt sich der räumliche Spannungsbogen der Geschichte. Seine Großzügigkeit ermöglicht hier nicht
nur die Kontrastierung des Ernstes und der Biederkeit
des Nordens mit der bunten Fülle und Sinnlichkeit
Italiens (eine Tiecksche Simplifizierung Wackenroders,
wie wir nun wissen), sondern auch die dazwischenlie-
gende Problematik des vermittelnden niederländischen
Realismus. Sternbald durchläuft alle diese Stufen; in
den Niederlanden, bei Lukas van Leyden, sogar noch
unter dem Auge seines Lehrers Dürer. Aber sein Leben
ist nicht nur – nach dem Muster Heinses – eine Fülle
von Kunstgesprächen, sondern auch Reichtum an
Abenteuern im Gefüge einer höchst wunderbaren
Handlungsführung, die dezidiert Tieckscher und nicht
Wackenroderscher Art ist. Sternbalds Herkunft erweist sich als geheimnisvoll südlich, seine ländlichen
Eltern in Deutschland sind nur seine Pflegeeltern. Eine
flüchtige Begegnung mit der Schwester einer Gräfin,
die er nach deren Zeugnis tot glauben muß, erfüllt ihn

mit der Liebe zu einem imaginären Frauenbild, dessen
Original er dann schließlich doch lebend in Rom wiederfindet. Der ständig dichtende und singende, heiter
sinnliche Italiener Florestan löst die Freundschaft mit
dem frommen Sebastian der Kinderjahre ab. Begegnungen mit Kunstfreunden und Künstlern, mit Ein-
siedlern und Pilgern, fahrenden Rittern und dem eigenen unbekannten Bruder Ludovico folgen aufeinander,
immer gerade im richtigen Augenblick, wie vorherbe-
stimmt. Schließlich wird Italien im zweiten Teile der
Geschichte für Sternbald zur vollkommenen Schule
der Sinne. Alles dies aber bedeutet eine zunehmende
Entfernung Tiecks von Wackenroder und dessen Le-
benskreis, einen deutlichen Vorstoß in Richtung auf
die späteren Romane Eichendorffs zu. Sternbald läßt
die biedere bürgerliche Frömmigkeit der protestantischen Reichsstadt hinter sich und mit dem Raum auch
ihre Lebensordnung. Mit dem Eintritt in die ‚Welt'
von den Niederlanden bis nach Rom stößt er auch
die altdeutsche Art ab, wird schließlich ein kecker,
vitaler Geselle, williger Teilnehmer auch an Künstler-
fest und Bacchanal in Italien, wo am Schlusse dann
alle geheimnisvollen Fäden zusammenlaufen. Freude
an der Unbürgerlichkeit der Künstlerexistenz, Freude
auch an Gespräch und Diskussion über die Künste, die
Erfahrung schließlich des sinnlichen Genusses, und alles in der Form des ‚Reiseromans', dessen Orts- und
Situationswechsel gleichfalls zum Genusse der freien
Unbürgerlichkeit werden – eben dies zeigt den Übergang zur Hochromantik und ist, trotz der anfängli-
chen Patenschaft Wackenroders, im Effekt nicht mehr
wackenroderisch. Ein hedonistisches Element, beziehen
wir es nun nach rückwärts auf Heinse oder nach vorwärts auf Friedrich Schlegel, schiebt sich mehr und
mehr hinein.

Erst hier ist der sinngemäße Ort, auf Wackenro-

ders *Berglinger*-Novelle zu kommen, die den Abschluß
der *Herzensergießungen* bildet und im Gegensatz zu
den *Phantasien über die Kunst* das einzige Stück dieses Bandes ist, in dem es um Musik allein und nicht um
bildende Kunst geht. In ihr wird „das merkwürdige
musikalische Leben des Tonkünstlers Joseph Berglinger" erzählt, diesmal ein Motiv „gegenwärtiger Zeiten", womit schon der erste Satz die Novelle abhebt
von den Künstlerlegenden. Die Vorgänge sind folgende: Der spätere Musiker Joseph Berglinger wächst,
mutterlos seit seiner Geburt, als jüngstes von sechs
Kindern in einem dürftigen Kleinstadtarzthause auf.
Damit ist Berglingers Misere durch sein ganzes Leben
hin angedeutet. Denn der Knabe entwickelt sich als
ein Kind „der schönen Einbildung und himmlischen
Träume". Vor allem die Musik fasziniert ihn immer
wieder zu „dämmernden Irrgängen poetischer Empfindung". Das heißt: er treibt sie nicht vom Handwerk
aus, das ihm später auch als Berufsmusiker von Herzen widerwärtig ist, sondern als Genießer und Liebhaber. Das Ergebnis ist daher durch alle Stufen seines
Lebens eine ihn fast aufreibende Spaltung zwischen
Alltag und Kunstgenuß:

> Diese bittere Mißhelligkeit zwischen seinem angebornen
> ätherischen Enthusiasmus und dem irdischen Anteil an dem
> Leben eines jeden Menschen, der jeden täglich aus seinen
> Schwärmereien mit Gewalt herabziehet, quälte ihn sein
> ganzes Leben hindurch. –

Als Berglinger später durch einen wohlwollenden
Verwandten zum Musikstudium in der Residenz
kommt, wo er es denn schließlich auch zum Hofka-
pellmeister bringt, bleibt ihm diese unselige Mitgift
der Gespaltenheit zwischen „dem schönen poetischen
Taumel", in den ihn die Musik versetzt, und dem im
Grunde verachteten „Säkulum", dem in wechselnden

Formen sich aufdrängenden Alltäglichen. Erst ist es das Handwerk, das mit seinen irdischen Forderungen den Selbstgenuß der Genialität stört. Dann ist es die Hofgesellschaft, Welle auf der Oberfläche statt erschütterte Tiefe, unfähig, das Geniale überhaupt nur zu verstehen. Endlich ist es immer wieder die Familienmisere, die ihn in ihre Kümmerlichkeit zurückzuziehen sucht. Er panzert sich durch den Egoismus des Künstlers dagegen, jedoch vergeblich. Nach dem Höhepunkt einer Aufführung einer eigenen Musikschöpfung wird er an das Totenbett des darbenden Vaters gerufen, zugleich wieder in den Kreis zum Teil verkommener Geschwister. Man darf diese Situation als sinnbildlich interpretieren. Immer wenn das Genie sich dem Irdischen entzogen zu haben glaubt, erzwingt sich die Erde in ihrer alltäglichsten Form wieder ihr Recht. Das Genie in dieser Form des Welt- und Selbstgenusses muß daran scheitern. So auch Berglinger, der nach diesem Erlebnis gerade noch fähig ist, mit höchster Anspannung ein Meisterwerk der Passionsmusik zu schaffen, kurz danach aber „ermattet und erschlafft" dahinstirbt.

Das ist, weit vor E. T. A. Hoffmann, das Motiv des Künstlertums, das zu wählen hat zwischen Kunst und Leben so wie Hoffmanns Antonie oder Donna Anna im *Don Juan*. Auch die genialische Gesellschaftsfeindlichkeit des *Ritter Gluck* ist vorhanden ebenso wie die Reizbarkeit Kreislers. (Von hier wäre die Linie der Musiker-Novelle bzw. des Musiker-Romans bis zu Thomas Manns *Buddenbrooks, Tristan* und *Doktor Faustus* zu ziehen.) Jedenfalls: das Thema ist in Deutschland zum ersten Mal angeschlagen, und zwar mit allen Konsequenzen. Zweierlei aber ist dazu zu sagen: Erstens: diese Künstlerschaft ist tragisch, aber nicht sinnlos und eine ausschließlich verfallene Existenz. Sie unterliegt nicht der nihilistischen Anfechtung

Tiecks. Wie der Künstler ist auch die Zeit an sich nicht sinnlos. Sie raubt zwar Berglinger das Leben, aber es ist ihm ‚Zeit gelassen', Werke zu schaffen. Es heißt von seiner letzten Passionsmusik ausdrücklich, daß sie „mit ihren durchdringenden und alle Schmerzen des Leidens in sich fassenden Melodien ewig [!] ein Meisterstück bleiben wird". Der verbleibende Sinn solcher Existenz ist also das Werk, das freilich das Opfer fordert. Tragisch, wie gesagt, aber nicht sinnlos. Zweitens: Wackenroder selber meditiert am Schluß über die Ursachen von Berglingers Untergang. Er ruft die nach seiner Meinung arglose und unschuldige Größe seiner Maler Raffael und Dürer in die Erinnerung und setzt die phantastische Genialität seines Berglinger in Kontrast zu ihnen. Dabei stellt er zwei Fragen:

Ach! daß eben seine *hohe Phantasie* es sein mußte, die ihn aufrieb? – Soll ich sagen, daß er vielleicht mehr dazu geschaffen war, *Kunst zu genießen* als *auszuüben*?

Das ist entscheidend. In Frage gestellt wird damit nämlich die Hypertrophie des Phantastischen in der Kunst an sich, zugleich aber auch der Künstlertyp, den der Musiker Berglinger darstellt. Dies hebt z. T. (ist es Zaghaftigkeit?) die echte Tragik Berglingers auf. Was der Phantasie des „Immerbegeisterten" fehlt, ist die Beziehung zur Erde in der Schlichtheit der Arbeit, wie sie Dürer und Raffael repräsentieren. Was sie kennzeichnet, ist die Schrankenlosigkeit des Genusses, ein Kennzeichen des Dilettanten. Eben damit wird der Schluß der Novelle unentschieden und unklar. Die Tragik des Opfers wird fragwürdig, wenn der Träger vielleicht doch nur ein halbschöpferischer Dilettant ist. Indem Wackenroder das offenläßt, hält er sich zwei Rückzugswege in den *Sinn* der Berglinger-Existenz offen: den der persönlichen Tragik und den der Verirrung in den bloßen Genuß und Selbstgenuß der Phantasie. Ist Berglinger für ihn Beispiel oder Gegenbeispiel der Genialität? Beides ist möglich.

Dies muß man sich gegenwärtig halten, wenn man von Sternbald und Berglinger zu Wackenroders Nachlaß zurückkehrt, den Tieck im folgenden Jahre 1799 unter dem Titel *Phantasien über die Kunst für Freunde der Kunst* den *Herzensergießungen,* nun schon als Vermächtnis des Freundes, folgen läßt, jedoch mit eigenen ästhetisierenden Nachdichtungen vermischt, so daß nach Tiecks eigenem Zeugnis schon rund zwei Drittel weniger dem Freunde als ihm selbst zugehören. Im Grunde ein merkwürdiger Fall, wenn er auch Tiecks Wesensart äußerst deutlich bezeichnet. Während der ein Jahr vorher erschienene *Sternbald* schon unmißverständlich im *Nach*klang der Wackenroder-Freundschaft die eigene Weiterentwicklung Tiecks bezeugt, dreht Tiecks überwältigender Anteil an den *Phantasien* das Rad gleichsam noch einmal zurück auf den Meridian des Freundes, jedoch ohne daß man den Tieck des *Sternbald* in den musik- und kunstästhetischen Pointierungen seine einfühlenden und nachgedichteten *Phantasien* verkennen könnte. Im Gegenteil, Sternbalds Diskussionslust in Kunstgesprächen prägt im Grunde auch diese Tieckschen Kontrafakturen zu Wackenroder. Es soll hier nur von Tiecks Anteil die Rede sein; denn für das wenige, das Wackenroder wirklich selber beigesteuert haben mag (wie den zweiten *Dürer*-Aufsatz, *Die Peterskirche,* im zweiten Abschnitt *Die Wunder der Tonkunst,* höchstens zwei weitere musikästhetische Meditationen, z. T. mit Rückbezug zum Berglinger-Komplex), ergeben sich kaum neue Gesichtspunkte, außer vielleicht eine früher für Wackenroder nicht kennzeichnende bildliche Erregtheit des Stils und auch des Satzbaues. Sie ist, wenn von Wackenroder überhaupt, dann eine Konzession an Tieck, vermutlich aus den letzten Lebensmonaten.

Betrachtet man aber Tiecks unzweifelhafte eigene Beiträge (wie etwa *Die Farben, Die Ewigkeit der Kunst, Die Töne, Symphonien*), so zeigt sich die hektischere, z. T. verzweifelte Grundwelt des *Lovell*-Dichters mit ihrer Zeit- und Weltangst von neuem. Tiecks Aufsatz *Die Ewigkeit der Kunst* ist ein solcher hektischer Versuch, „die bloße Vorstellung der Vernichtung, das blinde Ungeheuer Zeit" zu verdrängen durch das Kunstwerk, von dem es heißt: „Statt nach außen geht hier die Ewigkeit gleichsam nach innen", oder auch: „Die Zeit ist ein zu grober Stoff." Ergebnis: Die Flucht aus der Zeit in die erlösende Ewigkeit des Kunstwerkes endet pretiös in dem Satz:

Lasset uns darum unser Leben in ein Kunstwerk verwandeln, und wir dürfen kühnlich behaupten, daß wir dann schon irdisch unsterblich sind.

Das ist präsymbolistischer Ästhetizismus, der den späteren Erscheinungsformen George oder Benn bereits kräftig präludiert. Aber von Wackenroders Kunstanschauung, wie sie sein unbestrittener Anteil an den *Herzensergießungen* klarlegt, ist diese Haltung weit entfernt. Bei ihm ist die Kunst keine Flucht „vor der blinden Hand der Zeit" (wie es angstvoll heißt), sondern Ausdruck großen Charakters, der Treue zu sich selbst, gestaltete Frömmigkeit.

Geht man von hier aus, so bleibt aber für Wackenroder selbst in den *Phantasien* weniger an eigenen Stükken übrig, als ihm in der Literaturgeschichte allgemein zugeschrieben wird. Man hat sich grosso modo auf das Zeugnis Tiecks verlassen, der 1799 noch sechs *Phantasien* (das zweite *Dürer*-Stück und fünf der musikalischen Aufsätze) als Werke Wackenroders bezeichnete, 1814 in den *Phantasien über die Kunst von einem kunstliebenden Klosterbruder* sogar noch ein musikalisches Stück mehr (*Ein Brief Joseph Berglin-*

gers). Nach Stil und Inhalt aber scheint nicht nur dieses Stück ein echter Tieck zu sein, sondern man muß wohl noch zwei andere Stücke Wackenroder absprechen, weil sie einen deutlichen Fremdkörper in seinem Œuvre darstellen, in allem Entscheidenden jedoch Tiecks Stil und Weltanschauung entsprechen. Es sind dies *Ein wunderbares morgenländisches Märchen von einem nackten Heiligen* und *Fragment aus einem Briefe Joseph Berglingers.* Schon die Märchengattung ist Tieck ebenso geläufig, wie sie bei Wackenroder isoliert dastünde. Das gleiche gilt von dem morgenländischen Stoff. Aber auch das Motiv kann nur aus Tiecks pathologischer Zeitangst erklärt werden, die bei Wackenroder nicht einmal in der *Berglinger*-Novelle zutage tritt, der pessimistischsten unter allen *Herzensergießungen* von seiner Hand.

Dieser Heilige aus dem Morgenland ist nämlich wahnsinnig aus Zeitangst:

> Ihm dünkte immer, er höre unaufhörlich in seinen Ohren das Rad der Zeit seinen sausenden Umschwung nehmen.

Damit geht die Wahnidee einher, daß dieses furchtbare, ewig gleichförmige Räderwerk zum Stillstand käme, sobald er sich nicht selber mit in die Speichen legt. Eine fürchterliche Angstvorstellung gegenüber der Zeit als Langeweile, als gleichförmige Ewigkeit. Menschen, die noch ihrer irdischen Geschäftigkeit in der realen Zeit nachgehen, bringt der Rasende einfach um. So vegetiert er in nihilistischer Verzweiflung hin, bis ihn – jäh und ohne innere Begründung – das Lied zweier Liebenden von dem bösen Zauber erlöst und als helles Gestirn in die Musik der Sphären eingehen läßt. So kraß ist Wackenroder aber nirgends, auch nicht so massiv allegorisch. Das Moment der Frömmigkeit, das bei Wackenroder identisch ist mit dem steigernden und lösenden Charakter der Kunst, fällt im *Märchen* völlig aus. Hier geschieht ein Wunder ohne Woher. Ohne Motivierung (wie eben häufig bei Tieck) entwickelt sich aus dem Klang „süßer Hörner" plötzlich das Liebeslied mit seiner fulminanten Wirkung. Dieses Lied aber findet sich später in Tiecks selbstveranstalteter Gedichtsammlung von 1821 als dessen Eigentum und unter dem reinen Stimmungstitel *Nacht*. Man wird unter diesen Umständen das *Märchen* kaum für Wackenroders Werk halten können.

Damit aber fällt auch an Tieck, wenn man folgerichtig sein will, das *Fragment aus einem Briefe Joseph Berglingers*, wo ein heiterer Abendspaziergang des Künstlers im jähen Umschwung wieder in nihilistischer Zeitverzweiflung endet. Es ist Existenz in der Dissonanz, wie sie typisch für Tieck, Wackenroder aber fremd ist.

Mit dem Tod Wackenroders war auch für Tieck eine entscheidende Lebens- und Entwicklungsepoche beendet. Sie hatte kommunikativ den *Sternbald* und Tiecks Anteil an den *Herzensergießungen* und den *Phantasien* hervorgerufen; alles Versuche, sein Verhältnis zu bildender Kunst und Musik teils kindlich spielend, teils gewagt sentimental-experimentierend in einer Art gefühlsmäßiger Ästhetik klarer zu stellen. Nicht viel länger als ein Jahr nach dem Tode des Freundes erschloß eine andere, für eine kurze Strecke nicht minder enge Freundschaft Tieck eine neue Welt. Es war die Beziehung zu Novalis, den er im Sommer 1799 kennenlernte. Nicht nur die Berliner Frühromantik wurde damit der so viel intellektuelleren Jenenser Romantik angeschlossen. Nicht nur war es Tieck, der Novalis die entscheidende Begegnung mit Jakob Böhme vermittelte. Ein überzeugenderer und männlicherer Mensch und ein philosophierender Freundeskreis treten damit, Grundlegendes verändernd, in Tiecks Leben und Schaffen ein.

III. WELTANSCHAUUNG

Es ist sicher angemessen, wie es z. B. Gerhard Krüger in seiner Darstellung der Philosophie im Zeitalter der Romantik in Übereinstimmung auch mit Nicolai Hartmann getan hat, auf die Leistung der Aufklärung als Ausgangspunkt frühromantischen Denkens zuerst zu verweisen. Man hätte hier auch handfeste philosophiegeschichtliche Argumente zur Verfügung: nicht nur den Ausgangspunkt Fichtes und Schellings von der Kantischen Philosophie her, sondern auch den der Dichter von Schiller unmittelbar und weiterher von Lessing und Lichtenberg, wie das am ausdrücklichsten von Friedrich Schlegel zu gelten hat. In der Tat ist der Vordergrund-Antirationalismus der Romantiker auch ein Akt der Undankbarkeit gegen die Väter, die romantisches Philosophieren und Symphilosophieren im Grunde erst ermöglichten: allerdings formal, nicht mehr inhaltlich. Denn Kants Mündigkeitserklärung des Menschen wie Lessings Denkmodus, der keine Autoritäten a priori anerkennt, haben die Möglichkeit romantischer Subjektivität und Freiheit ja faktisch vorweggenommen. Aus diesem spannenden Prozeß, in dem die Aufklärung, z. T. mit ihren eigenen Mitteln, sich schließlich kontradiktorisch gegen sich selber richten wird, kann im Rahmen einer Literaturgeschichte nur das für sie selber aktuell Werdende ins Auge gefaßt werden.

Das Fundamentale ist hier, im philosophischen Bereich von der Aufklärung her, im theologischen Denken in der Folge des Pietismus, der Vorgang der Subjektivierung. Darin trifft sich der Einfluß Fichtes und Schellings mit dem Schleiermachers auf die Jenenser Frühromantiker, ohne daß eine saubere Trennungsmöglichkeit der philosophischen und theologischen

Sphäre übrigbleibt. Fortführung des Kantischen Kritizismus und des pietistischen Subjektivismus (einschließlich auch von Friedrich Heinrich Jacobis Glaubensphilosophie) gehen ineinander über. So kann der Weg Fichtes von der Kritik aller Offenbarung zum Atheismusstreit führen, der ein Verständnis der nur-kritizistischen Linie von seiten der Gegner voraussetzt. Doch liegt darin die Dialektik der Spinoza-Interpretation, die vorausging: War Spinozas Philosophie Pantheismus oder Atheismus? Hingegen ist sicher Schellings weitgehendes Verständnis des Menschen vom Ästhetischen her, der Natur vom Geist her, sein Ruf nach einer neuen Mythologie als der Versuch einer neuen Synthesis der Gegensätze zu verstehen, und zwar in so weiter Form wie möglich. Ähnliches gilt für Schleiermacher. Seine ästhetische Psychologisierung der Religion geht wie Schellings Systemphilosophie auf mystische Ursprünge zurück, in denen Mensch und Gottheit letztlich das Eins und Alles gemeinsam waren.

Zu der Steigerung, die das Ich bei Fichte wie bei Schelling in Richtung auf das Absolute hin erfährt, bildet die romantische Theologie, wie sie Schleiermacher in *Über die Religion. Reden an die Gebildeten unter ihren Verächtern* (1799) entwickelt, die Analogie. Auch hier geht es um die Annäherung des Ich an das Absolute, in diesem Falle an Gott. Die Grenze zum Pantheismus wird dabei häufig nicht nur tangiert, sondern überschritten. Da, besonders bei Schelling und Schleiermacher, das dialektische Denkverfahren das logische überwiegt, was schon durch den geistesgeschichtlichen Zusammenhang mit der alten Mystik naheliegt, wird überall nicht nur das Verhältnis Mensch–Gott, sondern auch das Verhältnis Mensch–Natur auf eine Synthesis der Gegensätze hin anvisiert. Daß bei Fichte das Ich sich selber setzt, kann für den, der von der Glaubensphilosophie Jacobis oder von Orthodoxie und

Pietismus herkommt, noch als Atheismus erscheinen,
d. h. als letzte Konsequenz reiner Vernunftphilosophie,
bei der Objektivität und Subjektivität die ursprüngliche Gegensätzlichkeit verlieren. Geht es aber gar in
erster Linie um ästhetische Anthropologie und Naturphilosophie, wie in den Fragmenten vor allem Friedrich Schlegels, Novalis' und Schleiermachers, so führt
das dialektische Denkverfahren auch zur ausgesprochenen Freude am Paradox, mag dieses nun als Prämisse oder als Schluß erscheinen. Die eigentliche Begegnung der Frühromantiker mit dem gegen das Jahrhundertende erreichten Stand der Natur- und Religionsphilosophie dürfte in dem Bewußtsein der nahezu
unbeschränkten Potentialität der Inhalte liegen, womit
die Möglichkeit der dialektischen Denkform eröffnet
ist. Es ergibt sich ein Rausch der Freiheit, des All-
Verfügens über die Wirklichkeit, die von Grund auf
neu zu bauen man sich im Philosophieren und Symphilosophieren berechtigt glaubt. Phantasie und Dichtung
erhalten dabei Denkrechte, vor denen die der reinen
Logik zurückzutreten haben. Die Philosophie aber
wird, wie einst bei den Vorsokratikern, in Platons
Dialogen, im Liede der Mystiker und in der Prosa
Jakob Böhmes im Austausch wiederum zur Dichtung
oder doch dichtungsnahen Aussage. Von dieser Freiheit wird in der Begegnung von Philosophie und Dichtung der Frühromantik auch ohne Rücksicht auf op-
timistische Tabus der Aufklärung Gebrauch gemacht:
bei Fichte wie bei Schelling einerseits, bei Jean Paul,
Tieck und dem Bonaventura der *Nachtwachen* andererseits tritt die Denkmöglichkeit des vollkommenen
Nichts in den Blickpunkt der Weltanschauung. Den
Umschlag vom All ins Nichts gab es zwar schon in der
Mystik. Er gehört zur dialektischen Bewegung. In
der nachaufklärerischen Gefühlssituation aber bedeutet die gleiche Sache – der Umschlag des Pantheismus

in eine Philosophie des Nichts – ein Mehr an Verzweiflung und Angst.

Johann Gottlieb F i c h t e s (1762–1814) Wirkung auf die deutsche Literatur und Publizistik erfolgte in zwei Wellen, die man etwa mit dem Einfluß zuerst auf die ältere und dann auf die jüngere Romantik gleichsetzen darf. Von der späteren Phase (von der Niederlage Preußens 1806 bis zu den Befreiungskriegen), in der Fichte eine nationale Staats- und Rechtsphilosophie entwickelte, auch in oratorischer Form, ist hier noch nicht zu reden. Um so mehr muß der Religionsphilosophie, der Ethik und Anthropologie seiner Frühzeit Aufmerksamkeit geschenkt werden. Von Haus aus Theologe, setzt Fichte mit theologischen Schriften ein, von denen der *Versuch einer Kritik aller Offenbarung,* 1792 anonym erschienen, seinen Anschluß an Kant widerspiegelt, für dessen Werk man die systematische Erstlingsschrift zunächst halten konnte. Sie trug Fichte 1794 die Berufung nach Jena ein, wo er in den entscheidenden Jahren der Frühromantik bis zu seiner Entlassung in der Folge des sogenannten Atheismusstreites 1799 die stärkste, weit über das Fachwissenschaftliche hinausreichende Wirkung hatte. In dieser Zeit ist er überaus produktiv. Allein 1794 erscheinen: *Grundlage der gesamten Wissenschaftslehre, Einige Vorlesungen über die Bestimmung des Gelehrten* und der *Horen*-Aufsatz *Über Geist und Buchstaben in der Philosophie.* Die folgenden Jahre bringen den Ausbau der *Wissenschaftslehre* nach allen Seiten, die Verantwortungen im Atheismusstreit und die systematische Anthropologie *Die Bestimmung des Menschen* (1800).

Was aus Fichtes Philosophie als Anregung für die Romantik entscheidend ist, sei kurz herausgehoben. Es ist zunächst das Prinzip der Denkfreiheit, dessen Ansatz in der *Kritik aller Offenbarung* ebenso deut-

lich erscheint wie in der im folgenden Jahre 1793 mit
einer anderen positiven Stellungnahme zur Französischen Revolution anonym in Zürich herausgekomme-
nen Rede *Zurückforderung der Denkfreiheit von den
Fürsten Europas, die sie bisher unterdrückten*. Es sind
dies nicht nur aufklärerische Programmschriften im
Sinne von Schillers *Don Carlos,* sondern (durchaus
unbürgerliche) Rechtfertigungen des Revolutionären
an sich:

> Gewaltsame Revolutionen sind stets ein kühnes Wage-
> stück der Menschheit.

Schon das ist geflissentliche Antiklassik, Gegen-Goethe.
Es ist Fixierung der Freiheitsidee als der einzigen
Mitgift Gottes an den Menschen. Darin deutet sich
nun bereits der andere wirkungskräftige Grundbegriff
der romantischen Weltanschauung an. Freiheit bedeutet das seiner selbst bewußte Ich: „Der Mensch kann
weder ererbt noch verkauft, noch verschenkt werden;
er kann niemandes Eigentum sein, weil er sein eigenes
Eigentum ist und bleiben muß." Nicht anders lautet
die Definition des Menschen in Fichtes *Über die Bestimmung des Gelehrten*:

> Die letzte Bestimmung aller endlichen vernünftigen We-
> sen ist demnach absolute Einigkeit, stete Identität, völlige
> Übereinstimmung mit sich selbst.

Und so wird es auch noch in *Die Bestimmung des
Menschen* lauten, nach der Entwicklung der *Wissenschaftslehre*:

> Ich bin, der ich bin, weil in diesem Zusammenhange des
> Naturganzen nur ein solcher und schlechthin kein andrer
> möglich war ...

und etwas später:

> Das System der Freiheit befriedigt, das entgegengesetzte
> tötet und vernichtet mein Herz.

Kein Wunder, wenn der Kern der *Wissenschaftslehre* mit seinen drei Grundsätzen vom sich selbst setzenden Ich, das zugleich Subjekt und Objekt ist, bei Fichte aber die Vernunft meint, und der Kern seiner Ethik, der Wille, von den Romantikern als Individualitätslehre mißdeutet und mit dem empirischen Genie vermischt werden konnten. Sie holten sich von Fichte die Waffen für ihr Subjektivitätsbewußtsein, die er nicht eigentlich für sie geschliffen hatte.

Nicht anders, jedoch mit größerem Recht sind die Romantiker mit Friedrich Wilhelm S c h e l l i n g s (1775–1854) Natur- und Kunstphilosophie verfahren. Dieser Schwabe, mit Hölderlin und Hegel aus dem Tübinger Stift hervorgegangen, lehrte seit 1798 ebenfalls in Jena. Sein Abgang von dort an die Universität Würzburg 1803 fiel mit seiner Heirat mit Caroline Schlegel zusammen, die sich von August Wilhelm seinetwegen getrennt hatte. Schelling war also aufs engste und persönlichste mit dem Romantikerkreise verbunden. Ausgehend bereits von Fichte, jedoch auch von Herder und Spinoza, ist das absolute, das unendliche Ich schon ein Zentralbegriff für ihn, bevor er nach Jena kommt (*Philosophische Briefe über Dogmatismus und Kritizismus*, 1796). Die Fähigkeit des Ich, sich im Rückzug in die absolute Innerlichkeit die Anschauung des Ewigen, „die intellektuelle Anschauung" zu erschließen, glaubt er aus Spinoza herauslesen zu können. Schon dies mußte ihn mit Goethe ebensowohl wie mit den Romantikern in Kontakt bringen. Noch mehr mußten es die Schriften der fruchtbaren Zeit von 1797 bis 1800 (*Ideen zu einer Philosophie der Natur, Von der Weltseele, Erster Entwurf eines Systems der Naturphilosophie* und *System des transzendentalen Idealismus*). Sie waren es, die wiederum auf die Romantiker und Goethe zugleich entscheidende Wirkung hatten. Dies konnte geschehen, weil ein neuplatonischmystisches Fundament (und nicht der Kantische Dualismus) als Ausgangspunkt unverkennbar war. Was Goethe an dem Kantianer Schiller verdächtig war: eine Überbewertung des Geistes zuungunsten der Natur, das schien in Schellings Philosophie ausgeglichen, in der die Natur als verkappter Geist erscheint, der Mensch als Organon Gottes, worin die ursprünglich unbewußte Natur zu Bewußtsein gelangt ist. Im *System des transzendentalen Idealismus* heißt es dazu:

> Der Begriff, von dem wir ausgehen, ist der des Ichs, d. h. des Subjekt-Objekts, zu dem wir uns durch absolute Freiheit erheben.

Das Objektive ist schon vorher als Natur, das Subjektive als Intelligenz definiert worden, als das Bewußtlose einerseits und das Bewußte andererseits. Und so geht es in Schellings System letztlich um die Erkenntnis eines Prozesses des Bewußtwerdens des Geistes aus dem Zustand der Unbewußtheit im Status der Natur. Der Begriff der ‚Weltseele‘, von Goethe ausdrücklich übernommen, dient hier als Prinzip der Organisation dieses Prozesses, der, von der toten Natur als unreifer Intelligenz ausgehend, über die Reflexion zum Menschen fortschreitet. Es geht um den Beweis, daß die Natur ursprünglich verborgener Geist ist, mit aller Potentialität ausgestattet, um in ihrem höchsten Produkt, dem Menschen, sozusagen zu ihrer Entelechie zu kommen. Es ist klar, daß hier nichts eine mystisch-pantheistische Interpretation, eine romantische Metamorphosenlehre, eine Synthesis auch von Glauben und Wissen blockiert; wie denn auch alle Möglichkeiten zur Verschmelzung von Phantasie und Kunst mit dem Vollendungsgedanken des Systems offenstehen. So kann denn in Schellings Kunstphilosophie auch der Dichter als Organon Gottes wie der Natur erscheinen, d. h. zur höchsten Repräsentation der Entwicklung bestellt sein. Die frühe und innere Affinität von Schellings Philosophie zur romantischen Weltanschauung demonstriert sehr aufschlußreich das erst posthum aus den Papieren Hegels zutage getretene sogenannte ‚Systemprogramm' (1796?), in dem auch die philosophische Fachwissenschaft den Keim für die spätere Systematik Schellings sieht. Man kann hier lesen, daß „die Vorstellung von mir selbst, als einem absolut freien Wesen" der Ausgangspunkt für eine ganze Weltschöpfung sei; daß der zweite Schritt die Erringung einer spekulativen ‚Physik' sein müsse; daß die Anthropologie über alles Präjudizierte (Staat, religiöser Dogmatismus) fortschreiten müsse zur absoluten „Freiheit aller Geister, die die intellektuelle Welt in sich tragen und weder Gott noch Unsterblichkeit außer sich suchen dürfen". Man erfährt ferner, daß die schließlich alles vereinigende Idee die der platonischen Schönheit sein müsse und „der höchste Akt der Vernunft ein ästhetischer Akt" sei. Von hier aus werden Philosoph und Dichter einander angenähert:

> Die Poesie bekommt dadurch eine höhere Würde, sie wird am Ende wieder, was sie am Anfang war – Lehrerin der Menschheit; denn es gibt keine Philosophie, keine Geschichte mehr, die Dichtkunst allein wird alle übrigen Wissenschaften und Künste überleben.

Vom Ästhetischen aus muß auch der Sinn der Religion neu begründet werden. Sie hat am Ende zu stehen als „das letzte größte Werk der Menschheit". Das aber kann nur auf dem Wege einer neuen Mythologie geschehen, einer „Mythologie der Vernunft", die die Ideen ästhetisch macht, die Philosophie sinnlich.

Niemand wird die Übereinstimmung des Systemprogramms mit der mystischen Eschatologie von Novalis verkennen, die Nähe auch zu der spekulativen Seite der Jenenser Romantik, vor allem ihrer Ästhetik.

Universalpoesie und mythologische Philosophie gehen hier ineinander über. Auch der pantheistische Hintergrund steht klar.

Es ist dann der dritte in diesem Bunde der Geister, der in Jena, das er seine „deutsche Geburtsstadt" genannt hat, die Wirkung Fichtes und Schellings vielleicht am eindrücklichsten wiedergegeben hat: der Deutsch-Skandinavier Henrik S t e f f e n s (1773–1845). Das Resümee seines Lebens findet sich im Anhang seiner Autobiographie *Was ich erlebte* (1840–44), einem Quellenwerk ersten Ranges für die Geschichte der Romantik. Hier ist der Weg in eine geistige Existenz aufgezeichnet. Er führt über die Schulen in Dänemark und den Beginn der Universitätszeit in Kopenhagen früh in eine als weite Aufgabe aufgefaßte Naturwissenschaft, wobei Steffens sich mehrfach materiell vor das Nichts gestellt sieht. Über die Dozentur in Kiel gelangt er nach Deutschland ins Zentrum der geistigen Auseinandersetzung: nach Jena, Weimar, Berlin und, wie Novalis, zu Abraham Gottlob Werner an die Freiberger Bergakademie. In den entscheidenden Jahren 1798 bis 1801 lebt er vor allem in Jena und Freiberg. Eine innige Freundschaft verbindet ihn mit Novalis, Bekanntschaft mit Friedrich Schlegel und Tieck. Auch ist er Hausgast bei Goethe. In Giebichenstein wird er des Komponisten Reichardt Schwiegersohn. Eine Fülle also auch persönlicher Bezüge neben den sachlichen. Diese werden ganz folgerichtig durch Friedrich Jacobis *Briefe über die Philosophie des Spinoza (Spinoza-Büchlein)* eingeleitet:

Diese Schrift hat nun Epoche in meinem Leben gemacht. Es war die erste, die alle schlummernden spekulativen Gedanken in mir konzentrierte und zum Ausbruche brachte.

Diese Wendung zur Spekulation erfolgt 1797. Sie eröffnet eine glänzende, wenngleich nie eigentlich zur

Ruhe kommende Laufbahn. Steffens ist streng experimentierender Naturbeobachter und Phantast zugleich, Täter und Träumer, Individualist und gesellig. Sein religiöser Weg kann ihn von dem dänischen Theologen Jacob Mynster über Schleiermacher zu den schlesischen Altlutheranern führen. In den Freiheitskriegen ist er unter den drei ‚Aktivisten‘ (mit Fichte und Schleiermacher) auch als Soldat und Nachrichtenagent in Blüchers Hauptquartier der aktivste. Der angesehene Professor der Naturwissenschaft in Halle a. d. S., Breslau und schließlich in Berlin wird in seinem Alter nicht zufällig – lange nach seiner eigentlichen romantischen Periode – zum Romanschreiber, realisiert also auch diese complexio oppositorum in seiner Existenz noch. Sein philosophischer Werdegang nennt ausdrücklich neben der Sphäre Jacobi, Spinoza, Amalie Fürstin von Gallitzin die klarere Gegenwelt Lessings und Goethes. Der Kantische Dualismus freilich muß ihn abstoßen. Dafür faszinieren ihn sowohl Rousseau wie Jean Paul. In Kiel schon eignet er sich Schellings Frühschriften an („es war der entschiedene Wendepunkt in meinem Leben“). So ausgerüstet kommt er 1798 nach Jena, vor allem auf die Nachricht von Schellings Berufung dorthin. Hier ist er in seinem Element, angezogen durch „jenen mächtigen Geist der Einheit des ganzen Daseins“, und wird zum Gesellen der hohen Zeit der Frühromantiker.

Steffens’ eigene, bisher vorwiegend botanische und mineralogische Naturwissenschaft wird durch den Umgang mit Schelling um die Probleme des Galvanismus, der Elektrizität und der Chemie erweitert. Hieran hatte auch die Begegnung mit dem jungen Physiker Johann Wilhelm Ritter einen erheblichen Anteil. Alles dies bringt er als selbständige Leistung in seine Beziehung zu den Brüdern Schlegel und Novalis ein. In den Atheismusstreit greift er aktiv zugunsten Fichtes ein, dessen ethischer Rigorismus ihm freilich fremder blieb als Schellings Identitätslehre. In dieser Stimmung eines philosophisch-dichterischen Enthusiasmus entstehen 1797 in Freiberg Steffens' *Beiträge zur innern Naturgeschichte der Erde*. Er stellt sie selber in Zusammenhang mit frühen Kindheitsträumen, mit dem Einheitsgedanken Spinozas, mit der Idee einer höheren Physik, die er Schelling verdankt. Aber sein Ureigenstes sieht er als durch Werner bedingt an:

> Das ganze Dasein sollte Geschichte werden, ich nannte sie die innere Naturgeschichte der Erde... Die Geschichte selbst mußte ganz Natur werden, wenn sie mit der Natur, d. h. in allen Richtungen ihres Daseins sich als Geschichte behaupten wollte.

Schelling konnte sich keinen besseren naturwissenschaftlichen Interpreten wünschen. Die Kommunikation Steffens' mit den Dichtern, vor allem mit Novalis und Tieck, liegt ebenfalls hierin begründet.

Unter den jugendlichen Gestalten des Jenenser Kreises spricht Steffens besonders beeindruckt von dem ihm und Schelling geistig nahe verwandten Physiker Johann Wilhelm R i t t e r (1776–1810). Er nennt ihn einen „bedeutenden und seltsamen Menschen, dessen wunderbar verworrener Geist, in welchem Dunkelheit und scharfsinnige Klarheit dicht nebeneinanderlagen, mich viel beschäftigte und anzog". Die offensichtliche Faszination, die von diesem Entdecker voltaïscher Erkenntnisse vor Volta ausgegangen ist, läßt allerdings später nach und führt ein Jahrzehnt darauf zu ausgesprochener Skepsis gegenüber den ‚siderischen' Experimenten aus Ritters letztem Lebensjahr. Ritter ist schlesischer Pfarrerssohn, der über eine Tätigkeit als Apotheker zum spekulativen Naturphilosophen wird. Die Jenenser Atmosphäre hält ihn von 1796 bis 1804 in ihrem Bann. Seine letzten Lebensjahre verbringt er, auf Schellings Empfehlung, in untergeordneter Funktion an der Münchener Akademie. In seinen Thüringer Jahren ist er nicht nur ein einen eigenen Kreis bildender, übrigens im Leben eher scheuer und unbeholfener Genosse der Romantiker, sondern auch Goethes Helfer an der Farbenlehre und sein Gesprächspartner in ‚höherer Physik‘.

Ritter ist vollkommener Autodidakt, aber eben darum ohne jeden akademischen Dogmatismus. Die daraus gewonnenen naturphilosophischen Gesichtspunkte, die freie Spekulation, der er sich hingibt, verbinden ihn zunächst mit Novalis, aber auch mit Schelling. Für Novalis ist er der Sucher nach der „eigentlichen Weltseele der Natur“. Ritter selbst sprengt bewußt die Grenzen des Fachwissenschaftlichen in seinen physikalisch-chemischen Experimenten. Ein Bild des Reichtums seiner Gedankenwelt in dieser Zeit geben seine Fragmente, in denen er sich der romantischen Form der Jenenser anschließt, einsetzend mit einer Art Autobiographie, die den Werdegang festhält, unter Betonung der beiden Namen Novalis und Herder. Von Herders sprühender Persönlichkeit als Gesprächspartner entwirft er eines der eindrücklichsten Bilder. Herder vermittelt ihm auch die Kenntnis Winckelmanns. „Winckelmann machte ihn wie neugeboren“; aber der Schlußsatz dieser biographischen Einleitung bleibt bezeichnend:

> Auch hier blieb er im Grunde, was er war: Physiker; von Magnetismus, Elektrizität und Hydrogen und Oxygen indessen hat man ihn eigentlich nie dabei sprechen hören.

Dennoch sind diese Gebiete seine Basis. Die Meditation über sie ist der Kern der Fragmente. Sie kreisen um den Gedanken der Polarität wie bei Goethe. Wie Novalis sucht Ritter die Analogie von Geschichte und metallurgisch-chemischen Entwicklungsprozessen in astronomischen Gesetzen, in der Optik, der Wärmelehre, dem Galvanismus. Bezeichnend dafür ist das Novalis nahe Fragment:

Nicht Geschichte der Physik, sondern Geschichte = Physik = Geschichte.

Der Prozeß des Werdens der Natur fällt zusammen mit dem der organischen Entwicklung des Menschen. Das Entscheidende bleibt der übergreifende Organismusgedanke („Das Gold ist eine versteinerte Flamme." „Die Optik ist eine transzendentale Chemie."). Mitbestimmend wie für Novalis und Tieck ist dabei für Ritter die Theosophie Jakob Böhmes. Die naturwissenschaftliche Erkenntnis im Bereich der Elektrizität und des Galvanismus wird ihm dabei zum Mittel, das Geheimnis der Natur aufzudecken („Im Galvanismus kommt die Erde über sich selbst zur Reflexion."). Das ist wieder Schelling nahe. Und in Übereinstimmung mit Novalis wird der Todesgedanke als Durchgangsstufe zum höheren Leben angesehen („So könnte ich allerdings von Ewigkeit her sein."). Somnambulismus, Magnetismus und ähnliches werden so zu Hindeutungen auf das Prinzip:

Alles ist, aber das Sein wird.

Gewichtig sind auch die ästhetischen Splitter, die aus Ritters naturphilosophischen Kombinationen abfallen. Es ergibt sich dabei sowohl eine Musiktheorie wie eine ästhetische Farbenlehre. Wie bei Novalis gibt es dabei Vorklänge auf die Farbbedeutungslehre des späteren Symbolismus (bis Rimbaud und Verlaine):

Weiß ist die Farbe, die dem Auge so wohl tut, die es gesund erhält; weiß ist das Licht der Sonne. Darum ist der natürliche Mensch dem Weißen so hold; es stellt Reinheit, Unschuld, Liebe, Harmonie usw. vor. Blau ist die Farbe des Leidenden, um sein Rot, das schwächer, brechbarer, zu neutralisieren; Rot die Farbe des Tätigen, um das stärker gebrochene Violett zu sättigen. Um wieder Harmonie herzustellen, sehnt sich das Auge nach langer Ermüdung durch Blau nach Rot, nach langem Gelben nach Blau, auf Purpur nach Grün, auf Schwarz nach Weiß.

Hier spricht nicht nur der Helfer bei Goethes Optik. Diese Aufzeichnungen sind Philipp Otto Runges Farbspekulationen ebenso verwandt wie Tiecks Farbenaufsatz aus den *Phantasien*. Alles in allem ist das Element, das Ritter im Jenenser Kreise darstellt, exakt kaum abzuschätzen, jedenfalls aber von hoher Bedeutung.

Eine bedeutende Erscheinung von damals vor allem persönlichem Gewicht berührt den Weg Schellings und Hardenbergs zu dieser Zeit, obwohl sie literarisch erst für die jüngere Romantiker-Generation wirksam wird. Es ist dies Karl Wilhelm Ferdinand S o l g e r (1780 bis 1819). Er wird literarisch in seinen beiden Gesprächsbänden *Erwin, vier Gespräche über das Schöne und die Kunst* (1815) und *Philosophische Gespräche* (1817) erst nach der Jenenser Zeit publizistisch hervortreten. Nachjenensisch ist ebenso seine Freundschaft mit Tieck, der auch in diesem Falle als Herausgeber eines Teils des Nachlasses auftreten wird. Der Jungverstorbene hatte es immerhin zu Professuren in Frankfurt a. d. O. und Berlin gebracht. Seine später herausgegebenen Dialoge sind nicht nur formgeschichtlich eine wichtige Stufe innerhalb der Entwicklung der Dialoggattung, die natürlich von Platon herkommt (eine Vorstufe zugleich für die Rolle des Dialogs im späteren Symbolismus bei Hermann Bahr, Hofmannsthal und Rudolf Borchardt), sondern auch bedeutende Zeugnisse der Geschichte der Ästhetik, der sie aus dem Neuplatonismus der Schellingschen Kunstphilosophie verwandte Motive beifügen. Was der junge Jurist in Halle und Jena, dessen Tagebücher wenigstens Spiegel

seiner damaligen Entwicklung sind, in seiner vorpro-
duktiven Periode für die Jenenser Frühromantiker bedeutet hat, ist kaum präzisierbar. Man muß es aus
der Tatsache rückzuerschließen suchen, daß der *Erwin*
damals bereits konzipiert war, wenn er auch erst anderthalb Jahrzehnte später formuliert vorlag.

Vielgenannt im *Athenäum,* von Novalis exzerpiert
und verarbeitet, ist Frans Hemsterhuis (1720–90). Dieser französisch schreibende Niederländer hat in der
Jenenser Romantik eine Nachwirkung erfahren, die
keineswegs auf Zufall beruhte. Hemsterhuis war Pla-
toniker, besser Neuplatoniker, im Sinne und in der
Nachfolge Shaftesburys. Auch er bevorzugt die Dialogform und wird frühzeitig ins Deutsche übertragen,
zuerst von Herder, der 1781 seinen *Brief über das
Verlangen* überträgt und zusätzlich mit seiner eigenen
Schrift über *Liebe und Selbstheit* verbindet. Von 1782
an folgen die drei Bände *Vermischte philosophische
Schriften.* Die Vermittlung kam also auf diesem Wege.
Sie lag aber schon nahe genug, weil ja Hemsterhuis
als Seelenfreund der Fürstin Gallitzin eine bedeutende
Rolle im Erweckungskreis zu Münster spielte, wo ihm
der Name Sokrates zuteil wurde (ohne daß er übrigens
mit seiner „Diotima" konvertierte). Damit kommen
auch noch Jacobi und Hamann als Medien in Frage.
Rudolf Unger nennt die in Dialogen und Briefen aus-
gebreitete Philosophie des Holländers einen „ästhetisierenden Platonismus" in kultivierter Form, und in
der Tat hat Hemsterhuis, Platonismus wie Neuplatonismus in die englisch-schottische Moralphilosophie
der Aufklärung integrierend, romantische Motive wie
die des goldenen Zeitalters (*Alexis, ou sur l'âge d'or*)
oder der Sehnsucht (*Lettre sur les désirs*) schon in der
vorromantischen Situation erreicht. Der ‚désir' nach
der Wiedervereinigung mit dem Göttlichen wäre, völlig realisiert, ‚volupté'. Da aber die volle Verwirkli-

chung des Verlangens nicht statthaben kann, ist Schwermut die Folge. Kein Wunder, daß die Frühromantiker, den Toten für sich entrationalisierend, zugleich seine Form bewundernd, diesen Philosophen entdeckten und, einschließlich seiner Seelenlehre, adaptierten. Schon Hemsterhuis' frühestes Werk *Lettre sur la sculpture* (1769) hatte ja in der menschlichen Seele etwas wahrgenommen, welchem „alles Verhältnis mit dem, was wir Zeitfolge oder Dauer nennen, zuwider ist". Das aber ist ein sehr wesentlicher Gesichtspunkt der romantischen Deutung der Seele und ihrer Subjektivität.

Der ganzen Entwicklung der Philosophie zum transzendentalen Idealismus und zur spekulativen Naturlehre ist die Problematik von Wissen und Glauben, mehr oder weniger ausdrücklich theologisch, immanent. Die Kräfte von der älteren und jüngeren Mystik, insbesondere Böhmes Theosophie, aber auch unmittelbar vom Pietismus her, sind bei allen Gliedern des Kreises spürbar. Sie werden besonders aktiv durch den Hinzutritt Friedrich Daniel Ernst S c h l e i e r - m a c h e r s (1768–1834), und zwar nicht nur durch seinen Anteil an den *Athenäum*-Fragmenten und seine Apologie von Schlegels *Lucinde* (*Vertraute Briefe über die Lucinde*, 1800), sondern in erster Linie durch seine Schrift *Über die Religion. Reden an die Gebildeten unter ihren Verächtern* (anonym 1799). Wie Ritter kommt auch Schleiermacher aus einem schlesischen Pfarrhause, und zwar aus der Sphäre Herrnhuts, wo er seine theologische Ausbildung empfangen hat. Nach Abschluß seines Studiums in Halle a. d. S. tritt er von seiner ersten Pfarrstelle in Berlin aus, damals erst 28jährig, mit den Brüdern Schlegel in engen Kontakt. Auch von seiner späteren Professur in Halle aus bleibt er der romantischen Bewegung verbunden. Seine Biographie von Wilhelm Dilthey (1870) wird zu einem der bedeutendsten Bücher über die Frühromantik. Schleiermachers fünf Reden sind ihrem Charakter nach ein Dokument christlicher Apologetik, mit dem Ziel, die Religion in veränderter Zeit der geistigen Elite, die durch Aufklärung und moderne Philosophie gegangen ist, als notwendiges Element der Bildung wieder einleuchtend zu machen.

Selbstverständlich kann dies nur auf eine äußerst undogmatische Weise realisiert werden. Zur Mitgift der Brüdergemeine gehörte ohnehin die Toleranz. Außerdem entstammt der Zinzendorfschen Sphäre die Betonung der Gotteserfahrung im Erlebnis. Beides setzen die *Reden* gleichsam als selbstverständlich voraus. Von den Reden ist für die Literaturgeschichte am wichtigsten die zweite, der man noch den Schluß der dritten an die Seite stellen mag. Allerdings enthält auch die Einleitung *Apologie* der Romantik nahestehende Partien, vor allem über Trieb und Sehnsucht nach dem Unendlichen als die psychologische Voraussetzung des Religiösen. Und letztlich ist die berühmte Definition der Religion in der zweiten Rede nicht ohne die zahlreichen Hinweise auf die mystische Innerlichkeit in der *Apologie* zu verstehen. Denn „Anschauung des Universums" oder „Sinn und Geschmack für das Unendliche" machen das Wesen der Religion zu einem eingeborenen Akt der menschlichen Innerlichkeit. Natürlich kommt dieser Adogmatismus der Denkweise der zentralen Rolle des Unendlichen bei den Romantikern weit entgegen, zumal Schleiermacher dabei die Religion von Metaphysik und Moral geflissentlich trennen will. Der religiöse oder der innere Sinn, das Schmecken und Fühlen Gottes, ist, wie schon in früheren Zusammenhängen dargestellt wurde, Mitgift von Mystik und Pietismus. Auch die Berufung auf den „heiligen, verstoßenen Spinoza" fehlt nicht. Daß Religion dabei auf die Gefühlsebene beschränkt

Friedrich Schleiermacher. Kreidezeichnung nach Franz Krüger

wird, ist nur die Folge des Ansatzes im Subjektivismus
(Sinn, Geschmack, Anschauung). Für Sturm und Drang
wie Romantik gleich gültig mag hier der letzte Satz
der zweiten Rede stehen:

> Mitten in der Endlichkeit eins werden mit dem Unend-
> lichen und ewig sein in einem Augenblick, das ist die Un-
> sterblichkeit der Religion.

Das Bild einer romantischen Theologie rundet die dritte Rede folgerichtig ab mit der Präzisierung des Allgemeinen aufs Konkrete, nämlich auf die Synthese von
religiösem Sinn und Kunstsinn. Ähnlich wie Novalis
sieht Schleiermacher hier eine goldene Zeit anbrechen:

> Laßt uns Vergangenheit, Gegenwart und Zukunft um-
> schlingen, eine endlose Galerie der erhabensten Kunstwerke
> durch tausend glänzende Spiegel ewig vervielfältigt.

Religion, Kunst und Geschichte gehen damit ineinander über. Gesetz und Sünde werden durch eine universale Ästhetik ersetzt.

Nicht entfernt solche Wirkung haben Schleiermachers *Monologen* (1800) erreicht, es sei denn als Er-
bauungsbuch des gebildeten liberalen Bürgertums. Die
Reden aber trafen auf die romantische Elite, wie sie
denn auch den späteren Kulturprotestantismus noch
mitbegründeten.

1. Die Brüder Schlegel und ihre Frauen

Die Jenenser Frühromantik wurde sozusagen organisiert und gesellig getragen durch die Brüder August Wilhelm und Friedrich Schlegel. Sie stammten aus dem begabten Pfarrergeschlecht, das in der älteren Generation mit Johann Adolf und Johann Elias Schlegel bereits in die deutsche Literaturgeschichte eingegriffen hatte. Die vorhandene Begabung hat sich im vollen Maße auf August Wilhelm und Friedrich fortgeerbt. Mag beider spätere Entwicklung auch gewisse Erstarrungssymptome aufweisen, so ist ihre Jugend aus der neuen Genialitätsbewegung nicht wegzudenken, und dies in sehr vielseitigen Äußerungsformen, von denen die im eigentlichen Sinne dichterische noch die am wenigsten bedeutende ist. Dabei ist ihr Charakter wie ihr Habitus äußerst verschieden, wie es auch ihr Schicksal werden sollte. Gerade deswegen konnte aus ihrem Zusammenwirken im ‚Symphilosophieren‘ und ‚Sympoetisieren‘ jene Kreisbildung entstehen, die die Literaturgeschichte früher „Die romantische Schule" zu nennen pflegte. Ähnliches gilt für ihre auf gleich individuelle Art genialischen Frauen Caroline und Dorothea, deren Rolle in Jena und Weimar die angefochtenere war, ohne daß es sie viel kümmerte.

August Wilhelm S c h l e g e l (1767–1845), der ältere, überlebte den jüngeren Bruder (1772–1829) um lange Zeit, nicht gerade zugunsten seines eigenen Ruhmes, der im Alter durch den natürlichen Gegensatz zum Jungen Deutschland noch erheblich litt. Friedrich starb gerade noch vor Ausbruch dieser neuen Zeit. Die konsequentere Entwicklung im romantischen Sinne erfährt August Wilhelm, die genialere und tiefere Lei-

stung für die Romantik erbringt Friedrich. August
Wilhelm, ein früh entwickeltes Schultalent, wechselt
1786 in Göttingen von der Theologie zur Philologie
über und wird schon als Zwanzigjähriger zum Mitarbeiter Christian Gottlob Heynes (1729–1812), des
berühmten Altphilologen und Freundes von Herder.
Das weist schon auf die Seite rezeptiver Energie August
Wilhelms, die bei Friedrich längst nicht so ausgeprägt
war. Schöpferische Anregung erfährt August Wilhelm
Schlegel durch Gottfried August Bürger, dem er in
der unglückseligsten Periode von dessen Existenz eine
treue Anhänglichkeit entgegenbringt, die er noch 1800
in einer eigenen Schrift bezeugt. Von Bürger lernt er
die Kunst des Sonettierens, und nicht nur von Herder
und Jean Paul, sondern auch von Bürger geht damit
eine unmittelbare Linie zum formgeschichtlichen Er-
scheinungsbild der Romantik. Was man später beinahe
eine Art Mystik des Sonetts bei den Romantikern nennen könnte (Sonett als gleichsam symbolische Form
der Anti- und Synthese), die dann über Zacharias
Werner sogar den späten Goethe berührt, das gilt
freilich für den jungen A. W. Schlegel nur teilweise,
trotz seines Sonetts über *Das Sonett*. In erster Linie
lag hier ein Ansatzpunkt für sein ausgeprägtes Form-
talent, das ihn früh mit den großen weltliterarischen
Vorgängern Dante, Petrarca, Shakespeare verband.
Bürgers Weg war ferner von der Ballade zur Romanze
gegangen, und Schlegel beginnt schon damals in der
assonierenden spanischen Romanzenstrophe sich zu
versuchen, fühlt sich früh der romanischen Form verwandt. Davon zeugt nicht nur seine Dante-Paraphra-
se (*Über des Dante Alighieri Göttliche Komödie*,
1791), die Übersetzungsversuche ergänzen, sondern
auch ein ganzer Sonetten-Zyklus *Die italienischen
Dichter* (von Dante und Petrarca bis zu Ariost und
Guarini). Daß dies zugleich frühromantischer Histo-

rismus in Herders Geiste ist, mag man auch am Stil
des Dante-Aufsatzes erkennen:

> Hineinträumen muß man sich in jenes heroische mön-
> chische Gewirr, muß Guelfe oder Ghibelline werden.

Der Übergang nach Weimar war innerlich vorbereitet, auch der zu Schiller, der die Übersiedlung bewirkt.

Freilich liegt zwischen Göttingen und Jena das Am-
sterdamer Intermezzo von 1791 bis 1795. Es ist äußerlich
eine Hauslehrerzeit, mehr aber wohl noch eine Flucht
nach einer ersten Abweisung durch seine spätere Frau
Caroline, die mit ihm gleichaltrige Tochter des Göttinger Orientalisten Johann David Michaelis. Caroline,
früh mit dem Clausthaler Physikus Dr. Böhmer verheiratet und mit 21 Jahren bereits verwitwet, war von
einer eigenen, höchst selbständigen Genialität, von der
ihre Briefe nachdrücklich zeugen. Eine Mischung von
Vitalität und ruhiger Überlegenheit, erkennt sie Schlegels allzu rezeptives und für sie allzu korrektes Wesen. Immerhin wird sie es einst dieser Korrektheit in
der Form der Ritterlichkeit zu danken haben, daß er
sie aus den Wirren des Mainzer Klubismus, in denen
sie sich schließlich verlassen und dazu schwanger findet, in die bürgerliche Ehe mit ihm retten wird. Als
seine Frau wird Caroline, nachdem August Wilhelm
Schlegel sie zunächst unter Friedrichs Schutz gestellt
hat, eine Art faszinierender Geist der Jenenser Romantik, jedoch nur für begrenzte Zeit. Denn als der Jenenser Kreis zerfällt, muß er sie an den überlegenen
Schelling abtreten, mit dem sie bis zu ihrem frühen
Tode 1809 eine endlich glückliche Ehe führen wird.

Die Mainzer Wirren, in die sich die revolutionslu-
stige junge Frau gestürzt hatte und die sie in einer
zweideutigen Lage als Gefangene und Verführte zu-
rückließen, führten übrigens für kurze Zeit ihren Weg
auch nahe an den des Verfassers der *Ansichten vom*

Niederrhein, des großen Weltreisenden und unruhigen Geistes Johann Georg Forster (1754–94), heran, der seine wilde politische Zeit gleichfalls in dem als revolutionärer Modellfall für Deutschland gedachten Mainz vertobte, um an diesem Abenteuer zu zerbrechen. Auch der Lebenslauf Carolines wirkt dermaßen abenteuerlich, daß von vornherein einleuchtet, wie ein energiegeladener, feuriger Geist von der Art Schellings sie alsbald dem trockeneren Schlegel abgewinnen mußte. Die Eigenschaften, denen Caroline dieses für deutsche Kleinstädte fremdartige Leben und Schicksal verdankt, sind von Zeitgenossen wie Nachfahren höchst verschieden interpretiert worden. Für Friedrich Schlegel war sie eine Art verkörperter Inspiration, für die Frauen Herders und Schillers die ‚Dame Lucifer‘. Ricarda Huch in ihrer Darstellung der Romantik möchte liebevoll Carolines Genialität des Unberechenbaren herausarbeiten; Georg Waitz, der Herausgeber ihres Briefwechsels, möchte eher nach dem Bürgerlich-Verständlichen hin dämpfen. Denkwürdig bleibt die Charakteristik Carolines in dem Kapitel „Lehrjahre der Männlichkeit" von Friedrich Schlegels Roman *Lucinde*, dem epischen Programmwerk der Frühromantik. Sie setzt ein mit dem Satz des Julius:

> Auch diese Krankheit wie alle vorigen heilte und vernichtete der erste Anblick einer Frau, die einzig war und die seinen Geist zum ersten Mal ganz und in der Mitte traf.

Julius (= Friedrich) drängt seine jäh erwachte Leidenschaft „in sein Innerstes" zurück, um dann ihr Bild zu entwerfen, das den erhaltenen authentischen Zeugnissen und der ganz eigentümlichen Faszination, die von dieser Frau ausgegangen sein muß, eindrücklich entspricht:

> Sie war heiter und leicht in ihrem Glück, sie ahndete nichts, scheute also nichts, sondern ließ ihrem Witz und

Friedrich Schlegel. Kreidezeichnung von Ph. Veit (1811)

August Wilhelm Schlegel. Kupferstich der Zeit

ihrer Laune freies Spiel, wenn sie ihn unliebenswürdig fand. Überhaupt lag in ihrem Wesen jede Hoheit und jede Zierlichkeit, die der weiblichen Natur eigen sein kann, jede Gottähnlichkeit und jede Unart, aber alles war fein, gebildet und weiblich. Frei und kräftig entwickelte und äußerte sich jede einzelne Eigenheit, als sei sie nur für sich allein da, und dennoch war die reiche, kühne Mischung so ungleicher Dinge im ganzen nicht verworren, denn ein Geist beseelte es, ein lebendiger Hauch von Harmonie und Liebe. Sie konnte in derselben Stunde irgendeine komische Albernheit mit dem Mutwillen und der Feinheit einer gebildeten Schauspielerin nachahmen und ein erhabenes Gedicht vorlesen mit der hinreißenden Würde eines kunstlosen Gesanges. Bald wollte sie in Gesellschaft glänzen und tändeln, bald war sie ganz Begeisterung, und bald half sie mit Rat und Tat, ernst, bescheiden und freundlich wie eine zärtliche Mutter. Eine geringe Begebenheit ward durch ihre Art, sie zu erzählen, so reizend wie ein schönes Märchen. Alles umgab sie mit Gefühl und mit Witz, sie hatte Sinn für alles, und alles kam veredelt aus ihrer bildenden Hand und von ihren süß redenden Lippen. Nichts Gutes und Großes war zu heilig oder zu allgemein für ihre leidenschaftlichste Teilnahme. Sie vernahm jede Andeutung, und sie erwiderte auch die Frage, welche nicht gesagt war.

Als August Wilhelm Schlegel um die Wende 1794/95 aufgrund einer Analyse des philosophischen Gedichts *Die Künstler* und der Vermittlung durch Christian Gottfried Körner in Verbindung mit Schiller trat, brachte er bereits eine weltliterarische Belesenheit in den Griechen, Italienern und Spaniern mit, die ihn für Schiller zum begehrenswerten Mitarbeiter seiner Zeitschriftenpläne machte. Schlegel ist dabei den umgekehrten Weg wie Tieck gegangen. Seine Ausdehnung auf Lektüre und Kritik im übernationalen Sinne ist Ausgangspunkt, Tiecks Weg dahin Resultat von eigener Dichtung. Schillers Bedarf an Mitarbeitern für *Thalia*, *Horen* und *Musenalmanach* läßt ihn den äußerst gebildeten Literaturkritiker ganz nach Jena

ziehen. Im Grunde wäre Schlegels unphilosophischer,
überwiegend literarkritischer Eigenart als eigentlicher
Mentor Herder gemäßer gewesen. Doch läßt das die
Parteiung in Weimar nicht zu. Schiller ist es, der ihn
gerufen hat, und die Einfühlungsbegabung Wilhelm
Schlegels funktioniert sofort: als (Nach-)Dichter von
Balladen und Romanzen in Schillers Stil (*Arion*). Die
innere Herder-Verwandtschaft hingegen zeigt der *Horen*-Aufsatz *Briefe über Poesie, Silbenmaß und Sprache* (1796), der nicht nur ganz Herder-nahe Partien
enthält, sondern auch versteckte Polemik gegen Schiller (Ende des *Briefes*). Der zweite Brief, der vom Ursprung der Sprache handelt, läßt sie aus Empfindung
und Gefühl entstehen wie Herder (wieder nicht ohne
Spitze gegen Kant und damit Schiller). Es ist merkwürdig, daß Schiller das nicht durchschaut hat. Die
Linie von Bürger zu Herder blieb, trotz Konzessionen,
für August Wilhelm Schlegel bestimmend. Der baldige
Bruch zwischen Schiller und nicht nur August Wilhelm, sondern auch dem nachgezogenen Friedrich war
vorgezeichnet. Schiller hatte seine Einflußkraft auf
die Jüngeren überschätzt. Um so erklärlicher erscheint
seine Enttäuschung bis zur Bitterkeit, als er erkennen
mußte, daß er sich selber den Kuckuck ins klassische
Nest geholt hatte.

Die damals beginnende intensive Auseinandersetzung Schlegels mit Shakespeare, die ebenfalls in den
Horen Aufnahme findet, geht auch auf die Zusammenarbeit mit Bürger zurück (*Sommernachtstraum*).
Antirationalistisch durch und durch sind die *Romeo*-
und *Hamlet*-Analysen von 1796 und 1797, besonders
der Aufsatz *Etwas über William Shakespeare bei Gelegenheit Wilhelm Meisters*. Der Gesichtspunkt der
vieldeutigen Tiefe genialer Kunstwerke (Friedrich
Schlegel: „Ein klassisches Kunstwerk muß nie ganz
verstanden werden") entspricht nicht Schillers An-

schauung, sondern ist durch und durch Romantik. Um eine neue Hermeneutik geht es bei all diesen Arbeiten. Der Maßstab für endlichen oder unendlichen Gehalt kommt aus der Weite der Kenntnis. Aus dieser Empirie muß das Ästhetisch-Grundsätzliche sich entfalten. Die *Romeo*-Analyse ist so als ein Musterbeispiel eines einfühlenden Kommentars beabsichtigt. Wenn Körner damals über Schlegel schreibt: „Er ist zum Übersetzer geboren, dazu hat er zarte Empfänglichkeit", so weist das nicht nur auf die spätere Schlegelsche Shakespeare-Übersetzung voraus, sondern verrät Einsicht in sein Wesen. „Zarte Empfänglichkeit" ist das Siegel nicht nur des Übersetzers, sondern auch des leidenschaftlichen Literaturhistorikers und -kritikers, wozu Schlegel sich entwickeln wird. Denn die gleichen Jahre, es sind die reichen bis 1803, lassen seine hohe Begabung für Übertragungen sich voll entfalten. 16 Shakespeare-Stücke übersetzt er bis 1801. Zwei Jahre später folgen die Übertragungen Calderonscher Dramen (*Spanisches Theater*). Aus beiden europäischen Klassikern, vor allem aus Shakespeare, macht er sozusagen zum deutschen Bestand gehörige. Das Stilgefühl, das er dabei entwickelt, zeigt sich nicht nur im Vergleich mit Wielands und Eschenburgs vorangehender deutscher Shakespeare-Ausgabe, sondern noch bis in unser Jahrhundert im Vergleich zu den von Gundolf (George) ergänzten Stücken. Doch ist diese an sich schon enorme Arbeit nur ein Teilertrag dieser produktivsten Periode von Wilhelm Schlegels Entwicklung.

Nicht minder großzügig entfaltet er sich als Kritiker und, mit Friedrich, als Dirigent und Beiträger des *Athenäums*, der Partei-Zeitschrift der Jenenser Frühromantik (1798–1800), die ursprünglich sogar „Schlegeleum" heißen sollte. Nebenher las August Wilhelm auch an der Universität, und schließlich entstanden die Voraussetzungen für seine großangelegten Vorlesungsreihen, die er einem auserlesenen Berliner Publikum in spektakulärer Form über mehrere Jahre hin hielt (1801–04). Es waren die *Vorlesungen über schöne Literatur und Kunst*, in denen die romantische Interpretation nun auch öffentlich zu Worte kam. Übersetzen, Literaturkritik und geschichtliche Darstellung bedeuten für die Romantik Bereiche, die auf dem gleichen Sinn beruhen. Immer geht es dabei um Vermittlung unausschöpflicher Gehalte und Formen. Daher überall das Drängen zum Weltliterarischen. Daher die Herder ganz nahe Theorie des Übersetzens bei August Wilhelm:

> Wo ist ein Übersetzer, der zugleich Philosoph, Dichter und Philolog ist: er soll der Morgenstern einer neuen Epoche in unserer Literatur sein.

So drückt es ein *Athenäum*-Fragment aus. August Wilhelm Schlegel hat sein eigenes Übersetzer-Ideal als „Nebenbuhlerschaft" (mit dem Autor) gekennzeichnet und seine eigene Übersetzerpraxis bei Unterscheidung von weiblicher und männlicher Übersetzung in der Definition der männlichen vortrefflich formuliert. Sie „drückt die Gestalt des Autors aus, wie er für uns, wäre ihm unsere Sprache zuteil geworden, etwa sprechen würde". Diese Selbstauffassung erklärt hinreichend die Wirkung seines Shakespeare wie des *Spanischen Theaters*: echte Erschließungen von Welten phantastischer Größe für das Deutsche.

Von Schlegels Jenenser Vorlesungen *Über philosophische Kunstlehre* (1798) besitzen wir nur eine Nachschrift, interessant genug, wenngleich der Schiller-Einfluß spürbar ist. Diese Vorlesungen geben sowohl eine ganze Poetik wie in ihrem zweiten Teile auch eine Geschichte der Ästhetik vom Altertum bis zu Karl Philipp Moritz. Die Akzente (z. B. Mythos, Hemsterhuis) fallen bereits weithin im Sinne der Romantik.

Beginn von A. W. Schlegels „Allgemeiner Übersicht des gegenwärtigen Zustandes der deutschen Literatur" (1802) in der Handschrift

In den Paralipomena des Anhangs finden sich Abschnitte wie „Kunst und Traumwelt", die Schelling und Novalis verwandt sind, neben Auswertungen von Schillers Ästhetischen Briefen wie „die Bildung des Publikums soll von den Künstlern ausgehen, soll von ihnen unterhalten und geleitet werden". So etwas zeigt den Ausgang der Frühromantik z. T. im Geiste Schillers.

Nur in ihrem ersten Zyklus theoretisch-ästhetisch, aber geschichtlich in aller Breite und Fülle darstellend, sind die Berliner Vorlesungen, die wegen ihrer Resonanz in der Hauptstadt für die romantische Interpretation der deutschen wie der Weltliteratur im Parteisinne epochemachend wurden. Die drei Zyklen der *Vorlesungen über schöne Literatur und Kunst* enden mit einer Darstellung der mittelalterlichen Poesie in Europa, ausgehend von Deutschland und weitergreifend bis zum spanischen Ritterroman und Boccaccio. Stofflich ist also das Germanische und Romanische als eine Einheit genommen, bewußt übernational, und Themen wie die Mythologie des Mittelalters, Minnesang und Romanze werden als eine Konsonanz „der Hauptnationen des neueren Europa" verstanden. Herder, der im gleichen Jahre 1803 starb, hätte seine Freude an dieser Betrachtungsart gehabt. Indessen, das Gewicht, das der Mythenbildung für die Stilbildung zufällt, dürfte eine Wirkung Schellings sein. Das Wichtige an dem Unternehmen war, daß der auserwählten Hörerschaft der Hauptstadt eine umfassende Darstellung literatur- und geistesgeschichtlicher Observanz von der Antike und ihrer Wirkungsgeschichte an (dem Gegenstand des zweiten Zyklus) bis zu dem Herz- und Kernstück romantischer Wertung, dem Mittelalter und der Renaissance, geboten wurde. Schon Rudolf Haym hat den Zweck der Berliner Vorlesungen rundweg als „Propaganda" für die neue Schule bezeichnet.

Anders als der des Bruders war der Weg Friedrich
Schlegels (1772–1829). Zum Kaufmann bestimmt,
erzwang er nach Abbruch der Lehre das Studium in
Göttingen und Leipzig. Viel stärker als der Bruder ist
er schon in seinem Ansatz der griechischen Welt verhaftet bis zu ihrer Wirkung auf Winckelmann. Dieses
Studium verdrängt seine Bestimmung zum Juristen.
Schon in den gemeinsamen Jahren mit August Wilhelm 1789 bis 1791 in Göttingen eignet er sich die
griechischen Quellen in umfassendem Maße an. Dabei
erweist sich sein Interesse für Philosophie als ausgeprägter als das für Geschichte. In Leipzig erlebt er
seine titanische Zeit: eine Mischung von Selbstgenuß
und Selbstekel, die sich in den Briefen an den Bruder
widerspiegelt: „Und doch zerfrißt das Gefühl unsrer
Armut jeden Moment meines Lebens." Solche Bekenntnisse stehen neben Äußerungen euphorischen Selbstbewußtseins. Sein Verstand verwurzelt ihn viel stärker
in der Aufklärung als der Historismus des Bruders.
Man findet radikale Ablehnung Gottes und Selbst-
mordgedanken. Der kongeniale Interpret und Kritiker
von Friedrich Jacobis *Woldemar* (2. Fassung 1794)
gerät überdies in den Strudel eines recht frei aufge-
faßten Studentenlebens. Einiges davon wird er später
in der *Lucinde* beichten: Sinnlichkeit und Witz im
Kapitel „Allegorie von der Frechheit", Unrast und
Faulheit in der „Idylle über den Müßiggang". Die
„Lehrjahre der Männlichkeit" spiegeln zum Teil autobiographisch die Krise von 1792. Auch der Katalog
der Geliebten und der Ausdruck einer egoistischen
Freundschaftswut im Roman gehören hierher. Der Gegensatz zu August Wilhelm tritt deutlich heraus. Friedrich ist gleichsam ein Phantasiemensch des Verstandes,
von selbständigen, kühnen, manchmal raffinierten Einfällen übersprudelnd. Seine Eigenart ist das dauernde
Reflektieren auf sich selbst, aus dem die Reflexion auf

die Welt dann als Aphorismus hervorspringt. Die Theorie des Aphorismus (Fragmentes) wird Friedrich Schlegel übrigens erst im ‚Symphilosophieren‘ mit den Jenenser Freunden entwickeln. Aber die Praxis ist seinem Wesen gemäß. Seine Anlage, geniale Intuitionen alsbald wieder durch das reflektierende Bewußtsein gehen zu lassen, erinnert nicht so sehr an Lessing, dem er sich wahlverwandt fühlte und dem er ein umfängliches Traktat (1797) gewidmet hat, als, nach der Moderne zu, an Richard Dehmel, für den ein satanistischer Freund die Formel „Hahnrei des Bewußtseins" prägte. In der Tat war der Romantiker von verwandter Art. Das prädestinierte Friedrich Schlegel geradezu zum Führer der spekulativen Frühromantik. Nichts liegt ihm so weit auseinander, als daß er es nicht durch eine überraschende dialektische Verbindung mit dem Gegensatz kopulierte. Hieraus ist auch die anfangs nicht zustande kommen wollende, dann jedoch innige Freundschaft mit Novalis zu verstehen. Bei beiden denkt die Phantasie der Romantik. Bei beiden führt sie gelegentlich bis zum Paradox.

Hinzu kommt Friedrichs „Gefräßigkeit" bei der Aufnahme von Literatur, Philosophie, Geschichte und bildender Kunst, die aber, im Gegensatz zu August Wilhelm, im Ansatz schon die eigene Originalität ins Spiel bringt: nicht nachempfindende Empfänglichkeit bloß, sondern Zurückdenken auf die Ursprünge und Hindenken auf die Zukunft zugleich charakterisiert ihn. So liegen Aufnahme und Interpretation der Antike ganz nahe beieinander, später auch die der mittelalterlichen und romanischen Literaturen. So durchmißt und überspielt er zugleich Kant, Fichte, Spinoza, Schelling und Hemsterhuis, von dem er die Idee des eingeborenen Organs für das Unendliche empfängt, auch die des goldenen Zeitalters der Sonnennähe der Menschheit, wie sie sich in der schönen Sinnlichkeit der Griechen verkörpert hat und in aussichtsreicher Zukunft wieder verwirklichen wird. Hier trifft sich auch der Einfluß von Hemsterhuis mit dem von Novalis. So beginnt sich schon in der Leipziger Zeit Friedrich Schlegels Lebensprogramm herauszubilden, „ein Winckelmann in Absicht der Poesie" zu werden. Er ließ das nicht lange anstehen. Seine Jugendschriften bis zur *Athenäum*-Zeit, deren Hauptziel eine griechische Literaturgeschichte (Parallele zu Winckelmann) sein sollte, sind unter diesem Gesichtspunkt zu verstehen. Durchgeführt hat er das Projekt natürlich nie. Aber eine Reihe höchst bedeutender Ansätze hat er in seinen Schriften seit 1794 tatsächlich gegeben. (In der späteren Gesamtausgabe nach der Konversion ist der Text übrigens z. T. bis zur Prüderie gesäubert.)

Von vornherein hat er in seinen Darstellungen der Griechen zugleich die Existenzfrage des eigenen Zeitalters im Auge: das Verhältnis von Antike und Moderne. Der erste Aufsatz *Von den Schulen der griechischen Poesie* (1794) ist winckelmannisch gebaut, unter dem festen Gerüst der Periodisierung in vier ‚Schulen'. Er durchmißt den Weg der griechischen Literatur von der jonischen Schule (Mythos, Homer, Hesiod), in der „Poesie, Geschichte und Philosophie noch nicht getrennt" waren, über die dorische (Alkaios, Sappho, Anakreon), das Zeitalter der Gymnastik und Musik, der „beiden eigentümlichsten Produkte des griechischen Geistes", dem Zeitalter der winckelmannschen Antike der „gebildeten Natur", der „Größe, Einfalt, Ruhe", zur Athenischen und Alexandrinischen Schule, den Zeitaltern der höchsten Schönheit und herben Größe (Aischylos, Sophokles), aber des Verlustes der Harmonie durch rhetorische und philosophische Einflüsse. Schon die Schönheit des Euripides und Aristophanes ist für Schlegel „hinreißend, verführerisch, glänzend". Sie ist der Beginn der Dekadenz, die sich in der Alexandrinischen Schule (Ovid, Properz, Vergil) bis zu einem Eklektizismus aus allen früheren Zeiten entwickeln wird.

Das Schema Montesquieus, Winckelmanns und Herders wird hier auf die Literatur angewandt, nur ist es der Versuch einer Entwicklungsgeschichte als Stilgeschichte, der es in der Kunst charakterisierender Darstellung manchmal mit Herder aufnehmen kann. Romantisch ist der recht weitherzige Umgang mit den Begriffen. Die historischen Zuordnungen (wie äolisch, jonisch, dorisch) werden dabei ohne Rücksicht ihrer ursprünglichen Grenzbestimmung entfremdet. Dadurch können sich überraschende neue Standorte ergeben, die ihre Interessantheit allein der Begriffsverschiebung danken.

Vom ästhetischen Werte der griechischen Komödie (1797) stellt die reine Komödie der Griechen (Aristophanes) in Gegensatz zur bürgerlichen Comédie larmoyante der modernen Empfindsamkeit. Indem die griechische Komödie aus heiliger Freude, „Rausch der Fröhlichkeit", also sozusagen aus dem dionysisch Sakralen hergeleitet wird, ist sie nicht nur Genuß, sondern Natur und zugleich Geist. Geschichtlich freilich blieb die griechische Komödie nur ein transitorischer Augenblick. Es ist ein früher Verweis auf die dionysische Seite des antiken Lebensgefühls, schon Loslösung von Schiller, unter dessen Einfluß der eher klassizistisch-frühere Aufsatz im *Merkur*: *Über die Grenzen des Schönen* gestanden hatte, mit der abschließenden Weisheit: „Maß ist der Gipfel der Lebenskunst." Wieland hatte das natürlich gern gesehen. Aber romantisch war es nicht. Dagegen ist für die Gruppe von Griechen-Aufsätzen bis 1797 neben der Bemühung um ein Bild des griechischen Menschen charakteristisch die Erkenntnis des Wesens der griechischen Kunst im Gegensatz zur modernen. Die Arbeiten *Über die weib-*

lichen Charaktere in den griechischen Dichtern (1794) und *Über die Diotima* (1795) greifen das Griechenproblem bezeichnenderweise vom Bilde der Frau her auf. Von daher ergibt sich eine neue Periodisierung: erstens das homerisch heroische Zeitalter, in dem die männliche Freundschaft dominiert, die Heldinnen aber, wo sie auftreten, ‚hinreißend‘ sind:

Ihre Tugend ist freie Natur, ihre Einfalt ist vollendet, und ihre Anmut ist göttlich. Hier ist keine durch Bildung zerstörte Weiblichkeit (Andromache und Nausikaa).

In der nächsten Periode der Lyrik und Tragödie tritt die Naivität gegenüber einer idealen Größe zurück. Sie „geht aus harter Erhabenheit Vollendung hervor". Aus Gestalten wie Elektra, Ismene, Antigone ergibt sich Identität des vollkommenen männlichen und weiblichen Charakters. In der Spätperiode wird aus der Vollkommenheit die Zügellosigkeit (Alkibiades, die Weiberfeindschaft des Euripides). In der mittleren Periode taucht schon das romantische Totalitätsproblem im Androgynen-Motiv auf, die Wurzel auch des vollkommenen Partnertums von Mann und Frau in der Freundschaft (Ehe à quatre). Das Androgynen-Motiv ist damit zugleich eine Motivierung pro domo der romantischen Existenz.

Die anthropologische Seite der Synthesis der Gegensätze macht dann der *Diotima*-Aufsatz völlig klar. (Schlegel wurde durch Hemsterhuis auf diese Gestalt gelenkt.) Es geht um das Problem des griechischen Hetärentums von Platons *Symposion* her. Die Frage nach dem Wesen der Diotima wird beantwortet mit den Stichworten „höchste Bildung ... vollendete Menschheit". Dazu gehört auch die Natürlichkeit des Nackten, wie die griechischen Gymnasien sie pflegten (im Gegensatz zur späteren christlichen Schamhaftigkeit). Es ist auch die Überwindung der Geschlechts-

grenzen. Die Analogie zu den romantischen Frauen
Caroline, Dorothea, Bettina, Rahel liegt nahe. Die
klassische Trennung der Geschlechter soll überwunden
werden. Die Frau ist schöpferisch wie der Mann, nur
anders. Daher kann es männliche und weibliche Übersetzungen geben, kann in der Frühromantik die Lyrik
als weibliche Gattung, das Drama als männliche erscheinen. Wieder einmal sollen einengende Grenzen ge-
sprengt werden, damit, wie bei den Griechen, "ein
Maximum von Reizbarkeit" als Prinzip der Bildung
erreicht werde.

Die romantische Selbstreflexion durch das Medium
der Griechen hindurch tritt vielleicht noch deutlicher
in der 1795 geschriebenen, 1797 veröffentlichten Abhandlung *Über das Studium der griechischen Poesie*
zutage. Was der Titel verheißt, wird im Grunde zu
einer Anweisung auf das romantische Bildungsideal.
Man hat hier die Schlegelsche Umsetzung der ästhetischen Typologie Schillers über naive und sentimentalische Dichtung in eine deutlich andere Geschichtsphilosophie vor sich. Und zwar ist die Antike hier eher
Ziel- als Ausgangspunkt, Zielpunkt im Sinne der Hem-
sterhuis-Novalisschen Eschatologie. Die moderne Lage
erscheint als dürftiger Eklektizismus, als "durchgän-
gige Anarchie". Sie ist das Charakteristische, das Individuelle, das Interessante. Denn sie beruht auf künstlicher und willkürlicher Bildung, der die Natürlichkeit
mangelt. (Schon der Reim ist hier Kennzeichen der
Künstlichkeit.) Shakespeare erscheint als Hauptver-
treter der modernen Poesie, der *Hamlet* als Maximum
der Verzweiflung. Dem wird die griechische Poesie als
Maximum des Natürlichen gegenübergestellt. Sie ist
sozusagen absolute Poesie:

> In ihr ist der ganze Kreislauf der organischen Entwick-
> lung der Kunst abgeschlossen und vollendet. Sie ist eine
> ewige Naturgeschichte des Geschmacks und der Kunst.

Die Gefahr einer sinnlosen Abwertung der Moderne liegt nahe. Die romantische Färbung von Friedrich Schlegels damaligem Klassizismus zeigt sich erst in der Lösung. Die Erscheinung Goethes weist auf die Möglichkeit der Synthese von Antikem und Modernem, auf eine höhere Vollendungsstufe. Goethe ist das Symbol dieser Synthese. Und die beiden Betrachtungen Friedrich Schlegels *Charakteristik der Meisterischen Lehrjahre von Goethe* (1798) und *Versuch über den verschiedenen Stil in Goethes früheren und späteren Werken* (aus dem *Gespräch über die Poesie*, 1800) sind die überzeugendsten Zeugnisse dafür. Sie stellen auch das persönliche Verhältnis zu diesem Klassiker zunächst sicher; im Gegensatz zu der Beziehung mit Schiller, von dessen Werk lediglich die Ästhetik sich noch bis 1796 bei Friedrich Schlegel als wirksam erweist. Aber im gleichen Jahr führt seine Rezension von Schillers *Musenalmanach* schon zum äußeren Bruch, da sie im Vergleich Schillers mit Goethe dem sentimentalischen Schiller bescheinigt: „Die einmal zerrüttete Gesundheit der Einbildungskraft ist unheilbar." Die folgenden Repliken und Dupliken führen zu Schillers Absagebrief an August Wilhelm, der charakteristischerweise (und mit Grund) keine Folgen für das Goethe-Verhältnis der beiden Brüder hat. Der Bruch fällt zeitlich zusammen mit der Entwicklung der Brüder Schlegel als Kritiker zu Rezensenten großen Stils. Sie führt auch Friedrich aus der unfruchtbaren Verneinung zu ‚produktiver Kritik'. Das Beispiel ist seine sprühende und profunde Rezension von Jacobis *Woldemar* (in der 2. Fassung). Sie ist nicht nur methodisch ein Musterstück (Vergleich beider Ausgaben – Lektüre des ganzen Jacobi – erst Begeisterung, dann Wahrnehmen der Schwächen – schließlich begründete Kritik), auch der Stil ist treffend, ohne Trockenheit, voll Esprit. Scharf erkennt der Romantiker

aus eigener Erfahrung das Problem der Zerrüttung des
Helden und der geistigen Wollust. Jacobis Philosophie
erscheint als Pseudophilosophie, sein Kunstwerk als
theologisches Zeugnis, das „wie alle moralischen De-
bauchen, mit einem Salto mortale in den Abgrund der
göttlichen Barmherzigkeit" endet. Die *Woldemar*-Re-
zension (1796) läßt mit Recht ihren Verfasser auch als
einen der ersten deutschen Journalisten von Rang erkennen.

So stehen die Dinge, als Friedrich 1797 nach Berlin
kommt, wo er Schleiermacher und Tieck kennenlernt
wie auch die Frau, die für sein Leben bestimmend
wird: die Tochter Moses Mendelssohns, Dorothea Veit
(1763–1839). Diese (die bürgerliche Ehe mit ihr wird
Friedrich erst mit der Konversion in Paris legalisieren)
konnte es in ihrer anderen Art wohl mit der geistreichen Schwägerin Caroline aufnehmen: scharfen
Verstandes, energischen Willens und einfallsreich, wie
sie war. Für Friedrich Schlegel, der sie nach Jena hin
entführen wird, wird sie zum echten literarischen Gesprächspartner und zur Inspiration für mehr als ein
Motiv. Die *Lucinde* ist ohne sie so wenig denkbar wie
ohne Caroline. Übrigens hat sie auch eigene dichterische Phantasie, wie ihr Roman *Florentin* zeigen wird.
Vorher noch (1798) liegt ihre Scheidung von ihrem
ersten Mann, einem Berliner Bankier. Aber die Frau
muß dabei ihre Sache auf nichts gestellt sehen, da
Friedrich zu gleicher Zeit Caroline bekennt:

> Uns bürgerlich zu verbinden ist eigentlich nie unsre Ab-
> sicht gewesen, wiewohl ich es seit geraumer Zeit für nicht
> möglich halte, daß uns etwas andres als der Tod trenne.

Das klingt im Nebensatz recht schön. Doch mischt es
sich später trüb mit Gedanken an den Verlust der Un-
gebundenheit, an die „verhaßte Zeremonie", auch an
den Altersunterschied von sieben Jahren. Hier blickt

doch wohl deutlich der Julius der *Lucinde* durch. Es ist ja zugleich auch der Romantiker, der aus freier Lebensform seine Existenzfrage macht und aus ihr wieder reflektierend eine philosophische Tugend. Was Dorothea zu geben hatte, war nicht Reiz und Anmut wie Caroline, sondern Sorge und Ordnung, dazu ein eingehendes Verständnis des wahrlich hinreichend komplizierten und unordentlichen Partners. Sie mußte das alsbald nach der Trennung von ihrem Mann und bei der Rückkehr Friedrichs nach Jena 1799 im praktischen Zusammenleben mit ihm bewähren. Auch die ständigen Geldnöte, die dabei herauskamen, versuchte sie mit dem eigenen Roman *Florentin* (den Friedrich übrigens anonym 1801 herausgab) zu überwinden. Wenn dieser aber in solchem Sinne auch eine Fleißarbeit ist, so erweist er sich nicht minder als ein Sammelbecken romantischer Motive. Sophie La Roches *Geschichte des Fräuleins von Sternheim* (1771) hatte das gleiche für die Zeit der Empfindsamkeit bedeutet. Sie hatte daraus einen Bestseller gemacht. Den *Florentin* kennzeichnet zu sehr Sekundärwirkung und Einfühlung (im Sinne der ‚Schule‘: *Wilhelm Meister, Sternbald, Lucinde*), um Wirkung zu erzielen. Allzuwenig spannend für damals ist das Motiv der Unbürgerlichkeit des Helden. Allzu schulmäßig ist seine Universalgenialität, die Poesie, Musik und Malerei umfaßt. Allzu konformistisch ist sein Habitus im romantischen Sinne, der des Hans im Schnakenloch, der niemals will, was er hat, und nicht hat, was er will. Seit dem *Werther*, Jacobis und Moritz' Romanen, seit dem *Lovell* und der *Lucinde* hatte sich dieser Erzähltyp wiederholt und fortgesetzt, nur daß seit dem erst kurz zurückliegenden *Wilhelm Meister* die Romantik auch die neue Form gefunden zu haben glaubte. Ob es bewußt unbewußte Pädagogik an die Adresse Friedrichs war, wenn die Zueignung des niemals abgeschlossenen

Werkes die Überwindung der Zerrissenheit und der
Spannungen des Helden in Aussicht stellt und ihn, wie
die großen Vorläufer von Grimmelshausen bis Heinse,
als Kolonisator unter Naturmenschen enden zu lassen
verspricht, oder nur ein Rückfall in die Sentimentali-
tätssphäre um „die besseren Wilden", muß offen bleiben, da die Verfasserin vor dem Schluß versagt hat.
Sie hat das in der „Zueignung an den Herausgeber",
die Friedrich nicht mit veröffentlichte, zu einer ganzen Fragenkette über die Möglichkeiten selber zugegeben. Von Sehnsucht und Ahnung, aber auch der Unvollendbarkeit dieser Geschichte eines romantischen
Charakters ist da die Rede.

Vor einem halben Jahrhundert hat Oskar Walzel
als Herausgeber zu dem eigentlichen Programmroman
der Frühromantik, Friedrich Schlegels *Lucinde* (1799),
bemerkt, daß er jeden beneide, der ohne Bildungs-
voraussetzungen und ohne biographische Kenntnis von
Friedrichs und Dorotheas Leben an das Buch heran-
treten könne. Das ist richtig, obwohl Walzel sich wohl
gewisse Illusionen über den ästhetischen Effekt macht.

Inhaltlich ist *Lucinde* eine locker strukturierte Geschichte der Emotionen, die dem Helden Julius in
Freundschaft, Liebe und Meditation über sich selbst
widerfahren. Formal handelt es sich um eine Reihe
erzählerisch gar nicht oder doch nur lose verbundener
Impressionen und Reflexionen, gemischt auch mit Brief
und Gespräch. Romantisch ist auch der Bezeichnungs-
vorgang, der die benannten Gattungen über ihre Grenzen hinausführt. Ein Abschnitt heißt „Dithyrambische
Fantasie über die schönste Situation", ein andrer „Allegorie von der Frechheit", ein dritter „Idylle über den
Müßiggang". Anderes wieder ist nur nach dem Inhalt
bezeichnet wie der Dialog „Treue und Scherz" oder
der zentrale Teil „Lehrjahre der Männlichkeit", der
autobiographischen Inhalt trägt. Es wäre also ver-

Lucinde.

Ein Roman

von

Friedrich Schlegel.

Erster Theil.

Berlin.

Bei Heinrich Frölich.

1799.

Titelblatt der Erstausgabe von Friedrich Schlegels „Lucinde"

geblich, eine Erzählhandlung zu suchen, wie sie selbst der *Werther* unzweideutig bietet. Soweit das Vorbild des *Wilhelm Meister* hier mitwirkt, geschieht das nur als freies Gerüst. Denn die epische Kontinuität, die dem *Meister* eignet, ob nun Lyrik oder ‚Erzählung in der Erzählung‘ oder anderes eingeschmolzen ist, hat der Romantiker als Stilprinzip über Bord geworfen. Nur die Freiheit, nicht die Bindung von Goethes Roman, gilt für ihn und wird von ihm übernommen. Die Freiheit des Stiles aber, die Friedrich Schlegel gleichfalls in extremis erstrebt, bewirkt desgleichen eine Mischung von philosophierender Reflexion und losgelassener Phantasie, die schwerlich als eine geglückte neue Form der Prosa angesehen werden kann. Die Sprunghaftigkeit im Motivischen und Gedanklichen ist natürlich bewußte Stilisierung und darf niemals mit der Elle gemessen werden. Alles dies wirkt sich auf den Roman weniger partienweise aus als vielmehr aufs Ganze. Das heißt: die Stileinheit für die einzelnen Impressionen kann erreicht sein, der Roman jedoch zerfällt in nicht auf einen Nenner zu bringende subordinierte Einheiten. Goethes hohe Kunst im *Werther* und *Meister* konnte diese Gefahr vermeiden. Für den Romantiker Schlegel ist offenbar *die* Einheit kein Ideal (er bleibt damit nur seiner Fragmenten-Theorie getreu). Ja, er macht sogar ein Programm der genialen Verworrenheit daraus:

Für mich und für diese Schrift, für meine Liebe zu ihr und für ihre Bildung in sich ist aber kein Zweck zweckmäßiger als der, daß ich gleich anfangs das, was wir Ordnung nennen, vernichte, weit von ihr entferne und mir das Recht einer reizenden Verwirrung deutlich zueigne...

Der Autor begründet die formale Freiheit mit dem ‚progressiven‘ Stoff, den Leben und Lieben bieten. Als „das schönste Chaos von erhabnen Harmonien und

interessanten Genüssen" stellt er sich dem Dichter zur
Nachbildung dar. Über dessen Aufgabe fällt sogar das
Wort „unbezweifeltes Verwirrungsrecht". Von der
dichterischen nicht trennbar erweist sich die menschliche Form. In ihr vereinigt sich alles Romantische,
was man nur will: die „geistigste Geistigkeit" und die
sinnlichste Wollust:

> Die äußersten Enden der zügellosen Lust und der stillen
> Ahndung leben zugleich in mir.

Man darf dem Dichter diese Äußerung seines Julius
glauben. Denn nicht nur wendet er die Androgynen-
Theorie wortwörtlich auf sein Verhältnis zur Geliebten an, sondern er macht überhaupt das Erotische gern
zum gewagten Spiel:

> O beneidenswürdige Freiheit von Vorurteilen! Wirf auch
> du sie von dir, liebe Freundin, alle die Reste von falscher
> Scham, wie ich oft die fatalen Kleider von dir riß und in
> schöner Anarchie umherstreute.

Gläubige wie Bürger der Zeit lasen so etwas nicht nur
als dionysische Phantasie, zumal wenn sie Friedrich
und Dorothea kannten. Der Angrenzungen der „kühnen Musik des lieberasenden Herzens" an das allzu
Menschliche waren zu viele. Ähnliche Assoziationen
mußten sich einstellen, wenn man in der „Idylle" liest,
man sollte das Studium des Müßiggangs nicht so sträf-
lich vernachlässigen, sondern es zur Kunst und Wissenschaft, ja zur Religion bilden! Damit ist der „geistigsten
Geistigkeit" freilich das oppositum gegeben, das nur
mystisch-dialektisch mit ihr vereinbar wäre:

> Und also wäre ja das höchste, vollendetste Leben nichts
> als ein *reines Vegetieren*.

Das im Sinne der pietistischen Selbstbiographie ana-
lytisch Psychologische, die Schilderung der Krisen der

Langeweile und des Weltekels, die Heilung durch den Eros und die „Helden der Vorwelt" lassen sich hier nur andeuten. Ein Schlüsselmotiv jedoch aus dem ersten Julius-Brief muß als überpersönliches Dokument einer die Romantik vom früheren 18. Jahrhundert trennenden Haltung gewertet werden:

Ich bat sehr, du möchtest dich doch einmal der Wut ganz hingeben, und ich flehte dich an, du möchtest unersättlich sein. Dennoch lauschte ich mit kühler Besonnenheit auf jeden leisen Zug der Freude, damit mir auch nicht einer entschlüpfe und eine Lücke in der Harmonie bleibe. Ich genoß nicht bloß, sondern ich fühlte und genoß auch den Genuß!

Dies ist der Spiegelmensch, der sich bei Werther, Heinse und Jacobi erst vorbereitet, in äußerster Zuspitzung. Die dichterische Linie kommt von Tiecks William Lovell her, bei dem sich ähnliche Züge eines Roués des Gefühls zeigen. Die Repräsentation höchsten Ranges dieses Typs gibt Jean Paul mit der Figur des Roquairol in seinem *Titan*. Man muß aber für Friedrich Schlegel noch den Durchgang durch die Bewußtseinslehre der romantischen Philosophie in Rechnung stellen. Durch Phantasie und Denken legalisiert, erscheint hier der Subjektivismus der Romantik in der Form des vollendeten Solipsismus. Wer diese Steigerung des Spiels nicht mitmachen konnte oder wollte, durfte es nicht ohne Grund als auch peinlich empfinden. Das ist nicht mehr das Ich Fichtes, auch nicht mehr die Natur als verkappter Geist bei Schelling, am wenigsten ist es dionysische Antike. Es ist der Versuch, den Egoismus der Wollust zu legalisieren durch die Philosophie der Subjektivität, die weder Fichte noch Schelling, noch Ritter, nicht einmal Novalis je gemeint haben.

Vor der Auflösung des Jenenser Kreises haben die Brüder Schlegel, von denen August Wilhelm mit seinen Sonetten-Zyklen für die nötige romantische Programm-

lyrik sorgte, Friedrich für das ‚Lehrstück' des Romans,
sich mit noch geringerem Erfolg auch im Drama versucht. Die Eigenart der beiden Brüder wird dem Leser
(denn um diesen und nicht um einen Zuschauer handelt es sich) dabei nicht ohne Amüsement deutlich.
August Wilhelm Schlegel gibt eine neue Version von
Euripides' *Ion*, die Goethe 1802 in Weimar aufführen
läßt. Das Stück paßte nämlich in das *Propyläen*-Pro-
gramm. Das bis zur Trockenheit strenge Stilgefühl
August Wilhelms wirkte sich in dem Fünfakter in fast
klassizistischer Weise aus. Fünffüßiger Jambus, Reimlosigkeit und regelmäßiger Aufbau wirken durchaus
nicht in die Richtung der Romantik, eher in die Richtung der Goethe-Schmeichelei. Der anschließende kritische Streit in der *Zeitung für die elegante Welt*, in
den auch des Autors Frau Caroline – korrigiert von
Schelling – eingriff, ging schon zum Teil um die ‚Originalität' des Stückes gegenüber Euripides. Er war berechtigt. Denn das Problem, die Beugung des Fürsten
vor dem Gott (Apollo), der die Frau (Krëusa) ent-
jungfert hat, und die Anerkennung des aus dieser vor-
ehelichen Begegnung stammenden Sohnes, würde die
neue Mythologie Schellings voraussetzen, nicht die alte
des Euripides, die noch auf dem Glauben an die Götter
beruht, der freilich für die Weimaraner um 1800 nicht
mehr ins Feld geführt werden konnte.

   Vielleicht noch schlimmer stand es mit Friedrich
Schlegels Dramenversuch *Alarkos*, einem Trauerspiel
in zwei Aufzügen. Das Motiv kam allerdings diesmal
nicht aus der Antike, sondern sozusagen aus ihrem
absoluten Gegensatz: aus der Sphäre der Berliner Trivialliteratur (Rambach). Es ist, in Kürze gesagt, eine
spanische Hofgeschichte, in der die liebestolle Infantin
den glücklich-jungverheirateten Grafen Alarkos aus
Eifersucht zu einem Selbstmord zwingt, der ‚heroisch'
das Drama beschließt. Dies, wie Friedrich Schlegel es

tat, als Vereinigung von Antike und Moderne zu bezeichnen ist schon ein starkes Stück. Zwar handelt es sich um das von der Romantik geliebte spanische Kostüm, jedoch keineswegs um antikes Schicksal, sondern um eine sentimentale Intrigenhandlung von der Stange des 18. Jahrhunderts. Wie in der *Lucinde* der Wille zum romantischen Programmwerk sich für die dichterische Aussage letztlich als ungenügend erwies, so ist es auch hier, zumal wenn man die Künstlichkeit im Formalen wahrnimmt. *Alarkos* präsentiert nämlich die in der Theorie so oft verfochtene, in den gleichen Jahren durch Tieck praktizierte Mischung aller Formen: Assonanz und Reim feiern Triumphe, Minnelied, Terzinen und Sonett haben die Akzente zu setzen. Das Resultat aber bleibt: unnachvollziehbar und nicht bühnenfähig. Beide Dramen der Brüder Schlegel sind schon ein Abgesang der Jenenser Ära. Binnen kurzem wird August Wilhelm die gemeinschaftlichen Wanderjahre mit Madame de Staël antreten und sich schließlich auf der Professur in Bonn als einer der Begründer der deutschen Literatur- und Sprachwissenschaft etablieren. Friedrich und Dorothea werden in Paris konvertieren und heiraten. Friedrich tritt dann in seinen späteren Wiener und Berliner Vorlesungen als Literaturhistoriker großen Stiles, jedoch mit geänderter Weltanschauung, in Erscheinung.

2. Athenäum: Fragmentenwut, Ästhetik, Goethe-Bild

Die Zusammenziehung so vieler produktiver Kräfte der Frühromantik unter der Führung der Brüder Schlegel mußte, besonders seit dem Bruch mit Schiller, zwangsläufig zu dem Bedürfnis einer eigenen Programmbildung und den publizistischen Organen für deren Verbreitung führen. Es gab noch keine romantische Zeitschrift, nur bereits bestehende Blätter, zu

Athenaeum.

Eine Zeitschrift

von

August Wilhelm Schlegel

und

Friedrich Schlegel.

Ersten Bandes Erstes Stück.

Berlin, 1798.

bey Friedrich Vieweg dem älteren.

Titelblatt des „Athenäum"

denen die Romantiker zeitweise Zugang hatten. Hier sind vor allem zu nennen die *Jenaische Allgemeine Literaturzeitung,* an der August Wilhelm Schlegel mitarbeitete, Johann Friedrich Reichardts Journal *Deutschland,* das Wackenroder introduziert hatte, wie auch sein *Lyzeum der schönen Künste,* zu dem Friedrich Schlegel einen Teil seiner Fragmente beisteuerte. August Wilhelm war auch Mitarbeiter der *Zeitung für die elegante Welt.* Unter Schillers Ägide standen für August Wilhelm noch die *Horen* offen. Aber mit Schiller und Reichardt entzweite man sich. Alles das war keine Ideallösung im Sinne der Romantik als sich herausbildender literarischer Partei. Die Brüder Schlegel als die Hauptakteure hatten schon in der Phase der Mitarbeiterschaft an den bestehenden Periodika die Gründung eines eigenen Organs geplant. Seit Ende 1797, nach der Entfremdung von Schiller und Reichardt, intensivierte man diese Absichten. Bei dem Namen des neuen Organs einigte man sich nach anfänglichem Schwanken auf *Athenäum,* eine Bezeichnung, die durch ihre Beziehung auf die Antike (nicht auf das Deutsche oder Nordische, was auch diskutiert wurde) zweideutig der Klassik in nächster Nähe Konkurrenz machte. Drei Jahre lang, von 1798 bis 1800, konnte sich das Unternehmen bei wachsenden Absatzschwierigkeiten halten. Es gehört wegen der Bedeutung seiner Mitarbeiter und der Eindeutigkeit der Tendenz zu den eindrücklichsten Quellensammlungen der Goethezeit. Hier erschienen Zyklen aus den Fragmenten von Novalis, steuerten die Brüder Schlegel und Schleiermacher programmatische Sammlungen der gleichen Gattung bei, hier machte sich August Wilhelm Schlegel im „Literarischen Reichsanzeiger" lustig über die Gegner der Schule, hier standen die nach den Griechen-Schriften bedeutendsten ästhetischen Aufsätze Friedrich Schlegels, um nur das Wichtigste zu nennen. Das brief-

lich von Friedrich angedeutete Programm, „Meister-
stücke der höheren Kritik und Polemik" aufzuspüren,
besonders auch solches, was sich durch „erhabene
Frechheit" auszeichnet, wurde nach beiden Stichworten hin erfüllt: August Wilhelms „Literarischer Reichsanzeiger", schon als Gattung Parodie, erreichte zunächst das Ideal der „kritischen Teufeleien" auf di-
rekteste Weise, nämlich durch vordergründigen Witz.
Der hintergründige blieb dann vor allem den Fragmenten vorbehalten. Auf die Direktheit der *Xenien*
aber setzt die romantische Gegenseite ihre „Kunst-
werkchen der Grobheit", die sich freilich vor allem
die Aufklärung und die zeitgenössische Literatenbe-
triebsamkeit zum Gegenstand wählen. Da kann man
denn lesen, daß Wieland Supplemente zu den Supple-
menten seiner sämtlichen Werke herausgeben werde
unter dem Titel *Werke, die ich sogar für die Supplemente zu schlecht halte,* daß diese Bände aber un-
bedruckte Blätter enthalten würden. Oder, als „Preis-
aufgabe", daß Nicolai, nachdem er fremde Geister gesehen, nun auch den seinigen sehnlich zu erblicken
wünsche. Auf den (allerdings schwierigen) Nachweis
wird eine Belohnung ausgesetzt. Als „Ankündigung"
erscheint eine Parodie auf Kotzebue: „Auf dem nicht
vorhandenen Nationaltheater der nicht vorhandenen
deutschen Nation wird bei der Eröfnung aufgeführt:
Kotzebue in England oder die Auferweckung der
schlummernden Plattheit", wofür man als Sprecher
noch Shakespeare in Person engagiert. Zielscheibe ist
fast immer die Aufklärung, die Empfindsamkeit, das
Mittelmaß in jeder Form. Nun sind das eher leichte
Waffen, mit denen der „Reichsanzeiger" operiert, wie
auch die Gegner leicht wiegen. Die schwereren werden
in den Fragmenten gebraucht. Hier wiederum weniger
in August Wilhelms Anteil, dessen Stärke mehr im
geistreichen Witz und im konkret Literaturkritischen

liegt als in der produktiven Sprengkraft und paradoxen Gewagtheit, die Friedrichs Sache ist. August
Wilhelms Fragmente sind mehr praktisch als spekulativ. Eine nicht unerhebliche Fragmentengruppe befaßt
sich mit dem, was man heute Soziologie des Schrift-
stellers nennen würde, seinem Verhältnis zur Gesellschaft, zum Rezensenten, seiner Geltung in verschiedenen Völkern. August Wilhelm kann sich aber auch
aufs rein Ästhetische werfen wie den Unterschied von
Moralischem und Ästhetischem, auf die Poesie als
schönen Schein, den Narzißmus der Dichter, auf das
Verhältnis von Philosoph und Dichter, auf den Unterschied von lyrischer und dramatischer Dichtung, das
Wesen des Frauenromans. Alles dies hält eher Maß,
als daß es ausschweifend wirkt. Als unzweifelhafte
Stärke erscheint die Kraft der Charakteristik etwa
in den Fragmenten über Hemsterhuis und Jacobi oder
Klopstock. Eine Gruppe ist der bildenden Kunst gewidmet; nicht zufällig, denn August Wilhelm Schlegel
hat auch seinen Zyklus von Gemälde-Sonetten in das
Athenäum gegeben. Einige der Äußerungen sind für
das Stilbewußtsein der romantischen Kunstanschauung
repräsentativ, so die Ablehnung der Genialität des
‚gelehrten' Raphael Mengs im Vergleich zu der Dürers
und Holbeins oder die bewußt gegenklassische Aufwertung der großen Niederländer. Auch die Deutung
Rubens' aus Temperament und Herkunft überzeugt.
Ein Meisterwerk dieser Gruppe ist das Fragment
Nr. 193, in dem das Verhältnis der großen Dichter
von Pindar bis Goethe zum Plastischen und Maleri-
schen in wenig Sätzen umrissen wird, etwa:

> Im Ariost trifft man auf starke Spuren, daß er in dem
> blühendsten Zeitalter der Malerei lebte, sein Geschmack
> daran hat ihn bei Schilderung der Schönheit manchmal über
> die Grenzen der Poesie fortgerissen. Bei Goethen ist dies nie
> der **Fall**.

Ganz anders der Stil und die Auffassung vom Fragment bei Friedrich Schlegel. Seine Produktivität in dieser Gattung für Reichardts *Lyzeum* und das eigene *Athenäum* läßt sich dabei nur als Einheit nehmen. Persönliche Voraussetzung für die Theorie des Fragmentes, des Witzes und der Ironie ist bei Friedrich sein Verhältnis zu Lessing, das sich im bewußten Gegensatz zur zählebigen Lessing-Interpretation der Berliner herausgebildet hat. Schon in Reichardts *Lyzeum* gibt Friedrich eine Charakteristik des großen Kritikers, die weniger auf Lessings Anschauungen ausgerichtet ist als auf seine Keckheit, seinen „literarischen Zynismus", auf seinen übermütigen Witz, seine vernichtende Beherrschung des Stils. Der Romantiker erkennt in Lessings Ton ein pikantes „Gemisch von ruhiger, innerer Begeisterung und naiver Kälte", womit sich denn freilich ein ganz anderes Lessing-Bild als das der „Berliner Mediokritäten" ergibt. Friedrich Schlegel faßt da sozusagen einen Lessing im Lessing, dessen Wesen bereits romantische Ironie ist.

Schon in den *Lyzeum*-Fragmenten begegnet man dem Versuch, Witz und Ironie zum Ingrediens einer neuen philosophischen Kunstlehre zu machen. Witz erscheint als ein magischer Geistesvorgang, der öfters mit einem chemischen Prozeß verglichen wird. Dabei ist er nur dann wesentlich und echt, wenn er als Überpersönliches genommen wird:

Witz ist Zweck an sich, wie die Tugend, die Liebe und die Kunst.

Witz ist aber zugleich auch „logische Geselligkeit", d. h. er hat seinen Ursprung in der Freundschaftsphilosophie der Romantik, im ‚Symphilosophieren', im ‚Synexistieren'. Als Akt individueller genialer Freiheit erzeugt er sich aus der magnetisch-elektrischen Berührung mehrerer Individuen, sozusagen aus einer Hochspannung von Geist. Witz ist im romantischen System synonym mit den höchsten Werten der Schule, vor allem mit Universalität. Er kann als das feinste Spiel des zum Selbstbewußtsein gekommenen Geistes erscheinen, als Mystik und Mythologie.

Romantische ‚Ironie' erscheint gelegentlich identisch mit Witz, jedoch zugleich als seine innere Voraussetzung, d. h. ebensowohl als Haltung wie als Äußerung. Ironie kann instinktiv oder erworben sein (wofür als Beispiele Lessing und Hemsterhuis gelten). Sie ist eine Form der complexio oppositorum, schon in ihrer sokratischen Form die Synthesis von Bewußtsein und Unbewußtheit, daher Prototyp der Paradoxie:

> Ironie ist die Form des Paradoxen.

Ihre Wurzel liegt jenseits der Trennung von Absicht und Instinkt. Die klassisch Schillersche Antithese von Naivem und Sentimentalischem wird damit für die Romantik endgültig begraben. Verstehbar ist dies freilich nur aus ihrer naturphilosophischen Grundhaltung, aus der Schellingschen These von der Natur als unbewußtem Geist, entsprechend der es auch in einem *Athenäum*-Fragment heißt:

> Vollendet ist, was zugleich natürlich und künstlich ist.

Das kann nur auf monistischer, nicht auf dualistischer Grundlage behauptet werden, das heißt ohne Bruch mit Goethe, im Bruch mit Schiller.

Ein weiteres Moment tritt hinzu:

> Ironie ist klares Bewußtsein der ewigen Agilität, des unendlichen vollen Chaos.

(So im Fragmentenzyklus *Ideen* 1797.) Ohne den Begriff des ‚Chaos' ist die romantische Ironie nicht verständlich. Chaos gilt für die Frühromantik als Inbegriff des Fruchtbaren, der potentiellen Unendlichkeit (nicht als Pejorativ wie für die logistische Aufklärung). Es ist Symbol des Neu-Anfänglichen ab ovo, das Absolutum an Bewegtheit und Beweglichkeit, also auch die Überwindung der geschichtlich gewordenen Norm und Grenze. In der Ironie (und ihrer möglichen Ausdrucksform, dem Witz) ist daher das Spiel mit dem Unendlichen verborgen. Sie ist die zuständige Sphäre des Geistes, der zu sich selbst kommt, wobei sie eine Spielform erreichen kann, die mit Schillers ‚Spieltrieb' fast nichts mehr gemein hat. In der Praxis setzt denn Friedrich Schlegel auch alle Mittel der Pointe ein, Formulierungen von gallischer Geschliffenheit und Bosheit bei überzeugender Bildkraft. Nicolas Sébastien Chamfort (1741–94) dient als auch genanntes Vorbild. Vor allem brilliert Schlegel im Wortspiel. Nichts ist vor diesem Witze sicher, auch die Romantik selber nicht. So etwa, wenn er von Büchern redet, „wo selbst die Hunde sich aufs Unendliche beziehen", oder von Wackenroders mystischem Kunstliebhabertum, in dessen Konsequenz es liege, daß „Potztausend das beste Kunsturteil über das würdigste Werk" wäre.

Unter den Hunderten programmatisch-ästhetischer Fragmente ist das 116. *Athenäum*-Fragment das zentrale und auch meist zitierte: Es setzt – eines der längsten Stücke – mit dem lapidaren Satze ein:

Die romantische Poesie ist eine progressive Universalpoesie

und versucht, ihn in etwas umständlicher Begeisterung zu erläutern. „Universalpoesie" bedeutet die Aufhebung der Gattungsgrenzen, aber auch der Trennungen zwischen Dichtung, Philosophie, Kritik und Rhetorik.

Sie umfaßt alles, was nur poetisch ist, vom größten, wieder mehre Systeme in sich enthaltenden Systeme der Kunst bis zu dem Seufzer, dem Kuß, den das dichtende Kind aushaucht in kunstlosen Gesang.

Das Fragment wird so zum Paradebeispiel romantischer Synthese der Gegensätze. Man liest von „poetischer Reflexion", die immer wieder zu potenzieren sei und in einer „endlosen Reihe von Spiegeln" vervielfacht werden müsse. Die Universalität („allseitigste Bildung") der romantischen Poesie erweist sich dann mit einem Male als „grenzenlose Klassizität". Damit ist das „Universal"-Thema bis zur Identifikation mit Dichtkunst überhaupt vorgetrieben (ähnliches wird später in der Selbstauffassung des Expressionismus begegnen). Aber auch das „Progressive" des ersten Satzes erhält noch seine Erläuterung:

> Die romantische Dichtart ist noch im Werden; ja das ist ihr eigentliches Wesen, daß sie ewig nur werden, nie vollendet sein kann.

Die Spannungen sind hier nicht logisch versöhnt, sondern dialektisch aufgehoben. Diese berühmte Selbstcharakteristik der Romantik lebt von dem uneigentlichen Gebrauch zahlreicher Begriffe und von dem Rausch eines souveränen Kombinierens, dessen Unverbindlichkeit man übersieht. In der Tat wird hier so etwas wie die Gegenseite der Klassik deutlich, da als einzige Norm die Freiheit der Gesetzlosigkeit gilt. Diese ist natürlich weit gefaßt genug, um sich auch auf Fichte oder Schelling beziehen zu können. Da aber schließlich die progressive Universalpoesie „gleichsam die Dichtkunst" selbst ist, bleibt im Grunde nichts mehr zu unterscheiden und zu charakterisieren zurück. Nur der Weg und das ewige Werden, die nie ihr Ziel finden, bleiben spezifisch. Gleichwohl wird jedes Bestreben, zum Verständnis der Romantik aus ihrer Selbstaussage zu gelangen, sich immer wieder an diesem Schlegel-Fragment ebenso versuchen müssen wie an dem 16. *Blütenstaub*-Fragment von Novalis.

In den beiden Aufsätzen Friedrich Schlegels über

Goethes *Meister* und der Fortsetzung *Versuch über
den verschiedenen Stil in Goethes früheren und späteren Werken* (aus dem *Gespräch über die Poesie*) konzentriert sich auf vorbildliche Weise das Goethe-Bild
der Frühromantik. Zugleich hat man Musterstücke
einfühlender Charakteristik vor sich. Die Interpretation von Goethes Roman erfolgt aus einer wirklichen
inneren Nähe der Kongenialität. Schon der erste Satz
des *Meister*-Aufsatzes belegt das:

Ohne Anmaßung und ohne Geräusch, wie die Bildung
eines strebenden Geistes sich still entfaltet und wie die
werdende Welt aus seinem Innern leise emporsteigt, beginnt
die klare Geschichte.

Keine Einleitung. Der Satz hat seinen eigenen ergriffe-
nen Rhythmus, und der Einsatz der wenigen Adjek-
tiva (still, leise, klar) gemahnt an Herder. Die anschließende Skizze des Inhalts ist von einer unerhörten
Dichte und Treffsicherheit. Begreiflicherweise wählt
der Romantiker aus der Weite der Goetheschen Welt
besonders die Entsprechungen zum romantischen Universalitätsgedanken. Doch geschieht dies ohne Gewaltsamkeit. Romantische Züge werden herausgehoben,
aber nicht hineingedeutet. Man mag das an der Darstellung von Wilhelm Meisters Eintritt in die Welt
wahrnehmen,

der weder abgemessen noch brausend ist, sondern gelinde
und leise wie das freie Lustwandeln eines, der zwischen
Schwermut und Erwartung geteilt, von schmerzlich-süßen
Erinnerungen zu noch ahndungsvolleren Wünschen schwankt.
Eine neue Szene öffnet sich, und eine neue Welt breitet sich
lockend vor uns aus. Alles ist hier seltsam, bedeutend, wun-
dervoll und von geheimem Zauber umweht.

Der Romantiker nimmt gewiß das Romantische wahr.
Aber auch der Nichtromantiker könnte sich ähnlich
hinreißen lassen, denn dieser Übergang im *Wilhelm*

Meister ist durchaus so. Schlegel hat eine der schönsten deutschen Buchkritiken geschrieben. Der romantische Wunschtraum: die Vereinigung der Gegensätze von Poesie und Prosa erscheint bei Goethe wirklich erfüllt. Die Betonung allein zeigt den romantischen Interpreten. Die Darstellung geht überall bis ins Individuelle, wobei jedes Buch für sich genommen wird. So wird etwa der Komödiencharakter des III. Buches aufgedeckt und seine Atmosphäre bis zum Hauch erfaßt:

> Es ist bis zum Durchsichtigen gebildete Albernheit. Dieses Frische der Farben, dieses kindlich Bunte, diese Liebe zum Putz und Schmuck, dieser geistreiche Leichtsinn und flüchtige Mutwillen haben etwas, was man Äther der Fröhlichkeit nennen möchte, und was zu zart und zu fein ist, als daß der Buchstabe seinen Eindruck nachbilden und wiedergeben könnte.

Man wird bemerken, daß die Interpretation den Kritiker mitreißt, daß die von Schiller gerügte Schwerfälligkeit von Friedrich Schlegels Stil hier sublimiert ist bis zur Leichtigkeit. Sie schlägt nicht, wie so oft bei ihm, in Leichtfertigkeit um, sondern kommt aus dem Ergriffensein durch die Sache. Die Abhandlung über die drei Stilperioden Goethes bestätigt Schlegels Verhältnis zu Goethe. Er baut sie auf *Götz von Berlichingen, Tasso* und *Hermann und Dorothea* auf. Für die frühe Periode sieht er eine Sprache der Kraft und Naturhaftigkeit als charakteristisch an. Die folgende kennzeichnet er als die Periode der Harmonie, in der jeder Ausdruck wohlabgewogen erscheint („alles ist hier Antithese und Musik"). Doch herrscht hier der Verstand vor. Die dritte ist die eigentlich klassische Stilstufe: Ruhe, Ironie, schöne Individualität. Der *Wilhelm Meister* liegt im Übergang von der mittleren auf die klassische Phase. In ihm berühren sich „Individualität und antiker Geist". Vom Stil aus war etwas

Vergleichbares bis dahin über Goethe nicht geschrieben worden – der es denn auch wohl zu würdigen wußte.

Das im 3. Bande des *Athenäum* 1800 erschienene *Gespräch über die Poesie*, in das dieser Versuch über Goethes Stil eingelassen ist, gehört auch als Ganzes zu den bedeutendsten Jenenser Schriften Friedrich Schlegels, ein Ergebnis seiner geselligsten Zeit. So erklärt sich auch die Dialogform und ihre Vermischung mit Brief und Abhandlung. Die Freunde sind zum Teil in den Gestalten des Gespräches andeutend dargestellt. Die Ideen, bei denen er ansetzt, verraten wieder die Verwandtschaft mit Herder und Novalis. Die Poesie wird gleich anfangs als das die Menschen freundlich verbindende Band gepriesen und wieder – ähnlich wie in Fragment 116 – als das Allumfassende bestimmt:

> Unermeßlich und unerschöpflich ist die Welt der Poesie wie der Reichtum der belebenden Natur an Gewächsen, Tieren und Bildungen jeglicher Art, Gestalt und Farbe.

Wieder wird der Kunstpoesie jene bewußtlose der Pflanze, des Lichtes, des Kindes an die Seite gestellt, die der Sprache der Worte vorausgeht. Poesie wird jetzt Weltdichtung (im doppelten Wortsinne, dichtende und verdichtete Welt zugleich), Wissenschaft und Kritik werden die geselligen Seiten der Produktion, seiner selbst bewußt werdender Geist. Von hier aus stellt Schlegel seine „Epochen der Dichtkunst" auf, denen natürlich der Organismusgedanke zugrunde liegt. Die Antike blüht und verwelkt, sie löst sich in fruchtbares Chaos auf und gibt ihre Rolle an die Germanen ab („unverdorbener Felsenquell von neuem Heldengesang"). Das Mittelalter entfaltet sich zu einer Synthese der „wilden Kraft" der Gotik und des ewigen Orients. Dante erscheint zugleich als Gipfel des katholischen Mittelalters und Beginn der Neuzeit.

Diese Spannweite macht seine Größe aus. Die Entfaltung der italienischen Poesie bis zu Guarinis *Pastor fido* ist zugleich die hohe Zeit von Cervantes und Shakespeare. Dann ermattet alles in der Aufklärung, aus der verjüngende Symptome wie die Erscheinungen Winckelmanns und Goethes auf eine höhere und wieder universale Zukunft weisen. Das anschließende Gespräch hat den romantischen Poesiebegriff weiter zu verdeutlichen, die Morgenröte der Zukunft in ihm. Es endet mit dem Bunde der Freunde, die Poesie als „den edelsten Zweig der Magie" mit gemeinsamer Kraft zu regenerieren. Von Schleiermacher, Novalis und Tieck geht dann die *Rede über die Mythologie* zu Schellings Position über. Auch Schlegels Mythologiebegriff bezieht sich auf die verlorene Einheit. Aber der Weg der Alten zum Mythos ist nicht wiederholbar. Wie Schelling sucht Schlegel die neue Mythologie „aus der tiefsten Tiefe des Geistes heraus". Sie soll zugleich das „künstlichste aller Kunstwerke" sein. Das Werk ist mit seinen Hinweisen auf den Orient (Indien) unter anderem auch eine Öffnung der älteren Romantik zur jüngeren hinüber, etwa vom Novalisschen und Tieckschen Märchen zu dem der nachfolgenden Generation. So hat auch im *Gespräch über die Poesie* der *Brief über den Roman,* ausgehend von Jean Paul, Sterne, auch Rousseau, nicht minder Anregendes und Einfallsreiches zu bieten als die *Rede über die Mythologie.*

V. NOVALIS

1. Lyrik und Fragmente

Die Berliner Frühromantik Wackenroders und Tiecks war so gut wie völlig unphilosophisch gewesen. Sie war bei Wackenroder aus dem Enthusiasmus für Musik und bildende Kunst, bei Tieck aus der Provokation durch Schauer- und Geistergeschichten der – heute so genannten – Trivialliteratur erwachsen. Die Erscheinung der Jenenser Romantik hat die Situation völlig verändert. Plötzlich ist der Ertrag auf der philosophisch-kritischen Ebene weit gewichtiger als im Bereich der poésie pure.

Einer allein macht hier die große Ausnahme: Friedrich von Hardenberg (1772–1801), der sich nach einem Familiengut Neurode den Dichternamen N o v a l i s (Nóvalis) zugelegt hat und unter diesem lyrische und epische Werke von einer magischen Faszinationskraft geschaffen hat. Er stammte aus dem nach Thüringen gekommenen Zweig eines alten niedersächsischen Hauses, dessen Stammburg nördlich Göttingen steht. Beamtensohn aus einer kinderreichen Familie, von anfälliger Gesundheit, wird er selber Beamter, nach Studien in Jena, Leipzig und an der Freiberger Bergakademie. Daß ihn dies die Überwindung gekostet habe, wie so vielen anderen genialischen Naturen, ist um so weniger wahrscheinlich, seit die neueren Nachlaßfunde ein äußerst gewissenhaftes und energisches Wirken im Dienst bestätigen, dessen Umfang überrascht. Die Anlagen zu einem tüchtigen Lebensbürger im Goetheschen Sinne waren vorhanden. Keine Spur von dem bewußt antibürgerlichen Zigeunertum Friedrich Schlegels oder Brentanos wird in Hardenbergs Leben sichtbar. Sein Weg schließlich bis zur Ernennung zum

Amtshauptmann zeigt keine Ausbruchsversuche. Die tödliche Krankheit schneidet ihn ab, die, wie man heute annimmt, keine in ihm angelegte Schwindsüchtigkeit war, sondern akut eine an sich kräftige Konstitution fällte. Wie weit Hardenbergs innere, seine seelische Anfälligkeit und Zartheit ging und zum frühen Tode beitrug, dürfte kaum auszumachen sein. Doch liegen ohne Zweifel in diesem Bereich die entscheidenden Erlebnisse, vielleicht auch Brüche des äußerlich unauffälligen und auch räumlich beschränkten Lebens. Denn dieser große Phantasiedichter hat nur seine mitteldeutsche Heimat gekannt. Durch keine Reisen brauchte er angeregt zu werden. Die Reizmittel waren für ihn das Gespräch und eine unersättliche Lektüre. Im Gespräch liegt der Sinn für Freundschaft, wie sie ihn denn auch mit Friedrich Schlegel und später mit Tieck aufs engste verband.

Die Lebensluft in Novalis' Vaterhause war ausgesprochen pietistisch, aber nach der milden, tolerierenden Seite hin. Das erklärt nicht nur wesentliche Seiten des Inhalts seiner Dichtung und Philosophie, sondern auch die Duldung seiner merkwürdigen Liebe zu Sophie von Kühn durch die Familie. Er hatte das Mädchen, als es erst dreizehnjährig war, bereits an sich gebunden. Zwei Jahre später, 1797, verlor er sie durch den Tod. Er selbst hat diese frühe und jäh abgebrochene Liebe als Wende und Entscheidung in seinem Leben angesehen. Seine Dichtung und die Welt der Fragmente weisen es aus. Wie die Tagebücher deutlich machen, war diese Liebeserfahrung keineswegs geistig-platonisch bestimmt, sondern durchaus erotisch. Nur aus dieser Totalität erklärt sich der für Novalis nach dem Verlust der Geliebten existentiell und dichterisch entscheidende Wille zum Nachsterben, von dem seine Lyrik wie der *Heinrich von Ofterdingen* geprägt werden sollen. Psychologisch nicht leicht deutbar ist des-

Novalis (Friedrich von Hardenberg). Stich von A. Weger

wegen die schon 1798 in Freiberg geschlossene neue
Verlobung mit einer rührend bescheidenen und einfachen Beamtentochter, Julie von Charpentier; ein
Faktum, das sich nicht recht fügen will zu der Betonung der Ausschließlichkeit des Sophien-Erlebnisses,
das bis in die Nachlaß-Fragmente zum *Heinrich von
Ofterdingen* hineinspielt.

Von den frühen Gedichten her kann man noch kaum
auf das Genie schließen. Sie stehen unter dem formalen
Eindruck vor allem Höltys und Schillers, ja auch noch
teilweise unter dem der Gelegenheitsdichtung der Anakreontik. Ein Gedicht wie *Die Liebe* kann geradezu als
ein Sammelbecken anakreontischer Termini erscheinen
(Rosenhügel, Theorbe, mit Myrten bekränzte Locken,
Blumendüfte, Nachtigallenchor, die Aulandschaft des
Hirten). Schulmäßig wirken auch die frühen Gedichte
in antiken Rhythmen, in deren Odenstücken neben
Hölty auch Klopstock anklingt.

Wie einst eine Jugendkrankheit im Knaben plötzlich den leidenschaftlichen Leser erweckte, so hat den
großen Lyriker Novalis später die Brautschaft mit
Sophie von Kühn erweckt. Der Rangunterschied der
datierbaren Gedichte vor und nach dem Sophien-Er-
lebnis ist außergewöhnlich. Das unmittelbare lyrische
Ergebnis sind die *Hymnen an die Nacht,* im August
1800 im *Athenäum* zuerst gedruckt, in einer über
weitere Partien prosaisch abgesetzten Fassung, während die um die Jahreswende 1799/1800 entstandene
Handschrift auch äußerlich sich stärker an den Vers-
charakter hält. Hervorgegangen sind die *Hymnen*
aus dem in den Tagebüchern verfolgbaren Entschluß
des entscheidend Getroffenen, der Geliebten in den
Tod nachzufolgen. Er ist mit einer Art Kult ihres Grabes verbunden, der sicher bestimmender ist als der literarische Einfluß von Youngs *Night Thoughts* und
Fichtes Voluntarismus. Wie in dem anderen Zyklus

der *Geistlichen Lieder* des Novalis sind auch Sphäre
und Atmosphäre des Pietismus mitprägendes Element,
so gut wie die in diesen Zirkeln übliche tiefe Abneigung des Gemüts gegen das Jahrhundert der Aufklärung. Deren Lebens- und Entwicklungsoptimismus
wird durch den Todesenthusiasmus der *Hymnen* nicht
nur in Frage gestellt, sondern geradezu durch ein Gegenbild beantwortet. Zwar setzen die *Hymnen* mit
einem wundervollen Preis auf das Licht und seine Tag-
welt ein als Offenbarung der „Wunderherrlichkeit des
irdischen Reichs". Aber die *Athenäum*-Fassung hat
dann hier schon sozusagen geistlich abwertend „der
Reiche der Welt", und von nun an wird das Werk zur
Feier „der heiligen, unaussprechlichen, geheimnisvollen Nacht". Sie ist die Tiefe der Wehmut, der Träume
und Erinnerungen. Vor dieser Weite der Innerlichkeit
wird nun das Licht „arm und kindisch". Allein die
Nacht ist Zeit und Raum der Wiederbegegnung mit
der Geliebten, „ewig die Brautnacht". Das Unendliche, das Grenzenlose, das Unmeßbare dunkler Tiefe
macht die Nacht für Novalis dem Tage überlegen:

> Zugemessen ward dem Lichte seine Zeit; aber zeitlos und
> raumlos ist der Nacht Herrschaft.

Die Überwindung von Zeit und Raum liegt in der die
Formen der Anschauung übergreifenden geheimnisvollen Welt der Träume und in der Ewigkeit des Liebesaugenblicks. In Licht und Dunkelheit treten Diesseitig-
keit und Jenseitigkeit auseinander. Die Schönheit der
Lichtwelt, die noch einmal eine Partie der IV. Hymne
besingt, ist nicht Tiefe, sondern Oberfläche. Das „geheime Herz" muß der Nacht gehören, das Leben „des
Todes Entzückungen" weichen. Aber über das Subjektive hinaus ist hier auch die Idee der christlichen
Eschatologie unter dem Kreuzeszeichen miteingezo-
gen, in der Sprache des Romantikers als „selige Rück-

kehr" in die Arme der ewigen Liebe, Einkehr zugleich:

> Unendliches Leben
> Wogt mächtig in mir.

Der Geliebte am Schluß der IV. Hymne ist Christus
selber, in dem der Tod Verjüngung und Verwandlung
wird.

Damit ist der Weg frei für die Auseinandersetzung
zwischen der romantisch-christlichen Umwertung aller
Werte und der Klassik, die geradezu als Antwort auf
Schillers Gedicht *Die Götter Griechenlands* zu Beginn
der V. Hymne zutage tritt. Auch hier soll das Todesmotiv die mythisch-plastische Lichtwelt der Antike
überwinden. Lethe- und Hades-Vorstellungen, das Problem Lessings und Herders, *Wie die Alten den Tod
gebildet*, d. h. die Ästhetisierung des Todes, lösen sein
Rätsel nicht:

> Mit kühnem Geist und hoher Sinnenglut
> Verschönte sich der Mensch die grause Larve,
> Ein sanfter Jüngling löscht das Licht und ruht – [...]
> Doch unenträtselt blieb die ew'ge Nacht,
> Das ernste Zeichen einer fernen Macht.
>   (V. Hymne)

Dies war die Signatur der alten Welt. Die neue Welt
ist die christliche, durchdrungen mit der Weisheit des
Morgenlandes. Sie bedeutet den Äon der Seele und des
Gemüts wie der freien Phantasie. Die romantische
Umdeutung des Christentums verrät sich schon im
Wortschatz:

> Was uns gesenkt in tiefe Traurigkeit,
> Zieht uns mit süßer Sehnsucht nun von hinnen.

Mit der „neuen Mythologie" (im Sinne Schellings), in
die die neue Welt mit ihrem Sänger gekleidet wird,

„Ich sehe dich in tausend Bildern", Beginn des Gedichtes aus den „Geistlichen Liedern" des Novalis in der Handschrift des Autors

wird zugleich Herrnhutertum zur poetischen Ekstase.
So geht die V. Hymne denn bruchlos in ein regelmäßig
strophisches Marienlied über, in dem die Nacht das
Medium zur verklärenden inneren Glut der Endzeit
wird:

> Die Lieb' ist frei gegeben,
> Und keine Trennung mehr.
> Es wogt das volle Leben
> Wie ein unendlich Meer.
> Nur Eine Nacht der Wonne –
> Ein ewiges Gedicht –
> Und unser aller Sonne
> Ist Gottes Angesicht.

Dichterisch ist diese V. Hymne vielleicht der Höhepunkt des Zyklus. Denn das abschließende Stück (das
mit dem Titel *Sehnsucht nach dem Tode* sich schon
von den überschriftslosen anderen abhebt) ist ein
Heimweh-Lied der Seele nach der „süßen Braut, /
zu Jesus, dem Geliebten", in dem das romantische Zeitbewußtsein, pro domo sozusagen, den Kultus der Vorzeit mit dem der Endzeit zur Deckung zu bringen
sucht. Es ist ein geradezu wackenroderischer Ton der
Vorzeitbegeisterung, der das Ich fremd in seiner Gegenwart macht, im Tode aber das Tor zur Rückkehr
in die Vorzeit sieht. Romantisch wie der Inhalt ist
auch die Form: eine Mischung von rhythmischer Prosa, die sich als identisch mit dem Hymnen-Vers erweist, mit Reimpartien, Stanzen, Liedstrophen.

Liefen die *Hymnen* bereits in ein Christus-Lied aus,
so steht der Zyklus der *Geistlichen Lieder,* von denen
einige sogar Aufnahme in Gemeindegesangbücher gefunden haben, als Ganzes unter diesem Gesetz. Mit
einer Ausnahme freilich: Die Abendmahls-*Hymne*
(XV) gehört ihrem Wesen wie ihrer Stilkonzeption
nach zu den *Hymnen an die Nacht.* Sie ist nicht allein
von ihrer Form her unsangbar, sondern auch ihrem

spekulativen Inhalt nach ein Fremdkörper unter den
Liedern. In ihren reimlosen Kurzversen (unter denen
die Zweiheber überwiegen) ist im Sinne der geistlichen
Erotik Spees, Schefflers und des Herrnhutischen Lied-
gutes Zinzendorfscher Prägung eine Synthese von
handfest diesseitiger Sinnlichkeit und spiritualistischer
Symbolik versucht, die durchaus im Sinne der Geist-
Leib-Identität der Frühromantik liegt:

> Wer hat des irdischen Leibes
> Hohen Sinn erraten?
> Wer kann sagen,
> Daß er das Blut versteht?
> Einst ist alles Leib,
> *Ein* Leib . . .

Es geht also um eine Verleiblichung des Ewigen eher
als um eine Vergeistigung des Sinnlichen. Das Myste-
rium von Leib und Blut wird durch die Analogie zum
Augenblick der erotischen Vereinigung interpretiert.
Es wird damit auch ästhetisiert. Hierin liegt das Romantische. Und romantisch sind auch die tieckschen
Töne, die in den eigentlichen Liedern aufklingen.
Wehmut und Sehnsucht können übergehen in boden-
lose Zeitangst, die nicht mehr identisch ist mit dem
Sündenbewußtsein des Christentums. Hier kann es
heißen:

> Nichts wüßt' ich sicher, was ich liebte,
> Die Zukunft wär' ein dunkler Schlund.   (I)

Oder die Verlorenheit dessen, der in die Vergangenheit mit süßem Weh sich versenkt, wird im Bilde eines
verzweifelten Schatzgräbertums aufgefangen mit dem
gleichen Effekt:

> Die Zukunft liegt in öder Dürre
> Entsetzlich lang und bang vor ihm –
> Er schweift umher, allein und irre,
> Und sucht sich selbst mit Ungestüm.   (III)

Der „Salto mortale in den Abgrund der göttlichen
Barmherzigkeit" beruht dann hier eher auf der Verzweiflung des Ästheten wie bei Tieck als auf dem
christlichen Verlorenheitsbewußtsein mit seinem Ausgangspunkt, der Sünde. Dieser Unterschied wird von
den Gesangbucheditoren der Zeit nicht wahrgenommen, die das mystisch spekulative Lied des Pietismus
auf die neue romantische Sentimentalität schon vorbereitet hatte.

Das in der Lyrik Hardenbergs schon sichtbare Geschichtsbild mit dem Schwergewicht auf Vergangenheit und Zukunft und der Distanz zur Gegenwart
wird, außer im *Heinrich von Ofterdingen,* vielleicht
nirgends so unmittelbar deutlich wie in der politischen
Geschichtsphilosophie des Fragmentes *Die Christenheit oder Europa* (1799). Die Faszination, die vom
Mittelalter als dem letzten goldenen Zeitalter auf die
Romantik überging, zeigt hier ihre Hintergründe. Es
ist der Gedanke der Einheit, auf den auch die Abendmahlshymne ihre ganze Verzückung wirft, den die
bedeutende Prosaschrift gleich anfangs herausstellt.

> Es waren schöne glänzende Zeiten, wo Europa ein christ-
> liches Land war, wo *eine* Christenheit diesen menschlich
> gestalteten Weltteil bewohnte; *ein* großes gemeinschaftli-
> ches Interesse verband die entlegensten Provinzen dieses
> weiten geistlichen Reichs.

Hinzu tritt noch der Gedanke des *einen* Oberhaupts
und der von ihm aus gegebenen *einen* gesellschaftlichen Ordnung. Innere Sicherheit ist die Folge dieses
Ordnungsgedankens, der mit der Reformation verlo-
renging. Der Romantiker betont nicht zufällig, daß
es auch eine ästhetische Lebensordnung war:

> Mit welcher Heiterkeit verließ man die schönen Ver-
> sammlungen in den geheimnisvollen Kirchen, die mit er-
> munternden Bildern geschmückt, mit süßen Düften erfüllt,
> und von heiliger erhebender Musik belebt waren.

Man fühlt sich nicht nur wiederum an Wackenroder und Tieck (der gerade damals Novalis nahetrat) erinnert, es ist der universal-ästhetische Zug der Frühromantik überhaupt: die Sehnsucht nach Ordnung und Sicherheit in Schönheit, die man mit Frömmigkeit gleichsetzt. Dies alles jedenfalls, politisch und geistig sich ausdrückend, in der hierarchischen Ordnung der päpstlichen Herrschaft, sind für Novalis „die schönen wesentlichen Züge der echt katholischen oder echt christlichen Zeiten". Das Geschichtsbild, das sich so ergibt, ist bewußt provozierend rückgewandt, gegenaufklärerisch, gegenfortschrittlich, zyklisch, trotz einer eher verwirrend eingeschalteten Evolutionstheorie, die in Wirklichkeit eher eine Regressionstheorie sein dürfte:

Vergänglich ist nichts was die Geschichte ergriff, aus unzähligen Verwandlungen geht es in immer reicheren Gestalten erneuet wieder hervor.

Jedenfalls ist damit das Prinzip einer Revolution von Grund auf ausgeschaltet. Es gibt nur das unvergänglich Geschichtliche, das in ewigen Metamorphosen sich erneuert und damit, wenn auch in der Bewegung geläutert, schließlich sich selber wiederfindet. Nicht anders begegnet uns die Geschichte im Entwurf zu *Heinrich von Ofterdingen* und im Symbol des verschleierten Bildes zu Sais als dem Sinnbild der weitesten Ferne, in der man die in der Heimat verlassene Geliebte oder gar sich selber wiederfindet, wenn man den Schleier hebt. Zyklische Entwicklung also, nicht lineare, entsprechend auch dem Geschichtsbilde der romantischen Philosophie, insbesondere auch der so stark naturwissenschaftlich bestimmten Schellings. Novalis kann deswegen den Ablauf der Zeit, der vom Mittelalter über die Reformation zum Rationalismus geführt hat, nur als durch Erstarrungssymptome bedingt, aber nicht als

Fortschritt ansehen. In der Wertung dieser Entwicklung liegt die vorher schon angedeutete Provokation,
die aus dem *Athenäum* stammen könnte. Die Protestanten sind dem politisch werdenden Romantiker
„Insurgenten". Luther ist schuld an einem neuen Dogmatismus, der zugleich – als Philologie der Heiligen
Schrift – den Intellektualismus der Aufklärung wek-
ken wird: „Mit der Reformation wars um die Christenheit getan." Hier spielt ein auch in der Fragmen-
tenwelt des *Athenäums* häufig begegnender Begriff die
Rolle des Gegensatzes zur verhaßten Aufklärung: der
des religiösen Sinnes, des ‚heiligen‘ Sinnes, auch einfach: des Sinnes. Er kommt aus der Sprache des Pietismus. Und deswegen kann auch bei Schleiermacher das
Wesen der Religion als „Sinn und Geschmack für das
Unendliche" definiert werden. Dieser ‚Sinn‘ ist ein
Leitbegriff in Novalis' ganzem Werk. Als „Sinn
für ..." ist er gleichbedeutend mit dem Organ für das
Göttliche. Und dieses wieder ist Gefühl und Phantasie.
Wieder spannt sich der Bogen vom Religiösen zum
Ästhetischen. Die Grundsünde der Reformation wie
des Rationalismus besteht in der Zerstörung des heili-
gen Sinnes und mit ihm des Gefühls und der Phantasie.
Dies ist die religiös-ästhetische Rebellion der Romantiker gegen die Aufklärung, im Grunde aber keine
eigene Theologie. Auch Schleiermachers Reden *Über
die Religion* bieten ja im Grunde keine Theologie, sondern eine Lehre des „heiligen Sinnes", und d. h. einen
Beitrag zur religionspsychologischen Anthropologie.
So geht es auch bei Novalis nicht um Gott, sondern
um die Geborgenheit des Menschen im Organ für das
Göttliche. Die Abgründe des romantischen Menschen,
die in den *Geistlichen Liedern* sich verraten, sollen
durch den ‚Sinn‘ immer wieder überwunden werden.
Nur auf diesem Hintergrunde versteht man den Haß
gegen den Rationalismus, der die ‚Poesie‘ aus der Welt

vertrieben hat und noch immer an diesem Werke ist. Wie bei Hamann steht bei Novalis für Ratio als Pejorativum „Philosophie": „Das Resultat der modernen Denkungsart nannte man Philosophie..." Und als Helfer gegen sie ist sogar der Jesuitenorden eine gepriesene Bürgschaft für die Bewahrung des heiligen Sinnes in ausgedörrter Zeit. Das andere Bürgschaftsmotiv für die Erhaltung des Wunderbaren und Geheimnisvollen in der Welt ist die Natur, deren irrationale Seite unbegreiflich und poetisch bleibt und damit auch nicht modernisierbar ist. Von solchen Symptomen aus gewinnt Novalis' Geschichtsbild dann seine eschatologische Pointe wieder, in die das Fragment enthusiastisch ausläuft, teilweise mit direkten Bezugnahmen auf die *Hymnen* und *Lieder*. Die Zeit (lies: in ihren romantischen Tendenzen) verrät in zwingenden Andeutungen

eine universelle Individualität, eine neue Geschichte, eine neue Menschheit, die süßeste Umarmung einer jungen überraschten Kirche und eines liebenden Gottes, und das innige Empfängnis eines neuen Messias in ihren tausend Gliedern zugleich.

Gewiß, hier ist alles ,neu'. Aber es ist *wieder* neu. Am Schluß sagt Novalis:

Er ist gereinigt durch den Strom der Zeiten.

Gemeint ist der Katholizismus, von dem das geschichtsphilosophische Fragment ja auch ausgeht. Also abermals: Rückkehr, Durchläuterung, nicht Weiter- und Fortentwicklung.

Wie *Die Christenheit oder Europa* in ihrer Theologie und Geschichtsphilosophie auch eine politische Seite hat, die von dem gleichen Ordnungsgedanken bestimmt ist, so gibt es auch unter den Fragmenten des Dichters einen staatsphilosophischen Zyklus, der bis

zum Politischen hin auch diesen Bereich romantisch
ästhetisiert. Es ist der Zyklus *Glauben und Liebe oder
Der König und die Königin*. Besser noch als in der
reinen Lyrik zeigen die Fragmente Hardenbergs die
Extreme der frühromantischen Tendenz, Welt und Leben als ein großes Gesamtkunstwerk anzusehen. Im
Gesamtkunstwerk aber muß ja alles ästhetisch werden. Die Grenzen, die die (verhaßte rationale) Logik
innerhalb der Wert- und Seinsbereiche der Künste und
ihrer Gattungen, der Religion, der Philosophie, auch
der Geschichte und Politik setzt, fallen dahin. Die
dunkle Bedeutung geheimnisvoller Zusammenhänge
hebt sich über alles. So werden in *Glauben und Liebe*
der Staat und seine Politik ausdrücklich zur Mystik.
Man muß sich dabei vergegenwärtigen, daß das kleine
Werk fast ein Jahrzehnt vor der Bildung des Mythos
um die preußische Königin Luise und ihren trockenen
Gatten, vor dem Märtyrermythos von 1806/07, liegt,
daß es sich also um eine Frühform romantischer Ver-
klärung handelt ohne den patriotischen Hintergrund
wie bei Kleist zum Beispiel. So entsteht das Bild des
„mystischen Souveräns", von Gottes Gnaden und
Symbol einer ganzen Konstitution. Das Königspaar
erscheint zugleich aber als Symbol der vollkommenen
Familie. So wird der Herrscher vom Bürger ausdrücklich abgehoben als „höher geborener" Mensch, „ein
zum irdischen Fatum erhobener Mensch". Er ist der
Mittelpunkt des monarchischen Systems, das seinen Ursprung jenseits des Rationalen hat. Ein solcher Staat
der absoluten Ordnung gliedert den Bürger als Beamten ein (im Ideal sogar mit Uniform) als Zeichen seiner
Sichtbarkeit. Dementsprechend wird der Hof „das
große Muster einer Haushaltung", „das klassische Privatleben im Großen". Hier liegt das Ideengut, aus dem
vierzig Jahre später Friedrich Wilhelm IV., der ‚Romantiker auf dem Thron', in schon jungdeutscher Zeit

seine Rechte herleiten wird. Die Spitze des Staates
wird damit zum Sinnbild der Menschlichkeit; wobei
Menschlichkeit mit Rechtlichkeit identisch sein muß.
Dies scheint alles sehr konsequent. Aber solche Staatsphilosophie wäre nicht romantisch, wenn sie nicht
auch dialektisch zur Identifikation der idealen Monarchie mit der idealen Republik fähig wäre:

> Es wird eine Zeit kommen und das bald, wo man all-
> gemein überzeugt sein wird, daß kein König ohne Republik,
> und keine Republik ohne König bestehn könne, daß beide
> so unteilbar sind, wie Körper und Seele, und daß ein König
> ohne Republik, und eine Republik ohne König nur Worte
> ohne Bedeutung sind. Daher entstand mit einer echten Re-
> publik immer ein König zugleich, und mit einem echten
> König eine Republik zugleich. Der echte König wird Re-
> publik, die echte Republik König sein.

Wenn das mehr als ein Wortspiel sein soll, sondern
eine echte complexio oppositorum, so ist auch dies ein
mystischer Vorgang. Nun zeigt aber ein Paralipomenon zum Zyklus, daß es sich bei dieser romantischen
Dialektik doch immer um erhebliche Bedeutungserwei-
terung handelt:

> Wo junge Leute sind, ist Republik.

Die Konsequenz wäre, daß die „echte Monarchie" eine
Sache des Mannesalters sei. Im übrigen ist sie in diesem
Zusammenhang auch die ästhetischste Regierungsform
(„die schönste, poetische, die natürlichste Form").
   Aus dem weiteren umfänglichen und schwer datierbaren Material der Prosafragmente Hardenbergs mit
der Fülle von Anregungen, Einfällen und witzigen Anmerkungen zum Weltstoff, zur Kunst und zur eigenen
Bildungsgeschichte des Dichters soll hier nur stellvertretend der *Athenäum*-Zyklus *Blütenstaub* zur Sprache kommen. Entstanden im Laufe des Jahres 1797,
spiegelt er auch die hohe Zeit von Novalis' Entwick-

lung wider, seine Auseinandersetzung mit Bildungs-
erlebnissen mannigfacher Art. Die Formulierung ist
teils keck, teils tastend und experimentierend. Das
Selbstbewußtsein des Fragmentisten erweist sich als
identisch mit dem des Dichters, der sich seiner Jugend
freut:

> Wer Fragmente dieser Art beim Wort halten will, der
> mag ein ehrenfester Mann sein – nur soll er sich nicht für
> einen Dichter ausgeben. Muß man denn immer bedächtig
> sein? Wer zu alt zum Schwärmen ist, vermeide doch jugend-
> liche Zusammenkünfte. Jetzt sind literärische Saturnalien.
> Je bunteres Leben, desto besser.

Das stammt aus dem Rausch des Jenenser ‚Symphilo-
sophierens‘, vor allem mit dem Freunde Friedrich
Schlegel, und rechtfertigt zugleich das Anarchisch-
Witzige und Chaotische, auf dem Schlegels eigene
Fragmententheorie beruht. Entscheidend ist das Recht
der Phantasie als Voraussetzung für die Gattung. Die
Phantasie freilich sieht bei Novalis anders aus als bei
Friedrich Schlegel. Zurück tritt bei Hardenberg das
intellektuell Spielerische, das Lessingsche Element.
Auch beruht die Pointierung nicht in erster Linie auf
dem Witz oder gar dem Wortwitz. Das Novalissche
Fragment hat seine Eigenart in dem Wechsel von Konzentration und dem Sich-Ergehen in Freiheit. Zu dieser Freiheit der Phantasie gehört nicht nur der „Weg
nach innen“, sondern auch eine – man möchte sagen:
zarte Trunkenheit im Ton, über die Schlegel nicht verfügt. Der Ausbruch aus den Grenzen (der Lichtwelt
der *Hymnen*) erfolgt bei Novalis instinktiver und in-
spirierter als bei dem alles zuerst reflektierenden Friedrich Schlegel. Gewiß, in den andern Fragmentenheften
und Exzerptensammlungen Hardenbergs findet sich
auch betont mathematisch-naturwissenschaftliche Spekulation, die experimentierend ist und damit Schlegel

näher steht als die *Blütenstaub*-Fragmente. Aber auch sie zielt auf den Einheitsgedanken, auf Integration auch der Geheimnisse der Physik, Chemie, der Geologie und Mathematik. Daher ergibt sich aus allem zusammen auch ein letzter Ernst der Fragmentensprache, eine dichterische Hochspannung, die ständig auf Innerlichkeit zielt. Ein Paralipomenon über den Witz sagt:

Echt geselliger Witz ist ohne Knall. Es gibt eine Art desselben, die nur magisches Farbenspiel in höhern Sphären ist.

Hier wird die Novalissche Färbung der Pointe auch des Fragmentes deutlich.

Diese innere Verknüpfung, die auf Synthese zielt, bemerkt man sowohl im Weltanschaulichen wie im Ästhetischen. Das bekannte 14. *Blütenstaub*-Fragment zeigt das Verhältnis von Leben und Tod als chemischen Prozeß:

Leben ist der Anfang des Todes. Das Leben ist um des Todes willen. Der Tod ist Endigung und Anfang zugleich, Scheidung und nähere Selbstverbindung zugleich. Durch den Tod wird die Reduktion vollendet.

Ähnlich wird im Ästhetischen Humor als „Resultat einer freien Vermischung des Bedingten und Unbedingten" definiert, wobei denn freilich die andere Definition: „Menschheit ist eine humoristische Rolle" leicht herausspringen kann. Im Anschluß an eine Bemerkung über den dithyrambischen Stil (aus der Handschrift) wird mit Windeseile der ganze Bezirk des Natur- und Menschenreiches von der ästhetischen Ebene aus umrissen:

Halb berauscht kann ein Kunstwerk sein: im ganzen Rausche zerfließt das Kunstwerk. Aus dem Menschen wird ein Tier. Der Charakter des Tiers ist dithyrambisch. Das Tier ist ein übersättigtes Leben, die Pflanze ein mangelhaftes Leben, der Mensch ein freies Leben.

Dahinter steckt nicht nur der Romantiker, sondern auch der eilends mit ausgemessene Schiller.

Das Entscheidende ist überhaupt das freie Schweifen durch Raum und Zeit, das bedingt ist durch das Suchen nach dem Unbedingten. Dabei geht es auch hier um das Organ:

Ganz begreifen werden wir uns nie, aber wir werden und können uns weit mehr, als begreifen.

Mehr als begreifen – das setzt die Phantasie als Organ voraus, zugleich die aus der Mathematik gewonnene Potenzenlehre, die bei Novalis zum Symbol des Durchbruchs zum Mehr-Als wird. Es ist dies aber nur auf dem Wege der Verwandlung des Äußeren in das Innere zu erreichen. Das alles konzentriert sich in dem vielzitierten 16. *Blütenstaub*-Fragment:

Die Fantasie setzt die künftige Welt entweder in die Höhe, oder in die Tiefe, oder in der Metempsychose zu uns. Wir träumen von Reisen durch das Weltall – Ist denn das Weltall nicht *in uns*? Die Tiefen unsers Geistes kennen wir nicht – Nach Innen geht der geheimnisvolle Weg. In uns, oder nirgends ist die Ewigkeit mit ihren Welten – die Vergangenheit und Zukunft.

Das Fragment schließt wieder mit dem Blick auf den Tod, der das endgültige Wesen und den überirdischen Genuß bringen wird. Daß hier der Dichter eigentlich stellvertretend für den Menschen steht, wird der *Heinrich von Ofterdingen* belegen, dessen ganze Symbolik die des geheimnisvollen Weges nach innen ist. Das 16. *Blütenstaub*-Fragment ist seine Antizipation. Sie zeigt schon den Novalis von vor 1799 als hingerissen von der Idee der Innerlichkeit, die Zeit und Raum entgrenzt, Geschichte und Ewigkeit zur Synthese bringt.

2. Prosadichtung

Friedrich von Hardenbergs poésie pure konzentrierte sich neben der Lyrik der Hymnen und Lieder in dem Roman *Heinrich von Ofterdingen*, dessen zweiter Teil ihn noch bis in seine letzten Tage beschäftigte, und in der symbolischen Novelle *Die Lehrlinge zu Sais*, die als Ertrag der naturgeschichtlichen und naturphilosophischen Studien auf der Freiberger Bergakademie anzusprechen ist. Beides Gattungen der Prosadichtung, der Roman nach dem Vorbilde des *Wilhelm Meister* mit eingesprengter Lyrik. In beiden Werken auch findet sich die symbolische Märchenform, die repräsentative Aussageform der Romantik, gleichfalls in der Nachfolge Goethes. Die *Lehrlinge* wie der *Heinrich von Ofterdingen* blieben Fragment: der *Heinrich von Ofterdingen*, weil der Tod den Dichter nicht weitergelangen ließ, die *Lehrlinge* vermutlich aus Gründen der inneren Form, die Novalis nach 1799 nicht weiterführen konnte oder wollte. Offensichtlich hängt das Fragmentarische mit dem Wesen dieser Frühromantik innerlich zusammen. Was man anstrebte, sprengte Form und Gattung, ging über die Möglichkeit der Vollendung hinaus. Es muß daher offenbleiben, ob ohne den frühzeitigen Tod des Autors der *Heinrich von Ofterdingen* überhaupt vollendbar gewesen wäre. Vieles aus den Entwürfen zum zweiten Teil scheint dagegen zu sprechen. Jedenfalls ist der Novalis nach Freiberg, nach der Begegnung mit dem Bergrat Abraham Gottlob Werner, der das Modell des Lehrers der *Lehrlinge zu Sais* und des Bergmanns im *Heinrich von Ofterdingen* werden soll, gleichsam überwältigt von einer neuen Seite der Welt, die ihn in seiner Richtung auf den magischen Idealismus der Ureinheit alles Lebens und Seins bestätigen und weitertreiben mußte.

In den *Lehrlingen* bildet Novalis jenen unnachahmlichen ‚magischen‘ Prosastil heraus, über den er im *Heinrich von Ofterdingen* dann schon verfügen kann. Er ist in vielem auch eine Transponierung der Fragmentenprosa ins Epische. Reine Epik stellt eigentlich nur das einmontierte Märchen von Hyazinth und Rosenblüte dar. Das Motiv, die Poetisierung von Natur und Naturgeschichte, zwingt zu einer gewissen spekulativen Abstraktion. So ist es gekommen, daß es bei den zwei in keinem Gleichgewichtsverhältnis stehenden ‚Kapiteln‘ „Der Lehrling“ und „Die Natur“ geblieben ist, bei einer eigentümlichen Mischung von Didaktik und Erzählung. Den Ausgangspunkt bildet das Motiv der Chiffre, die alles anorganische und organische Sein wahrnehmbar widerspiegelt als Symbol des Urzusammenhangs, dessen Sinn aber nur geahnt werden kann: „Ein Akkord aus des Weltalls Symphonie.“ Es ist daher die eigentliche Genialität des „Lehrers“, wenn er „versteht, die Züge zu versammeln, die überall zerstreut sind“. Aus unersättlichem Erfahrungshunger und ebenso unstillbarem Drang zur Synthese hat er sich selber zum dichterisch Wissenden gebildet: „Er hörte, sah, tastete und dachte zugleich.“ Diese All-Fähigkeit ist repräsentativ für den frühromantischen Universalitätsgedanken, wie er auch der *Athenäum*-Konzeption der Universalpoesie zugrunde liegt. Diese Tendenz zur Universalität drückt sich z. B. auch in der Einfügung des (Christus-)Kindes in den Kreis der Lehrlinge der Natur aus, das wie aus einem alten Bilde heraustritt in die Gemeinschaft und dem der Lehrer sofort den Unterricht übergeben möchte. Es ist zugleich Symbol des universalen Welteinverständnisses, das der Romantiker im Kinde und im Kindlichen überhaupt allein sich ausdrücken sieht, wie es auch die Fragmente verraten. Ein zweites Symbolmotiv der Universaltendenz bringt die ungewöhnliche Pluralbildung „die Naturen“, von der der zweite Teil

Heinrich von Ofterdingen.

Ein

nachgelassener Roman

von

Novalis.

Zwei Theile.

Berlin, 1802.
In der Buchhandlung der Realschule.

*Titelblatt der Erstausgabe von Novalis'
„Heinrich von Ofterdingen"*

Gebrauch macht, um die einzelnen ins Gespräch miteinander zu setzen. Des Dichters Meinung, daß alles eine innere Einheit sei, auch wenn es sich in geschichtlicher Entwicklung in Einzelwirklichkeiten isoliert habe, stimmt letztlich überein mit Hölderlins „Alles Getrennte findet sich wieder". Sie entspricht auch der Tendenz von Schellings Philosophie, die ja gemeinsamer Besitz Hardenbergs und Hölderlins war.

Besonders der zweite Teil der epischen Meditationen drückt dies aus. Hier wird der Prozeß der Zerspaltung unsers Innern in „mannigfaltige Kräfte" beklagt und der Wiedervereinigung als Ziel der Geschichte das Wort geredet. Das Organ der Einheit während des Zwischenzustands der Entwicklung ist natürlich die Poesie. Sie antizipiert die Wiederkehr der alten goldenen Zeit, das Ziel der romantischen Eschatologie. Auch die Kinder und die kindlichen Menschen, „die nicht wissen, was sie tun" (Novalis setzt sie eigentlich mit den Dichtern gleich), nähern sich der „entwilderten" Natur wieder. Sie bewahren den Schatz entgegen den Skeptikern und Nihilisten, die die Natur als „eine furchtbare Mühle des Todes" deuten:

> Überall ungeheurer Umschwung, unauflösliche Wirbelkette, ein Reich der Gefräßigkeit, des tollsten Übermuts, eine unglückschwangere Unermeßlichkeit.

Dem hält der schöne Ephebe unter den Lehrlingen tröstend die ‚Stimmung' der Jugend und der Liebe als die rechte Stimmung der Natur entgegen. Und hier folgt nun als dichterischer Beweis das Märchen von Hyazinth und Rosenblüte. Obwohl es ‚Weltanschauung' spiegelt, nimmt man schon an seiner Sprache wahr, mit welcher Erleichterung Novalis sich endlich im rein Dichterischen, in der Einheit auch des Stils bewegt, der er sich ganz hingibt. Was vorher und nachher in der Erzählung eines reflektierenden Wortschatzes nicht entraten kann, das ist hier völlig sublimiert in der reinen Märchenform. Der zarte Hauch und Schmelz besteht auch darin, daß der Ernst der Betrachtung hier von Humor bestimmt ist. Das Märchen ist die Geschichte des Jünglings, der schwermütig die Einsamkeit sucht, um sich in Wäldern und Höhlen auf närrische Weise mit Tieren und Pflanzen zu besprechen:

> Er blieb aber immer mürrisch und ernsthaft, ungeachtet sich das Eichhörnchen, die Meerkatze, der Papagei und der Gimpel alle Mühe gaben, ihn zu zerstreuen und ihn auf den richtigen Weg zu weisen. Die Gans erzählte Märchen, der Bach klimperte eine Ballade dazwischen, ein großer dicker Stein machte lächerliche Bocksprünge, die Rose schlich sich freundlich hinter ihm herum . . .

Dies mag auch als Stilprobe für sich sprechen. Sinnbildlich wird der kindliche Zustand des Welteinverständnisses entfaltet, der noch bei erwachendem Bewußtsein anhält. Daher die Motive der Schwermut und der Einsamkeit. Ein Magier aus der Fremde weckt dann in Hyazinth die Sehnsucht nach dem Fernsten. Seit er dessen wunderbare Lehre vernahm, läßt ihn der Drang zu wandern, dahin, wo „die Mutter der Dinge wohnt, die verschleierte Jungfrau", nicht los. Aber die Wanderung in den Orient der Isis wird ihn im Bilde zu Sais niemand anderen als Rosenblütchen finden lassen. Es ist also ein Weg zurück zum Nächsten: zur Heimat und zu sich selbst. Ein Kreis schließt sich.

Den letztlich monistischen oder pantheistischen Hintergrund offenbart das auf das Märchen folgende Gespräch ‚der Naturen', die die Sammlungen des Lehrers in sich vereinen. Hier wird eine Klage angestimmt über den Verlust des großen Bundes aus der goldenen Zeit, in dem alles frei im Schoße der Natur lebte. (Es sind dies übrigens die Partien, aus denen später Hesse

seine *Morgenlandfahrt* und das *Glasperlenspiel* entwickelte.) Die große Harmonie der Urzeit ist nur auf
dem Wege eines universalen Gefühls wiederzugewinnen, das mit dem Bilde des „innern Lichts" gleichge-
setzt wird. Der Zerstörer der Einheit aber war das
Denken: „Ein erstorbenes Fühlen, ein blaßgraues,
schwaches Leben." So die Naturen unter sich. Die abschließenden Gespräche der Reisenden, die sich dem
Orte zugesellen, und schließlich auch des Lehrers mit
seinen Schülern variieren im Grunde dieses Thema,
wo man denn die Schellingsche These der letzten Identität von Natur und Geist wiederfindet:

> Die Natur wäre nicht die Natur, wenn sie keinen Geist
> hätte.

Und hier fällt auch wieder das Stichwort von der
Poesie als vollkommenster Hüterin des Urzusammen-
hanges:

> Wird nicht der Fels ein eigentümliches Du, eben wenn
> ich ihn anrede? Und was bin ich anders als der Strom …

Das alles sind Formeln gegen jede dualistische Deutung
der Welt. Und wenn der eine der Reisenden sagt: „Um
die Natur zu begreifen, muß man die Natur innerlich
in ihrer ganzen Folge entstehen lassen", so wird damit
ein neues Band nicht nur zwischen spekulativer Naturphilosophie, sondern auch zwischen Naturgeschichte und dichterischer Phantasie geknüpft. Urvolk, das
die Reisenden zu suchen auszogen, und Ursprache als
„ein wunderbarer Gesang, dessen unwiderstehliche Töne tief in das Innere jeder Natur eindrangen …", verschmelzen dabei schließlich mit dem pädagogischen
Problem, „den unterschiedenen Natursinn in jungen
Gemütern zu erwecken, zu üben, zu schärfen …"

Das Symbolmotiv des „ewigen Orients" in Gestalt
des verschleierten Bildes zu Sais, verwandt schon mit
den Freimaurerriten des 18. Jahrhunderts (Mozarts

Zauberflöte), aber auf neue Assoziationen gebracht, verbindet unmittelbar das epische Moment der *Lehrlinge* mit dem Roman *Heinrich von Ofterdingen*, vor dessen Vollendung Novalis dann hinwegstarb. Das wird schon an den Paralipomena zur Konzeption und Weiterführung des Fragmentes klar, das so den Charakter einer zentralen Vorarbeit für das dichterische Hauptwerk Hardenbergs gewinnt. Es scheint fast, als ob der Dichter das (poetologisch) Zweideutige des ersten epischen Versuches selber gespürt und dessen Sublimierung in reine Poesie, so wie sie nur das Märchen darstellt, angestrebt hätte. Das Vorbild von Goethes *Meister* reizte ihn dabei nicht minder zu einem romantischen Gegenbild gleichfalls großen Stiles. Das neue Thema, das Novalis unter dem Eindruck der Kyffhäusersage in der thüringischen Landschaft sich selber angeeignet hatte, verlagerte die Schwergewichte: Das Primäre wurde jetzt eine Künstlernatur von Beginn an, eine historische Figur des Mittelalters, die, sich entwickelnd nach dem Gesetz, nach dem sie angetreten, erzogen durch phantastische Erfahrungen und Lehrer, zum Symbol romantischer Universalität wird. Damit war die Ebene des *Wilhelm Meister* erreicht. Auch formal findet die Annäherung statt. Wie dem *Meister* so ist auch dem *Heinrich von Ofterdingen* eine Reihe der schönsten lyrischen Gedichte von Novalis eingegliedert. Von ihm (und von Tieck) setzt sich diese Formmischung dann zur jüngeren Romantik der Brentano und Eichendorff und bis zu Mörike hin fort. Nur der erste Teil des *Heinrich von Ofterdingen* wurde abgeschlossen. Er trägt den Titel „Die Erwartung". Der zweite Teil hätte „Die Erfüllung" heißen sollen. Doch wurde von ihm außer dem umfassenden Einleitungsgedicht *Astralis* nur das Anfangskapitel ausgeführt. Für die geplante Fortsetzung gibt es nur Entwürfe, aus denen der Herausgeber Tieck später

den Handlungsverlauf zu rekonstruieren suchte. Man
wird ihn so kaum ohne Bedenken akzeptieren können.
Der erste Teil, neun Kapitel, gibt das Schicksal des
Minnesängers aus der Sage vom Sängerkrieg auf
der Wartburg als Jüngling vom ersten Erwachen der
Phantasie und des Bewußtseins im Elternhause über
die Reiseerlebnisse von Thüringen nach Augsburg in
das großväterliche Haus, dort bis zur Begegnung mit
der Geliebten, Mathilde, der Tochter des geheimnisvollen Sängers Klingsohr. Das ist der schlichte Rahmen der äußeren Handlung. Hinter ihm steht der
Wille des Dichters, das Werden einer romantischen
Existenz darzustellen, die in einer formsprengenden
Fülle symbolischer Begegnungen und Erfahrungen zu
sich selbst kommt, genauer: immer wieder in sich
selbst zurückkehrt. Da es sich um inneren Raum und
innere Zeit handelt, sind der nachvollziehenden Phantasie kaum Grenzen gesetzt. Die Sprache ist dem sinnbildlichen Ziel angepaßt. Sie umgreift das schlichte
Nächste wie das abenteuerliche Fernste. Sie kann zart
sein und zugleich von einer eigentümlichen Berauscht-
heit. Die Sätze sind kurz, dort aber, wo sie umfassender sind, die Kadenz von weiterher geholt werden
muß, von überzeugender Prosarhythmik. Das starke
Gewicht des Traumhaft-Phantastischen gibt ihnen eine
eigentümliche Transparenz, auch da, wo nicht ausdrücklich Märchenstil waltet. Das Ganze stellt sich
vielmehr als Grenzform zwischen Roman und Märchen dar, symbolgesättigt, aber nicht abstrakt, obwohl
hier wie in den *Lehrlingen* das Erziehungsmotiv auch
zu ausgesprochener Didaktik führen kann. Doch erscheint es hier weniger teleologisch bestimmt als vielmehr dem Motiv der ständigen Verwandlung als
Grundform des Lebens untergeordnet.

Das erste Kapitel steht unter dem Zeichen der
„blauen Blume", dem (zu Unrecht allzu populär ge-

wordenen) Symbolmotiv der romantischen Liebe, Sehnsucht und Schönheitsahnung. Der Jüngling erfährt erst später, daß sie schon ein Erbtraum vom Vater her ist. Die Farbe ist nicht zufällig, sondern symbolistisch zu verstehen. Es ist die Farbe der überirdisch-himmlischen Klarheit, die sich auch in andern Namen, wie Cyane, ausdrückt. Daß das symbolische Blau sich mit der Blume verbindet, ist der Niederschlag der Naturphilosophie Hardenbergs, die ja, wie schon sichtbar wurde, Kristalle, Tiere, Pflanzen, das Element des Wassers und den Menschen im goldenen Zeitalter zur vertraulich miteinander redenden Gemeinschaft werden läßt. Darin liegt schon der Metamorphosengedanke als Möglichkeit. Und in der Tat bedeutet die blaue Blume vieles: zuerst die Geliebte in mehrfacher Gestalt (Mathilde, die Morgenländerin, Cyane). Nicht umsonst findet sich in den Paralipomena die Bemerkung zur Farbsymbolik:

Farbencharakter. Alles blau in meinem Buche, hinten Farbenspiel. Individualität jeder Farbe.

Nicht umsonst auch nimmt man dort einen wahrhaften Rausch des Verwandelns von Mensch in Blume, Baum, Tier, Fels oder Stern wahr. Diese Bewegung des Romantikers auf ein ständiges Überspringen aller gesetzten Grenzen einschließlich des Ausbruches der menschlichen Existenz in die Unendlichkeit wäre übrigens niemals episch darstellbar gewesen. Man merkt dies schon am Ausgeführten.

Wie angedeutet: die blaue Blume ist nicht Sinnbild der Individualität, sondern Erbsymbol, das auch dem Vater (unter ähnlicher Vorbereitung durch den fremden Magier und Bergmann in seinem Traum vom Kyffhäuser, den er in Rom träumt) erschienen ist. Damit ist die blaue Blume auch Sinnbild der geschichtlichen Kontinuität, der stellvertretenden Sehnsucht des

künstlerischen Menschen überhaupt. Das muß man zur
Einschränkung der Subjektivität des romantischen Sinn-
und Leitbildes bemerken, dessen Erscheinung betont
eingebettet bleibt in Gespräche über den Traum als

eine Schutzwehr gegen die Regelmäßigkeit und Gewöhnlichkeit des Lebens, eine freie Erholung der gebundenen
Phantasie.

Vom zweiten Kapitel an wird die Geschichte zum
Reiseroman, jedoch in einem ganz bestimmten vertief-
ten Sinne. Die Reise mit der Mutter und den befreundeten Kaufleuten vom Landgrafenhof in die alte
Reichsstadt Augsburg geht allerdings nur über eine
minimale Entfernung. Tiecks Sternbald durchmißt ganz
andere abenteuerliche Fernen. Gleichwohl ist das, was
Heinrich unterwegs begegnet, ein Maximum an innerer, wieder von sinnbildlichen Erfahrungen bestimmter
Geschichte. Ausgangspunkt ist das aus *Die Christenheit oder Europa* bekannte Bild des Mittelalters, das
sich hier auf das Hofleben auf der Wartburg gründet.
Auch das Symbol des Kreislaufs Heimat – Fremde –
Heimat wird aufgenommen:

Er sah sich an der Schwelle der Ferne ... Die Wunder-
blume stand vor ihm, und er sah nach Thüringen, welches
er jetzt hinter sich ließ, mit der seltsamen Ahndung hinüber, als werde er nach langen Wanderungen von der Weltgegend her, nach welcher sie jetzt reisten, in sein Vaterland
zurückkommen, und als reise er daher diesem eigentlich zu.

Dies ist auch ein schönes Beispiel für romantische
Dialektik als Form, nicht nur für das, was die Romantik unter Geschichte versteht. Dialektisch ist hier
die Identität von Aufbruch und Wiederkehr, ein Leitmotiv des Romans, das sich in der noch ausformulier-
ten Einleitung zum zweiten Teil in der bekannten
Schlüsselformel ausdrückt:

Wo gehn wir denn hin? Immer nach Hause.

Das Maximum der sinnbildlichen Begegnungen (und damit auch an inneren Erfahrungen Heinrichs) setzt sich zunächst fort in *Sternbald*-Elementen: den Erzählungen der Kaufleute vom „Welschland". Diese an sich handlungsarmen Partien führen im 3. Kapitel dann zu dem ersten und einfacheren der symbolischen Märchen (einer Erzählung noch der Kaufleute), deren Sinn kein andrer ist als der des Märchens von Hyazinth und Rosenblüte. Nur daß der junge Sohn des weisen und stillen alten Mannes, der sich die Königstochter mit magischen Mitteln gewinnt, hier ganz ausdrücklich der Sänger ist, der im Dichterwettkampf siegt und damit auch der König von Atlantis wird.

Entscheidender aber für Heinrichs Aneignung der Welt wird die Begegnung mit dem „morgenländischen Mädchen" auf dem Schlosse bei den Kreuzrittern. In ihr erlebt er die nie gesehene Welt des Orients als innere Erfahrung vorweg. Als Symbol der westöstlichen Begegnung will ihm Zulima eine Laute geben, er nimmt aber nur das symbolische goldene Band mit ihrem Namen. Im 5. Kapitel dann trägt sich das Abenteuer mit dem fremden Bergmann zu (der schon Heinrichs Vater begegnete). Hier tritt der romantische Mineraloge und Kristallograph Novalis wieder hervor. Auch dieser Bergmann ist wiederum der Weise, der philosophische Lehrer der Natur. Seine Erzählungen gipfeln in Liedern, die zu den schönsten Novalis-Gedichten gehören. Der zaubrische Alte führt ihn denn auch nachts in die Höhle des Grafen von Zollern, des mystischen Vor-Vaters Heinrichs. In ihm begegnet der junge Dichter also seiner eignen Vor-Geschichte und macht sich das geschichtliche Bewußtsein überhaupt zu eigen, das für den Grafen mit Dichtung in eins schmilzt. Unter den „alten Historien und Gedichten", die der Graf ihm zeigt, entdeckt Heinrich hingerissen das magische Buch ohne Titel, das ihm

seine eigene Zukunft in Bildern vorspiegelt. Es soll
aus Jerusalem stammen, also wieder die romantische
complexio oppositorum von Nächstem und Fernstem
andeuten.

Es folgt die Gruppe der letzten Kapitel (6–9), deren
Schauplatz („in einer andren Weltgegend") das großväterliche Haus in Augsburg ist. Hier erfährt Heinrich – auf Italien läßt Novalis sich noch nicht ein –
in ähnlicher Weise wie Heinses Ardinghello und Tiecks
Sternbald die Schule der Sinne im Symbol des Festes,
freilich nicht in der Form des Heinseschen Bacchanals,
sondern in einer sozusagen geheiligten Weltlichkeit:

> Der Lebensgenuß stand wie ein klingender Baum voll
> goldener Früchte vor ihm ... Er verstand nun den Wein
> und die Speisen. Sie schmeckten ihm überaus köstlich. Ein
> himmlisches Öl würzte sie ihm, und aus dem Becher fun-
> kelte die Herrlichkeit des irdischen Lebens.

In dieser Atmosphäre rauschhafter Gehobenheit erfährt Heinrich die Liebe. Sie begegnet ihm jetzt in der
Gestalt Mathildens, der Tochter des geheimnisvollen
Sängers Klingsohr, der sein neuer Lehrer wird. In den
Gesprächen mit dem alten Sänger wird die Natur
ganz ins Poetische sublimiert, verschmilzt Mathilde
nicht nur mit der blauen Blume aus Heinrichs Ju-
gendtraum, sondern auch mit dem „köstlichen lautern
Saphir" („Die Menschen sind Kristalle für unser
Gemüt"). In dieser Sphäre der magischen Auswechselbarkeit von Außen und Innen, von Tag-Sinnlichkeit
und Traum-Wirklichkeit schließt die äußere Handlung des ausgeführten Teils. Nur wird sie noch einmal
zusammengefaßt in Klingsohrs Märchen (Kapitel 9),
das mancherlei Deutungsprobleme aufgibt. Novalis
äußert unter den Fragmenten sozusagen prinzipiell,
daß das Märchen nicht immer verständlich sein müsse.
Und das ist hier, im Gegensatz zu dem schon bespro-

chenen Märchen, gerade deshalb gültig, weil das Symbol nicht für sich selber spricht, sondern weil sehr viele Allegorien mit z. T. kompliziertem Hintersinn sich verbinden und kreuzen, Naturphilosophie mit dem magischen Idealismus der romantischen Poetik manchmal sehr reflektiert verknüpfend. Hier sind die Namen schon z. T. Spruchbänder (der Held Eisen, der Eros-Knabe mit der Amme Ginnistan, seine Milchschwester Fabel, ihre Mutter Sophie: diese als Allegorie der gnostischen σοφία, Frost, Eis, Felsen usw., sogar Zink und Turmalin). Man gewahrt von vornherein, daß hier Geschichte des Menschen und seiner Phantasie mit Natur- und Erdgeschichte in *einen* Mythos verwoben werden soll. Es handelt sich um einen regelrechten Mythos des Werdens und der Geschichte, um eine mythische Allegorie. Das Märchen ist nur ihre Stilform. Auch dies ist Gemeingut der Jenenser Frühromantik. In ihr mußte der Ruf Schellings nach einer neuen Mythologie das unmittelbarste Echo finden. Die griechisch-römische Mythologie der Klassiker schloß sich damit von selber aus, obwohl Goethe selbst eine in vielem verwandte Stilvorform geliefert hatte: das Märchen aus den *Unterhaltungen deutscher Ausgewanderten* (1795). Auch hier ist, schon vor Schelling, eine allegorische Mythologie mit Bezügen zur Naturgeschichte vorgegeben. Novalis hat, wenige Jahre später, im Klingsohr-Märchen – der reinen Stilform nach – dieses Goethe-Werk um seine romantische Kontrafaktur ergänzt. Hardenbergs Geschichtsmythos setzt ein beim erstarrt künstlichen Eisesreiche Arkturs und seiner Tochter Freya, einem *paradis artificiel*, in dem alles in wundervollen, aber eisigen Schimmern spielt:

> Am herrlichsten nahm sich auf dem großen Platze vor dem Palaste der Garten aus, der aus Metallbäumen und Kristallpflanzen bestand, und mit bunten Edelsteinblüten und Früchten übersäet war.

Diese versteinerte, aber vollkommene Schönheit erinnert an den späteren Symbolismus Baudelaires und Georges. Sie ist verzaubert; denn ihr fehlen Wärme, Herz, Liebe. Gerade da aber liegt die verborgene Provokation der Geschichtlichkeit. In dieser Situation singt der Vogel am Thron das Lied der romantischen Eschatologie:

> Nicht lange wird der schöne Fremde säumen.
> Die Wärme naht, die Ewigkeit beginnt.
> Die Königin erwacht aus langen Träumen,
> Wenn Meer und Land in Liebesglut zerrinnt.
> Die kalte Nacht wird diese Stätte räumen,
> Wenn Fabel erst das alte Recht gewinnt.
> In Freyas Schoß wird sich die Welt entzünden
> Und jede Sehnsucht ihre Sehnsucht finden.

Nichts anderes ist die Handlung des Märchens, die in den symbolischen Gestalten der Liebe (des Knaben Eros) und der Dichtung (seiner Milchschwester Fabel) am Schluß die Liebe und die Phantasie triumphieren läßt über die Schönheit des Reiches der Kristalle:

> Die Blumen und Bäume wuchsen und grünten mit Macht. Alles schien beseelt. Alles sprach und sang. Fabel grüßte überall alte Bekannte. Die Tiere nahten sich mit freundlichen Grüßen den erwachten Menschen. Die Pflanzen bewirteten sie mit Früchten und Düften, und schmückten sie auf das zierlichste. Kein Stein lag mehr auf einer Menschenbrust . . .

Die Erweckung Freyas durch Eros: es ist die große ἀποκατάστασις πάντων der Romantik, die Wiedererweckung aller zum gemeinsamen Leben der goldenen Zeit, an der auch „die Gestirne und die Geister der Natur" teilhaben. Auch der Äon der menschlichen Kriege ist vorbei. Das anbrechende Reich wird „ein ewiges Fest des Frühlings" sein. Dies bedeutet zugleich ästhetisch der Sieg der Poesie auf Erden und im Himmel und die naturphilosophische Allegorie des Erwachens vom anorganischen zum organischen Leben. Insofern ist die Pointe des ersten Teils des *Heinrich von Ofterdingen* vitalistisch.

Aber sie hätte ja nicht das letzte Wort des Dichters sein sollen. Das Astralis-Gedicht, *Das Kloster oder der Vorhof,* das den zweiten Teil einleiten sollte, ist noch einmal Zusammenfassung des Gegebenen und Vorklang auf das Geplante zugleich, eins der großen und tiefsinnigen Programm-Gedichte der Romantik überhaupt mit den Themen des „Urspiels jeder Natur" und des überall sich regenden „Weltgemüts", unter deren Zeichen es heißen kann:

> Die Welt wird Traum, der Traum wird Welt.

Von nun an wird Heinrich durch viele Verwandlungen gehen müssen, wie auch die Geliebte, die blaue Blume, in immer neuen Verwandlungen um ihn spielt. Folgt man Tiecks späterem Bericht über die Fortsetzung und vergleicht man ihn mit den authentischen Paralipomena, so haben beide doch eines gemeinsam: den verwirrenden Gestaltenwandel, voll von mystischen Identifikationen (Kaiser Friedrich als Arktur, Heinrichs Mutter als „Fantasie", sein Vater als „der Sinn", Klingsohr als der unsterbliche ewige Dichter, Mathilde, Cyane, die Morgenländerin als die blaue Blume), die Verschmelzung von Historischem und Metahistorischem, die magische Medialität der Universalpoesie zwischen Natur und Mensch. Man kann alles dieses nicht rationalistisch rekonstruieren. Man darf aber sicher als das letzte Wort, was der große frühromantische Dichter zu geben gehabt hätte, legitim das Paralipomenon anführen:

> Das ganze Menschengeschlecht wird am Ende poetisch. Neue goldne Zeit.

VI. ÜBERGÄNGE ZUR HOCHROMANTIK

1. Tiecks Weg zur Weltliteratur

Mit Wackenroders Tod 1798 war die Epoche des Klosterbruder- und Sternbald-Motivs für Tieck abgeschlossen. Die beiden Ausgaben der *Phantasien* sind im Grunde bereits Geschichte dieser Welt, nicht mehr diese Welt selber. Doch hat Tieck schon in Berlin Kontakt und dann Freundschaft zu den Brüdern Schlegel gefunden, die ihn 1799 nach Jena nachziehen. Damals bildete sich mit einer fast jähen Leidenschaft auch die kurze Freundschaft mit Novalis heraus. Novalis regte ihn ähnlich an, wie vorher Wackenroder es getan hatte, und empfing als Gegengabe außer einer sehr beweglichen, wenn auch unphilosophischen Partnerschaft von Tiecks Seite auch das willkommene Bildungsgut Jakob Böhme. Zu keiner Zeit waren die beiden frühromantischen Zentren Berlin und Jena wohl einander näher. Außer Weimar, wo freilich der zürnende Schiller saß, gehören zu diesem romantischen Jena wohl auch als zugewandte Orte noch Novalis' Weißenfels, Schleiermachers und Reichardts Halle mit dem Giebichenstein, die dramatische Sphäre Lauchstädts und schließlich sogar Dresden als die religiöse Kunstmetropole des Kreises.

Tiecks Jenenser Jahr im Schlegelschen Hause ist wohl der Höhepunkt seiner romantischen Epoche, aber es braucht die Persönlichkeit nicht zu bilden. Sie war schon in Eigenentwicklung romantisch geformt. Die Jahre mit Wackenroder auf der Universität und in Berlin hatten Tieck bereits nicht bei der intensiven, aber engen Welt des Freundes haltmachen lassen. Er entdeckte schon damals das alte deutsche Volksbuch und den Reiz des Märchens, das er *Volksmärchen* nannte, obwohl es unter seinen Händen Kunstmärchen wurde. Er verarbeitete die Volksbücher in Erzähl- wie Dramenform, mit starkem Einschuß von Ironie und Satire. Die Märchen dieser Jahre dagegen sind dunkel-hintergründig, z. T. noch Versuch, die nihilistischen Anfechtungen der *Lovell*-Zeit zu verarbeiten. Vergebens wird man in ihnen die heiter trunkenen Märchenschlüsse des Freundes Novalis suchen. Aber von der Welt der Volksbücher dehnt sich Tiecks Interesse aus auf die des Nibelungenlieds und des Minnesangs und dann über die Grenzen des Deutschen hinaus zu Shakespeare und Cervantes, für dessen *Don Quijote* er Spanisch lernt; dazu kommt der Bereich der italienischen Commedia dell'arte, der ihm die Freude am Lustspiel vermittelt. Hier vollzieht sich eine Ausweitung ins Weltliterarische, eine gleichwertige Analogie zu den Bemühungen der Brüder Schlegel, die durchaus entfernt ist von dem alten Berliner Guckkasten-Orient der Almansor und Abdallah und der für Bernhardi und Nicolai bearbeiteten französischen Trivialromantik. In der Art, wie Tieck diese Anregungen in die Vielfalt und Fülle des eigenen Werkes hineinarbeitet mit einer weiterhin überraschenden und nicht überaus selbstkritischen Produktivität, nimmt er der jüngeren Romantik vieles vorweg, man kann auch sagen: er bringt es ihr als Mitgift zu. Und er tut das teilweise in Formen, die eher der jüngeren als der älteren Romantikergeneration entsprechen.

Tiecks Produktivität ist von früh an dermaßen rege und ausgebreitet, daß nicht alles, was in den anderthalb Jahrzehnten bis zum *Phantasus* (1812–16) aus seiner allzu flinken Feder kam, hier auch nur nach seinem Titel aufgeführt werden kann, vor allem nicht, was er als angestellter Unterhaltungsschriftsteller für Nicolais Sammlung *Straußfedern* verfaßt hat. Es ist dies auch im Grunde noch keine Romantik, sondern

Berliner Spätaufklärung, eher literatursoziologisch, soweit überhaupt, von Gewicht: Beiträge zur Psychologie der stadtbürgerlichen Gesellschaft mit ihren ästhetischen Tees, ihren Bildungsgesprächen, ihrer gemäßigten Naturfreundschaft und ebenso gemäßigten Empfindsamkeit und Genialität. Der Blickpunkt des Autors jedoch ist hier noch, jedenfalls vorwiegend, der der Vernunft, die die Extreme hänselt. Doch löst sich diese Welt dann, noch während der Mitarbeit an den *Straußfedern,* von innen her auf durch die Entdeckung der alten Volksbücher mit ihrer Fülle an phantastischen Motiven und der Adaption des Märchens als der der Phantasie gemäßen Gattung. Die beiden repräsentativen Märchen *Der blonde Eckbert* (1796) und *Der Runenberg* (1802) stehen noch unter dem Schatten des düsteren Pessimismus, der auch die Wakkenroder-Zeit begleitete. Beide sind Ausdruck des Gefühls einer tiefen Verstricktheit des Menschlichen durch Schicksal und magische Naturmächte. Zwischen beiden liegt die Begegnung mit Novalis, sie wirkt sich dann auch im *Runenberg* aus. Was nämlich im *Blonden Eckbert* noch deutlich als Schuld bezeichnet ist, das ist im *Runenberg* eher magische Verfallenheit an das Gold. Schuld ist im *Blonden Eckbert* schon der Bruch der „Waldeinsamkeit" durch die Flucht des Mädchens und den Diebstahl des Zaubervogels. Schuld ist Eckberts wiederholter Mordversuch an den Freunden, die in Wirklichkeit Verwandlungen der zauberischen Alten sind. Zwar ist mit der entflohenen Bertha das Unheimliche erst in sein Leben getreten, aber er erweist sich in der Folge eben als zu seinen Mordtaten verführbar. Wieso aber die Zweideutigkeit der Zauberwelt gerade in *sein* ursprünglich einfaches Leben einbricht, das bleibt unbeantwortet. Dagegen liegt die Schuldfrage im *Runenberg* eher in der Richtung der magischen Besessenheit des Goldschmiedes Cardillac in E. T. A. Hoffmanns *Scuderi*-Novelle. Die Naturmächte, repräsentiert durch die geheimnisvolle Erscheinung auf dem Bergschlosse, die dann den Helden als Waldhexe verfolgt, sprengen hier ein bürgerliches Dasein. Das Symbol ist die Edelsteintafel den bannenden Chiffren, die verlorengeht und wiedergefunden wird, als das Ende da ist. Der Aspekt der Verstricktheit tritt in dem späteren Märchen nicht umsonst deutlicher heraus als der der Schuld. Zwischen *Eckbert* und *Runenberg* liegt die Begegnung mit der Naturphilosophie Hardenbergs wie Henrik Steffens', in beiden Fällen auf dem geheimnisvollen Urzusammenhang von Mensch und Natur sich gründend. In den Märchendichtungen Tiecks greifen die dämonischen Naturmächte sich sozusagen den Menschen zurück: nach ihrem Willen, nicht nach seinem. Tieck kann aber dies sehr wohl mit dem Verfallenheitsmotiv seiner Anfänge ohne Bruch verbinden.

Neben den eigenen Schöpfungen in dieser Gattung bearbeitet und verarbeitet Tieck in diesen Jahren mit Bienenfleiß eine Fülle von Märchen- und Volksbuchstoffen, die ihn reizen, auf seine Weise. Das geschieht teils in erzählender, teils in dramatischer Form. 1812 schließt er diese ganze Produktion mit Früherem zusammen in den Bänden des *Phantasus*. Daß so vieles in so kurzer Zeitspanne entstehen konnte, ist nur verständlich, wenn man in Rechnung stellt, daß Tieck den *Runenberg* und den *Blaubart* jeweils an einem Tage geschrieben haben will. Selbst wenn man die Nacht hinzuzählt, darf man diese Schaffensart als ausschweifend bezeichnen.

Auf diese Weise entstehen die romantischen Versionen des Märchens vom *Ritter Blaubart* (1796) und *Der gestiefelte Kater* (1797), worauf er 1800 noch ein drittes Perraultsches Märchen, *Leben und Tod des kleinen Rotkäppchen*, folgen läßt. Aus demselben Um-

kreis kommt auch noch das Däumlings-Motiv von
1811 als Einkleidung einer Literatursatire auf den
Klassizismus. Nun ist allerdings schon der *Gestiefelte
Kater*, der dichterische Höhepunkt der romantisch
poetisierten Märchenstoffe, Literatursatire in Komödienform. Auf ihn muß jede Betrachtung eingehen, die
aus dem Wust monströser Tieckscher Lesedramen
– Lustspiele wie Tragödien – nach Rang das Überzeitliche herauszufinden trachtet.

Schon die Fortsetzung *Prinz Zerbino oder die Reise
nach dem guten Geschmack* (1798) schießt mit Kanonen auf Spatzen (nämlich die niedere Berliner Aufklärung) und das mit einer Ausdauer, die eines besseren
Zieles würdig wäre. Sechs Akte von 380 Seiten Umfang – das ist kaum noch lesbar, geschweige denn
auch nur teilweise bühnenfähig.

Ganz anders verhält es sich mit dem aus den *Contes
de ma mère l'Oye* des Charles Perrault (1628–1703)
entwickelten Schicksal von Prinz Zerbinos Vater Gottlieb, dem Helden des eigentlichen Märchens vom *Gestiefelten Kater*. Hier sind Methode, Aufbau, Sprache
noch frisch, sind wirklicher Ausdruck naiver toller
Laune und mit Entdeckerfreude gehandhabt. Das bewirkt auch eine gewisse Instinktsicherheit und damit
die Bühnenfähigkeit bis heute. Die Wirkungsmittel,
vor allem etwa das Zusammenspiel von Bühne, Spiel
im Spiele, Komödianten, Zuschauern, Kritikern, Dichter und Maschinisten finden sich im modernen Drama
z. B. bei Brecht und Thornton Wilder wieder. Auf
diese Weise wird die zeitgebundene Literatursatire,
wenigstens weitgehend, ins menschlich Überzeitliche
gehoben. Tieck nennt den Dreiakter im Untertitel
ein „Kindermärchen". Der Aufbau wird durch Prolog
und Epilog sowie durch Intermezzi im romantischen
Sinn aufgelockert. Ziel der Satire ist selbstverständlich auch hier die Aufklärung, teils durch die sich

selber desavouierenden Zuschauertypen repräsentiert, teils durch den Königshof mit Hofgelehrten, Historiographen, Beamten und Dienern. Der Komödientrick besteht im Ärgernis, das die Normalvernunft an der Tollheit der Märchenhandlung nimmt. Diese wird durchgehend, gleichsam mit vor Staunen offenem Munde, durch das Publikum kommentiert. Dazu aber kommt noch die innere Handlung: die Häufung von Unwahrscheinlichkeiten des dramatisierten Märchens. Der redende und reflektierende Kater Hinze, der sogar Aufklärungsästhetik produziert, der König und die Prinzessin, beide intellektuell unterbelichtet, die Prinzessin überdies noch ein Produkt manierierter literarischer Erziehung, stoßen dabei aufeinander, und der Hof läßt sich natürlich auf unwahrscheinliche Weise durch Hinze foppen. Neben dem rationalistischen Literatenwesen wird dabei die falsche Sentimentalität des empfindsamen Zeitalters ad absurdum geführt. Das gleiche gilt für ihre pathetisch abstrakte Sprache (wie sie das gerührte Publikum oder die zwei Liebenden oder der König als Gourmet reden). Die vermittelnde Figur ist natürlich der Hanswurst, den, wie Möser es schon vorher getan hatte, die Romantik wieder in seine ererbten Rechte einsetzen mußte (Tieck selbst tat dies in aller Form mit der Posse *Hanswurst als Emigrant* 1795). Die Hanswurst-Figur wird im romantischen Lustspiel bis zu Büchners *Leonce und Lena* überdies um shakespearesche Narrenzüge erweitert.

Wie das Märchenmotiv vom gestiefelten Kater, so hat Tieck auch das vom Blaubart zweimal behandelt, dramatisch 1796, als Erzählung 1797. Das Drama ist ein Schauer- und Spannungsstück, das auf die Rettung des letzten Blaubart-Opfers Agnes durch ihre Familie und auf den gewaltsamen Tod Blaubarts dabei als strafenden Akt der Gerechtigkeit zusteuert. Die Erzäh-

lung *Die sieben Weiber des Blaubart* trägt dagegen
schon in ihrem Untertitel „Eine wahre Familienge-
schichte" ein satirisch-ironisches Element in sich. In
der Tat mag die fast gleichzeitige Arbeit am *Gestiefelten Kater* im Dichter das Bedürfnis erweckt haben,
dem Schauerdrama eine parodierende Bearbeitung des
gleichen Stoffes nachzuschicken. Das wird schon aus
dem ersten Kapitel „Moralität", das reine Literatursatire ist, deutlich. Und das setzt sich auch in der Ju-
gend- und Erziehungsgeschichte des Helden fort bis
zur Stilparodie hin, die zugleich ein Stück romantischer Selbstparodie ist. Als Beispiel der Methode mag
hier zitiert werden, wie Tieck das dritte Kapitel mit
Anführungszeichen einsetzen läßt und dann die Erzählweise als Stil eines schlechten Skribenten mit nach-
folgendem ironischen Selbstkommentar interpretiert:

> „Der losgelassene Sturmwind zog mit aller seiner Macht
> durch den Wald, und schwarze Wolken hingen schwer vom
> Himmel hinunter; in einer abseits liegenden Burg brannte
> ein einsames Licht, und ein Wandersmann ging durch die
> Nacht auf der großen Straße fort."
> Da ich voraussetzen kann, daß nur sehr wenige meiner
> Leser Spaß verstehn, so wird die Geschichte bei manchen
> Gelegenheiten überaus ernsthaft werden.

Der so eingestimmte Leser weiß damit von vornherein
den Ernst durch Ironie aufgehoben, und in der Tat
wird nun die Technik des *Gestiefelten Katers* (z. B. ein-
geschaltete kritische Teegesellschaftsgespräche) auf die
Erzählung übertragen, in der Feen und Zauberer über
das Schicksal Peter Berners, des späteren Blaubart, von
Kindheit an mehr oder weniger tölpelhaft walten.
Aus dieser Zauberwelt stammt auch der bleierne Kopf,
eine Art Intelligenz-Automat, der sich ganz surrealistisch abnutzt und wieder auffüllen läßt und der das
parodierte Symbol der Blutkammer wird. Der goldene
Schlüssel zu der Kammer mit diesem magischen Rat-

geber bleibt die Neugierprobe, der die Weiber zum Opfer fallen. So wird das makabre Motiv mit Elementen der Komik durchsetzt, genau wie das auch in der Feen- und Zaubersphäre der Fall ist.

Mit dem schnell hingeworfenen Lustspiel *Die verkehrte Welt* (1797) wird die Technik des Spiels im Spiel bzw. die Aufhebung der Grenzen zwischen Spieler und Publikum, hier sogar auch mit dem in musikalischen Sätzen zur Rolle gewordenen Orchester, noch einmal durchexerziert. *Die verkehrte Welt* führte dann auch den Bruch mit Tiecks Auftraggeber Nicolai herbei, der lange gar nicht gemerkt hatte, wie der junge Romantiker, noch dazu von ihm und seinem Sohne honoriert, sich über das aufgeklärte Berlin mokierte.

Zu den Märchenstoffen treten die der Volksbücher, von der *Geschichte von den Haimonskindern* (1796) über die manieriertere Nacherzählung der *Magelone* zu der freien Variation der *Schildbürger* (1797) und schließlich zu den beiden monströsen Lesedramen *Leben und Tod der heiligen Genoveva* (1799) und *Kaiser Octavianus* (vollendet 1803), die in ihrer Entstehung schon in die Jenenser und Dresdener Zeit hinüberreichen und die Begegnung mit den neuen Freunden voraussetzen. Von ihnen ist die *Genoveva* dichterisch die bedeutendste, wie sie denn auch die neuen Anregungen aus der Jenenser Sphäre getreu spiegelt. Schon der romantische Genuß und Selbstgenuß einer Formenfülle aus germanischem wie romanischem Bestand zeigt den Einfluß der Brüder Schlegel. Hier gibt es die Prosa und den Blankvers, Reimlosigkeit und Reim (dazu natürlich die Assonanz in Häufung), die Lied- und die Balladenstrophe, das Sonett, die Stanze, die Terzine und den spanischen trochäischen Vierheber. Von Dante und Petrarca reichen die weltliterarischen Muster zu Calderón und Shakespeare, ganz zu schweigen von den Elementen der altdeutschen Tradition.

Das Legendendrama als Trauerspiel, das der heilige
Bonifazius in persona als Epilogus mit einem Sonett
beschließt, ist zugleich ein historisch-psychologisch
höchst aufschlußreiches Zeugnis für die neue katho-
lisierende Welle der ästhetischen Religiosität im Übergang zwischen den beiden Phasen der Romantik. Was
Genoveva von ihrer Lektüre heiliger Legenden sagt,
ist nicht nur Schillers Sentimentalisches, sondern vollendete Selbstinterpretation des Verhältnisses von
Ästhetischem und Religiösem im Umkreis und in der
Folge der Frühromantik:

> . . . ich lebe dann
> In jener Welt, die uns geschildert wird,
> Mit allen meinen Sinnen wie mit Netzen
> Hält mich die süße Vorstellung verstrickt,
> Ich muß mich wie ein Wild gefangen geben:
> Drum ist es nicht so Andacht, die mich treibt,
> Wie inn'ge Liebe zu den alten Zeiten,
> Die Rührung, die mich fesselt, daß wir jetzt
> So wenig jenen großen Gläub'gen gleichen.

Wo soll man hier Grenzen zwischen Geschichtsbewußtsein, Andacht und Sinnlichkeit setzen? Die Niederschrift stammt nicht zufällig aus der Zeit von Tiecks
Begegnung mit Novalis. Und in dessen Geiste ist es
auch, wenn in einer Folge von antithetischen Szenen
immer wieder das Schloß des Pfalzgrafen mit dem
maurischen Orient (als Kampfplatz des Kaiserheeres)
wechselt, wenn die Grenze der Geschichte aufgehoben
wird, indem der Golo des Karolinger-Schlosses mit
seinen Werbungsliedern auch formal Minnesänger und
ganz gegenwärtiger Romantiker in seinen Liedern
wird. Im Aufbau verzichtet Tieck entsprechend auf
jede Gliederung in Akte. Vielleicht nicht das Spiel mit
der ganzen mittelalterlichen und barocken Metrik an
sich, sondern die Häufigkeit und Länge der einge-
sprengten Gedichtformen (z. B. seitenweise gebundene

Terzinen) mußten das Stück für die Bühne ungeeignet machen. Eine Aufführung hätte nicht Spiel, sondern Deklamation ergeben.

Über den Zusammenhang des Stückes, das Tieck übrigens Goethe persönlich vorlesen durfte, mit Maler Müllers *Genoveva,* dessen Handschrift zweimal in seinen Händen war, hat Tieck selbst ausführlich Rechenschaft abgelegt. Auch bei Haym findet man den (um Hebbels Genoveva-Version) erweiterten Vergleich.

Mit dem Volksbuch von der heiligen Genoveva hat sich Tieck 1800 in Hamburg auch das vom Kaiser Octavianus erworben, 1803 ist sein Doppeldrama mit dem gleichen Titel fertig, von dem zunächst in allem das gleiche wie für die *Genoveva* gilt, nur in potenzierter Form. Für dieses an barocke Spektakel und die Haupt- und Staatsaktionen gemahnende romantische Programmstück hätten zwei Aufführungsabende nicht ausgereicht, wenn es überhaupt bühnenfähig wäre. Als Lesedrama aber ist es für den Historiker der Romantik noch immer von höchstem Interesse, weil es, in einer Spät- und Übergangssituation von der älteren zur jüngeren Romantiker-Generation, gleichsam sowohl auf das Erreichte wie auf das fernerhin Mögliche rück- und vorblendet.

Der *Octavianus* – im ersten Teil die barocke Intrige der alten Kaiserin gegen die fast heilige Schwiegertochter Felicitas, Octavians mit ihren Kindern verstoßene Frau, im zweiten Teil die Wiederbegegnung des Kaiserpaares mit seinen inzwischen erwachsenen Söhnen – ist nicht nur in der stofflichen Entfaltung, sondern auch in der hemmungslosen Allegorik romantischer Nachfahre des Barocktheaters, Selbstbespiegelung der romantischen Ästhetik und Pseudoreligiosität, Resümee ihrer synkretistischen Formenfreude. Mit der Musik verbinden das Stück nicht nur Opernelemente,

sondern auch gleichsam musikalische Leitmotive von
refrain-, echo- oder rondoartigem Charakter. Es sind
deren mehrere: das Echo des Jägerchors *Im Walde*,
das einleitet und (nach 400 Seiten) abschließt; das
Motiv der Rose und Lilie als Liebesallegorie, das die
erotische Handlung wie ein Grundakkord begleitet,
schließlich und allbekannt die im Prolog wie im Schluß
gegebenen Variationen des dramatisch-lyrischen
Hauptmotivs, das die Allegorie der „Romanze" an-
schlägt und der zum Hofnarren avancierte Bauer
Hornville vor dem abschließenden Tanz zu Ende
variiert:

> Mondbeglänzte Zaubernacht,
> Die den Sinn gefangenhält,
> Wundervolle Märchenwelt,
> Steig auf in der alten Pracht!

Daß dies kein dramatisches Thema ist, gewahrt man
auf den ersten Blick, auch wenn man nicht so weit
gehen würde wie der dezidierte Romantikkritiker Gundolf, der die Verse kurzweg als „verführerischen
Kitsch" bezeichnet. Jedenfalls reflektieren sie ein vor
allem lyrisches und nicht dramatisches Dichtungspro-
gramm, das – hierin hat Gundolf recht – in ganz
andrer Weise popularisierbar ist als Novalis. Auch
Hardenbergs Symbolik und Allegorik sind bei Tieck
vergröbert. So übernimmt der Prolog aus der barok-
ken Moralität Glaube, Liebe, Tapferkeit als Personen. Die Romanze erscheint als die allegorische Selbstdarstellung der Romantik, verbunden mit dem Scherz.
Ausgesprochen schöne Verse, deren zarte Eindringlichkeit an die späteren kleinen Dramen Hofmanns-
thals erinnert, kommen dabei zustande, besonders der
Part des zweiten Reisenden gehört dazu („Weit hinaus
treibt mich das Sehnen" und „Wundervolle Berge warten / Meiner, und die Wasserfälle"). Der Typus des
lyrischen Dramas ist vollkommen ausgebildet. Übri-

gens sind Calderón und Lope de Vega hier die gleichen weltliterarischen Vorbilder wie später für den
Wiener Symbolismus. Nicht nur der Prolog, auch die
Allegorie des Schlafes im Stück oder das immer wiederholte Aufschlagen der Kulissen des Liebeshofes
Marcebillens, der Sultanstochter, sind ähnliche Kon-
zentrationen des Lyrischen. Auch die Romanze tritt
in dieser Spielsphäre immer wieder auf, als personi-
fizierter Chorus sozusagen, der sogar Novalissche und
Jakob-Böhmesche Naturphilosophie – Elemente, Erze,
Pflanzen, Erd- und Sonnenkonstellation – zu vertreten hat.

Kurz, der *Kaiser Octavianus* ist ein Phantasie-
Kunstwerk nach dem Idealmaß der progressiven Universalpoesie des *Athenäums*. Doch ist er auch zum
guten Teile selbstzweckhafter Leerlauf der Phantasie,
der es an Wirklichkeit gebricht. Tiecks Lyrik überhaupt fehlt es an Körperlichkeit, und um so mehr,
wenn sie ein breites dramatisches Gebilde grundieren
soll. Ganz und gar irreal muß es daher wirken, wenn
der Held des zweiten Teils, Octavians und Felicitas'
nach Frankreich verschlagener Sohn Florens, als tumber Tor zuerst simpel daherstammelt, dann mit dem
Kleiderwechsel ohne Übergang die ritterliche Sprache
beherrscht, um schließlich sogar Sonette zu improvi-
sieren. Nicht minder unglaubwürdig ist der Wandel
Marcebillens von blutrünstigem Fanatismus zur sentimentalen Liebenden. Und daß der Bauer und spätere
Narr Hornville das Ganze mit dem Versspiel der Zau-
bernachtsstrophe abzuschließen hat, widerspricht jeder
Realität. Dies ist mißverstandener Shakespeare.

Tiecks dichterisches Werk dieser Epoche bringt mit
Märchen und Volksbuch innerhalb der deutschen Tradition auch die Wiederentdeckung des Barock. Vor
allem werden Grimmelshausen und Moscherosch für
die (wie bei Jean Paul mit satirischen Elementen ge-

mischte) Vision *Der Jüngste Tag* als wohlbekannt vorausgesetzt. Aber Tiecks Liebhaberstudien im deutschen Altertum beziehen via Jakob Böhme auch die mittelalterlichen Mystiker mit ein, vor allem Tauler. Im epischen und lyrischen Bereich sieht er sich sowohl auf das *Nibelungenlied* wie auf den Minnesang geführt. Die Anregungen kommen z. T. von den Brüdern Schlegel, also aus der Jenenser Kommunikation, z. T. sind sie älter. Jena liegt damals eigentlich schon etwas zurück. Tieck ist von dort nach Dresden gezogen und findet schließlich bei seinem und Wackenroders Jugendfreund Burgsdorff für lange, nur durch Reisen unterbrochene Jahre auf dessen vom Grafen Finckenstein erworbenen Gut Ziebingen Asyl. Dort und vorher in Dresden schon treibt er seine altdeutschen Studien weiter, aus denen zunächst die Herausgabe der *Minnelieder aus dem schwäbischen Zeitalter* (1803) hervorgeht. Jakob Grimm bekennt später, daß das Werk ihn in diese Welt eingeführt habe, obwohl die Bearbeitung der Texte, selbst nach dem Urteil der Brüder Schlegel, allzu willkürlich auf den Liebhaber gemünzt und keineswegs germanistisch war. Das zeitgeschichtlich Wichtige daran ist die enthusiastische Vorrede, die den Minnesang in weltliterarischen Zusammenhang setzt, nämlich mit der großen Phantasiedichtung Italiens und Spaniens und schließlich mit Shakespeare. Wirkungskräftig erweist sich vor allem die Konkretisierung des Dichtungsbegriffes der Jenenser Romantik:

So wie jetzt wurden die Alten noch nie gelesen und übersetzt, die verstehenden Bewunderer des Shakespeare sind nicht mehr selten, die italienischen Poeten haben ihre Freunde, man liest und studiert die spanischen Dichter so fleißig, als es in Deutschland möglich ist, von der Übersetzung des Calderon darf man sich den besten Einfluß versprechen; es steht zu erwarten, daß die Lieder der Provenzalen, die

Romanzen des Nordens und die Blüten der indischen Imagination uns nicht mehr lange fremde bleiben werden ...

Tieck stellt also seine Bemühung um das Altdeutsche in einen ausgesprochen weltliterarischen Zusammenhang. Das in den *Minneliedern* entworfene Bild des Mittelalters trägt deutlich Novalissche Züge (sein Tod liegt zwei Jahre zurück):

> So regt sich in diesen zarten Reimgedichten der liebliche Geist des Orients und Persien und Indien, die Begebenheiten ziehen sich dorthin, das Wunderbare ist nicht mehr so abenteuerlich, aber magischer ... die epische Wahrheit und Deutlichkeit verschwindet, aber wunderbare Farben und Töne führen das Gemüt in ein so zauberisches Gebiet von Klarheit und träumerischen Erscheinungen, daß es sich gefesselt fühlt und bald in dieser Welt einheimisch wird.

Hier erscheint der Minnesang auf den *Ofterdingen*-Nenner gebracht, interpretiert nicht vom Germanischen, sondern vom Romanischen und Fernöstlichen her, also von einem ganz und gar unnationalistischen Standort aus. So wird denn auch am Schluß der Abhandlung der Vorhang nach der Romania und zu Shakespeare hin noch einmal weit aufgezogen und damit an Tiecks anderen weltliterarischen Ausgangspunkt erinnert, der in England liegt, bei Ben Jonson, Shakespeare und ihren Zeitgenossen.

Das Interesse Tiecks für Shakespeare ist älter und im Grunde echter und wesensgemäßer als das für den lyrischen Kling-Klang, den er aus Minnesang und Romanze für sich herauslas. Shakespeare, das war Welttheater, und unter allen Romantikern war Tieck existentiell mit seinem Enthusiasmus am meisten der Bühne verhaftet (wenn auch nicht der bedeutendste Theater*dichter*). Shakespeare als das Ideal des großen Phantasiedichters und als Schöpfer eines den Griechen ebenbürtigen Dramas von epochaler Bedeutung – das ist nun zwar Allgemeingut im Schlegel-Kreise, dem die alles Frühere in den Schatten stellende Shakespeare-Übersetzung entwächst. Aber Tieck hat diese Einschätzung selbständig mit eingebracht. Und als er 1825 die Weiterführung von August Wilhelm Schlegels Shakespeare-Verdeutschung durch Wolf Graf Baudissin mit seinem Herausgebernamen deckt, liegt eine mehr als drei Jahrzehnte währende eigene Auseinandersetzung mit dem Werk des Engländers bereits hinter ihm. Sie setzt ein in frühester Jugend mit dem Aufsatz *Shakespeares Behandlung des Wunderbaren* (1793), setzt sich fort in den schließlich im *Poetischen Journal* 1800 zusammengefaßten *Briefen über Shakespeare*, in den Kritiken einzelner Werke wie des *Lear*, des *Romeo* (*Dramaturgische Blätter*) und in den *Bemerkungen über einige Charaktere im Hamlet* (1823), die schon in Tiecks Spätzeit fallen. Er selbst hat 1828 in den Einleitungen zur Gesamtausgabe seiner Schriften wohl die authentischste Rechenschaft über die Geschichte seiner Shakespeare-Studien abgelegt. Was die früheren mit den späteren Äußerungen verbindet, das ist nicht allein die begeisterte Wertung, sondern auch die Verschmelzung von Interpretation, daran anknüpfender empirischer Poetik und bis zum Praktischen gehenden dramaturgischen Gesichtspunkten.

Man erinnert sich der Diskussion über das Wunderbare, wie sie ein halbes Jahrhundert vorher zwischen Zürich und Leipzig ausgetragen wurde. Bei dem Romantiker ist nur noch der Begriff geblieben, nicht mehr seine alte Füllung. Die frühe Abhandlung Tiecks hat nicht umsonst ihr Zentrum in der Behandlung des *Sommernachtstraums* und des *Sturms*. So lautet denn auch das Ausgangsthema:

daß der Dichter ... die Phantasie, selbst wider unsern Willen, so spannt, daß wir die Regeln der Ästhetik mit allen Begriffen unsers aufgeklärteren Jahrhunderts vergessen und uns ganz dem schönen Wahnsinn des Dichters überlassen.

Leseabend bei Ludwig Tieck in Dresden.
Xylographie nach einer Zeichnung von Ludwig Pietsch

Es geht Tieck bei den nachfolgenden Interpretationen
hauptsächlich um die unerreichbare Größe und Feinheit der Illusion bei Shakespeare, die der große Dichter durch die unerschöpfliche Produktion immer „neuer magischer Gestalten" festzuhalten weiß, so daß man
in seiner wunderbaren Welt schließlich beheimatet ist.
Auch das Komische hat seine eigentliche Funktion im
meisterhaft Illusionären. Im Grunde hat Tieck immer,
wenn später auch in sachlicherem Tone, die fundamentalen Züge seines frühen Shakespeare-Bildes festgehalten. (Freilich zwang ihn in seiner späteren *Hamlet*-Interpretation der *Wilhelm Meister* zu einer stär-
keren Bindung an Goethes Fragestellungen.) Und wenn
die *Briefe über Shakespeare* eigentlich eine Kette von
Aufforderungen zum Shakespeare-Enthusiasmus darstellen, so hat auch noch der besonnenere späte Tieck
zum *Hamlet* zu sagen:

> Dies Werk hat so wohl jener Zeit wie der unsrigen ein
> Auge oder einen Sinn mehr gegeben: so tiefsinnig, vielseitig
> war die Menschheit bis dahin noch nie aufgefaßt.

2. Nachtwachen von Bonaventura

Im Grenzgebiet zwischen älterer und jüngerer Romantik beheimatet ist das merkwürdige und großartige Werk eines Anonymus, für den man lange keinen
geringeren als Schelling hielt, auch weil er das Pseudonym B o n a v e n t u r a nachweislich gebraucht hat.
Der Versuch des philologischen Positivismus (Franz
Schultz), einen Romantiker zweiten Ranges, Friedrich
Gottlob Wetzel, als den Verfasser zu erweisen, vermag,
trotz aller angewandten Akribie, nicht schlüssig zu
überzeugen. Der Grund des Unbefriedigtseins, das
bleibt, ist die Rangfrage. Wenn Wetzel der Verfasser
wäre, so hätte er hier, und nur hier, einer Genialität

Ausdruck zu geben vermocht, die keinem seiner andern
Werke eignet. Denn diese liegen eher an der Grenze
der romantischen Trivialliteratur. Es wäre eher denkbar, daß es sich um ein Frühwerk E. T. A. Hoffmanns
oder Brentanos handelt, das noch in einem obskuren
Verlag (als 7. Lieferung des 3. Jahrgangs eines *Jour-
nals von neuen deutschen Original Romanen* in der
sächsischen Kleinstadt Penig 1804/05) erscheinen mußte. Auch der jüngste Versuch einer Klärung durch Jost
Schillemeit, der mit guten, vorsichtig vorgetragenen,
zum Teil überzeugenden Argumenten für den späteren
Braunschweiger Theaterleiter August K l i n g e m a n n
(1777–1831) plädiert, behält den Erdenrest von Franz
Schultz' Wetzel-These: die Problematik der Rangfrage, das Mißverhältnis zwischen einem Autor recht
zweiten Ranges und einer der "geistreichsten Produk-
tionen der Romantik", wie Rudolf Haym in seinem
fundamentalen Werk *Die romantische Schule* über die
Nachtwachen äußerte. Wäre Klingemann ihr Autor,
so müßte man ihm in diesem Falle ein fast geniales
Einfühlungsvermögen in Form und Weltanschauung
der Frühromantik einschließlich Jean Pauls zuerken-
nen. Eines bleibt: daß Jean Paul mit vollem Recht in
diesem Werk seinen eignen Stil (des *Gianozzo* im komischen Anhang zum *Titan*) wiedererkannte. So sorgfältig nämlich die 16 Nachtwachen auf die Vierzahl
hin gebaut und gegliedert erscheinen, so sehr ist gleichwohl das verwirrende Spiel mit der historischen Er-
zählzeit, mit Brief-, Tagebuch-, Redeform, ja mit
"Holzschnittfolge", fingierter Einschalterzählung, Di-
thyrambus, Selbstgespräch und Dramenparodie jean-
paulschen Geistes. Auch die Mehrzahl der Figuren ist
es. Sonderlinge, Narren jeder Schattierung, Dichter,
Marionetten, ja sogar die obligate Zigeunerin und der
Alchimist (die beiden letzten als Eltern des Findel-
kindes Johannes Kreuzgangs, des Nachtwächters) tre-

Journal

von

neuen deutschen Original Romanen

in 8 Lieferungen jährlich

Dritter Jahrgang. 1804

Siebente Lieferung.

Nachtwachen.

Penig 1804

bey F. Dienemann und Comp.

Titelblatt des Erstdrucks

Nachtwachen.

Von

Bonaventura.

Penig 1805

bey F. Dienemann und Comp.

der „Nachtwachen" von Bonaventura

ten auf. Gar nicht so leicht zu entscheiden ist hier die
Frage nach der Funktion von ‚Scherz, Satire, Ironie
und tieferer Bedeutung' und damit auch die Gattungs-
frage: ob wir es bei diesem geistsprühenden Werk mit
einer kritisch-ironischen oder im Hintergrunde tödlich
ernsten moralistischen Position zu tun haben. Was Position ist, bleibt nämlich ebenso schwierig präzise auszumachen, wie es leicht ist, das Zeit- und Menschen-
kritische darin wahrzunehmen.

Das Erzählbild liefert zugleich den Erzählrahmen:
Die sechzehn ‚Nachtwachen' schließen nicht nur den
jeweils erlebten Augenblick, sondern, in erinnerter
Vergangenheit und Vision, auch die ganze Geschichte
des Helden in sich. Nur geschieht dies, wie schon angedeutet, im Spiel mit der historischen Zeit, deren
Phasen mit Überlegung durcheinandergeworfen werden. Verfolgt man in den ersten drei ‚Nachtwachen'
bereits Erlebnisse des fertigen Nachtwächters, so vernimmt man in der 4. seine Vita als ‚Holzschnittfolge',
worauf weitere nächtliche Erfahrungen des Wächters
mit erinnernd nachgeholter Biographie abwechseln,
um – von der 14. Nachtwache an – nachgeholte und
gegenwärtige Wirklichkeit zur Synthese und, im abschließenden „Hogarthschen Schwanzstück", zu vollkommener ironischer Deckung zu bringen.

Die drei ersten Nachtwachen geben das Erlebnis
des sterbenden ‚Freigeistes' einerseits und das des kalten Gerechten (der rein formalen Existenz) andererseits. Der Freigeist ist echtes Leben, das im Tode sich
selbst bewährt. Ein Leben in Liebe zu Frau und Kindern, das den Bekehrungsversuchen der Pfaffen folgerichtig und verächtlich widersteht. Die Umgebung
(identisch mit der Familie: Frau, Kindern und Bruder) entspricht ihrem Zentrum, dem freien Ich. Der
Bruder, der ritterliche Soldat, zerschlägt mit dem
Schwertschlag, der dem als Teufel verkleideten Pfaf-

fen mit der Maske den Kopf absäbelt, die ganze grob gesponnene geistliche Intrige, die den Freigeist als vom Teufel geholt vorspiegeln will.

Der Groteske hier entspricht die Groteske dort, die freilich ohne einen Rest von Bejahung verläuft: das folgende Motiv von der Richter-Marionette, die nächtens Todesurteile ohne Wimperzucken unterschreibt, während im Leben die eigene Frau sie betrügt (die, in Friedrich-Schlegelschem Wortwitz, „Carolina" heißt wie die Peinliche Halsordnung Karls V., die Grundlage der Richtersprüche). Der Nachtwächter mischt sich als Parodie des steinernen Gastes aus dem *Don Juan* ein, der für die Romantik (E. T. A. Hoffmann) so tiefsinnig bedeutenden Mozart-Oper. Nur ist es hier blanke Parodie, Deus ex machina, nicht Symbol absoluter Kunst wie bei Hoffmann und auch Kierkegaard.

In den ‚Holzschnitten' der folgenden Nachtwache wird dann an Stelle trockener Mitteilung die Herkunft des Helden nachgeholt, die denn auch so voller mystisch-magischer Zweideutigkeiten ist, daß man nicht unversucht bleibt, darin so etwas wie eine Parodie romantischer Lebensläufe zu vermuten:

Hier sieht man mystische Zeichen, aus der Kabbala und auf dem erklärenden Holzschnitte einen nicht gewöhnlichen Schuhmacher, der das Schuhmachen aufgeben will, um Gold machen zu lernen. Eine Zigeunerin steht daneben...

Das ist die Introduktion, deren bereits hochromantische Züge durch die satirischen Motive der folgenden ‚Holzschnitte' angemessen ergänzt werden: der Kreuzweg, das Schatzkästlein, das vom mystischen Schuhmacher gehoben wird und in dem sich statt des Goldes der neugeborene Held selber befindet; das Ganze als „ein satirischer Beitrag zu den Fehlgriffen des Genies" interpretiert. Des mystischen Schuhmachers Bibliothek

wird genannt, aus Hans Sachs und natürlich Jakob
Böhme, die also als geistiger Nährstoff des später ge-
nialen Helden gelten sollen. Ebenso natürlich ist auch
der Ort, wo Johannes Kreuzgang seine Lebensgeschichte studiert, sein Lieblingsort, der alte gotische
Dom bei Nacht. Stimmung wie Studien sind ersichtlich Persiflage des Romantischen. Daß man in der
Thüringer Sphäre ist, aus der Novalis' *Lehrlinge zu
Sais* und sein *Ofterdingen* hervorgingen, in der ihm
Tieck Jakob Böhme vermittelte und in der die frechen
Fragmente der Brüder Schlegel entstanden, ist ziemlich deutlich. In einer zweideutigen Schwebe bleibt
dagegen, zu welchem Endzweck Bonaventura alle diese Motive und Elemente aus der Frühromantik schon
zu einem hochromantischen Ganzen mischt. Der Gedanke, es könnte blutige Parodie durch einen Anti-
Romantiker und abgebrühten Rationalisten sein, vermag trotz aller Satire nicht zu befriedigen, obwohl die
offensichtliche Bejahung des Freigeistes und die immer
wieder durchbrechende Gegenkatholizität des Verfassers diese Vermutung aufkommen lassen könnten. Doch
muß hier ein höheres Spiel gespielt werden, als ein
Nicolai es im *Kleinen feynen Almanach* mit Herders
Volkslied-Enthusiasmus einst spielen wollte. Das Höhere liegt ersichtlich darin, daß der unbekannte Dichter es mit dem Leben selbst zu tun hatte, mit Werten
und Symbolen wie Traum und Wirklichkeit, dem Sinn
des Schicksals, aus dem unerschöpflichen Fundus
Shakespeares und des Marionettenmotivs, mit Bestand
und Untergang, Sinn und Unsinn von Leben und Welt,
mit der Frage nach dem All oder dem Nichts. Das
alles übergreift eine bloße Romantik-Parodie bei weitem. Vom Jüngsten Tag – Lärm, den Johannes Kreuzgang aus purem Spott schlägt, um den Menschen bis
ins letzte zu demaskieren (6. Nachtwache) – bis zu
dem prometheisch nihilistischen Schluß (16. Nacht-

wache) stellt dieses merkwürdige Werk die einzige, immer wiederholte Frage nach dem Sinn oder Unsinn von Leben und Welt, von Wirklichkeit und Nichts. Es gibt darin den „Absagebrief an das Leben", die Tragödie „Der Mensch", mit denen der verhungernde Stadtpoet von der Bühne abtritt (8. Nachtwache), die ironische „Apologie des Lebens" (12. Nachtwache). Es gibt vor allem das Narrenmotiv im Tollhaus (und außerhalb), in dem ein Wahnsinniger sich für den Weltschöpfer halten kann, d. h. in offener Parodie das Theodizee-Problem berührt wird. Es gibt die unzweifelhaft echt gemeinte Liebe des Helden über den Tod hinaus zu der Ophelia, deren Hamlet er einst auf dem Theater war. Auch sie spielt sich im Tollhause ab, in das er nur seiner Streiche wegen kam, Ophelia aber, weil sie den Wahnsinn ihrer Rolle mit der Wirklichkeit ihres Lebens identifizierte. Es gibt ferner die Marionetten wie die Richter-Puppe aus der 3. Nachtwache oder Don Ponce, der aus Eifersucht seinen Bruder erstach und nun allnächtlich im Dom mechanisch den Dolch gegen das eigene Herz zücken muß. Es gibt den wirklichen Marionettendirektor, der nach der Beschlagnahme seiner Puppen wirklichen Selbstmord verübt. Alles dies offenbart den dezidiert weltanschaulichen Hintergrund der romantischen Erzählung, ihren Mehr-als-Spiel-Charakter mitten im Spiel. Er ist aber nicht didaktisch, sondern fragend. Die Frage hinter allem lautet: Was ist das Nichtige, was ist die Wirklichkeit? Gibt es einen Lebenssinn, oder ist alles fragwürdig? Ist der Mensch ein Kujon oder ein Narr, oder ist er echter Erkenntnis und Liebe fähig? Echter Erkenntnis und Liebe fähig scheint die Figur des Freigeistes zu sein, der Liebe über dem Leben fähig die der Ophelia. Es sind die, freilich Schlüsselcharakter tragenden, großartigen Ausnahmefälle in der Narrenwelt, die der Autor sonst überall vor unsern Augen entfaltet. Nicht er allein bleibt als der Verzweifelte zurück, der das letzte Wort der Erzählung im Gebeinhause an der Asche des Vaters vernimmt:

Und der Widerhall im Gebeinhause ruft zum letzten Male – *Nichts!* –

So lautet die Antwort auf den prometheischen Trotz, mit dem er noch eben die Titanen über die Welt voll Heuchler gesetzt hat:

Die stürzenden Titanen sind mehr wert, als ein ganzer Erdball voll Heuchler, die sich ins Pantheon durch ein wenig Moral und so und so zusammengehaltene Tugend schleichen möchten! Laß uns dem Riesen der zweiten Welt gerüstet entgegengehen; denn nur wenn wir unsere Fahne dort aufpflanzen, sind wir es wert dort zu wohnen!

Von wem immer das Werk stammen mag, es wäre dem Range nach das beste, das folgerichtigste und geschlossenste, wohl auch das geistvollste Ergebnis der Jenenser und Berliner Frühromantik und Jean Pauls, aber doch wohl, trotz aller Beziehungen nach rückwärts, eher von der Hand eines Dichters der jüngeren Generation, ein Übergang also, ebensosehr Auftakt wie Kadenz.

ÜBER DEN EPOCHEN

I. FRIEDRICH HÖLDERLIN

1. Schicksal

Seit der Hölderlin-Renaissance, die mit Diltheys tiefgehendem und schönem Essay in seinem Buch *Das Erlebnis und die Dichtung* einsetzte und in der Wiederentdeckung vor allem der Spätzeit Hölderlins durch George und seinen Kreis (Hellingrath, Gundolf) gipfelte, machte die Gestalt dieses Dichters immer einen der Mittelpunkte nicht nur der Forschung, sondern, was wichtiger ist, der echten dichterischen Wirkung aus. Über wenige Dinge hat sich die Literaturwissenschaft der letzten Jahrzehnte so zerstritten wie über das eine wiederentdeckte Odenstück *Friedensfeier*. In der Tat war Hölderlins Andenken in der Zwischenzeit des Positivismus weitgehend versunken. Sein Hinüberdämmern in die Krankheit und sein Verdämmern in ihr, das sich ja über Jahrzehnte hinzog, schienen ein Ernstnehmen seiner Spätzeit nicht zu fördern. Seine frühe Reifezeit erschien allzu leicht klassifizierbar. Die schwer abschätzbare Wirkung, die er vor und nach dem Ersten Weltkriege wieder auszustrahlen vermochte, nimmt man bei den deutschen Symbolisten wie Expressionisten eindrücklich genug wahr: Von George und Rilke zu Stadler, Trakl, Weinheber und Benn. Hölderlins innere und äußere Wirkung gehört zu den erregendsten Vorgängen im literarischen Leben unseres Jahrhunderts.

Friedrich Hölderlin (1770–1843) entstammte dem schwäbischen Bürgertum und verdankte dessen hohem Bildungsstand und menschlichem Wert seine Mitgift. Der frühe Tod von Vater und Stiefvater überwies ihn der stets wachen Sorge der Mutter, deren schwäbischer Pietismus auch für die Spannungen sorgte, in die er allmählich, teils gebunden, teils abgestoßen, hineinwuchs. Verstärkt wurden sie naturgemäß durch den in Schwaben üblichen Bildungsgang über die Klosterschulen zum Tübinger Stift, dessen Schüler er von 1788 bis 1793 war, gleichzeitig mit Schelling und Hegel. Nicht nur solche Kommunikationen, sondern auch der allgemein geistige Bildungsehrgeiz der berühmten Institution waren für Hölderlins Entwicklung entscheidend. Die gleichsam naive Selbstverständlichkeit, mit der sich Hölderlins Dichtung in der Sphäre der Antike und ihrer Mythologie bewegen wird, wie auch sein geradezu leidenschaftliches Verhältnis zur Philosophie muß man von hier aus verstehen. Übrigens hat Hölderlin in seiner Stiftszeit auch schon die bestimmende Freundschaft mit Christian Ludwig Neuffer begonnen.

Wie viele andere Tübinger Stiftler wurde Hölderlin dem theologischen Berufsziel abtrünnig, mit dem er sich von früh an nicht hatte befreunden können. Die Gründe sind aus seiner Dichtung wie auch aus seinen philosophischen Aufsätzen ohne weiteres verständlich, besonders auch aus dem so sehr umstrittenen Christus-Motiv der späten Hymnen. Das aber hatte Anteil an jenem etwas verworrenen und ungesicherten Lebensgang der Hauslehrer-Existenz, der mit zunehmender Anfälligkeit wachsenden Angewiesenheit auf Freunde, die schließlich Unterkunft und Leben des unheilbar Geisteskranken in die Hand nehmen mußten.

Dazwischen aber liegen die entscheidenden Stationen seines Lebens. Über ihnen waltet zunächst die Gönnerschaft Schillers, anfangs indirekt durch die Empfehlung an Charlotte von Kalb, deren Sohn einen Hofmeister brauchte. Ein knappes Jahr nach dem Antritt dieser Stelle siedelt Hölderlin mit dem schwierigen Schüler nach Jena über. So gerät er in den Bann des Jenenser und Weimarer Kreises, ohne es zu der

Friedrich Hölderlin. Bleistiftzeichnung von J. G. Nast (1788)

Jean Paul. Ölgemälde von Heinrich Pfenniger (1798)
im Gleimhaus Halberstadt

geplanten Habilitation zu bringen. Der einigermaßen jähe Abbruch der Thüringer Jahre mit ihren unzweifelhaft starken philosophischen Einflüssen ist wohl am ehesten auf die Einschränkungen zurückzuführen, die Hölderlins Dichtertum von daher drohten. Das Vorbild des Schiller-Tones ist ja schon in den frühen Reimgedichten fast erdrückend. Die Mitarbeit an der *Thalia* hätte zur Abhängigkeit werden können. Wieweit außer Schelling auch Fichte ihn zeitweise berührt hat, wird noch die *Empedokles*-Interpretation andeuten. Nach dem Jahr 1795 in Schwaben wieder ergibt sich dann die lebensbestimmende Frankfurter Hauslehrerstelle bei den Gontards über immerhin drei Jahre (1796–98). Die Liebe zu Susette Gontard, der Diotima der Gedichte und des *Hyperion,* steigert sein Lebensgefühl wie seine Produktivität, indem sie ihn zugleich aufreibt. Denn es war unausbleiblich, daß der Hausherr und Gatte eine Beziehung so schwärmerischer Verehrung auf längere Zeit nicht tragen konnte. Es kam bis zum Hausverbot und danach zur Übersiedlung nach Homburg v. d. H. zu einem der treuesten Freunde, Isaak von Sinclair, der später über den Erkrankten wieder seine Hand halten wird. Die kleine Residenzstadt mit ihrem Hof entspannte Hölderlin für begrenzte Zeit, in die die Hauptarbeit am *Empedokles* fällt. Auch die anschließende kurze Zeit, Sommer und Herbst 1800 in Stuttgart, ließ sich zunächst gesellig-glücklich an. Doch beginnt nun seine Sensibilität krankhafte Züge aufzuweisen. So geht die nächste Hauslehrerstelle im Gonzenbachschen Hause in Hauptwil bei St. Gallen, die ihm wenigstens die erschütternde Erfahrung der Alpen vermittelt, bald zu Ende. Der Zeiger weist auf den Zusammenbruch in Bordeaux 1802; die Zeit, in der wohl (ob die apokryphen Nachrichten über seine Wanderung nun stimmen oder nicht) die Geisteskrankheit zum ersten Male akut wird. Je-

denfalls soll sie ihn, der zugleich bis zum Grund erschüttert ist durch Diotimas frühen Tod, bald in den
Zustand einer Zerrüttung sinken lassen, die, für kurze
Zeit in Homburg noch einmal abgeschwächt, aber
nicht überwunden, ihn schließlich (1808) über 35 Jahre in die Versorgung bei einem Handwerker in Tübingen führt. Das ganz Außerordentliche der Jahre vor
und zum Teil noch in der Umnachtung ist, was sie für
Hölderlins dichterisches Schaffen bedeuten, das sie zunächst noch nicht zerbrechen, sondern zu einem kaum
vergleichbaren ,Spätstil' steigern, dem verschleierte,
aber immer geniale Nachklänge auch noch in Tübingen möglich sind. So entsteht schon zu Hölderlins Lebzeiten nicht nur im Freundeskreise, sondern
auch in der jüngeren Generation (Mörike) das Bild
des ,von Apoll geschlagenen' Dichters, des Propheten
und Geheimniskundigen, der in seiner Existenz gleichsam das Rätsel einer in sich selbst absolut gewordenen
und dann verlöschenden Poesie darstellt.

Die bestimmt für lange Zeit gültige kritische Ausgabe, die wir Friedrich Beißner verdanken, hat das
umfängliche Gedichtwerk Hölderlins bereits, soweit
möglich, in zeitliche Ordnung gebracht, so daß man
die steile Entwicklung seines lyrischen Stils leicht aus
ihr ablesen kann.

2. Das Gedicht

Mit der Dichtung der Knabenzeit (vor Tübingen) ist
es ähnlich bestellt wie mit der Jugenddichtung Hardenbergs. Es braucht von ihr nur festgehalten zu werden die Bindung an den Ton Klopstocks (des *Messias*
wie der Oden), auch Höltys und des jüngeren Schiller
(*Schwärmerei*). Die Stoffe sind, wie nicht anders zu
erwarten, Gelegenheitsdichtung oder Schulmotiv.

Ganz anders präsentieren sich schon die Gedichte

der Tübinger Jahre, die eigentlich stilistisch mit den wenigen der Thüringer und Nürtinger Zeit eine Stileinheit bilden. Der Knabe, der vorher schon abstrakte Gedichtthemen sich gewählt hatte (*Die Unsterblichkeit der Seele, Die Ehrsucht, Die Demut, Die Stille*), behält auch in dieser Periode des werdenden Mannes die Vorliebe für Themen wie Vollendung, Ruhe, Stille, Ehre, Freiheit, Unsterblichkeit, Schönheit, Menschheit. Schicksal und Natur treten gewichtig erst in der Thüringer und Nürtinger Zeit hinzu. Wenn sich auch der Stileinfluß Schillers nun stärker geltend macht, so ist diese Periode doch zugleich die Entstehungszeit von Hölderlins eigenem lyrischen Ton. Läßt man das, was rückwärts weist, auch hier mit Recht beiseite (und das ist immer noch der Klopstock-Ton), so bleibt das Eindrücklichste dieser Zeit die Entwicklung Hölderlins zum hymnischen Dichter. Die Hymnen und nicht die Oden sind noch in dieser Zeit, im Gegensatz zu Hölderlins reifer und später Periode, das dichterisch Individuelle. Zum ‚Hymnischen‘ gehört damals wohl auch das, was er ‚Lied‘ nennt. Dieses ‚Lied der Freundschaft‘ und ‚Lied der Liebe‘ ist zwar ein Kind des Pathos des 18. Jahrhunderts, aber eher die Vorstufe zu den gereimten Hymnen als nur die Spätstufe der vielen Lieder an die Freude aus der anakreontischen Vergangenheit. Ihr ästhetischer Wert ist gegen diesen historischen wiederum beschränkt. Das Pathos trägt noch nicht. Daneben fehlt es nicht an Vorklängen des reiferen Odenstiles, wo Pathos und idealer Inhalt partienweise schon zur Deckung gelangen. So etwa in der Anfangsstrophe von *Die heilige Bahn*:

> Ist also dies die heilige Bahn?
> Herrlicher Blick – o trüge mich nicht!
> Diese geh ich?? schwebend auf des Liedes
> Hoher fliegender Morgenwolke?

Das mag auch für Stücke wie *Zornige Sehnsucht, Einst
und jetzt,* auch für die an Goethes Hymnen-Stil an-
klingende *Hymne an den Genius Griechenlands* gelten. So spürt man auch die echten Töne in elegischer
Form in *Kanton Schwyz.* Nahezu alles andere, das
bis Frankfurt entsteht, ist Lied oder gereimte Hymne.
Noch fehlen hier (bis auf *Burg Tübingen*) die mythischen Verklärungen von Stadt und Landschaft. Die
Mehrzahl der Hymnen gilt, wie schon angedeutet,
mehr oder weniger abstrakten Idealen (bis auf eine
Gruppe persönlicher Widmungen und Feiern). Gerade
aber im Bereich der strophischen und gereimten Hymnen bildet sich Hölderlins eigener lyrischer Ton aus.
Der Einfluß von Schillers Stil ist da zum Teil nur Bezug, nicht mehr erdrückend, von einigen Stücken abgesehen. Natürlich sind schon gehäufte Titel wie
Schönheit, Menschheit, Freiheit aus dem Reservoir der
Schillerschen Motive und ihrer Vorläufer entnommen,
wie auch die Problematik von Gesetz und Freiheit, Geschichte und Natur. Stärker spürbar ist die Verwandlung
in ein eigenes Pathos in jenen Hymnen, deren Thema
Hölderlin weniger vom Denken als vom Persönlichen
aus berührt. Man spürt das etwa der *Hymne an die
Freundschaft,* der *Hymne an die Liebe* und der *Hymne
an den Genius der Jugend* an. Das den Jugendfreunden
Neuffer und Magenau gewidmete Freundschaftsgedicht
bewegt sich in einer eigenen Form von Trunkenheit,
wie besonders die Schlußstrophe sie widerspiegelt:

> Wo in seiner Siegesfeier
> Götterlust der Geist genießt,
> Süßer, heiliger und freier
> Seel' in Seele sich ergießt,
> Wo ins Meer die Ströme rinnen,
> Singen bei der Pole Klang
> Wir der Geisterköniginnen
> Schönster einst Triumphgesang.

Ähnlich steigerte sich die *Hymne an die Liebe* zu einer wundervollen Schlußstrophe des Aufschwungs und der Zeitlosigkeit. Überall ist der (bewußte oder unbewußte) Trieb fühlbar, die gefeierten Ideale durch den Mythos leibhaft zu machen. Das ist kaum anders als bei Schiller. Aber selbst ein Gedicht wie *Griechenland,* ein Vorklang auf das *Hyperion*-Motiv, zeigt dem Klassiker gegenüber (etwa im Vergleich mit seinen *Göttern Griechenlands*) nicht eigentlich größere Weichheit, aber doch ein minderes Maß an ausgebildetem Willen zur Bewältigung der Schwermut, die der Untergang Griechenlands ausgelöst hat. Schillers durchsichtige, fast harte Reaktion auf das gleiche (gehämmert durch die ästhetische Lösung der Klassik) ist bei Hölderlin, zeitlich noch vor der Romantik, zur romantischen Sehnsucht nach dem unwiderruflich Vergangenen geworden. Wo nicht weicher, so doch schmerzlich aufgelöster als bei Schiller klingt dieser Ton:

> Mich verlangt ins ferne Land hinüber
> Nach Alcäus und Anakreon,
> Und ich schlief' im engen Hause lieber,
> Bei den Heiligen in Marathon;
> Ach! es sei die letzte meiner Tränen,
> Die dem lieben Griechenlande rann,
> Laßt, o Parzen, laßt die Schere tönen,
> Denn mein Herz gehört den Toten an!

Die Zeit in Thüringen, die Hölderlin ins Zentrum der Klassik, aber auch zur romantischen Philosophie in Jena hinführt, ist für seine Lyrik vergleichsweise nicht so ergiebig. Das gilt aber nur quantitativ, nicht hinsichtlich des Ranges. Vielmehr sind Gedichte wie *Das Schicksal, Der Gott der Jugend, An die Natur,* alle in ausladenden achtversigen Reimstrophen, deutlich in sich einheitlicher und geschlossener als ihre Vorläufer aus den Tübinger Jahren. Sie haben einen

großen Zug und ihren eigenen Klangzauber. Vielleich
ist es, neben und in der persönlichen Situation, de
gemeinsame Grundton, der aus der Geborgenheit i
der Natur sich entfaltet:

> Noch tröstet mich mit süßer Augenweide
> Der blaue Himmel und die grüne Flur,
> Mir reicht die Göttliche den Taumelkelch der Freude
> Die jugendliche freundliche Natur.
>
> *(An Neuffer. Im März 1794*

Das Naturmotiv grundiert auch die Auseinanderset
zung mit dem Schicksal in dem gleichnamigen Ge
dicht. Dort ist es die Synthese der Notwendigkeit mi
der „weisen, zürnenden Natur":

> Was je ein Riesenherz beschlossen,
> Es keimt' in Deiner Schule nur.

Hinreißend ist die Verbindung von Natur und Jugen
in den beiden letzten Vor-Frankfurter Gedichten *(De
Gott der Jugend, An die Natur*). Im ersten ist es di
Unvergänglichkeit des Jugendlichen überhaupt, in
zweiten das Thema von Schillers Raphael-Julius-Briefe
die tragische Selbstentfremdung des Menschen, wen
des „Herzens Frühling" verblüht, wofür aber Hölder
lin in der Affinität zur Frühromantik wenigstens noc
den erinnernden Traum als Refugium der männlic
sittlichen Reifestufe anzusprechen hat.

Diese Linie der Reimgedichte gipfelt wohl in de
Fassungen des Gedichts *Diotima* aus der Frankfurte
Zeit, d. h. einem Gedicht, das die unmittelbarste un
persönlichste Erschütterung zum Ausdruck bringt. E
ist hier aber eine Erschütterung, die zu einer unver
gleichlichen Steigerung des Lebensgefühls führt, wirk
lich die Versöhnung des aus den „schönen Kinderträu
men" Gerissenen durch die Begegnung mit der Ge
liebten, die alles neu macht: Wiederkehr der über de

DEM
SCHÖNEN

Umschlagbild des „Taschenbuchs für Frauenzimmer von Bildung"
800, in dem „Diotima", „Der Zeitgeist", „Sonnenuntergang" und
andere Gedichte Hölderlins zum ersten Mal gedruckt wurden

Kindheit schon waltenden freundlichen Götter, neue
Lebensmelodie. Das zieht sich durch alle drei Fassungen, deren mit Diotima einsetzende Wandlung man
vergleichen mag.

II	III
Diotima! selig Wesen!	Diotima! edles Leben!
Herrliche, durch die mein Geist,	Schwester, heilig mir verwandt!
Von des Lebens Angst genesen,	Eh' ich dir die Hand gegeben,
Götterjugend sich verheißt!	Hab ich ferne dich gekannt
Unser Himmel wird bestehen,	Damals schon, da ich in Träumen,
Unergründlich sich verwandt,	Mir entlockt vom heitern Tag,
Hat sich, eh' wir uns gesehen,	Unter meines Gartens Bäumen,
Unser Innerstes gekannt.	Ein zufriedner Knabe, lag.
	Da in leiser Lust und Schöne
	Meiner Seele Mai begann,
	Säuselte, wie Zephirstöne,
	Göttliche! dein Geist mich an.

Die frühe Fassung (I) unterscheidet sich von der hier
zitierten mittleren (II) nur am Schluß durch den Ersatz von „Unser Wesen" durch „Unser Innerstes". Die
spätere (III) bringt das Thema der Prä-Existenz (wie
Goethe es ja auch für seine Liebe zu Charlotte von
Stein in Anspruch nimmt) nun in *einer* Strophe mit
dem Kindheitsmotiv, das die früheren Fassungen erst
in der anschließenden Strophe folgen ließen. Dieser
langausholende Atem der neuen Strophenform ist kein
Zufall, sondern die Konsequenz einer inneren synthetischen Bewegung. Es ist ein Hauch seliger Vergnügt-
heit, der das Ganze durchweht. So klingt denn auch
die älteste Fassung mit dem „süßen Zauber" einer

neuen Gelöstheit aus, die mittlere mit einer Apostrophe an die Begeisterung, die spätere in das Bewußtsein der Rückkehr zu den Sterblichen:

> Neu geweiht in schönrem Glück,
> Froh zu singen und zu sehen . . .

Die Frankfurter und die anschließende Homburger Zeit (bis zur Jahrhundertwende) bedeuten zugleich eine unerhörte Konzentration in antiker Form. Damals entfaltet sich der reife Oden- und Elegienstil Hölderlins, während die Reimhymne zurücktritt.

Je weiter Hölderlin das Diotima-Motiv spannt, desto mehr entfernt er es von seiner Subjektivität. Das zeigt schon das durch den Rhythmus (Hexameter mit anschließendem zweiten Halbvers des Pentameters) stilisierte Gedicht Diotima aus der Frankfurter Zeit, ein Gedicht des Glückes, der Beheimatung in der Natur, ganz ohne die Tragik der Hyperion-Liebe und -Trennung. So auch die sich überschneidenden Diotima-Gedichte in elegischer Form aus der gleichen Phase. Doch klingt hier die Trauer über die gealterte Welt, vor deren Chaos nur die Rückkehr des schönen Lebens retten kann:

> . . .
> Bis der Menschen alte Natur, die ruhige, große,
>   Aus der gärenden Zeit mächtig und heiter sich hebt.
> Kehr in die dürftigen Herzen des Volks, lebendige
>   Schönheit!
>   Kehr an den gastlichen Tisch, kehr in die Tempel zurück!

Diotima ist hier schon zum verbürgenden Symbol der sich immer wieder erneuernden Welt distanziert ("Denn Diotima lebt . . .").

Anders ist es in der späteren Ode Diotima und in der Elegie Menons Klagen um Diotima, zu denen auch das Elegie überschriebene Stück zu stellen ist. Es sind

alles Gedichte der Totenklage („Und diese Totenklage
sie ruht nicht aus"). Trotz aller Verallgemeinerung
des Motivs auf „die Liebenden" schlechthin, die späte
Rilke den Hölderlin-Elegien entnommen hat, trotz de
Namensverschiebung zu Menons Klagen sind es auch
Gedichte von transparenter persönlicher Erschütte
rung:

> Ach! wo bist du, Liebende nun? Sie haben mein Auge
> 　Mir genommen, mein Herz hab ich verloren mit ihr,
> Darum irr ich umher ...

Es ist die Klage der *Elegie* um unwiderruflichen Ver
lust der Jugend und der geliebten stillen Dulderin, di
zwar zum Dank an die Himmlischen führt, aber eigent
lich trotz der antikischen Form den Trost aus den
Unsterblichkeitsgedanken nimmt. Stärker symbolisch
ist die *Menon*-Elegie, auch sie ein stiller und bewegen
der Kampf um den Unsterblichkeitsgedanken, un
Überwindung des Todes, um ein Bild vom Dasein de
Toten (auch dies ein Rilke-Motiv aus Hölderlin). Di
beiden Elegien stehen gleichsam in der Proportion vo
Fassungsstufen zueinander. Stefan George hat aus den
Schlußvers von *Menons Klagen um Diotima* den Tite
für einen seiner bedeutendsten Gedichtbände entnom
men: *Das Jahr der Seele.* (Auch die Formel des „schö
nen Lebens" hat er von Hölderlin.) Dabei geht de
Unsterblichkeitsgedanke über den klassischen vo
Schillers *Nänie* und Goethes *Euphrosyne* hinaus. De
Tübinger Theologe von einst wird mit der Todeswirk
lichkeit nicht wie die Klassiker fertig, das heißt mi
der dichterischen Rühmung als Trost. Hölderlins Lö
sung liegt näher an Novalis:

> 　　　... bis wir auf gemeinsamem Boden
> Dort, wo die Seligen all niederzukehren bereit,
> 　　　　... uns ... begegnen.

Mit dem erhöhten Thema erhöht sich auch der Stil, es erhöht sich auch das Motiv. Nicht im Sinne der ehemaligen Schillerschen Abstraktion, sondern im Sinne der Einbettung allmählich aller Werte in die geschichtliche Notwendigkeit. Das gilt selbst für die berühmten Stücke vom Ende der Frankfurter Zeit *Hyperions Schicksalslied* und *Da ich ein Knabe war*. Das in ihnen verborgene Autobiographische brauchte man nicht mehr mitzulesen. Es ist ins Mythische sublimiert, sei es als Kindheitsmythos („Im Arme der Götter wuchs ich groß"), sei es, in der Nähe des Götterhymnus von Goethes *Iphigenie,* der Mythos des Leidens und Fallens

> Wie Wasser von Klippe
> Zu Klippe geworfen,
> Jahr lang ins Ungewisse hinab.

Nimmt man wahr, wie sogar das Persönlichste ins Allgemeine sich erhebt, so nimmt man auch die feiernden und klagenden Oden dieser Periode als Ausdruck der Entwicklung Hölderlins zur mythischen (nicht mehr nur mythologischen) Aussage. Die Spannweite ist groß. Sie ist nicht mehr der Topik der Gedankenlyrik des 18. Jahrhunderts von Hagedorn bis Schiller und Klopstock verpflichtet. Ein hexametrisches Gedicht wie *Die Muße,* das doch ein traditionelles Motiv des Idylls gestaltet, zeigt das aufs deutlichste. Nicht der eigentümliche Zauber der Verse, der weitab vom Vossischen Hexameter liegt, wie er auch seinen eigenen Bereich gegenüber dem von *Hermann und Dorothea* wahrt, ist es allein. Oder doch erweist er sich als begründet aus Hölderlins von der romantischen Naturphilosophie gespeister Naturidentität, die im Gedicht zur Anmut wird:

Wo die Schwalbe das Nest mit den törigen Jungen
umflattert,
Und die Schmetterlinge sich freun und die Bienen, da
wandl' ich
Mitten in ihrer Lust; ich steh im friedlichen Felde
Wie ein liebender Ulmbaum da, und wie Reben und
Trauben
Schlingen sich rund um mich die süßen Spiele des
Lebens.

Das eigentliche Geheimnis dieser Sprache ist, wie sie, rhythmisch und metaphorisch mythisch auf den Saiten der antiken Form sich bewegend, zugleich eine Innigkeit hat, die das Neue der deutschen Romantik mit der Tradition der deutschen Klassik zu einer Einheit verbindet. In der bekannten *Abendphantasie* aus der Homburger Zeit setzt die Ode ganz mit dem Wortschatz und der Stimmung des alten Idylls ein („Gastfreundlich tönt dem Wanderer im / Friedlichen Dorfe die Abendglocke."). Die Hütte, der rauchende Herd, die stille Laube, in der das „gesellige Mahl" den Freunden gedeckt ist: es ist alles das Ideal einer in sich geschlossenen Welt bäuerlicher Nähe mit dem Ausblick auf die fernen Städte mit den heimkehrenden Schiffern und ihrem wie alles zur Ruhe kommenden Marktgewühl. Es ist die Erde in ihrem Recht zur Ruhe nach vollbrachtem Arbeitstag. Aber zu Beginn der dritten Strophe wirft Hölderlin jäh in das Idyll die Frage hinein: „Wohin denn ich?" Sie bedeutet die Antithese zu den andern, deren Leben sich in Ruhe und Arbeit freudig erfüllt. Denn dies Ich jagt der Stachel der ewigen Ruhelosigkeit. Was übrigbleibt als Lösung, ist eine sanfte und zugleich seltsam erregende Resignation. Der goldene und purpurne Abendhimmel soll das ruhelose Ich in seine Ruhe aufnehmen. Es wäre die ästhetisch-idealistische Lösung. Doch er ist ja nur ein flüchtiger Zauber und erlischt sogleich:

> ... dunkel wirds und einsam
> Unter dem Himmel, wie immer, bin ich –

Erst die Schlußstrophe enthüllt die Einsamkeit des
Dichters inmitten aller dieser Ruhe als Folge der ver-
gänglichen Jugend, die immer das Absolute will („zu-
viel begehrt / Das Herz"). Auch sie wird sich dem
Zeitablauf einfügen müssen, der erst mit dem Alter
Frieden und Heiterkeit heraufführt.

Daneben stehen objektive Themen, in nicht geringer
Zahl aus der Geschichte, und mythische Verklärungen
der Natur. Einige von den Geschichtsoden sind, wie
überhaupt Hölderlins Begriff des ‚Vaterländischen',
der ja auch den *Hyperion* beherrscht, in unserem Jahrhundert politisch mißbraucht worden. So etwa die Ode
Der Tod fürs Vaterland („Du kömmst, o Schlacht!").
Solche Stücke werden aber durch die Aktualisierung
nicht gemein. Gerade das Genannte bleibt gleichwohl
ein Lobgesang der Jugend, und zwar einer höchst aristokratischen, alles andere als chauvinistischen:

> O nimmt mich, nimmt mich mit in die Reihen auf,
> Damit ich einst nicht sterbe gemeinen Tods!

Das ist der Schlüsselvers: die Selbstbewährung des
Edlen im Opfer, das sie in die Nähe der „Helden
und ... Dichter aus alter Zeit" hebt. Dieses in der
Ode so oft benannte Vaterland ist noch weniger politisch zu fixieren wie das Klopstocks. Es ist vor allem
das Maß, an dem das Nicht-Gemeine sich messen darf,
die Idee, die Forderung an die Subjektivität. ‚Vaterland' kann, wie im *Hyperion*, Griechenland oder
Deutschland heißen (die es beide um 1800 politisch
nicht gab).

Die Bedeutung des Geschichtlichen hingegen als
freiwillige Annahme der Geschichtlichkeit durch die
Person hat Hölderlin auf seiner Ebene viel beschäftigt,
vom Erlebnis der Französischen Revolution an. Sie

mythisierte er in dem Frankfurter Gedicht *Die Völker
schwiegen, schlummerten...* als Schicksal, das die
Ruhe nicht will, das immer wieder Bewegung und
Feuer im Herzen erregt. Es ist das geschichtliche Gesetz, ein Lebensgesetz, das Anti-Idyll zur *Abendphantasie,* hohes Dasein gegen allzu unbewegtes Dasein:

> Es spielt' ein kühnes Spiel in dieser Zeit
> Mit allen Sterblichen das mächtge Schicksal.

Genau wie in dem Gedicht von der vaterländischen
Schlacht geht es um ausgezeichnete Zeit, wiederum um
etwas im tiefsten Sinne Aristokratisches. Unmittelbar
findet man von hier zu der anderen Geschichtsgröße:
Buonaparte. Dieser wird in der Kurzode zum Symbol
der geschichtlichen Wirklichkeit, dem die heilige Aufgabe des Dichters, Gefäß des Heldengeistes zu sein,
nicht genügen kann:

> Er kann im Gedichte nicht leben und bleiben,
> Er lebt und bleibt in der Welt.

Die völlige Sublimierung der Geschichtlichkeit zur
mythischen Gestalt findet in der späteren Ode *Der
Zeitgeist* statt. Sie verbietet dem Knaben nicht nur die
Flucht aus der Zeit, sondern gebietet ihm, dem Zeitgeist standzuhalten, der „Vater" genannt wird und
den das Gedicht als den allmächtigen Erwecker der
Seele feiert. Das Revolutionsthema ist auch hier anfangs berührt („... und es / Trümmert und wankt ja,
wohin ich blicke"). Auch hier zeigt sich der Mut zur
Geschichte (als Gegenwart), die Bewegung und Erweckung durch ein Allgemeines.

Bedeutenden Anteil an den Frankfurter und Homburger Gedichten haben die Elegien und Oden an die
Natur. Vor allem die Elegien entwickeln einen eigenen, Formbewußtsein und Herz zugleich hinreißenden
Stil. Die Gruppe relativ früher Gedichte aus der

Frankfurter Zeit (*Die Eichbäume, An den Frühling, An den Äther, Der Wanderer, An einen Baum*), alle in elegischer Form, nimmt, jedes für sich, nach seinem Motiv das früher dem Reimgedicht bestimmte Naturthema auf. Es ist kein Zufall, daß alle diese Elegien nicht Gedichte der Zerrissenheit sind, sondern solche der Nähe, der Geborgenheit, ja einer serenen Hoffnung. Nicht der große Atem des frei gehandhabten Hexameters und Pentameters bewirkt das allein. Weltanschaulich spielt auch die Synthese aus der Tradition der Empfindsamkeit und der neuen romantischen Naturphilosophie, die spürbar bleibt, eine Rolle. Schellings „neue Mythologie" trägt die hier geübte Feier der Natur. Sie kann aus bewundernder Distanz erfolgen wie in *Die Eichbäume,* deren herrlicher, heiterer und großer Existenz noch das Leiden des geschichtlichen und liebenden Menschen entgegengesetzt wird. Sie kann auch zu geschwisterlicher Hingabe werden, ganz nahe der Identifikation in den Gedichten *An den Frühling* und *An einen Baum.* Der Frühling: das ist die Analogie des jugendlichen Herzens zur ewig sich erneuernden Natur:

> Denn *sie* erwacht mit mir zu neuer, glühender Jugend
> Meine Schwester, die süße Natur . . .

Erwachen und Ruhe sind hier *ein* Rhythmus. Nicht anders, mit einem Akzent Geschichtlichkeit mehr, das Bild des Baumes, „meiner Geliebtesten Bild". Ihm, dem großen und stillen Gewächs der Natur, wird es zufallen, den Liebenden „Schatten und Düfte / Und ein rauschendes Lied", Symbol auch ihrer Erfüllung, zu geben.

Ganz in sich geschlossene Naturgedichte sind die Elegien *An den Äther* und *Der Wanderer*, reine Erhebungen des Menschlichen zu den Naturgöttern, die auch als Vater Äther und Rhein, als mütterliche Erde,

Sonne, als „heimatliche Natur" angesprochen werden.
Es fehlt in beiden Gedichten nicht am übermensch-
lichen Streben des menschlichen Herzens, an der Sehnsucht nach dem Fernsten und Weitesten. Aber dem
Motiv „Töricht treiben wir uns umher" (*Äther*) und
„Auch den Eispol hab ich besucht" (*Wanderer*) folgt
in beiden Gedichten das Motiv der Heimkehr auf die
Erde, in die Heimat. Die große Natur sorgt für Heiterkeit und Frieden. Daß es nicht mehr der Frieden
des bloßen Idylls ist (obwohl gelegentlich noch dessen
Wortschatz), sondern daß Begeisterung und Aufschwung ihm integriert scheinen (denn man kann sie
so wenig rückgängig machen wie die Romantik), das
zeigen die Fassungen der Ode *Dem Sonnengott* (*Sonnenuntergang*):

> Wo bist du? trunken dämmert die Seele mir
> Von aller deiner Wonne ...

Die vierstrophige Fassung läuft eben auf diesen Ton
wieder aus, in dem nach der Ruhe der Nacht mit dem
Wiederaufgang der Sonne Leben und Geist sich stetig
von neuem entzünden. Liebe, Licht, Äther, Geist – es
sind nicht nur die Worte, sondern auch die Werte, von
denen diese Gedichte der Reifezeit leben, so wie sie
das herrliche elegische Stück *Götter wandelten einst*
in seinen wenigen Versen enthält.

   Auch in dieser Epoche seiner Entwicklung steht ein
großer Teil der Hölderlin-Gedichte im inneren Zusammenhang mit seinem dichterischen Selbstverständ-
nis, für das die gleichen Grundwerte gelten wie für
seine Geschichts- und Natur-Oden und -Elegien. Der
großartigste Niederschlag des Suchens nach einem
Standort, für sich selbst, den Dichter, ist wohl die
(Homburger) Ode *Mein Eigentum*. Man darf sie wohl
eine der schönsten Hölderlins nennen, und nicht umsonst ist sie immer wieder Gegenstand literarischer und

philosophischer Interpretationen gewesen. Der Grund
liegt in der Einbettung des dichterischen Selbstbewußtseins in das menschliche Dasein an sich. Natur, Mensch
und Dichter wohnen hier zusammen in einem Raum.
Die drei ersten Strophen mit dem Motiv „In seiner
Fülle ruhet der Herbsttag nun" sind Strophen des
Friedens und der Zufriedenheit, über das Idyllische
hinaus Aussage der Bindung des Menschen an das mythische Licht, das alles reifen läßt. Diese Seite des
Menschlichen wird zum Bilde des Herdes, der Familie,
der Heimat:

> Es leuchtet über festem Boden
> Schöner dem sicheren Mann sein Himmel.

Dieser Mensch ist mit sich, der Welt, den Göttern einig
„in sichrer Einfalt". So hatten es sich die Klassiker
von Winckelmann bis zu *Hermann und Dorothea* gedacht. Aber inmitten und gegenüber dieser Welt steht
einsam und angefochten der Dichter. Er sieht und
empfindet die Geschlossenheit des Daseins bei den andern. Ihn selbst aber reißen die „wandelnden Götter-
kräfte" verzehrend empor von der Erde. Die bleibende Stätte der andern ist dem Dichter versagt. Ihm
steht nur eine eigene offen inmitten der Gefahr, daß

> ... heimatlos die Seele mir nicht
> Über das Leben hinweg sich sehne ...

Das Problem des vom Leben allzu leicht isolierten
Dichters ist hier in seiner Tiefe aufgefaßt. „Sei du,
Gesang, mein freundlich Asyl!" sichert dem Heimatlosen seinen Ort, auf dem er in gleicher „sichrer Einfalt" wohnen darf wie der Landmann, gesichert auch
in den Stürmen des Zeitgeistes. Das Geschenk des Gesanges ist dem Dichter Wohnung, Heimat und Eigentum, gesegnet wie jedes andere Eigentum auch, Beheimatung im Leben,

... daß zu
Frühe die Parze den Traum nicht ende.

Mythische Werte wie Vaterland (im besagten menschlichen Sinne), Heimat, erlebter Strom und erlebte Stadt
führen zu einer für Hölderlins Gesichtskreis gleichermaßen kennzeichnenden Oden- und Elegiengruppe.
Noch aus der Zeit vor 1800 stammt die Ode *Der Main*,
der später *Der Neckar*, *Der gefesselte Strom*, *Am
Quell der Donau*, *Der Rhein*, *Der Ister* folgen werden.
Sie sind, wie die Städte-Oden und -Elegien und die
Heimat- und Heimkunft-Gedichte, die große dichterische Verwirklichung der „neuen Mythologie" Schellings, Verehrung von erlebter Stadt und Landschaft,
Bezeugung zugleich auch des Motivs der Wanderung
und des Wanderns, der Nähe wie der Ferne. Schon
Der Main zeigt diese Spannweite von angestammter
Heimat und dem inneren Vaterlande Hellas:

> Wohl manches Land der lebenden Erde möcht'
> Ich sehn, und öfters über die Berg' enteilt
> Das Herz mir, und die Wünsche wandern
> Über das Meer ...

Das Ziel der Wünsche ist Griechenland, und erst in
der achten der zehn Strophen gelangt der Dichter zum
Thema, dem heimatlichen Strom, der selber aber auch
als Wanderer zum Ozean, ähnlich dem Strom-Mythos
beim jungen Goethe (*Mahomets Gesang*), aufgefaßt
wird. Auch in *Der Neckar*, der doch für Hölderlin
nun wirklich der heimatliche Fluß ist, nicht der des
Fremdlings, ist die Neckar-Rhein-Main-Landschaft
der Ausgangspunkt für eine griechische Vision (die
sich teilweise deckt mit der aus der Main-Ode). Hellas
verhilft auch hier dem heimatlichen Fluß zur mythischen Spannweite, da sein unauslöschlicher Eindruck
auch dem Wanderer in der Fremde bleibt. Ganz wie
bei Goethe, von Ort und Namen gelöst, bezeugt sich

der Strom-Mythos in *Der gefesselte Strom,* der Analogie zum menschlichen Schicksal: vom träumenden
Jüngling – die zweite Fassung trägt den Titel *Gany-
med* – bis zum Aufgehn im Ozean.

Hymnische Form haben die beiden (von Beißner
unter „Vaterländische Gesänge" eingeordneten) Gedichte *Der Rhein* und *Der Ister,* in denen schon der
Spätstil sich ankündigt. Nicht nur die Kurzverse und
Langstrophen in freien Rhythmen zeigen das an, sondern vor allem die änigmatische Konzentration, die
einer rationalen Deutung bereits Schwierigkeiten
macht, da sich vieles nur an-deutet. Das Wandern gewisser Vorstellungen, Bilder, ja ganzer strophischer
Partien von Gedicht zu Gedicht, das Ringen um immer neue Fassungen, das hier nicht verfolgt werden
kann, ist kein Zeichen von Selbstwiederholung aus Armut. Der Stil der ausgehenden Reife- und dann der
Spätzeit gewinnt von daher topische, manchmal fast
formelhafte Züge, wobei aber der Präger des Topos
der Dichter selber ist. Man muß die wiederkehrenden Verse also von dem Bedeutungsgewicht der zum
Sprengen gefüllten prophetischen Entelechie des Höl-
derlin-Verses auffassen. Demgegenüber wird das Problem eines durch die Krankheit bedingten Erstarrungs-
prozesses zum sekundären. Auch noch in der offenbaren Selbsttopik der Krankheit behält vieles einen
rational nicht begründbaren hinreißenden Klang und
Glanz.

Geht man von diesen Voraussetzungen aus an die
Hymnen über Rhein und Ister heran, so nimmt man
gegenüber den früheren Oden eine neue Tiefe der
Deutbarkeit wahr, die immer wieder das nur Moti-
vische überspielt. Nach der äußeren Formdimension
hin wirkt es sibyllinisch, wie Seherwort. Nach der
Tiefendimension hin schiebt es (im Sinne des Poeta
vates) ein nur durch Identifikation Vergleichbares als

Erfahrung und Grundwert von innen her in den Vordergrund. Stellen solcher Art sind:

> Ein Rätsel ist Reinentsprungenes. Auch
> Der Gesang kaum darf es enthüllen. Denn
> Wie du anfingst, wirst du bleiben,
> So viel auch wirket die Not,
> Und die Zucht, das meiste nämlich
> Vermag die Geburt ...
>
> (Der Rhein)

Oder, in *Der Ister*:

> Ich mein, er müsse kommen
> Von Osten.
> Vieles wäre
> Zu sagen davon. Und warum hängt er
> An den Bergen gerad? Der andre,
> Der Rhein, ist seitwärts
> Hinweggegangen. Umsonst nicht gehn
> Im Trocknen die Ströme. Aber wie? Ein Zeichen
> braucht es ...

Das offenbar bewußt rätselhaft Didaktische solcher Partien (Anfangsvers des *Ister*: „Jetzt komme, Feuer!" Schlußvers: „Was aber jener tuet der Strom, / Weiß niemand.") trägt gleichwohl rhythmisch wie bildlich immer noch eine Frage nach dem Sinn in sich. Es scheint eine neue Stufe des Begreifens der Natur wie des Menschen von einem mythischen Gesetz her, das nirgends rational aus-deutbar ist, als An-deutung dagegen sinnlich wie gedanklich eine eigene Überzeugungskraft besitzt. Im Grunde ist dieser späte Stil die eigene Realisierung dessen, was Hölderlin schon 1790 als Schüler in dem Vergleich von Salomon und Hesiod vorahnend über den Stil der Kürze gesagt hat:

> Kürze ist ein anerkanntes Kennzeichen der Erhabenheit ... Alles dasjenige nennen wir erhaben, was für uns in dem Moment, in welchem wir es wahrnehmen, unermeßlich ist, oder von dessen Grenzen die Seele im Augenblick des Bemerkens keine deutliche Vorstellung hat.

Eben das wird die Eigentümlichkeit seines ausgereiften
und späten Gedichtstils sein, das Vorgeahnte oder zu
Ahnende in syntaktische Fügungen zu bannen. Ein
Gedicht von der Länge der Rhein-Hymne lebt von
solchen Höhepunkten der Konzentration. (So zum
Beispiel in der vorletzten Strophe.) Für den *Ister* gilt
das in noch erhöhtem Maße. („Hier aber wollen wir
bauen. / Denn Ströme machen urbar / Das Land."
Oder, von Herkules' Besuch am Strom: „... es bedarf
aber, der Geister wegen, / Der Kühlung auch.") Die
Ode *Heidelberg* und die Elegie *Stuttgart* vergeistigen
ebenso Stadt und Landschaft in verwandter Konzentration. So der Auftakt zu *Stuttgart*: „Wieder ein
Glück ist erlebt... Offen steht jetzt wieder ein
Saal..." Das ist die Offenheit, die, wie auch in der
Heiterkeit der anderen Neckarstadt, Heidelberg, ins
fröhliche Gewimmel von „zufriedenen Kindern des
Himmels" führt. Ist der Strom-Mythos ein Aufschwung
ohnegleichen von der Quelle bis zum Aufgehn im Vater Ozean, so ist der Stadt-Mythos ein frohbewegtes
Sein, bewegt auch, weil Hölderlin mit dem Schwellen
und dem Genuß der reifen Frucht auch bacchische
Züge mitbestimmen läßt: Fülle von Brot und Wein,
bekränztes Haar, großes Schicksal als Geschichte:

Groß ist das Werden umher. Dort von den äußersten Bergen
    Stammen der Jünglinge viel ...

Gegenwärtiges Leben und Größe der Geschichte, die
Lüfte Italiens in der ländlich schönen deutschen Mitte,
Herbstfest und Liebesfest unter dem Segen der Götter –
alles das gesellt sich dem Mythos der Schwabenstadt:

Denn mit heiligem Laub umkränzt erhebet die Stadt schon,
    Die gepriesene, dort leuchtend ihr priesterlich Haupt.

Es ist nicht weit von dieser verklärten Erschütterung
zu dem Preis der ewigen Gesetze in *Unter den Alpen*

gesungen oder der sanften Trunkenheit der Oden an
die Heimat, vor allem aber der Elegien *Der Wanderer*
und *Heimkunft*.

In Heimat ist Welt einbezogen. Eine Stelle aus dem
großen hexametrischen Gedicht *Der Archipelagus* wie:

Aber der Muttererd und dem Gott der Woge zu Ehren
Blühet die Stadt itzt auf, ein herrlich Gebild, dem Gestirn
                                                    gleich ...

wäre ohne weiteres von Hellas auf eine der geprie-
senen Heimatstädte übertragbar.

So ergibt sich denn auch das Maß des Heimatmotivs
in den großen Elegien *Heimkunft* und *Der Wanderer*
im steten Vergleich und Ineinanderspiel von Geburts-
land und der Größe des Andern und Fernen. Der Wanderer im afrikanischen Süden bricht aus in das Bekenntnis:

Um der Haine Gesang, ach! um die Gärten des Vaters
    Bat ich vom wandernden Vogel der Heimat gemahnt.

Von Pol zu Pol verschlagen, vergißt er nicht und kehrt
wieder in die heilige Rheinlandschaft. Unvergeßlich
bleibt das Bild des ,bacchantischen' Morgens in den
Alpen, die mythische Berglandschaft zu Beginn von
Heimkunft, in der die Zeit unendlicher und kühner ist,
mit dem Übergang über die helle Heiterkeit des Sees
in einer Art heiligen Rausches vaterlandswärts.

Gerade dieses Messen am Anderen führt nicht zurück zum alten Idyll, sondern zu seiner Erneuerung
mit klassischen, ja dionysischen Zügen.

Brot und Wein, die so oft zitierte Elegie, bezeugt
das geradezu beispielhaft. Die Eingangsstrophe mit
dem Motiv „Rings um ruhet die Stadt" gibt nicht nur
das Bild der ,wohlzufriedenen' Menschen. Diese Nacht
lebt auch vom Saitenspiel der Liebenden oder der Einsamen, ist erregt vom Rauschen der Brunnen und der

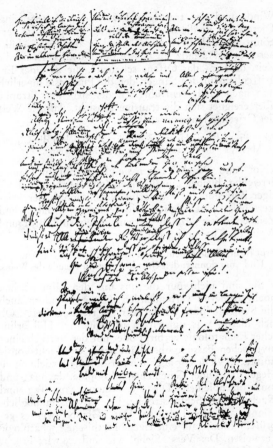

Manuskriptblatt Hölderlins mit Entwurf zu „Der Abschied"
(stark verkleinert)

Winde und der traurigen Pracht des Mondscheins.
Diese Ruhe ist die der Wachheit (2. Strophe), sie ver-
gönnt das „Heiligtrunkene" und in der Liebe „küh-
neres Leben", ganz im Geiste des Novalis. Es ist die
Zeit, da wir „das Offene schauen", die Zeit der Er-
griffenheit für den Sänger, den die Phantasie innerlich
nun nach Hellas entführt. In der siebenten Strophe
aber ereignet sich die traurige Einsicht, daß die Welt
der Griechen lange verwelkt ist:

Aber Freund! wir kommen zu spät. Zwar leben die Götter,
    Aber über dem Haupt droben in anderer Welt.

„Not" und „Nacht" lassen sie gleichwohl im Traume
erreichbar bleiben „in dürftiger Zeit". Dichter in dürftiger Zeit sind für Hölderlin Nachkommen der Prie-
sterschaft des Dionysos. Die gebliebenen Gaben und
Zeichen dieser großen Vergangenheit sind Brot und
Wein, die Titelmotive der Elegie:

Brot ist der Erde Frucht, doch ists vom Lichte gesegnet,
    Und vom donnernden Gott kommet die Freude des Weins.

Sie sind nicht nur die uns mit den Himmlischen
noch erinnernd verbindenden Zeichen, sondern auch
die Symbole ihrer Wiederkehr „in richtiger Zeit". Ob
sich hierin, was umstritten ist, eine Art Hölderlin-
scher Eschatologie verbirgt oder nur der Versuch einer
mythischen Fassung abendländischer Geschichtskonti-
nuität, ob vielleicht auch die persönliche Beziehung zu
Hegel und seiner Geschichtsphilosophie, das mag und
muß offenbleiben. Die Aussöhnung von Tag und
Nacht in der Schlußstrophe, bei Novalis unmöglich,
könnte auf Hegel deuten. Das „Glaube, wer es geprüft!" könnte auf eine eigene mythische Eschatologie
verweisen. Der Vers „Siehe! wir sind es, wir; Frucht
von Hesperien ists!" meint schwerlich mehr als das
echte Erbe, die Kontinuität.

Brot und Wein sind indessen nicht allein antike Symbole, sondern auch die des christlichen Abendmahls. Daß man den doppelten Sinn seit der Romantik als dichterische Synthese ausdrücken kann, zeigte schon die Abendmahlshymne von Novalis. Auch der späte Hölderlin hat (zum Beispiel in *Der Einzige* und *Patmos*) in immer wiederholten Anläufen das Motiv Antike und Christentum zu dem seinen gemacht, ja geradezu um die Möglichkeiten einer Synthese gerungen. Mit ihm haben das auch die Interpreten getan, bis hin zu dem schwer, wenn überhaupt enträtselbaren neueren Fund der *Friedensfeier*. *Der Einzige* ist, inmitten der geliebten griechischen Götterwelt, der eine gesuchte, der ausblieb:

> Mein Meister und Herr!
> O du, mein Lehrer!
> Was bist du ferne
> Geblieben? ...

Die Frage stellt den Dichter vor die Alternative Gott oder Götter. („Daß, dien ich einem, mir / Das andere fehlet.") Freilich ist dieser Christus der Hölderlinschen Spätzeit, damit die Zerreißprobe bestanden wird, auch mythologisch als Bruder des Herakles und des Dionysos aufgefaßt. Doch wird auch von ihm gesagt:

> Es hänget aber an Einem
> Die Liebe.

Gleichwohl bleibt der Kampf des Dichters, neben dem Einen auch noch Andere zu singen. Die Klage, die daraus folgt, ist klassische Klage:

> Nie treff ich, wie ich wünsche,
> Das Maß.

Von Fassung zu Fassung wird das Ringen um das Entweder-Oder deutlicher, wenn auch immer rätselhafter hinsichtlich der Bedeutung. Denn um Verständlichkeit geht es Hölderlin nun nicht mehr, sondern um reinen Ausdruck. Noch in der dritten Fassung bleibt die Not:

> Oft aber scheint
> Ein Großer nicht zusammen zu taugen
> Zu Großem.

Im Zusammenhang damit fällt das Wort vom „Abgrund der Tage".

Von Hölderlins Ringen um das religiöse Motiv zeugt auch die immer wieder in neuen Entwürfen aufgenommene *Patmos*-Hymne. Schon der Einsatz:

> Nah ist
> Und schwer zu fassen der Gott.
> (Später: „Voll Güt ist. Keiner aber fasset
> Allein Gott.")
> Wo aber Gefahr ist, wächst
> Das Rettende auch.

zeigt die Gespanntheit des Motivs. Es ist ein Motiv der Gefahr und der Rettung aus ihr. Auch heißt es hier nicht polytheistisch: Götter oder ein Göttliches, sondern betont „der Gott". Der Weg zu ihm ist Adlerflug oder der der Alpensöhne „über den Abgrund weg". Gefahr und Spannung ergeben sich durch die Einbeziehung der Göttlichkeit Christi. Der Weg führt zugleich als Entrückung fort aus der geliebten Heimat nach „Asia". Er führt, nicht zufällig, nach Patmos, der Insel, wo Johannes die Apokalypse auf göttliches Diktat niederschrieb, der vertrauteste Jünger, der geliebteste und liebendste. Es ist wichtig, daß der späte Hölderlin das Christus-Motiv nicht aus der Distanz des später Gläubigen in seine Kreise zieht, sondern sich ‚gleichzeitig' macht mit dem unmittelbar Nächsten. Daß dies mit Bewußtsein geschah, zeigt der neunte strophische Abschnitt:

> ... und nicht geweissagt war es, sondern
> Die Locken ergriff es, gegenwärtig ...

Der Dichter ringt nun um die Synthese seines antikischen Weltbildes mit dem christlichen, das er betont
aus der Unmittelbarkeit der Nähe angreift. Dabei
kommt Christus nicht nur als ,der Gott' oder ,der
Halbgott' in das alles wagende Spiel, sondern auch
als der „An dem am meisten die Schönheit hing". Die
Alternative wird also gemildert durch den Abglanz
des antiken Genius. Nun kann die Frage gestellt werden nach dem göttlichen Sinn:

> ... daß nirgend ein
> Unsterbliches mehr am Himmel zu sehn ist oder
> Auf grüner Erde, was ist dies?

Es ist die Frage der Romantik überhaupt. Doch ist sie
bei Hölderlin eingebettet in eine ursprüngliche Position zu Hellas. Die „dürftige Zeit" (der Aufklärung)
soll einen theologisch-mythischen Sinn bekommen.
Das Verschwinden des Mythos wird durch ein christliches Bild sinnvoll gemacht:

> Es ist der Wurf des Säemanns, wenn er faßt
> Mit der Schaufel den Weizen.

Es war also ein Prüfungs- und Ausleseprozeß durch
den „Höchsten". Und es ist kaum Zufall, daß die
späteren Entwürfe erst Passion, Auferstehung und
Pfingstwunder ausdrücklich machen. Aber schon die
früher vollendete *Patmos*-Hymne zielt auf für den
Hellas-begeisterten Hölderlin Merkwürdiges: auf das
Wort. Daß die Geschichte Christus nun enthält durch
seine Jünger („die Helden, seine Söhne") und durch
„heilige Schriften", ist der Schluß. Dem Dienst der
Erde und des Lichtes aber ist gefolgt, daß, nach dem
Willen des Vaters,

> ... gepfleget werde
> Der feste Buchstab, und Bestehendes gut
> Gedeutet.

Man wird es kaum als Eigenart Hölderlins bezeichnen
dürfen, trotz vieler auf Resignation deutender Gedichte und Gedichtschlüsse, daß er sich im Sinne des
klassischen Maßes bescheide. Unter diesem Gesichtspunkt zeigt sich je länger, je mehr, auch wo die Form
noch klassisch scheint, seine innere Verwandtschaft
zur Romantik. Das Gewicht der Schwermut erweist
sich auch bei ihm als das Hauptgewicht, das auf dem
Leben lastet. Seine ‚Resignation' hat dagegen wenig
mit Goethes Ethos der Männlichkeit zu tun. Die Auskunft der Verjüngung und Wiedergeburt im Mythos
oder einer mythischen Analogie hat oftmals bei Hölderlin Fluchtcharakter (was nichts für den dichterischen Rang besagen muß). Die ‚Wiederkehr der Götter' mochte als ästhetisches Motiv noch so erregend
sein. Vorwiegend war sie ein selbstgeschaffener Halt
der dichterischen Phantasie auf dem Untergrunde einer
tragischen Lebenserfahrung. Das verraten schon vor
dem eigentlichen Zusammenbruch Gedichte wie *Lebensalter* oder *Hälfte des Lebens*, Gedichte eines schon
verfremdeten Mythos. Der Anruf der Städte des Eu-
phrats und der Gassen von Palmyra in *Lebensalter*,
der zugleich die radikale Frage stellt: „Was seid ihr?",
endet mit der Aussage des Dichters:

> ... und fremd
> Erscheinen und gestorben mir
> Der Seligen Geister.

Das klingt aber noch gefaßt gegenüber der 2. Strophe
von *Hälfte des Lebens*:

> Weh mir, wo nehm ich, wenn
> Es Winter ist, die Blumen, und wo
> Den Sonnenschein,

Und Schatten der Erde?
Die Mauern stehn
Sprachlos und kalt, im Winde
Klirren die Fahnen.

Aus der Zeit der offenen Erkrankung, in der Selbst-
beherrschung und Bewußtsein zurücktreten, gibt es
noch einige besonders eindrückliche Stücke, zum Teil
Fragmente. Das Erschütternde daran ist vor allem das
Gefühl einer undurchdringlichen, immer mehr in sich
selbst versinkenden Trauer (neben der nicht minder
menschlich erschütternden Vereinfachung). Die Trauer gilt wie je der verlorenen Jugend:

April und Mai und Julius sind ferne,
Ich bin nichts mehr, ich lebe nicht mehr gerne!

Dies ist nur ein Beispiel aus einem der zahlreichen epigrammatischen Kurzgedichte von ein bis zwei Strophen (bis zum Stammbuchvers). In ihnen wiederholt
sich tragisch-formelhaft Hölderlins Lebens- und Er-
lebnislinie im eigenen Bewußtsein des Dichters wie
auch in seinem Stil. Eines der späten Widmungsge-
dichte erfüllt sich in den vier einfachen Verszeilen, die
wie ein De profundis klingen:

Die Linien des Lebens sind verschieden
Wie Wege sind, und wie der Berge Grenzen.
Was hier wir sind, kann dort ein Gott ergänzen
Mit Harmonien und ewigem Lohn und Frieden.

Dies ist noch eher ein Sich-wieder-fallen-Lassen ins
Kindliche, in eine noch immer klare Simplizität, die
in anderen der spätesten Gedichte zum bloßen Nachklang der einstigen Genialität führen kann. Die andere
Seite liegt bei visionären Spätbildern der Jahreszeiten,
die auch in der Zeit des Falles in das Unbewußte immer wieder angesprochen werden. Nicht umsonst hat
sich später der deutsche Frühexpressionismus (auch er

unter dem frischen Eindruck der Wiederentdeckung
Hölderlins durch Hellingrath) stilistisch den Strophen
des Erkrankten immer wieder genähert. Der Grund
ist die innere Verwandtschaft des Vor-, Unter- und
Halbbewußten, die vorher behelfsweise Kindlichkeit
genannt wurde. Gerade die Jahreszeiten-Gedichte hatten Wirkungskraft im Expressionismus.

3. Der Prosaist und Dramatiker

Was Hölderlin als Dichter gibt, das hat er auch theoretisch bedacht und außerdem im bedeutenden Sinne
angewandt als Übersetzer. Die Dichtersprache, die er
sich selber gezogen hat, wird in ihrer Reife das Material für die beiden Sophokles-Übertragungen und die
Arbeit an Pindar. Es geht bis *Ödipus* und *Antigone*
(1803/04) sozusagen um eine ganz eigene Form in-
spirierten Nachschreibens, Umschreibens, Paraphra-
sierens, die zum Teil sehr vom rational durchschau-
baren Sinn abweicht. Dunkelheit der Sprache auch als
Dunkelheit des Sinnes – das hat Hölderlin in diese
Arbeiten eingebracht. Übersetzung als Handwerk
liegt weit ab von dem, was er transparent werden
lassen möchte: den Grund, die Handlung, den Geist
des Ganzen. Die Anmerkungen zu den Sophokles-
Übertragungen, die einem Brecht und Orff wieder
aufführbar erschienen, enthalten mehr als nur eine
neue Variante der Theorie des Übersetzens. Man kann
sie auch als Zeugnisse für Hölderlins eigene Anschauung von Poesie und Mythos lesen.

Für diese müssen auch die philosophischen und poetischen Prosaaufsätze und Entwürfe Hölderlins als
manchmal erregend aufschlußreich erscheinen. Man
kann aus einem Aufsatz wie *Das Werden im Vergehen*
die für Hölderlin bezeichnende Analogie von Sprache
und Geschichte („Ausdruck Zeichen Darstellung eines

lebendigen aber besondern Ganzen") ablesen. Hinter
dem Werden in „Untergang oder Übergang des Vaterlandes" und der Integration der Sprachbildung in die
Zeit steht als Hintergrund das ἓν καὶ πᾶν: „Die Welt
aller Welten, das Alles in Allen." Daher ist es auch
ganz folgerichtig, daß in dem Aufsatzfragment *Über
Religion* die frühromantische These: „So wäre alle Religion ihrem Wesen nach poetisch." kurz vor dem
Schluß der Meditationen steht. Folgerichtig auch, weil
der Satz auf Erwägungen über die Mythe und das
Mythische folgt.

Ganz besonders wird das Verständnis von Hölderlins Dichtung in jenen Aufsätzen und Entwürfen er-
hellt, die zugleich mit den in den Gedichten immer
wiederkehrenden Äußerungen dichterischen Selbstbewußtseins, dem Motiv des Dichterberufs, korrespondieren. Man findet sie in Stücken wie dem ganz frühen
Vergleich der Sprüche Salomons mit Hesiod, später
*Über die verschiedenen Arten zu dichten, Reflexion
über die Verfahrungsweise des poetischen Geistes,
Über den Unterschied der Dichtarten*. Die Stichworte
sind etwa das Problem der schönen Seele, das der dichterischen Kürze, Besonnenheit, Begeisterung, die Definition des Dramas als Paradox, die des lyrischen Gedichtes als „eine fortgehende Metapher *eines* Gefühls".
Überall verrät sich der Dichter selber bis an sein Äußerstes.

Griechensehnsucht und ‚Vaterländisches‘ in dem ihm
eigenen vornationalistischen Begriff, romantische Philosophie und religiösen Pantheismus hat Hölderlin in
den Jahren 1797 bis 1799, also genau gleichzeitig mit
der hohen Zeit Jenas, in seinem Roman *Hyperion oder
der Eremit in Griechenland* zu einem Ganzen von un-
vergleichlicher Dichte verschmolzen. Wohl datiert die
letzte Fassung, in der das Werk publiziert wurde, aus
der Zeit, die an das Diotima-Erlebnis von Frankfurt

anschloß, doch liegen die Wurzeln in der früheren Zeit. Sie reichen bis in die letzten Tübinger Stiftsjahre zurück. Das erklärt auch das Gewicht des utopischen Elements. Es kann hier nicht auf die zahlreichen Vorstufen aus den Handschriften oder auf das *Thalia*-Fragment von 1793 wirklich eingegangen werden. Entwürfe und Frühstufen erklären aber wenigstens etwas von der Faszination der Sprache, da in ihnen sowohl eine Konzeption in fünffüßigen Jamben wie in abgesetzten Prosarhythmen auftritt, von der auch die später legitimierte Prosafassung mehr als nur einen Hauch bewahrt. Es gibt eine Vorrede von 1796, die ausgesprochenen Bekenntnischarakter trägt. Das gilt für den Stoff:

> Griechenland war meine erste Liebe, und ich weiß nicht, ob ich sagen soll, es werde meine letzte sein.

Es gilt für die Form, die den Originalitätsbegriff der Zeit ausdrücklich ablehnt:

> Mir ist Originalität Innigkeit, Tiefe des Herzens und des Geistes.

Es gilt ferner für die zugrunde gelegte Geschichtsphilosophie, die, bei einem Übergewicht der romantischen, doch auch noch mit Schiller kommuniziert:

> Die selige Einigkeit, das Sein, im einzigen Sinne des Worts, ist für uns verloren und wir mußten es verlieren, wenn wir es erstreben, erringen sollten. Wir reißen uns los vom friedlichen ἓν καὶ πᾶν der Welt, um es herzustellen durch uns selbst.

Das ist eine klare philosophische Konzeption, während die der Form sich erst herausbilden mußte. Daß das *Hyperion*-Motiv eine Angelegenheit von Hölderlins innerster Existenz war, wird nicht nur durch die Zeit von fast sieben Jahren deutlich, durch die es ihn be-

Johann Peter Hebel. Stich von Friedrich Müller

Titelblatt und -kupfer der Erstausgabe von Brentanos „Godwi",
2. Band

gleitet, sondern auch nachdrücklich durch die Briefe
bezeugt. Man darf für die endgültige Fassung wohl
den abschließenden Satz des *Thalia*-Fragmentes in
Anspruch nehmen:

> „Es muß heraus, das große Geheimnis, das mir das Leben
> gibt oder den Tod."

Der Roman repräsentiert sich in seiner fertigen Gestalt (zu der später noch ein dritter Teil hinzukommen
sollte) als ein Briefroman, dem auch eine lyrische Beigabe nicht fehlt (*Hyperions Schicksalslied*). Es überwiegt also das *Werther*-Modell gegenüber dem des
Wilhelm Meister. Des Dichters Absicht verrät die Vorrede zum ersten Band, die ausdrücklich den bloßen
ästhetischen Genuß ebensowohl wie das bloß Lehr-
hafte für ein vollkommenes Verständnis des Werkes
ausschließt:

> Wer bloß an meiner Pflanze riecht, der kennt sie nicht,
> und wer sie pflückt, bloß, um daran zu lernen, kennt sie
> auch nicht.

Die Absicht der „Auflösung der Dissonanzen" wird
nicht erreicht. Der Schluß des zweiten Bandes ist keine
Synthesis der Gegensätze. Eher werden diese im Charakter des Helden herausgearbeitet zu einer tragischen
Spannung, gegenüber deren Realität auch der in der
Hölderlin-Deutung etwas strapazierte Satz am Schluß
des zweiten Bandes: „...und alles Getrennte findet
sich wieder." kaum als ‚Auflösung' bestehen kann.
Auch hier taucht das Einsatzthema der ‚Dissonanzen'
wieder auf. Vollständig heißt nämlich der vorletzte
Passus:

> Wie der Zwist der Liebenden, sind die Dissonanzen der
> Welt. Versöhnung ist mitten im Streit und alles Getrennte
> findet sich wieder.

Man darf nicht übersehen, daß dies die Worte oder Gedanken eines eigentlich am Leben Gescheiterten sind, die sozusagen in den Wind hinaus gesprochen werden. Sie sind reflektiert und widersprechen Hyperions wirklicher Erfahrung, die die der Dissonanzen ist. Bestenfalls kann dies eine Hypothek auf die Zukunft sein (die letzten Worte der Dichtung: „Nächstens mehr.“). Ebensowohl mag das stehen als Signum für die durch keine Erfahrung gänzlich zu brechende Kraft der Subjektivität, im transzendentalen Idealismus zu beharren. Aber mit dieser Einsicht sind Anfang und Ende der Dichtung erst antizipierend miteinander verbunden, vielleicht mit Goethe: „Anfang und Ende immer fort dasselbe.“ Die eigentliche Substanz zu betrachten steht noch aus.

Die Briefe gehen von Hyperion, dem glühenden, idealistischen jungen Griechen, der seinen Namen nicht umsonst dem Apoll entlehnt, überwiegend an seinen Freund Bellarmin. Das Schicksal auch der Schülerschaft zu Adamas, dem weisen Ratgeber, und der Freundschaft mit Alabanda, auch die Hyperions Schicksal entscheidende Begegnung mit Diotima ist in den Briefen an Bellarmin eingefangen, zu denen die mit Diotima gewechselten Beilagen treten. Man erkennt an dieser erst in der Druckfassung erreichten Struktur, daß Hölderlin alles daran gelegen war, möglichste Einheit zu wahren, den Briefroman nicht in Briefwechsel zerfallen zu lassen, das entscheidende Wort allein Hyperion und Diotima zu lassen.

Das Schicksal Hyperions ist in wenig Sätzen zu geben. Die historischen Vorgänge um den Freiheitskampf der Griechen gegen die Türken, die hier um wenige Jahrzehnte erst zurückliegen, muß man als Zeitsituation voraussetzen. Nicht minder den Kampf um ein neues, geistigeres und den Griechen verwandteres Deutschland, den Hölderlin auf dem Boden der

Goethezeit ausficht. Der junge Grieche berichtet seinem deutschen Freunde Bellarmin den Rausch der Rückkehr in das „liebe" Vaterland. Nicht der Mensch, sondern die Natur bewirkt ihn: „Eines zu sein mit allem, was lebt..." ist das erste Leitmotiv. Es beruht nicht allein auf dem ἓν καὶ πᾶν, sondern auch auf der Negation der „Schulen" und der Wissenschaft, die „mir alles verdorben". Ein anderer Julius also aus Schillers Ästhetischen Briefen, der den Sündenfall ins Bewußtsein und in die zweifelhafte Welt der Tat betrauert und, mit Sturm und Drang und Romantik, im Kindsein der verlorenen Einheit nachtrauert:

> ... Im Kind ist Freiheit allein. In ihm ist Frieden; es ist noch mit sich selber nicht zerfallen.

Von vornherein ist dieser Ansatz gegendualistisch, und alle Leiden und Trunkenheiten dieser Jünglingsexistenz erklären sich im Grunde daraus.

Der Name Platos ist mit dem ersten großen menschlichen Eindruck durch Adamas, den Lehrer, verbunden. Ebenso wie das erste Gefühl der Getrenntheit dieser Geisteswelt von der abscheulichen Gegenwart („Wie ein heulender Nordwind fährt die Gegenwart über die Blüten unseres Geistes und versengt sie im Entstehen").

Es sind aber zwei Bewegungen in Hyperion: die durch Adamas geweckte Einkehr in sich selbst und

> das ungeheure Streben, alles zu sein, das, wie der Titan des Ätna, heraufzürnt aus den Tiefen unsres Wesens.

Da also liegen die Dissonanzen, die aufzulösen die Vorrede versprach. Die Extreme der Einkehr und des titanischen Handelns bestimmen im Wechsel Hyperions Menschlichkeit: Demut und Hybris in derselben Seele. So muß er in die Welt treten und in ihr Geschichtlichkeit gewinnen. Sie bringt ihm zuerst die Einsicht in die „Unheilbarkeit des Jahrhunderts" und

den Verlust des „sanften Geistes" der Jugend. Der
Schauplatz ist Smyrna. Es überrascht nach der Entfaltung des inneren Kampfes kaum, daß Hyperions
erste eindrückliche menschliche Begegnung nach der
Weisheitslehre des Adamas der titanische Freund Alabanda wird, der Typus des Täters schlechthin, der
nicht grübelt, sondern edel handelt, sei dies auch in
fragwürdiger Gemeinschaft. Die Begegnung Hyperions mit diesem älteren, zunächst feurigen und überlegenen, am Ende aber resignierenden alter ego ist das
Modell für das idealistische Freundschaftsmotiv, für
das die Antike (Harmodios und Aristogeiton) das Vorbild, der Freundschaftskult des 18. Jahrhunderts (auf
Grund der „Fülle des Herzens") der unmittelbare An-
knüpfungspunkt ist. Alabanda ist es, der die eigentliche Schlüsselfigur für die Wendung von Hyperions
Schicksal zum Tragischen darstellt. Nach einer ersten
Entfremdung, in deren Folge Hyperion ihn verläßt,
um auf Kalaurea Diotima und in ihr die ganze Seligkeit zu finden, reißt Alabanda den Freund aus dem
antikischen Liebesidyll in die harte Geschichtlichkeit
herüber, in den griechischen Befreiungskampf von
1770. An Hyperions Entscheidung für die Geschichte,
die Tätertum vor Liebe setzt, wird Diotimas Lebens-
kraft zerbrechen, und der gescheiterte Krieger, selber
zerbrochen an der Unmenschlichkeit des eigenen Par-
tisanenheeres, kann nur noch Diotimas Grab in seiner
Verbannung innerlich suchen gehen. Die holde Blüte
hellenischer Anmut, die schöne Seele, ist dahin, und
zwar durch seine Schuld. Daß Hölderlin am Schluß
des zweiten Bandes nach diesen äußersten Erschütte-
rungen seinen Helden ins *deutsche* Exil gehen läßt,
wäre als nicht organisch bedingte Überforderung aufzufassen, wenn man es nicht auch persönlich verstün-
de. In das leidenschaftlich abschreckende Bild der
Deutschen vor dem abrupten Schluß hat Hölderlin

seinen eigenen verzweifelten Unmut über den Zustand des deutschen Geistes und der deutschen Form gelegt. Er verschmolz damit das ‚Vaterländische' der Griechen mit dem der Deutschen gleichsam in eins: Griechenland als überwältigende Vergangenheit, der die vaterländische Gegenwart nicht entspricht. Deutschland, eine unnatürlich verkünstelte Geschichte, die höchstens auf die Zukunft hoffen läßt. Der Motivkern liegt also in der schicksalhaften Spannung zwischen Liebe und geschichtlicher Tat, die über dem Menschen waltet. Dieser Gegensatz muß aber erweitert werden zu dem von Idyll und Geschichte. Hyperions Liebe zu Diotima ist von ihm selbst freiwillig aufgehobenes Idyll, das dem politischen Engagement aufgeopfert wird. Diese Entscheidung ist großartig; denn sie bedeutet den Verzicht auf erfülltes Glück. Wie der Zeiger fortgerückt ist, darauf deutet der Vergleich zwischen dem glaubhaft und leibhaft gemachten Glück Hyperions und dem matten aufklärerischen Begriff des Glückes in Maßen. Das weist auf den Standort von Hyperions Entscheidung: er liegt noch ganz nahe beim Titanismus des Sturm und Drang. Der Liebende müßte sehen, daß sein von Alabanda provozierter Entschluß, Partisanenführer zu werden, die Geliebte überfordert, die geistig-sinnliche Gemeinsamkeit zum Idyll zurückbildet. Er ist aber noch nicht im Goetheschen Sinne ‚männlich' genug, um abzuwägen. Daher lassen sowohl Diotima wie der Dichter selber die Schuldfrage offen. Es ist das Recht des Genius der Jugend, mit dem Hyperion entscheidet. Es ist damit *sein* Recht, aber wie er sich nach dem Scheitern seines vaterländischen Idealismus und seiner Lebenserfüllung in der Liebe zugleich im Leben wieder zurechtfinden soll, das ist nicht mehr glaubwürdig dargestellt. Das ‚Exil' bei den Deutschen mißlingt. Die Wiederaufnahme der pantheistischen Geschichtsphilosophie von Schelling

und Novalis danach wirkt als ein Willensakt, als ein
eher krampfhaftes ‚Dennoch'.

Dies führt zwangsläufig auf den Versuch einer Gat-
tungsbestimmung des großartig merkwürdigen Werkes
zurück. Ist es ein philosophischer Roman? Formal
können wir den Stammbaum des Romans vom *Werther* und *Ardinghello* bis zu Tiecks *Lovell* samt Jacobis
beiden Romanen verfolgen, ohne dem Unterschied im
Rang dabei auf die Spur zu kommen. Er scheint in
dem eigentümlichen Anteil von in Dichtung umgesetz-
ter Philosophie zu liegen. Weniger der *Lovell* als die
Verwandtschaft mit Novalis und die Nähe zu Schelling sind hier, was romantische Weltanschauung angeht, im Spiel. Die Art aber, wie dabei Philosophie in
Dichtung verwandelt und Dichtung in Philosophie
rückverwandelt wird, ist nur auf den Voraussetzungen
der Frühromantik denkbar. Das grenzt die Funktion
des Titanischen trotz des überwältigenden Pathos der
Darstellung ein. Hyperion reflektiert nicht als ein
Werther, Ardinghello, Woldemar oder Lovell. Das
Solipsistische fehlt ihm dazu. In ihm redet wahrhaft
der „Gott der Jugend", nicht der Roué des Gefühls.
Nicht einmal von Alabanda könnte man dies letzte
sagen. Vollends gibt es eine so nach Winckelmanns
Maß der edlen Einfalt und stillen Größe gebaute Frauengestalt wie Diotima, die zudem im Geistigen volle
(wie im romantischen Sinne mögliche) Partnerin des
Geliebten sein kann, nirgends. Weder Werthers Lotte
noch Wilhelm Meisters Natalie erreichen diese sinnliche Gegenwart, die doch im *Hyperion* selbst in
der nur indirekten Schilderung Diotimas durchleuch-
tet.

Das jäh Umschlagende, das Begeisterte und Verzweifelte in den titanischen Charakteren Hyperions
und Alabandas erscheint häufig nicht als Ausdruck
der Weltanschauung, sondern der puren Kraft, eben

der Jugendlichkeit der Träger. Die ‚Dissonanzen' können nur aufgelöst werden durch Reflexion, die freilich der Dynamik der Jugend angepaßt scheint. Der Goethesche Unterschied von Neptunismus und Vulkanismus als der zweier einander ausschließender Gegensätze fällt dabei dahin. Explosive Genialität und Winckelmannsche Stille und Einfalt sind für die zwei Jünglinge beides Existenzmöglichkeit. Das bedeutet: der Roman Hölderlins versucht übergreifend klassisches und romantisches Erbe (das letzte mit starkem Sturm-und-Drang-Anteil) zur Synthese zu bringen. Aber die Größe der Konzeption und ihrer Durchführung, das Hinreißende in Stil und Ton, verdankt er nicht der philosophischen Meditation, von der Hyperions Briefe so reichlich Gebrauch machen. Tat und Gedanke laufen nebeneinander her, werden nicht im vollen Sinne zur Deckung gebracht. Soweit das gelingt, ist es die dichterische Kraft Hölderlins, die die Reflexion auf den Ton der hochfliegenden Phantasie zu stimmen weiß.

Natürlich hat der Roman seine ausgesprochen weltanschauliche Seite. Er ist sozusagen voller romantischer Fragmente und philosophischer Dithyramben. Will man ihn hierauf festlegen, so ergibt sich ein Nebeneinander von antiker Tragik und dem Trost des pantheistischen All-Einheitsgedankens. Tragische Geschichtsphilosophie und die Naturphilosophie des ἓν ϰαὶ πᾶν kommen dabei wechselseitig zum Zuge. Die enthusiastischen Äußerungen über Natur und Geschichte, Religion und Menschheit, über Liebe und Kunst, über Zeit und Staat lassen sich nun freilich dem Wortlaut nach (wie wir sahen, nicht dem Romanmotiv nach) unschwer auf einen Nenner bringen.

Auszugehen hat man von dem dezidierten Pantheismus Schellingscher und Novalisscher Prägung:

Eines zu sein mit allem, was lebt, in seliger Selbstvergessenheit wiederzukehren ins All der Natur, das ist der Gipfel der Gedanken und Freuden ...

Diesem Wort Hyperions entspricht das Abschiedswort Diotimas:

... ich hab es gefühlt, das Leben der Natur, das höher ist denn alle Gedanken – wenn ich auch zur Pflanze würde, wäre denn der Schade so groß? – Ich werde sein. Wie sollt' ich mich verlieren aus der Sphäre des Lebens, worin die ewige Liebe, die allen gemein ist, die Naturen alle zusammenhält? Wie sollt ich scheiden aus dem Bunde, der die Wesen alle verknüpft?

Diese Gelassenheit in die Natur (als Gelassenheit zugleich in Gott) übersteht auch die Dissonanzen zwischen Traum, Utopie, Idee auf der einen Seite und der Anfechtung durch Mensch und Geschichte auf der anderen Seite. Am Schluß des zweiten Bandes wird das deutlich genug. Die göttliche Natur ist das menschliches Scheitern und menschlichen Tod Überdauernde. Geschichtsphilosophisch bedeutet das sowohl wie theologisch eine ins Dichterische übersetzte Eschatologie der Wiederkehr wie bei Novalis. Kindheit am Anfang wie am Ende, der Sündenfall des Bewußtseins (Philosophie ,aus bloßer Vernunft', die keine mehr ist), die Erfahrung der Ewigkeit im Augenblick der Liebe, auf alles das läuft es hinaus. Die geschichtliche Gegenwart schneidet dabei schlecht genug ab. Es geht um das ,künftige Volk', genauer um die im Schellingschen Sinne aufgefaßte Wirklichkeit im Geiste der neuen Mythologie:

Ha! an der Fahne allein soll niemand unser künftig Volk erkennen; es muß sich alles verjüngen, es muß von Grund aus anders sein; voll Ernsts die Lust und heiter alle Arbeit! nichts, auch das Kleinste, das Alltäglichste nicht ohne den Geist und die Götter!

Politik als romantisch-idealistische Ideologie, als Frage
der Humanität und der Freiheit, niemals der Macht –
das grundiert die gesamte Staatsauffassung (für Griechen wie für Deutsche) im Roman. Hyperion, nach
Diotimas Tod, spricht etwas aus, das noch für die
deutsche Situation von 1914 im George-Kreis wie im
Expressionismus sich recht ähnlich ausdrückt:

> Ach, gäb' es nur noch etwas in der Welt für mich zu tun!
> gäb' es eine Arbeit, einen Krieg für mich, das sollte mich
> erquicken.

(Man vergleiche die Tagebücher von Georg Heym.)

Auch die Schönheitslehre, die der Roman vertritt,
bewegt sich in der Sphäre romantischer ‚Mysterien'
und ist daher auch Schleiermacher verwandt:

> Das erste Kind der göttlichen Schönheit ist die Kunst.
> So war es bei den Athenern.
> Der Schönheit zweite Tochter ist Religion. Religion ist
> Liebe der Schönheit.

Unter ‚Religion' versteht Hölderlin freilich (an derselben Stelle ausdrücklich) die Mythologie der griechischen Götter. Die anfängliche Situation ist das Eins-
sein des Menschen und seiner Götter. Auch der Staat
ist nur ein „dürr Gerippe ohne Leben und Geist" ohne
solche Religion als Liebe der Schönheit. Dies könnte
weltanschaulich auch Goethe aussagen und hat es auch
ausgesagt (zum Beispiel im *Pandora*-Fragment). Aber
in erster Linie ist es Schelling, Schleiermacher und
Novalis verwandt. Die Theorie der ästhetischen Religiosität rundet so die didaktische Seite des *Hyperion*
ab.

Gegen Schluß, bevor Hyperion zu den Deutschen
geht, findet sich sein Besuch auf dem Ätna:

> Und nun sage mir, wo ist noch eine Zuflucht? – Gestern
> war ich auf dem Ätna droben. Da fiel der große Sizilianer

mir ein, der einst des Stundenzählens satt, vertraut mit der
Seele der Welt, in seiner kühnen Lebenslust sich da hinab-
warf, in die herrlichen Flammen ...

Der „große Sizilianer" ist natürlich Empedokles.
Schon hier sind die Elemente eines weiteren bedeuten-
den Hölderlin-Motivs gegeben, um das der Dichter im
Anschluß an das *Hyperion*-Motiv, diesmal in dramatischer Form, rang. Dreierlei fällt auf: Empedokles ist
der irdischen Zeit satt; dafür ist der Philosoph mit der
Weltseele vertraut, und sein freiwilliger Tod ist ein
Akt „kühner Lebenslust", er ist Rückkehr in den Schoß
des All-Einen. Und das Medium sind „die herrlichen
Flammen". Empedokles erscheint daher im Roman als
das männliche Gegenstück zu Diotimas Heimgang.
Sein Schicksal beruht auf demselben Motiv der Wiederkehr durch das Medium des irdischen Todes hindurch.

In der Tat ist das Dramenfragment *Der Tod des
Empedokles* in seinen drei Fassungen (vom Dichter selber
nicht mehr in Druck gegeben, sondern erst 1846 unkri-
tisch von Christoph Schwab) aus der *Hyperion*-Proble-
matik heraus entwickelt. Die früheste briefliche Äußerung dazu stammt aus dem Jahre 1797. Die Deutung,
die Hellingrath der philosophischen Skizze gibt, die
in der Handschrift auf den letzten Empedokles-Mono-
log folgt, scheint mir nicht nur richtig, sondern auch
charakteristisch für den inneren Zusammenhang von
Hyperion-Roman und *Empedokles*-Drama. „Die Helden achten ihre Individualität immerdar zu gering,
es reißt sie die Leidenschaft wie den Strom zurück ins
allgemeine schaffende Element." Genau das ist Hyperion nämlich versagt geblieben. In der *Empedokles*-
Stelle, von der wir ausgingen, stellt er sich zu dieser
Art des Heimgangs im großen Aufflammen kühner
Lebenslust mit schwermütiger Sehnsucht, beinahe mit
Neid.

Mitte und Spannweite des *Empedokles*-Motivs, dessen dichterische Fassung als „Ein Trauerspiel in fünf Akten" geplant war, sind in dem sogenannten Frankfurter Plan schon deutlich erkennbar gemacht. Es ist dies eine stichwortartige Konzeption des Inhalts: Akt I sollte darstellen Empedokles' erste Auswanderung auf den Ätna auf Grund des Ärgernisses, das er an Staat Familie und Menschen von Agrigent wie auch an seiner Familie genommen hat. Akt II sollte ihn auf dem Ätna zeigen im Ringen mit seinen Schülern, die ihn in die menschliche Gemeinschaft zurückholen wollen, ohne Erfolg. In Akt III glückt dieser Versöhnungsversuch, der diesmal durch seine Familie erfolgt. Auch die Ehre einer in Agrigent ihm geweihten Statue verlockt ihn. Der IV. Akt bringt die Peripetie. Empedokles' Kritik am Volke wird ruchbar, so daß man ihn aus der Stadt verjagt. Der freiwillige Tod auf dem Ätna wird nun im endgültigen Abschied von Familie und Freunden zur Entscheidung. Der V. Akt sollte ihre Verwirklichung im vollen Einklang mit der Natur und sich selber bringen, auch die trauernde Anerkennung und Totenfeier durch Volk und Familie.

Der eigentliche Schlüssel des Motivs liegt in der Konzeption des I. Aktes. In ihr ist das Charakterproblem des Helden festgelegt:

Empedokles, durch sein Gemüt und seine Philosophie schon längst zu Kulturhaß gestimmt ... ein Todfeind aller einseitigen Existenz, und deswegen auch in wirklich schönen Verhältnissen unbefriedigt, unstät, leidend, bloß weil sie besondere Verhältnisse sind und, nur im großen Akkord mit allem Lebendigen empfunden, ganz ihn erfüllen, bloß weil er nicht mit allgegenwärtigem Herzen innig, wie ein Gott, und frei und ausgebreitet, wie ein Gott, in ihnen leben und lieben kann ...

Was für Hyperion zum Schluß sich nur theoretisch (in der Meditation) auflösen kann, das will Hölderlin in Gestalt und Schicksal des Empedokles zur vollen existentiellen Deckung bringen. Das Trauerspiel kann nicht wie der Roman mit „Nächstens mehr" enden. Es endet vielmehr mit der freiwilligen Rückkehr des irdischen Menschen ins Unbedingte. Dazu hilft auch, daß Hyperion bloß auf den Naturenthusiasten angelegt ist, während Empedokles als magischer Kenner und Beherrscher der Natur, als verantwortlicher Denker und Weisheitslehrer erscheint, der die ‚Rückkehr' nicht im bloßen Enthusiasmus, sondern in überdenkender Entscheidung vollzieht. Deswegen muß auch das Motiv der Jugendlichkeit (für Hyperion bestimmend, wie wir sahen) hier auf den Lieblingsschüler Pausanias fallen, während Empedokles die Überlegenheit des Alters und der Reife für sich hat. Seine Entscheidung ist also wirklich existentiell, nicht jugendlicher Überschwang enttäuschter titanischer Genialität. Das widerspricht aber keineswegs der Tatsache, daß auch in ihm die Heimkehr in die Urnatur die eigentliche Triebkraft ist; romantischer Pantheismus, aber diesmal doch in der Form der Männlichkeit und ihrer Konsequenz. Entsprechend ist das Ausgeführte ein Lehrdrama aus dem Geiste der romantischen Naturphilosophie, zumal der Held selber Naturphilosoph ist, der in seiner Existenz auszudrücken hat, was er lehrt und vertritt. Seine Gestalt wird teils exzentrisch deutlich, etwa in dem Bilde, das sich Panthea von ihm macht, also aus seiner Wirkung auf die anderen. Dazu gehört vor allem der Lieblingsschüler Pausanias, der dem Lehrer bis auf den Ätna folgt und ihn immer wieder dem Leben zurückgewinnen will. Erst in der Todesstunde vermag der Lehrer ihn von der Notwendigkeit der Tat zu überzeugen. Daß diese Tat wirklich geschieht, ist die Differenz zum *Hyperion*. Die entscheidenden Partien sind denn auch die Monologe und Dialoge des Empedokles selber, in denen er sein Verhältnis zur Natur

über dem Leben demonstriert, immer voller Würde,
selbst im Verständnis derer, von denen er sich sondert:
Auf die Ablehnung der angebotenen Krone heißt es
denn auch aus Kritias' Munde:

> ... du bist
> Ein großer Mann, Verratener!

Das zu gestalten ist Hölderlin denn auch wirklich gelungen: Empedokles hinterläßt den Zurückbleibenden
eine den alten Göttermythos brechende Naturlehre:

> O gebt euch der Natur, eh sie euch nimmt!

Der Sinn ist, daß im Gegensatz zu Tier und Pflanze
der Mensch die Freiheit zur Verjüngung und Läuterung im Tode besitzt. Einer neuen Naturreligion soll
– das ist Empedokles' Testament – Gesetz und Ordnung gegeben werden. Ihr Gegenstand ist die Erde,
Vater Ozean, der Äther, die Sonne. Alles dies steht
unter dem Vorzeichen betonter künftiger Festlichkeit.
Empedokles' eigenes Ich hat diese Götter schon gekannt und den Pakt mit ihnen geschlossen, im Augenblick der Reife zu ihnen zurückzukehren. Versöhnung
im Sinne des *Hyperion*-Schlusses steht daher auch hier
universal am Ende, vor allem auch in der Lehre von
der Unvergänglichkeit, die Empedokles vor sich selbst
und vor dem Liebling Pausanias vertritt:

> ... am Tod entzündet mir
> Das Leben sich zuletzt.

Freilich tut es das nur dem Überwinder:

> O darum ward das Leben dir so leicht
> Daß du des Überwinders Freuden all
> In Einer vollen Tat am Ende fändest?

Dieses Motiv fehlt dem *Hyperion*-Schluß. Eher klingt
die zweite Fassung, die auch stilistisch dem Odenton

Hölderlins näher steht, stärker von der Schwermut
der verlorenen Einheit wider:

> ... ich bin heraus geworfen, bin
> Ganz einsam ...

Ja, das Gefühl der Öde und Verlorenheit kann da sogar zur bittern Ironie werden.

Soll man in den Dramenbruchstücken einen stär-
keren Einfluß Fichtes vermuten? Der Wille spricht das
entscheidende Wort für die Selbstvollendung des Helden. Doch ist offenbar das System zyklisch gedacht
wie bei Novalis und Schelling, die Überwindung des
großen Bruches wirklich als Heimkehr.

II. JEAN PAUL

1. Voraussetzungen

Noch weniger als Hölderlin ist Johann Paul Friedrich Richter, der sich als Dichternamen französierend Jean Paul wählte (1763–1825), in das konventionelle Gefüge der literarhistorischen Epochen einzuordnen. Der Kantors- und Pfarrerssohn aus dem Fichtelgebirge ist nur um vier Jahre jünger als Schiller, erlebt also das klassische Jahrzehnt schon als Mann und mit Bewußtsein als sein Antipode (nicht zufällig unter Ausnahme Herders, dem er sich eng anschließt). Er wird aber auch noch die Romantik überleben, und zwar schließlich auch im bewußten Gegensatz zu ihr. Die Vorrede zur zweiten Auflage seines frühesten Romans *Die unsichtbare Loge,* die er 1821 im Alter verfaßt, ist eines der interessantesten Zeugnisse für die Zurückentwicklung der Termini ,Romantik‘ und ,romantisch‘ zu Pejorativen:

> Dieser romantische Geist hat nun in Romanen und Trauerspielen eine Höhe und Vollkommenheit erreicht, über welche hinaus er ohne Selbstverflüchtigung schwerlich zu gehen vermag und welche man in der ganz gemeinen Sprache unbedenklich schon Tollheit oder Wahnwitz nennen kann ... Von den Trauerspielen an des ohnehin nicht verstandreichen Werners bis hinauf zu dem Yngurd und der Albaneserin des verstandüberreichen Müllners regiert ein seltner, luftiger, keines Bodens bedürftiger Wahnwitz die Charaktere und dadurch sogar einen Teil der Geschichte, deren Schauplatz eigentlich im Unendlichen ist, weil verrückte und verrückbare Charaktere jede Handlung, die man will, motivieren und rücken können.

Nicht nur die Beispiele Zacharias Werner und Adolf Müllner bilden den Ausgangspunkt für dieses Urteil,

sondern auch das E. T. A. Hoffmanns, dessen Humor
„wirklich den echten Wahnwitz erreicht". Die Belege
für den pejorativen Gebrauch von Romantik sind hier
freilich ausnahmslos der jüngeren Romantik entnommen. Gleichwohl schockiert die Abrechnung. Denn
Jean Pauls eigene Kunst ist zeitlich und sachlich schon
der Frühromantik nahezu väterlich verwandt; und
zwar sowohl vom Sinn wie von der Form her. Seine
Wirkung fällt mit unter die der Romantik, die nicht
nur von ihm empfangen hat, sondern (bis zur Trivialromantik hin) den Boden für Jean-Paul-Verständnis
und Jean-Paul-Mode ihrerseits vorbereitet hat, der so
weit in den Realismus hineinreicht (Mörike, Stifter,
Keller, Raabe). Dazu hat schon der junge Jean Paul
ganz wichtige Motive der Romantik antizipiert, zum
Beispiel das Automatenmotiv E. T. A. Hoffmanns
(„Menschen sind Maschinen der Engel", 1785) wie
auch entscheidende Themen der *Nachtwachen von
Bonaventura*, die er selber als Kind aus seinem Geiste
anerkannt hat. Die frühen satirischen Werke *Grön-
ländische Prozesse* (1783/84) und *Auswahl aus des
Teufels Papieren* (1789) zeugen auch von einer Wahlverwandtschaft der Form. Die Anfälligkeit der Romantik für Umschläge ins Nihilistische (Wackenroder,
Tieck, E. T. A. Hoffmann außer natürlich den *Nachtwachen*) nimmt Jean Paul ebenfalls schon 1789 vorweg in *Des toten Shakespears Klage unter toten Zu-
hörern in der Kirche, daß kein Gott sei*, der ersten
Fassung der berühmten, später dem toten Christus in
den Mund gelegten Beigabe zum *Siebenkäs*. Auch dies
ist fingierter Traum, die spätere Lieblingsform der
Romantik.

Wo also soll der Literaturhistoriker diesen merk-
würdigen Einzelnen im konventionellen Ablauf der
Epochen einordnen? Dabei kommt noch eine dritte
Schwierigkeit hinzu. Klassiker war Jean Paul nicht,

und wollte er nicht sein, trotz des Versuches Stefan
Georges und seines Kreises, ihn in dieser Richtung umzudeuten. Der Romantik war er wahlverwandter Vorläufer. Ja, er kann in seiner Reifezeit geradezu als
einer ihrer genialsten Vertreter gelten, wenn er sich
auch bewußt von ihr abgrenzte. Nun erfüllt er aber
auch noch eine eigentümliche Rolle als Vorrealist. Der
weltweite Träumer und Phantast ist nämlich zugleich
ein behäbig humorvoller Darsteller bürgerlicher, ja
kleinbürgerlicher Wirklichkeit mit ausgesprochener
Freude für ihre kauzig originellen Züge, einem selbständig verarbeiteten Erbe seiner großen Vorbilder
Fielding und Sterne. Er scheint durch die ihm zuge-
messene Zeit, die ihm von daher zufallende geistige
Situation, durch Schicksal und Subjektivität in keiner
Epoche und keinem Stil aufzugehen und doch an den
vorhandenen entscheidend beteiligt.

Die Verhältnisse, unter denen Jean Paul heranwuchs, unterscheiden sich sozial kaum von denen, aus
denen der ältere Freund Herder stammte: Der Vater
war Kantor und später Landprediger in ärmlicher
Lage. Der begabte Sohn, wie üblich auch zum Theologen bestimmt, aber sein Leipziger Studium nur für
Hofmeister- und Lehrerstellen ausmünzend, schließlich als Leiter einer Elementarschule in Schwarzen-
bach bei Hof, wo der Vater sein Pfarramt gehabt
hatte, hat indessen niemals den Sprung nach vorn
getan, den Herder mit der Gymnasiarchenstelle in Ri-
ga frühzeitig und später mit Bückeburg und Weimar
hoch in die Hierarchie hinauf tat. Jean Pauls Leben
führt ihn vielmehr nicht über den mitteldeutschen
Raum hinaus, außer einmal gerade bis nach Berlin und
München. In Franken und Thüringen liegen seine
eigentlichen Lebensstationen, und eine rauschhafte
Landschaft wie die der Isola Bella, deren Erlebnis
den *Titan* einleitet, mußte er ganz aus der Phantasie

heraus schaffen, die ihm Kupferstiche anregten. Seine
zeitweilige Verflechtung mit den Weimarer Kreisen
war noch das Weltläufigste, das er erfuhr. Seinen Hof-
rats-(Legationsrat)Titel, der ihn wenigstens gesell-
schaftsfähig machte, verdankte er ebenfalls einem thüringischen Duodezstaat. Der Einsiedler in der Roll-
wenzelei vor den Toren Bayreuths, die ihn bis zu
seinem Tode festhielt, verfügte als wirklichen Erfah-
rungsraum für ein erstaunlich über Raum und Zeit
hinausgehendes Phantasiewerk nur über diesen bescheidenen Bereich. Keine Reise in europäische Metropo-
len, keine zentrale Residenz trug sein Werk und inspirierte seinen Flug. Der englische Einfluß von Ri-
chardson, Sterne und Fielding her traf in Deutschland
aber bis in die Provinz hinein auf eine lange und
sorgfältige Vorbereitung durch die Moralischen Wochenschriften. Sie ist es denn auch, die Jean Pauls
Wirkung trug. Das Publikum war den Stil gewöhnt.
Und es ist überdies nicht zu verkennen, daß die Anfänge Jean Pauls, die vor seinen Romanen (den deutschen Varianten der englischen Romandichtung) liegen, nach jeder Richtung hin auf der satirischen Tradition der Moralischen Wochenschriften beruhen. Sie
variieren von daher wohlbekannte Themen auf ori-
ginelle Weise, und es konnte niemandem auffallen,
daß aus diesem reichen Reservoir vielerlei den nachfolgenden Romanen integriert wurde. Das ist ganz besonders auch von der Form her zu verstehen, die dem
heutigen Leser weit mehr Verständnisaufgaben stellt
als dem des 18. und beginnenden 19. Jahrhunderts. In
der Tat steht eigentlich das ganze Frühwerk Jean
Pauls formal unter dem Zeichen von Wochenschriften-
artikeln. Inhaltlich dominiert dabei die Satire, wobei
nicht immer auszumachen ist, ob es sich um Schein-
gefechte oder um echte Standortssatire handelt. Schon
von den frühen achtziger Jahren an zeigt sich ein

manchmal genialer Hang zur Parodie, der als Brief, Tagebuch, meditierendes Intermezzo, Extrablatt, juristisches Dokument und fingierte Rede, Predigt oder Abhandlung später in der Romanform aufgehen wird. Es ist Formparodie und Selbstparodie zugleich. Bei den *Grönländischen Prozessen* und der *Auswahl aus des Teufels Papieren* ist die Spitze rationalistisch und antirationalistisch zugleich, so daß der Leser auf den Verdacht gebracht werden muß, daß die satirische Wochenschriftform hier selber mitparodiert werden soll, auch wenn sie nur als Narrenmaske vorgebunden wird.

2. „Die unsichtbare Loge" und die eigene Form

Wenn Jean Paul zu Beginn der neunziger Jahre zum Roman übergeht, der dann seine eigentümliche und wirkungskräftige Aussageform wird, so muß noch auf ein anderes Medium verwiesen werden, das das literarische Publikum auf ihn vorbereitet hatte. Wie in Band II ausführlich dargestellt, hat der Roman des Sturm und Drang (Hippel, Moritz, Friedrich Jacobi) bereits die spielerische Form der großen englischen Romanciers (Fielding, Sterne) auf der weltanschaulichen Grundlage des Pietismus in Deutschland geläufig gemacht. An sie schließt nun unmittelbar Jean Pauls Romanstil und Romanstruktur an. Jean Paul selber ist kein Pietist, im Gegenteil, er parodiert den Pietismus behaglich schon in seinem ersten Roman *Die unsichtbare Loge* (1793). Allein, auf die *Form* von Hippel, Moritz und Jacobi bezieht er sich ausdrücklich selber. (Auch auf die Hamanns, wenngleich außerhalb der dichterischen Gattung.) Man muß also neben der englischen auch diese deutsche Vorstufe miteinbeziehen in die für den heutigen Leser eher erstaunliche Breitenwirkung des Jean-Paulschen Romanwerks. Es gibt ein vorbereitetes Publikum, dem Jean Paul An-

spielungen in Fülle, die Gewöhnung an Zitate, das
Spiel der Vertauschung von Raum und Zeit zumuten
darf. Ohne diese historische Voraussetzung wäre schon
Die unsichtbare Loge ein Wagnis ohnegleichen gewesen. Sie erfreute sich aber auch des enthusiastischen
Beifalls von Karl Philipp Moritz, der den Erstling in
den Rang Goethes und Herders hebt und ihm überdies
den Verleger verschafft.

Dieser Roman zeigt sowenig eine ‚geschlossene'
Form wie die meisten berühmteren Jean-Paulschen
Prosa-Epen, er verläuft – bewußt oder unbewußt –
im Offenen. Auch hierin ist er Prototyp des Romans
der Romantiker: die Unvollendbarkeit schon in der
Konzeption. Auch die Titelfrage gehört hierher. *Die
unsichtbare Loge* ist wirklich unsichtbar, wenn man
nicht einfach einen freien Kreis von wahlverwandten
Geistern, von Jean Paul „Festtagsmenschen" genannt,
als „Loge" hinnehmen will. Der auch für den Druck
schwankende Titel „Mumien" ist eigentlich nur verständlich vom Gedankensprung zum ägyptischen Ritual der Logen hinüber. Andeutungen einer Organisation im Sinne der Loge finden sich nur sehr vage
gegen Schluß des Ganzen, das vorher auch ohne sie
auskommen konnte. Das dritte, das die Vieldeutigkeit
des Titels ausmacht, ist die Bezeichnung „Eine romantische Biographie", von der in der Druckfassung
noch der Rest „Eine Lebensbeschreibung" übriggeblieben ist. In all dem spielt der Autor mit dem Leser, den
er absichtlich im Zweideutig-Unklaren zu lassen scheint
über Motiv und Gattung. Sogleich dieser erste Roman
Jean Pauls stellt daher die Frage nach Wesen und
Eigenart seiner Romankunst überhaupt, nach dem Verhältnis von Ernst und Tiefsinn auf der einen, Komik
und Humor auf der andern Seite. Es ist dies zugleich
die Frage nach den eigentümlichen Proportionen von
Idealismus und Realismus in seinem Werk. Er wird

später die Gewichte verlagern, die Motive durch das Medium einer schier unerschöpflichen Phantasie variieren, je nachdem auch die ‚niederländische‘ oder die ‚italienische‘ Komponente mehr oder weniger herausheben, die er in der *Vorschule der Ästhetik* voneinander scheidet. (Dies übrigens in der Linie der klassisch-winckelmannschen Ästhetik.) Wie er aber der Welt, der Natur, dem Menschen gegenübertritt, das zeigt ein für allemal der Erstling bereits. Die Vorrede setzt sich ausdrücklich denn auch mit dem holländischen Realismus auseinander:

> Ich wollte den Niederländern den kaufmännischen Unterschied zwischen Schönheit und Nutzen nehmen und ihnen es hinunter schreiben, daß Armeen, Fabriken, Haus, Hof, Äcker, Vieh nur das Schreib- und Arbeitzeug der Seele wären, womit sie einige Gefühle, worauf alle Menschentätigkeit ausläuft, errege, erhebe und äußere ... und daß Philosophie und Dichtkunst die eigentlichen Früchte und Blüten am Baume des Erkenntnisses ausmachten ...

Daß er den Prosaismus der Deutschen gleich mit meine, sagt Jean Paul ausdrücklich. Der eigene Standort des Dichters wäre demnach der idealistische, wenngleich in durchaus nicht klassischer Form. Hier aber muß sich die historische Darstellung bereits der Kompliziertheit ihrer Aufgabe bewußt werden. Denn schon in der *Unsichtbaren Loge* fallen Idealismus und Realismus nicht wie im *Wilhelm Meister* in eins, sondern sie bilden zwei, zum Teil grotesk antithetisierende Extreme, in die das Leben diesem Dichter zu zerfallen scheint. „Edle Einfalt und stille Größe“ sind von vornherein nicht beabsichtigt. Der Größe bleibt vielmehr das Skurrile ebensowohl integriert wie dem Banalen. Beiden aber wird das Naive der Einfalt zugleich als ein Grundwert zugeschrieben. Beide leben auch sozusagen emanzipiert voneinander. Es ist erstaunlich, wieviel von der alten Ständeklausel die Welt Jean Pauls bewahrt – und zwar dezidiert, noch nach dem Jahrhundert der Aufklärung. Es ist nicht der einzige Zug seines Romantypus, der auf die höfische Romantik des Barock zurückverweist. Eine sentimentalische Natürlichkeit mischt sich als Tendenz daher stets bei ihm mit einer ebenso sentimentalischen Künstlichkeit. Zu Jean Pauls Wortschatz gehört nicht umsonst mit Vorliebe die Metapher des chemischen Schmelzprozesses. Er benötigt sie, um diese Extreme in *einer* Welt unterzubringen.

Eine „Biographie" kann die Geschichte schon deswegen nicht sein, weil sie vor der Erreichung des Mannesalters des Helden abbricht. Dieser, Gustav von Falkenberg, Sohn eines Rittmeisters aus ältestem, freilich gefälschten Adel, wächst (was für Jean Paul topisch ist) im Bereiche eines kleinen Fürstenhofes auf, unter der Ägide mehrerer Hofmeister, von denen einer der Autor Jean Paul selber ist. Er erfährt den Reichtum der Freundschaft und der Liebe, wird von einer abgefeimten Hofdame verführt, findet aber nach dem Bekenntnis die Geliebte wieder und versöhnt sich mit ihr. Er sieht sich in den groben Spaß eines grotesken Professors Hoppedizel verstrickt, der einen Diebstahl bei dem reichen Vater seiner Braut vortäuschen soll, und landet im Schlußkapitel im Gefängnis. Das ist alles, nur ist es keine Biographie. Der Roman gewinnt vielmehr seine Wirkung ausschließlich aus dem Wie, nicht aus dem Was: aus dem Außergewöhnlichen der Erziehung, dem Außergewöhnlichen der den Helden umgebenden Gestalten, aus der Wunderlichkeit der Situationen, die jeden bürgerlichen Rahmen sprengt. Man kann daran beispielhaft ablesen, wie ein Jean-Paulscher Roman entsteht. Eine Struktur in bloßen „Kapiteln" wäre zu einfach. Die Kapitel heißen hier „Sektor oder Ausschnitt". Je nach Bedarf werden sie um Daten aus dem Kirchenjahr vermehrt (Trinitatis-,

Advent-, Epiphanias-Sektor). So wird später der *Titan*
in „Jobelperioden", der *Hesperus* in „Hundsposttage"
eingeteilt. Zwischen die Sektoren werden „Extrablät-
ter", „Extrazeilen", „Extragedanken" geschaltet. Diese Einschaltungen sind zumeist Meditationen über allgemeine Motive, oder sie dienen auch dem Gespräch
des Autors mit dem Leser. So zum Beispiel die Zugabe
zum 16. Sektor: „Warum ich meinem Gustav Witz
und verdorbene Autores zulasse und klassische verbie-
te, ich meine griechische und römische?" Zeitlebens
hat Jean Paul (nach dem Muster der Engländer) die
Unterbrechung der epischen Illusion durch die Intimsphäre des Gesprächs zwischen dem Autor und dem
Leser gepflegt. Eine weitere Formauflockerung, in der
Jean Paul brilliert, ist die der „Zugabe" oder des
„Anhangs". Im *Titan* wird es der „Komische Anhang"
Des Luftschiffers Giannozzo Seebuch sein, im *Siebenkäs* die *Rede des toten Christus vom Weltgebäude*
(entwickelt aus der früher Shakespeare in den Mund
gelegten). In der *Unsichtbaren Loge* ist es das Idyll
vom *Leben des vergnügten Schulmeisterlein Maria Wuz
in Auenthal*, ein Kleinkunstwerk für sich, wenn auch
mit der Haupthandlung lose verkettet. Alles dies gehört zum Spielcharakter der Jean-Paulschen Kunst, zu
ihrer gezielten Unverbindlichkeit hinsichtlich der Logik ihrer Struktur.

Die unsichtbare Loge ist zugleich der Auftakt zu
permanenten Motiven Jean-Paulscher Romankunst.
Das soll hier aus der Vorrede von 1792 entwickelt
werden, die „in Form einer Reisebeschreibung" den
Verfasser auf den Fichtelberg führt, zuerst im Wagen,
schließlich in der Sänfte. Der Weg zu Fuß, ein Spa-
ziergang für den Bergwanderer, steht offenbar gar
nicht zur Diskussion. Der Autor schließt sich nämlich
absichtlich von dem allmählichen Eindruck der Landschaft seines Ausfluges ab:

Ich schrieb jetzt eine Stunde nicht; ich bin nun auf dem Schneeberg, aber noch in der Sänfte. Erhabene Paradiese liegen um mich ungesehn.

Man sieht: es ist eine künstliche Situation, die hergestellt wurde, um dem einen großen Eindruck der nächtlichen Landschaft – „Ich gehe jetzo hinaus und sink an die sterbende Sonne und an die entschlafende Erde" – nichts vorwegzunehmen. Dies Verfahren ist typisch für Jean Paul: Die ‚Herstellung' eines konzentrierten Augenblicks, der durch Künstlichkeit, also durch Bewußtsein (der Entsprechung zu Schillers Sentimentalischem) entsteht. Die berühmte Exposition zum *Titan,* in der Albano sich die Augen freiwillig verbinden läßt, um nichts wahrzunehmen vor dem morgendlichen Höhepunkt der Landschaft der Borromäischen Inseln, wird die Transponierung dieser Neigung Jean Pauls ins Gegenständliche sein. Genauso aber das Einsatzmotiv der *Unsichtbaren Loge.* Grotesk wird schon die Herkunft des Helden Gustav abgeleitet: Der Vater, ein Haudegen und ganz unintellektuell, hat sich die Braut nach der eigensinnigen Bedingung seines schachenthusiastischen Schwiegervaters durch ein Turnier in diesem Spiele erobern müssen, das er aber nie gewonnen hätte, wenn das Mädchen aus Liebe ihm nicht durch eine List die Chance gelassen hätte. Dieses Paar ‚liefert' denn (in Jean-Paulscher Metapher) den Helden nach neun Monaten ab. Aber damit nicht genug. Die Großmutter ist eine verrückte Pietistin, die zur Bedingung gesetzt hat, daß der erstgeborene Sohn (also der Held Gustav) die ersten acht Jahre seines Lebens in unterirdischen Räumen erzogen werden müsse. Verzerrte Grab- und Katakombensymbolik also, ein Motiv, über dessen pietistischen Sadismus man sich weniger zu wundern braucht, als daß die gesunden jungen Eltern es widerspruchslos akzeptieren. Aber auch der Autor Jean

Paul reflektiert nicht weiter darüber. Liegt es doch
auf der gleichen Ebene wie die künstlich herbeigeführte Erschütterung im Anfang des *Titan* und die freiwillige Klausur des Dichters in der Vorrede innerhalb
seiner Sänfte bis zum großen Eindruck der Nacht.
Genauso wird Gustav acht Jahre lang unter der Erde
durch einen sanften pietistischen „Genius", der (vielleicht) sein vorehelicher Halbbruder ist, im Grabes-
dunkel erzogen auf den Tag hin, der ihm (mit einem
Schock ohnegleichen natürlich) die Welt des Lichtes
und der Sonne erschließen soll. Man darf sich fragen,
ob dies nicht ein hoher Kaufpreis für Sensationen ist,
der an die Grenze des Widernatürlichen streift.

Dem Motiv der Erziehung in Katakomben verwandt
ist das des Lebendig-Begrabenwerdens eines anderen
der „Festtagsmenschen" im Roman-Erstling, Ottomars
Er ist der bedeutende Geist, der am Schluß an der
Spitze der vage angedeuteten unsichtbaren Loge steht,
ein Halbbruder (linker Hand) des Fürsten. Starr-
krampfanfällig, verfügt er für den Fall seines ver-
muteten Todes ein Begräbnis mit Ausweg und Öffnung
für den Fall seines Erwachens. Alles dies wird sich
wirklich abspielen und vom Autor denn auch als eine
andere Sensation ausgekostet, die dem Leben Ottomar
eine entscheidende Wendung gibt. Daß einer der folgenden und wirkungskräftigsten Romane Jean Pauls
der *Siebenkäs*, sich wieder geradezu auf diesem Motiv
aufbaut, ist daher kein Zufall. In der *Unsichtbaren
Loge* bestimmt noch eine Art Notwendigkeit das Motiv, im *Siebenkäs* dagegen dann die List, durch die der
Armenadvokat Siebenkäs seiner unsäglich bürgerlichen Ehe vermittels seines vorgetäuschten Todesfalle
zu entrinnen trachtet. Aber auch hier, wo (im Gegensatz zur *Loge*) Berechnung im Spiel ist, handelt e
sich letztlich um einen Komplex des 18. Jahrhunderts
ein Reiz- und Angstmotiv, das es sogar noch den

kommenden Jahrhundert vererben wird (des jungen
Gottfried Keller *Lieder eines lebendig Begrabenen*,
der Vater von Rilkes Malte Laurids Brigge). Angst
und Reiz mögen sich dabei die Waage halten: pietistische Grabgeheimnisneugier und die ganz physische
Furcht, im bloßen Starrkrampf beerdigt zu werden,
mischen sich mit dem Reiz des literarischen Effekts.
Man sollte nicht vergessen, daß schon seit Barock und
Anakreontik eine z. T. makabre Grabesromantik die
Dichtung angezogen hat, von der Schauerromantik in
der Trivialliteratur des 18. Jahrhunderts gar nicht zu
reden. Zum Grotesken solcher Motive gehört auch das
Groteske vieler Figuren wie Ottomars selber, des Arz-
tes Fenk, vor allem des Moralprofessors Hoppedizel.
Auch diese Eigenart wird dem Roman Jean Pauls
verbleiben, nicht nur seinem niederländernden, sondern auch seinem italienisierenden Typ. Aus der *Vorschule der Ästhetik* erfährt man ja zudem, daß Jean
Paul eigentlich eine Art Synthese aus den beiden Extremen als Idealfall seiner Romankunst vorschwebte.
Wieweit im Effekt dabei die Rolle der grotesken Figur
wie auch der grotesken Situation ging, ist bis heute
nicht eingehend untersucht worden. Zum Teil ist es
einfach dichterische Phänomenologie interessanter bürgerlicher oder auch höfischer Abnormität. In *Doktor
Katzenbergers Badereise* wird Jean Paul, seine eigene
Neigung nach dieser Richtung übertreibend in dem
Hobby des Doktors, passioniert Mißgeburten zu sammeln, darstellen. Welche Anschauung der Wirklichkeit
dahinterstände, müßte sorgfältig erwogen werden. Es
ist jedenfalls nicht die hintergründig magische E. T. A.
Hoffmanns. Es bleibt bei Jean Paul alles innerhalb der
Grenzen des psychologisch Möglichen, wenngleich häufig Abstrusen. Verwandt jedoch scheint das hier bei
den makabren Motiven hervorgehobene Moment der
Angst: Angst um die eigene Identität bis zur Angst

um die Wirklichkeit des Seins und den Sinn der Welt
überhaupt. Gewiß, die Visionen der Vernichtung sind
bei Jean Paul nur Träume. Aber diese Träume sind
Verräter des Möglichen, des Denk- und Vorstellbaren.
Auch soziologisch spielen sie sich in Sphären des aus
der Gesamtkonzeption Möglichen ab, was natürlich
eine Aufwertung der kleinen Leute und ihrer häufig
vertrackten Originalität in sich schließt. Die Wirklichkeit ist bei Jean Paul immer entweder im Kraus-
Originalen oder im Traum und Innenleben. Denn der
bei ihm so üppig wuchernden Innenwelt Unwirklich-
keit zuzuschreiben ist er weit entfernt.

In der *Unsichtbaren Loge* muß dafür die Gestalt des
Helden Gustav als typisch gelten. Jean Pauls Welt
braucht diese Verkörperung des „Festtagsmenschen"
als Gegenpol zur Angst. Auf die schillerschen ästhetischen Kategorien gebracht, würde das etwa besagen:
Jean Pauls Roman könnte nicht bestehen in der Versuchung der Weltangst und des Nihilismus, wenn der
‚Held' (gemeint ist hier nicht der rein komische Romantyp) nicht ein gehöriges Gran Naivität besäße.
Diese ist aber bei Jean Paul konstruiert. Schillers
Ästhetik könnte sie zumeist nur als sentimentalische
Individualität anerkennen. Der Jean-Paulsche Held
aber ist – auf den Spuren des pietistischen Weltver-
ständnisses – gerne Kind Gottes, tumber Tor, ‚naiver'
Widerpart der List und des Raffinements dieser Welt.

Was Jean Paul später von seinem Festtagsmenschen
Walt in den *Flegeljahren* sagt, das gilt auch schon für
den Gustav der *Unsichtbaren Loge* und für die Mehrzahl der Jean-Paulschen Helden auf der Sonnenseite
des Lebens:

Kindlich, ohne Falsch, rein, naiv und zart, ordentlich
ein frommer Jüngling aus der alten Väterzeit und hat drei-
ßigmal mehr Kopf, als er denkt.

Für Gustav schon gilt ebenso die Definition des Lebens, die Walts Zwillingsbruder Vult erfahren hat:

.. wo er das närrische verhüllte träumende Ding, das bekannte Leben, den langen Traum angehoben ...

Das Leben ein Traum, der Traum ein Leben – auch diese lebendig wechselnde Verschiebung verbindet Jean Paul mit dem Barock Calderóns und den *Visiones* von Quevedo.

Und noch ein entscheidendes Jean-Paul-Motiv, das die späteren Romane erst entwickeln, das aber auch die *Unsichtbare Loge* schon enthält: der ‚Held' hat mit Vorliebe einen Doppelgänger. Das Motiv des Doppelgängers ist, nicht zufällig, eines der bevorzugten der jüngeren wie der Spätromantik. Es entspricht, bei E. T. A. Hoffmann wie im abgeleiteten Schattenmotiv von Chamissos Schlemihl, ebenfalls der Jean Paul und der jüngeren Romantik gemeinsamen Motivik der Angst. Der Doppelgänger ist im Grunde ein nihilistisches Motiv, eine glatte Konsequenz aus dem Subjektivismus der romantischen Generationen. Seine Existenz stellt nämlich die des Ich in Frage. Das Ich wird austauschbar, ersetzbar durch die Existenz des Doppelgängers. Die Vision der Vernichtung wird durch ein Auftreten sinnfällig. Der durch die Doppelgängerschaft Betroffene kann sich ausgeschaltet sehen aus der Wirklichkeit des Seins, indem er sich als ersetzbar erkennt. Die Frage nach dem Sinn des reinen Ich bricht damit zusammen. Jean Paul hat als Humorist diese nihilistische Motivpointe entweder selber nicht voll durchschaut (wie E. T. A. Hoffmann es tut) oder dem Problem die Spitze abgebrochen, indem er es spielend als Ergänzung der Unvollkommenheit des Ich durch den Doppelgänger in Erscheinung treten läßt. Wie dem auch sei: das Motiv gehört zu seiner Welt, und sicher nicht ohne Bedeutung, auch wo es scheinbar

hilfreich in die Geschicke seiner Helden eingreift. Da
ist sowohl in den *Flegeljahren* wie im *Siebenkäs* de
Fall. Weder Vult noch Leibgeber sind die dämonische
Doppelgänger wie der des Medardus bei E. T. A. Hoff
mann oder die geheime Gewalt, mit der der Verlus
des Schattens Peter Schlemihl gleichsam aus der Wel
drückt. Jedoch die fatale Möglichkeit, in einem ur
sprünglich unbekannten alter ego ersetzbar mitzuexi
stieren – sie steht auch hinter dem Doppelgängermoti
Jean Pauls. Die Ersetzbarkeit von Siebenkäs durch
Leibgeber (und umgekehrt), die tragikomische Kon
kurrenz der Zwillinge Walt und Vult in den *Flegel*
jahren können den Aspekt der Zweideutigkeit de
Wirklichen, der hinter dem Motiv steht, nirgends ver
leugnen, so humoristisch im einzelnen die episch
Durchführung sein mag.

Aus der *Unsichtbaren Loge* läßt sich ferner antizi
pierend auch Entscheidendes über die Technik der spä
teren Romane erkennen. Hier muß man zurückgrei
fen zu des Dichters Insistieren auf dem Worte „Bio
graphie". Im strengen Sinne kennen Jean Pauls Ro
mane keine Grund- und Vorkonzeption, so wie sie kei
eigentliches Leitmotiv kennen. Der Leser der minuziö
sen Einleitungen Eduard Berends und seiner Mitarbei
ter in der kritischen Gesamtausgabe würde seinen Ein
druck durch die Quelle alsbald bestätigt sehen. In de
Vorstufen werden nicht nur Namen und Masken häu
fig nach Belieben getauscht, sondern auch die Kon
zeptionen teilweise von Grund auf verändert, ma
könnte sagen, mit einer gewissen Nonchalance, die au
Uninteressiertheit des Autors gegenüber der *einen* Kon
zeption oder dem *einen* Motiv deutet. Jean Paul is
da im Grunde nicht engagiert. Sein Engagement lieg
in der phantastischen Fülle und Buntheit der Begeg
nungen, Seelenregungen, Träume und Erfahrungen sei
ner jeweiligen Helden, also tatsächlich im Biographi

schen. Hier ist wohl viel Weltanschauliches, aber eigentlich keine Weltanschauung, aus der Motive und Konzeptionen entstehen können. Es kommt gar nicht darauf an, wo man endet. Das Ende bekommt Zufallscharakter (wie die Gefangenschaft Gustavs in der *Loge* und später immer wieder). Dagegen läßt sich der Dichter tragen oder auch hinreißen vom unergründlichen Fluß des Lebens, der für die Helden seiner ‚romantischen Biographien' nur in sehr eingeschränktem Sinne Notwendigkeit, weit mehr ein unverbindliches Fortphantasieren ihres Lebenslaufes bedeutet. Sie können daher im eigentlichen Sinne nicht Ideen- und Symbolträger sein. Man kann an ihrer Geschichte, beliebig der Phantasie nachgebend, einfach fortspinnen. Der „Sinn und Geschmack für das Unendliche" der Romantiker findet hier seinen episch wirksamen Ausdruck. Jean Pauls ‚Idealismus' ist im Grunde keine innere Logik, sondern einfach Wohlgeartetheit – vor allem der schwärmerischen Jünglinge und Mädchen oder der weisen, lebensüberlegenen Lehrer – oder die Abstrusität der allerdings geschlossenen Charaktere der Sonderlinge und Käuze.

Dies letzte zeigt die *Unsichtbare Loge* ebenfalls: Ihr Anhang ist eines der bekanntesten Opuscula des Dichters: das *Leben des vergnügten Schulmeisterlein Maria Wuz in Auenthal.* Jean Paul hat diese lose mit der Haupthandlung verknüpfte Erzählung „eine Art Idylle" genannt. Auch dies ist charakteristisch. Denn es zeigt, wie sehr sich dieser Dichter von den überlieferten Gattungen unabhängig und ungebunden halten will. Eine „Idylle" ist Vossens *Luise*. Die andere Seite der Gattung hat Geßner gegeben. Jean Pauls Schulmeisterbiographie – in diesem Genre wirklich ein Leben umfassend, im Gegensatz zum Episodischen der großen Romane – greift weder auf den ländlichen Realismus Vossens noch auf die sentimentale Idealität

Geßners zurück. Sein Schulmeisterlein ist (gegenüber Voß) ein echt Jean-Paulsches Kind Gottes, Simplicius Simplicissimus im eigentlichen Sinne, nicht empfindsam im Vergleich zu Geßner, sondern stillvergnügt an der Welt und an sich selbst in einem gleichsam absoluten Sinne. Schon die ersten Sätze zeigen die (im Quasi-Idyll!) allerdings vorhandene Konzeption:

Wie war dein Leben und Sterben so sanft und meerstille, du vergnügtes Schulmeisterlein Wuz! Der stille laue Himmel eines Nachsommers ging nicht mit Gewölk, sondern mit Duft um dein Leben herum: Deine Epochen waren die Schwankungen und dein Sterben war das Umlegen einer Lilie, deren Blätter auf stehende Blumen flattern – und schon außer dem Grabe schliefest du sanft!

Solches In-sich-selbst-Vergnügtsein, auch wenn es wie hier die Ehe nicht ausschließt, bedeutet für Jean Paul die Voraussetzung einer „ruhigen Geschichte", in der „die Schlafmützen aufgesetzt werden". Man darf vielleicht sagen, daß dies eine fulminante Verweisung des Idylls in kleinstbürgerliche Sphären bedeutet. Das Idyll in geheimem Kontrast zur städtischen Metropole oder dem Hof, wie die Tradition von Theokrit an es topisch faßt, oder als polare Ergänzung geschichtlicher Krisen, wie Goethes *Hermann und Dorothea* es ausarbeitet, liegt hier weitab. Die Subjektivität simplizianischer Existenz bestimmt hier um ihrer selbst willen alles.

Sie ist für Jean Paul identisch mit in sich vollendeter Individualität. Diese bezeugt sich schon von der Schulzeit an als naiv:

Der Charakter unseres Wuz hatte ... etwas Spielendes und Kindisches, aber nicht im Kummer, sondern in der Freude.

Das letztere ist wichtig. Wuz bleibt ein Kind Gottes, dem alles zufällt, weil es aus allem Freuden zu ziehen

Jean Paul und sein Pudel. Scherenschnitt von Luise Duttenhofer

und weil es sozusagen alle Härte der Wirklichkeit aus
seinem Leben auszuschalten weiß. So wird aus ihm
bruchlos seiner Väter Nachfolger im Dorfidyll von
Auenthal, wo ihn niemand und nichts stört in seiner
alles zum Guten deutenden Beschränktheit, für die er
die ihm gemäße Frau findet, die ihn versteht, und wo
er vor allem zwei Beschäftigungen obliegt: der Reka-
pitulation seiner Kindheit, in der er im Grunde zeitlebens steckenblieb, und der Herstellung einer Bibliothek nach dem Meßkatalog, dessen Titel er nicht kauft,
sondern aus eigener Phantasie für sich selber schreibt.
Dabei werden aus *Werthers Leiden* nach dem Gesetz
von Wuzens Phantasie dann natürlich „Werthers Freuden". Höhepunkte sind nicht zufällig die Brautzeit
und der Hochzeitstag. Auch hier muß der, der historisch und ästhetisch wertet, etwas Jean Paul eigentümlich Bleibendes erkennen: die charakteristische Ir-
realität, die gerade seinen sympathischsten Figuren
eignet. Als der alte Schulmeister nahe am Tode ist, läßt
Jean Paul seine „zwei besten Jugendfreunde" noch einmal vor ihn treten. Es sind der Schlaf und der Traum.
Um also, wie es dann am Schluß des Idylls heißt, von
einem Menschen sagen zu können,

Als er noch das Leben hatte, genoß er's fröhlicher wie wir
alle,

braucht es eine Existenz in Schlaf und Traum. Wo
aber bleibt da „das Leben"? Daß Geschichte und
Wirklichkeit Forderungen an den Menschen steller
(was nicht einmal einem so verwandten Humorister
wie Johann Peter Hebel unklar ist), das fällt hier
außer Betracht. Der Interpret und Leser Jean Paul
muß sich fragen, wieweit dies ein gesteigerter Einzel-
fall oder wieweit es typisch sei. Er sollte nicht verkennen, daß auch die schwärmerisch erregten und er-
regbaren Helden Jean Pauls vorzüglich aus und ir

Träumen leben und daß in gewissem Maße Wuz ein Modell für solche Existenz ist. Man sollte ferner nicht verkennen, daß sie alle: Gustav, Walt, Viktor und Albano grundsätzlich der rauhen Lebenswirklichkeit fremd begegnen oder aber ihr durch eine absichtsvolle Maschinerie und Manipulation fürsorgender Freunde, Gönner oder Väter entzogen sind. Kaum anders auch die idealen Frauengestalten: sie sind naiv gemeinte und schöne Seelen. Dieser ganzen höheren Idealsphäre des Menschlichen fehlt die Substanz geschichtlichen Daseins in der Wirklichkeit der Welt. Sie existieren in Traum- und Heilschlaf, wie denn Wuzens beste Jugendfreunde Traum und Schlaf sind.

Nun findet man sich aber mit diesem Idyll keineswegs im Bereich des Überschwenglichen und Rauschhaften der erfüllten Höhepunkte des Daseins, wie die ‚italienischen' Helden und ‚Festtagsmenschen' Jean Pauls sie als Existenzmittelpunkt erfahren, sondern im Nüchtern-Kleinbürgerlichen. Dieses lebt bei Jean Paul schon im Wuz, später, immer dezidierter, zugleich auch in einer ‚kleinen' Realität, deren Schilderung gleichsam mit einfließt, eben ‚niederländisch'. Es ist nahezu unfaßlich, was dem Schilderer Jean Paul in dieser Sphäre alles einfällt. Es ist ja die Sphäre seines (provinziellen) Anschauungs- und Erfahrungsraumes, und daher kann hier die Synthese von Traum und sachlicher Realität auch zu einer Sonderform von Realismus führen. Je weiter ins Duodezresidenzliche und Kleinstädtisch-Ländliche den Dichter solche Figuren, die aus der Intimität seines eigenen Lebensbereiches konzipiert sind, führen, desto weniger simplizianisch im Sinne von Wuz fallen sie dann aus. Man merkt das an den späteren Inkarnationen: dem andern Schulmeister, Fibel, dem Feldprediger Schmelzle, dem Rektor Fälbel, in groteskester Form an Dr. Katzenberger, dem fanatischen Sammler von Mißbildungen. Im letzten Falle kommt es sogar zu krassen Naturalismen, wie denn auch in Jean Pauls Metaphorik überhaupt Medizinisch-Biologisches und Physisches eine nicht unerhebliche Rolle spielen. Das gilt selbst für den Wuz, von dem es am Schluß heißt:

> ... daß dein Grab ein Lustlager bohrender Regenwürmer, rückender Schnecken, wirbelnder Ameisen und nagender Räupchen ist ...

Die öfters in diese makabre Richtung ausschweifende Gottesacker- und Katakomben-Romantik Jean Pauls gehört mit hierher.

In der *Unsichtbaren Loge* tritt ferner ebenfalls schon deutlich Jean Pauls eigentümliches Landschaftsgefühl und dessen dichterische Fixierung auf. Als der achtjährige Gustav zum ersten Mal aus seiner pietistisch-pädagogischen Katakombe treten darf, um das Licht der Sonne zu sehen, transponiert das künstlich herbeigeführte Erlebnis der Dichter in folgender Weise:

> Nun schlagen die hohen Wogen des lebendigen Meers über Gustav zusammen – mit stockendem Atem, mit erdrücktem Auge, mit überschütteter Seele steht er vor dem unübersehlichen Angesicht der Natur und hält sich zitternd fester an seinen Genius ... Als er aber nach dem ersten Erstarren seinen Geist aufgeschlossen, aufgerissen hatte für diese Ströme – als er die tausend Arme fühlte, womit ihn die hohe Seele des Weltall an sich drückte – als er zu sehen vermochte das grüne taumelnde Blumenleben um sich und die nickenden Lilien [der ungeheuerliche ,Streckvers' reicht noch über eine halbe Seite]: so fing der Himmel an zu brennen, der entflohenen Nacht loderte der nachschleifende Saum ihres Mantels weg, und auf dem Rand der Erde lag, wie eine vom göttlichen Throne niedergesunkene Krone Gottes, die *Sonne*.

Diese frühe Stelle ist typisch genug für das, was man als Natur- und Landschaftsgefühl Jean Pauls zu nehmen hat. Man sollte es historisch zwischen den *Werther* und etwa Eichendorff stellen. Das Naturgefühl Werthers ist pantheistische Identifikation des Ich als Kreatur unter Kreaturen, Hingabe und Eingehen ins ἓν καὶ πᾶν. Das Naturgefühl Eichendorffs ist ausgesprocheneres Erlebnis der Landschaft, sozusagen gesellige Einheit der erlebenden Subjektivität mit Strom, Wald, Berg, Wolke und Meer. Jean Paul läßt seine Gestalten aber in Stimmung völlig aufgehen, was weder für den Goethe des Sturm und Drang noch für den Spätromantiker Eichendorff gilt. Übrigens sind diese beiden im ausgesprochenen Sinne Augenmenschen, deren Natur und Landschaft man mit*sieht*. Vergleicht man damit die eben zitierte Stelle vom Schlusse des 5. Sektors der *Unsichtbaren Loge*, so gewahrt man eine dritte Möglichkeit des Naturanschauens: sie intendiert ‚sentimentalisch' den Eindruck, die Erlebnisfähigkeit, die Überwältigung, die absolute Stimmung. Daher muß sie sozusagen auch auf Hyperbolik des Eindrucks zielen. Das bewirkt ein Lodern, Schmelzen und Verschwimmen des Natureindrucks und des Erfahrungsaugenblicks der Landschaft, die keine eigentlichen Konturen zeigen, dafür ein außergewöhnliches Maß an künstlicher Steigerung. Hier wird keine Anschauung der Innerlichkeit angenähert, sondern die Innerlichkeit erzeugt visionär das Erlebnis um ihrer eigenen Steigerung willen. Das Ergebnis kann daher weder so einheitlich konzentriert wie im *Werther* noch so gegenständlich wie bei Eichendorff sein. Jean Pauls Landschaft ist daher ganz überwiegend Traumlandschaft unter der bloßen Devise – um nicht zu sagen: Maske, oder mit Jean Pauls eigener Lieblingsmetapher: „Larve" – gegenständlicher Eindrücke. Die Dinge werden so absolut und gesteigert gesehen, wie das innere Auge sie erschaut. Es bleibt aber Auge gegenüber der Totalität des Wertherschen

Allgefühls, ist jedoch auch nicht Malerauge wie bei
Eichendorff. Brentanos Verwandlung von Nacht,
Sternenhimmel, Abendröte in Synästhesie mit Musik
könnte am ehesten innerhalb der Romantik als Jean
Pauls Naturgefühl verwandt erscheinen. Doch liegt bei
Brentano das Gewicht auf absoluter Lyrik, bei Jean
Paul auf der Darstellung herbeigeführter Höhepunkte
epischer Situationen, ist also der jeweiligen ‚Biographie' wohlgezielt untergeordnet. Diese Augenblicke
des rauschhaften Erlebens der Natur sind bei Jean
Paul (mindestens überwiegend) Flüge der Seele ins
Rosenrote oder Tiefblaue, in Sphären voll goldenen
und silbernen Schmelzes, *über* der irdischen Landschaft, Aufschwünge ins Überreizte, Sensationen des
inneren Sinnes.

Das Beispiel vom Beginn der *Unsichtbaren Loge* mag
ein anderes vom Ende des Romanerstlings ergänzen. Es
stammt aus dem Zusammenhang der Versöhnung Gustavs mit der verloren geglaubten Geliebten in Lilien-
bad. Hier gehen Tag- und Nachterlebnis ineinander
über:

Alles Sonnenlicht umzauberte und überwallte mir bloß
wie erhöhtes Mondenlicht alle Schattengänge von Lilien-
bad; die vorige Nacht schien mir in den heutigen Tag her-
überzulangen, und ich kann nicht sagen, wie mir der Mond
der noch mit seinem abgewischten Schimmer wie eine
Schneeflocke tief gegen Abend herhing, so willkommen und
lieb wurde. O blasser Freund der Not und der Nacht! ich
denke schon noch an dein elysisches Schimmern, an deine
abgekühlten Strahlen, womit du uns an Bächen und in
Laubgängen begleitest und womit du die traurige Nacht in
einen von weiten gesehenen Tag umkleidest! Magischer Prospektmaler der künftigen Welt, für die wir brennen und
weinen . . .

Hier darf alles zur Illustration des vorher allgemein
Gesagten dienen. Tag- und Nachtlandschaft gehen in-

einander über, ja der Vergleich des Mondes mit der Schneeflocke assoziiert noch den Winter in den Sommer hinein. Die Landschaft der Bäche und Laubgänge ist Park, nicht Natur. Und, etwas sehr Bezeichnendes für Jean Pauls Naturgefühl: der Mond erscheint nicht nur als „magischer Prospektmaler", sondern hat auch unmittelbar vorher eine sozusagen theatralische Funktion (er kleidet die Nacht in den Tag um). Hier tritt Affinität Jean Pauls zum Barock auf: die Parklandschaft wird gleichsam zur Kulisse. Doch zur Kulisse für was?

Magischer Prospektmaler der künftigen Welt, für die wir brennen und weinen.

Der Leser dieses epischen Lyrismus sieht sich einer vielfachen Mischung gegenüber, der die irdische Anschauung sozusagen zum Opfer gebracht wird. Gemischt werden bis zur metonymischen Vertauschung das Licht der Sonne und des Mondes, damit auch der Tag und die Nacht, die elementare und die gezähmte Landschaft, die Naturwirklichkeit und die Theaterkulisse – und dies alles als Introduktion für die Mischung der irdischen und der künftigen Welt, die am Schlusse hineinwirkt. Solche Stellen der Steigerung vermögen alle Sinne zu erregen, äußere wie innere, aber sie vermögen nicht die angesprochene Natur anschaulich zu machen. Was herausspringt, sind die „schmelzenden Affekte", die die Ästhetik des 18. Jahrhunderts schon anvisierte, bereichert um das Ausdrucksvermögen, das – nach dem Durchgang durch den Sturm und Drang – die individuelle Mitgift Jean Pauls ist, Vorwegnahme dessen, was die Synästhesie der Romantik alsbald dem deutschen Leser geläufig machen wird. Was für diese frühen Stellen gilt, das gilt ebensowohl für Viktors schwärmerische Naturaugenblicke im *Hesperus* wie für das schon berührte

Erlebnis der Lago-Maggiore-Landschaft zu Beginn des
Titan. Hier ist sogar die Technik Jean Pauls, den
Genuß zum Schock werden zu lassen, ganz offen ver-
raten, wenn es von Albano heißt:

> Da befiel ihn sein alter Durst nach einem einzigen er-
> schütternden Guß aus dem Füllhorn der Natur; er verschloß
> die Augen, um sie nicht eher zu öffnen als oben auf der
> höchsten Terrasse der Insel vor der Morgensonne.

Freilich, die Kunst Jean Pauls, solche Traumphanta-
sien auszudrücken, ist inzwischen unerhört gewachsen.
Was Albano dann zu sehen bekommt, ist eine rausch-
haft dionysische Morgenlandschaft, die sogar bis unter die Haut der Erde reicht:

> Ein schöpferisches Erdbeben schlug wie ein Herz unter
> der Erde und trieb Gebirge und Meere hervor.

Der Eindruck aber ist Bewegung und Erschütterung,
weil episch glaubwürdig dargestellt werden soll, warum der schöne Jüngling am Ende sich den Vögeln
nachstürzen und „im Strome der Natur" das Herz
kühlen möchte. Offen ausgesprochen ist auch der romantische Stimmungshintergrund, auf den es bei Jean
Pauls erfülltem Naturaugenblick immer ankommt:

> Das stolze Weltall hatte seine große Brust *schmerzlich
> ausgedehnt* und dann *selig überfüllt.*

Vielleicht bezeichnet die Wortbildung „selig überfüllt"
den tiefsten Gegensatz Jean Pauls zur Klassik, der es
nicht um Überfüllung, sondern um Erfüllung geht. Für
Jean Paul ist eher die barocke Hyperbolik der Wort-
komposition bezeichnend. Aber der Interpret des Na-
tur-Kairos bei Jean Paul wird immer wieder auf diese
„schmerzlich ausgedehnt und selig überfüllt" Albano
als den eigentlichen Schlüssel für das, was als absolut
Romantik in seiner Dichtung anzusprechen ist, zurück

kommen müssen. Hier liegt der ästhetisch-psychologische Selbstzweck. Und er rechtfertigt eo ipso auch jede Künstlichkeit und Manipulation, der in diesem Dichter-Œuvre die Natur unterworfen wird (einschließlich des Kulissencharakters).

Man denke an die völlig unironische Höhlenvisite der Gesellschaft in *Das Kampaner Tal*, einem Werk, in dem die Naturschwärmerei geradezu triumphiert (1796). Die Introduktion in die Stimmung lautet bereits so:

> Der Himmel lag voll Gewölke und voll gefärbter Schatten, und über die lange grüne Wiege voll schlummernder Kinder hing die Wiegendecke der Nacht an den Pyrenäen befestigt und mit einigen silbernen Sternchen besetzt.

Darauf sieht man der Höhlenlandschaft gemäß schwarz kostümierte Fackelträger.

> Die Schwarzen trugen ihre Flammen voraus und zogen die fliehende Vergoldung von einem Eichengipfel zum andern und führten uns gebückt durch eine Katakomben-Pforte. Aber wie herrlich wölbte sich die hohe und weite Grotte mit ihrer kristallenen Stuckatur empor, gleichsam ein illuminiertes Eis-Louvre, ein glimmendes unterirdisches Himmelsgewölbe!

Das Stichwort, das hier fallen muß, heißt Staffage. Die liebenden Paare besuchen nicht nur eine Tropfsteinhöhle, sie machen sie zur Theater-,Unterwelt', zur Opernszene à la Gluck. Die Bedienten werden in schwarzes Bühnenhabit geworfen, um zugleich gegen den Fackelschein zu kontrastieren und mit der Unterwelt zu harmonieren. Der Lichteffekt ist nach jeder Seite hin sorgfältig berechnet. In ihm wird die Naturhöhle charakteristischerweise zum „illuminierten Eis-Louvre". Es ist noch maßvoll, daß Jean Paul sich hier die die Stimmung untermalende Alphornmusik versagt, die er anderswo noch hinzufügt. Das Letzt-

berechnete der Szene ist dann der neue Bühnenkon-
trast beim Heraustreten der Paare in die natürliche
Nacht (obwohl auch in dieser die Nachtigallen „hinter blühenden Sprachgittern" schlagen). Aber auch
wenn man das Künstlichste, wie die Sensation solcher
gestellten Erlebnisse wegläßt, bleibt der Natur- und
Landschaftsspiegelung bei Jean Paul mindestens der
Beiklang eines Artifiziellen zugeordnet. Die Naivität
ist mimisch. Man kann sich gelegentlich in der Nähe
von Stefan Georges *Algabal* mit seinen künstlichen
Gärten und dem hochmütigen Ziel, in ihnen die
schwarze Blume zu zeugen, fühlen. Auch die ‚hängen-
den Gärten' werden ja bei Jean Paul beschworen.
Gibt man sich über diese Züge insgesamt Rechenschaft,
so verweisen sie nur selten auf ein ursprüngliches Hin-
gerissensein. Das Naturerlebnis der Jean-Paulschen
Figuren ist weitgehend abgeleitet aus dem Willen des
Dichters, uns ein Äußerstes erfahren zu lassen, das den
häufig routinierten Schein des Ursprünglichen erweckt.
Nicht umsonst findet sich in Herders *Kalligone* (1800)
die Jean Paul mitbetreffende Stelle:

> Welche geheime Kammer des Herzens blieb Richardsons,
> Fieldings, Sternes, Friedrich Richters Romanen verschlos-
> sen? welche derselben haben sie nicht als ihr Eigentum
> bewahrt?

Die Zitate, die in dieser Darstellung bereits gegeben
wurden, vermögen wohl einen Eindruck von Jean
Pauls Sprachstil zu geben. Auch dieser wäre nun noch
zusammenfassend zu charakterisieren. Es seien hier
drei bezeichnende Sphären herausgehoben: Dieser Stil
lebt zunächst aus einem zum beträchtlichen Teil selbst-
erzeugten Wortschatz, einer Fülle von Neologismen,
die ad hoc gebildet werden, Ausdruck des sentimentalischen Willens zur Originalität, die dem Willen der
häufig bis zum Vertrackten gehenden Subjektivität

des Charakters der Gestalten entspricht. Um dies zu erkennen, genügt ein Blick schon in die ersten beiden „Sektoren" der *Unsichtbaren Loge.* Zur Unersättlichkeit Jean Pauls in neuen Wortkompositionen, die den Eindruck auch der Überfüllung des Ausdrucks, nicht nur des Gefühls, erwecken können, gehört zweitens das enzyklopädische Bildungselement, das Wörter des vorhandenen Sprachschatzes mit kreuz und quer hergeholten wissenschaftlichen Termini verbindet, den Leser also auf eine oberflächlich allwissende Aufklärungsbildung anspricht. (Den zahllosen Anspielungen entsprechen die zahllosen Anmerkungen, Verweise und Kommentare.) Ein Satz wie der in der Vorrede zur *Unsichtbaren Loge* von 1792:

... kurz alle Abweichungen von dem Tom Jones und der Klarissa sind Sekunden und Septimen im aristotelischen Dreiklang.

setzt nicht nur die Kenntnis der beiden englischen Werke als selbstverständlich voraus, sondern auch die antiker Musiktheorie. Doch kommt dieser Satz noch ohne Wortungeheuer aus, was man vom ersten Satz des Romans selbst nicht sagen kann. Denn was ist darin der „Dispensationsbullen-Macher"? Der ungelehrte Leser mag den gelehrten Humor vage erraten, bestenfalls. Aber dies ist nur die eine Seite der Sache. Da nämlich, wo der größere Anteil der Kompositionen zugleich ins Gebiet der Metaphorik gehört, kann man auch die aus sich selbst heraus verständlichen häufig nur durch Entschlüsselungen wahrnehmen. Was steckt alles an gezieltem, aber zu entschlüsselndem Humor in der Deskription von Dr. Fenks Zopf:

Diesen so geschmacklosen Krebsschwanz des Kopfes, ... dieses wie ein Tubus sich verkürzendes und verlängerndes Nacken-Gehenk an der vierten gedankenvollen Gehirnkammer.

Ist diese outrierte Humoristik nicht auch ein Ausweichen vor den Anforderungen der Realistik, der ständig hakenschlagende Schein des tiefsinnigen Spaßes
eine Art Flucht nach vorn? Auf jeden Fall sind solche
Fragen des Jean-Paul-Lesers legitime Fragen. Denn
der zitierte Satz ist noch vergleichsweise harmlos gegen die anderswo begegnende, manchmal skurrile Häufung von Wortkompositionen und noch dazu mit meta-
phorischer Funktion. Vor allem dann geht die Manier
ins Groteske über, wenn mit nur einem eingeweihten
Vielleser zugänglichen Kompositionsbestandteilen aus
Medizin, Physik, Technik, Jurisprudenz und andern
Fachsprachen von 1800 gearbeitet wird, was Jean Paul
sich mit Vorliebe gestattet.

Der dritte Gesichtspunkt, unter dem sein Stil legitim zu betrachten ist, betrifft die Syntax. Hier entwickelt Jean Paul eine den Leser gleichsam berau-
schende Überredungskunst und mitreißende Rhetorik,
die ihren Höhepunkt im Polymeter oder ‚Streckvers‘
findet. Wer den Streckvers in der Praxis aufsuchen
will, sollte zunächst zu den *Flegeljahren* greifen, wo
Walt (so wie Vult im korrespondierenden Flötenspiel)
in ausdrücklichen Streckversen exzelliert. Aber es gibt
nicht nur, wie hier, der Form bewußte Streckvers-Ein-
schaltungen in epische Texte oder sich selber abgren-
zende Polymeter-Zugaben (*Leben Fibels*), sondern man
sieht sich überhaupt einer rhetorischen Syntax gegenüber, in der es auch unausdrücklich von Streckversen
nur so wimmelt. Diese Jean-Paulsche Form, die, wie
alles bei ihm, ineinander transzendiert, in diesem Falle
epische Prosa in prosarhythmische Lyrik, unterliegt
einem doppelten Gesetz: dem ‚polymetrischen‘ der
wort- und zeilenrhythmischen Disposition und zweitens dem der übergreifenden inneren Form der ganzen
Periode, deren überwiegende Regel eine ausgreifende
Steigerung über (manchmal viele) Parallelsätze hin

und nach der damit hervorgerufenen Stauung das gleichsam plötzliche Absinken in die absolute und erfüllte Kadenz ist. Als Beleg aus der *Unsichtbaren Loge* mag man die oben zitierte Stelle über Gustavs ersten Blick auf die Sonne vergleichen, als Beispiele für ausdrücklich als solche benannte die Beigaben aus den *Flegeljahren,* wo sich im achten Kapitel auch die Definition findet:

Er machet Gedichte nach einem freien Metrum, so nur einen einzigen, aber reimfreien Vers haben, den er nach Belieben verlängert, seiten-, bogenlang; was er den *Streckvers* nennt, ich einen *Polymeter.*

Das folgende neunte Kapitel bringt dann eine Reihe von Walts Streckversen. Es sei hier das dem Beginn des *Titan* verwandte italienische Landschaftsbild *Der Wiederschein des Vesuvs im Meer* herausgegriffen:

‚Seht, wie fliegen drunten die Flammen unter die Sterne, rote Ströme wälzen sich schwer um den Berg der Tiefe und fressen die schönen Gärten. Aber unversehrt gleiten wir über die kühlen Flammen, und unsere Bilder lächeln aus brennender Woge.‘ Das sagte der Schiffer erfreut und blickte besorgt nach dem donnernden Berg auf. Aber ich sagte: ‚Siehe, so trägt die Muse leicht im ewigen Spiegel den schweren Jammer der Welt, und die Unglücklichen blicken hinein, aber auch sie erfreuet der Schmerz.‘

Man mag aus diesem Beispiel noch rhythmische Nachklänge des alten Elegienverses heraushören, eine gewisse Stilverwandtschaft sogar noch mit Geßners gehobener Idyllenprosa, die die *Vorschule der Ästhetik* ausdrücklich ablehnt. Aber die Potenz der Form zielt auch hier schon auf den Zusammenfall mit Jean Pauls Steigerungsrhetorik in langen Parallelsätzen, wie die übertreibende Definition („seiten-, bogenlang") es augurenhaft andeutete.

3. Die Entfaltung des Werkes

Der Weg Jean Pauls als Dichter und Denker (der ja
auch eine bedeutende Ästhetik und Pädagogik entworfen hat, der in den *Kalligone*-Streit Herders mit Kant
eingriff und diesen, wie Fichte, die Narrenpritsche
fühlen ließ) soll nunmehr ohne den Blick auf den Stil
von der Entfaltung seiner Motive aus verfolgt werden,
die sich als kraus und bunt genug in ihrer Spannung
zwischen ,italienisch' und ,niederländisch' erweisen,
als ungleich im Rang, das heißt zum Teil als bedeutend und faszinierend, zu einem anderen Teil als pe-
dantisch-eigenbrötlerisch oder auch verspielt bis zur
Albernheit. Bedeutend, bloß weil von Jean Paul geschrieben – das geht nicht auf. Es ist übrigens für die
Zeitgenossen schon nicht aufgegangen, selbst nicht für
einen Befreundeten wie Herder.

Man wird auch die späteren Romanfiguren Jean
Pauls aus den Haupttypen der *Unsichtbaren Loge*
weitgehend ableiten können. Denn sie sind neben ihrer
hohen Individualität zugleich auch Typen, die er bei-
behält oder fortentwickelt. Das gilt für Gustav wie
für Ottomar und Doktor Fenk, für Beata wie für das
Schulmeisterlein Wuz. Diese Typen werden zwar nicht
wiederholt, aber doch andauernd regeneriert. Die
Jünglingsgestalten, wie die der weiblichen schönen Seelen, wie die der gutmütigen Sonderlinge oder reinen
Toren, verkörpern sich in jedem der großen Romane
wieder. Zu ihnen treten die Typen wie Matthieu aus
dem *Hesperus* oder Roquairol aus dem *Titan*, an deren
Zeichnung Jean Paul eine besondere Meisterschaft bewährt. Für sie gibt es den Prototyp in der *Unsichtbaren Loge* noch nicht.

Ein allen Werken Jean Pauls – mit Ausnahme der
in ihrem Schwerpunkt idyllischen – gemeinsames mo-
tivisches Grundelement bleibt das Außergewöhnlich-

Hintergründige, das bis zur Grenze des Unwahrscheinlichen gerade noch Mögliche der ‚Lebensläufe‘ seiner Helden und ihrer menschlichen Beziehungen. Auch hier wird künstlich verwirrt, verschlüsselt, hinter Anspielungen verborgen und mit Komplikationen überlastet, was als Charakterbild wie als Biographie ja auch plastischer und heller sein könnte. Die ironische Frage: „Warum einfach, wenn man es doch so schön kompliziert haben kann?" stellt sich in der Literaturgeschichte in kaum einem anderen Falle so beständig wie bei Jean Paul. Inhaltsangaben vollends, in wenigen konzentrierten Sätzen, sind bei der Fülle der Verflechtungen seiner Handlungsführung wenigstens für seine Hauptwerke kaum zu geben. Bei dunkel-zweideutiger Herkunft setzt es ein. In einander ablösenden oder ausstechenden Freundschaften und erotischen Leidenschaften setzt es sich fort. Katastrophen sind oft identisch mit jähen Enthüllungen vorher sorgfältig verhüllter Wahrheit. Vieles erhält durch tolle Streiche und den Leser vexierendes Kreuz und Quer allerdings seine höchst delektierende humoristische Form. Das ist ein Wert und, wenigstens in der deutschen Literatur, jenseits der Romantik nicht allzu häufig. Zieht man aber den andern großen Humoristen Gottfried Keller zum Vergleich heran, so vermißt man manches Mal bei Jean Paul die souveräne, im Humor freundlich resignierende Rationalität, die bei Keller überwiegt. Dafür findet man bei Jean Paul ein für ‚den‘ Humoristen eher fragwürdiges Überborden der Sentimentalität. Vielleicht darf man sagen, daß diese Relation eines oft jähen Wechsels von kalt zu heiß und zurück, in den der Leser sich ständig verstrickt sieht, eines der wirkungsvollsten Elemente von Jean Pauls innerem Formgesetz ist. Jedenfalls scheint es besser, es so zu nehmen, als nach verborgenem Tiefsinn zu forschen. Allerdings stehen in einer Welt voller vertrackter Verhältnisse und oft grotesker menschlicher Beziehungen die schönen Jünglings- und Mädchengestalten und die berauschten Ekstasen eines verinnerlichten Naturerlebnisses zum Teil auch intakt, sozusagen absolut da. Löst man sie als ‚Sektor' oder was immer aus der Gesamtwirklichkeit heraus, so kann man den Georgeschen Zugang zu einem ‚klassischen' Jean Paul finden. Aber diesen Prozeß des Herauslösens braucht es eben, weil Jean Paul kontinuierlich auf ganz verschiedenen Ebenen spielt. Beim *Wilhelm Meister* oder bei Hölderlins *Hyperion* ist er unnötig, weil alles auf einer Stilebene sich vollzieht.

Das ganze spätere Werk, eine der vielbändigsten Klassikerausgaben, die die deutsche Tradition kennt, kann hier nicht zur Sprache kommen, vor allem auch nicht nach seiner Dimension der Vorreden, Beigaben und Einschaltungen, die zu einem großen Teil Satire oder Traumdichtung für sich sind. (*Der Traum einer Wahnsinnigen,* 1809; *Traumdichtungen in der ersten Nach-Mitternacht des neuen Jahres,* 1813; *Blicke in die Traumwelt,* 1814 usw.) Die bedeutenden Romanwerke ernster oder mehr komischer Observanz, die auf die *Unsichtbare Loge* folgen, sind *Hesperus, oder 45 Hundsposttage, eine Biographie* (1795), *Leben des Quintus Fixlein, aus fünfzehn Zettelkästen gezogen, Blumen-, Frucht- und Dornenstücke, oder Ehestand, Tod und Hochzeit des Armenadvokaten Fr. St. Siebenkäs im Reichsmarktflecken Kuhschnappel* (beide 1796), *Das Kampaner Tal* (1797), *Titan* (1800–03), *Flegeljahre. Eine Biographie* (1804/05), *Des Feldpredigers Schmelzle Reise nach Flätz, Doktor Katzenbergers Badereise* (beide 1809), *Leben Fibels, des Verfassers der Bienrodischen Fibel* (1812) und das Spätwerk *Der Komet* (1820–22).

Von der Mehrzahl dieser Werke war schon andeutend oder antizipierend bei der Interpretation der

Unsichtbaren Loge die Rede. Ohne Zweifel ist der Viktor des *Hesperus* eine Fortentwicklung des Gustav. Im Beschluß der Vorrede von 1794 heißt es vom Titelmotiv:

Kühle den frischen Jüngling in der Lebenfrühe als ein stillender Morgenstern ab, eh' ihn die Sonne entzündet und der Strudel des Tages einzieht!

Es ist genau diese Epoche der ,Biographie', die die Helden der *Loge,* des *Hesperus,* des *Titan* und der *Flegeljahre* miteinander verbindet. Die Entwicklung vom Jüngling zum Männlichen in Goethes Sinne, also Wilhelm Meisters Sternstellung, ist nicht Jean Pauls Sache. (Wie denn auch das Hinweisen Goethes auf Arbeit und Beruf nicht seine Sache ist, geschweige denn deren Darstellung.) Erst bei sinkendem Lebensgestirn werden zumeist die Menschen für Jean Paul wieder interessant und da wieder überwiegend humoristisch als Sonderlinge und Originale, also unter dem Gesichtspunkt der Komik. Wo das nicht so ist, wie zum Beispiel in der Emanuel-Gestalt des *Hesperus* oder der Don Gaspards im *Titan,* da waltet freilich der Komik völlig entzogene Ehrfurcht. Aber die Darstellung der tätigen Lebensmitte und -höhe im Sinne der Klassiker vermeidet Jean Paul eher. Was er seinem Leser anbietet, sind die wunderlichen Kreuz- und Querzüge eines Schicksals, dem Gradlinigkeit fremd scheint. Ausdrücklich reserviert Jean Paul sich ja schon nach Aufbau und Dispositionswahl diese gleichsam unverbindliche Wunderlichkeit des Zufalls, wenn er aus Zettelkästen ausliest, mineralogisch oder nach Sektoren oder nach Jobelperioden gliedert oder sich gar, wie im *Hesperus,* die jeweilige Manuskriptrate für seine Kapitel von einem intelligenten Spitzhund zutragen läßt (daher „Hundsposttage"). Das läßt dem einfachen Fortfabulieren alles offen. Es fällt daher

auch schwer, seinen Romantypus mit dem des Ent-
wicklungs- oder Erziehungsromanes gleichzusetzen, in
dessen Nähe er am ehesten zu gehören scheint. Dazu
gebricht es Jean Pauls Schicksalen allzusehr an Logik
und Konsequenz, die man selbst dem gleichzeitigen
romantischen Künstlerroman (Wackenroders Berglinger, Tiecks Sternbald, E. T. A. Hoffmanns Künstlergeschichten) nicht absprechen kann. Die innere Notwendigkeit, daß eine ‚Biographie‘ in Romanform gerade so verlaufen müsse, ist bei den großen Romanen
Jean Pauls nicht gegeben. Gewiß: die Helden wachsen
und unterliegen mannigfachen erzieherischen Einflüssen, aber es müßten nicht gerade diese sein, und die
Umstände des Wachstums wären mit anderen auswech-
selbar. Nicht umsonst taucht immer wieder das Motiv der zweideutigen Herkunft aus außerehelicher Geburt auf. Viktor im *Hesperus* wie Albano im *Titan*
sind sozusagen auch morganatische Kinder des Schicksals, dessen echter Sohn dagegen ohne Zweifel Hölderlins Hyperion ist.

So ergibt sich denn für den *Hesperus* folgendes Hand-
lungsgefüge: Ein deutscher Duodezfürst hat fünf natürliche Kinder, von denen drei verschollen sind. Lord
Horion, Fürst Jenners freundschaftlicher Berater, hat
den Auftrag, sie zu suchen. Der Lord ist der vermeintliche Vater des Helden Viktor. Viktors Schicksal ist
bestimmt durch die Freundschaft mit Flamin, der als
Sohn des Pfarrers Eymann gilt, in Wirklichkeit aber
einer der fünf natürlichen Fürstensöhne ist. Dafür
wird sich erweisen, daß Viktor nicht der Sohn des
Lords, sondern der echte Pfarrerssohn ist. (Im *Titan*
wird es später genau umgekehrt ausgehen: Albano,
der vermeintliche Sohn Don Gaspards, wird sich als
Fürstensohn entpuppen und das Erbe des natürlichen
Vaters antreten.) Das zweite bestimmende Moment ist
Viktors und Flamins rivalisierende Liebe zu Klotilde.

Hesperus,
oder
45. Hundsposttage

>>>>>※<<<<<

Eine Biographie

von

Jean Paul

zweite, verbesserte und vermehrte Auflage.

Erstes Heftlein.
Mit dem Bildniß des Verfassers.

Berlin 1798.
in Carl Matzdorff's Buchhandlung.

Titelblatt der zweiten Auflage von Jean Pauls „Hesperus"

der vermeintlichen Tochter des intriganten, in Pension geschickten Oberkammerherrn Le Baut. Das In- und Gegeneinander von Freundschaft und Liebe bestimmt weite Partien des Romans. Untermalt werden diese Verhältnisse durch die im Hintergrund entscheidende Figur des gemeinsamen geheimnisvollen indischen Lehrers und lebensüberlegenen Weisen Dahore oder Emanuel, den Jean Paul unter Tönen, Düften und Farben dann sterben läßt in einem Maximum von Sentimentalität. Aber die Liebes- und Freundschaftshandlung bedarf noch einer Gegenhandlung. Sie geht natürlich vom Hofe aus, von einem Ministerssohn Matthieu, dessen Gestalt zwischen höfischem Intrigantentum und Freimaurerei zwielichtig schwankt. Über Matthieus geheimbündlerische Intrigen führt schließlich dann doch der Weg zu Viktors Wiederversöhnung mit dem Freunde Flamin, zur Überwindung ihrer Rivalität in der Liebe zu Klotilde, die Viktor schließlich von ihrer echten Mutter, der Lady Horion, als Braut zugeführt wird. Das Handlungsschema ist dasselbe, freilich kunstvoll erweitert und in den Höhepunkten gesteigert, wie in der *Unsichtbaren Loge*. Fällt das abstruse Motiv der pietistischen Katakombenkindheit im *Hesperus* fort, so tritt dafür das von Jean Paul fortan gerne festgehaltene Motiv der vielfachen Kindesvertauschung als nicht minder fragwürdige Motivierung in die Bresche. Es wird den ebenfalls in der aristokratischen Sphäre spielenden ‚höfischen‘ Roman der klassisch-romantischen Koinzidenz von 1800, den *Titan*, nicht minder bestimmen. Man muß sich immer wieder verdeutlichen, daß Jean Pauls höfischer Romantypus diese Art der Intrige nicht nur mit dem unteren Lustspiel, sondern auch mit der Trivialromantik teilt. Seine Art der Handlungsverwicklung zeigt, mindestens cum grano salis, wie der kleine Moritz sich das höfische Leben (des 18. Jahrhunderts) vorstellt. In dieser seiner

Affinität zur Trivialliteratur, die selbstredend das
Phänomen des Genies Jean Pauls nicht erschöpfend
bezeichnet, liegt sicher einer der Schlüssel für die Breite seiner Wirkung. Das Labyrinth von vertuschter Le-
gitimität und Illegitimität oder bis zum Ausweglosen
oder zum Knalleffekt getriebener Intrigen – es kann
nicht anders gesagt werden: es erfüllt für die Zeit um
1800 *auch* die Funktion, die heutzutage des Rätsels
Lösung im Kriminal- oder Detektivroman zu erfüllen
hat. Es war dies ja übrigens dennoch eine Sphäre, die
auch der jüngere Schiller, im *Geisterseher* zum Beispiel
(auch mit den Memoiren und *Pitaval*-Editionen), angesprochen hatte, also eine sozusagen literatursalon-
fähige.

Man wird von hier aus auch die Handlung im *Titan*
mit zu interpretieren haben, auf deren typologische
Verwandtschaft mit der *Loge* und dem *Hesperus*
schon mehrfach hingewiesen wurde. Aus dem Fürstentum Flachsenfingen im *Hesperus* wird nun das von
Hohenfließ, aus dem arkadischen Maiental wird Blu-
menbühl. Das sind Namens-, aber keine Sach- oder
Motivänderungen. Ähnlich verhält es sich mit der
Handlungsverwicklung um Albano, der als der Sohn
des Grafen Gaspard von Cesara auftritt (auf Isola
Bella, wie schon beschrieben), aber zu einem mehr als
wunderlichen Zweck. Viktor hatte in der Exposition
des *Hesperus* seinem Lord-Vater im wörtlichen Sinne
den Star zu stechen (Ziel und Krönung seiner Laufbahn als Arzt). Albano hat hingegen ein kraus ver-
schlüsseltes Testament seiner Mutter entgegenzuneh-
men samt zwei die Lebensalter maskenhaft vertau-
schenden Bildnissen der ihm unbekannten Mutter und
Schwester. Präjudiziert ist damit natürlich der spätere
Rücktausch sowie als eins der Ziele der Handlung
die Entschlüsselung des morosen Testamentes der Mutter, die mit der befreundeten Frau von Cesara einst

einen Kindestausch inszenierte, denn die echte Mutter ist die Fürstin Eleonore und Albano damit der nächste Agnat auf den Thron, den man durch den Tausch vor Anschlägen sichern wollte. Natürlich ist dies nur die Außenseite. Man darf die Verzwicktheit der Erfindung symbolisch (und dies nicht allein für den *Titan*) ausgedrückt finden in den mit dem Legitimitätsmotiv verbundenen beiden Bildnissen: die Mutter jugendlich, die Schwester mit Zügen des Alters – ein Rätsel, jedoch wieder ein äußerst künstlich hergestelltes. Am Schluß des Romans werden die Züge der beiden Frauen entzerrt und damit richtiggestellt durch das magische Perspektiv Schoppes, des toll-weisen Mentors Albanos und dazu der komischen Figur dieses ‚italienischen‘ Romans. Dies ist eben weitgehend Jean Pauls Verhältnis zur Wirklichkeit. Der Einsatz geschieht bei der ‚verkehrten Welt‘. Die Verkehrung wieder richtigzustellen muß dann natürlich das Ziel der Handlung sein. Der Dichter hat damit seinen Stoff. Ob er damit immer schon sein Motiv hat, das ist die Frage. Dem Literaturhistoriker, der vergleicht, will dies Verfahren auch in den enthusiastisch-idealistischen Romanen Jean Pauls als dem Lustspiel entnommen erscheinen, sozusagen als Verfahren schon eine Vertauschung. In der Handlung der komischen Romane oder Beigaben erscheint es dagegen unverfremdet und bestimmt Rang und Wirkung des Humoristischen.

Die großartigste Charakterleistung Jean Pauls liegt aber im *Titan* nicht auf der komischen Seite. Sie liegt bei den Gestalten Roquairols und der von Albano geliebten Frauen. Roquairol, der Sohn des Ministers, eine Schöpfung der Hof- und ihrer Literatensphäre zugleich, natürlich mit der Anlage dazu in sich selbst, ist mehr als der alte Verführertyp des Lovelace oder des Mellefont in der *Miß Sara Sampson*. Er ist eine der frühesten literarischen Verkörperungen des sublimen Verführermotivs bei Kierkegaard und des modernen Spiegelmenschen. Der einzige, den man ihm an die Seite stellen könnte, wäre Tiecks William Lovell (Tiecks Roman war vier Jahre vor dem Erscheinen des 1. Bandes vom *Titan* vollendet). Roquairol täuscht wie Lovell nicht nur die Welt, sondern auch sich selber über sich selbst. Damit ergibt sich auch für ihn wie für die Figur Tiecks eine Entwicklung zu totaler Verzweiflung, ein Ende im Nihilismus. Jean Paul behandelt dieses Motiv konsequenter als Tieck, auch symbolischer; denn er inszeniert einen veritablen Selbstmord auf der Bühne. Der ‚Spieler‘ Roquairol weiß sich, je weiter die innere Verzweiflung wächst, zugleich passiv als Ausgespielter. Er spielt letztlich, um seinen radikalen Egoismus zu seinen Gunsten zu realisieren. Sein Existieren ist damit nicht nur solipsistischer Selbstverwirklichungsversuch durch das Medium der Maske(n). Roquairols Ende vollzieht sich daher ganz stilgerecht: er ersticht sich auf der Bühne bei einer höfischen Liebhabervorstellung wirklich, statt bloß einen Theaterstoß zu tun. Er macht dialektisch aus dem Spiel eine makabre Wirklichkeit, nachdem sein bisheriges Leben die Wirklichkeit wie eine Bühne manipuliert hat. Er kann das aber nicht isoliert von den anderen tun. Er wird damit zum Schicksal Albanos und seiner Liebe. Die hintergründige Ironie der Roquairol-Figur ist die, daß hier ein leeres und ganz nur scheinbares Dasein vermag, auch die ‚Festtagsmenschen‘ in seinen nihilistischen Wirbel zu ziehen, ihr Schicksal zu spielen, ohne selber etwas Echtes darzustellen.

Das geschieht zunächst bei der ersten Liebe Albanos, Roquairols leiblicher Schwester, Liane. Ihr Name ist ihr Wesen: eine sanfte und liebliche schöne Seele, Albano im Wesen vollkommen ebenbürtig. Aber sie ist

übersensitiv, so daß sie, nur infolge der Rücksichts-
losigkeit Roquairols zu ihr, blind wird. (Das Blind-
sein oder Blindwerden oder sich selber künstlich Blind-
machen wurde bereits als eines der Lieblingsmotive
Jean Pauls genannt.) Liane ist so zart und empfind-
lich, daß sie die Intrigen um ihre Gegenliebe zu Albano nicht erträgt, die sie zur Heirat mit einem alten
Höfling zwingen wollen. Sie stirbt. Mittenhinein hat
Jean Paul schon eine nicht durchschaubare Schick-
salshandlung spielen lassen: Albano wird Linda de
Romeiro, die auf undurchsichtige Weise mit dem Fürstenhause und Albanos vermeintlichem Vater, ihrem
Vormund, verbunden ist, durch Prophezeiung verhei-
ßen. Linda aber wird – hier spielt Roquairol zum
zweiten Male Schicksal – durch Roquairol verführt,
der in der Dunkelheit in die Maske des geliebten Albano schlüpft – wieder eine Katastrophe durch Blindheit. (Freilich ist Roquairol damit im Netz seiner Tat
verfangen, und es bleibt ihm nach seiner Wesensart
nichts übrig als der pathetische Bühnenselbstmord.)
Gleichwohl ist nach den beiden Katastrophen Albanos
Schicksal nicht unerfüllt. Da er sich ja als vertauschter
Fürstensohn enthüllen wird, kann er am Schluß auch
wie im Märchen seine Prinzessin finden. Es ist Idoine,
eine Art Doppelgängerin oder doch wenigstens Eben-
bild von Liane (die Schwester der regierenden Fürstin), die Albano noch zu Lebzeiten Lianens für diese
halten konnte – wieder Jean-Paulsche Doppelgängerschaft und Gestaltentausch. Idoine fällt ihm zu, eine
Art pietistischer Variante der Lianen-Zartheit, wie sie
ist. Wie Liane mag Idoine die polare Ergänzung zu
der schönen Leidenschaftlichkeit Albanos darstellen,
sublim und hingabefähig, nicht ohne Forderung aber
an den Geliebten von jener religiösen Sphäre her, der
sie als schöne Seele durchaus im Sinne des *Wilhelm
Meister* angehört.

Nicht weniger als die hochangesetzten καλοὶ κ'ἀγαϑοί Jean Pauls wie Viktor und Albano, Beate, Klotilde, Liane, Linda und Idoine samt ihren Gegenspielern wie Matthieu und Roquairol gehen die komischen Helden aus der Bürgersphäre auf krausen oder gar labyrinthischen Schicksalswegen ihren Gang.

Schon vor dem *Titan* liegen der *Quintus Fixlein* und der *Siebenkäs*. Fixlein ist Lehrer wie Wuz, Siebenkäs Armenadvokat. Auf Fixleins Leben liegt die Hypothek, und sie lastet auch auf seinem eigenen Bewußtsein, daß er im gleichen 32. Jahr wie sein Vater sterben werde. Nur unter dieser Voraussetzung wird er zum Konrektor gewählt. Soweit ist alles einfach. Die tolle Handlungsverschiebung in Jean-Paulscher Manier setzt mit seiner versehentlichen Vokation zum Pfarrer ein. Die eigentlich von Jean Paul komisch gemeinte Pointe liegt darin, daß Fixlein, ehe er nach der Hochzeit mit der Jungfer Thiennette in ein beständiges Philisterdasein übergehen darf, noch sozusagen den Tod zu überlisten hat. Schon glaubt er den Dies fatalis des 32. Geburtstages hinter sich, da enthüllt sich bei der Taufe des ersten Kindes, daß er in Wirklichkeit jünger ist und das fatale Datum noch bevorsteht. Der Schock wirft ihn um, aber er wird gleichwohl wieder gesund; denn er übersteht, mit dem Spielzeug seiner Kindheit in der Hand, den ominösen Geburtstag: in der Fieberillusion, gar nicht 32, sondern erst 8 Jahre alt zu sein. Psychosomatik des 18. Jahrhunderts – jedoch schwerlich als Motiv Jean Pauls. Dieses ist vielmehr eine neue Variante des Ewig-Närrischen.

Die beiden Doppelgängerromane, der *Siebenkäs* und die *Flegeljahre,* verwirren nicht minder in ihrer Handlungsführung. In beiden Fällen liegt das verwirrende Motiv nicht allein in der Liebeshandlung, sondern auch in der dem Lustspiel des 18. Jahrhunderts so

geläufigen Testaments- und Erbschaftssphäre, die Ver
wicklung und Entknotung weitgehend bestimmt. Di
Standessphäre ist in beiden Romanen wieder klein
städtisch-kleinbürgerlich, tangiert jedoch nach Bedürf
nis auch die oberen Stände. Der idyllisch-kleinstädti
sche Ausgangsort ist betont, wie schon die Siebenkäs
sche Hochzeitsgesellschaft es zeigt. Aber hier scho
tritt diesmal die Verwirrung ein. Siebenkäs' Studien
freund Leibgeber, des Advokaten Doppelgänger, j
sogar der eigentliche Namensträger, da sie als Stu
denten ihre Namen tauschten, wird (genau wie Vult
der Zwillingsbruder Walts in den *Flegeljahren*) au
Grund der Verwechselbarkeit zum instrumentum fa
tale, durch das das Schicksal des Helden sich ent
scheidet. Die äußeren Lebensprobleme des Armenad
vokaten bestehen in der wegen des Namenstausche
mit Leibgeber nicht auszahlbaren Erbschaft und in
der wegen der ausgeprägten Spießbürgerlichkeit Le
nettens unbefriedigenden Ehe. Das sind wahrlich keine
besonders originellen oder tiefsinnigen Motive. Es muß
also tüchtig an ihnen gerüttelt werden, damit sie in
teressant erscheinen. Das geschieht denn auch in sozu
sagen atemberaubender Humoristik. Siebenkäs muß
durch Vortäuschung seines eigenen Todesfalles unter
Assistenz seines Doppelgängers sich scheinbegraben
lassen und damit seiner allzu philiströsen Ehe entflie
hen. Seine vermeintliche Witwe heiratet den Haus
freund Schulrat Stiefel, stirbt aber bald. Was aber ist
unterdes mit dem angeblich gestorbenen Siebenkäs ge
schehen? Mit Leibgeber den Namen wieder zurücktau
schend, tritt er im weit entfernten Fürstentum Lich
tenstein dessen Inspektorstelle an. Jedoch, die List des
Schicksals erreicht ihn gleichwohl. Schon vor dem
Maskenspiel mit dem Tode hat Siebenkäs sich auf
einer Frühlingsreise in ein schönes Fräulein verliebt,
das, wohl schwerlich zufällig, Natalie heißt wie die

Unbekannte im *Meister*. Natalie ist gebildet und damit der innerlich ersehnte Gegensatz zu Lenette. Der komische Roman muß aber ohne Bitterkeit auslaufen, wenn er nicht zum satirischen werden soll: Swift statt Fielding oder Sterne. Daher muß der weitgetriebene Scherz sich am Schluß mit einiger Rührung mischen. Diese erreicht denn auch Jean Paul redlich, indem er Lenette ihr Glück mit dem Bürger Stiefel nur kurz genießen läßt. (Eigentlich ist die Tote ja schuldlos an allem, und für ihre Hausbackenheit konnte sie nichts.) Die mitfühlende Natalie und der liebende, aber doch gewissensbeschwerte Siebenkäs finden sich schließlich in einer Art sentimentalen Knalleffekts am Grabe Lenettens.

Dies ist wohlgemerkt nur die dürre Handlungslinie. Alle die Mitverwirrungen, die durch Leibgebers Doppelgängertum, durch das Erbschafts- und ein Rivalenmotiv mit der Haupthandlung verzahnt sind oder als Nebenhandlungen mitlaufen, sind hier schon beiseite gelassen. Aber gerade daran mag deutlich werden, wie der erste ausgesprochen komische Roman Jean Pauls (gegenüber der *Unsichtbaren Loge* und *Hesperus*) eher nur eine Schwergewichtsverlagerung auf Ironie und Humor hin kennt, eine Erweiterung schon bekannter Jean-Paul-Motive und ein Mehr an künstlicher Verwirrung, die auch den Groteskencharakter steigert. Von einer geistigen Entwicklung kann kaum die Rede sein.

Die *Flegeljahre* (ob dieser – nach *Geschichte meines Zwillingsbruders* – zuletzt gewählte Titel der glücklichste wurde, mag offenbleiben) sind der kurze Roman der hier schon oft genannten Zwillingsbrüder Walt und Vult, die das gleiche Mädchen lieben, wobei denn das Verwechselspiel des Zwillings-Doppelgängermotivs kräftig bei der Lösung mitwirkt, während die Verwicklung der Handlung wieder weitgehend auf

einem komplizierten Testament beruht. Zu Ende geführt hat Jean Paul nur die Liebeshandlung, in der er
Walt, dem eigentlichen Helden des Romans, das von
beiden Brüdern geliebte Edelfräulein Wina am Ende
zufallen läßt. Das Erbschaftsmotiv dagegen wird nicht
bis zu seiner Entwirrung und Realisierung geführt. Die
Mischung von Komik und Rührung, auf die schon der
Siebenkäs zielte, wird hier dadurch erreicht, daß das
Glückskind Walt, dem, freilich unter ganz verqueren
Bedingungen, das große Erbe eines Fremden zufallen
soll, unvermutet in Vult den souveränen deus ex machina findet, ja sogar (durch überlegene Handhabung
der Doppelgängerschaft) den Mittler für die Braut,
die Vult selber so liebt, daß er nach diesem letzten,
für ihn tragischen Streich für immer Abschied nimmt.
Vult ist es, der hier Schicksal spielt und vom Beginn
bis zum Schluß das Leben des Bruders noch weit au-
genfälliger manipuliert als die Gesellschaft vom Turm
das Leben Wilhelm Meisters. Auch dies hat schon seine
rührenden Züge, ohne das Motiv des gemeinsamen
Entbrennens für Wina. Es wurde schon angedeutet,
daß Jean Paul Walt als einen seiner profiliertesten
reinen Toren konzipiert hat. Vult dagegen ist der vom
Leben erzogene, überlegen witzige, immer hellwache
Anti-Träumer, ein gerissener Realist, dessen Beruf als
etwas verlotterter Flötenspieler wiederum einen ro-
mantisch-ironischen Beiklang hinzugibt. Denn Vult,
die eigentlich romantische Existenz im Sinne des *Athenäums*, ist der im Denken und Kombinieren weit überlegene Gegensatz des mehr eichendorffischen Bruders.
Freilich ist Walt, das fast unerlaubt konsequente Kind
Gottes, eben doch nur bei Jean Paul selber möglich.
Denn der Simplex-Charakter des Helden ist ja die
Voraussetzung nicht nur für die liebende Beschattung
durch den ironischen Bruder, sondern auch für jede
groteske Situation und komisch rührende Motivierung.

Auch hier gehört die Geschichte nicht der bürgerlichen, sondern der Hofsphäre an und gibt es einen intellektuell überlegenen, höfisch-hochmütigen Rivalen der Brüder, den Grafen Klothar, der freilich schließlich ausmanövriert wird.

Jean Paul selber hat in der *Vorschule der Ästhetik* *Siebenkäs* und *Flegeljahre* dem zwischen ‚italienischem' und ‚niederländischem' Romantyp in der Mitte liegenden zugerechnet, den er den ‚deutschen' nennt. In der Tat halten diese beiden Werke eine Art Mitte zwischen dem hohen idealistischen Schwung des *Titan* und der mehr realistischen Kleinmalerei des *Wuz*. Gerade die Mischung von Komisch-Realistischem und Rührendem macht sie dazu. Die Spannung zwischen Schwärmerei und Liebe einerseits und dem ernüchternd humoristisch gesehenen saeculum andrerseits ist aber im Grunde genommen das Kernproblem des Jean-Paulschen Romans überhaupt. Auch im ‚italienischen' *Titan* gibt es die Figur Schoppes, die shakespearisierende Narrenfigur. Andrerseits ist die Holländerei des Wuzschen Idylls in und neben allem Realismus zugleich sentimental rührend.

Verfolgt man die Linie vom *Wuz* weiter, so führt sie über den *Quintus Fixlein* und dessen Beigabe *Des Rektors Florian Fälbels und seiner Primaner Reise nach dem Fichtelberg* (1796) zu *Des Feldpredigers Schmelze Reise nach Flätz* (1807) und *Doktor Katzenbergers Badereise* (1808), alles nicht zufällig mehr oder weniger groteske Reisegeschichten. Das reine Idyll à la *Wuz* – wie schon angedeutet – mit dem Schwergewicht auf dem ‚Niederländischen' führt dann später über den *Jubelsenior* (1797) zum *Leben Fibels, des Verfassers der Bienrodischen Fibel* (1812). Überall hier geht es um das Rührende der Naivität im Jean-Paulschen Sinne (oder doch mindestens um einfache Lebensformen und Verhältnisse auf ‚gebildeterem' Ni-

veau wie im *Jubelsenior*). Die Reise-Novellen haben
ihre Pointe in der Kompromittierung der naiven Beschränktheit oder Abstrusität (Katzenberger). Bei der
reinen Idyllen pointiert dagegen Jean Paul mehr auf
einfache Lebensformen, die denen das Charakteristische letztlich auch den Ausgang bestimmt. Doch mag
es der Literaturhistoriker als charakteristisch für Jean
Pauls epischen Stil einschätzen, wie sehr der Dichter
durchweg gerade auch diese seine ,einfachen Formen'
offenbar nach innerem Gesetz durch Zu- und Beigaben sozusagen aufzuwerten das Bedürfnis hat. So
ist zum Beispiel *Der Jubelsenior* eine wohlüberlegte
Mischung von „biographischem Bericht" und einem
auf jeden Bericht folgenden „Hirten- und Zirkelbrief"
womit nicht nur durch das Alternieren beider Gattungen, sondern auch durch das ästhetisch-theoreti-
sche Moment der den Erzählfluß unterbrechenden
,Zirkelbriefe' die ganze Gattung des Idylls nach Vossi-
schem Muster (*Der Geburtstag*) sozusagen zur Diskussion gestellt wird. Das geschieht natürlich auch durch
die Zugabe der Träume, der Visionen über Vernichtung und Erlösung, von der schon die Rede war, jene
zwingende Gattung der kleinen, in sich geschlossenen
Form, die hierin im Gegensatz zur häufig nicht zu
Ende geführten epischen Großform Jean Pauls steht.

   Unter diesem formgeschichtlichen Gesichtspunkt
muß auch *Der Komet* (1820–22) betrachtet werden,
das ursprünglich als ein Modell des komischen Reiseromans konzipierte Alterswerk Jean Pauls – nicht nur
wegen einer Beigabe wie dem *Traum über das All*
sondern auch wegen der Absicht Jean Pauls, das epische Werk durch eine Folge von Stücken einer fingierten Wochenschrift, für die der Name schwankt (Der
Apotheker, Der Papierdrache), in gewohnter Weise
zugleich aufzulockern und geistig zu substantiieren.
Diese Art der Konzeption gehört nun einmal zu der

bevorzugten Strukturen seiner Form. Beim *Komet* handelt es sich zudem zwar ursprünglich um einen komischen (also realistisch ,niederländischen') Entwurf, der ihm unter den Händen wieder zu einer seiner synthetischen Formen wurde: Mischung von englischem Humor und deutschem ,Tiefsinn'. Der Wochenschriftenplan verweist geradezu zurück auf seine Frühzeit, auf den Bereich, wo seine Ursprünge liegen. Zeitgeschichtlich sind wir mit dem Jahr 1820 allerdings schon an der Grenze zum literarischen ,Biedermeier', in dem sich ja die Wochenschriftenflut der Aufklärung regeneriert. Man könnte also sagen, daß die satirischen Anfänge Jean Pauls im Stile der Wochenschriften des 18. Jahrhunderts hier nahezu unmittelbar – das liegt an seiner Generation und der ihm zugemessenen Lebenszeit – übergehen in jene nachromantische Phase bürgerlichen Selbsterziehungswillens, die die Jahrzehnte von 1820 bis 1848 als eine Art Renaissance der Aufklärung mitbestimmt.

Jedoch, nicht nur die Wochenschriften-Konzeption kam nicht zustande, sondern auch die in der langen, fast qualvollen Entstehungsgeschichte (über ein Jahrzehnt hin) enthaltene ausdrückliche Beziehung auf den komischen Roman, diesmal der Romania, konkret: den *Don Quijote* und den *Pantagruel*. Jean Paul hatte ursprünglich die Absicht, eine ganze Enzyklopädie von Tollheit und Laune in seinem Apothekerroman auszuschütten, wozu ihm die Wochenschriften-Maske nur ein Mittel bedeutet hätte. Was zustande kam, war aber nur die Apothekergeschichte mit einem Rest des umfassend geplanten Reisemotivs und dem Spannungsfaktor der Erfindung des künstlichen Diamanten. Als topisch für Jean Paul kennen wir bereits das Motiv der fürstlichen Abkunft des (bürgerlichen) Helden Nicolaus Marggraf. Interessant ist es auf dieser Altersstufe insofern, als es in der Tat eine Umkehrung der

Handlung des *Titan* bedeutet. Jean Paul hat ja auch den *Komet* einen „Anti-Titan" genannt. Während Albano sich (ohne Ansprüche) als geborener Prinz zu enthüllen hatte, sollte ursprünglich der Held des Alterswerkes eine prinzliche Geburt als närrische Illusion für sich beanspruchen, die dann im Verlaufe der langen Inkubationszeit des Romans aber in Wirklichkeit verwandelt wird. Das stellt schon das „Ur- oder Belehn-Kapitel" des ersten Bändchens ganz klar. Aus der Grundnarrheit, der Illusion der fürstlichen Geburt, wird so eine diesmal gleich anfangs eingestandene Wahrheit. Zur durchgeführten Grundnarrheit des Helden wird damit aber nun die ‚milte', d. h. seine wahrhaft fürstliche Großmut aus Mitleiden, also etwas, was nicht ironisch-satirisch genommen werden kann, zumal es rührend schon von der Kindheit des Helden her dargestellt wird. Diese Grundnarrheit aber ist nunmehr ein sentimentales Motiv. Es kann später zur tollen Verschwendungssucht ausarten und zu deren Befriedigung das Motiv der Diamantenfabrik möglich machen. Allein, eine echte Gargantua- oder Don-Quijote-Nachfolge ist damit ausgeschlossen. Der Kreis der grotesken Nebenfiguren und Mitspieler kann daran nichts ändern, zumal von dem Plan der Wochenschriften-Kreuzung die (zum Teil sehr schönen und faszinierenden) „ernsten Ausschweife für Leserinnen" und die „Enklaven" übriggeblieben sind, die das Schwergewicht noch weiter zum Sentiment verschieben. Der *Traum über das All* aus diesem Bereich oder die Rede des magnetisierten und wieder erwachten Kain über Mensch, Gott und Beelzebub an den Schlüssen des ersten und dritten Bändchens zeigen durchaus keine Altersschwächung des Dichters. Sie bestätigen nur die Kontinuität einer Linie, die von der *Rede des toten Christus* und vieler Traumvisionen bis hierher führt. Gerade in dieser Gattung der Visiones

deren mystisch-barocken Ursprung wir ja kennen) of-
enbart sich aber nicht nur die Tradition, sondern auch
die neue Erfahrung der romantischen Leere und Angst
or dem Nichts, das Wagnis auch, sie dichterisch aus-
usprechen. Denn ohne diesen potentiellen, an sich
elbst erfahrenen Nihilismus wäre auch die Intensität
des lösenden und erlösenden Traums nicht denkbar.

. Das Schöne und das Gute

Der Leser von Jean Pauls Romanen findet in außer-
ewöhnlicher Fülle darin verstreut – und das gilt ins-
esondere auch für die in sich abgerundeten Klein-
ormen der Beigaben – Elemente einer Erziehungslehre
vie auch einer Ästhetik. Beides aber hat Jean Paul
uch in selbständigen Büchern geliefert, die zum Be-
eutendsten gehören, was das Zeitalter in diesen Be-
eichen zu sagen hatte. Die *Vorschule der Ästhetik*
1804) und die *Levana oder Erziehungslehre* (1807)
olgen auf die Vollendung des *Titan* und damit auch
uf das in der Romangattung schöpferische Jahrzehnt.
Die Entstehungsgeschichte der beiden theoretischen
Bücher steht in einer inneren Beziehung. Die Arbeit an
hnen füllt die Jahre, in denen das epische Dichtertum
ean Pauls nach einer längeren Überforderung zeit-
veise zurücktritt. Zwischen den beiden Theorien und
dem *Komet* liegen auch in der Folgezeit mit dem
Schmelzle und dem *Fibel* vor allem Ausbildungen des
umoristischen Idylls. Das ,Italienische' ist mit dem
Titan im wesentlichen ausgeschöpft. Daß sich nach
diesem zentralen Werk Jean Pauls Phantasie einige
ahre in Quarantäne hält, ist ganz natürlich. Daß er
die unmittelbare Folgezeit mit einer Rechtfertigung
einer eigenen Schreibart und des ihr zugrundeliegenden Menschenbildes zu füllen das Bedürfnis hat, ist es
nicht minder. Es bleibt schade, daß Herder, der dabei

stilistisch wie gedanklich Pate gestanden hat, das Er
scheinen dieser beiden genialen Kinder seines Geiste
nicht mehr erlebt hat. Denn sowohl die Ästhetik wi
die Pädagogik Jean Pauls gehören zu ihm, und wär
es auch nur zu dem Autor der *Kalligone* und des päd
agogischen *Reisejournals*. Die *Vorschule der Ästheti*
ist ja Theorie von der Anschauung aus, nicht deduziei
wie die Kantische. Die *Levana* aber entfaltet eine Er
ziehungslehre, die der Pädagogik schon des frühe
Herder in ihrem Betonen des Erziehungswertes de
Realität entspricht. Sie ist damit nicht nur sozusage
eine Enkelin Rousseaus, sondern auch unmittelbar
Reaktion auf den humanen Philanthropinismus de
Jahrhunderts, das heißt auf Campe, Basedow, vor al
lem Pestalozzi. Dieser Realismus und Empirismu
konnte sogar dem späten Goethe einleuchten (wieder
um ganz natürlich). Die Ausstrahlungskraft der beide
theoretischen Werke Jean Pauls ist zudem beding
durch ihre Aussagekraft pro domo. Die induktiv-em
pirische Methode der Ästhetik wie der Erziehungs
lehre ist zum großen Teile Selbstinterpretation des Au
tors einer langen Reihe epischer Dichtungen, dere
manchmal allzu genialische Zweideutigkeit nach de
legitimierten Deutung durch den Verfasser geradez
ruft.

Die *Vorschule der Ästhetik* ist in drei Abteilunge
gegliedert, deren dritte wieder das humoristische Mo
ment in drei Vorlesungen beigibt. Die 86 §§ der beide
ersten Abteilungen haben noch die übergreifende Glie
derung der „Programme". Das Feld ist weit abgesteck
Es fehlt kaum ein wichtiges ästhetisches Problem. Vor
Allgemeinen und Grundsätzlichen aus („Über die Poe
sie überhaupt", „Stufenfolge poetischer Kräfte", „Übe
das Genie") geht Jean Paul zur Antithetik der grie
chischen oder plastischen Dichtkunst und der roman
tischen Poesie weiter zu einer ganzen Programmgrup

be, die den Bereich des Komischen abmißt. Auf sie folgt mit dem zehnten Programm („Über Charaktere") die Ästhetik der Gattungen. Den Schluß bilden die beiden Programme „Über den Stil oder die Darstellung" und „Fragment über die deutsche Sprache".

Es ist schwer, sich über die Fülle des im genialen Sinne Geistreichen der Ideen und ihrer Anwendung detailliert Rechenschaft zu geben. Das gleiche gilt auch für die Form. Hier setzt Jean Paul einmal (wie auch in der *Levana*) seinen ganzen Reichtum an Bildern – Vergleich wie Metapher – zur reinen Erhellung des Gedankens ein, der in den Romanen so oft barock, assoziativ anregend, häufig auch den Leser an der Nase herumführend nur spielt. Hier aber dient er zu einer manchmal unvergeßlichen Prägung von Definitionen, Unterscheidungen bis in die Nuance hinein. Besonderes Gewicht liegt dabei auf dem, was zugleich selbstinterpretierende Bedeutung hat. So ist es im Bereich der Bestimmung des Lächerlichen, des Humoristischen, des Witzes und des Charakteristischen. Innerhalb des Gattungsgeschichtlichen ist es die deutliche Selbstapologie der eigenen Romanform mit den Belegen aus dem eigenen Werk (XII. Programm § 69–74). Hier wird nicht nur die Gattung als solche gerechtfertigt, sondern auch in ihrem Verhältnis zum Epischen und Dramatischen abgewogen, die Theorie der eigenen Romantypen der italienischen, deutschen und niederländischen Art entworfen, Recht und Grenze der Idylle gewahrt und gezeigt und schließlich in „Regeln und Winke für Romanschreiber" der Übergang von der Theorie in die Praxis gewagt. (Auch dies eine Analogie zur kommenden Erziehungslehre.) Daß Jean Paul hier die Erfahrung eines gewiegten Autors mit entschlossener Wertung zu verbinden weiß, macht nicht zuletzt die *Vorschule der Ästhetik* so ertragreich, ja faszinierend. Der Jean-Paul-Leser und -Kenner

fühlt sich geradezu provoziert, eine Fülle von Definitionen, die den Charakter der Endgültigkeit zu haben
scheinen, gleichsam wie Streckverse herauszulösen und
sich anzueignen. Das gilt auch für die drei wirklich
gehaltenen Leipziger Vorlesungen der dritten Abteilung (*Miserikordias-Vorlesung für Stilistiker, Jubilate-
Vorlesung für Poetiker, Kantate-Vorlesung über die
poetische Poesie*). Als sinnbildlich mag gelten, daß das
Inhaltsverzeichnis der letzten Vorlesung aus lediglich
drei Stichworten besteht: „Höchstes Ziel der Dichtkunst – Herder – Ende." Denn wenn als letztes Stichwort der Name des älteren Freundes erscheint, so bedeutet das mehr als ein pflichtschuldiges Gedenken an
den eben Verstorbenen. Es ist sachlich der Hinweis auf
die Nähe der Jean-Paulschen Denkart und Methode
zu Herders reicher, wenn auch fragmentarisch geblie-
bener Beisteuer zur deutschen Ästhetik, die aus gleicher universaler Belesenheit, zutiefst verwandtem
Ethos der Empirie, aus ähnlichem Übersprudeln der
Eindrücke, Erfahrungen und induktiver Folgerichtig-
keit erwachsen war.

Das anthropologische Gegen- oder vielmehr Ergän-
zungsbild zur Ästhetik der *Vorschule* bietet in gewisser
Hinsicht die Erziehungslehre der *Levana*. Und wie die
Ästhetik induktiv aus eigener Erfahrung gespeist wurde, so ist es auch hier. Jean Paul hatte ja sein theologisches Studium nur als Erzieher und Lehrer, immerhin
über nicht kurze Zeit, ausgemünzt. Der lebendige An-
schauungsstoff aber zur Zeit der Entstehung der *Levana* waren ihm seine eigenen drei Kinder so wie für
die *Vorschule der Ästhetik* sein eigenes Dichtertum
In der *Levana* geht es sozusagen um die Voraussetzung
des ästhetischen tour d'horizon der *Vorschule*: um das
Menschenbild in seiner Formungsmöglichkeit von der
Wurzel an. Da er die Erfahrung als Dichter wie als
Vater überdies auch noch als Leser ergänzte durch das

Studium des pädagogischen Jahrhunderts von Rousseau bis zum jungen Herbart, entstand nicht allein ein
menschliches Dokument von hohem Range, sondern
auch ein bedeutendes Dokument der Geschichte der
Pädagogik in ihrer großen Phase der Humanität. Die
Levana behandelt den Erziehungsgedanken nicht nur
in ihrem ersten Bändchen mit Ernst wie Ironie als
Idee und Prinzip, sondern auch in seinen fundamentalen Beziehungen zum „Geist der Zeit“ (§§ 33–37:
einem höchst gewichtigen zeitkritischen Kapitel) und
zur Religion. Hierauf erst folgt eine ganze Kinder-
psychologie, der man die Freude am Nichtanalyti-
schen, besonders am aufbauenden Mitgestalten des organischen Wachstums überall anmerkt:

Alles Erste bleibt ewig im Kinde, die erste Farbe, die
erste Musik, die erste Blume malen den Vorgrund seines
Lebens aus; noch aber kennen wir dabei kein Gesetz als
dieses: beschirmt das Kind vor allem Heftigen und Starken,
sogar süßer Empfindungen! Die so weiche, wehrlose und
so erregbare Natur kann von *einem* Mißgriff verrenkt und
zu einer wachsenden Mißgestalt verknöchert werden.

Darin ist eigentlich die ganze Quintessenz des in
seiner Dichtung so vielfältig zum Ausdruck kommenden Bildungsgedankens Jean Pauls enthalten: das
„Führen“ sowohl wie das „Wachsenlassen“, um es mit
der bekannten Theodor-Littschen Formel auszudrük-
ken. Erziehung soll sein: der Schutz der Eltern und
Pädagogen über der Entwicklung des Kindes zu sich
selbst, das heißt zum Charakter, mit Jean Paul zum
‚Idealmenschen‘. Das ist letztlich die klassische Formulierung für Bildung. Und in das Stichwort ‚klassische Bildung‘ läuft die *Levana* denn ja auch mit dem
dritten Bändchen aus. Vorhergegangen ist nicht nur
eine Trennung der Bildung nach den Geschlechtern
(wie es ja auch schon der griechisch-klassischen Pädagogik entspräche), sondern auch eine ganze Vorschule

zur Welt vom Common sense und Witz über Reflexion
zum „Tat- oder Welt-Sinn" (diese Entwicklung sogar
als ideale Fürstenschule gedacht). Das in die ‚klassische Bildung' auslaufende vorletzte Stück des dritten
Bändchens der *Levana* trägt aber den übergreifenden
Titel: „Ausbildung des Schönheits-Sinnes." Es fügt
sich damit nicht nur zu Winckelmanns ästhetischer
Erziehungslehre, sondern auch zu der Schillers in den
ästhetischen Briefen. Doch täuscht man sich, wenn
man bei Jean Paul die Humboldt-Konzeption erwar-
tet. Die Betonung des Realen und des auf die kindliche Existenz wirklich Beziehbaren bei der Auswahl
des antiken Bildungsstoffes: das ist durchaus mehr
Herder als Humboldt.

III. JOHANN PETER HEBEL

1. Die Gestalt

Fast wie Jean Pauls Leben übergreift auch das Johann Peter H e b e l s (1760–1826) die drei wichtigen Phasen der Goethezeit. Der Autor der *Alemannischen Gedichte* und des *Rheinländischen Hausfreundes* wurzelt noch tief im 18. Jahrhundert, wird aber erst zur Zeit der zu Ende gehenden Klassik selber produktiv, erfährt, auch in persönlicher Begegnung, noch die Romantik, leitet aber im Grunde genommen (ähnlich wie es bei Jean Paul dargestellt wurde) die miterlebte Goethezeit unmittelbar noch in jene bürgerliche Dichtung über, die man das literarische Biedermeier genannt hat. Bürgerlich: das war das 18. Jahrhundert gewesen bis zur Epoche der Originalgenies. Bürgerlich in einem vertiefteren und bewußteren Sinne war auch die Klassik. Bürgerlich, nach dem erneuten Triumph der Subjektivität in der Romantik (einer Seite, zu der Hebel nicht die geringste Affinität besaß), wurde dann wieder die Konstante der deutschen Literatursituation nach dem Wiener Kongreß. Figuren wie Johann Heinrich Voß, Matthias Claudius, Jens Baggesen und Jean Paul selber haben hier eine ähnliche Brückenfunktion zu erfüllen gehabt wie Johann Peter Hebel, wenn man vom literarsoziologischen Standort aus die spezifisch deutsche Lage erwägt. Es ist daher auch nicht verwunderlich, daß auch die gewichtige Stimme Jean Pauls – außer der des alten Goethe – für die in vielem so anders geartete Erscheinung Hebels in die kritische Waage der Zeit geworfen wird. Das beruhte auf Gegenseitigkeit. Der ältere Hebel machte sich ein Sonntagsidyll zurecht, bei dem er im ländlichen Wirtshaus im Grasgarten unter den Bäumen, im Freien bei einem halben Schöpplein Roten und Butterbrot in der Sonntagsstille, unterbrochen von Glockengeläut und Bienensumsen

sitzt und im Jean Paul liest. Nun, das ist der in Wirklichkeit verwandelte Wuz auf Kirchenratsniveau gehoben, Jean-Paulsche Stimmung in Hebelsche Stimmung transponiert. Aber es gibt auch noch andere Briefstellen der Wahlverwandtschaft, in denen die tiefere Nähe und Liebe sichtbar wird. So etwa die kurze Clavis Jean Pauliana als Einführung in den Liebling:

Man hat zwar anfänglich Mühe, sich in die eigentümliche Manier dieses Originals zu finden, und manches mag für nichtstudierte Personen schwer und unverständlich sein, aber man kann auch unbeschadet, ob's gleich Romane sind, eine und zwei Seiten überschlagen und die dritte mit innigem Entzücken lesen; seine Schilderungen der Natur, des menschlichen Herzens, der menschlichen Freuden und Leiden übertreffen alles Ähnliche, nur die Natur selber nicht.

Die Liebe des einen für den andern Dichter ist freilich alles andere als selbstverständlich, wenn man Kunst und Künstlichkeit Jean Pauls mit der nüchtern naiven Erzählkunst und der einfachen Innigkeit der *Alemannischen Gedichte* Hebels vergleicht. Das tertium comparationis liegt doch wohl in der Gemeinsamkeit des Außergewöhnlichen beider, das in keine Klassifizierung paßt. Zudem ist die Verwandtschaft irgendwie auch biographisch-existentiell. Beide haben, jeder auf seine Art, eine provinzielle Sonderlichkeit – Hebel noch mehr als Jean Paul. Bei beiden ist es aber das Bemerkenswerte, daß diese Sonderlichkeit nicht hinderlich für den Rang ist, sondern im Gegenteil einen unauflöslichen Bestandteil der Substanz ausmacht.

Johann Peter Hebel, Sohn eines Bedienten-Ehepaares, von einem pfälzischen Vater und einer Mutter aus dem Wiesental stammend, ist in Basel geboren, wo

beide Eltern im Dienst der patrizischen Familie Iselin
standen. Den Vater verliert er schon in früher Kindheit, die Mutter als Dreizehnjähriger. Lehrer und Gönner nehmen sich seiner an und ermöglichen die höhere
Schulbildung, die mit dem Gymnasium illustre in der
Landeshauptstadt Karlsruhe abschließt. Aus dem
„Wälderbüblein" wird, nach einigen Studiensemestern
in Erlangen, schon mit zwanzig Jahren der bald ordi-
nierte Kandidat der Theologie. Die Hebel-Forscher
zerbrechen sich den Kopf über die dann etwa ein
Jahrzehnt dauernde Verzögerung der Laufbahn. Fest
steht, daß seine ehemaligen Gönner in Karlsruhe sich
damals zurückgezogen haben; warum, weiß man nicht.
Sicher war es für den Begabten und Interessierten
(wenngleich nicht überaus Fleißigen), dessen lebenslanges Ideal, das ersehnte Pfarrhausidyll im Südbadi-
schen, sich nie realisieren wollte, auch beschämend,
einen Teil seiner Altersgenossen an sich vorbeiziehen
zu sehen, während er als Schulkollaborator in Lörrach
die besten Jugendjahre verstreichen sah. Indes, vom
Wesen des späteren Dichters aus betrachtet, war es
doch wohl keine Katastrophe. Denn in Lörrach findet
der für ein Pfarramt zunächst Kaltgestellte den ihm
entsprechenden Freundeskreis, in dem der scherzhafte
Mythos des Proteus und des „Belchismus" (vom nahen
Schwarzwälder Belchen abgeleitet) mit seinem bieder-
meierlich freundlichen Berggeist, dem „Dengelegeist"
(vom Dengeln der Sense), gedeihen können, Elemente
vor-mörikescher Fabulier- und Parodierlust. Alles dies
ist noch eine Sphäre der Jugend- und Wanderfreude,
in der Phantasie und Humor üppig sich entfalten können, mag man es heute auch als wunderlich empfinden,
daß die jugendlichen Gymnasiallehrer und Pfarrer
dieses Kreises auf den Belchenhügel des Bergführers
oder Trägers bedurften. Hier tritt dasselbe biedermeierliche Moment wie bei Jean Pauls Ausflug per

Chaise und Sänfte auf den Fichtelberg zutage. Das
Risiko etwaiger selbst zu tragender Lasten oder gar
Gefahren wird nicht eingegangen. Da noch 18. Jahrhundert ist, darf man ruhig an den Göttinger Hain
und die Gleim-Klopstockische Idyllik zurückdenken.
Als der in Lörrach als Lehrer und pädagogischer Gut-
achter bewährte Hebel 1791 an das Gymnasium der
Hauptstadt geholt wird, endlich in eine für den über
Dreißigjährigen reputierliche Stellung, ist etwas Un-
widerrufliches für sein Leben geschehen: die unzweifelhaft erwiderte Liebe zu Gustave Fecht, der Pfar-
rerstochter und Freundesverwandten, war, aus welchen Gründen auch immer, zu keiner Verwirklichung
gekommen. Die tiefere Ursache lag kaum bei der damals noch schlecht bezahlten Stelle Hebels (andere
haben die Ehe auch so gewagt), sondern in einer ihm
eigenen und auch später sich immer wieder bezeugen-
den Entschlußunfähigkeit. Der Briefaustausch mit
Gustave hielt bis auf wenige Wochen vor seinem Tode
an. Es war keine Entscheidung für ein Zerwürfnis,
aber auch keine für ein Wagnis. Gerade die spätere
Biedermeierzeit hat mehrere solcher Fälle hervorgebracht. Es sei hier nur an Stifter und Grillparzer erinnert, auch an das Thema des Hagestolzes im Werke
beider. Vor ihnen hat es dichterisch Jean Paul in Fülle.
Hebel vertritt es sozusagen existentiell. Doch genießt
er die Unabhängigkeit des Alleinseins keineswegs wie
etwa Gleim, sondern er leidet daran, es dämpft sein
ursprünglich vitaleres Lebensgefühl; darin entspricht
er nicht mehr der Genügsamkeit des 18. Jahrhunderts.
Übrigens tritt der badische Liberalismus als Entschei-
dungsunwille auch im Politischen zutage. Der Kalendermann Hebel, der Herausgeber des *Rheinländischen
Hausfreundes,* wechselt die Partei sofort, als man
nicht mehr auf Napoleon setzen konnte, das heißt
nach Waterloo.

Daß Hebel das Risiko von Entscheidungen, die ein Entweder-Oder oder auch nur ein Anecken in sich schlossen, niemals einging, hat im toleranten Grenzland Baden seiner Laufbahn nicht geschadet; im Gegenteil, diese führte ihn über das Rektorat des Karlsruher Gymnasiums, wo er die alten Sprachen und Hebräisch zu dozieren hatte, in die oberste Kirchenbehörde und schließlich zur Prälatur. Er wurde damit unter allen ehemaligen Freunden der weitaus höchste in der Hierarchie. Er war und blieb aber ein Mann des Volkes, wo er ja auch herkam, unintellektuell, gesellig, doch im Tiefsten wohl einsam in seinem heiter-schwermütigen Hagestolzentum. Die Konflikte, die er nach außen hin mied, verarbeitet er innerlich in seiner Dichtung. In ihr integriert er auch sowohl die Bonhomie seines Verhältnisses zur Wirklichkeit (*Kalender*) wie auch die Tiefe (*Alemannische Gedichte*).

Von den beiden andern großen Überbrückern Hölderlin und Jean Paul unterscheidet ihn, daß sein Lebenslauf auch ohne Dichtung denkbar gewesen wäre. Sie ist Krönung, aber nicht eigentlich Voraussetzung seiner Existenz. Gewiß erfüllte die Dichtung für ihn ein Bedürfnis nach einer Realisierung der Seelsorge als praktische Pädagogik, als Verantwortung, die zum Pfarrberuf hinzutrat. Bei Hebel wie bei dem in seinem Verhältnis zur Wirklichkeit und im Beruf nahe verwandten Oberalemannen Jeremias Gotthelf war die Predigt eine andere Aussageform des Erziehungswillens, wozu bei Hebel noch besonders die Umsetzung der Bibel in Erzählung, die Sorge um einen liberalen Katechismus und die Union der beiden protestantischen Konfessionen trat. Indessen, das leidenschaftliche, kein Risiko scheuende politische Engagement Gotthelfs war niemals Hebels Sache.

2. Die Alemannischen Gedichte

In seiner anmutigen novellistischen Anekdote *Ein Vormittag beim Buchhändler* läßt C. J. Burckhardt Rilke über Hebel die schöne und treffende Aussage machen:

> ... denn nicht wahr: nicht daß dieser Mann in Dialekt gedichtet hat, sondern daß der Dialekt in ihm dichterisch geworden ist, das ist das Entscheidende.

Dieses Wort gilt dem Autor der *Alemannischen Gedichte*. Es würde mutatis mutandis auch für Gotthelf zutreffen, vor allem für das Gespräch in seiner großen Prosaepik. Hier ist es auf den Lyriker Hebel gemünzt, den es von allem, was mit bloßer ,Heimatdichtung' verwechselbar wäre, abheben möchte. Denn man darf nicht vergessen, daß das Zeitalter der Dialekt-Dichtung in allen Stämmen anbricht, jedoch eben als Heimat- und Stammespreis, Ausdruck der biedermeierlichen Konservierungstendenz alter Sitten, Bräuche, Laute. Dies ist Spätromantik. Hebel aber ist mehr.

Das Gespräch in C. J. Burckhardts kleiner literarkritischer Novelle geht von der durchsichtigen Rationalität La Fontaines aus und von ihr zu der seltenen deutschen Entsprechung und Ebenbürtigkeit bei Hebel über. Es faßt nur den Hebel der *Alemannischen Gedichte* ins Auge, die 1803 in der Erstauflage erschienen waren und die später Ludwig Richter mit den wohlbekannten kongenialen Holzschnitten ausgestattet hat. Das Gesprächsthema ist ihre Unübersetzbarkeit sowohl in die deutsche Hochsprache wie ins Französische. Die Unübersetzbarkeit aber beruht auf ihrer Originalität. Für diese gibt es nun allerdings wesentlich frühere, bedeutende zeitgenössische Kronzeugen, vor allem Jean Paul und Goethe. Jean Pauls Besprechung in der *Zeitung für die elegante Welt* von 1803 enthält hohes Lob:

Unser alemannischer Dichter hat für alles Leben und alles Sein das offene Herz, die offenen Arme der Liebe und jeder Stern und jede Blume wird ihm ein Mensch. Durch alle seine Gedichte greift dieses schöne Zueignen der Natur, deren allegorisierende Personifikation er oft bis zur Kühnheit der Laune steigert ... Er ist naiv, er ist von alter Kunst und neuer Zeit gebildet, er ist meistens christlich-elegisch, zuweilen romantisch schauerlich.

Es ist das Lob des Gleichgestimmten, der sich dem alemannischen Dichter nahe weiß vom Naturgefühl bis zur Kühnheit der Laune.

Goethe hat sein Wort zwei Jahre später in der *Jenaischen Allgemeinen Literaturzeitung* gesprochen. Es lautet wesentlich anders, bei allem hohen Lob sachlich-distanzierter, und weiß im Hintergrund die ganze klassische Ästhetik des Naiven und die Bildungsproblematik des ‚Volksdichters'. Mit Jean Pauls teilt Goethes Kritik den treffsicheren Blick für das Symbolisch-Personifikatorische als eines der entscheidenden Elemente der Bedeutung von Hebels Lyrik:

Sein Talent neigt sich gegen zwei entgegengesetzte Seiten. An der einen beobachtet er mit frischem, frohem Blick die Gegenstände der Natur, die in einem festen Dasein, Wachstum und Bewegung ihr Leben aussprechen und die wir gewöhnlich leblos zu nennen pflegen, und nähert sich der beschreibenden Poesie; doch weiß er durch glückliche Personifikationen seine Darstellungen auf eine höhere Stufe der Kunst heraufzuheben. An der andern Seite neigt er sich zum Sittlich-Didaktischen und zum Allegorischen; aber auch hier kommt ihm jene Personifikation zu Hilfe, und wie er dort für seine Körper einen Geist fand, so findet er hier für seine Geister einen Körper.

Das ist, von Goethes Meditieren über das Bildliche aus gesehen, nicht wenig. Es spricht Hebel nämlich die hohe Kunst zu, seine allegorische Neigung in echt symbolische Dichtung umzusetzen (und das im Dialekt), auch dem hohen Gedankenfluge den Körper, das heißt

Sinnlichkeit, zu geben. Im Hintergrund steht hier die klassische Ästhetik von Schillers berühmter Kritik Bürgers als Volksdichter. Was Schiller Bürger einst absprach (nämlich die Fähigkeit, das Volk emporzuziehen, statt sich mit ihm gemein zu machen), das verwirklicht Hebel für Goethe. Dem abgelehnten Stürmer und Dränger Bürger wird hier der Volksdichter nach klassischem Maße entgegengesetzt. Das stellt sich Goethe so dar, daß ein sogenannter Bildungsdichter einen mythologischen Apparat brauche (ist es die Andeutung eines Stiches gegen Schiller?), dessen Hebel entraten kann:

> ... so verwandelt der Verfasser diese Naturgegenstände zu Landleuten und verbauert, auf die naivste, anmutigste Weise, durchaus das Universum; so daß die Landschaft in der man denn doch den Landmann immer erblickt, mit ihm in unserer erhöhten und erheiterten Phantasie nur Eins auszumachen scheint.

Welche Anmut hier auch auf der Seite des Rezensenten! Und welch un-jean-paulscher Hebel ergibt sich doch aus diesem Urteil! Es ist von einer Naivität der Mitte und des Maßes die Rede, während für Jean Pauls Urteil die Naivität im Wesentlichen in der Reizbarkeit des Gefühls beschlossen lag. Vom Gefühl redet Goethe bezeichnenderweise überhaupt nicht, dagegen davon, daß Hebel auf die naivste anmutigste Weise das Universum „verbauere". Wenn Goethe „das Universum" sagt, so weiß man nach seinem Sprachgebrauch, wie stark seine Bejahung Hebels sein muß. Dies meint, daß ein Riesenmaß in ein faßliches Maß verwandelt ist.

Anmut: Schon das erste der *Alemannischen Gedichte, Die Wiese*, ist auf bezaubernde Weise anmutig besonders wenn man das Gedichtmotiv des Flusses vom Ursprung bis zur Mündung (und dies noch in

Hexametern) mit in Rechnung stellt. – Universum: Wir kennen diese Gattung als Strommythos bei Goethe und Hölderlin: Sie ist dort tiefsinnig und von einer Dynamik der Lebensalter getragen, die hinreißt. Auch ist sie bei Goethe und Hölderlin Ausdruck einer pantheistischen Philosophie. Dadurch empfängt sie Würde, aber nicht Anmut. Hebel steckt die Maße schon damit zurück, daß er nicht den Rheinstrom, sondern dessen liebliches Bräutchen, den eher zierlichen Bergfluß, zum Motiv wählt. Sturm und Drang ist damit von vornherein ausgeschlossen. An seine Stelle tritt als Höhepunkt ein graziöser Mutwille. – Das Universum „verbauert": Goethes fast paradoxe Wortverbindung trifft die Sache genau. Der Lauf der Wiese (die natürlich, entgegen den Hölderlinschen und Goetheschen Strommythen, nicht wilder Knabe und Jüngling, sondern Mädchen ist) vom Wiegenbett am Feldberg bis zur Hochzeit mit dem Rhein ist in der Tat der Weg des Bauernkindes aus dem Wiesental, das schließlich in der Zier seiner Tracht zum Bräutlein herangewachsen ist. Allein, hier muß jeder Bericht dürr sein gegen die sinnliche Gegenwart in klassischer Form, die Grazie der Bewegung, den innigen Humor, der auf das Erhabene verzichten kann, und zwar in einem ausdrücklich mythischen Langgedicht, das zum holden schalkhaften Zwiegespräch des Dichters gleichsam wie mit einem Patenkinde sich entfaltet:

> Im verschwiegene Schoß der Felse heimli gibore,
> an de Wulke gsäugt, mit Duft und himmlischem Rege,
> schlofsch e Bütschelichind in dim verborgene Stüebli
> heimli, wohlverwahrt. No nie hen menschligi Auge
> güggele dörfen und seh, wie schön mi Meiddeli do lit
> im christalene Ghalt und in der silberne Wagle,
> und 's het no kei menschlich Ohr si Otmen erlustert,
> oder si Stimmli ghört, si heimli Lächlen und Briegge.
> Numme stilli Geister, si göhn uf verborgene Pfade

us und i, si ziehn di uf, und lehre di laufe,
gen der e freudige Sinn, und zeige der nützligi Sache,
und 's isch au kei Wort verlore, was si der sage.
Denn so bald de chasch uf eigene Füeßlene furtcho,
schliefsch mit stillem Tritt us dim christalene Stüebli
barfis usen, und luegsch mit stillem Lächlen an Himmel
Oh, wie bisch so nett, wie hesch so heiteri Äugli!
Gell, do ussen isch's hübsch, und gell, so hesch der's
         nit vorgstellt?
Hörsch, wie 's Läubli ruuscht, und hörsch, wie d'Vögeli
         pfife?
Jo, de seisch: „I hör's, doch gangi witers und blib nit.
Freudig isch mi Weg, und alliwil schöner, wie witer!"

Das Hebelsche Grundwort ist „freudig": freudig de
Sinn, freudig der Weg. Und das ist bezeichnend für di
stille Heiterkeit und Naivität des ganzen Flußlauf
Motivs, das die um so viel leidenschaftlicher brausend
Tradition hat. Bei Hebel ist es wirklich vermensch
lichtes und verländlichtes Universum, das All als ver
innige Intimität. Zugleich erschließt das Gedicht was
was Jean Paul und Goethe die „Personifikation" be
Hebel nennen – durchaus nicht eine von olympische
Gottheiten oder von Pan durchwaltete klassische Welt
Daß Hebels Mythologie fast völlig das allegorisch
Pathos abgeht, liegt an ihrer freundlich realistische
Nähe zum Menschen. Selbst in seinen Gespenster
spiegelt sich der Bruder Humanus, freilich auch hie
ein ländlicher Bruder. Aber auch die Welt der Sonn
und der Sterne ist letzten Endes solche Spiegelung
Gerade dies macht die Anmut des Mythos bei ihm
nicht allein die herzliche Innigkeit des Dialektes, i
der selbst die Geister reden. Daß es sie, etwa Irrlichte
oder Wiedergänger, in seiner Welt gibt, daß seine Na
tur durchwebt ist von solchen „Personifikationen"
verbindet ihn mit der Romantik und, wie später noc
gezeigt werden wird, auch mit dem dunkel Unheim
lichen in ihr. Doch sind diese Geister bei Hebel nich

Reiz der ästhetischen Magie, sondern Personifikation des Gewissens und des Gesetzes, dem es gehorcht. Sie sind aber auch nicht Allegorie im Sinne des 18. Jahrhunderts. Denn nicht der Gedanke nimmt eine sinnliche Larve vor, sondern das (alltägliche) Leben wird bis zur Sternenwelt erhöht. Darin liegt nun wieder eine Affinität zur Klassik: das vom klassischen Schiller gescholtene ,Volksdichtertum' Bürgers, das sich herabläßt zum Vulgären, statt das Vulgäre emporzuziehen, findet hier, wie gesagt, seinen Gegensatz im Sinn der Klassik. Hebel will emporziehen und ,veredeln', und er ist Volksdichter schon durch den Dialekt. Aber der Dialekt begrenzt nicht die Welt auf den Blickpunkt des Heimatdichters, er zieht das ,Universum' durch die Treuherzigkeit der Sprache eben in die menschliche Nähe. Hier scheint die Voraussetzung von Hebels Fähigkeit zu einer Mythologie der Anmut zu liegen, die auch noch die Sternen- und Gotteswelt unsentimental in sich begreift, ja selbst Vergänglichkeit und Tod nicht außen läßt. Hierin ist er der süddeutsche Verwandte des Niederdeutschen Matthias Claudius. Doch mag man Hebels Phantasie als wagemutiger, instinktiver im ,Personifikatorischen' ansprechen als die des älteren Norddeutschen, von der Hebel übrigens die Annäherung des Todes als Freund Hein entlehnt. Für den Literaturhistoriker ist das Hauptproblem, diese Durchwirkung der gesamten Welt durch herzliche und freundliche Geister vom aufgeklärten Optimismus des 18. Jahrhunderts abzuheben, einen großartigen Tastsinn auch für das Übersinnliche bei Hebel wahrzunehmen, der sich (schon bei Claudius, besonders aber bei Hebel) über alle Plattheit des aufklärerischen Maßes hinaus dichterisch äußert.

Ähnlich entwickelt sich die Situation im *Geisterbesuch auf dem Feldberg,* wo es um den von Hebel selbst erfundenen Dengelegeist geht. Das reizende

Nachtstück in Hexametern zeigt den Erzähler als Sonntagskind, mit dem zweiten Gesicht für Dämonen und Engel begabt. Von vornherein haben in dieser Welt die Schutzengel das Übergewicht über Gespenster und Dämonen. Doch läßt des Dichters Humor die Mitwirkung eines Wirtshausbesuches an seiner Fähigkeit für solche Erlebnisse ausdrücklich offen. Die Begegnung nun mit dem Dengelegeist auf dem Feldberg (nach einem gehörigen Schoppen Wein) dient der Erkenntnis, daß der Geist nicht, wie gedacht, zu den bösen Geistern gehöre, sondern zu den guten und freundlichen. Man möchte eine verborgene, aber ganz zarte Parodie auf die frühromantische Lust am Dämonischen (Tieck) darin vermuten, da die nächtliche Vision des ein wenig Berauschten gerade an den Rand des Grotesken geführt wird. Denn da sitzt ein Knabenengel, schön und lieblich:

„Alle gute Geister", sagi „Herr Engel, Gott grüeß di!" –
„Loben ihre Meister", seit druf der Engel, „Gott dank der!" –
„Nüt für übel, Herr Geist! Und wenn e Frögli erlaubt isch . . ."

Die Intimität des Verkehrs mit den Geistern ist schlagend. Sie nimmt sie als wirklich, aber sie nimmt ihnen das unheimlich Schaurige. So geht man denn auch hier ganz surrealistisch mit dem Irrlicht um. Der Zaungast wird vom Engel aufgefordert, sein Pfeifchen an ihm anzuzünden und es am Ziele Todtnau einfach auszulöschen, damit kein Stallbrand entstehe. Unreflektiert und unphilosophisch ganz und gar, und doch in seiner Naivität wie ein instinktives dichterisches Verwirklichen von Schellings „neuer Mythologie". Alles in allem entfaltet sich eine durch Schalk idyllisierte Geisterwelt, der denn auch der antike Idyllenvers wohl ansteht, wie er das auch dem reinen Idyll nach antikem Muster, dem Zwiegesang *Die Feldhüter* tut. Auch *Die Wiese,* das Einleitungsgedicht, das wir als gleichfalls idyllisierten Flußmythos erkannten, ist ja hexametrisch gehalten. Von Goethe oder Schiller her gesehen, das heißt vom klassischen Ehrgeiz aus, sind nun freilich Hebels Hexameter teilweise recht frei gehandhabt, manchmal auch richtig holperig im Rhythmus. In diesem Sinne sind sie restklassisch, nicht mehr vossisch.

An der Haltung und dem mythologischen Ausdruck der Anmut bei Hebel bezaubert vor allem der Reichtum der Formen wie der Motive, das Übersprudeln der Einfälle, das jedoch, im Gegensatz zu Jean Paul, kein Hindernis für die Einheit des Bildes ist. Ihr Eindruck bleibt zurück, ganz selten nur zerfließt etwas. Das Motiv vom *Spinnlein* (Leben und Weben über elf Strophen hin) ist auf eine meisterliche Weise, trotz aller Detailliertheit der einzelnen Szenen und Handlungen, als Einheit des Tones freundlicher Nähe, ja Vermenschlichung durchgehalten:

> Nei, lueget doch das Spinnli a,
> wie's zarti Fäde zwirne cha!
> Bas Gvatter, meinsch, chasch's au ne so?
> De wirsch mer's, traui, blibe lo.
> Es macht's so subtil und so nett,
> i wott nit, aßi 's z'haschple hätt.

Der Ansatzpunkt ist ohne Zweifel Anschauung, doch folgt ihm sogleich die Erläuterung durch das menschlich vertraute Motiv der Spinnstube. Dies wiederum ist kein Vergleich, sondern nahezu Identifikation. Daneben bewahrt es eine durchsichtig phantastische Dimension, in der das Spinnli ebensowohl zu Hause ist. Mit Goethe nochmals: das Universum verbauert.

> Es zieht e lange Faden us,
> es spinnt e Bruck ans Nochbers Hus,
> es baut e Landstroß in der Luft,
> morn hangt sie scho voll Morgeduft,
> es baut e Fußweg nebe dra,
> 's isch, aß es ehne dure cha.

Brücke, Landstraße, Fußweg – das alles ist wie des
Nachbars Haus bäuerliche Realität. Nur daß alles dies
in der Luft hängt, sozusagen in eine Elfensphäre transponiert wird, wie die Landstraße, von der es heißt:
„Morn hangt si scho voll Morgeduft." Die Affinität
dieser elfischen Anmut geht nicht in Richtung Wieland zurück, sondern verweist nach vorn in Richtung
auf Eichendorff und Mörike, in der Transzendenz des
Humors als Haltung auf Andersens Märchenwelt.
Diese Fähigkeit Hebels, im echten Sinne naiv Wirklichkeit anzuschauen und zu verarbeiten, gilt aber
auch für die Personifizierung des gestirnten Himmels
über ihm, in dem Sonne, Mond und Sterne mütterliche
und brüderliche Funktionen erhalten, so wie auch Engel und nicht recht geheure Geister, die auf der Erde
wandeln, die Schalkheit des Erfinders, die sie zu Pro-
jektionen des Menschlichen macht, kaum je verleugnen. So wird in den Gedichten *Der Abendstern* und
Der Morgenstern die Sonne zur Mutter zweier Büb-
lein, wirklich so, als ob das ‚Universum' eine freundliche Familie sei. Nicht anders erscheint *Der Mann im
Mond*, den die Mutter ihrem Bübli deutet als die Geschichte eines Nichtsnutz namens Dieterli, der sogar
am Sonntag gestohlen hat und zur Strafe dafür nun
auf ewig auf dem Mond Holzwellen binden muß.
Des neuen Jahres Morgengruß vermenschlicht die ursprünglich allegorische Figur auf eine Weise, daß das
Allegorische sich fast verflüchtigt. Das abgehende Alt-
jahr wird gescholten, weil es die Bäume entlaubt und
die Blumen zerstört hat. Es erscheint in der Gestalt
des „Vetters", der sich jetzt drückt:

> Mi Vetter het's drum sölli gmacht,
> und lauft jez furt in dunkler Nacht.

Das Neujahr aber meditiert nun über alles, was es den
Menschen zuliebe tun kann. Auch diese ländliche Welt

ist von freundlichen Dämonen und von Engeln durchwirkt. Das Gedicht wird daher des öfteren in die Nähe der Fabel gerückt. Das *Gespenst an der Kanderer Straße* führt nur die Trunkenbolde in die Irre, nicht die Nüchternen. *Der Knabe im Erdbeerschlag* „lüpft si Chäppli nit" vor dem Engel, der mithalten möchte. Seither ist kein Segen mehr beim Beerenpflücken. Die Schlußstrophe gibt ausführlich die Fabelmoral der Geschichte. Sie schmält, für Hebel so charakteristisch, die Unfreundlichkeit. Eben sie soll nicht zu seiner Welt gehören. Nirgends aber wird die ernste Fabelpointe ohne echte Schalkhaftigkeit entwickelt.

Es fällt nun auf, daß Hebel gern auch jene Gedichte, die die dunkle Seite des Lebens, mehr Schwermut als Anmut, berühren, im Hexameter schreibt. Das kann natürlich nicht für die beiden schönen Wächterlieder *Wächterruf* und *Der Wächter in der Mitternacht* gelten. Oder für den *Wegweiser*, der die erste Abteilung der *Alemannischen Gedichte* beschließt. Sie alle fordern volksliedartige Form und sind auch auf alten Liedformen aufgebaut. Ihre Tendenz ist Eindringlichkeit christlicher Ethik, und das Gott-Anheimstellen der Sorge in seinem eigenen Wächterruf hat Hebel nach langem Schwanken gegen das Freiburger Pfarramt für Karlsruhe sich entscheiden lassen, als er sein Lied auf der Reise vom Nachtwächter singen hörte. Für diese auch die Schattenseite des Lebens aufgreifenden Gedichte mußte die Liedform die gegebene sein, so wie für das Todesgedicht *Agatha an der Bahre des Paten* oder das wohl bedeutendste Stück dieser Gruppe *Das Gewitter* mit seinem wunderbar lyrischen Einsatz.

Wo sein Motiv jedoch an das Balladeske rührt, schreibt Hebel keine strophischen Balladen, sondern benutzt den epischen Hexameter oder Blankvers. Es handelt sich gerade hier um eine Gruppe seiner tief-

sinnigsten Gedichte, wie *Die Vergänglichkeit, Der
Karfunkel, Der Statthalter von Schopfheim,* zu denen
man noch die Mischung von Schalkhaftigkeit und
Ernst im *Geist in der Neujahrsnacht* stellen mag. In
diesem Bereich, wo es sich um balladeske Themen bis
zu Mord und Weltuntergang handelt, hat Hebel, trotz
der eminenten Lyrik dieser Stücke, das Schwergewicht
auf epische Formen fallen lassen, und zwar besonders
auf die ererbte klassische, die er (wie vor ihm auch
Voß im Niederdeutschen) mit Bewußtsein dem Dialekt unterwirft. Unter all seinen Gedichten in ‚hoch-
deutscher Sprache‘ gibt es den Hexameter nur in einem
schwachen und in einem albernen Stück. In den *Alemannischen Gedichten* aber hat er ein bewußtes spezi-
fisches Schwergewicht. Ist es die Erwägung, die schon
bei Opitz angestellt wurde und hier vielleicht wieder
anzustellen wäre? Die altdeutsche Verstradition ist
nicht auf alternierende Takte eingestellt, die Opitz als
Norm durchsetzen wollte. Daktylus und Anapäst sind
es, die der Tradition der Senkungsfreiheit und der beschwerten Hebung entgegenkommen. Die ja immer archaischen Dialekte, wo sie episch werden, fahren daher mit dem Verse Homers nicht schlecht. Als gewichtiges Mittel zur natürlichen Annäherung des epischen
Verses kommt bei Hebel die Auflockerung in Gespräch
oder Rahmenerzählung hinzu, die für sämtliche genannten Stücke gilt. (Goethe ist hier, jedoch vom
Standort der klassischen Ästhetik, mit der Gattung der
Gesprächs-Elegie vorangegangen.) Der Erzählrahmen
wie auch die ausdrückliche Gesprächsform des Gedichts *Die Vergänglichkeit* dienen nicht, wie der Rahmen bei C. F. Meyer, der Distanzierung, sondern wie
bei den beiden andern Alemannen Keller und Gotthelf, der Annäherung. Im Grunde ist die Vertraulichkeit des Gesprächs die innere Grundform des Dichters
Hebel, was auch für die Prosa des *Rheinländischen*

Hausfreundes gilt. Diese Vertraulichkeit soll hier stellvertretend an dem genau lokalisierten *Vergänglich-
keits*-Gedicht mit dem Untertitel „Gespräch auf der
Straße nach Basel zwischen Steinen und Brombach,
in der Nacht" aufgezeigt werden. Das Gespräch zwischen alt und jung, Vater und Sohn, ist wie im Drama
der alten Zeit ausdrücklich sinnfällig gemacht („Der
Bueb seit:", „Der Ätti seit:"). Damit ist die Situation
so nahe gerückt wie möglich: ein inniges Familienge-
spräch, nächtlich geführt, daher von besonderer Intimität und diesmal ohne Beimischung von Humor.
Auch zeigt sich beispielhaft Hebels dezidierte Abneigung gegen Abstraktion, selbst wenn das Thema (die
Vergänglichkeit) ein abstraktes ist. Konkreter kann
man nämlich nach Ort, Zeit, Ding und Gegenwärtigkeit des Gedankens ein so besinnliches Motiv kaum
behandeln: Vom Rötteler Schloß, Ruine seit alters,
reiner Anschauung also, gehen die Todesgedanken des
Jungen auf „üser Hus" über. Es handelt sich um die
wirklichen Orte des Wiesentals mit seinen Wald- und
Feldwegen, die für den alternden Ätti alle zum Kirch-
hof führen. Es handelt sich um die „schöni tolli Stadt"
Basel mit all ihrem Volk, ihrem Münster, ihrem Reichtum, an der der Alte die Vision des Untergangs exemplifiziert; Vision zuerst noch geschichtlicher Zerstörung:

> 's isch eitue, Chind, es schlacht e mol e Stund,
> goht Basel au ins Grab, und streckt no do
> und dört e Glied zum Boden us, e Joch,
> en alte Turn, e Giebelwand; es wachst
> do Holder druf, do Büechli, Tanne dört,
> und Moos und Farn, und Reiger niste drinn –
> 's isch schad derfür! –

Aber auch diese, modernen Stadtbränden in den Kriegen unseres Jahrhunderts phantastisch entsprechende
Vorstellung leitet nur über zum grausigen Gesicht des

Weltuntergangs, bei dem der Boden schwanken wird,
die Glocken von allein anschlagen, der Blitz den Welt-
brand hervorruft: Doch ist auch dies noch keine Verallgemeinerung, sondern hält sich in der erfahrenen
Welt seines Kindes. Hebel läßt es erst den verkohlten
Belchen und Blauen sehen, die Totenstille über dem
verödeten Wiesental. Doch läßt er den Knaben schon
als Auferstandenen unter den Sternen und von der
Paradiesstadt aus sprechen:

> Lueg, dört isch *d'Erde* gsi, und selle Berg
> het Belche gheiße! Nit gar wit dervo
> isch Wisleth gsi, dört hani au scho glebt,
> und Stiere gwettet, Holz go Basel gfüehrt ...

Die Wucht der Phantasie vom Jüngsten Tag verliert
nichts durch die ständige (auch durch die Gesprächsform nie abreißende) Beziehung der letzten Dinge auf
das Anschaulichste und Nächste. Hier ist eins der nicht
allzu vielen deutschen Gedichte, in denen die Weisheit:

> Und alles nimmt en End,
> und nüt stoht still.

in vollkommener Sinnlichkeit zur Darstellung kommt.
Als biographische Grundlage ist noch zu erwähnen,
daß auf jenem Weg zwischen Steinen und Brombach
Hebels Mutter am 16. Oktober 1773 im Beisein ihres
13jährigen Sohnes starb, als sie schwerkrank von Basel
in ihren Heimatort Hausen zurückgebracht werden
sollte. Die Nachbarschaft von Tiefe und Nähe bezeichnet Hebels Gedichte, in denen der Humor vor
dem Ernst zurücktritt, ebenso wie jene anmutig spielenden Gedichte, denen – von den paar reinen Scherzgedichten im Stile des 18. Jahrhunderts abgesehen (*Der
allzeit vergnügte Tabakraucher, Der zufriedene Landmann* u. a.) – eine Grundsubstanz kaum je abgeht, und

handelte es sich auch nur um *Das Habermus*: Form des
Idylls, Motiv das göttliche Wunder des Keimens und
Wachsens.

3. Der Erzähler

Hebels berühmt gewordene Tätigkeit als Kalendermann, in der sein Talent als Erzähler sich entfaltet,
kann man nicht trennen von der Frage nach seinem
Geschichtsbewußtsein. Der Unterschied zwischen dem
Wandsbecker Boten und dem *Rheinländischen Hausfreund* ist ein solcher der Art und nicht des Ranges.
Claudius' *Wandsbecker Bote* war ein privates Unternehmen gewesen. Hebels *Rheinländischer Hausfreund*
war sozusagen der badische Staatskalender: Volkserziehung von oben herunter, nicht von unten herauf.
Seine Herausgabe war also ein Auftrag keineswegs so
geistiger Natur wie der völlig unabhängige, den Claudius sich selbst erteilt hatte. Nun fiel aber der staatliche Auftrag an Hebel in einen bestimmten geschichtlichen Augenblick. Auf die unverbindliche Mitarbeit
am *Badischen Landkalender* von 1803 an folgte nach
dem Willen des Großherzogs die alleinige Bearbeitung
und Herausgeberschaft durch Hebel seit 1807. Im folgenden Jahre erhielt der Kalender dann den Titel
Rheinländischer Hausfreund, und unter des Dichters
Regie brachte er es auf eine Jahresauflage von dreißig-
bis vierzig-, einmal sogar von sechzigtausend Exem-
plaren. Das war, an Claudius' Unternehmen gemessen,
eine phantastische Zahl. Aber sie konnte nur durch
eine staatliche Initiative erreicht werden. Das wieder
legte dem Herausgeber eine eigene politische Verantwortung auf, zumal die hohe Zeit des *Rheinländischen
Hausfreundes* in die Jahre der größten Machtentfaltung Napoleons in Europa fiel. Das *Schatzkästlein des
rheinischen Hausfreundes,* die Sammlung von Hebels

Kalenderepik von 1803 bis 1811, entspricht also eben
falls dieser Epoche. Allein, Hebel zeichnete auch noch
für die Jahrgänge bis 1815 verantwortlich. (Dann
noch einmal ganz für den Kalender von 1819.) Damit
ergibt sich das Problem, nachzuprüfen, wie Hebel
– als badischer Staatsbeauftragter – den einschneiden
den Wechsel der europäischen Verhältnisse von der
höchsten Machtentfaltung Frankreichs zur Entmach
tung Napoleons und der ihr nachfolgenden Restaura
tion überstanden hat. Es wurde schon angedeutet, daß
dies, vom nationaldeutschen Standpunkt aus gesehen,
nicht gerade rühmlich verlief. Aber man darf die Wer
tung nicht vorschnell vollziehen. Hebel hat ganz of
fensichtlich nicht in der Kategorie Deutschland-
Frankreich oder gar europäisch gedacht, sondern land
schaftlich-duodezstaatlich. Das war das eine. Es drückt
sich noch nach Napoleons Sturz in seiner Stellung
nahme zu dem Antrag der württembergischen Königin
aus, die ihn für ihr Land auch gern als Kalendermann
gesehen hätte. Höchst aufschlußreich liest sich da He
bels Reaktion in einem Brief an Justinus Kerner vom
20. Juli 1817:

...so darf ich mir nicht verbergen, und Ihnen nicht ers
sagen, daß es schwer sei, Nationalschriftsteller für ein Volk
zu sein, das man nicht als das seinige und so gut als das
seinige kennt.

Dies ist von Baden nach Württemberg hin gesprochen
und dürfte deutlich genug sein. Landschaftlich-duo
dezstaatlich denken, das bedeutete also, einer gemein
samen Kultur schon mit dem nächsten Nachbarstaat
keinen Wert beizulegen. Es schließt in sich Hebel
gleichwohl offene Parteinahme im europäischen Kon
flikt zwischen dem Imperium der Napoleonen und
dem von ihm tangierten Selbstbewußtsein der gleich
geschalteten andern Völker. Hebel war als Politiker

Der
Rheinländische Hausfreund
oder
Neuer Calender
auf das Schaltjahr 1808,
mit lehrreichen Nachrichten und lustigen Erzählungen.

Carlsruhe; im Verlag des Großherzogl. Lyceums.

*Titelblatt des Kalenders „Der Rheinländische Hausfreund"
auf das Jahr 1808*

durchaus Rheinbündler, weil er nicht von der nationalen Ebene, auch nicht von der nationalen Kultur-
ebene aus dachte, sondern sozusagen von Haus und
Hof und damit auch von seinem Kleinstaat aus. Er
empfand Kontributionen und Rekrutierungen von daher während der Rheinbundzeit als lästig, aber er ver-
urteilte sie nicht. Als die Heilige Allianz die Bewegung in umgekehrter Richtung einleitete, klagte er
aber auch moralisch. Seine brieflichen Äußerungen
von 1814 lassen keinen Zweifel darüber, daß er den
aus dem Geiste der Romantik sogenannten „Heiligen
Krieg" für seine Person ablehnte:

> Womit hat sich dieser Krieg als den heiligen, wofür ihn
> eine Partie ausgab, charakterisiert? Mit dem deutschen
> Nachtmahl, das in Sodom gehalten worden? O Zenoides,
> erkennt dein erleuchtetes Auge nicht, daß ein großes Trauer-
> spiel aufgehört ... hat und eine Posse an seine Stelle ge-
> treten ist.

Das, in einem Brief an Hitzig (= Zenoides) geschrieben, hört sich radikaler an als Goethe. Goethe hat
über Napoleons geschichtliche Größe offensichtlich
nicht anders gedacht als Hebel. Doch hat er in *Des
Epimenides Erwachen,* wenn auch sichtlich widerstre-
bend, einen politischen Irrtum anerkannt vor aller
Welt. Aber Goethe dachte, trotz der Gemeinsamkeit
mit Hebel in der Parteinahme für das Napoleonische
Frankreich, über Kriege und Völkerkatastrophen eben
doch nicht vom Idyll aus, vom Hof und Herd und
deren Frieden oder Leid. Auch war er kein Kalendermann. Es blieb ihm daher die fatale Aktualität des
Parteiwechsels erspart, die Hebel mit dem verlegenen
Witzeln, daß der Kalendermann immer auf der sieg-
reichen Seite sein müsse, vollzog. Er hätte ja vom
Kalender zurücktreten können. Daß er die Notwendigkeit dazu nicht sah, ist bezeichnend nicht nur für

sein Land, sondern auch für seinen Charakter. Dieser war aber offensichtlich durch Erzieherbewußtsein stärker geprägt als durch Geschichtsbewußtsein oder gar politische Grundsätze. Hier liegt der Schlüssel zu seiner Erzählkunst, die immer vom Nächsten ausgeht und sich an den Nächsten wendet, nur seine konkreten Bedürfnisse ins Auge faßt, im allgemeinen jedoch apolitische ethische Prinzipien vermitteln will. Darin unterscheidet er sich auch von dem späteren alemannischen Kalendermann Gotthelf, dessen politische Revuen furchtlos, ja scharf Partei zu nehmen wußten, sogar offen propreußisch.

Vom Nächsten zum Nächsten, das ist geradezu das Formgesetz der Kurzgeschichtlein und Anekdoten, mit denen Hebel seinen Kalender gefüllt hat. Aber es ist doch auch eine Tradition dabei: die des *Rollwagenbüchleins* des im Elsaß benachbarten Jörg Wickram, der alemannischen Schwanküberlieferung also. Der Rückgriff auf Humanisten- und Barockschwank ist bei Hebel (wie auch bei Gotthelf) schon in einigen Überschriften sozusagen dramatisch sichtbar: *Wie man aus Barmherzigkeit rasiert wird, Wie sich der Zundelfrieder hat beritten gemacht, Wie einmal ein schönes Roß um fünf Prügel feil gewesen ist.* Das ist nicht nur dem Volk vertraute Sprache, sondern auch freiwillige Traditionswahl von seiten des Autors. Auch die kürzeren Überschriften sind in ihrer Simplizität fast raffiniert. Das Raffinement liegt im wohlbemessenen Verhältnis von Andeuten und Verschweigen. Wenn da steht: *Brotlose Kunst* oder *Seltsamer Spazierritt* oder *Merkwürdige Gespenstergeschichte* oder *Der geheilte Patient* oder *Teures Späßlein,* so erfährt man im Grunde nichts vom Inhalt im voraus. Spannung und Neugier werden geweckt, aber vom Inhalt wird nichts verraten. Ob ein aktueller oder ein topischer Schwank, eine Schelmengeschichte oder eine historische Anek-

dote dahintersteckt, das weiß man nicht. Wenn da steht
Der kann Deutsch oder *Das letzte Wort,* so bleibt der
neugierige Leser vollkommen im dunkeln über das epische Geschehen. Es kann eine Anekdote aus den letzten
Kriegen, es kann ein über Eulenspiegel zurück bis zur
Antike reichendes Schwankmotiv sein. Hebel wußte
das wohl zu dosieren. Vor allem aber besaß er ein
Gespür für die Proportionen zwischen der Moral von
der Geschicht' (dem Abraham-a-Santa-Claraschen
‚Merks') und der sinnlich-konkreten Erlebnisfähigkeit
des Volkes. Ohne Zweifel erweist sich der Autor des
Rheinländischen Hausfreundes als ein Moralist reinsten Wassers. Aber das Geniale dabei ist, daß dies
nicht auf Kosten der epischen Intensität geht. Es ist
und bleibt Prosaepik, allerdings Kurzformepik, wie
man ihr ja auch bei Claudius begegnen konnte. Ein
Gedicht jedoch wie *Der Tod und das Mädchen* aus
dem *Wandsbecker Boten* gibt es im *Rheinländischen
Hausfreund* nicht und kann es nicht geben. Der Erzähler Hebel wirft hier alles auf das Epische, und
zwar auch auf dessen volksmäßige Nüchternheit und
Unsentimentalität. Daher ist der *Rheinländische Hausfreund* eine Fundgrube für Stücke zugleich instinktiver und besonnener Konzentration auf das Wesentliche für das Volk. Das Gemüt kommt dabei nicht zu
kurz, die realistische Nüchternheit aber auch nicht.
Die zugleich hohe und einfache Gefühlssphäre des
Claudiusschen Liedes schaltet daher aus. Die Prosa-
fabel wie die Schelmengeschichte alter Überlieferung
tritt bei Hebel in den Vordergrund. Hebels Erzählsti
stellt in erster Linie auf eine nüchtern realistische
Apperzeptionsfähigkeit ab.

Die Welt, die Hebel seinem Leser mit einer souveränen Kunst der Spannung nahebringt, umfaßt nach
Gattung wie Stoff eine außergewöhnliche Weite. E
gibt da zahlreiche Wirtshausschwänke, zum Teil ne

„Der Kommandant und die badischen Jäger in Hersfeld."
Holzschnitt von H. K. Hegi zu Hebels Erzählung im
„Rheinländischen Hausfreund" (1808)

datiert, jedoch alter Tradition. Spieler sind die – meist
geprellten – Wirte und mehr oder weniger eulenspie-
gelhafte pfiffige Spaßvögel als Gäste. Es gibt die gute
Tat, die ihren Lohn in sich selber trägt, in reichen
Variationen. Es gibt die geschichtliche Anekdote zurück bis zur Völkerwanderung, vor allem aber aus der
napoleonischen Gegenwart bis tief nach Asien hinein.
Denn der Orient darf nicht fehlen. „Schreckliche Un-
glücksfälle" passieren allerorts so gut wie „merkwürdige Schicksale". Historische Zeitrevuen über viele
Länder weg wechseln mit biographischen Porträts,
Äußerungen, überlegenen Handlungen. Der größte
Platz aber ist wohl der Schelmengeschichte im weitesten Sinne eingeräumt, Zundelfrieder, Zundelheiner
und der rote Dieter sind die spitzbübischen Helden
einer Gruppe von Stücken. Mit dem Spitzbubenmotiv
hängt auch das Rechtsmotiv zusammen: Salomonische
Urteile, Überlistung des Gerichts, zeitliche und ewige
Strafen. Die Stände sind alle vertreten, vom Ärmsten
bis zum Reichsten und bis zum Fürsten. Zusammen
spielen sie eine Art Welttheater in einfacher Form.
Das Gewicht der Motive variiert nach dem jeweiligen Anteil des delectare oder des prodesse. Nur in
seltenen Fällen kann hier Langeweile wach werden.
List, Pfiffigkeit, Mutterwitz setzen sich durch oder
finden ihren Meister. Die gute Tat geht selten bis zur
tränenvollen Rührung, doch weckt sie gern Besinnlichkeit, Gutmütigkeit und Treuherzigkeit zur Nach-
eiferung. Fast nie geschieht das ohne episch eindring-
liche Pointierung, wobei der Weg zur Pointe selten
lang ist. Nicht anders steht es um die Unterrichtung
des Lesers über Geschichte und Gegenwart, obwohl
die Aufgabe der Information sicherlich die geringsten
dichterischen Chancen bietet. Was Gotthelfs *Neuen*
Berner Kalender versagt bleiben mußte: die überpro-
vinzielle Wirkung – Hebel hat sie, dank seinem mei-

Joseph von Görres. Zeichnung von Ludwig Emil Grimm

Heidelberg von Osten. Aquarell von Carl Rottmann (1815)

sterhaft gefaßten Humor, erreicht, und dies selbst im
weiteren Sinne als der *Wandsbecker Bote*.

Der Erzähler hat übrigens seine einleuchtende Form
auch da gefunden, wo er im vollen Ernste redet: in
den *Biblischen Erzählungen* (1824), in denen er nicht
nur dem Volke gemäß, sondern auch dem Kinde ent-
prechend Altes und Neues Testament auf seine innige
und schlüssige Weise umformt: Es ist seine *Levana*-
Praxis.

Vielleicht hat gerade das Undogmatische im Religiösen, das nicht gerade Charaktervolle im Politischen,
das Innige, aber auch Weiche seiner Natur zu Hebels
Größe und Rang mit beigetragen, statt sie zu stören.
Blieb ihm die Härte der Entscheidung versagt, so besaß er dafür die Intensität der Hingabe an die ihm
zugeteilte und daher wirklich erfahrbare Welt. Er ging
in ihr nicht auf – sonst wäre er wirklich nur Heimat-
dichter gewesen, sondern er durchdrang sie mit my-
thenbildender Phantasie und alemannischem Humor.
Diese Fähigkeit war es, die ihm überlegene Menschlichkeit und Welthaltigkeit verleihen konnte.

DIE HOCH- UND SPÄTROMANTIK

I. VON JENA NACH HEIDELBERG

Mitten in und nach der Auflösung des Kreises der Frühromantiker in Jena schiebt sich schon im sächsisch-thüringischen Raum eine jüngere Generation von Dichtern, Schriftstellern und Philosophen ein, die vieles mit der älteren Berliner und Jenenser Romantik teilt: die weltanschauliche Neigung zum Pan- oder doch wenigstens Panentheismus und eine entsprechende Naturphilosophie, Kunst- und Geschichtsgläubigkeit, eine allen Formen weltoffene Ästhetik, lyrische Begeisterungsfähigkeit, die Sehnsucht nach dem Ur- und Volkstümlichen, die Spitze gegen Aufklärungsoptimismus und Philistertum in jeder Form. Dennoch nimmt mit dieser Generation der Brentano, Arnim, Kleist, Savigny, Görres und der Brüder Grimm, der Eichendorff, Loeben und der Serapionsbrüder um E. T. A. Hoffmann die Romantik eine deutliche Wendung. Obwohl die Brüder Schlegel, Schelling, Fichte, Schleiermacher und Tieck weiter leben und wirken, bleibt dennoch ihre ursprüngliche Richtung nicht die beherrschende. Den konvertierten Friedrich Schlegel wird hinfort nicht mehr das Griechentum im bisherigen Sinne interessieren, August Wilhelm Schlegel wird sich auf Übersetzung und Philologie werfen, Herder, Schiller und Novalis sind abgetreten, Schleiermacher beginnt dogmatischer zu werden, Tieck nähert sich dem älteren Goethe an, der seinerseits sich der Romantik öffnet. Das sind aber alles gewichtige Veränderungen; eher dazu angetan, einer aufkommenden Generation den Weg freizugeben als durch Tradition zu verlegen, und sei es auch die unmittelbar vorangehende frühromantische. Nimmt man den jungen Tieck aus, so beginnt nun die Epoche der ‚magischen' Romantik, deren Konzeption schon Novalis angedeu-

tet hatte, in praxi. Die Welt wird dämonisiert und
füllt sich mit Geheimnissen und Schauern, die Natur
wird Gegenstand neuer Sinne, der Mensch einerseits
Spielball oder Marionette hintergründiger Mächte,
andrerseits der fröhlich zigeunernde Wanderbursche
mit dem Zug nach Süden, freier Vogel und Naturen-
thusiast. Ihn sichert, sofern er nicht Opfer der Weltdä-
monie wird, die Ursprünglichkeit der Natur und des
Volkes, die ihn umfängt. Zu diesen Sicherungen gehört
für die jüngere Generation aber auch noch in einem
andern Sinne als für die älteren Romantiker die religiöse. Womit die Frühromantik (Wackenroder, Tieck,
Novalis) nur spielte: mit der Idee einer schützenden,
möglichst universalen Kirche, damit macht die jüngere
Romantiker-Generation   weithin   Ernst.   Während
Schelling und Friedrich Schlegel erst in höheren Jahren den Weg der Konversion beschreiten, ist das Kon-
vertitentum eines der für die spätere Romantik bezeichnenden Elemente. Adam Müller und Görres gehen entschlossen schon früh diesen Weg. Brentano
geht ihn zurück zur Kirche seiner Geburt. Das gleiche
gilt auch von vielen sekundären Geistern. Man darf
dabei die innere Argumentation nicht außer acht lassen. Allzuviel ist der Welt der jüngeren Romantik
unsicher geworden. Der sich überall von der Dämonie
des Daseins bedroht Wissende muß die Hut einer Kirche, die zugleich ihre Wurzeln im Irrationalen hat,
als Lebenssicherung erstreben, die er nicht als Kompromiß empfindet. Er hat es nötig.

Und noch ein wichtiges Element kommt erst mit der
jüngeren Generation spontan (reflektiert auch bei einigen Vertretern der älteren) in die Romantik hinein
und wird bis zum heutigen Tage die Diskussion über
ihren Wert oder Unwert provozieren: der Nationalismus. Bei den Klassikern Herder, Schiller und Goethe
hatte weitaus das Kosmopolitische überwogen (bei

Schiller trotz des *Tell*, bei Herder trotz der Wiederentdeckung des Volkes, bei Goethe trotz des späten
Epimenides). Die Berliner wie die Jenenser Frühromantiker hatten (trotz Wackenroders Hans Sachs und
Dürer, Tiecks *Sternbald* und den Volksbüchern) letztlich doch eine übernationale Konzeption von Kultur
und Literatur. Novalis' politische Fragmente lagen
dermaßen spekulativ in seinem weltanschaulichen Fundament, daß sie in Preußen zwar einen Idealstaat
wittern konnten (dessen Untertan er übrigens gar nicht
war), aber durchaus nicht im chauvinistischen Sinne,
sondern im abstrakt idealistischen der besten der möglichen Welten in der Politik. Alles dies aber war höchstens stimmungsmäßig und nur analogisch ,national'.
Nicht so hingegen die jüngere Romantik. Sie engagiert
sich in der Mehrzahl ihrer Vertreter unmittelbar. Gewiß wechseln die Orte, von denen aus sie politisch
Geschichte mitzumachen sucht. Zum Teil hängt der
Wechsel vom Standort der jeweils im Kampfe gegen
Napoleon führenden Regierungen ab, manchmal sogar von dem der Armeen. Es kann Berlin, Hamburg,
Dresden oder Wien, sogar Moskau sein. Es können
auch die Rheinlande sein, als die Lage das Wirken der
Görres und Arndt dort möglich macht. Indessen in
erster Linie muß wohl Berlin genannt werden, obwohl
preußische Patrioten wie Stein und Arndt ihren Standpunkt jahrelang als Emigranten auch in Rußland vertreten.

Der historische Vermittler zwischen älterer und jüngerer Romantik ist örtlich und sachlich zugleich einer
ihrer bedeutendsten Repräsentanten: Clemens B r e n -
t a n o (1778–1842). Er konnte als persönlicher Vermittler zwischen Goethe und der jüngeren Romantik
gelten, war er doch der Sohn von Goethes Jugend-
freundin Maximiliane von La Roche, Enkel der Auf-
klärungsromancière Sophie von La Roche. Clemens'

Vater, der Gründer des zeitweise bedeutenden Frankfurter Handelshauses, war aus Norditalien zugewandert, und die Mischung macht sich vor allem in dem genialen, phantastisches und quecksilbriges Element vereinenden Geschwisterpaar Clemens und Bettina bemerkbar, deren Wesen und Ruf das Bild der Öffentlichkeit von der jüngeren Romantik in starkem Maße mitgeprägt haben. Zwischen dem älteren Bruder und der jüngeren Schwester lag ein Altersunterschied von sieben Jahren. Stellt man diesen gebührend in Rechnung, so bleibt eine außergewöhnliche Kommunikation der Genialität, auch als der Lebensweg der Geschwister auseinanderführt, als die Schwester die Frau des nächsten Freundes und romantischen Partners Achim von Arnim wird, ihr Temperament in die preußische Mark verpflanzen läßt, wobei sie eine Art Kobold bleibt, dem niemand, auch nicht der König, etwas übelnimmt. Clemens' Weg dagegen führt ihn später in die katholischen Länder Westfalen und Bayern, wobei der Spaß für ihn aufhört, den Bettina auch als märkische Edelfrau sich weiterhin gestatten darf. Wie nahe sich die wesensverwandten Geschwister stehen konnten, zeigt der schöne und eindrückliche Nachklang des frühen Briefwechsels der beiden, den nach Brentanos Tod Bettina unter dem Titel *Clemens Brentanos Frühlingskranz*, freilich durchaus eigenwillig stilisiert und geändert, veröffentlichte. Die sprühende Keckheit des jugendlich-romantischen ‚épater le bourgeois', des stets provozierten und provozierenden Selbstgenusses einer weitgespannten und außergewöhnlich geöffneten Genialität ist kennzeichnend für die Situation Brentanos um den Jahrhundertanfang. Es ist etwas Holdes und zugleich Irrlichterierendes, und dies ohne die trüben Beimischungen, die das Leben Zacharias Werners oder E. T. A. Hoffmanns belasten.

Brentano, das fünfte Kind aus einem vielköpfigen

Geschwisterkreise, der später immer wieder dem Ruhelosen Stütze und Heimat bot, wuchs gleichwohl unter unregelmäßigen Verhältnissen heran, da eines der Schul- und Erziehungsexperimente nach dem anderen scheiterte. Es spricht nicht für die sichere Hand des Vaters, wenn dieser danach den Sohn in die Handlungsgehilfenschaft steckte. Es kam dann später doch ein Student in Jena heraus, da auch das Praktische nicht verfing. Damals schon sprudelt Brentano von Witz und Einfällen über, aber auch von Leidenschaft. Seine Jenenser Jahre (mit denen die jüngere Romantik sich dort festsetzt) sind gekennzeichnet durch die angefochtene Liebe zu Sophie Mereau, der eifrig schriftstellernden Frau eines Bibliothekars, die sich von ihrem Mann trennt, um schließlich Brentanos Werbungen nachzugeben. Glücklich sind sie miteinander nicht geworden. Sophie stirbt nach kurzer Ehe. Schon vor ihrem Tod hat Brentano die schweifend zigeunernde Lebensweise wieder aufgenommen, die ihn bezeichnet. In Jena bereits ist seine Wahl auf den Romantikerkreis gefallen, der ihm übrigens kühl begegnet. Es ist die Periode, in der sehr wichtige Frühwerke Brentanos entstehen. Durch Achim von Arnim und Karl von Savigny, den berühmten Juristen und Lehrer der Brüder Grimm, seine späteren Schwäger, erweitert Brentano seine romantischen Freundschaften über Kassel und Marburg bis nach Heidelberg, wo er einer der führenden Geister des jüngeren Kreises wird. Dies vor allem sind seine literarhistorisch gewichtigen Jahre, trotz der aufrichtigen Trauer um Sophie und des bizarren zweiten Eheabenteuers mit dem hysterischen Mädchen Auguste Busmann. Es sind auch die Jahre, in denen er seinen Bildungsbedarf nachholt und als Sammler von altdeutschen Urkunden, Volksliedern, Volksbüchern, Sagen und Märchen ernsthaft bewährt. Das ist nicht nur Vorarbeit für das *Wunderhorn*, sondern auch Voraus-

setzung für die eigene geniale Märchendichtung und
Lyrik. Gegenüber dieser lebendig bewegten Phase tritt
die Zeit seiner späteren Mannesjahre, die ihn zu seiner
Kirche zurückführt und als Aufzeichner der Gesichte
der ‚Nonne von Dülmen‘ Anna Katharina Emmerick
enden läßt, für die Literaturgeschichte in den Hintergrund.

Nicht Übereinstimmung, sondern Ergänzung zu der
Sprunghaftigkeit, Zerrissenheit, dem Solipsismus des
jungen Brentano ist die Erscheinung des um wenig jüngeren ‚Herzbruders‘ Achim von A r n i m (1781–1831).
Folgt man Eichendorffs doch wohl weitgehend authen-
tischer Charakteristik, so steht vor uns ein Urbild
romantischer ‚Gesundheit‘: „Männlich schön, von ed-
lem hohem Wuchse, freimütig, feurig und mild, wacker,
zuverlässig und ehrenhaft in allem Wesen, treu zu den
Freunden haltend ...“ Kurz, für Eichendorff, den
‚letzten Ritter‘, ist Arnim das Urbild des ritterlichen
Menschen. Dieses Charakterbild würde für keinen einzigen der anderen Romantiker passen. Es muß Arnim
geradezu von ihnen abgehoben haben, ganz besonders
sichtbar von den Nächsten: von Clemens und der
eigenen Frau Bettina.

Dieses Bild Arnims bezeichnet auch schon die Phase
des fröhlichen Burschen und Wanderers, die mit dem
Studium der Naturwissenschaften in Göttingen und
Halle a. d. Saale beginnt. Dort lebt der Erbherr des
märkischen Gutes Wiepersdorf immer mehr seinen literarischen Interessen. Nachdem sein Weg sich mit
dem Brentanos getroffen hat, folgt auch Arnims große
Zeit mit den Heidelberger Jahren, als in gemeinsamer
Arbeit das *Wunderhorn* entsteht und der junge Dichter durch die *Zeitung für Einsiedler* sich zum Führer
des jüngeren Romantikerkreises in Heidelberg quali-
fiziert. Natürlich zieht er mit in die Befreiungskriege.
Aber als das größte Abenteuer des Mannes nach der

freien Burschenzeit wird man wohl doch das Wagnis
der Heirat mit Bettina Brentano ansprechen müssen.
Arnims Wirkungskreis liegt von da an bei den Berliner
romantischen Kreisen, die er schon durch die Teilnahme an kunstpolitischen patriotischen Zirkeln vor 1813
mitbestimmt hatte. Auch als späterer Gutsherr bleibt
er dichterisch von erheblicher Produktivität, vor allem
als Erzähler, jedoch auch als Dramatiker und Lyriker.
Er weiß wie nur wenige Romantiker diese Existenz
mit der nüchternen Bewältigung der Sorge zu verbinden, die dem Familienvater der im Kriege völlig aus-
gesogene Landbesitz aufzwingt. Diese Seite seines späteren Lebens könnte fast als in Spannung zu der Phantastik des Werkes stehend empfunden werden.

Wenn man Brentanos erstes größeres Werk, den
Godwi (1801/02), die Frucht der Jenenser Jahre und
des verworrenen Ringens um Sophie Mereau, von seinem Untertitel „Ein verwilderter Roman" auffaßt, so
darf es als repräsentativ für die Zeit des Übergangs
zur jüngeren Romantik genommen werden. Man muß
dabei freilich die weithin trüben autobiographischen
Elemente in den Hintergrund verweisen. Es wird sich
dabei eine neue Form von Spielcharakter herausstel-
len, wie sie weder Novalis' *Heinrich von Ofterdingen*
noch Tiecks *Lovell* oder *Sternbald,* nicht einmal Schlegels *Lucinde* eignet, obwohl bei allen drei Frühromantikern gehörige Anleihen gemacht sind, mehr als beim
Wilhelm Meister. ‚Verwildert' ist der Roman schon insofern, als die beiden Teile auseinanderfallen. Der Ti-
telheld, der geadelte Bankierssohn, ist im ersten Teil
der vielfache Liebhaber, ein deutlicher Nachkomme
der Helden aus dem *Lovell* und der *Lucinde,* auch
des *Ardinghello.* Er ist der Feind der „geehrten Mittel-
straße", der Verfechter der „Revolutionen und Originalität". Er ist auch der Antibürger.

Kommt ihr weiter mit all eurem Ringen nach dem Mittel, Geld, da ihr nicht den Zweck, Genuß, habt?

Godwi hat auch die nihilistische Seite der *Lucinde*. Er lehnt ein Leben nach dem Tode ab, und auch die Formel aus der *Lucinde* „Genuß des Genusses" spricht er aus. Entsprechend schweift er im Erotischen von Frau zu Frau. Einer von ihnen, Ottilie, einer Mignon-Gestalt, ist auch der Harfner aus dem *Wilhelm Meister* nicht fern. Kurz, man darf Sorge um den Helden haben. Im zweiten Teil aber verlagert sich die Sorge auf Maria, den Dichter, dessen Anfälligkeit durch das Gefühl nunmehr die Godwis selbst überwiegt. Auch die Handlung verschiebt sich in Richtung auf eine durchsichtigere Selbstdarstellung Brentano-Marias, während Godwi, der Guts- und Gastherr, jetzt Wilhelm-Meistersche Ruhe und Lebensüberlegenheit ausatmet. Die ursprüngliche Konzeption bleibt also ohne Konsequenz, jedenfalls im straffen Sinne. Das gilt auch für den Übergang von Schwärmerei zu Ironie und Satire im zweiten Teil, dessen Schluß dann wieder mit vollen Segeln in den Bereich trauriger Todesfälle zurücklenkt. Gehäuft finden sich ferner im zweiten Teil Meditationen, die eigentlich aneinander assoziierte Fragmente im Stil von Novalis und Friedrich Schlegel sind. Die schlüsselromanhafte Einmischung von Freundesnamen und eigenen Erlebnissen Brentanos treibt das Spiel mit dem Leser noch weiter. Das Pendel wird übrigens wieder zurückschwingen. Die jüngere Romantik setzt mit der offenen (fragmentarischen) Form nach dem Muster Hardenbergs und Friedrich Schlegels zwar ein. Aber sie wird später zu durchaus geschlossenen Erzählformen hinfinden, von Hoffmann über Chamisso zu Eichendorff, wie sie die ältere Romantik nur bei Tieck hervorgebracht hat. Das liegt freilich weitgehend an der Entdeckung der Novelle als Kunstform in dieser jüngeren Generation. Sie wird sie dem ganzen neuen Jahrhundert vererben.

Gegen Schluß des *Godwi,* wo Autobiographie Brentanos und fiktive Biographie des Dichters Maria einander übergehen, ist von dem „mutwilligen" Spiel *Gustav Wasa* die Rede als von einem Kinde des Witzes und der Laune, zugleich aber der Erbitterung gegen „den verderbten nichtswürdigen Geschmack". Mit diesem ist Kotzebues *Hyperboreischer Esel* (1799) gemeint, auf den der junge Brentano die Parodie der Parodie gibt. Auch dies ist ein Produkt der *Godwi*-Phase und entspricht der Ironie in den Gesprächen des zweiten Teils des Romans, insbesondere der auf den Dichter Haber. Es ist der Beginn zugleich der satirisch-ironischen Anti-Philister-Dichtung Brentanos, die sich entsprechend seiner Kennerschaft und Sammelleidenschaft der Tradition entfaltet: von der 1807 unter Mitwirkung von Görres entstandenen Parodie auf Voß, *Wunderbare Geschichte von BOGS dem Uhrmacher,* über *Geschichte und Ursprung des ersten Bärnhäuters* in der *Zeitung für Einsiedler* 1808 zu *Der Philister vor, in und nach der Geschichte,* aus einer Vorlesung in der „Christlich-deutschen Tischgesellschaft" Arnims 1811. Alles dieses sind Spiele des Witzes mit dem Gegensatze zur eigenen romantischen Existenz, auch Zeit-, Kunst- und Philosophie-Kritik von übrigens nicht gerade genialem Geistreichtum. Das weit Genialere hat Brentano in seinen *Märchen* investiert, wo das Satirische sich durch die ihm gemäße Form in Humor sublimieren kann. Letzteres gilt noch viel mehr für sein Sing- und Lustspiel aus der Zeit vor Heidelberg, nämlich den *Ponce de Leon,* Brentanos Antwort auf das Preisausschreiben der Weimarer Kunstfreunde von 1800, und das Singspiel *Die lustigen Musikanten* (1803). Das Singspiel wurde, obwohl bereits vertont, schon im folgenden Jahre ebenbürtig nochmals komponiert. Der Komponist war E. T. A. Hoffmann.

Der *Ponce de Leon,* nach einem Modell aus dem *Cabinet des Fées* der Madame d'Aulnoy, hat seinen Ursprung in dem Göttinger Semester, in dem Brentano auf Arnim trifft. Man muß aber zugleich in Rechnung stellen, daß Brentano gerade herkam aus dem romantischen Jena, um die hervortretende Funktion des Wortspiels, auf dessen Möglichkeiten im Deutschen Brentano bewußt hinauswollte, ganz zu verstehen. Das Wortspiel des *Ponce de Leon* ist doppelbödig: einmal spielerischer Selbstzweck, daneben aber auch mit einem Unterton von Parodie auf den Wortwitz à la Schlegel, wie ihn der *Athenäums*-Romantiker, manchmal auch billig, gepflegt hatte. Daneben ist auch dieses Lustspiel, ähnlich dem *Godwi,* zugleich pro domo geschrieben. Das heißt: die Titelfigur des Ponce macht eine Wandlung durch, die sich im Übergang seiner Liebe von Valeria zu der echten Geliebten Isidora Sarmiento widerspiegelt; ein Übergang, der Ponces Wesen verändert, ihn sozusagen aus dem Traum ins reale Leben zurückführt. Also keine ,stehende' Lustspielfigur im Sinne der Commedia dell'arte.

Eine gleiche Mischung von Heiterkeit und schwermütigem Ernst kennzeichnet auch das Singspiel *Die lustigen Musikanten,* dessen Herkunft von Goldoni am Tage liegt, bis auf die Namen Truffaldin, Tartaglia, Pantaleone. Aber auch hier sind den stehenden Figuren solche beigegeben, die sozusagen romantische Existenz repräsentieren und die Form der altitalienischen Maskenkomödie von innen her sprengen. Die unbehausten Musikanten Piast und Fabiola, das herzogliche Geschwisterpaar Ramiro und Azelle geben dem Singspiel eine hintergründige Dimension, der denn auch die zum Teil sehr schönen lyrischen Beigaben wohl anstehen. Die Form, die der Romantiker hier noch experimentierend begründet, wird ihre Wirkung noch über Büchners *Leonce und Lena* bis zu Hofmannsthal erweisen.

Auf der Seite des ersten Teils des *Godwi*, das heißt von Brentanos früher Prosa vor Heidelberg, liegt der schöne Ansatz der *Chronika eines fahrenden Schülers,* die leider Fragment geblieben ist und die 1802 sich noch an den Titel *Der arme Heinrich* binden sollte. Damit erweist sich die *Chronika* als ein Glied der Kette, die von Wackenroder und Tiecks *Sternbald* ausging. Nur ist das Stilgefühl Brentanos (der von der Lektüre der *Limburger Chronik* und anderer alter Quellen frisch herkam) bedeutend ausgeprägter als das des archaisierenden Tieck. Gewiß muß man auch hier an die kunstgeschichtliche Parallele der Nazarener denken. Aber die Sentimentalität bleibt bei Brentano gezügelt. Die Darstellung des Mittelalters präsentiert eine in sich geschlossene fromme und stille Welt, der auch Liebe und Leidenschaft sich ohne grelle Kontrasteffekte wie bei Tieck einzufügen haben. Besser als dem aufgeklärten Protestanten Tieck ist Brentano die Darstellung der mittelalterlichen Ordnung gelungen. Dieses sozusagen realistische Moment unterscheidet die *Chronika* auch von dem im Stil ihr verwandteren *Heinrich von Ofterdingen* Hardenbergs.

Eine der schönsten Stimmungsschilderungen des von den Romantikern so geliebten Straßburger Münsters eröffnet die Autobiographie des Schreibers Johannes, der da seine Jugenderlebnisse in einem archaischen, vielleicht ein wenig zu diminutivischen Stil dem Pergament anvertraut. Die Linie von Wackenroder her ist auch sprachlich klar, nicht nur motivgeschichtlich. Auf die Darstellung des Eindrucks des Münsterturmes, der für den Chronisten selbst die bewegendsten Natureindrücke weit übertrifft, ist gleichsam die Frage gesetzt nach der Ordnung, in der ein Generationen verschlingendes solches Riesenwerk der Kunst Recht und Sinn haben kann:

> Alles Menschenwerk, so es die gewöhnlichen Grenzen an Größe oder Vollendung überschreitet, hat etwas Erschreckendes an sich, und man muß lange dabei verweilen, ehe man es mit Ruhe und Trost genießen kann. Ich habe dieses aber nicht allein bei dem Anblicke dieses schwindelhohen Turmes empfunden, sondern auch bei gar lieblichen und feinen Werken, von welchen ich nur nennen will die überaus feinen und natürlichen Gemälde des Maler Wilhelm in Köln . . .

Diese sich noch fortsetzende Unterweisung in romantischer Kunstbetrachtung, die schon auf das Zeitalter der Boisserée stofflich verweist, ist sprachlich nicht manieriert, wie sie auch im Seelischen der Anmut nirgends entbehrt, die die Berliner Frühromantik trotz guten Willens kaum je erreicht hatte.

Analog zu Tiecks Interessenrichtung ging dagegen Brentanos Weg früh zur Erzählliteratur der Romania, in die Welt der spanischen und italienischen Novelle und Romanze. Das Ergebnis wird sich später in den *Italienischen Märchen* niederschlagen und führt schon 1803 zur ersten Konzeption der *Romanzen vom Rosenkranz*, die als Fragment, das sie blieben, erst nach Brentanos Tode publiziert wurden.

Auch Arnim, dessen Phantasie nicht minder beweglich und erregbar war als die des Freundes, brachte sein individuell geprägtes Frühwerk mit ein in die Heidelberger Kommunikation im Zeichen des *Wunderhorns* und einer neuen Verbindung der Romantik mit einer jugendlich offenen Universitätswissenschaft. Arnim war nicht über Jena, sondern wie Wackenroder und Tieck über Halle und den dortigen Statthalter Weimars Johann Friedrich Reichardt gekommen. Er hatte sich dort statt in die ihm aufgetragene Juristerei mit Feuereifer auf die neueste Richtung der Naturwissenschaft eingelassen, mit eigenen Versuchen in der Elektrizitätslehre und im Magnetismus. In Göttingen sprang er dann vollends zur Literatur ab. Das war 1801, als er dort auch die Freundschaft mit Brentano schloß. Arnims Erstling ist der Studentenroman *Hollins Liebesleben* (1802), natürlich auch ein Briefroman und nicht zuchtvoller als der *Godwi*. Das Motiv ist jean-paulisch, kaum zufällig der Roquairol-Handlung des *Titan* auf dem Fuße folgend: Selbstmord Hollins auf der Bühne in der Rolle des Mortimer aus Schillers *Maria Stuart.*

Das Produkt der an die Göttinger Zeit anschließenden weiten Reisen bis nach Norditalien, Südfrankreich, Paris und schließlich bis Schottland sind zwei historisch interessante Prosawerke: die merkwürdige Mischdichtung *Ariels Offenbarungen* (1804) und ein stärker persönliches Dokument, der sogenannte ‚Lebensplan‘. Dieser ist insofern auch sachlich bedeutsam, als er den Schlüssel nicht nur für Arnims Teilnahme am *Wunderhorn*, sondern auch für seine spätere patriotische Richtung in nuce enthält.

II. HEIDELBERG

Arnims ‚Lebensplan‘ sah vor:

Alles geschieht in der Welt der Poesie wegen, die Geschichte ist der allgemeinste Ausdruck dafür, das Schicksal führt das große Schauspiel auf ... Unsere Arbeit sei, diese Rosen [Dichtkunst und Musik] zu erziehen, kotzebueschen Mehltau und la-fontaineschen Honigtau von ihnen abzuhalten, ebenso sorgfältig die kalte schlegelsche Kritikluft und den warmen, brennenden Samumwind aus Böhmes ‚Morgenröte‘, die Sprache der Worte, die Sprache der Noten stärker und wohlgefälliger zu machen, dies ist klar als erster Standpunkt unserer Bemühung anzusehen. Also eine Sprach- und Singschule.

So schreibt er 1802 von Zürich an Brentano. Es ist ein lebenspraktisch gemeinter ‚Plan‘, der die Errichtung einer Druckerei für das Volk als erstes vorsieht, aus dem Gewinn eine ‚Schule für Bänkelsänger‘ mit Sängerherbergen und einer am Rheinfall lokalisierten zentralen Sängerschule. Ihre Aufgabe wird es sein, die allgemeine deutsche Sprache zu ‚erfinden‘, die übrigens, nach Arnim, das Maß der Welt werden soll. Selbstverständlich soll sie zuallererst die deutschen Stammes- und Fürstenunterschiede beseitigen. Demgegenüber allerdings war Brentano Kosmopolit. Doch ist der Weg der beiden Freunde, der zum *Wunderhorn* führt, noch immer gemeinsam. In der Tat ist Arnims ‚Lebensplan‘ sozusagen das Konzept für die gemeinsame Volksliedersammlung, die, mit Brentanos weitreichenden Mitteln und Arnims Leidenschaft, Goethe zugeeignet, in Heidelberg ausgearbeitet wird. Arnims ‚Lebensplan‘ zeigt von seiner Seite bewußter als von der Brentanos aus, daß es sich dabei nicht um eine Angelegenheit vom grünen Tisch der Literaten handelt, sondern mindestens ursprünglich um eine der praktischen Volkserziehung. Noch ist damals Preußen nicht gefallen. Dieser geschichtliche Prozeß wird sich erst zwischen dem ersten und den folgenden Bänden vollziehen. Historisch faßt das die beiden intensiven Zeiten der Heidelberger Romantik in sich: die erste 1806, durch die Kriegsdrohung abgebrochene, die zweite nach der Niederlage, die eigentlich hohe Zeit Heidelbergs 1808. Man wird dieses historische Moment der Bedrohung subtrahieren müssen, wenn man das schöne, aus dem Miterleben der zweiten Phase erwachsene Erinnerungsbild Eichendorffs aus *Halle und Heidelberg* heranzieht:

Wo, wie z. B. in Heidelberg, der Waldhauch von den Bergen erfrischend durch die Straßen ging und nachts die Brunnen auf den stillen Plätzen rauschten und in dem Blütenmeer der Gärten rings die Nachtigallen schlugen, mitten zwischen Burgen und Erinnerungen einer großen Vergangenheit; da atmete auch der Student freier auf und schämte vor der ernsten Sagenwelt sich der kleinlichen Brotjägerei und der kindischen Brutalität ... So war das ganze Studentenwesen eigentlich ein wildschönes Märchen, dem gegenüber die übrige Menschheit ... philisterhaft und lächerlich erscheinen mußte.

Der Ton ist, wie man leicht bemerkt, unphilosophischer, erlebnisnäher als das Zeichen, unter dem die Jenenser Romantik, weit theoretischer als praktisch naturnahe, angetreten ist. Hier beginnt in der Tat die Romantik des Burschen, sei es in der Form des Wanderers oder in der des Studenten, jedenfalls einer neuen Generation mit dem ausgesprochenen Bewußtsein der Jugendlichkeit. In dieser Atmosphäre, deren Teil nicht so sehr das streng logische oder dialektische Denken der Frühromantiker bleibt als vielmehr das dem Erlebnis zugeschlagene Experimentieren auf die Geheimnisseite der Natur hin wie auch auf die irrationale Ursprünglichkeit von Volk und Mensch, kann das

Wunderhorn sowohl wie Görres' *Deutsche Volksbücher*, wie Creuzers Mythologie, wie die frühe Germanistik der Brüder Grimm entstehen.

Die erste kürzere Zeit der Heidelberger Romantik steht für beide Freunde ganz unter dem Zeichen von *Des Knaben Wunderhorn*, dessen erster Band dort 1806 zum Druck fertig gemacht wird. Diese erste deutsche Volksliedersammlung von einschneidender und nachhaltiger Wirkung, wie sie Herders *Stimmen der Völker in Liedern* nicht gehabt hat, bleibt eine Tat allerersten Ranges, obwohl man wissenschaftliche Maßstäbe nicht an sie anlegen darf. Sie ist in erster Linie das Ergebnis eines jugendlichen Enthusiasmus der beiden Herausgeber; nach der Breite der vor allem von Brentano zusammengebrachten Fliegenden Blätter, die ihr zugrunde liegen, ist sie auch eine wissenschaftliche Tat. Doch bleibt sie es nur im eingeschränkten Sinne, sobald man auf die Behandlung der Texte sieht. Hier haben beide Herausgeber nach dem Maße ihrer Individualität eingegriffen und geändert, wie man an kritischen Vergleichen der Urtexte mit dem *Wunderhorn*-Text ablesen kann. Gleichwohl haben Arnims ‚Lebensplan'-Prinzipien sich im reichen Maße bewährt, wenn man in Rechnung stellt, daß bis zum Beginn unseres Jahrhunderts die Wirkung des *Wunderhorns* durch Lehrer und Schule wie durch Gesangvereine, zuletzt noch durch die Jugendbewegung, bis in fernste, heute längst politisch ausgelöschte Exklaven deutscher Zunge vordrang. So war das *Wunderhorn* nicht nur eine ästhetische Macht im Geiste der jüngeren Romantik, sondern über ein Jahrhundert hinweg auch eine kulturpolitische. Insofern entspricht die Fernwirkung auch den Absichten von Arnims ‚Lebensplan', von denen er bestimmende Gedanken in den berühmten Aufsatz *Von Volksliedern* übernommen hat, der, 1805 schon bei Reichardt vorgedruckt, dem 1. Band

Des Knaben Wunderhorn

Alte deutsche Lieder

Achim v. Arnim. Clemens Brentano.

Heidelberg, bey Mohr u. Zimmer.
Frankfurt bey J. C. B. Mohr.
1806.

Titelblatt des 1. Teils von „Des Knaben Wunderhorn"

des *Wunderhorns* als Nachwort dient. Er ergänzt und mäßigt zugleich die „neue Mythologie", von der Vorwort und Eingangsballade sozusagen allegorisch Gebrauch machen. Das Volkserziehungsprogramm des ‚Lebensplanes' bleibt. Aber der Akzent fällt schon in der Vorrede „An Herrn Kapellmeister Reichardt" auf die Negation der Empfindsamkeit des 18. Jahrhunderts. Arnim formuliert den Charakter der Sentimentalität als „das damalige Streben zu Krankheit und Vernichtung" und definiert dies zugleich:

> Ich verstehe hier unter Sentimentalität das Nachahmen und Aufsuchen des Gefühls, das Schauspiel mit dem Edelsten, was nur im Spiele damit verlorengehen kann.

Es geht also für den Romantiker um die Erweckung natürlicher Neigungen im Gegensatz zu den affektierten Neigungen der Sentimentalität. Gerade hier erweist sich die Einheit des volkserzieherischen und des ästhetischen Gesichtspunktes. Es ist bekannt, wie positiv Goethe auf die ihm zugeeignete Sammlung von Volkspoesie reagiert hat:

> Von Rechts wegen sollte dieses Büchlein in jedem Hause, wo frische Menschen wohnen ... zu finden sein.

Goethe geht aber zugleich genau auf Arnims Erziehungsgedanken ein, auf die Provokation, die das gute Alte für ein Neues bedeutet. Es ist die klassische Billigung für das romantische Unternehmen.

Hier liegt zugleich aber auch der große Fortschritt gegenüber Herder. Der bei Herder dem deutschen Lied gewidmete Teil der *Stimmen der Völker* enthält weniger als ein halbes Dutzend an Stücken, die im strengen Sinne als Volkslied anzusprechen wären. Die Mehrzahl sind Kunstlieder im bestenfalls volksmäßigen Ton. Das ist nun im *Wunderhorn* ganz anders geworden: Hier begegnet einem ein Reichtum der Tra-

Titelblatt des 2. Teils von „Des Knaben Wunderhorn"

dition der Stämme, der (,Bearbeitung' hin oder her)
geradezu ein unerhörtes Material einbringt in die
Scheuer. Daran ändert gar nichts, daß, im modernen
Sinne der heutigen Volkskunde, ein systematisch konsequenter Unterschied zwischen „Volkslied", „Gesell-
schaftslied", „volksläufigem' Lied und „Kunstlied"
auch hier noch keineswegs feststeht. Beispielsweise
sorgt vor allem Brentano für das katholische Kirchen-
und Prozessionslied des Barock, das im Grunde genommen volksläufig gemachtes Kunstlied ist, ohne
strenge Unterscheidung vom echten geistlichen Volkslied. Weiter kommt (dies ähnlich wie bei Herder, aber
doch schon mit stärkerem Spürsinn für das Wesen des
Gesellschaftsliedes) auch das idyllische Lied des 18.
Jahrhunderts zu reichlicher Vertretung. Aber der Ertrag an wirklich echtem Gut aus der Singtradition
des Volkes bleibt darum immer noch so beträchtlich,
daß er in die Hunderte von Stücken geht. Sie reichen
vom jüngeren Hildebrandslied bis zu den damals noch
umgehenden Löschpapierdrucken der Jahrmärkte und
ihrer Bänkelsänger. So bleibt *Des Knaben Wunderhorn* nicht nur eine erzieherische Tat im Sinne einer
Erneuerung der Tradition ,einfacher Formen', sondern
auch eine frühe Tat der werdenden Germanistik, die
geradenwegs zu Uhlands nun schon wissenschaftlicher
Alten hoch- und niederdeutschen Volksliedern und zu
der strengen Arbeit der Brüder Grimm an Märchen,
Sage und Mythologie der alten Zeit führen wird. Nicht
zu vergessen, daß fast zu gleicher Zeit der dritte Enthusiast und Forscher des deutschen Altertums, Joseph
Görres, auch die Welt der deutschen Volksbücher,
wenngleich noch reichlich mythologisch spekulativ, zu
neuem Leben erwecken möchte.

Joseph Görres (1776–1848), ein Rheinländer und
von Mutterseite her italienischer Herkunft, hatte
schon eine längere Vorgeschichte, als er auf die *Wun-

derhorn-Editoren stieß. Der spätere Mystiker und wirklich Ultramontane hatte, wie Forster und Caroline Schlegel, bei den Mainzer Clubisten debütiert. 1797 war er der Herausgeber der bald verbotenen Parteizeitschrift *Das rote Blatt*. An der Jahrhundertwende bereits ist er, zunächst politisch, bekehrt und setzt seine Leidenschaft nunmehr auf deutschen Patriotismus. Zu gleicher Zeit verbindet er damit eine Wendung zum Geistigen, zur modernen Naturwissenschaft, vor allem der Physik, aber auch zu philosophischen und künstlerischen Problemen. Unmittelbar vor Heidelberg liegt der religionsphilosophische Versuch *Glauben und Wissen* (1805), stark schellingisierend. Seit Herbst 1806 ist Görres in Heidelberg und kann bei Brentano, der seinerseits bei ihm Philosophie hört, altdeutsche Quellen studieren. Das tut er ebenfalls mehr aus Enthusiasmus als mit philologischem Ehrgeiz, wie sein entscheidender Beitrag zur jüngeren Romantik, *Die teutschen Volksbücher* (1807), denn auch deutlich zeigt. Diese Textsammlung ist, trotz Görres' Umgangs auch mit den Brüdern Grimm, noch weit weniger mit germanistischen Maßstäben zu messen als das *Wunderhorn*. In erster Linie ist sie ein begeistert begeisternder Mythos der mittelalterlichen deutschen Vorzeit (als Görres genau zehn Jahre später über die *Altteutschen Volks- und Meisterlieder* handelt, ist die Geste und Methode wissenschaftlicher, dafür der Zauber des unmittelbaren Eindrucks weit geringer). Görres' *Volksbücher* sind nicht identisch mit der epischen Gattung, wie die Literaturgeschichte sie kennt, sondern beziehen auch etwa Arznei-, Kräuter- und Wetterbüchlein, also Dokumente der alten Volksheilkunde, mit ein.

Es geht dem Romantiker indessen betont um die Ganzheit, den Geist, darum, „von jeder kleinlichen Beschränkung fern, das Ganze recht ganz und unzerstückt aufzufassen", wie er im Nachwort hervorhebt. Diese Einstellung spiegelt auch das faszinierende Schlußkapitel wider, ein Stück romantischer „kabbalistischer Prose" in der Nachfolge Hamanns, in dem Görres von den länger vergangenen Jahrhunderten als den „immer wunderbareren, immer unverständlicheren und geheimnisvolleren" redet:

Wie Windes Wehen, wie Kindes Lallen ist ihr Reden, das Ohr horcht den wundersamen Klängen, aber dem innern Sinne ist ihr Verständnis nur gegeben. So kreisen sie jenseits, die Gestalten der Vergangenheit, diesseits aber treiben wir selbst in der Gegenwart uns um, und dazwischen ist der bunte Teppich des Lebens ausgespannt und eilt vorwärts von der Zeit getrieben, wie der Farbenbogen auf der Regenwolke.

Anders im Stil, ähnlich in der Tendenz, einmal stark novalisierend, ist die Mischung von Märchen und Moscherosch, in der Widmung an Brentano, wo die Helden der Volksbücher persönlich bemüht werden, um dem nächtlichen Wanderer die „Elementensprache", deren Kenntnis das Kind der Zeit verloren hat, wieder nahezubringen. Der Auftrag der Unterirdischen aber gilt dem Romantiker nicht für die altkluge, materialistische Gegenwart, sondern erst für die Enkel. Schwermütig mit den alten Helden und dem Knaben „auf raschem Rosse mit dem Wunderhorn" fühlt der Romantiker sich fremd im Gegenwärtigen. Auch hier zeigt sich die stärker historistische Nuance der jüngeren Romantik gegenüber der älteren.

Spekulativ romantisch ist auch die *Symbolik und Mythologie der alten Völker* (1810) von Georg Friedrich C r e u z e r (1771–1858), einem der wichtigsten Parteigänger der jüngeren Romantiker und Rufer im Streit gegen den alten Johann Heinrich Voß, der ihm später mit der *Antisymbolik* (1824) auch ausdrücklich entgegnet hat. Daß Creuzers Symbolik (die Grenze zur Allegorik hat sie nicht eingehalten) eine gewisse romantische Analogie zu dem heutigen psychoanalytisch aktuellen Umgang mit dem Mythos der ‚Alten‘ bedeutet und gelegentlich auch als deren Vorstufe gelesen werden kann, sei am Rande vermerkt. Unphilologisch jedenfalls sind beide Auffassungsarten. Mit eben diesem Creuzer übrigens spielte sich jenes berühmte Drama ab, dessen ‚tragische Heldin‘ die Stiftsdame Karoline von Günderode war. Denn auch die Romantik in den Rhein- und Maingegenden hatte ihren eigenen Mythos der Genialität, ähnlich wie das von Novalis und Hölderlin zu gelten hat.

Er spann sich um die Gestalt von Karoline von G ü n d e r o d e (1780–1806), deren Legende posthum Bettina in einem schwärmerischen Briefroman (*Die Günderode*, 1840) überlieferte, aber nicht erfand. Es war in diesem Falle nicht das Werk, sondern die sensationelle Biographie, die schon früh die sentimentalen Pilger an Karolines Grab in Winkel am Rhein führte. Sie hatte sich nämlich erdolcht, und noch dazu aus unglücklicher Liebe. Dies aber erschien der Zeit als ein echt romantischer Tod. Das wirkte sich auch auf die Einschätzung der Genialität von Karolines dichterischem Werke aus, schon vor Bettina.

Die authentischen Briefe der Günderode geben wenig Hinweise auf Genialität. Das junge Stiftsfräulein hat sich ganz offenbar in dem Leben, wie es ihre Gesellschaftskreise boten, gelangweilt und auf dem üblichen Wege Ersatz in der Poesie gesucht. Doch war sie offenbar auch erotisch überspannt. Kaum hatte sie Savigny kennengelernt, so entbrannte sie schon in Leidenschaft und gab vor, ohne ihn nicht leben zu können. (Savigny nahm freilich Bettinas Schwester zur Frau.) Vierundzwanzigjährig verfiel sie in die unverständliche Leidenschaft zu Friedrich Creuzer, einem nicht nur älteren, sondern auch häßlichen Manne, der

zudem verheiratet war. Als es sich erwies, daß die
Günderode die Ehe nicht sprengen konnte, beging sie
den exzentrischen Selbstmord. Man darf sich aber
nicht täuschen lassen durch die sentimentalen sensa-
tionellen Wirkungen, die dies Ende hervorrief. Gewiß
ist die Günderode eine Individualität gewesen, jedoch
kein Genie. Bettina hat natürlich nach ihrer Art das
ihr vorliegende Material verwendet und stilisiert, wie
sie wollte. Aber die Frage von Clemens Brentano an
die Günderode, weshalb sie eigentlich ihre Gedichte
veröffentlicht habe, obwohl nicht einmal boshaft gemeint, besteht zu Recht.

Was die Ausgabe an authentischen Werken, zu Lebzeiten unter den Namen Tian und Jon publiziert, wie
aus dem Nachlaß bietet, ist keine große Dichtung.
Zwar spiegelt sich darin eine ausgedehnte mythologische und geschichtliche Lektüre, wie das im Umkreise der Heidelberger Romantik nicht ungewöhnlich
war: Ossian und eddische Dichtung, Griechisches und
Orientalisches, auch allerhand Balladeskes. Aber es ist
doch überwiegend Dilettantenarbeit, trotz gelegentli-
cher dichterischer Partien. Die Möglichkeit auszurei-
fen hat Karoline von Günderode sich ja selber genommen. Lyrisches Drama, Nachdichtungen, Gedanken-
und Liebeslyrik, häufig in Sonettform, Balladen in
geläufigen Strophen, indessen auch Prosa in fingierter
Briefform (nach dem Muster des *Hyperion*) – das
findet man vor. Unfertiges tritt auch in Rhythmus und
Reim auf. Vor allem im Reim geht das durchaus über
die erlaubten Grenzen der Dialektfreiheit hinaus. Ihre
gedankliche Orientierung an Novalis und Hölderlin
dürfte feststehen. Die Einheit von Innenwelt und äußerem Lebensabschluß, d. h. die Einbeziehung des To-
desgedankens in die Lebensanschauung, ist vorhanden.
Das kurze Prosawerk *Briefe zweier Freunde* aus *Me-
lete* (1806) gibt Auskunft über den pantheistischen

Hintergrund von Karolines Weltanschauung. Aufgehen im All, Entwerden vom beschränkten Ich ist das Thema:

Ist es nicht ein Winken der Natur, aus der Einzelheit in die gemeinschaftliche Allheit zurückzukehren, zu lassen das geteilte Leben, in welchem die Wesen Etwas für sich sein wollen und doch nicht können?

Von hier aus ist eine Entscheidung wie die Tat der Günderode mindestens nicht fernliegend.

Zu den Beziehungen der Heidelberger Romantik zur Wissenschaft gehört auch die Mitarbeit und Zugewandtheit der Brüder Grimm von Kassel und Marburg aus. Wenn die zweite Gemeinschaftsarbeit von mehr als nationaler Bedeutung, *Die Kinder- und Hausmärchen*, auch erst 1812 erschien und gar das *Deutsche Wörterbuch* noch im weiten Felde lag, so beteiligten sich doch mit den für ihre Jugend enormen altdeutschen Quellenkenntnissen nicht nur hilfreich an den Vorarbeiten für das *Wunderhorn*, sondern auch produktiv an Arnims *Zeitung für Einsiedler*. Der dritte Grimm, der Malerbruder Ludwig Emil, war damals auch zeitweise in Heidelberg.

Die Brüder Jakob und Wilhelm G r i m m (1785–1863 und 1786–1859), Beamtensöhne aus Hessen, die den Vater früh verloren, hat man nicht allein als die Begründer der deutschen Germanistik in einem weiteren Sinne, als das 18. Jahrhundert sie vorbereitend getrieben hatte, anzusprechen. Sie gehören auch ins Zentrum der romantischen Literaturbewegung überhaupt. Gewiß ist ihre Leistung im Kern ein Dienst an der Fachwissenschaft: Sagengeschichte, Rechtsgeschichte, Wortgeschichte, Grammatik und Deutsches Wörterbuch, dazu Texteditionen. Aber sie gehören in ihrem Stil wie in der Universalität ihrer Interessen auch selber der Literatur an. Schon daß man sie in einem Atem nennen

muß, verbindet sie der romantischen Zeitsituation, die
so viele einzigartige Kommunikationen erzeugt hat:
Wackenroder und Tieck, die Brüder Schlegel, Brentano
und Arnim, Bettina und die Günderode, Rahel und
Varnhagen von Ense, um nur an einige Freund- und
Bruderschaften oder auch Ehen zu erinnern.

Die gemeinsame Arbeit der Brüder Grimm (die ja
nur ein Jahr voneinander trennte) beginnt schon im
Jünglingsalter an den ersten Stationen der hessischen
Heimat Marburg und Kassel. In Kassel schon sammeln
sie Volkslieder und Märchen, übersetzt Wilhelm aus
der alten skandinavischen Literatur, steuern sie, wie
schon ausgeführt, zum *Wunderhorn* und der *Zeitung
für Einsiedler* bei. Zuerst Bibliothekare, folgen sie
einem Ruf nach Göttingen, der 1837 einen bösen Abschluß findet, da sie zu den berühmten ‚Göttinger
Sieben' gehören, die dem reaktionären Regime weichen
müssen. Mit auf Betreiben Savignys und Bettinas finden sie schließlich Asyl in Berlin und Posten an der
Akademie.

Sie gingen, auch hierin echte Romantiker, von der
Anschauung der alten Sprache als einer urtümlichen
und kindlichen aus, unmittelbarer Laut des noch einfachen Menschen des Volkes, wie er auch in Märchen
und Volkslied zum Ausdruck kommt: „Ihr [der Spra-
che] Auftreten ist einfach, kunstlos, voll Leben, wie das
Blut im jugendlichen Leib..." So Jakob Grimm in der
Akademierede über den *Ursprung der Sprache* von
1851. Aber das haben er und sein Bruder seit den Tagen
der Heidelberger Romantik längst folgerichtig prakti-
ziert. Es steht hinter Wilhelm Grimms *Altdänischen
Heldenliedern* (1811), hinter den beiden Bänden der
Kinder- und Hausmärchen (1812–15), dem gemeinsamen Werk der Brüder von weltliterarischer Wirkung,
das in seiner Sprache und Erzählweise, in der Vorrede
als „unschuldig" bezeichnet, stark von Wilhelm be-

Wilhelm und Jakob Grimm. Radierung von Ludwig Emil Grimm

stimmt ist. Rein, prätentionslos, einfach (Luthers Sprache ist hier das Vorbild) war schon Wilhelms Text zu den *Altdänischen Heldenliedern* gewesen. Sein Stil führte Märchen und Sagenerzählung, aber auch den Kommentar, auf den Meridian Luthers zurück (womit er natürlich unter den Romantikern nicht allein stand). Man spürt das auch an den *Deutschen Sagen* (1816–18), an den *Irischen Elfenmärchen* (1826), alles noch Gemeinschaftswerke, weniger in Jakobs *Deutscher Mythologie* von 1835. Aber noch die späte *Rede auf Wilhelm Grimm* kurz vor dessen Tode spiegelt in glücklicher Erinnerung an die gemeinsame Sammelfreude von einst die romantische Anschauung von der lauteren Quellenfrische der „ewig jungen märchen". „bildung", „verbildung" vermochten die uralte Einheit und Naivität nie zu zerstören. „sie sind alle nichts erdachtes, erfundenes, sondern des ältesten volksglaubens ein niederschlag und unversiegende quelle der eigentlichen lautersten mythen."

Jakobs Weg hatte ihn freilich auf die strengere Seite geführt: seit 1838 war er der eigentliche Promotor des Lebensplans: das *Deutsche Wörterbuch*, das zwar wieder mit den Namen der beiden gezeichnet war, von dessen von den Gründern noch bearbeiteten sechs Buchstaben freilich nur einer auf Wilhelms Konto kam (D). Aber nicht allein das führte Jakob von Wilhelm ab. Das tat auch der Weg in die *Deutsche Grammatik*, die ihn von 1819 bis 1837 beschäftigte. 1848 folgte ihr noch eine *Geschichte der deutschen Sprache*. Wilhelm aber blieb in erster Linie der Sagenforschung treu (*Die deutsche Heldensage*, 1829). Er war der weniger herbe der beiden Brüder, von zarter Gesundheit und starkem Einfühlungsvermögen. Seine Interessen lagen nicht nach der streng philologischen Seite hin. Seine schmale Mitarbeit am Wörterbuch war für seine romantischere Interessensphäre eher eine Fehlinvestition. Für Jakob

Clemens Brentano. Bleistiftzeichnung von Wilhelm Hensel (1819)

Achim von Arnim. Ölgemälde von Peter Eduard Ströhling
(1803/04)

jedoch galt das nicht, dessen energische Persönlichkeit Wilhelm Scherer in seinem Buch über ihn eindrücklich festgehalten hat: „Jakob war heftig, kühn, ungeduldig und vordringend, von einer ausdauernden unermüdlichen Arbeitskraft ohnegleichen, in einsamer Tätigkeit am glücklichsten, der Geselligkeit abgeneigt. Er besaß den Mut des Fehlens, ohne den in den Geisteswissenschaften kein großer Wurf gelingt. Er besaß die Begierde des Entdeckers, die sich über alle Hindernisse hinwegsetzt und dem Ruf einer großen Bestimmung rücksichtslos folgt."

Überschlägt man die geistige Rolle der Brüder Grimm in ihrer Zeit und für die Folgezeit, so ist ihre Bedeutung zunächst natürlich für die junge germanistische Wissenschaft kaum abzuschätzen. Sie ging aber noch darüber hinaus: die Märchen-, Sagen- und Weistümer-Sammlungen strahlten zurück auf Literatur und Dichtung. Ihr Sprachstil, vorbildlich wie er war, wirkte sich weit in die Zukunft hinein aus. Die teilweise törichten heutigen Angriffe auf ihren „Nationalismus" zerfallen in sich, wenn man den Zeitgeist als die Voraussetzung wie nötig berücksichtigt. Man sollte die bedeutenden Franzosen namhaft machen, die damals ihre Sprache und Kultur nicht für die erste Europas gehalten hätten.

In Heidelberg sammelte sich aber noch eine Art zweiter Gruppe, die man offenbar soziologisch anders einordnen muß als die geschichts- und quellenbegeisterten Dichter, Herausgeber, Interpreten, Sammler und Mythologen. Es war dies der Kreis um den Grafen Otto Heinrich von L o e b e n (1786–1825), einen in vielen Sätteln gerechten Sachsen, Almanach-Autor unter dem Namen Isidorus Orientalis. Sowohl der junge Uhland wie der junge Eichendorff wurden von dem eleganten und zugleich manieristischen Formalisten zeitweise beeindruckt. Uhland hat Loebens pre-

käres Verhältnis zur Wirklichkeit scharf verurteilt.
Eichendorff, in seiner Heidelberger Zeit Loeben auch
kurzfristig verfallen, hat ihn dann später sowohl in
seiner Studie *Halle und Heidelberg* kritisiert wie
ausführlich in dem Roman *Ahnung und Gegenwart*
als Salonliteraten auch parodiert. Eichendorff rühmt
Loeben eine „ganz unglaubliche Formgewandtheit"
nach, aber unter dem Vorzeichen eines ausgesprochenen Epigonentums. Er macht ihn zum Mittelpunkt
eines „Afterkultus", zum „Hohepriester dieser Win-
kelkirche". Für die Heidelberger Periode hebt er Loebens ständiges Novalisieren ohne Novalisschen Tiefsinn ausdrücklich hervor. In der Tat ist Loeben, ein
Einfühlungstalent, ebensowohl in allen romanischen
Gedichtgattungen zu Hause wie im geistlichen Lied,
im Idyll und natürlich auch in Roman und Novelle.
Eichendorff erwähnt Loebens damals 1808 erschienenen Roman *Guido*, dem noch andere minniglich ritterliche Erzählungen folgen werden. Aus seinen Briefen und Tagebüchern geht gleichwohl hervor, daß ihn
eine Zeitlang Loeben fasziniert haben muß. Später
scheut er sich nicht, das Treiben des Loeben-Kreises
als „erstaunlichste Karikatur der Romantik" zu kenn-
zeichnen. Miterlebt hat er es so als junger Mensch
sicherlich noch nicht. Auf jeden Fall aber tut der heutige Leser gut daran, diese Unterschiede auch in die
Frage der literarischen Wertung mit einzukalkulieren.
Gewisse (heute) als an der Grenze des Kitschs erscheinende Jugendgedichte sowohl Uhlands wie Eichendorffs sind eher aus der Loeben-Nachbarschaft zu erklären als aus der Nachbarschaft zu dem anspruchs-
vollen Kreis der *Wunderhorn*-Herausgeber und ihrer
Freunde. Das ist selbst dem Autor von *Halle und Heidelberg* durchaus klar.

Daß Görres, Arnim und Brentano zur Zeit der beiden geschichtlichen Augenblicke Heidelbergs 1806 und

1808 gegenüber den Loeben und Eichendorff ausge-
reift gewesen wären, kann man dabei durchaus nicht
sagen. Während die andern nur schwärmten, wußten
die von der Berührung mit der Frühromantik Her-
kommenden nur genauer, was sie wollten. Sowohl Arnims *Zeitung für Einsiedler* wie die von der Profes-
sorengruppe getragenen *Heidelbergischen Jahrbücher
der Literatur* sind ganz selbstbewußte Parteiorgane
der Romantik, zu nicht geringem Teile auch ausgelöst
durch die Reaktion auf den Revenant-Rationalismus
von Voß und Jens Baggesen am Orte, welch letzterer
mit seinem *Klingklingel-Almanach* (1808) die z. T.
wütenden, z. T. parodistischen Ausfälle des alten Voß
gegen die Heidelberger Romantiker kräftig unter-
stützte. Es war, wie für die Frühromantiker in ihrem
Verhältnis zu Nicolai, auch eine ausgesprochene Generationenfrage, die die sachlichen Gegensätze hier
hervortrieb und zuspitzte.

Für die Bildung einer nochmals antiaufklärerischen
Fronde, die der Kreis, eher versunken in seine eigene,
positiv aufbauende Arbeit, nicht einmal gesucht hatte,
war nach Lage der Dinge auch ein Verlag nötig, der
das Risiko des Druckes all des Neuen auf sich nahm.
Es gehört zur Gunst der Stunde, daß sich auch dieser
Träger in Gestalt von Johann Georg Zimmer fand,
der nicht nur das *Wunderhorn*, sondern auch die (von
vornherein ein Verlustgeschäft bedeutende) nicht einmal einen Jahrgang erreichende *Zeitung für Einsiedler* übernahm. Die ursprünglich staatliche Gründung
der *Heidelbergischen Jahrbücher,* zum Organ der geistigen Erneuerung von Universität und Land bestimmt,
ging etwa gleichzeitig in den Einflußbereich des Romantikerkreises über.

Der Titel der Einsiedlerzeitung läßt an das Zeichen,
unter dem die Frühromantik angetreten, an Wacken-
roder-Tiecks Klosterbrudermotiv zurückdenken. Doch

ist er von den Jungen ganz anders gemeint: halbpa
rodistisch, mit einem Anhauch dessen, was man heut
als nonkonformistisch bezeichnen würde. Zeitung fü
Individualisten hätte die Sache auch getroffen. E
setzt das Bewußtsein voraus, daß Aufklärung und
Klassizismus (Beispiel: Voß und Baggesen) noch kon
formistischen Zeitstil bedeuten. Und in der Tat: wenn
man die Beinah-Gleichzeitigkeit etwa von Baggesen
ganz aus dem Geiste des 18. Jahrhunderts entworfe
nem Alpenepos *Parthenaïs* (das der Unentwegte nocl
1823 in letzter Fassung vorzulegen wagte) mit den
ersten Band des *Wunderhorn* bedenkt, dazu Vossens
Verhältnis zum klassischen Goethe, so erkennt mar
die Macht, über die die Vergangenheit unter diese
Gestalt noch immer verfügte.

Vergleicht man die *Zeitung für Einsiedler* mit den
Athenäum, so stellen sich folgende Unterschiede her
aus: Zwar zieht sich auch hier wie ein roter Faden da
Geplänkel mit den Spätrationalisten durch das Ganze
wobei an Satire und Witz so wenig gespart ist wic
einst in Schlegels literarischem *Reichsanzeiger.* Docl
fällt besonders ins Auge, daß sowohl Fragmente wic
die großangelegten und philosophisch beschwerter
Aufsätze bei den Heidelbergern fehlen. Dafür bring
Arnims Zeitung ein gerüttelt Maß an Quellenproben
nicht nur aus Volkslied und Volksbuch, wie es nahe
liegt, sondern auch etwa aus Jakob Böhmes *Morgen
röte,* aus Thomas a Kempis' *Nachfolge Christi,* aus
Humanisten wie Geiler von Kaisersberg und Erasmus
Wilhelm Grimms *Altdänische Heldenlieder,* alte Chro
nikproben, aber auch Weltliterarisches aus Indien und
Persien. Von Görres' Mystik abgesehen (*Hermes Tris
megistos*), fällt die Antike so gut wie aus. Dafür war
ten die Jüngeren auf mit Proben aus eigener Lyrik und
Prosa, oder sie ziehen Geistesverwandtes wie Hamann
Jean Paul und Hölderlin heran. Das jüngere Organ

ist also praktisch-aktueller, minder theoretisch als das der Jenenser Romantiker. Wenn unter den Verfassern auch die Brüder Schlegel und Tieck vertreten sind, so überwiegen die Beiträge von Arnim, Brentano und Görres doch bei weitem. Hinzu treten als Wissenschaftler wie als Nachdichter vor allem Wilhelm Grimm, Zacharias Werner mit einer Sonettenprobe, deutlich sichtbar aber auch die beiden späteren Führer der ‚Schwäbischen Schule' Ludwig Uhland und Justinus Kerner. Die *Zeitung für Einsiedler* ist auf Kurzweil und Abwechslung gestellt. Sie verlangt weit weniger vom Leser im Intellektuellen, als das *Athenäum* es tat. Neben Lied und Ballade treten auch Sage und Märchen ins Licht. Des Malers Philipp Otto Runge volkläufig gewordenes Märchen vom *Machandelboom*, das zusammen mit dem bekannteren *Von dem Fischer und syner Fru* in die Grimmschen Märchen kam, vertritt sogar den niederdeutschen Dialekt. Summa summarum: Die Zeitung ist eine reizvolle Mischung von äußerst vielseitigen Quellenproben, in erster Linie zwar aus der altdeutschen Tradition, doch als Ganzes von kosmopolitischer Reichweite, die von Schottland und Skandinavien über die Romania bis in den fernen Orient reicht. Verbindend wirkt das Interesse an ursprünglichen Formen und Motiven.

Eine besondere Note hat, auch gegenüber dem *Athenäum*, der Anteil der Literatursatire, der vorwiegend von Brentano, Görres und Arnim selbst bestritten wird. Es spiegelt sich darin die Polemik gegen Voß, Baggesen, Kotzebue, Cotta und sein *Morgenblatt* wider, die von der anderen Seite teils provoziert, teils deftig erwidert wurde. Das bedeutendste Stück ist hier Brentanos *Geschichte und Ursprung des ersten Bärnhäuters*, auf der Grundlage von Grimmelshausens Erzählung *Der erste Bärnhäuter* und dessen Vermischung mit dem Tiermärchen und unter Verwendung von

Reminiszenzen von Christian Reuters *Schelmuffsky*.
Man kann die Geschichte nicht als ‚Volksbuch' lesen,
wie Brentano meinte, sondern eben nur als meisterhaft
verpackte literarische Polemik. In dieser Hinsicht sah
Brentano sich selbst nicht ganz klar. So hat er später
im „Märchen" vom *Murmeltier* ja Campe und Voß
mit vollen Namen Hauptrollen zugewiesen, wobei natürlich das ‚Märchen' aufhört. Görres stiftete *Des
Dichters Krönung. Eine dramatische Idylle,* deren
Zielscheibe ebenfalls Voß, der „hyperborische Hor-
ribilisribifax" ist. Arnims Hauptbeisteuer zur Polemik der *Zeitung für Einsiedler* ist die *Geschichte des
Herrn Sonet und des Fräuleins Sonete, des Herrn Ot-
tav und des Fräuleins Terzine.* Arnim nennt den Zyklus von 93 Sonetten eine „Romanze", was er natürlich auch im satirischen Sinne nicht sein kann. Es ist
viel Witz darin investiert, aber nur für die Eingeweihten. Ähnliches gilt auch von Arnims anderer Satire,
die selbst Goethe nicht ungeneckt ließ: *Scherzendes
Gemisch von der Nachahmung des Heiligen.* Die Parodie auf Goethes *Prometheus*-Fragment hat er später
in der Werkausgabe unterdrückt.

Daß gerade infolge des Anteils an den Kämpfen um
die Heidelberger Romantik, die nur die Literaten an-
gingen, Arnims und Brentanos Organ sich nicht lange
halten konnte, liegt so ziemlich auf der Hand. Damit
ging die bildungspolitische Leistung an eigener Lyrik
oder an bedeutender Nachdichtung (die *Romanzen
aus dem Dänischen* von Wilhelm Grimm z. B.) leider
mit verloren. Arnim versuchte, den Inhalt der Hefte
als Ganzes dennoch zu retten durch die nachfolgende
Buchausgabe *Trösteinsamkeit.*

III. DER WEITERE WEG BRENTANOS UND ARNIMS

Das Märchen, in der *Zeitung für Einsiedler* z. B. durch Runge vertreten, gehört seit Novalis und Tieck zu den wesentlichen Ausdrucksformen der Romantik. Bei Novalis noch philosophisch, bei Tieck Ausdruck individueller Schwermut oder auch epischen Humors, erreicht die Gattung in der jüngeren Generation ihren Höhepunkt bei Chamisso, Fouqué und vor allem E. T. A. Hoffmann. Doch handelt es sich hierbei durchweg um Kunstmärchen, nicht um Volks- oder Kindermärchen. Erst mit der ‚Heidelberger Romantik‘ oder doch in ihrer Folge kommen auch diese Gattungen zu ihrem Recht. Runges beide Märchen sind bewußt ‚Kindermärchen‘. Auch Brentanos Fabuliergenie entwickelt sich zunehmend in dieser Richtung. Das hat natürlich mit einem weiteren Gesichtspunkt zu tun: mit der ständig sich intensivierenden Sammelleidenschaft der jüngeren Romantik. Die *Kinder- und Hausmärchen* der Brüder Grimm wie das *Wunderhorn,* ein klassisch gewordenes Zeugnis der Sammelleidenschaft der jüngeren Romantikergeneration, zeigen zugleich die weltliterarische Tendenz auf der Suche ebensosehr nach Traditionsmotiven aus der Romania wie aus der deutschen Überlieferung. Hier nun ist Brentano gleichsam federführend. Zweierlei dient als Voraussetzung: einmal die erzählerische Gabe, sich auf das Kind und das Volk einzustellen, die seine persönliche Mitgift war; sodann die Anregungen, die ihm aus seinen reichen Sammlungen z. T. seltener alter Ausgaben zuflossen. Von Basiles *Pentamerone,* der Quelle für seine *Italienischen Märchen,* besaß er zwei der überaus seltenen Originaldrucke. Überhaupt mischt er in souveränem Spiel seine Quellenanregungen überall durch-

einander, so daß einige seiner Märchen zugleich auch
ein Reservoir volkskundlicher wie weltliterarischer
Motive darstellen, wobei Volksbücher, Balladenstoffe,
Sagen, Tiermärchen vom Mittelalter bis zu Grimmelshausen ein wunderliches Konglomerat eingehen.

Brentano hat die von ihm geplante Gesamtausgabe
seiner Märchen und Erzählungen nicht mehr erlebt.
Sie erschienen einzeln in Sammelwerken, zusammengefaßt erst seit 1846. Als Zyklen, die den größten Teil
umfassen, heben sich die *Italienischen Märchen* von
den *Rheinmärchen* ab. Aber die Stücke nach dem
Pentamerone sind bis zu den Namen hin dermaßen
eingedeutscht, daß man die Quelle darüber vergißt.
Sowenig man beim *Gestiefelten Kater,* den Tieck ein-
deutschte, an die neapolitanische Barockquelle denkt,
so wenig reflektiert man über die gleiche Herkunft
bei dem ‚Knüppel aus dem Sack‘-Motiv von Brentanos *Dilldapp* etwa. Die Kindertümlichkeit der Erzählweise schaltet diese Möglichkeit so gut wie aus. Die
kleineren Stücke der Sammlung entstanden zwischen
1805 und 1811, die umfassenderen z. T. noch in der
Zeit nach der Rückkehr in den Schoß der Kirche
(1817) und während seiner unglücklichen Werbung um
Luise Hensel, die Dichterin geistlicher Lieder, die 1818
konvertierte. Brentano hat die Figur des *Fanferlies-
chens* in der späteren Bearbeitung des Märchens nach
ihr geformt.

Die einzelnen Märchen können hier nicht interpretiert werden. Wohl aber ist hervorzuheben, was ihrem
Stil gemeinsam ist. Da ist zuerst ihre eminent lyrische
Seite; nicht nur was die starke Musikalität des Prosa-
stils angeht, sondern auch ganz konkret die Durchset-
zung der Prosa mit Versen. Man kann hier das *Myr-
tenfräulein* hervorheben, in dem zwei der schönsten
Brentano-Gedichte stehen: *Säusle, liebe Myrte!* und
Hörst du, wie die Brunnen rauschen?, beides Schlum-

merlieder, die, einmal den Prinzen, einmal das Myr-
tenfräulein durch ihre „sanfte Weise" in den Schlaf
singen. Ähnlich verhält es sich mit dem Lied des Neun-
töters im *Fanferlieschen* für die im Turm gefangene
Ursula *Aber keiner ist allein*. Sogar im humoristischen
Schulmeister Klopfstock und seine fünf Söhne mon-
tiert Brentano in extenso das Lied des Einsiedlers aus
dem *Simplicissimus* (*Komm Trost der Nacht, o Nachtigall*) ein oder gibt das Lied des Meerweibes *Süß ist
mein Blut*. Man muß sich vergegenwärtigen, daß die
diese Lyrika in Prosa umgebende Situation stets auf
den gleichen Ton gestimmt ist, daß weder Ernst noch
Scherz im Lied die Erzählung stört oder auch nur
verwirrt.

Die gleiche Struktur- und Stillage gilt auch für die
Rheinmärchen, die um 1811 entstanden. Die *Geschich-
te vom Müller Radlauf* setzt gleich mit dem frommen
Abendlied *Nun gute Nacht mein Leben* ein. An den
Rhein gerichtet ist auch das Lied der schönen Ameley
Wie oft ich dir gesungen. Die zwei jungen Fischer am
Loreley-Felsen singen *Am Rheine fahr ich hin und her*.
Ein Höhepunkt in diesem Märchen ist Radlaufs Lied,
das er auf den Ruinen seiner Mühle „dem herrlichen
Strom" gibt:

> Wie klinget die Welle,
> Wie wehet der Wind!
> O selige Schwelle,
> Wo wir geboren sind!

In solche Gedichte, die mehr als Zulagen oder Einlagen sind, sondern dem Epischen als Höhepunkte integriert, hat Brentano seine ganze starke lyrische Musikalität hineingegeben: audition colorée, Alliteration,
Reim und Binnenreim und den wiegenden Rhythmus,
in dem er Meister ist. Ein Beispiel für solche teilweisen
Analogien zu spätbarocken Klangformen ist das Lied

für die Starenkönigin. Radlauf erzählt seine Reise nach
dem Starenberg „Wie wird mir" mit Strophen wie:

> Flöß fliehend, du Flötengeflüster,
> Mir Himmel und Heimat ans Herz,
> Leucht lieblich und lispele düster
> Und fächle, daß lächle im Schlummer der Schmerz!

Doch ist nur ein Teil der Gedichte in den Märchen
im ernsten Sinne lyrisch gültig. Daß diese keine Ver-
fremdung der bei Brentano ja zumeist humoristischen,
wenn auch oft nur vordergründig heiteren Erzählweise bedeuten, liegt aber auch daran, daß neben ihnen, und im weit größeren Umfange sogar, Scherz-
und Spottgedichte komische oder komisch-sentimenta-
le Situationen, den Prosatext ablösend, zusammenfassen. Dies begreiflicherweise mit starken Rückgriffen
auf Volkslied und Volksspiel, speziell auf das *Wunderhorn*. Manchmal sind es Balladenparodien, manchmal
Hans-Sachssche Verse. Auf den Reim wird selten verzichtet, zumal Brentano sich in Rhythmus und Reim
häufig auch an das Kinderlied anlehnt. Dadurch wird
erreicht, daß auch künstliche, aus der romantischen
Romania abgeleitete Formen nicht als solche empfunden werden. So etwa Frau Lureleys Gesang beim Lei-
chenzug von Radlaufs mythischen Vorfahren:

> Es fahren die Lebenden über den See,
> Sie bringen den Toten nach Haus.

Häufiger aber operiert Brentano in einfachen Formen
spielerisch seine immensen Volksliedkenntnisse nutzend. Sie bieten zugleich die von ihm so geliebte Möglichkeit des Wortspiels. Auch die Namengebung be
Brentano ist, entsprechend der Gewohnheit des Kin-
dermärchens, Wortspiel, freilich nicht wie in der Frühromantik oder bei Jean Paul ein Spielen mit der Mehrdeutigkeit ein und desselben Wortstammes, sonder

Spiel mit der Sinnlichkeit der Wortmöglichkeit, die auf das Wesen zielt. Namen, die es als Wort nicht gibt, die aber als Neubildungen für sich selber sprechen, herrschen in Brentanos Märchen:

> Dickedull und Labelang,
> Honigbart und Hahnenbang,
> Lämmerfrau und Hasenschreck,
> Witzenspitzel reitet Flügelbein weg!

Die ganze Kurzstrophe aus *Witzenspitzel* beruht auf der Bildlichkeit der Namen. Stünde man außerhalb des Märchenzusammenhangs, so wäre sie nur ein kurioses Klangkauderwelsch. Die Sinnlichkeit der erzählten Abenteuer der Märchenhelden Hinkel, Gockel und Gackeleia in ihrer Beziehung zur Hühnerwelt steht fest (während der wirkliche Hahn klassisch-griechisch Alektryo heißt). Die Namengebung ist so eines der humoristischen Hauptstilmittel Brentanos. Die drei Maler, in denen zugleich das romantische Doppelgängermotiv, zum Drittgänger erweitert, persifliert wird, heißen die „mehreren Wehmüller". Im *Schulmeister Klopfstock* gibt es außer den ihren Beruf bezeichnenden und zugleich klangsymbolischen Namen der Söhne (Gripsgraps, Piffpaff usw.) auch das Land Glockotonia und den Nachtwächterkönig Knarrasper und seine Frau Schnarrassel. Der böse König Blaubart im *Fanferlieschen* heißt Jerum, seine schöne und gute Frau Ursula, mit deren Namensbeziehung auf den Bären reichlich gespielt wird. Das Land heißt Skandalia mit der Hauptstadt Besserdich. Der verzauberte Floh trägt den Namen Herr von Hüpfenstich, der König ist in dem gleichen Märchen Haltewort, der Prinz der porzellananen Hauptstadt Wetchwuth. Es ist dies am Ende keine Äußerlichkeit oder allein Kindertümlichkeit, sondern zugleich auch ein beziehungsreiches Spiel mit dem Tiefsinn, in dem Vordergründiges und

Hintergründiges einander begegnen: die menschlichen
Märchenhelden, die personifizierte Natur und Kunst,
die Welt der Dämonen und der guten Geister (zu denen
bei Brentano auch die Lureley im *Radlauf* und im
Murmeltier gehört), vor allem aber die verborgene
Menschlichkeit der Tiere, die nicht allein im Sprechen
der Vögel, Mäuse und anderer Tiere als geheimer Rapport zum Menschen sich bezeugt.

Von den Märchen Brentanos ist das von *Gockel und
Hinkel* wohl das bedeutendste, mindestens das am meisten charakteristische. Die Geschichte von dem ver-
armten Grafen von Hanau und seiner Frau, der Gräfin von Hennegau, samt ihrem Hühnerstaat, den die
Kätzchen holen, eine Geschichte, in der Menschen und
Tiere sozusagen ineinander übergehen in wechselsei-
tigen Verwandlungen, ist ein Muster von Brentanos
Erzählweise. Auch sie lebt vom Wortspiel hintergrün-
digen Humors, nicht allein dem aus der Hühnerwelt,
sondern überhaupt von der komischen Allusion. Nach
der Einführung der drei Hauptfiguren heißt es da:

> Ihre Wohnung war in einem alten Schloß, woran nichts
> auszusetzen war, denn es war nichts drin, aber viel ein-
> zusetzen, nämlich Tür und Tor und Fenster. Mit frischer
> Luft und Sonnenschein und allerlei Wetter war es wohl
> ausgerüstet, denn das Dach war eingestürzt und die Trep-
> pen und Decken und Böden auch.

Welche Frische und Heiterkeit schon von den ersten
Sätzen an, und dabei heißt das Motiv: Ruine. In ihr
hausen gewöhnliche Vögel, und „vornehme Vögel"
wollen nach dem Wiedereinzug Gockels auch zur „Mie-
te" aufgenommen werden, die sie mit einem Teil ihrer
Beute an wilden Tieren zu erstatten gedenken. Schon
hiermit ist die Trennung zwischen Menschenwelt und
Tierwelt quasi aufgehoben, sind der Phantasie, auch
der kindlichen, gleich zu Beginn die Flügel freigege-

ben. Nicht anders gehen am Schluß die Welten ineinander über. Der Zauberring macht Gackeleia und ihren kleinen Prinzen Kronovus zu erwachsenen Leu-
ten, die sich heiraten können. Er erfüllt andrerseits
auch den Wunsch Gackeleias, daß sie alle wieder Kinder sein möchten und die Geschichte ein Märchen,
das der wiedererweckte Alektryo erzählen soll,

... und in demselben Augenblick waren alle Anwesende in
lauter schöne, fröhliche Kinder verwandelt, die auf einer
grünen Wiese um den Hahn herumsaßen, der ihnen die
Geschichte erzählte, worüber sie dermaßen in die Hände
patschten, daß mir meine Hände noch ganz brennen; denn
ich war auch dabei, sonst hätte ich die Geschichte niemals
erfahren.

Damit läßt Brentano die Geschichte sich gleichsam
selber in den Schwanz beißen, was das Märchenge-
schehen angeht. Aber mehr noch als das. Im Gegensatz
zu dem objektiven Erzählbeginn („In Deutschland in
einem wilden Wald lebte...") transzendiert er am
Schluß auf sich selber als den Weitererzähler, jedoch
zu einem der zuhörenden fröhlichen Kinder verwandelt. Die platte rationale Wirklichkeit wird damit, wie
es dem Märchen ansteht, ins Wesenlose verflüchtigt
und durch die der freien Phantasie ersetzt. Identitä-
ten werden aufgehoben, verwandelt, völlig neu gesetzt.

Brentano hat auch eine Reihe von Erzählungen geschrieben, die nicht Märchen sind. Neben der Geschichte von den *Mehreren Wehmüllern*, die von der
Komik und der Parodie romantischer Motive lebt,
und der Kriminalnovelle *Die drei Nüsse*, die dem
Kleistschen Novellentyp verwandt ist, ist da sein Meisterstück *Die Geschichte vom braven Kasperl und
dem schönen Annerl* zu nennen (alle 1817 in einer
Zeitschrift und einem Sammelwerk erschienen). Es ist
die Geschichte zweier unglücklich Liebender, die mit
ihrem Tode endet. Von vornherein ist bei diesem Mo-

tiv die Neigung Brentanos zu bizarrem Humor ausgeschlossen. Dazu verpflichtet das Thema aber auch zur
Vermeidung einer falschen Sentimentalität, die so vielen Novellen von unglücklicher Liebe in der Romantik anhaftet. Brentano mußte sich hier dagegen mit
einem sehr ernsten Charakter- und Schicksalsproblem
auseinandersetzen. Er tut es, wenigstens was den Aufbau angeht, in der Nachbarschaft Jean Pauls: die Novelle setzt zeitlich in den letzten Nachtstunden vor der
Hinrichtung des schönen Annerl ein und holt in der
Erzählung der Alten nach, wie es dazu kommen
konnte:

> Es war Sommersfrühe, die Nachtigallen sangen erst seit
> einigen Tagen durch die Straßen und verstummten heut in
> einer kühlen Nacht, welche von fernen Gewittern zu uns
> herwehte ...

Schon hier, in der Eingangssituation, zeigt sich, daß
Brentano den Nachtigallentopos unter Einsatz seines
hohen Stilgefühls nicht topisch, sondern in einer eigenen Art von Schilderung und Sprachrhythmus gebraucht. Das gilt für das Ganze, in dem die hochsen-
timentalen Möglichkeiten des Motivs souverän nicht
ausgenutzt werden. Es geht nicht nur um das Liebes-
motiv, sondern auch um das der Ehre beim braven
Kasperl und damit um eine schwierigere Version, als
Lessing sie für seinen Major von Tellheim konzipierte.
Ein ganz und gar unbedingtes Ehrgefühl, aber in der
,einfachen Form' ist die bestimmende Kraft im Charakter des braven Bauernburschen und Soldaten. Das
ihm angeborene empfindliche Ehrgefühl verstärkt natürlich sein Dienst als Ulan noch weiter. Nicht anders
steht es mit dem schönen Annerl, seiner Braut, die
peinlich auf ihren Ruf achtet. Die böse Welt aber greift
in beider Schicksale ein. Kaspar, auf dem Wege zum
Urlaub ins heimische Dorf, begegnet hier der kriminel-

len Ehrlosigkeit von Vater und Bruder, die ihm im
Wirtshaus Pferd, Geld und Gepäck stehlen. Seine Ehre
verlangt von ihm, daß er die nächsten Verwandten dem
Gericht überliefert. Andrerseits fühlt er sich nun selber als ehrlos, Sohn und Bruder von gemeinen Verbre-
chern und Annerls nicht mehr würdig. In der Aus-
weglosigkeit tötet er sich auf dem Grabe der Mutter.
Inzwischen hat aber eine andere Intrige das Leben
Annerls zerstört. Sie geht von Graf Grossinger, einem
jungen Offizier des Fürsten, aus, der Annerl verführen will und tatsächlich auch, nachdem er ihr Kaspars
Tod im Felde lügnerisch glaubhaft gemacht hat, zu
diesem Ziele gelangt. Auch sie ist nun ehrlos und tötet
in der Verzweiflung ihr Kind. Wie üblich wird sie
zum Tode verurteilt. Hier greift nun in der dritten
Handlungslinie der Erzähler aktiv ein. Er hat die
Erzählung der alten Frau, wenige Stunden vor der
Urteilsvollstreckung, auf nächtlicher Straße vernom-
men und kann, durch Grossinger vergeblich verzögert,
zum Herzog vordringen. Der schuldige Grossinger selber wird mit dem Gnadenerlaß zum Richtplatz ge-
hetzt, kommt aber zu spät, bricht zusammen und ge-
steht. Damit ist das Schicksal beider Liebender tragisch abgeschlossen. Annerl hat ihre Schuld klaglos
gebüßt, Kaspar „als Soldat und brav" sein Leben in
voller Ehre beschlossen. Doch ist die Novellenhandlung damit noch nicht zu Ende. Kurz vor dem Abschluß wird noch der vierte Handlungsbezug eingeführt. Grossingers Schwester ist insgeheim die Mätresse
des Herzogs. Der Erzähler hört sie singen, als er im
Schloß den Herzog sucht. Es sind die symbolischen
Schlüsselverse für das Ganze:

> Die Gnade sprach von Liebe,
> Die Ehre aber wacht
> Und wünscht voll Lieb' der Gnade
> In Ehren gute Nacht.

Gnade – Liebe – Ehre – es ist die Motivtrilogie, die die
Novellenhandlung trägt, die über dem weltlichen Ge-
richt und seinem Spruche steht. Kaspar mußte aus
innerer Notwendigkeit sich selber richten; Annerls
Schuld: die unbewußte Untreue und der nachfolgende
Kindsmord, mußte, das ist selbst die Überzeugung der
Großmutter, gesühnt werden. Deswegen durfte auch
Grossinger mit der Begnadigung nicht rechtzeitig kom-
men. Aber die Handlung wirkt sich auch noch in die
Zukunft aus. Der erschütterte Herzog wird Grossin-
gers an diesem allen unschuldige Schwester „unter dem
Namen: Voile de Grâce, auf deutsch: Gnadenschleier
in den Fürstenstand erheben und sich mit ihr ver-
mählen".

Unter den epischen Plänen Brentanos, die Torso
blieben, stehen im Mittelpunkt die *Romanzen vom
Rosenkranz*. Daß sie „das Hauptwerk" des Dichters
darstellen, wie der Herausgeber Max Morris behauptet, scheint übertrieben. Doch sind sie sicher ein zentrales Werk, um dessen Vollendung Brentano jahrelang gerungen hat: Versepik, nicht Prosaepik wie die
Märchen und Novellen; mit einer autobiographischen
Einleitung in Terzinen, die Romanzen selbst im spanischen Trochäus mit Assonanz, in den letzten Stücken
gereimt. Das „wirklich wunderbare erschütternde Gedicht" (Brentano an Arnim 1805) wurde 1804 vorläufig konzipiert und später als ein romantisches Gesamtkunstwerk mit Runge zusammen geplant, der
Illustrationen und Randzeichnungen in der Art von
Dürers Ausstattung des Gebetbuches Maximilians bei-
steuern sollte. Brentanos Briefe an Runge von 1810
belegen das sehr genau. Wichtig ist die Selbstinterpretation Brentanos gegenüber dem Maler, der freilich
im gleichen Jahre starb. Der damals geplante Titel
wäre *Die Erfindung des Rosenkranzes* gewesen, das
Motiv:

Das Ganze ist ein apokryphes religiöses Gedicht, in welchem sich eine unendliche Erbschuld, die durch mehrere Geschlechter geht und noch bei Jesu Leben entspringt, durch die Erfindung des katholischen Rosenkranzes löst. Die alte Fabel des Tannhäusers ist ... darin gelöst und eingeflochten sowie die Erscheinung der Zigeuner in Europa und der Ursprung der Rosenkreuzerei.

Ein romantischeres Thema als dies ist kaum vorstellbar. Legende, Sage, Mythos und Geschichte („von mir erdacht") werden darin angesprochen, alles verwandt der Tendenz der jüngeren Romantik. Man denke an Hoffmanns *Elixiere des Teufels,* an Tieck und an Arnims *Isabella von Ägypten,* an die fragwürdige Behandlung des Geschlechterfluchs im Schicksalsdrama. Diese Konzeption lag also nicht außerhalb der Zeit, so wenig sie außerhalb von Brentanos Entwicklung lag. Christliche Legendendichtung, neue Mythologie auch im Sinne von Schellings Forderung, aber zentral katholisch bestimmt, jedoch auch wieder „kein modernes christlich geschminktes Geplimper, das mir höchst zuwider" (an Runge 1810). Die mittelalterliche Entstehung des Rosenkranzes ist natürlich ein kirchenhistorisches Faktum. Aber Brentano wollte eine Ursprungslegende, die bis zur Mutter Maria persönlich, ja letztlich bis zu Lilith, Adams erster Frau, zurückgehen und in der Moles (Mephistopheles) als Teufel und irdischer Magier das Gegenprinzip zu der Welt der Heiligen mit ihren Rosenwundern darstellen sollte. Ob sich dies bei Brentanos ständig veränderndem Einfallsreichtum je als lückenloser legendärer Mythos geschlossen hätte darstellen lassen, muß sehr bezweifelt werden. Die vollendeten 19 Romanzen liegen, größtenteils wenigstens, auf der Höhe von Brentanos bester Verskunst. Ein weitgespanntes phantastisches Bild romantischer Mittelalter-Mythologie schließen sie ein.

Unter den jüngeren Romantikern ist Brentano wohl
der, der in seiner Lyrik Kunstton und Volkston am
natürlichsten miteinander in Einklang zu bringen
wußte. Es wurde darauf schon bei der Interpretation
der lyrischen Einlagen in das prosaepische und dramatische Werk verwiesen. Dies ging so weit, daß eine
lyrische Erfindung Brentanos, _Der Star und das Bad-
wännlein,_ als Volksballade dem _Wunderhorn_ ohne
Stilbruch beigegeben wurde. Seine Einfühlungsfähig-
keit in die episch-lyrische Volkstradition, die Ballade,
konnte bis zu Mystifizierung und täuschender Echt-
heit gehen (ohne bösen Hintergedanken übrigens).
Auch die _Lorelei_-Ballade aus dem _Godwi,_ mit der dieser romantische Mythos anhebt, wirkt wie eine echte
Volksballade.

Doch ist wohl noch wichtiger, was man als Brentanos poésie pure bezeichnen kann. Man muß hier
unterscheiden zwischen seiner frühen und späten Lyrik (vor und nach seiner Rückkehr zur Kirche 1817).
In beiden Perioden sind ihm reine und starke Gedichte
gelungen. Doch haben Stil und Inhalt sich verändert.
Die Gedichte von der Früh- bis zur mittleren Zeit sind
sublime Klanggebilde, die von der audition colorée,
einschmeichelnden Reimen und Rhythmen leben, l'art
pour l'art, wenn auch ohne den bewußten Willen, es
zu sein, den erst der Symbolismus aufbringt. Deshalb
sind sie ohne dessen Härte. Sie sind nicht gemeißelt,
sondern sprachmusikalische Gebilde, unmittelbarer
Ausdruck schwebender Stimmungen, offene, nicht geschlossene Form, obwohl in sich durchaus rein. Die
romantische Modekunstform, das Sonett, hat er in der
Frühzeit zwar gepflegt (8 Sonette an Minna Reichen-
bach oder das an Bettina, _Annunciatens Bild_), später
aber nicht mehr, weil die vorgegebene rhythmische
Form und Reimbindung seiner sprachlichen Unmittelbarkeit nicht gemäß war. Was Brentano lag, das war

der Liedton, und zwar oftmals der, der sich nicht an
ein einziges Maß oder Strophenschema band. So etwa
der Wechsel von Kurz- und Langversen:

> Sprich aus der Ferne,
> Heimliche Welt,
> Die sich so gerne
> Zu mir gesellt!

> Wenn das Abendrot niedergesunken,
> Keine freudige Farbe mehr spricht,
> Und die Kränze stilleuchtender Funken
> Die Nacht um die schattichte Stirne flicht:
> Wehet der Sterne
> Heiliger Sinn
> Leis durch die Ferne
> Bis zu mir hin.

Die Variationen des daktylischen Maßes, die so entstehen, verleihen dem Gedicht das Wehende und
Schwebende, die unwillkürliche Konturlosigkeit, die
die Grenzen aufhebt und dem inhaltlichen Leitvers
„Alles ist ewig im Innern verwandt" die treffende
Ausdrucksform ist. Dabei kommt es kaum zu undich-
ten Stellen, die das romantische Totalitätsgefühl stören
oder gar brechen. Der Stimmungshintergrund für solche Lyrik ist vorzugsweise in den Gezeiten des Abends
oder der Nacht, des Mondlichts und des Sternenscheins,
der Sphäre des Schlafs zu suchen.

> Sieh, dort kommt der sanfte Freund gegangen,
> Leise, um die Menschen nicht zu wecken.
> *(An den Mond)*

Das adjektivische Wortfeld für dieses Gedicht ist das
von „sanft", „leise", „lieblich", „freundlich", „still".
Es prägt auch (über das Adjektiv hinaus) die beiden
vielleicht schönsten Kurzgedichte Brentanos, *Abendständchen* und *Wiegenlied*. Beide sind in der von ihm

bevorzugten vierzeiligen Liedstrophe in vierfüßigen
Trochäen gehalten.

Abendständchen

Hör, es klagt die Flöte wieder,
Und die kühlen Brunnen rauschen.
Golden wehn die Töne nieder,
Stille, stille, laß uns lauschen!

Holdes Bitten, mild Verlangen,
Wie es süß zum Herzen spricht!
Durch die Nacht, die mich umfangen,
Blickt zu mir der Töne Licht.

Wiegenlied

Singet leise, leise, leise,
Singt ein flüsternd Wiegenlied,
Von dem Monde lernt die Weise,
Der so still am Himmel zieht.

Singt ein Lied so süß gelinde,
Wie die Quellen auf den Kieseln,
Wie die Bienen um die Linde
Summen, murmeln, flüstern, rieseln.

Selbst die an Klangdichte seit Novalis und dem jungen
Tieck so reiche Romantik hat so reine Lyrik selten
hervorgebracht. Eine solche Vereinigung von Innigkeit und Musikalität war aber Brentanos eigentliche
Sache. Bewegung aus der unmittelbaren Bewegtheit
der Sprachmelodie und der Faszination des Abend-
und Schlummerliedes. Beide Gedichte sind exempla-
risch hierfür: das *Wiegenlied* für die Lautmalerei, das
Abendständchen mit seinem dunkleren Vokalismus zugleich auch für die romantische Synästhesie, in der die
Töne und das Licht in eins verschmolzen werden, die
formale Entsprechung zu dem „Alles ist ewig im Innern verwandt". Eine andere Entsprechung ist die

Der Spinnerin Nachtlied

Es sang vor langen Jahren
Wohl auch die Nachtigall,
Das war wohl süßer Schall,
Da wir zusammen waren.

Ich sing und kann nicht weinen,
Und spinne so allein
Den Faden klar und rein,
So lang der Mond wird scheinen.

Als wir zusammen waren
Da sang die Nachtigall,
Nun mahnet mich ihr Schall,
Daß du von mir gefahren.

So oft der Mond mag scheinen,
Denk ich wohl dein allein,
Mein Herz ist klar und rein,
Gott wolle uns vereinen.

Seit du von mir gefahren,
Singt stets die Nachtigall,
Ich denk bei ihrem Schall,
Wie wir zusammen waren.

Gott wolle uns vereinen
Hier spinn ich so allein,
Der Mond scheint klar und rein,
Ich sing und möchte weinen.

Brentano

Brentanos Gedicht „Der Spinnerin Nachtlied"
in der Handschrift des Autors

Meisterschaft im den Vers, manchmal auch die Stro
phe überspielenden Enjambement, von dem Brentano
reichlich Gebrauch macht. Ähnliche Höhepunkte sei
ner Lyrik sind Gedichte wie *Säusle, liebe Myrte!* und
Hörst du, wie die Brunnen rauschen?: ebenfalls zwei
Schlummerlieder, ebenfalls durch ihre Metaphorik die
Grenzen der Sinnenbereiche sprengend; das Myrten
gedicht sanft einschläfernd, das Brunnengedicht ein
seliger Aufschwung der Phantasie. Gerade an ihm mag
man wahrnehmen, daß Brentanos Lyrik auch eine
phantastisch dionysische Seite hat, die sich vielleicht
am reinsten in dem oben schon zitierten Liede Rad
laufs „Wie klinget die Welle!" (*Heimatgefühl*) aus
drückt. Aber auch Gedichte wie *Als mir dein Lied*
erklang („Dein Lied erklang, ich habe es gehört, / Wie
durch die Rosen es zum Monde zog") und die *Nach-*
klänge Beethovenscher Musik (besonders der dritte)
gehören hierher.

Was die spätere Lyrik Brentanos von der bis zur
Zeit der Märchen abhebt, ist zunächst ihre stärkere
religiöse Bestimmtheit gegenüber der ästhetischen Ge
stimmtheit der früheren. Reue- und Sühne-Gedanken
dringen durch und machen aus einem nicht unbeträcht
lichen Teil geradezu Bußgesänge, aus einem anderen
Teil Glaubens- und Bekenntnislieder, bis in die Balla
dengattung hinein. Dazu gehören *An den Engel in der*
Wüste, Stabat mater, Unstet in meinen Schritten,
Frühlingsschrei eines Knechtes aus der Tiefe. Ver
zweiflung und Rettung durch das Kreuz ist das Leit
motiv. Der Ton der Volksballade wird etwa mit *Die*
Gottesmauer zum Glaubenslied. (Der ungläubige En
kel wird durch einen als Gotteswunder zur rechten Zeit
eingetretenen Schneefall bekehrt.) Auch hier kann
noch Brentanos hohe Sprachkunst sich an den neuen
Motiven bewähren. Doch ist der Wortschatz natürlich
ein anderer, die ästhetische Emotion weicht der Spra-

che religiöser Erschütterung und Leidenschaft. Das
Gedicht *An den Engel in der Wüste* z. B. zeigt einen
wohl inhaltlich neu orientierten, aber dichterisch nicht
schwächeren Brentano mit der ganzen Balladenkraft,
über die er verfügte:

> Ich nahm den erschlagenen Kamelen
> Das Wasser, das Blut aus den Kehlen,
> Zu retten mein Weib und Kind;
> Die Schätze an Gold und Juwelen
> Begrub im Sande der Wind.

Hiob in der Wüste, verdurstet, gerettet durch die Gnade, aber alles in der Ich-Form und doch episch vollendet zugleich.

Aus dem früheren *Erntelied* („Es ist ein Schnitter, der
heißt Tod") entwickelt der späte Brentano das Motiv
der letzten Strophe zum Symbolmotiv seines bleibenden reifen dichterischen Selbstbewußtseins:

> O Stern und Blume, Geist und Kleid,
> Lieb, Leid und Zeit und Ewigkeit!

Er läßt das Gedicht *Eingang* („Was reif in diesen Zeilen
steht") wiederum mit diesen Versen schließen, früher
Symbol für den Totentanz alles Menschlichen, jetzt
Allegorie der Existenz des religiösen Dichters: in Einfalt, Schwermut, Sehnsucht, Armut, Lieb' und Leid.

Für Arnims weiteres Leben war das entscheidende
persönliche Ereignis die Heirat mit Clemens Brentanos
Schwester Bettina (so genannt als italienische Diminu-
tivform von Elisabeth). Bettina von A r n i m (1785 bis
1859) gehört zu den bedeutenden Frauen, die die Romantik hervorgebracht hat, das heißt in die Nachbarschaft von Caroline und Dorothea Schlegel, der mit
ihr eng befreundeten Günderode, Caroline von Humboldt und Rahel Varnhagen. Unter allen diesen nimmt
sie nach Temperament und Bildung einen durchaus
individuellen Platz ein. Sicher ist ihre Subjektivität, die

sie niemals verleugnen oder gar unterdrücken wollte
von ihrer halbitalienischen Herkunft mitbestimmt: vo
Kind an quecksilbrig, Mischung von Kobold und Elfe
der Schrecken deutschbürgerlicher Verwandtschaf
und Freundschaft, stets von Einfällen übersprudelnd
dabei selbständig in Gefühl und Gedanke, ohne de
Willen zu irgendeiner Form von Zügelung ihrer aus
geprägten Originalität – das war das Gesetz, nach den
sie angetreten. Als Schwester Clemens Brentanos, al
Schwägerin Savignys und seit 1811 als Frau Arnims
nicht zuletzt als Mutter von sieben Kindern, erfüllt
sie sich anders als die Frauen der Brüder Schlegel
Gleichwohl blieben ihr Zeit und Kraft zum (von die
sem schließlich nicht mehr ertragenen) Umschwärme
Goethes wie auch seiner Mutter, Frau Aja, zum Lebe
und Weben in den romantischen Kreisen, ja schließlic
auch zum Eingreifen in die preußische Politik unte
Friedrich Wilhelm IV., dem „Romantiker auf dem
Throne“. In ihrer Art hat Bettina den romantische
Universalitätsgedanken an ihrer eigenen Persönlichkei
exemplifiziert.

Sie gehört aber nicht allein ins Zentrum der jünge
ren Romantik, sondern der ihr zugemessenen langer
Lebenszeit nach auch noch ins Junge Deutschland hin
ein, ja darüber hinaus. Gerade diese Zeitphase ist es, ir
der sie selber erst literarisch produktiv wird. Diese Pro
duktivität ist größtenteils so unbekümmert subjektiv
(teilweise auch gewollt originell) wie ihre Person. Da
tritt besonders hervor an der von ihr hauptsächlich ge
wählten Gattung des scheinbar dokumentarischen Brief
buches. Solche auf brieflichen Dokumenten aufbauen
den, aber ins Phantastische ausschweifenden Publika
tionen sind *Goethes Briefwechsel mit einem Kinde*
(1835), *Die Günderode* (1840), *Clemens Brentanos
Frühlingskranz aus Blüten geflochten* (1844). Sie sind
alle wissenschaftlich als Dokumentation nicht zu ge-

brauchen, da Bettina willkürlich ändert, fortläßt, erfindet. Aber sie sind auch alle als Spiegelungen von eigentümlichem Wert, da eben der Verfasserin das Entscheidende nicht mangelt: die Substanz. (War Bettina doch selber jederzeit eine Briefschreiberin hohen Ranges.)

Dies übrigens zeigt sich auch in den politischen oder doch quasi-politischen Altersschriften: *Dies Buch gehört dem König* (1843), *Gespräche mit Dämonen. Des Königsbuches zweiter Band* (1852) und das *Armenbuch* (1844). In diesen Publikationen zeigen sich die Spuren eines politisch-sozialen Verantwortungsbewußtseins, das in seiner Konkretheit (Aufrufe und Sammlungen) die Romantik durchbricht und viel mehr mit dem Jungen Deutschland, das in diesen Jahren ja in einer Blüte stand, zu tun hat.

Gewiß, es war kein abrupter Frontwechsel: noch in ihrer letzten Lebenszeit kann sie (zusammen mit ihrer Tochter Gisela) das ironische Kindermärchen *Das Leben der Hochgräfin Gritta von Rattenzuhausbeiuns* ganz im Stile ihres Bruders Clemens schreiben, wie denn auch das *Armenbuch* in *Die Erzählung vom Heckebeutel* im gleichen Stil ausmündet. Auch diese Gegensätze vermochte die Bewegliche, noch als Matrone phantastisch wie als Kind, in sich zu vereinen oder doch ohne Bruch miteinander auszutragen.

Zur selben Zeit, in der Brentano mit Runge wegen der *Romanzen* verhandelt, erscheint Arnims Roman *Armut, Reichtum, Schuld und Buße der Gräfin Dolores* (1810). Arnim war Ende 1808 von Heidelberg nach Berlin zurückgekehrt. Heidelberg hatte ihm das Mögliche gegeben, in erster Linie auch die herzliche Annäherung an Bettina. Das Berlin, in das er zurückkam, war durch die Vorbereitung des Befreiungskrieges geprägt, für den er sich leidenschaftlich engagierte und im Hinblick auf den er auch den Kreis der Christlich-

deutschen Tischgesellschaft gründete, da er das ästhetische Salonwesen verachtete. Noch aus dem Quellen-
studium in Heidelberg stammte ein Teil des Novellen-
zyklus *Der Wintergarten* (1809) mit der Andeutung
eines Rahmenmotivs der winterlichen Unterhaltung am
Kamin. Hier hatte er aber nicht sein Eigenes gegeben,
sondern Nacherzählungen Niklas von Wyles, Christian Weises, Moscheroschs und Froissarts. Der *Dolores*-
Roman aber lag ihm weit „näher am Herzen". In die
Entstehungszeit fiel das Erscheinen der *Wahlverwandtschaften* und beeinflußte den Fortgang.

Formal ist Arnims Werk noch in die Nähe seiner
romantischen Vorgänger zu setzen. Es trägt noch Spuren der ,Unform' der *Lucinde* und der Verworrenheit
des *Godwi*. Die Geschlossenheit der *Wahlverwandtschaften* in der Form, auch die Dichte des *Heinrich
von Ofterdingen* ist ihm nicht zu eigen. Haupt- und
Nebenhandlungen schlingen sich ineinander ohne
Rücksicht auf gegenseitige Beeinträchtigung. Je weiter
der Roman fortschreitet, desto mehr gilt das; auch für
die verwirrende Fülle der Personen, der Abschwei-
fungen im einzelnen, der Verschachtelungen.

Vom Motiv her handelt es sich um einen Bekehrungsroman ohne die nihilistischen Konsequenzen des
Lucinde oder des *Godwi*. Feste Position ist die Unantastbarkeit der Ehe. Diese zu erweisen führt zwar
bis an den Rand des Scheiterns, aber durch das Be-
kehrungsmotiv wieder von diesem ab. Dennoch gestattet Arnim sich ein Happy-End nicht. Da Dolores
am Schluß stirbt, kommt es auch nicht zum Entsa-
gungsmotiv im goetheschen Sinne.

Die Hauptpersonen sind der Graf Karl und die
Gräfin Dolores. Die Aufgabe, die Arnim sich gestellt
hat, war, wie ein ritterlicher Ehegatte mit der Verführung seiner eitlen Frau und diese mit ihrem Fall
fertig wird. Karl hat sich Dolores aus einem jean-

paulschen romantischen Milieu geholt, einem verwilderten Schloß, in dem vor allem Sonderlinge und Käuze verkehren. Sein in allem nobel-ehrenwerter und gerader Charakter sieht irrtümlich den der Geliebten im selben Lichte. Denn Dolores ist in Wirklichkeit eine Art Schmetterling, jedes sinnlichen Genusses froh. Sie ist damit, im Gegensatz zum Grafen, egozentrisch und auch mit einer tüchtigen Portion Hochmut ausgestattet. Alles dieses aber erkennt Graf Karl erst im Verlauf der Handlung. Konsequent ergibt sich der Ehebruch, als die überlegene Figur des Verführers in ihr Leben tritt. Ebenso konsequent kommt es zu einer tiefen Verstörung des getäuschten Karl, dessen Charakter in dieser Lage die gewaltsame Lösung im Selbstmord sucht. Erst dieses Erlebnis setzt Dolores' Egoismus ein Ende und eröffnet ihren Weg zur Buße. Arnim wollte aber ihre Vorgeschichte bis zur Umkehr doch so ernst genommen wissen, daß er sie, bekehrt, nicht mehr weiter leben ließ, sondern den Begriff der Sühne so unbedingt nahm, daß er ihren Tod das Gleichgewicht wieder herstellen läßt.

Aus früheren Plänen (oder wohl mehr Einfällen) entwickelte Arnim seinen nächsten Roman in der Zeit auf Wiepersdorf nach 1813. 1816 war der erste Teil vollendet. Er gehörte diesmal der historisch-symbolischen Gattung an und trug den Titel *Die Kronenwächter*. Der zweite Teil des großen Wurfs wurde leider niemals fertig. Der Entwurf ist nicht nur provisorisch, sondern auch noch dazu der Fortsetzungsversuch einer früheren Fassung. Der erste Teil erlaubt den Schluß, daß Arnim sich diesmal von der offenen, manchmal aufgelösten Form des *Dolores*-Romans entfernt und eine geschlossenere und gerafftere angestrebt hat. Die Handlung ist (innerhalb des romantischen Bewegungsraumes) klar durchgeführt. Im zweiten Teil wäre sie nach dem Entwurf freilich wiederum ausgeufert. Ein

historischer Roman also: darauf legt Arnim in de
Einleitung „Dichtung und Geschichte" ausdrücliche
Wert:

Die Geschicke der Erde, Gott wird sie lenken zu einer
ewigen Ziele, wir verstehen nur unsere Treue und Liebe in
ihnen, und nie können sie mit ihrer Äußerlichkeit den Geis
ganz erfüllen.

Arnim bedient sich des optischen Gleichnisses der Kri
stallkugel als Medium des Auges, um sich über da
Verhältnis von Dichtung und Geschichte klarzuwer
den:

Ihr Wesen ist Klarheit, Reinheit und Farbenlosigkeit. We
diese in der Geschichte verletzt, der verdirbt auch Dich
tung, die aus ihr hervorgehen soll, wer die Geschichte zu
Wahrheit läutert, schafft auch der Dichtung einen sicher
Verkehr mit der Welt.

Unter diesem Gesichtspunkt unternimmt es Arnim, ei
umfassendes Kulturgemälde der Reformationszeit z
entwerfen, in dem historische Gestalten wie Maximi
lian und Luther, Dürer und Faust die Elemente de
Zeit darstellen, vor allem aber der Hohenstaufen-My
thos als Ausgeburt der Vergangenheit, der die Gegen
wart mit selbst behauptetem Recht noch immer stör
weiter spukt. Das Symbol ist die geheime Gesellschaf
der Kronenwächter, Hüter der alten Stauferkrone un
Vertreter von der Geschichte längst überholter ver
gangener Rechte in einer Gegenwart mit neuem Rech
Ein Symbol der Reaktion also, das von Arnim ent
schieden abgelehnt wird, obwohl es den in der Ro
mantik so viel gefeierten Barbarossa-Mythos in sic
schließt. Letzten Endes ist Arnims Position die de
Unmittelbarkeit der Epochen zu Gott, die die geheim
Gesellschaft der Kronenwächter verstört. Sie bemäc
tigen sich der letzten Hohenstaufersprosse und ler
ken (wie die Gesellschaft vom Turm im *Wilhelm Me*

Die Kronenwächter.

Von

L. Achim von Arnim.

Erster Band.

Berlin, 1817.
In der Maurerschen Buchhandlung.

Titelblatt der Erstausgabe von Arnims „Die Kronenwächter"
in Holz geschnitten mit einer Umrahmung nach einer Zeichnung
von Ph. O. Runge

ster) künstlich ihre Geschicke auf die Bewahrung des Staufererbes. Arnim bringt zwei solche Erben ins Spiel: Berthold und Anton. Berthold wird als geheimnisvolles Findelkind dem Turmwächter des staufischen Stammortes Waiblingen durch sie zugespielt, wird Stadtschreiber und – durch das Kapital der Kronenwächter – reicher Tuchfabrikant und Bürgermeister, um schließlich eines magischen Todes zu sterben. Er lebt ein erstes und ein zweites Leben, wonach der erste Teil sich gliedert. Eines als kränklicher und anfälliger Mensch, ein zweites (nachdem Faust ihn durch eine Einspritzung des vitalen Blutes seines Staufervetters verjüngt hat) in der Geschichte als ritterliche Figur. Ein solcher Eintritt in die Geschichte war auch Novalis' Heinrich von Ofterdingen bestimmt gewesen. Anton, als anderer Hohenstaufensproß insgeheim sein Vetter, Maler und zuletzt Dürer-Schüler, ist dagegen eine Kraftfigur, die zum Mittelpunkt des zweiten Teiles hätte werden sollen. Beide Hohenstaufen-Epigonen verbindet äußerlich die Figur der Waiblinger Bürgermeisterstochter Anna, die nach Bertholds jähem Tod Anton heiraten wird. Sie hatte Antons fast tödliche Wunde, die ihm von dem Gaukler und Marktschreier Dr. Faust zugefügt worden war, mit ihren Lippen geschlossen. Man bemerkt, wie sich, ganz nach dem einleitenden Programm, die Wahrheit des Historikers und die Wahrheit des Dichters miteinander mischen. Daß sie phantastischer herauskommen als wahrscheinlich, ist gewiß, wenn Arnim auch seine ganze Chronikkenntnis und seine Beschlagenheit in alten dichterischen Quellen einsetzt, um Leben und Weben eines vergangenen Zeitalters zu möglichst umfassender Darstellung zu bringen. Was *Die Kronenwächter* unter den romantischen Romanen hervorhebt, das ist die Klarheit, mit der das Problem der geschichtlichen Überholtheit herausgearbeitet ist.

Die Kronenwächter berühren sich an einem Punkte
der Handlung, vor allem aber in der Wahl der historischen Zeit, mit Arnims bedeutendster Novelle: *Isabella von Ägypten* (1812). Diese verbindet, vielleicht
von Brentano angeregt, das Motiv der Jugendge-
schichte Karls V. mit dem der mythischen Geschichte
des Zigeunerstammes. Noch mehr als das: alte Zauber-
motive, die Arnim aus Volks- und Zauberbüchern ge-
schöpft hat, wie das des goldfindenden Alrauns und
das altjüdische des Golems spielen in Verbindung mit
Grimmelshausens *Bärnhäuter* eine die Handlung mit-
entscheidende Rolle. Das Motiv hat seine ganz persönliche und seine geschichtliche Seite. Die persönliche
Seite ist die Jugendliebe des Kaisers zu der verfolgten
Zigeunerfürstin Isabella, deren Vater, der Herzog,
kurz zuvor am Galgen geendet hat. Die Funktion der
Kronenwächter, d. h. der unter historischem Gesichtspunkt (der Wiedervereinigung der Zigeuner in ihrem
Stammland Ägypten) manipulierten Geschicke Isabel-
las, läßt Arnim der alten Zigeunerin Braka zufallen.
Sie vermittelt, mit dem Schatz des Bärenhäuters, den
der Alraun gefunden hat, die Begegnung des Mädchens
mit dem jungen Habsburger, die zur echten Liebe wird
und zur Geburt eines neuen Zigeunerfürsten führt.
Isabella aber verzichtet auf die Kaiserinnenwürde, um
ihr Volk wieder in die Heimat zu führen. Karl hat
übrigens durch das Spiel mit der Golem-Doppelgänge-
rin Bella sie und sich selber getäuscht und damit auch
eine echte und einfache Liebe in Frage gestellt.

Über die Spannweite von Arnims Talent als Erzähler geben die historischen Beispiele freilich nicht
hinreichend Auskunft. Seine Phantasie gestattete ihm
auch, gründlich zu persiflieren mit der gleichen Fabu-
lierfreude wie im Ernst. Das zeigt etwa *Fürst Ganz-
gott und Sänger Halbgott* (1818), in dem er gleich
zwei romantische Lieblingsmotive aufs Korn nahm:

den Doppelgänger und das der illegalen fürstlichen
Herkunft. Im gleichen Jahr erschien *Der tolle Inva-*
lide auf Fort Ratonneau, der Arnim wieder auf einem
dem alten Freunde Kleist näheren Gebiet zu Hause
sieht, dem der psychologisch realistischen Novelle.
Francoeur, der invalide Unteroffizier, hat von einer
Kopfwunde einen Splitter im Gehirn und daher An-
fälle von Tobsucht. Seine Frau bittet den Komman-
danten von Marseille um Vermittlung. Der Kommandant gibt ihm den scheinbar günstigsten Posten, das
Kommando des kleinen Außenforts Ratonneau. Man
hat aber nicht bedacht, daß dort der Pulverturm ist.
Ein Rückfall in die Raserei führt zur „Kriegserklärung" Francoeurs an die Stadt, nachdem er Besatzung
und Frau fortgejagt hat. Die angedrohte Sprengung
der Pulvervorräte würde die Stadt zerstören. Es bleibt
nur der höchst riskante Versuch, den Turm mit Gewalt
zu nehmen. Da entschließt sich die Frau trotz größter
Lebensgefahr, den Rasenden noch einmal zu besänf-
tigen. In der Überspannung dieses Augenblicks ab-
öffnet sich Francoeurs Wunde und stößt den Splitter
aus. Er ist geheilt. Dies ist die Arnimsche Variante von
der Nachtseite der Natur. Man sieht, sie hält sich in
Rahmen der Humanmedizin. Sie eröffnet zwar fürchterliche Möglichkeiten des Verhaltens im Wahnsinn
aber sie hält alles streng im Realistischen. Dämonen
sind nicht am Werk.

Arnims erzählerische Produktion der zwanzige
Jahre hält sich weiter in der Spannweite zwische
Phantastik und Prärealismus. Geschichtsnovelle is
Owen Tudor, die Erzählung vom Aufstieg des Page
zum Stammhalter des Herrschergeschlechtes. Künst
lernovellen sind *Raphael und seine Nachbarinnen* un
Rembrandts Versteigerung, allerdings nicht in Prosa
sondern Verserzählung (1826). Barock-skurrile Stoff
mit humoristischem Einschlag bestimmen *Die Majo*

Adelbert von Chamisso. Lithographie von Robert Reinick

Titelblatt und -kupfer der Erstausgabe von Chamissos „Peter Schlemihl"

ratsherren (1820) und *Holländische Liebhabereien*
(1826). Man darf als Selbstinterpretation seiner Novellistik (und letzten Endes nicht nur dieser) die von
ihm gesperrt gedruckte Stelle aus den *Majoratsherren*
ansprechen:

> Und es erschien überall durch den Bau dieser Welt eine
> höhere, welche den Sinnen nur in der Phantasie erkenntlich
> wird: in der Phantasie, die zwischen beiden Welten als
> Vermittlerin steht und immer neu den toten Stoff der Um-
> hüllung zu lebender Gestaltung vergeistigt, indem sie das
> Höhere verkörpert.

Das ist Novalis in Arnimscher Fassung. Es ist auch für
die jüngere Romantik repräsentativ.

Auch das dramatische Werk Achim von Arnims ist
umfangreich. Denn er hatte damit nichts weniger als
den Plan einer deutschen Bühnenreform mit volks-
erzieherischer Absicht im Sinne, wie sie ja auch der
Volksliedarbeit des *Wunderhorns* zugrunde lag. Doch
lag seine eigentliche Genialität nicht auf diesem Gebiete. Daß Goethe und Iffland Arnim-Dramen ihre
Bühne versagten, ist kein Zufall. Denn das freie Sich-
Ergehen in phantastischen Handlungen und Nebenhandlungen ergibt noch keine Bühnenfähigkeit. Die
Schaubühne (1813) gab Arnim übrigens zugunsten der
Kriegsausrüstung seines Bataillons heraus. Sie enthält
zum guten Teil einfach Bearbeitungen älterer deutscher Stücke bis zu Jakob Ayrer und den englischen
Komödianten zurück. Die nicht in die *Schaubühne*
aufgenommene, aber auch um 1813 liegende *Kapitu-
lation von Oggersheim* behandelt gleichfalls ein Thema
aus dem Barock, aber auf die Weise des Gryphius-
schen Lustspiels, mit satirischer Pointe auf den fried-
samen Kleinstadtphilister. Alles dieses ist historisch
dem Stoffe nach, nicht immer dem Motiv nach, das
gelegentlich Analogien zur aktuellen Gegenwart durch-

scheinen läßt. Wie denn Arnim überhaupt, ob im ernsten oder im tragischen Bereich, die Geschichte als
lehrreiches Lesebuch für seine Zeit nimmt – vor allem
auch die märkische Geschichte (oder doch der anlie-
genden Länder), so etwa *Der Stralauer Fischzug* und
Glinde, Bürgermeister von Stettin, die *Waldemar*-Dra-
men und *Markgraf Karl Philipp von Brandenburg.*
Zum Teil zeigt sich auch hier schon Arnims Bestimmtheit als romantischer Dramatiker in der Verknüpfung
des Schuld- mit dem Schicksals-Gedanken, der zwar
nicht so outriert deterministisch wie bei Zacharias
Werner ist, aber das Korrektiv der Sühne und Buße
im christlichen Sinne in sich schließt. Ein Beispiel dafür ist *Der Auerhahn* (aus der *Schaubühne*) mit dem
Motiv aus der legendären Geschichte der Thüringer
Landgrafen, das seine biedermeierliche Fassung in
Gottfried Kinkels Versepos *Otto der Schütz* (1846)
fand. Schicksal und Charakter (ungezügelte Leidenschaft als Familienerbe) bestimmen gemeinsam die
Handlung, deren Pointe der Erbe Ottnit in die Worte
faßt:

> Ein anderes Geschlecht geht auf aus mir und Jutta. Ich
> spiegle mich in diesem naheverwandten Blute und schwöre
> heilig Treu’ und Glauben der Vernunft, Kampf gegen jede
> blinde Wut! Gerechtigkeit sei unsres neuen Stammes Wur-
> zel; Gott sei anheimgestellt, was Menschenleben überdauern
> soll.

Stellt man sich dies auf der Bühne vor, so zeigt sich
zwar, wie Arnim das Theater einem religiös vaterländischen Moralismus unterstellt, zugleich aber auch
sein Mangel an Gefühl für die erlaubten Grenzen des
Theaterpathos. Ähnliches zeigt sich auch in dem bürgerlichen Drama *Die Appelmänner.* Hier geht es um
einen historischen Vater-Sohn-Konflikt, der den Vater
als Gerichtsherrn zur Verurteilung des aufrührerischen

Sohnes zwingt. Arnim hat der Chronikquelle allerdings die tragische Pointe genommen, indem er den Tod des Sohnes in einen Triumph umdichtete.

Zwei seiner Dramen muß man als Gegenstücke zu *Dolores* ansprechen: *Halle und Jerusalem* (1811) und *Die Päpstin Johanna* (entstanden 1813). In beiden ist die Arnim eigentümliche Schuld-Schicksal-Mischung besonders ausgeprägt. Das Motiv der Päpstin Johanna ist im späteren Mittelalter durch Dietrich Schernberg (*Spiel von Frau Jutten*, 1480) zuerst dramatisiert worden, dort natürlich mit der Grundsünde des Geschlechtertauschs behaftet, durch den Jutta bis auf den Petersthron gelangt, ehe sie mit Schimpf und Schande demaskiert wird. Aber das mittelalterliche Spiel will nicht auf dieses Märlein hinaus, in dem die Todsünde ihren gerechten Lohn findet, sondern auf ein Marienlob, das die schuldige Päpstin durch Gnade erlöst. Das hat Arnim nicht bestehen lassen. Ohne Fürbitte findet Frau Jutta die erlösende Buße aus sich selbst. Indem Arnim das Thema aber protestantisiert, moralisiert er es auch und beeinträchtigt dadurch die Bühnenwirkung, zumal er das hochdramatische Motiv der Verführung Johannas fallenläßt. Der Plan war bedeutend, das Ergebnis ist nur noch als historisch gewordenes Experiment interessant, auch hinsichtlich der Mischung von epischer Prosa und Reimszenen.

Es kann hier von Aufführbarkeit so wenig die Rede sein wie bei dem Doppeldrama *Halle und Jerusalem*. Diese Vermischung von Gryphius' einzigem bürgerlichen Drama *Cardenio und Celinde* mit zum Teil tollen, burschikos romantischen Motiven und Einfällen, utopisch unförmig schon seiner Länge nach, muß man auch unter dem Gesichtspunkt des Experimentes beurteilen. Biographisch ist die Gleichzeitigkeit der Entstehung mit der *Gräfin Dolores* einzubeziehen. Romantisch mutet schon der Einfall an, das gegenwärtige

Halle mit seiner Burschenherrlichkeit, aber auch mit
Zauberei, Geistererscheinungen und Ahasver als dem
unbekannten Vater des Cardenio einem mythischen
Jerusalem als erlösender Pilgerstätte gegenüberzustel-
len. Zwar wird das erste Drama *Halle* durch sein
Universitäts- und Bürgermilieu und den damit notwendig verbundenen Realismus auch in der Handlung
einigermaßen an der Stange gehalten. Aber die barocke Mischung von Kreuzzugmärlein-Phantasie und
Aufrechterhaltung der Persönlichkeiten, die als Pilger
ihre in Halle begangenen Sünden sühnen wollen, läßt
schließlich alle Begrenzung vergessen. Die späteren
Dramenpartien nähern sich überdies der Gattung des
utopischen Reiseromans, eine verbreitete romantische
Versuchung. Es reimt sich dies alles schlecht zusammen mit dem überaus ernst genommenen Läuterungs-
motiv, das sämtliche Hauptpersonen am Schluß ir-
gendeinen Sühnetod finden läßt, auch den ewigen Juden mit seinen Kindern Cardenio und Celinde (diese
drei natürlich am Heiligen Grabe). Einzig Olympia
überlebt, aber im Kloster. Wie es zu diesem Massen-
tod, der geradezu an Shakespeares *Titus Andronikus*
erinnert, kommen mußte, würde das Publikum des nie
aufgeführten Monstrums in seinen Einzelheiten sich
schwerlich haben entwirren können.

   Eine Eigenart von Arnims dramatischem Stil zeigt
die Sprache dieses Dramas besonders deutlich, keine
Neuheit eigentlich, sondern schon von Goethe z. B. in
der Prosa-*Iphigenie* geübt: Prosa dem Äußeren nach,
aber rhythmische Prosa, durch die deutlich (unabge-
hobene) 4–6hebige Jambenverse durchscheinen. Cardenio z. B.:

> Du wärst der erste Prahlhans nicht, den ich schon auf
> die Kniee hab gesetzt

oder im *Auerhahn* Otto:

Den Schlag, der mich betäubt, hab ich empfangen, gelassen steh ich wie ein Stier dem Schlächter und warte auf den Schlag, der tötet.

Es ist jedoch nicht die goethesche Vorklassik, sondern romantische Rhythmisierung einer ursprünglichen Konzeption in Prosa.

Genie und geschichtliche Größe in der Auseinandersetzung zwischen Selbstentfaltung und der Stimme des Gewissens, zwischen kräftigem Sündigen und ebenso kräftigem Sühnen: das war das dramatisch erzieherische Interesse Arnims. Es ist schade, daß es bei Lesewerken blieb, die zeit- und stilgeschichtlich zwar noch von Interesse sind, aber gewiß nicht das Beste, dessen sein Talent fähig war.

IV. NACHTSEITE DER NATUR

Durch ihren starken Einfluß auf eine ganz bedeutende Strömung in der Hoch- und Spätromantik (Kleist, Hoffmann, der späte Brentano, Justinus Kerner) gehört auch die Naturphilosophie von Gotthilf Heinrich S c h u b e r t (1780–1860) mitten in die Literaturgeschichte der Zeit. Der sächsische Pfarrerssohn hatte in Weimar noch die Gönnerschaft Herders erfahren. Nach zwei Semestern Theologie in Leipzig wandte er sich 1800 nach Jena und wurde dort Mediziner, für zwei Jahre sogar praktischer Arzt. Dann erweiterte er seinen Gesichtskreis in Richtung auf die Naturwissenschaften an der Bergakademie in Freiberg, die so viele Romantiker ausgebildet hat. Die gewonnenen Einsichten wandte er sogleich in Dresden als Lehrer an. Aus seinen dortigen Vorlesungen 1807 entwickelte Schubert seine berühmte Schrift *Ansichten von der Nachtseite der Naturwissenschaft* (1808). Von da an fasziniert ihn das Motiv der hell-dunklen Seelenzustände und -eigenschaften. Ihm sind auch die *Symbolik des Traums* (1822) und *Die Geschichte der Seele* (1833) sowie die drei Bände *Altes und Neues aus dem Gebiet der innern Seelenkunde* (1817–33) gewidmet. Sie folgten nicht der Zeitmode, sondern regten sie vielmehr an oder bauten sie aus. Schubert war inzwischen Professor der Naturwissenschaft in Erlangen und dann in München geworden. Seine Schriften stehen in innerer Beziehung nicht nur zur naturphilosophischen, sondern auch zur mystisch-pietistischen Richtung der Zeit, zu deren religiösen Hauptthemen z. B. das Traumleben, die Ekstase, die Heilsuggestion und ähnliches seit alters gehören.

Wenn man berücksichtigt, daß Schubert Schelling-Schüler ist, dazu Partner des *Phöbus*-Jahres mit Adam

Müller und Kleist, dann wird der Weg der romantischen Naturphilosophie von Johann Wilhelm Ritter bis zu ihm damit bezeichnet. Vor dem *Phöbus*-Jahr beginnt Schubert die *Ahnungen einer allgemeinen Geschichte des Lebens* (1806), die noch an Ritter anknüpfen. Organisches und Anorganisches stehen zueinander im Verhältnis wie Unwillkürlichkeit und Willkür. Der dadurch zerrissene Zusammenhang des Menschen mit dem All bedarf der Wiederherstellung. Der physische Tod kann da als Mittler auftreten. Im Leben vermittelt physiologisch das Gehirn mit seinen Möglichkeiten zu Ahnung, Hypnose, Somnambulismus, zusammengefaßt unter der Formel der „Nachtseite der Natur", in der die Natur die Rolle der „Somnambule des Weltgeistes" spielt. Bleibendes Ziel des Menschlichen ist die Rückkehr, die auf solchen Wegen noch immer offensteht: Abstrakt systematisch entspricht das noch immer dem Denken Schellings und Novalis', aber es wird nun physiologisch greifbarer. Die Materialisierung der Rückkehr zum All über das Medium naturwissenschaftlicher Realitäten (Traum, zweites Gesicht, überhaupt innere Geschichte der Seele) ermöglicht die Verlegung der Phantasie aus Märchenferne und purem Geist in die Gegenwärtigkeit, die durch Erforschung der Nachtseite wieder Verbindung sucht mit der verlorenen All-Einheit.

So spiegelt sich in Schuberts Werk die allgemeine Wende von der älteren zur jüngeren Romantiker-Generation, die vom magischen Idealismus zum magischen Realismus, in welchem die Phantasie das Unendliche nicht mehr im symbolischen Orient sucht wie Novalis, sondern in der Nähe, im fixierbaren menschlichen Phänomen, ja selbst, wie bei E. T. A. Hoffmann, in dessen bürgerlicher Erscheinungsform.

So wird die menschliche Seele, halb biologisch und halb spekulativ, bei Schubert zum Medium zwischen

Körper und Geist, in dem die alte Ureinheit allein
wieder transparent werden kann, zugleich auch die
Möglichkeit eines Fortlebens über den Tod hinaus.
Denn zur „unsichtbaren Welt" führt „ein mächtiger
Zug die Seele". In Zuständen besonderer Art, die der
Arzt wohl kennt, bezeugt sich dieser Zug:

> Es sind dies Zustände, in denen der Leib so durchwirkt
> von der Seele und gleichsam so durchscheinend geworden
> ist, daß die eigentümlichen Kräfte der innren unsichtbaren
> Natur allenthalben hindurchbrechen.

Im Zusammenhang mit dieser Nachtseiten-Psycholo-
gie gelangt Schubert erkenntnistheoretisch zu einer
Rehabilitierung der Krankheit als einer Steigerung des
„inneren Seelenlebens" und trifft sich dabei mit vielen
Werkmotiven der Romantik, die von der engen Beziehung zwischen Genie und Wahnsinn handeln. Es ist
die Bejahung der Ekstasis. Zu ihr gehört als einfachste
Erscheinung der Traum, in dem die Seele „die Dinge
mit dem selbständigen, inneren Sinne" betrachtet, der
sie freigibt für jede Ferne der Phantasie. (Dasselbe
kann auch im „Irresein des Fiebers" geschehen, „wenn
der Geist in seine innren Tiefen zurücktritt".) Die in
solchen Zuständen waltende Sprache der Seele ist, wie
bei Wackenroder, nicht Sprache der Worte, sondern
besteht „ganz nur in Bildern und Anregungen dunkler
Gefühle". Der Standort dieser romantischen Psychologie ist bewußt antirationalistisch. Aufklärung – das
ist

ein frecher Sinn der Empörung gegen jedes fest in einer
höheren Ordnung Begründete.

Sie war deshalb auch seelenfeindlich und selber seelen-
los. Die Natur hat sich gerächt:

> Der Materialismus wollte gern das ganze Gebiet dieser
> Erscheinungen wie einen Traum der Nacht verlachen und

hinwegweisen, aber in dem Traum und in der Nacht war eine furchtbar wirkende Kraft, welche sich nicht hinweg- weisen, nicht verleugnen ließ.

Das ist mit unmittelbarem Bezug auf den „animali- schen Magnetismus" gesagt und auf alle mit ihm ver- bundenen Erscheinungen wie magnetischer Heilschlaf, Somnambulismus und dergleichen. Die Lehre Mesmers kommt wieder zu ihrem Recht. Es geht um die Freiheit der Seele in parapsychischen Zuständen, die das Be- wußtsein überholen oder ausschalten und damit die ursprüngliche Einheit wiederherstellen. (Die vorste- henden Zitate stammen alle aus den zentralen §§ 25 ff. der *Geschichte der Seele*.)

Neben Schelling, Ritter und Schubert drückt sich ‚romantische' Naturphilosophie vielleicht am deutlich- sten in dem Werke Franz von Baaders aus. Ihre Eigen- art hat Baaders Philosophie vor allem von Jakob Böhme, dem von der Romantik wiederentdeckten My- stiker, und dessen französischem Schüler Saint-Martin empfangen, schon bevor Tieck und Novalis Böhmes Theosophie in ihre Denkexperimente aufnahmen. Mit Novalis teilte Baader auch den Beruf: das Bergwesen. Doch kam er von der Medizin her.

Franz Xaver Baader (1765–1841), Arztsohn aus München, ist 20jährig schon Doktor der Medizin, wendet sich aber dann der Bergwissenschaft und In- genieurkunst zu. In Freiberg ist Abraham Gottlob Werner, Novalis' Lehrer und Goethes Gesprächspart- ner in mineralogischen Dingen, auch sein Lehrer. Baa- der wird dann Bergwerksingenieur in England und arbeitet sich dort gleichzeitig in die englische und deutsche Philosophie ein. Es wird daraus kein Kantia- ner, sondern ein Anhänger Friedrich Jacobis. Mit dem zunehmenden Jakob-Böhme-Einfluß, der freilich erst um 1809 wirklich durchschlägt, läßt sich das gut ver- einbaren. Inzwischen ist Baader hoher Beamter in seiner bayrischen Heimat geworden (Inspektor im Hütten- und Münzwesen), zugleich auch mit Ritter, Tieck und Schelling befreundet, zeitweise politisch für die Heilige Allianz engagiert und zuletzt Professor in München. Er war zweimal verheiratet. Die zweite Ehe ging er 74jährig ein. Sie beschützte sein nach dem früheren Ruhm äußerlich dürftig gewordenes Lebensende.

Baaders philosophisches Hauptwerk fällt in die zwanziger und dreißiger Jahre. Da erst wird die theologisch-mystische Seite seiner Philosophie eigentlich sichtbar. Schon seit den Frühschriften freilich wird klar, daß hier Identitätsphilosophie getrieben wird, Anti-Dualismus, worauf immer sie angewandt wird. Baader handelt da *Über die Analogie des Erkenntnis- und des Zeugungstriebes* (1808), die er sogar bis zur Identität treibt, später *Über die Begründung der Ethik durch die Physik* (1830) und *Über den Blitz als Vater des Lichtes* (1815). Damals scheint auch schon der mystische Monismus seiner Religionsanschauung durch, der im Gegensatz zum dualistischen Kant auf der „Teilhaftwerdung Gottes" durch den Menschen insistiert:

Nur durch diese Teilnahme wird auch der Mensch ... instand gesetzt, das Gute wie Gott (weil in, mit und durch Gott), aus freier Natur, ohne Zwang und peinliche Anstrengung, d. i. aus innerer Notwendigkeit zu tun, sohin mit jener Leichtigkeit und Grazie, welche Sokrates von jeder Gebärde des ethischen Lebens fordert.

So schließt denn auch die Schrift über Ethik und Physik mit dem Glaubenssatz,

wie die Ethik von der Physik getrennt grundlos und gottlos wird, mit ihr vereint und durch sie begründet zur Religion führt.

In der Schrift *Über den Blitz als Vater des Lichtes* wird der Einfluß Böhmes, seiner Naturlehre, insbesondere seiner Lichtlehre ausdrücklich bezeugt. („Feuer und Licht ist das göttliche Wesen.") Entsprechend ist sie theosophisch spekulativ, der Blitz wird zum Symbol des Durchbruchs des „zur freien Offenbarung Strebenden". Der Mensch („die Kreatur") steht im Kampf der Elemente und principia in der Mitte. Ein Grundbegriff, zu dem Baader sich hingearbeitet hat, ist der des „innern Sinnes" (*Über den innern Sinn*, 1822). In der ihm gewidmeten Abhandlung wird der im Pietismus ausgebildete, bei Moritz, Jacobi, Novalis auftretende Begriff allerdings modern spätromantisch ‚lebensmagnetisch' gefaßt, innerhalb des Gesamtkomplexes elektrischer, magnetischer, galvanischer Körperbeziehungen. Der innere Sinn ist, mehr oder weniger unentwickelt oder ausgebildet, Gemeinbesitz. Baader hat dabei auch die Schubertsche und Kernersche Form des Hellsehens als Ausdruck des innern Sinns im Auge, gehört hierin also zu dieser romantischen Strömung. Der Unterschied des inneren Sinnes zu den äußeren Sinnen liegt darin, daß

schon der Charakter des inneren Sinnes in der Totalität aller Elemente und Faktoren der Anschauung besteht, wogegen die äußeren Sinne immer nur eine Komposition derselben uns geben.

Hellsehen, Hypnose, Heilmagnetismus – hinter allem steht die Idee der ursprünglichen Wesensverwandtschaft mit Gott.

Das Kernwerk in Baaders Entwicklung dieser Zeit sind die *Fermenta cognitionis* (1822–24). Diese Schrift ist eine Art Resümee des Baaderschen Standorts, zugleich der Versuch einer Auseinandersetzung mit Hegel. Sie entwickelt eine Glaubensphilosophie, insbesondere -anthropologie, wieder auf der Grundlage Böh-

mes und seiner Schule. Offen zutage liegt dabei natürlich eine Kritik der Vernunft. Baader setzt seinen
Standort einerseits gegen die Vernunft (sofern sie
emanzipiert, glaubenslos ist) ab, andrerseits gegen den
„Grundirrtum des Pantheismus", den supranaturalen
Gott mit der Natur zu „vermengen". Das liberum ar-
bitrium ist daher auch nicht des Menschen Teil. Seine
Wahl oder Entscheidung ist die Offenheit gegenüber
dem „Einfluß" (im Böhmeschen Sinne) Gottes. Baader
hat darüber in einer eigenen Schrift (*Über Divina-
tions- und Glaubenskraft*), auf die er mehrfach verweist, gehandelt. Wahrheit und Tugend können daher
nur als Folge eines positiven Glaubens möglich sein.
Adam Müller verwandt ist aber die Betonung des Wi-
derspruchs, der sich entsprechend der Individuation
entfaltet und damit die Lebendigkeit des Lebens ver-
bürgt. In eben dieser Auseinandersetzung kommt es
zur Einung oder Nichteinung des Menschen. Dabei
schließt sich eine einseitige Emanzipation und Selbst-
apotheose des Erkennens aus:

> Denn jeder Geist lebt nur vom und im Bewundern, An-
> beten ...

Wenn er jedoch nichts mehr über sich adoriert, so gibt
er sich selbst den Tod. Es muß aber mehr als Bewunderung sein, nämlich Liebe; nicht im Sinne Kants und
Spinozas, sondern eine „bedürfnis-, begierde- oder na-
turfreie" Liebe im Sinne der Mystik. Darf aber die
Vernunft sich nicht als selbstherrlich erklären, so darf
es ebensowenig zu einem „Naturbigottismus" wie in
der neueren Naturwissenschaft kommen. Baader schließt
hierin übrigens auch die von Novalis und Schelling
vertretene ‚Intelligenz' der Natur aus. Auf diese Konzeptionen von Liebe und Natur gründet sich weiter
Baaders Begriff des Selbstbewußtseins als Identität mit

dem Gewissen („Rapport des Einzelnen mit einem Universellen").

Um von der geistigen Liebe zu der Rechtfertigung der sinnlichen Liebe und ihrer Konsequenz, der Zeugung, zu gelangen, bedient Baader sich des Begriffes der Ekstasis, dem er gleichfalls eine eigene Abhandlung (*Über den Begriff der Ekstasis als Metastasis*, 1830) gewidmet hat. Die Ekstasis steht in Beziehung überhaupt zu seinem Anliegen, zu einer *Erotischen Philosophie* (1828) und einer *Religiösen Erotik* (1831) beizutragen. In den *Fermenta* sagt er von der physischen Zeugung, daß sie „nur mittelst einer Art Ekstase geschieht", und zwar weil die Liebe den Menschen über sich selbst erhebt und ihn produktiv macht. Im *Ekstasis*-Aufsatz geht das bis zur Definition der Ekstasis als „eine Antizipation des Todes". Tod und Eros berühren hier einander. Die aus Böhme geschöpfte Elementarsymbolik (Vergehen und Läuterung im Feuer) ist eine andere Baadersche Metaphorik für Verwandtes:

> Die Flamme muß die Leidenschaft verzehren! In Flammen muß die Freiheit sich gebären,

zitiert Baader aus Angelus Silesius. So entsteht eine aus verschiedenen Elementen von der mittelalterlichen und Barockmystik bis zu Novalis und Schelling gespeiste spätromantische mystische Philosophie, die es auch wagt, mit Kant und Hegel die Klingen zu kreuzen. Ihre katholisch-theosophische Tendenz ist unleugbar wie ihre spekulative Form und schließlich ihr antidualistischer Standort.

Wilhelm von Humboldt nicht unvergleichbar als Typ der Goethezeit in ihren klassischen wie romantischen Elementen stellt sich Karl Gustav C a r u s (1789–1869) dar. Wissenschaftler und ‚Dilettant' im besten goetheschen Sinne, umfaßt er im Leben und Werk das Universale in einem außergewöhnlichen

Maße. Der Verfasser von medizinischen Sach- und
Handbüchern ist zugleich vollkommen informiert über
die naturphilosophischen wie auch ästhetischen Fragen
der Zeit, dazu Maler und Zeichner, Europareisender
und Autobiograph. Dabei hält er es mit Goethe wie
zugleich mit den Romantikern, das eine vom andern
her durchdringend. Auch in seiner eigentlichen Bedeutung als Naturphilosoph ist er beiden verpflichtet:
nach seiner Produktivität vor allem Schelling und seiner Richtung, in der Gesamtschau Goethes Weltbetrachtung.

Carus war Sachse, und seine frühesten Natureindrücke
drücke zog er aus der damals noch lieblichen Wald-
und Flußlandschaft Leipzigs. Im Gegensatz zu so vielen anderen Romantikern weist sein Lebensgang kaum
Krisen auf. So auch seine medizinischen Studien und
die organische Ruhe, in der sich sein Bildungsweg vollzieht. Er bringt es auch zur Habilitation, aber als Mediziner wird er vorwiegend ein Mann der Praxis: Kli-
nikdirektor in Leipzig und Dresden, schließlich von
1827 an Leibarzt seines Landesherrn und am Ende
auch noch Akademiepräsident. Seine stets intensive
männliche Tätigkeit im Beruf ergänzt er durch Reisen
über die deutschen Grenzen hinaus nach Italien, Frankreich, England und Schottland (im Gefolge des Kron-
prinzen). Es wurde auf die Mühelosigkeit hingewiesen,
die ein Kennzeichen von Carus' bürgerlich-höfischem
Aufstieg ist, und es liegt von daher nahe, daß auch
sein System nicht die Zeichen der Zerrissenheit in sich
trägt, wie sie gelegentlich bei Baader spürbar werden.
Man muß ihn von seinen Anlagen, seinem Temperament, seiner Disziplin eher als einen Verwandten Goethes oder Alexander von Humboldts ansehen, mit denen er als durchaus gleichberechtigter Partner ja in
engen Beziehungen stand. Mit Goethe teilte er auch
den morphologischen Gesichtspunkt, der sein eigenes

Goethebild (*Goethe, zu dessen näherem Verständnis*, 1843) beherrscht. In diesem Buche befindet sich ein zentrales Kapitel über „Goethes Verhältnis zur Natur und Naturwissenschaft". Aufschlußreich für seine eigene Naturbeziehung geht Carus dabei aus von der Unterscheidung einer existentiellen „gesunden" Beziehung zur Natur und einem „artifiziellen", „künstlichen" Weltverhältnis der Studierstube. Goethe ist in erster Linie der „Naturmensch", aber in seinem umfassenden Wesen zugleich auch der strenge Forscher der Natur, der Sucher nach den Ideen, der Morphologe. Für unvergänglich hält Carus die Konzeption der Urpflanze und die Metamorphosenlehre, aber auch die methodologische Grundlage der Optik. Alles dies gehört für Carus als „höhere organische Nötigung" zu Goethes „Gestalt", als die eine Seite seines „Priesteramtes". Übrigens ist dies auch der Gesichtspunkt, von dem Carus selber an die Kunst herangetreten ist, besonders in den *Neun Briefen über Landschaftsmalerei* (1831), in denen er Begriffe wie „Erdlebenkunst", „Erdlebenbild" eigens erfindet, um die Vorstellung einer trivialen Natursentimentalität auszuschalten. Der Künstler als Landschaftsmaler wird dabei fast identisch mit dem Naturwissenschaftler:

> Wird er nicht reiner und freier die Seele des Beschauenden aufschließen, daß auch ihm sich die Ahnung der Geheimnisse des Naturlebens erschließe, daß auch er erkenne, kein ungeregeltes leeres Ungefähr bestimme den Zug der Wolken und die Form der Gebirge . . .
>
> (*Orphische Landschaften*)

Was dieser universal Gebildete daher treibt, ob naturwissenschaftliche Sachkunde wie in seinen Lehrbüchern, Psychologie oder Physiologie (*Vorlesungen über Psychologie*, 1831; *Psyche*, 1846; *System der Physiologie*, 1836–40) oder auch *Symbolik der mensch-*

lichen Gestalt (1853), das ist für ihn nicht voneinander
getrennt, sowenig auch das Ästhetische aus dieser Einheit fällt. So kann es geschehen, daß Carus in seiner
Schrift *Über Lebensmagnetismus* (1857) oder in *Mne-
mosyne* (1848) auch Shakespeare als Beleg mit heranzieht.

Einen Nachklang mystisch-bestimmter Naturphilosophie noch zur Zeit des Jungen Deutschland und bis in
die ‚Gründerzeit' hinein, eigentlich also wider den
Strich der Zeit, bedeutet die Philosophie Gustav Theodor F e c h n e r s (1801–87), Professor der Physik
und der Philosophie. Der Pfarrerssohn versuchte lebenslang auf eine individuelle Weise, Glauben und
Wissen miteinander in Einklang zu bringen. Im strengen wissenschaftlichen Sinne konnte er es nicht. Viktor
von Weizsäcker hat recht, wenn er über ihn formuliert, „daß die historischen Klarheitsgrade in ihm wenig entwickelt, ja ganz ausgesprochen getrübt sind".
Wieweit das mit Fechners persönlicher Form von Mystik zusammenhängt, scheint nachprüfbar. Gerade in
ihr, in der Fechner sich auch als später Nachkomme
Böhmes und Swedenborgs erweist, kommt noch einmal
die eigentümliche Situation der romantischen Naturphilosophie, auch ihrer sozusagen essayistischen Form
zum Ausdruck. Der Psychophysiker ist zugleich
Schwärmer und Stiller im Lande; Stiller im Lande mit
dem *Büchlein vom Leben nach dem Tode* (1836), in
dem Fechner nach dem Tode eine ewige Verbindung
der Geister annimmt, die

einmal sich einer Form oder Idee des Wahren, Schönen
oder Guten in ihrer ewigen Reinheit gemeinschaftlich bemächtigt haben.

Dabei sind Rapporte zwischen Lebenden und Toten
schon im Diesseits vorausgesetzt. Der Tod selber führt
zur dritten Stufe des Lebens, dem „inneren Schauen

der Welt". Es geht also auch Fechner nicht um eine Trennung, sondern um die letzte Einheit alles Lebenden mit Gott:

> Als eins in vielen sich zu fühlen, das haben wir alle von Gott in Gott; er hat's wie wir, wir haben's wie er.

An anderer Stelle heißt es zu diesem Thema unter dem Gesichtspunkt von Schöpfer und Geschöpf:

> doch alles ist aus ihm erwachsen, ergänzt sich in ihm, zu ihm.

In diesem Sinne kann „die Erde unsre Mutter" sein. So steht es in dem schwärmerischen Buch aus den vierziger Jahren *Zend-Avesta oder Über die Dinge des Himmels und des Jenseits vom Standpunkt der Naturbetrachtung* (erschienen 1851).

Mystisches und Rationales geht bei Fechner nebeneinander her. Er macht sich kritische Gedanken über den Spiritismus, aber er leugnet ihn nicht (*Die Tagesansicht gegenüber der Nachtansicht*, 1879). Ähnlich verhält er sich zum Thema der Engellehre in der *Zend-Avesta*. Ironisch beschäftigt er sich mit dem Schatten und dessen Eigenleben wie mit der Hexerei (*Vier Paradoxa*, 1846). All das hat die Tiefe nicht, die Baaders und Schuberts Naturphilosophie zugrunde liegt, ist aber, wie oben gesagt, geschichtlich merkwürdig als romantischer Nachklang in schon materialistischer Zeit.

V. BEITRAG DER EMIGRANTEN

1. Adelbert von Chamisso

Wie Skandinavien der deutschen Romantik einen ihrer führenden Geister, Henrik Steffens, geschenkt hat, so Frankreich die beiden, Emigrantenfamilien entstammenden Freiherren de la Motte Fouqué und Chamisso. Wie es gerade dazu kam, daß die beiden Dichter nicht im Sinne der französischen Klassizität auf ihre literarische Wahlheimat Preußen einwirkten, sondern der Berliner Romantik neue und individuelle, ja provozierende Impulse gaben, das ist ein Problem für sich. Es mag mit dem Phänomen zusammenhängen, daß die französischen Emigranten in Preußen sich (trotz zäher Bewahrung ihrer Muttersprache) im allgemeinen nach der Entscheidung für die Wahlheimat ihr auch geistig bewußt integrierten. Das letzte und größte Beispiel ist Fontane. Doch befriedigt dieser soziologische Gesichtspunkt für die Erklärung des gesamten Phänomens kaum.

Die Chamiszots stammen aus altem lothringischen Adel. In der Revolution waren sie naturgemäß Royalisten, die zu der Zeit emigrieren mußten, als der jüngste Sohn Louis Charles Adelaide (1781–1838), der sich erst in Deutschland den Vornamen Adelbert zulegte neun Jahre alt war. Seit 1796 lebte die Familie in Berlin, Adelbert eine Zeitlang als Page bei der Königin Luise, dann als Offizier. Früh erwachte seine Kritik gegen die Mißstände in der Armee. Dies führte, wie bei Platen, zum Nachholen einer intensiven literarischen Bildung. Auch hier ist eine Selbstisolierung inmitten einer ungebildeten Kameraderie die unvermeidliche Folge. Wie er bilingue ist, so reicht auch seine Selbstbildung über beide Sprachen und Kulturen hin

Er vergleicht und entscheidet sich gegen Voltaire für Schiller und Klopstock. Aus dem Kant-Studium um die Jahrhundertwende entsteht das frühe *Faust*-Fragment (1803), im Stil von den beiden Weimarer Klassikern beeinflußt, im Inhalt Spiegelung eines kantianischen Faust.

Über Varnhagen von Ense gelangt er zu dieser Zeit in die Berliner literarischen Zirkel, zunächst in den Salon der Rahel, später auch in den Umkreis der Serapionsbrüder und zur Christlich-deutschen Tischgesellschaft. Varnhagen war es auch, der Chamisso zur Herausgabe des *Musenalmanachs* ermutigte, mit welchem der ursprünglich französisch dichtende ,jeune exilé' seinen Eintritt in die deutsche Literatur vollzog. Auch Hitzig, der spätere Serapionsbruder, gehörte zu den Mitarbeitern. Der *Musenalmanach* war keine Goldgrube, obwohl sich auch Mitarbeiter wie Fouqué und Fichte dazu fanden, aber er hielt sich über drei Jahre und band den Mitarbeiterkreis in Berlin nur um so fester zusammen. Mit dem Offiziersberuf bricht Chamisso 1806, noch vor dem Ausbruch des Krieges. Unter dem Einfluß Fouqués entsteht die Dramatisierung des *Fortunat*, auch nach dem Vorbild des Tieckschen *Octavian*.

Aber den Krieg noch mitzumachen blieb ihm nicht erspart. Erst mit seinem Ende wurde Chamisso frei, unglücklich und schwermütig eine Figur zwischen den beiden Völkern, denen er angehörte. Fouqué gegenüber bezeichnet er sich damals als „arm und zerrissen". Seine mit Energie betriebenen Studien zur Weltliteratur spannte er zu weit, um sie selber solide zu finden. Übrigens hatte ihn auch persönlich eine seit Jahren schwelende Leidenschaft zu einer jungen Französin zutiefst erschüttert, auch ein zeitweises Aufflammen für die sentimentale Liederdichterin Helmina von Chézy. Ein Aufenthalt in Paris 1810 brachte die Be-

ziehung zu Uhland, aber auch zur großen Welt der
Staël und ihres Kreises. Mit der Madame de Staël reist
er eine Zeitlang, vor ihrer Ausweisung, und folgt ihr
für kurze Zeit auch nach Coppet. Damals arbeitet er
sich in Reisebeschreibungen und in die Naturwissenschaft ein. Eine gründliche Bildung in diesen Fächern
bringt er 1812 nach Berlin mit, wo er nun richtig
studiert. In den Befreiungskrieg zieht der geborene
Franzose nicht mit. Aber gerade damals entsteht sein
dichterisches Meisterstück, der *Peter Schlemihl*. Dieser
hat in viele Länder durch Übersetzungen, auch auf die
französische Romantik, eingewirkt. 1815 ging Chamisso auf die Weltreise mit einer russischen Expedition
unter Leitung des Kapitäns Otto von Kotzebue. Sie
dauerte drei Jahre und gab ihm Gelegenheit, im Reisebericht seinen Prosastil in klassischer Berichtsform
auszubilden. Die berufliche Seite seines Lebens stand
nunmehr fest. Chamisso war der Botaniker und Völ-
kerkundler der Expedition gewesen, und in Berlin
machte er nun seinen Weg. 1819 wurde er wissenschaftlicher Adjunkt am Botanischen Garten und hei-
ratete ein Mädchen nach seinem Sinne, eine Pflegetochter Hitzigs. Die Charakteristik an Varnhagen
„Sie ist jung, blühend und stark, schön und fromm,
rein und bewußtlos, klar, wolkenlos und heiter, ruhig
verständig und froh und so liebevoll!“ Antonie Piaste
hat alles erfüllt, was er sich von ihr versprach. Der
Umschlag von der bisherigen Heimatlosigkeit in eine
gesicherte und glückliche Existenz war vor allem für
seine Lyrik von verständlicher Bedeutung. Er brachte
sie zu einem großen Teil als Anhang zur zweiten *Schlemihl*-Ausgabe an die Öffentlichkeit (1827). Die erste
eigentliche Sammlung erschien erst 1831 und erregte
ebenfalls Aufsehen, merkwürdigerweise auch bei einem
so scharfen Romantik-Kritiker wie Heine. Freilich
führte da auch eine Brücke zu Chamissos späteren po-

litischen, zwar nicht revolutionären, aber doch kritisch-liberalen Gedichten aus der Zeit der Julirevolution. Die dreißiger Jahre brachten auch noch die große literarische Leistung des *Deutschen Musenalmanachs* (zusammen mit Schwab). Vom Verlust seiner Frau 1837 hat Chamisso sich nicht mehr erholt. 1838 ließ er sich emeritieren, weil seine Arbeitskraft gebrochen war. Auch seine physische war es. Wenige Wochen nach dem Rücktritt vom Amt starb er.

Der große Beitrag Chamissos zur romantischen Erzählkunst, *Peter Schlemihls wundersame Geschichte* (erschienen 1814), ist, neben E. T. A. Hoffmann, das klassische Beispiel für die Teufelsliteratur der Romantik. Es ist aber nicht der Leibhaftige, wie er in der Volksschriftstellerei bis nach dem Biedermeier sich hält, auch nicht Goethes Dämon Mephisto, sondern ein der Gesellschaft angepaßter, wie sie gekleideter, unscheinbarer, überhöflicher Mann, der hier den Verführer macht. Diese Ausformung des Teufels in Gesellschaftskleidung führt dann später bis zur Eleganz des Table-d'hôte-Gastes von Natas (= Satan) in Wilhelm Hauffs *Memoiren des Satans* (1826/27). Sie konfrontiert die Menschen nicht mit geradezu offenen Gespensterkünsten, sondern bezeugt die Neigung der jüngeren und späten Romantik zum Unheimlichen im Alltag, die Versuchung im Gewande der Zeitgenossen. Die Gestalt des Schlemihl hat offenbar eine längere Inkubationszeit hinter sich, ehe Chamisso sie endgültig formulierte, nicht ohne autobiographische Anspielungen. Der Name ist symbolisch. Chamisso erklärt ihn selber brieflich als die Ableitung von Gottlieb aus dem Hebräischen (Schlemiel), wo es den gutmütigen Tölpel oder Pechvogel bedeutet. So denn auch sein Held. Reiner Tor, der er ist, durchschaut er nichts, als auf der Gesellschaft bei dem (ebenfalls durch den Teufel reich gewordenen) Kaufherrn der unscheinbare Graue ihm seinen Schatten gegen Fortunats Glückssäckel abhandelt. Er hat die Folgen nicht bedacht. Sein Reichtum nützt ihm nichts, solange das Fehlen seines Schattens ihn anrüchig macht. Trotz der Treue seines Dieners Bendel, der ihm zumeist heraushilft, tritt die Katastrophe ein, als er sich unter einem falschen Grafennamen in ein Bürgermädchen verliebt. Die Schattenlosigkeit kommt auch hier, gerade kurz vor der Hochzeit, heraus. Nach Ablauf des Paktjahres läßt der Teufel oder vielmehr der Graue die Katze aus dem Sack, d. h. Schlemihl soll den Glückssäckel behalten und den Schatten wiederbekommen, dafür aber seine Seele verschreiben. In furchtbarem Gewissenskampf lehnt er den neuen Pakt ab und wirft den Glückssäckel von sich. Das Fehlen des Schattens bleibt nun sein Los.

Die Volksbücher geben auch das Motiv für die weitere Lebensgeschichte des Helden ab: das der Siebenmeilenstiefel. Schlemihl erhandelt sie, auch diesmal ahnungslos, bei einem Trödler. Er wird zum Weltreisenden und Naturforscher, freilich um den Preis der Gemeinschaft mit den Menschen. Wunderbare Fügungen lassen ihn von schwerer Krankheit bei Bendel und der ehemaligen Geliebten Mina in einer von seinem einstigen Gelde errichteten Stiftung, dem Schlemihlium, genesen. Es bleibt bei der Resignation, aber einer glücklichen, da sie auf dem Bewußtsein der Sühne beruht, für die die Einsamkeit kein zu hoher Preis ist.

Von Chamissos Lyrik hat außer _Die alte Waschfrau_, einem Gedicht der Ordnung, der Stille, der Besinnlichkeit, das die Interpretation daher denn auch in Affinität zum Biedermeier gesetzt hat, und _Das Schloß Boncourt_ („Ich träum als Kind mich zurücke"), dem schwermütigen Erinnerungsgedicht, vor allem die Robinsonade in Terzinen _Salas y Gomez_ sogar bis in unser Jahrhundert als Unterrichtsmodell in den Schulen gedient. Eigentlich ist es eine Ballade, in vier aus-

Tragische Geschichte.

's war einer, dem's zu Herzen ging,
Daß ihm der Zopf so hinten hing,
   Er wollt' es anders haben.

So denkt er denn: Wie fang' ich's an?
Ich dreh' mich um, so ist's gethan.
   Der Zopf, der hängt ihm hinten.

Da hat er flink sich umgedreht,
Und wie es stund, es annoch steht:
   Der Zopf, der hängt ihm hinten.

Da dreht er schnell sich anders 'rum,
's wird aber noch nicht besser drum,
   Der Zopf, der hängt ihm hinten.

Er dreht sich links, er dreht sich rechts,
Es thut nichts guts, es thut nichts Schlechts:
   Der Zopf, der hängt ihm hinten.

Er dreht sich wie ein Kreisel fort,
Es hilft zu nichts, mit einem Wort,
   Der Zopf, der hängt ihm hinten.

Und seht, er dreht sich immer noch,
Und denkt: es hilft am Ende doch;
   Der Zopf, der hängt ihm hinten.

Chamissos Gedicht „Tragische Geschichte"
in der Handschrift des Autors

gedehnten Stücken freilich, die das Schicksal eines im Südmeer auf eine Felseninsel verschlagenen Reisenden in der Fiktion indirekter Erzählung gibt. Chamissos eigenes Forschungsschiff findet dort einen Hundertjährigen in den letzten Zügen. Der Dichter entziffert sein Lebensabenteuer aus den von ihm hinterlassenen Schiefertafeln. Sie enthalten nicht nur des Greises Lebensbild, sondern auch das verzweifelte Rechten mit Gott und Schicksal:

> Was sprichst du noch vom Schönen, Guten, Wahren,
> Von Lieb' und Haß, von Tatendurst? Du Tor!

Das eigentliche Problem ist nicht, wie schon bei Grimmelshausen, das Asyl, sondern das Exil, das durch seine Dauer den Uralten gleichsam der Zeit und ihrem Wandel entzieht. (Nach 50 Jahren gräbt er keine Jahreszahlen mehr in die Tafeln.) Was den Romantiker Chamisso an dem Motiv angezogen hat, war wohl gerade dies: totale Einsamkeit und Zeitlosigkeit. Was ihm die Popularität verschaffte, war wohl das in seiner Schauerlichkeit mißverstandene Robinsonadenhafte. (Siehe auch das Reisemotiv am Schluß des *Schlemihl*.) Für eine Ballade ist das Gedicht eigentlich zu meditativ, zu handlungsarm.

Nun gilt ähnliches auch für die anderen, meist breit angelegten balladesken Gedichte Chamissos, etwa die mit Indianerstoffen wie *Das Mordtal* oder die *Rede des alten Kriegers Bunte-Schlange im Rate der Creek-Indianer* oder *Der Stein der Mutter*. Es ist alles Epik als Bericht in lyrischer Form, trotz des z. T. erregten und krassen Wortschatzes nicht ohne Monotonie in den Terzinen.

Virtuos bewegt sich Chamisso auch im Sonett. Hier tritt naturgemäß das Gelegenheits-, Widmungs- und Zeitgedicht stärker hervor, damit auch eine größere Nähe zu politischer Dichtung, als die mehr in sich versunkenen Terzinenballaden sie berühren können. Die Zeitkritik überwiegt, aber nicht in reaktionärem Sinne. Der Naturwissenschaftler Chamisso kann das Recht der Entwicklung nicht verneinen:

> Das Neue wird; das Alte muß veralten.

Doch müßte man hier den *Kanon* mit seinen vier Abwandlungen von „Das ist die Not der schweren Zeit" als ähnlich symbolisch hinzufügen. Die Zeit ist nicht gut. Aber sie ist nicht die letzte Zeit; daß sie weiter geht zu leugnen, wäre sinnlos.

In der Lyrik im engeren Sinne dominieren ähnlich wie bei Eichendorff Liebesgedichte (z. B. der Zyklus *Frauen-Liebe und Leben* oder *Tränen* oder *Lebenslieder und -bilder*), Natur- und Jahreszeitengedichte (wie *Nacht und Winter, Frühlingslied, Die Quelle*). Stark vertreten ist ferner, damit kontrastierend, das humoristische Gedicht (*Tragische Geschichte*), dazu vitale Trinklieder (wie *Frisch gesungen*: „Hab oft im Kreise der Lieben").

In der Mehrzahl der von der Romantik wiedererweckten Formen kennt er sich souverän aus. Die Strophen des alten deutschen Liedes und der Volksballade, die Nibelungenstrophe, finden sich so gut wie die Langzeilen Platens oder gelegentlich auch antike Odenstrophen. Es ist erstaunlich, wie dieser geborene Franzose den deutschen Volkston zu treffen weiß und wieviel von seiner Lyrik populär geworden ist. Auch das war wohl nur durch das Medium der romantischen Zeit und Atmosphäre möglich.

2. Friedrich de la Motte Fouqué

Friedrich de la Motte F o u q u é (1777–1843), den der ihm nicht geneigte Eichendorff den „Don Quichotte der Romantik" nannte, hatte es, trotz ähnlicher

gesellschaftlicher Herkunft wie sein Freund Chamisso,
dadurch leichter als dieser, daß seine Familie, Huge-
notten-Adel, schon seit Generationen in der Mark ansässig war. Es gab also für ihn das Sprachproblem
Chamissos nicht. Er brachte nur indirekt die französische Eloquenz, aber in der Form mangelnder
sprachlicher Zurückhaltung, in sein literarisches Werk
mit ein. Sowohl im Vergleich mit Chamisso wie mit
Eichendorff wirkt er geschwätzig, sein Erzählstil allzu
breit, seine Romantik allzu kostümiert. Dennoch wurde er einer der Matadore des romantischen Berlins.
Es war dies seiner Kontaktfreudigkeit und Betrieb-
samkeit zuzuschreiben, seiner Tätigkeit als Almanach-
herausgeber wie als Mitglied der literarischen Kreise.

Fouqués Jugend reichte noch in die letzte Zeit Friedrichs des Großen, dessen Patenkind er war. Der Vater
war Gutsherr, und in dieser Sphäre hielt sich auch der
spätere Dichter, abgesehen von den Offiziersjahren
die bei den Lützower Jägern endeten. Die drei Jahrzehnte, die ihm noch geschenkt blieben, füllte er mit
einem umfassenden lyrischen und einem enormen er-
zählerischen Werk. Er geriet dabei, wie so mancher
andere, in die peinliche Situation, sich selbst zu überleben und die zäh festgehaltene Romantik des ersten
und zweiten Jahrzehnts des Jahrhunderts mit sich zu
kompromittieren, eine verständliche Zielscheibe des
Spottes auf der Höhe der jungdeutschen Zeit. Da-
eben war es, was Eichendorff ihm bitter übelnahm
„Kein Wunder daher, wenn die Welt über sein abson-
derliches christliches Heldentum allmählich ein Lächeln überkam und endlich ein rohes Lachen über all
Romantik ausbrach, für deren Hauptrepräsentanten
er bei der Menge gegolten." Hier liegt das Problem
von Fouqués Erscheinung. Im Gegensatz zur Mehrzahl
der Romantiker war er ein Vielschreiber, ein Barde
der nicht genug Genie hatte, auf vielen Saiten zu vari-

ieren und deshalb früh schon abstumpfende Wirkung
zeitigte. Andererseits ist die tatsächliche Wirkung
nicht zu unterschätzen, die sowohl von seiner Lyrik
wie von seinem großen Wurf, dem Märchen *Undine*,
wie schließlich von seinen nordisch-mythologischen
Stoffen (bis zu Richard Wagner) ausging. Die spätere
Trivialromantik entlehnte zudem viel von den Motiven und Kostümen seiner mittelalterlichen Ritterzeit.

Fouqués *Undine* (1811) ist ein Märchen, das von
Elementargeistern und ihrer Beziehung zum Menschen
handelt. Ob es im Sinne von Novalis oder Hoffmann
,naturphilosophisch' ist, mag problematisch bleiben.
Undine, die Tochter eines mittelmeerischen Seekönigs,
kommt als Kind unter wunderbaren Umständen zu
armen Fischersleuten, die sie an Stelle eines eben verlorenen Töchterchens bei sich aufwachsen lassen. Das
Fischertöchterchen ist aber nicht ertrunken, sondern
durch die Elementargeister einem Herzogspaar zugespielt worden, als dessen verwöhntes Pflegekind es
aufwächst. Der Grund von Undines, des Wassergeistes,
Vertauschung mit der Fischerstochter ist ihr Verlangen, zu einer menschlichen Seele zu kommen, die ihr
als Elementardämon versagt war. Bevor sie die Liebe
erfährt und damit zu einer Seele kommt, ist sie ein
anmutiger und mutwilliger Kobold. Ihre Herrschaft
über die Wassergeister (und ihre Abhängigkeit von
ihnen) bleibt ihr und wird später auch die Ursache des
tragischen Schlusses.

Der Fischer lebt auf einer einsamen Landzunge, die
durch einen Zauberwald voll unheimlicher Erscheinungen weit von der Residenz getrennt liegt. Der
Bach, der aus dem Wald zu ihr führt, ist der Bereich
von Undines Oheim Kühleborn, der dort nach Belieben spukt. Er dirigiert den schönen, jungen Ritter von
Ringstetten zum Fischerhause. Unter seltsamen Umständen und manchen geisterhaften Neckereien wird

der Ritter dort Undines Bräutigam und Ehemann. (Ein
verirrter Priester wird durch Kühleborn gleichfalls ins
Fischerhaus dirigiert für die Trauung.) In der Liebe zu
Ringstetten erhält Undine die von ihr gewünschte
Menschenseele. Aber sie wird nun auf harte Proben
gestellt. Bertalda, die an den Herzogshof verschlagene
echte Tochter der Fischersleute, umgarnt den Ritter,
der sie mit Undine auf sein Schloß nimmt, nachdem
ihre plebejische Herkunft am Hofe herausgekommen
ist. Nun geht das menschliche Lieben und Leiden für
Undine an, die ihren untreuen Mann vergeblich vor
der Rache der Wassergeister warnt. Ringstetten ver-
stößt sie zu den Elementen zurück und will Bertalda
heiraten. Aber beim Hochzeitsfest ist es Undine nach
dem Gesetz der Elementargeister auferlegt, die Rache
an Ritter Huldbrand selber zu vollziehen. Da ihr die
Seele auch nach der Rückkehr ins mittelländische Meer
geblieben ist, übt sie ihr Amt in menschlicher Tragik:
„Ich habe ihn totgeweint.“ Als Quelle umgibt sie, sich
und dem Geliebten treu, noch sein Grab.

Die Wirkung dieses Märchens, die nachhaltigste, die
Fouqué je mit einem seiner Werke erreicht hat, ist
nicht seiner naturphilosophischen Tiefe zuzuschreiben,
sondern der glücklichen Hand des Dichters in diesem
Falle. Es ist bezeichnend, daß sowohl E. T. A. Hoffmann wie später Albert Lortzing die Erzählung zum
Opernstoff nahmen. In der Tat eignet bereits der
Dichtung eine gewisse schwermütig getönte Musikalität. Außerdem ist es die dem Volksbuch nachgebildete
Einfachheit der Form, die die Erzählung noch bis um
die Jahrhundertwende sich im klassischen Bestand der
Jugendliteratur halten ließ, obwohl sie gar kein Kindermärchen ist.

Die umfangreichen, zur Trivialromantik absinken-
den und den von Eichendorff benannten Anstoß bereits zu ihrer Zeit erregenden Werke und Zyklen, teils

n epischer, teils in dramatischer Form, einzeln zu in-
erpretieren lohnt der Mühe kaum. Sie sind im wesent-
ichen über einen Leisten geschlagen und enthalten
venig Probleme. Sie übernehmen die romantische
audatio temporis acti durchweg sozusagen prinzipiell
and damit auch nur an der Oberfläche. Monoton geht
s um den gleichen Helden und Ritter, ob in altnordi-
cher oder mittelalterlicher Zeit. In diese Welt hat
ouqué sich künstlich eingefühlt, durch Gleichsetzung
einer eigenen Person mit dem historisch angelesenen
Altertumsstoff. Sein eigenes Gefühl dagegen gab nichts
Genialisches her, das er an den Stoffen hätte läutern
önnen. Sein prosaepisches Werk *Der Zauberring* (drei-
ändig 1813) mit dem überirdisch ritterlich-tugend-
aften Helden Folko von Mont Faulcon (wobei Folko
= Foulqué zu lesen ist) mag als Modellfall gelten, aus
em man den Grundton auch der Dramentrilogie *Der
Jeld des Nordens* (1810) oder des *Sintram* oder
ahrten Thiodolfs des Isländers* (beide 1815) entneh-
nen mag: Heldenepik von monotoner Gleichförmig-
eit. Wo dies noch nach der Romantik ankam, geschah
s höchstens bei den ästhetischen Damenteetischen.
Nicht umsonst hat ja Fouqué auch das *Damen-Ta-
chenbuch* herausgegeben. Er konnte dort wirken, wo
ie mittelalterliche Ritterzeit oder das Bardentum der
ermanischen Vorzeit rein als sentimentaler Stoff noch
Eindruck machte. Das verlief sich aber recht bald
chon in der breiten Ebene der Leihbibliotheken.

Fouqués Lyrik ist auf eine andere Weise formel-
aft als die Eichendorffs: Nicht persönliche Stich-
orttopik, sondern romantische Konvention in der
Viederholung, ein nicht zur Synthese gebrachtes Ne-
eneinander von weich-sentimentalen und hölzern
rockenen Tönen:

> Da draußen hallen die Schilde,
> Da draußen wiehert es hell . . .

Diesem Stil hatte in seiner Eintönigkeit bald die Stun
de geschlagen. Wie mit der *Undine,* so gerät ihm hie
und da doch ein frischer, originaler Griff. Das Lie
Frischauf zum fröhlichen Jagen ist tatsächlich volks
läufig geworden. Sonst aber herrscht entweder da
Christlich-Teutsche und sein Moralismus vor oder (wi
in der Epik) das Lob der Vergangenheit, einschließlic
der Erinnerung an die eigene Kinderzeit und Jugend
Die gute (geistliche) Gesinnung konnte selbst Eichen
dorff loben. Eine Reihe seiner gelungensten Gedicht
hat daher nicht zufällig Spruchform. Erinnerungslie
der an die Kindheit wie *Die Stelle am Fliederbaum*
oder *Wehmut* sind bestenfalls Durchschnittslyrik: Ju
gendträume, Grabessentimentalität usw. Kaum zufäl
lig war Fouqués Lyrik schon in den Anthologien un
1850, also ganz kurz nach seinem Tode, häufig über
haupt nicht oder nur in ganz einzelnen Stücken noc
vertreten. Die Zeit hatte diesen Ton (als Konvention
satt, in dem ein Gedicht wie *Trost* mit den repräsen
tativen Versen schließen kann:

> Dies ward schon oft gesprochen.
> Doch spricht man's nie zu oft.

Für die Folgezeit nun war, was Fouqué zu biete
hatte, tatsächlich schon zu oft gesprochen.

VI. E. T. A. HOFFMANN

1. Das Musikthema

Es war ein Zufall, aber ein entscheidender, daß die Berliner Romantik zur Zeit des preußischen Zusammenbruchs in E. T. A. Hoffmann eine Fortsetzung erfuhr, die ihr zwar ganz neue Impulse gab, sich zugleich aber an Wackenroder, Tieck und auch Arnim anschließen läßt. Das poetisch-musikalisch-zeichnerische Universalgenie kam aus dem Osten Preußens. Ernst Theodor Amadeus (eigentlich Wilhelm, Amadeus nannte er sich aus Verehrung für Mozart) H o f f - m a n n (1776–1822) entstammte einer Königsberger Familie mit theologischer und juristischer Tradition. Auch war ein ungarischer Bluteinschlag vorhanden, der vielleicht für die besondere Art von Genialität Hoffmanns nicht zu unterschätzen ist. Die Liebe eines Elternhauses hat er kaum erfahren, da die Eltern geschieden wurden. Nach Absolvierung des Königsberger Gymnasiums wurde er selber Jurist. Von 1798 an ist er Referendar in Berlin und 1800 Assessor in Posen. In diesen Jahren legt er den Grund für seine literarische Bildung, ansetzend mit ähnlicher Lektüre wie der junge Tieck (Shakespeare, Rousseau, Sterne, Jean Paul einschließlich Schauerliteratur wie Karl Grosses *Genius*). Sein erstes Assessorat in Posen verdirbt er sich durch der Obrigkeit mißfällige Karikaturen. Die darauf folgende Strafversetzung nach Plozk wird ihm für längere Zeit Schicksal durch die Heirat mit einem polnischen Mädchen (Mischa). Aber Plozk wird auch der Ort seines ersten literarischen Auftretens und musikalischen Schaffens. Seine erste Ratsstelle erhält er 1804 in Warschau. Dort findet er den Freund Eduard Hitzig, später die Seele des Kreises der ,Serapions-

brüder', und tritt auch in Beziehung zu Zacharias
Werner, beides nicht folgenlos für seine geistige Entwicklung. Der Krieg 1806 vertreibt ihn aus Warschau
Noch gelingt es ihm, für kurze Zeit im literarischen
Berlin Fuß zu fassen. Aber bis zu den Befreiungskriegen erstrecken sich nun die Wanderjahre, während derer er seine Sache vor allem (als Kapellmeister) auf die Musik stellt und seine dichterische Produktivität beginnt. Sie führen ihn nach Bamberg
Leipzig und Dresden. In Bamberg fasziniert ihn Julia Mark, seine begabte Musikschülerin. Das Erlebnis wird entscheidend für Hoffmanns Dichtertum
Immer wieder drückt sich die unerfüllte Leidenschaf
für Julia in den Motiven aus (die reichen Marks, Mutter und Tochter, dachten nicht an eine ernsthafte Bindung an den armen Schlucker). Nach Friedensschluß
erhält Hoffmann wieder eine Beamtenstelle in Berlin
als Rat am Kammergericht. Hier bildet er sich seinen
eigenen Kreis, den der ‚Serapionsbrüder', dessen eigentümliche Gesellichkeit die Schriften widerspiegeln. Der
Schauspieler Ludwig Devrient, der alte Freund Hitzig
auch Hoffmanns erster Biograph, und einige mehr epigonale Figuren wie Contessa gehören ihm an. Es is
bekannt, daß Hoffmann für seine romantischen Phantasien in nicht gewöhnlichem Maße des Alkohols al
Stimulans bedurfte und daß die Weinstube Lutter und
Wegner, in der er und die Freunde Stammgäste waren
der Ort vieler Zechgelage war. Die Geister, die er da
mit rief, hinterließen denn auch manche Spuren au
solchen Nächten. Das hinderte übrigens nicht, daß
Hoffmann sich in seinem Amte als vorzüglicher Juris
bewährte, also von einem verbummelten Genie be
ihm nicht die Rede sein kann. Immerhin dürfte sei
früher Tod mitbedingt sein von diesen Exzessen.

　　Den Großteil seiner Erzählungen ließ Hoffmann i
den drei Sammlungen *Fantasiestücke in Callots Ma*

*Friedrich de la Motte Fouqué. Stich von F. Fleischmann
nach einem Gemälde von Wilhelm Hensel (1818)*

Undine.

Eine Erzählung

von

Friedrich Baron de la Motte Fouqué.

London:
Gedruckt für und herausgegeben von
Wilhelm Klauer Klattowsky.
Berlin: bei Schlemmer.
1839.

Titelblatt und -kupfer einer zeitgenössischen Ausgabe
von Fouqués „Undine"

ier (1814/15), *Nachtstücke* (1817) und *Die Serapionsbrüder* (1819–21) wieder oder neu erscheinen.

Die erste schöpferische Beziehung Hoffmanns zur
Dichtung ging über die Musik. Sie war nicht vorwiegend genießend wie für Wackenroders Berglinger,
sondern setzte ein mit Vertonungen von Werken des
jungen Goethe, später schrieb er Musik zu Brentanos
Lustigen Musikanten und Fouqués *Undine*. Die *Un-
dinen*-Vertonung fällt in die gleiche Zeit wie die *Fantasiestücke in Callots Manier*, die mit der Manier des
Lothringer Malers vor allem die groteske Seite von
dessen Graphik teilen. Unmittelbar vorangegangen ist
eine intensive Beschäftigung mit Novalis, Tieck und
Schelling. Die wichtigste Voraussetzung aber für die
Entfaltung der *Fantasiestücke* liegt in der Berührung
mit Gotthilf Heinrich Schubert, dem Erforscher der
Nachtseite der Naturwissenschaft, dessen für die Romantik wichtigste Werke gerade in den Jahren von
1806 bis 1814 geschrieben wurden. Hoffmann stieß
auf ihn in seiner Bamberger Zeit inmitten einer intensiven Beschäftigung mit Schellings Philosophie. Schuberts Gedanke von der Natur als „Somnambule des
Weltgeistes" trägt unverkennbar Hoffmanns Erzählkunst mit.

Hoffmanns Erstling ist die Novelle *Ritter Gluck*
(1808/09). Sie spielt im Berliner Bürgermilieu (Bier-
garten), in dem die Gewöhnlichkeit herrscht. Aus ihm
wird auf dem Wege der Kunstempfindlichkeit stufenweise die musikalische Genialität herausgehoben. Mittler zwischen beiden Welten ist die einfache Person des
Erzählers. Er trifft bei der öffentlichen Musik inmitten der Bürger einen seltsamen alten Herrn, noch nach
der Mode der Zeit Glucks gekleidet. Dieser spielt
die Grade der Empfindlichkeit des Künstlers gegen
schlechte Musik bis zur Qual durch (Wortschicht: ver-
maledeit, niederträchtig, kreischend, schnarrend, ab-

scheulich). In dieser Negation ist der Künstler Sonderling und einsam in der Bürgergesellschaft. Seine Empfindlichkeit verweist ihn auf sich selbst. Seine Phantasie läßt ihn mitten im Biergartenbetrieb sich einspinnen. Die psychische Bewegung schwankt zwischen Überfülle und Erschöpfung. Stufenweise gibt sich der Fremde als Gluck selber aus. Hier beginnt der Realismus in Surrealismus umzuschlagen. Realistisch gesehen ist es Wahnsinn oder mindestens fixe Idee. Irrational gesehen ist es die Frage, ob Hoffmann nicht geheimnisvolle parapsychologische Zusammenhänge durchscheinen lassen will, d. h. ob der Alte, der der Ritter Gluck sein will, nicht auf seine Weise die wahre Verkörperung des ‚Euphon‘, des absolut Musikalischen, darstellen soll. Gerade daß dies offenbleibt, ist bezeichnend. Dieser ‚Ritter Gluck‘ reproduziert aus dem Nichts kongenial die *Armida*-Ouvertüre vor leeren Notenseiten. Steckt dahinter aber nicht die Hoffmannsche Meinung, daß das Genie nicht an Zeit, Raum, ja nicht einmal die geschichtliche Gestalt gebunden sei? Gluck redivivus kann ja nicht anders als (da ohne Noten) aus dem absoluten inneren Bilde nachschaffen oder auch neu erschaffen. Hoffmann nimmt also eine Art ‚Gleichzeitigkeit‘ des Genies mit dem Genie an. Dieses wird damit zum Hüter einer Welt jenseits des Bewußtseins, in der noch der Schöpfungsatem hörbar ist. Auch hierfür ist das Symbol der ‚Euphon‘. Solchem Suchen nach dem Absoluten in der Kunst steht nun bei Hoffmann ein bis zum Skurrilen gehender Realismus zur Seite. Die kleinbürgerliche Welt der Stadt und vor allem des Biergartens ist der Schauplatz der Handlung, der Gegensatz zur inneren Freiheit des Genies. Das Bürgerliche lagert sich gleichsam (in Analogie zur Naturphilosophie Ritters und Schuberts) wie die erstarrte Erdkruste über das noch feurig lebendige Innere des Planeten. Sache des Künstlers ist es, das

Erstarrte zu durchbrechen, dem erlösenden gegen das
feindliche Prinzip zum Siege zu verhelfen, was beim
Genie eine zugleich leidende und dionysische Kraft
voraussetzt. Das feindliche Prinzip ist für Hoffmann
identisch mit jedem bürgerlichen Erstarrungsprozeß.
Daher das stete Neben- und Gegeneinander von Genie
und Bourgeois bei ihm, der intensive Realismus neben
Magie und anderem Surrealistischen, beides in stetem
Kampf miteinander und durch die reine Antithese fast
stets zur Groteske führend. Für die Seite des Künstlers
ergibt sich damit die Erfahrung des Leidens und das
Schicksal des Opfers. Beides führt bis zur Aufhebung
der Grenze zwischen Sinn und Wahnsinn. Der absolute
Anspruch der Kunst stellt die bürgerliche Lebensmög-
lichkeit des Künstlers in Frage, ein Motiv, das im
20. Jahrhundert bei Thomas Mann wieder aufgenommen wird.

Es liegt auch dem *Don Juan* (1812) und dem *Rat
Krespel* (1816) mit seiner Figur Antonie zugrunde. Die
Don Juan-Novelle ist zugleich die erste der großen
Interpretationen, die Mozarts Oper in der deutschen
Literatur gefunden hat. Der Untertitel bezeichnet sie
als „Eine fabelhafte Begebenheit, die sich mit einem
reisenden Enthusiasten zugetragen“ hat. Er deutet den
auch hier auftretenden Rapport zur höheren Welt an.
Der Reisende, der in einem Hotel absteigt, von dem
gleich eine Tür in die Fremdenloge eines Theaters
führt, in dem wunderbarerweise gerade der *Don Juan*
aufgeführt wird, muß selber ‚Enthusiast‘ sein, um dem
Stück und seiner Interpretation gewachsen zu sein.
Diese geht aus von der Erscheinung der Darstellerin
der Donna Anna in der Loge und dem Gespräch des
Gastes mit ihr über die Oper. Dieses Gespräch ist eindringend, aber exaltiert und führt zu einem nächtlichen Nachspiel im leeren Theater, in dem der Gast
noch einmal die Vision der singenden Donna Anna

zur Geisterstunde erfährt. Die bürgerliche Sensations-
lust konstatiert am andern Morgen den Tod der Sängerin genau zur Zeit eben dieser Vision. Was für den
Bürger bloße Neuigkeit ist, geht dem Enthusiasten natürlich als etwas anderes auf: die völlige Identifizie-
rung der Künstlerin mit Mozarts Gesang führt zur
Aufhebung ihres irdischen Daseins. Das Genie verschmilzt sie mit dem Ewigen.

Hoffnungsloser, aber von ähnlicher Tendenz ist die
Novelle *Rat Krespel*. Hoffnungsloser, weil sie nicht
‚fabelhaft‘, sondern den äußeren Vorgängen nach
durchaus kleinstadtbürgerlich ist. Nur ist es hier die
physische Krankheit, die den Tod der Sängerin herbeiführt. Aber die Entscheidung: die Kunst oder das Leben, hat auch hier den Charakter des absoluten Entweder-Oder. Krespel ist zwar ein phantastischer Sonderling, aber er ist in die Gesellschaft eingepaßt,
verkehrt mit ihr, baut sein bürgerliches Haus. Daneben jedoch zerlegt er wie besessen alte Violinen, um
dem Geheimnis ihres Klanges auf die Spur zu kommen. Eine dieser Meistergeigen wird zum Symbol des
Lebens und Todes der Tochter. Sie zerspringt bei deren
Tode. Hier ist natürlich ein ‚fabelhafter‘ Konnex wie
bei der Verdoppelung der Figur Donna Annas im
Don Juan. Antonie, in Wirklichkeit die Tochter des
Rats und einer Italienerin, ist durch Schwindsucht
schwer gefährdet und darf deshalb nicht mehr singen.
Der Rat wacht eifersüchtig darüber. Als ein junger
Musiker, den sie liebt, sie heimlich zum Singen verführt, stirbt sie. Interpretiert man das Motiv von der
Ebene Hoffmanns aus, so zeigt sich zunächst wieder
der totale Anspruch der Kunst an den Künstler, der
bis zum Opfer des physischen Lebens geht. Der Künstler ist an und für sich tragisch. Die Kunst ist ‚heilig‘,
seit Wackenroder überhaupt. Dem Menschen bietet sie
die Erlösungsmöglichkeit aus der Welt der Materie.

Diese ist, bei Hoffmann besonders, für die Romantik identisch mit der Erstarrung des Lebens in der Bürgerlichkeit, in der Existenz des ‚Philisters'. Der unerlöste Philister ist in diesem Fall der alte Rat Krespel, ein skurriler Sonderling zwar mit Genie, aber deswegen doch noch nicht Künstler. Genialität und Bürgerlichkeit ringen in ihm miteinander. Antonie dagegen kann ohne ihre Kunst nicht leben. Sie riskiert den Tod, um dennoch zu singen. In ihr ringt der Geist sich durch, indem er ihr Leben zerstört. Hoffmann meint also mehr als eine psychologische Novelle. Mystische Mächte walten im Zusammenhang zwischen Antoniens Leben und der unzerschnittenen Meistergeige, die bei ihrem Tode zerspringt. Aber auch der skurrile Wahnsinn Krespels am Schluß gehört zur Tendenz der Bewußtseinsabstoßung und der Affinität von Genie und Wahnsinn, die schon im Ritter Gluck und in der Exaltiertheit Donna Annas zum Ausdruck kam.

Hoffmann hat sich hierfür eine offenbar als Selbstspiegel gedachte Gestalt geschaffen, die einen ganzen Komplex seiner Schriften beherrscht: die des Kapellmeisters Kreisler, die dem Rat Krespel wie dem Ritter Gluck verwandte Züge trägt, aber in mancher Beziehung weitergeht als diese. Kreisler ist eine zugleich symbolische und autobiographisch bestimmte Figur. Hoffmann hat die Gestalt des Kapellmeisters Johannes Kreisler als eines alter ego in den später *Kreisleriana* benannten, zwischen 1809 und 1815 in Zeitschriften veröffentlichten erzählenden und reflektierenden Skizzen ausgeformt, um sie dann 1819 in dem nicht mehr zu Ende geführten Roman *Kater Murr* zum Mittelpunkt zu machen. Daß diese Figur nicht, wie die Mehrzahl der Helden Brentanos und Eichendorffs, einfach den Gegenphilister darstellt, sondern nun einmal in der Bürgerlichkeit als musikalisches Genie existieren muß, ist ihr Leiden. *Kreislers musika-*

lische Leiden ist denn auch das früheste Kreislerianum betitelt. Kreislers Herkunft steht unter dem Zeichen „Wo ist er her – niemand weiß es". Die Freunde deuten seinen Charakter als einen mißlungenen Versuch der Natur, überreizbares Gemüt und bis zur Selbstzerstörung gehende Phantasie bei ungenügendem Phlegma in die Welt gesetzt zu haben, also als notwendig gestörtes Gleichgewicht. Kreisler ist exzentrisch, visionär, exaltiert, auch von sich selbst, wenn er komponiert, ohne Noten aufzuschreiben. Das schon aus dem *Ritter Gluck* bekannte Motiv der leeren Noten, bei denen die künstlerische Phantasie das totale Vakuum auszufüllen hat, ist Symbolmotiv für die subjektive Unbedingtheit der Genialität. Sie bedarf auch dieser Form der Materie (der Aufzeichnung) nicht. Echte Musik ist innere Musik. Als solche unbedingt ausgeübt, hebt sie die Materie des Leibes auf wie im Gesang der Donna Anna und Antoniens. Man muß auch das Motiv von Kreislers Wahnsinn in dieser Richtung deuten. Wenn Musik stofflose Innerlichkeit ist wie in diesen Fällen, dann ist auch der Wahnsinn eine Form der Befreiung von der Materie; im Gegensatz zum Schicksal von Wackenroders Berglinger, der an Trübsinn eingeht, erdrückt durch den Philister. Der schließlich wahnsinnig gewordene Kreisler aber „hüpft lustig singend zum Tor hinaus". Er ist nun frei auch von der Reflexion, so wie seine genialen künstlerischen Einfälle frei vom Notenblatt sind.

Die *Kreisleriana* bilden diese merkwürdige Modellgestalt des Genies nach mancherlei Seiten hin aus: gesellschaftskritisch im Gegensatz zur oberflächlichen Teekultur der Bourgeoisie, positiv im Sinne einer romantischen Musikästhetik, die großenteils auf Novalis aufbaut:

Sie nennen sie die romantischste aller Künste, da ihr Vorwurf nur das Unendliche sei; die geheimnisvolle, in Tönen ausgesprochene Sanskrita der Natur, die die Brust des Menschen mit unendlicher Sehnsucht erfülle, und nur in ihr verstehe er das hohe Lied der – Bäume, der Blumen, der Tiere, der Steine, der Gewässer!

Für den Bürger muß das als Wahnsinn erscheinen. Es ist aber Kreisler-Hoffmanns Anschauung. Romantisch ist auch Kreislers Behauptung der Synästhesie „der Farben, Töne und Düfte". (Hier war ihm Tieck vorangegangen.) Zu seiner Ästhetik gehört ferner die der Synästhesie verwandte Rolle der starken Getränke im Schaffensprozeß des Künstlers:

Es ist wohl herrlich, daß eine edle Frucht das Geheimnis in sich trägt, den menschlichen Geist in seinen eigensten Anklängen auf eine wunderbare Weise zu beherrschen ... Wenn die blaue Flamme emporzuckt, sehe ich, wie die Salamander glühend und sprühend herausfahren und mit den Erdgeistern kämpfen, die im Zucker wohnen.

Das ist eine Apologie und Mythologie des Punsches pro domo, aufschlußreich auch für die Entstehungsgeschichte Hoffmannscher Märchen und Spukgeschichten.

Die *Kreisleriana* sind der Gattung nach keine Novellen, sondern mehr episch gefärbte Skizzen und Reflexionen. Dagegen hat Hoffmann später die Symbolfigur des musikalischen Genies noch einmal in den Mittelpunkt eines großangelegten Romantorsos gestellt, vor dessen Vollendung er starb. *Lebens-Ansichten des Katers Murr nebst fragmentarischer Biographie des Kapellmeisters Johannes Kreisler in zufälligen Makulaturblättern* (1820–22). Der Untertitel verrät die gewählte Form. In skurriler Jean-Paul-Manier wird fingiert, daß der gelehrte Kater Murr seine eigenen Memoiren auf den Rückseiten einer Handschrift

der Biographie Kreislers niedergelegt habe. Hoffmann
nennt sich selber als Herausgeber. Im Druck aber erscheinen nun biographische Murr- und Kreisler-Frag-
mente durcheinander, was beabsichtigte Verwirrung
stiftet und nebenbei noch Satire auf die Memoiren-
mode der Zeit ist. In der Tat geht es Hoffmann hier
darum, in einer gewissen Analogie eine Komödie unter
Tieren aufzuführen, welcher die comédie humaine des
höfischen Intrigenspiels auf der Kreisler-Ebene entspricht. In der Tierkomödie geißelt Hoffmann den
Literaturbetrieb, wenn er den Kater zum Autor von
Dichtungen fast jeden Genres macht oder eine Tier-
burschenschaft ansetzt mit allem menschlichen Kom-
ment. Auch die menschlichen Salons ihrer Herr-
schaften imitieren Hunde und Katzen. So wie Kreisler
erfährt auch Kater Murr ein frühzeitiges Ende. Der
Lebenslauf Kreislers aber, dessen Herkunft in den
Kreisleriana als unbekannt erschien, wird hier, durch
Andeutungen einer illegalen prinzlichen Abstammung
des Kapellmeisters, mit einem grotesken höfischen In-
trigenspiel vermischt. Am Höfchen von Sieghartswei-
ler haben die Rätin Benzon und der quasi-Magier Meister Abraham die verborgenen Fäden der Schicksale,
jedoch im Kampf miteinander, in der Hand; zwei
Prinzipien aus der Hoffmannschen Zauberwelt. Meister Abraham ist sowohl der erste Herr und Pädagoge
des Katers Murr wie auch Kreislers gewesen. Das Erscheinen Kreislers bei Meister Abraham und dann bei
Hofe führt zu schier unglaublichen Verwicklungen,
in deren Verlauf Erscheinungen, parapsychologische
Ereignisse, Betrug, Hochstapelei, Kindesentführung,
Giftmord, Kugelwechsel und Dolchstoß das Leben
Kreislers begleiten. Die chaotische Handlung zu ratio-
nalisieren wäre kein leichtes Stück. Die Partie zwischen der Rätin Benzon und Meister Abraham bleibt
nach dem Fragment remis, obwohl die Benzon es zu

Umschlagzeichnung von E. T. A. Hoffmann zum „Kater Murr"

Gräfin bringt. An beiden haftet etwas Dämonisches,
mindestens durch ihr geheimes Wissen, das die Parteien
des Hofes zu ihren Marionetten macht. Was aus Kreisler inmitten dieses verwirrenden Spiels, in das er verstrickt ist, schließlich hätte werden sollen, hat Hoffmann weder aufgezeichnet noch angedeutet. Man erfährt von seiner Leidenschaft für Julia, die Tochter
der Benzon, mit der er Musik treibt, aber auch, daß
im Roman aus dieser nichts werden kann, sowenig wie
im Leben Hoffmanns Julia Mark ihm zufallen konnte.
Man erfährt von seinem Rückzug ins Kloster nach
einem mißglückten Revolverattentat auf ihn. Dann
emanzipiert sich die höfische Intrigenhandlung immer
mehr von Kreislers Schicksal. Durch welche Abenteuer er noch bis zum Ausbruch des Wahnsinns hätte
gehen sollen, bleibt unbekannt.

2. Die Märchenromane

Die Gestalt Kreislers, Symbol, Allegorie und auch
autobiographisch, fasziniert also den Dichter in der
ersten und der letzten Phase seines Schaffens, mit be-
sonderem Bezug auf seine Anschauung der Musik und
des musikalischen Genies. Dazwischen aber liegt das
Lebenswerk, dem er seinen eigentlichen Ruhm verdankt. Der betonten Rolle gemäß, die das Phantastische bei ihm spielt, hat Hoffmann eine besondere Gattung prosaepischer Art entwickelt: den Märchenroman
Er fällt bei ihm, nicht nur im Stil, anders aus als bei
Novalis, dessen *Heinrich von Ofterdingen* schon als
der Prototyp der Gattung anzusprechen ist. Bei Novalis ist das Mythische, über dem menschlichen Alltag
schwebend, das Bestimmende. Mythische Elemente
sind nun zwar auch bei Hoffmann vorhanden, aber
sie sind dem Alltag integriert und ihre Träger oft ganz
bürgerliche Menschen. In ihnen bekämpfen sich die

magischen Prinzipien, die zur Aktion und Erlösung
drängen. Das Bürgerliche an ihnen ist die unerlöste
Sphäre, die nach außen zur Schau zu tragen eine dämonische Elementarwelt ihnen auferlegt hat. Es verläuft dies in Analogie zu den Leiden des Künstlertums,
das durch Musik oder Malerei um die volle Selbst-
verwirklichung, und das heißt Erlösung vom Stoffe,
ringt. Die wichtigsten Märchenmotive sind damit verknüpft, aber der irdische Schauplatz hat bei Hoffmann so viel Bedeutung, daß eine Mischung von Märchen und Roman zustande kommt, eine Synthese von
Realem und Surrealem, die sich außer bei ihm und
seinem Kreise der ‚Serapionsbrüder' am ehesten noch
bei Kleist, Arnim und in Chamissos *Schlemihl* findet,
jedoch trotz mancher ausdrücklichen Beziehung auf
Novalis mit dessen Märchen und Roman wenig mehr
zu tun hat. Natürlich macht sich auch bei ihm noch
Schellings Naturphilosophie geltend, stärker jedoch
die Nachtseitenphilosophie G. H. Schuberts. Schellings
Programm einer neuen Mythologie hingegen sah wohl
eine andere dichterische Verwirklichung vor. Die zum
Teil koboldartigen Figuren, die bei Hoffmann herauskommen, haben in der Tat mehr Affinität zum Märchen als zum Mythos. Das gilt übrigens auch für die
Feengestalten, deren Magie meistens durch Kämpfe
aus persönlicher Gunst oder Mißgunst bestimmt ist,
nicht durch symbolische Standorte.

Von den Hoffmannschen Märchen(-Romanen) ist
Der goldne Topf vielleicht das für diese Gattung be-
zeichnendste. Es bietet eine tolle Mischung von Reali-
stischem und Übersinnlichem. Der Held ist der Student
Anselmus, ursprünglich ein ‚reiner Tor', aber von geheimen höheren Mächten umworben. Diese Geheim-
diplomatie der magischen Sphäre läßt in dem Studenten nach und nach aber den verborgenen genialen
Sinn erwachen, so daß er nach den ihm auferlegten

Prüfungen das grüne Schlänglein, im bürgerlichen Leben Tochter des Archivarius Lindhorst, zur Frau erhält zusammen mit einem Landgut im sagenhaften Land Atlantis. Das Märchen spielt also auf zwei Schauplätzen, einem mitten im bürgerlichen Leben, einem in der oberen Sphäre, verbunden aber durch geheimen Rapport, häufig bis zur Identität. Die romantische complexio oppositorum wird realisiert. Der geheime Archivarius Lindhorst ist zugleich Bürger und Magier; das Äpfelweib, das sich verwandeln kann und schließlich als Runkelrübe von Lindhorsts Papagei aufgefressen wird, ist nur die bürgerliche Maske des entgegengesetzten Prinzips: das des schwarzen Drachen gegenüber dem des Phosphorus; ein Gegeneinander, in dem das phosphorische Prinzip schließlich die Oberhand behält. Letztlich verkörpert sich hier nichts anderes als der Gegensatz von Philistertum und Romantik. Das Philistertum tritt dabei als der Verführer, der eigentliche Versucher des genial angelegten Studenten, ihn mit bürgerlicher Ehe und Hofratstitel lockend, auf. In der Rivalität der beiden Mädchen, Lindhorsts Tochter Serpentina und Veronika, der Tochter des Konrektors Paulmann, liefern sich auch romantische Phantasie und Philistertum ein Gefecht, das mit Anselmus' Aufnahme in die romantische Geisterwelt endet (Atlantis). Damit wird der symbolische Sinn des Märchens klar, der sich im Sinnbild von Lindhorsts goldenem Topf ausdrückt. Es meint eine menschliche Möglichkeit, die stets auf dem Spiele steht: die freie Existenz in der Phantasie gegenüber der Sklaverei bürgerlicher Zwänge. Das ist, um es nochmals zu sagen, gewiß Novalis verwandt. Aber nur im Prinzip, wie es die Abschiedsworte des Anselmus widerspiegeln:

Serpentina! – der Glaube an dich, die Liebe hat mir das Innerste der Natur erschlossen! – Du brachtest mir die Lilie, die aus dem Golde, aus der Urkraft der Erde, noch ehe Phosphorus den Gedanken entzündete, entsproß – sie ist die Erkenntnis des heiligen Einklangs aller Wesen, und in dieser Erkenntnis lebe ich in höchster Seligkeit immerdar.

Ihnen korrespondieren die abschließenden Worte des magischen Archivars an den Autor:

Still, still, Verehrter! klagen Sie nicht so! – Waren Sie nicht soeben selbst in Atlantis, und haben Sie denn nicht auch dort wenigstens einen artigen Meierhof als poetisches Besitztum Ihres innern Sinns? – Ist denn überhaupt des Anselmus Seligkeit etwas anderes als das Leben in der Poesie, der sich der heilige Einklang aller Wesen als tiefstes Geheimnis der Natur offenbaret?

Die Elixiere des Teufels (1815) können nicht als Märchen gelten, sondern eher als Legende, allerdings Schauerlegende, ihres dichterischen Ranges ungeachtet. Doch ist der Kampf zwischen Gut und Böse hier nicht der zwischen einander widerstrebenden elementarischen Mächten, sondern, wie der Titel besagt, der zwischen Himmel und Hölle. Auch die Schuldfrage liegt hier natürlich anders als im *Goldnen Topf*. Dort muß der im Fläschchen eingesperrte und konservierte Anselmus seine Ungeschicklichkeit gegen die Vorschriften Lindhorsts büßen. Hier geht nach verruchten Abenteuern der Letzte eines durch Sünde (im christlichen Sinne) verfluchten Geschlechtes als Büßer zugrunde. Wie in der Geschichte des Anselmus, so ist auch hier ein instrumentum fatale mit Symbolcharakter vorhanden: das Elixier, das vom Teufel stammt und zu den Versuchungen des heiligen Antonius gehörte, als Reliquie aber den Weg in ein deutsches Kloster fand. Es ist Bestimmung oder Lenkung, daß der junge Mönch, der die Flasche erbricht und aus ihr trinkt, der Nachkömmling eines alten, in Sünde gefallenen

Malers ist, der als unerlöster Wiedergänger immer an
entscheidenden Stellen der Laufbahn des Bruders Medardus auftritt, teils als Mahner aus der jenseitigen
Welt, teils als verkörpertes Gewissen. Durch dieses
Motiv wird der Roman mehr als die Legende eines
Einzelnen, der sündigt und büßt; er wird zum genealo-
gischen Roman, der Geschichte einer ganzen Familie,
deren Befreiung vom Familienfluch nun dem Letzten,
Medardus, zufällt. Man muß den Stammbaum mühsam entschlüsseln, bis zur Renaissance zurück. Es kann
nicht ausbleiben, daß Hoffmanns Roman, der in der
Blütezeit des romantischen Schicksalsdramas geschrieben ist, mit dem Thema des unabwendbar sich vollziehenden Familienfluchs denn auch in eine inhaltliche
Affinität zum Schicksalsdrama tritt. Von der Rolle
der Phantasie aus gesehen, bietet natürlich eine solche
Mischung von Legendärem und romantischem Schick-
salszwang vielfältige und von Hoffmann auch reichlich ausgenutzte Möglichkeiten zu geheimnisvollen,
düsteren, unheilvollen Vorgängen. Der Weg des Medardus geht über Leichen. Was ihm im Wege steht, das
räumt er beiseite, mehr wie unter Suggestion von seiten
des Bösen als mit vollem Bewußtsein. Natürlich hat er
sich vorher der Kutte entledigt und tritt unter an-
genommenem Namen in die große Welt ein. Die erste
Rolle, die er spielt, ist die eines scheinbar tödlich im
Gebirge abgestürzten Grafen, dem Medardus zum
Verwechseln ähnelt und der in der Tat sein geheimnisvoller Halbbruder ist. Dieser, Viktorin, taucht nun
seinerseits als Doppelgänger des Medardus, vor allem
in Momenten höchster Gefahr oder der Entscheidung,
immer wieder auf. Und zwar als wahnsinnig gewordenes Doppel-Ich. Zum Doppelgängermotiv gehört
auch das Dingsymbol dieses Romans: das von der
Hand des Vorvaters, des verstorbenen Malers, stam-
mende Miniaturbild von Viktorins und Medardus' Va-

ter, das beider illegale Beziehung zum Fürstenhause
verrät. Auch dieses Bild des Vaters ist ein Doppel-Ich.
Man hat es hier mit einem Hauptmotiv der Hoffmannschen Phantasie zu tun. Das Doppelgängermotiv
liegt schon vor Hoffmann, wenn auch mehr verschleiert, im *Heinrich von Ofterdingen* vor. Mechanisiert
erscheint es im Schatten des Peter Schlemihl. Bei Hoffmann erscheint es nicht als bloßes Akzidenz, sondern
zentral. Das Ich erkennt im Doppelgänger schaudernd
den Verlust seiner Subjektivität. Der Doppelgänger
kann es ‚ersetzen‘, es damit als Ganzes aus der Welt
ausstoßen. Hier zeigt sich die Herkunft dieses Motivs
vom Nihilismus der Romantik. Angesichts der romantischen Subjektivitätslehre und Ich-Philosophie stellt
der Verlust des Solipse die schrecklichste Alternative
dar, die der Vernichtung.

Das Feenmärchen *Klein-Zaches, genannt Zinnober*
entsteht aus der Situation einer schweren Erkrankung
Hoffmanns (1818). Ob man es nicht eher als Überwindung der Krankheit in reinem Humor denn als
Leiden Hoffmanns am eigenen Äußeren zu deuten hat,
wie der Biograph und Editor Hoffmanns Walther Harich annimmt, mag mindestens offenbleiben. In der
Souveränität der Parodie nach allen Seiten einschließlich Romantik und romantischer Naturphilosophie
könnte man eher auf das erstere schließen. Das Motiv
ist der Gegensatz von Illusion und Wirklichkeit, wobei
das Rationale als Illusion und das Romantische als
Wirklichkeit erscheint. Als Pointe entwickelt sich der
letztliche Triumph der romantischen ‚Wirklichkeit‘.
Aber die Welt des Bürgerlichen ist auch hier mit eingeschmolzen, die Sphären werden zur Synthese gebracht: zur Vermählung des Gesunden mit dem Phantastischen. Der Gattung nach spielt *Klein-Zaches* zu
Brentano hinüber, in seiner Mischung von Kobold-
romantik und Feenmärchen.

Klein-Zaches ist die Mißgeburt einer armen Bäuerin, in Wirklichkeit jedoch eine Art Alräunchen mit den Koboldeigenschaften des Wurzelmannes, die ihm schließlich zum Verhängnis werden. Das Motiv ist die Täuschung der Welt über sein wahres Wesen, das nur den Einfältigen und Innerlichen offenbar wird. Das Symbol des Märchens ist also der Gegensatz von Sein und Scheinen. Der Schein kompromittiert die betrogene Welt. Umständlich, fast juristisch ist die Handlung angelegt: das Mitleid des Fräulein von Rosengrünschön (in Wirklichkeit einer zur Ruhe gesetzten Fee Rosabelverde) mit dem Wechselbalg, ihr sympathetisches Eingreifen durch Haarstreichen, seine Wirkung für Klein-Zaches, die ihn als klug, schön, ja genial vor der Welt erscheinen läßt, und zwar dadurch, daß die getäuschte Welt dem unfähigen Wurzelmann alles zuschreibt, was andere leisten, musikalische und dichterische Vorträge z. B. Auf diese Weise rückt Zinnober in der höfischen Gesellschaft der Rationalisten zum Geheimen Spezialrat auf, der seine Nebenbuhler, den Referendar Pulcher, den Studenten Balthasar und dessen Freund Fabian, verdrängt. Es geht dabei um die Rivalität der Liebe zu der Tochter eines zaubernden Physikprofessors Mosch Terpin. Diese, Candida, gehört aber auch zu den vernünftigen Illusionisten und unterliegt daher ebenfalls der magischen Täuschung. Ja, sogar ihre Heirat mit Zinnober droht. Wie im Falle des Anselmus ist der Zauber nur durch Gegenzauber zu brechen. Dies unternimmt der Magier Prosper Alpanus, Verwandter und Schützer des Balthasar. Er zwingt in einer mit fast höfischer Zeremonie durchgeführten Kampfszene die Fee, ihren Schützling Klein-Zaches fallenzulassen, so daß er im Augenblick höchsten Triumphes die täuschende Gabe der Fee verliert und in seiner wirklichen Lächerlichkeit dasteht. Er überlebt die Kompromittierung nicht.

Candida aber fällt nun dem jugendlichen Romantiker Balthasar zu.

Der symbolische Sinn des Märchens kann nicht verborgen bleiben. Balthasar ist Romantiker durch sein frommes, kindliches Gemüt, nicht durch selbstbespiegelnde Zerrissenheit. Seine Liebe zu Candida bezeugt seine Beziehung auch zum handfesten Leben. Sie ist die Ergänzung seiner Innenwelt. Prosper Alpanus vertritt die Fortexistenz des Wunderbaren in einer ringsum aufgeklärten Welt (Rosabelverde ist dagegen das kläglich abhängig gewordene Wunderbare). Das vernachlässigte Reich der Phantasie rächt sich, nicht nur an der Hofgesellschaft, sondern auch an Fabian und Candida. An Balthasar hat es nicht nötig, sich zu rächen. Die Rache besteht nur in der Aufhebung der Illusion, der gerade die Nüchternen unterlegen sind. Sie wird durch den grotesken Tod des Alrauns im Nachttopf restlos bloßgestellt. Der aufklärerische Dünkel wird bestraft. Für Balthasar und Candida aber gibt es wie im *Goldnen Topf* ein ‚Erbgut‘. Aber dennoch weist der Schluß von *Klein-Zaches* in andere Richtung als der des früheren Märchens. Balthasar wird nicht angefochten durch das irdisch Bürgerliche wie Anselmus. Er bleibt in der alltäglichen Welt, die er durch seine Entwicklung ins Romantische sublimiert. Beide, Bürgerlichkeit und Romantik, bedürfen einander. Die ratio allein bleibt borniert. Aber auch die Phantasie (Rosabelverde) kann verbürgerlichen. Dieser Standort au dessus de la mêlée läßt aus der Satire hier Humor werden, Synthesis der Gegensätze, nicht Antithese.

Noch zwei andere umfängliche Märchenerzählungen Hoffmanns sind hervorzuheben: *Prinzessin Brambilla* (1821) und *Meister Floh* (1822). In der *Prinzessin Brambilla*, die Hoffmann ausdrücklich als „Ein Capriccio nach Jakob Callot" untertitelt, entfernt sich der Dichter am meisten von jener Bürgerrealität, die er sonst als Gegensatz oder als zu erlösende Materie der Welt der Phantasie entgegensetzt, woraus denn so leicht die Groteske wird. Das fängt hier schon die Form des ‚Capriccios‘ auf. Bereits der römische Karneval ist eine poetische, keine Alltagssituation. In dieser Zeit haben Phantasie und Narrenpritsche ohnehin Hausrecht.

Hoffmanns Kunst, handfest Bürgerliches mit dem Magischen zu vermischen, tritt also hier zurück durch das Märchennahe der realen Maskenfreiheit. Giglio und Giacinta, er ein Schauspieler ohne Genie, sie eine zierliche Putzmacherin, vermischen sich im Karnevalstreiben mit dem märchenhaften Hof der Prinzessin Brambilla, die den Giglio zu sich herüberziehen will, während der orientalische Prinz Cornelio sich Giacinta aussucht. Als Marionettendirektor, der alles überschaut, fungiert Celionati, der Scharlatan, dessen symbolisches Märchen von Urdarland, der Urheimat der Dichtung im romantischen Sinne, der Handlung novalissche mythische Aspekte unterlegt. Die Maskenvertauschung wird dadurch zu einer Identitätsvertauschung. Giacinta *ist* schließlich Brambilla, Giglio Cornelio; das Maskenspiel führt seine Figuren zu sich selbst. Der Humor der Welt setzt sich mit Hilfe der Phantasie durch.

Mit *Meister Floh* kehrt Hoffmann zum grotesken Durcheinander-Spiel von Alltagswirklichkeit und Geisterreich zurück. Der Schauplatz wird diesmal nach Frankfurt am Main verlegt, Wohnort von Peregrinus Tyß, einem reichen Rentier. Sein Gegenspieler ist der Direktor eines Flohzirkus, hinter dem sich aber ein Wiedergänger verbirgt, der längst verstorbene Professor der Naturwissenschaft Leuwenhöck. Nicht minder phantastisch ist die Herkunft seiner angeblichen Nichte Dörtje Elverdink, deren Eltern Geisterkönig und

*Kupfer nach „Callotschen Originalblättern" in der Erstausgabe
von E. T. A. Hoffmanns „Prinzessin Brambilla"*

Blumenkönigin sind. Dörtje, die Prinzessin Gamaheh, wurde das Opfer eines bösen Geistes, der ihr das Blut aussaugte, aber durch Leuwenhöck und seinen Kollegen wurde sie wieder zum Leben gebracht. Bis auf die Wiedererweckung in Holland spielt das natürlich alles im fabelhaften Orient, so daß die Groteske nicht nur auf dem Widerspiel von Bürgertum und Romantik beruht, sondern auch auf dem von Orient und Okzident, getreu nach Novalis. Mittelweg zwischen beiden Sphären ist der Student Pepusch, nicht nur eine Anselmus-Natur, sondern wirklich in einem früheren Stadium eine Distelpflanze im Orient. Diese Vorexistenz verbindet ihn mit Dörtje, die er in der gegenwärtigen bürgerlichen Form als Nichte Leuwenhöcks wieder umwirbt. Es hat nun aber mit Dörtje eine besondere Bewandtnis, die sie an Meister Floh, den König dieser Insekten, bindet. Sie kann nur weiterleben, wenn in gewissen Abständen ein Stich von Meister Floh ihr Blut wieder in Bewegung bringt. Nun ist dieser aber aus dem Flohzirkus ausgerissen, das Leben Dörtjes dadurch in Gefahr. In dieser Situation setzt die bürgerliche Handlung der Geschichte ein. Dörtje, auf der verzweifelten Suche nach Meister Floh, trifft auf Peregrinus Tyß, der sie natürlich nicht versteht. In Wirklichkeit hat er nichtsahnend den Flüchtling unter seinen Weihnachtsgeschenken mit eingekauft und erfährt von ihm die orientalischen Märchenhintergründe. Als Dank für die Befreiung des magischen Tiers aus der Menagerie empfängt Tyß von ihm ein Mikroskop, mit dem man die Gedanken anderer durchschauen kann, das er sogleich an seinem Mietsherrn Swammerdam, dem alten Rivalen Leuwenhöcks, ausprobiert. Die beiden gelehrten Wiedergänger duellieren sich bei Tyß mit optischen Instrumenten, verständigen sich aber wieder zu dem Zweck, Tyß an Dörtje zu verkuppeln, die jedoch dem guten Bürger nur schmeichelt, den Studen-

Meister Floh.

Ein

Mährchen in sieben Abentheuern

zweier Freunde.

Von

E. T. A. Hoffmann.

Frankfurt am Mayn

bei Friedrich Wilmans.

1822.

Titelblatt der Erstausgabe von E. T. A. Hoffmanns „Meister Floh"

ten Pepusch aber liebt. Im rechten Augenblick findet Tyß die zu ihm passende schöne Bürgertochter. Nach einem phantastischen Traum, der ihn über die wahren Gestalten des Märchens aufklärt und in dem als Liebessymbol der romantische Karfunkel eine Rolle spielt, der auch die Dämonen samt Swammerdam und Leuwenhöck vernichtet, soll Doppelhochzeit gemacht werden: Peregrinus Tyß mit seinem Röschen, Pepusch mit Dörtje. Aber nur das bürgerliche Paar gelangt zu seinem irdischen Ziele. Dörtje und Pepusch werden wieder zu den Wesen, die sie waren.

In dem Märchen von _Meister Floh_ verbirgt sich eine handfeste Satire gegen die Arroganz einer trockenen Naturwissenschaft, die hier die Revenants Swammerdam und Leuwenhöck repräsentieren, „wahnsinnige Detailhändler der Natur", die ihre Geheimnisse erforschen wollen. Aber

> Euer Herz blieb tot und starr, niemals hat die wahrhafte Liebe euer Wesen entzündet, niemals haben die Blumen, die bunten leichtgeflügelten Insekten zu euch gesprochen mit süßen Worten.

Hierin drückt sich der Gegensatz zwischen romantischer Naturphilosophie und rationalistischer Fachwissenschaft aus: der Liebe gelingt alles, dem neugierigen Verstande nichts. Die Vereinigung von Mensch und Natur aber erfolgt nur unter Abstoßung der irdischen Materie. Daher müssen Pepusch und Dörtje (die Distel und die Tulpe) den ‚Pflanzentod' sterben, um ihre Präexistenz im fernen Märchenland der Phantasie wiederzugewinnen.

Beim Rückblick auf die großen Märchenerzählungen Hoffmanns gewahrt man eine allen gemeinsame Tendenz. Bürgerliche Augen und Dichteraugen sind nicht ein und dasselbe. Anselmus, der kindliche Jüngling, muß geläutert und schließlich mit Serpentina

nach Atlantis entrückt werden, um zu seiner poetischen Entelechie zu kommen. Giglio und Giacinta bedürfen des Blicks in die Urdar-Quelle, um sich als
Märchenprinz und -prinzessin zu erkennen. Sie werden humoristisch offen als Allegorie entlarvt, Allegorie der tieferen Wirklichkeit, die im Theater liegt:

> In der kleinen Welt, das Theater genannt, sollte nämlich
> ein Paar gefunden werden, das nicht allein von wahrer
> Phantasie, von wahrem Humor im Innern beseelt, sondern
> auch imstande wäre, diese Stimmung des Gemüts objektiv,
> wie in einem Spiegel, zu erkennen und sie *so* ins äußere
> Leben treten zu lassen, daß sie auf die große Welt, in der
> jene kleine Welt eingeschlossen, wirke wie ein mächtiger
> Zauber.

Sie sollen also allegorisch darstellen, daß, *wenn* die
Phantasie den Humor als ihre Form findet, Maske zu
Wesen werden kann. In *Meister Floh* endlich wird in
ähnlicher Weise, nur mehr enthusiastisch als humoristisch, das romantische und das rationalistische Verhältnis des Menschen zur Natur auf Phantasie und
Liebe begründet. In allen drei Fällen geht es um Überwindung oder Sublimierung des Grob-Sinnlichen.

3. Die Novellen

Im Allgemeinbewußtsein steht E. T. A. Hoffmann weniger als der Erzähler der großen Märchen und Legenden denn als Novellist da. Auch hier reicht seine
Spannweite vom rein Realistischen (*Meister Martin
der Küfner und seine Gesellen, Des Vetters Eckfenster*) bis zu schauerlichen Spuknovellen (vom Typ der
Automate, des *Sandmann* oder des *Abenteuer in der
Silvesternacht*). Dieses Genre überwiegt der Zahl nach
das, was sich im unromantisch Realistischen hält, bei
weitem und hat ihm den Beinamen des ‚Gespenster-

Hoffmann' eingetragen. Es war dies nämlich der meist-
gelesene Teil seines Werkes.

Es können hier nur einige typische dieser Geschichten ins Auge gefaßt werden. Neben der schon tragisch
von den *Elixieren des Teufels* her und humoristisch
von der *Prinzessin Brambilla* aus bekannten Doppel-
gänger-Problematik bringen die Novellen noch ein
anderes Motiv in den Vordergrund, das freilich in
Meister Floh auch schon mitgespielt hat: das der künstlichen Mechanik, wie sie im Automaten, in der magischen Brille, dem Zauberperspektiv und ähnlichen Ge-
räten der menschlichen Kunstfertigkeit zutage tritt.
Kulturhistorisch gesehen, entstammt das Interesse an
der rein technischen Seite des Motivs der Entdeckerfreude der Aufklärung, die sich die Macht des Menschen durch das Mittel immer vollkommnerer Maschinen damit selber vordemonstrierte. Der Maßstab
war dabei der jeweils erreichte Grad der Nachahmung.
Schon hier war der Bereich der Musik stark mit im
Spiele. Das Rokoko ergötzte sich an Puppen, die exakt
Clavecin spielten und dergleichen. Vom höfischen Bereich drang diese spielerische Anwendung der technischen Fortschritte bis auf die Darbietungen der
Jahrmärkte. Natürlich ist dies aber nicht der Gesichtspunkt der Romantik, dem vielmehr eine ganz andere
Art von Neugier zugrunde liegt. Im vollendeten Funk-
tionieren der Maschine sieht die Romantik Zeichen geheimnisvoller Naturzusammenhänge, in denen sich innere Beziehungen zwischen dem schaffenden Menschen
(dem Techniker in diesem Falle) und geheimnisvollen
Absichten der Natur kundtun. Es gibt aber auch ein
Moment der sich am vollendet nachahmenden Menschen rächenden Natur. Bei Hoffmann geht daher
die Konfrontation überwiegend tragisch aus. Zumal
deswegen, weil die technische Geheimnisneugier als
Vorgang, der Affinität zu Magie und Zauber hat,

außerdem auch noch dem Doppelgängermotiv begegnet.

Schon bei Chamissos *Peter Schlemihl,* der Hoffmann stark beeindruckt hat, tritt derartiges zutage. Schlemihls Schatten wird als ein Gerät aus der menschlichen Gebrauchssphäre behandelt, das man wie einen Teppich auf- oder einrollen kann. Es ist bereits ein Vorgang der Mechanisierung. Ein Schritt weiter, wie Hoffmann ihn tut, und man befindet sich beim künstlichen Menschen, der Automate, mit deren Illusion man die Umwelt zu täuschen vermag. Gelingt es aber, originale und lebendige Subjektivität bis zur Vollkommenheit durch die Automate vorzutäuschen, so rührt man wieder an das unheimliche Motiv des Doppelgängers, der Ersetzbarkeit des Ich, von der schon die Rede war. Es kommt nun darauf an, wie man den Hersteller, Künstler und erfinderischer Kunsthandwerker zugleich, interpretiert. Der Aufklärer gelangt nur bis zur Bewunderung des technischen Raffinements. Der Romantiker – und das ist das Verfahren Hoffmanns – begreift ihn als Magier und Zauberer, der mit der Maschine seine wunderbaren Kenntnisse der Naturgeheimnisse ausspielt und so gerade durch das künstliche Werk den inneren Bezug zwischen Natur und Mensch repräsentiert. Nach außen hin vertrocknete Professoren wie Mosch Terpin, Swammerdam und Leuwenhöck sind insgeheim Zauberkünstler und, obwohl Gegenspieler der Phantasie, doch zur Hälfte ihres Wesens deren Reich zugehörig. Das eigentlich romantische Anliegen dabei ist, die nun einmal nicht zu leugnende technisch-realistische Seite des Lebens ihrer platten Fortschrittlichkeit zu entheben und auf dem Wege der Nachtseite der Natur zu dämonisieren und damit auch wieder zu mythisieren. Die Automate ist dabei nur Mittel zum Zweck. Ihre Dämonie ist eine Entwürdigung des lebendigen Menschen.

Daher wird sie als Ausdruck feindlicher Mächte gedeutet, die den Tiefsinn des Weltgeheimnisses und seiner Mensch und Natur gemeinsam in sich schließenden
Gesetzlichkeit mißbraucht. Das Motiv soll eine Schock-
wirkung haben, und zwar auf den selbstgenügsamen
und erstarrten Bürger. Das ist die negative Seite der
Sache. Die Position liegt im romantischen Totalitäts-
Gedanken: Der (Spieß-)Bürger ist auch eine Entwürdigung der echten Menschlichkeit. Ist er – als Wirklichkeit – nicht zu leugnen, so muß man sein ‚Bewußtsein verändern‘.

Für Hoffmanns Novellen (mit Ausnahme der frühen) besteht noch ein Einflußproblem. Während sich
stilistisch wie motivisch, was auch für einige der Märchenerzählungen gilt, neben Jean Paul vor allem Novalis als Pate erkennen läßt, setzt sich später der Einfluß von Kleists Novellendichtung sichtlich durch.
Der geraffte und konzentrierte Erzählstil Kleists, aber
auch die dunkle Rätselhaftigkeit, die oft in seinen Motiven liegt, wurden von Hoffmann aufgenommen, der
in ihnen etwas Geistesverwandtes erkannt haben muß.
Sowohl das Doppelgänger- wie das Automaten-Motiv
waren bei Kleist vorgebildet, das letztere besonders im
Aufsatz über das Marionettentheater mit seinen hin-
tergründigen Fragen.

Hoffmanns Novelle *Die Automate* (1814) ist u. a.
auch eine deutliche Auseinandersetzung mit dieser Arbeit Kleists. In einer Stadt wird von einem undurch-
sichtigen Schausteller „der redende Türke“ gezeigt;
eine Kunstfigur, der man Fragen stellen und merkwürdig treffende Orakel entlocken kann. Die menschlichen Hauptgegenspieler sind zwei junge Freunde,
Ludwig und Ferdinand. Ludwig ist der selbstbe-
herrschte und vernünftige, Ferdinand der schwärmerisch phantastische unter ihnen. Das Freundespaar
dient Hoffmann, wie so oft, als Ausdrucksmittel des

Weltdualismus. Bei einem Besuch, den sie dem „redenden Türken" machen, dem ein aufschlußreiches Streitgespräch über Maschinenmenschen und Wachsfiguren
vorausgeht, erhält Ferdinand, der an den magischen
Hintergrund der Automate glaubt, von dieser eine
ominös verschlüsselte Auskunft über ein niemandem
bekanntes Reiseerlebnis mit einer schönen Sängerin.
Das Omen aber bleibt in sympathetischem Bezug zu
dem späteren tatsächlichen Ablauf von Ferdinands
glühender Leidenschaft zu der Sängerin. Er wird durch
Zufall in einer Dorfkirche der Vermählung der Geliebten (mit einem russischen Offizier) beiwohnen, die
in Ohnmacht fällt, als sie Ferdinand erkennt. In „zer-
rüttetem Seelenzustand" zieht sich Ferdinand in die
östlichen Provinzen zurück. Die Fragen nach den inneren Bezügen, die hier walteten, läßt Hoffmann offen oder beantwortet sie doch nur hypothetisch als
- vielleicht - „nur die Resultate des Konflikts wunderbarer psychischer Beziehungen".

Doch ist der Türke nur die eine, wenn auch repräsentative Seite des Automatenmotivs in der Novelle.
Das Problem der Maschine in ihren wunderbaren psychischen Bezügen zum Menschen ist ganz allgemein
der Kern der Geschichte. Nicht nur, daß die Freunde
darüber philosophieren. Es tritt auch ein Marionettendirektor auf, der Professor X., zugleich Meister im
Herstellen von Automaten und (magischer) Naturwissenschaftler. Wie so oft bei Hoffmann hat er zwei
Gestalten, eine widrig ironische (z. B. den ihn besu-
chenden Freunden gegenüber) und eine Idealgestalt
von „tiefem melancholischen Ernst", die im Garten
eine geradezu himmlische Musik hervorzaubert, „ins
innerste des Gemüts eindringend und es zur höchsten
Wonne himmlischer Ahnungen entzündend". Romantische Musik also, nicht nur romantisierter Gluck oder
Mozart. Naturmusik, wie die Zeit sie hinter Äolshar-

fen und Glasharmoniken suchte oder im ‚Euphon' des
Ritter Gluck. In den Gesprächen über diese Modein-
strumente der Empfindsamkeit, die ja auch bei Jean
Paul eine Rolle spielen, wird ausdrücklich Bezug auf
Schuberts *Ansichten von der Nachtseite der Naturwissenschaft* genommen. Es geht, wie bei Kleists Marionettentheater, um die parapsychischen Zusammenhänge, die gerade im Mechanischen liegen. Was Ludwig
vernünftig deutet, das stellt bei Ferdinand eine über-
natürliche Mitwisserschaft der Automate um sein innerstes Geheimnis dar, das kurze, ihn zur Leidenschaft
entflammende Abenteuer mit der Sängerin. Alles läßt
Hoffmann offen: woher weiß die Automate um die
selbsthergestellte Miniatur der Geliebten auf seiner
Brust und um ihr Liebeslied „Mio ben ricordati"? Welchen Zusammenhang hat sie mit dem Professor X., der
sie zu ihrer (realen) Hochzeit begleitet und zugleich
der eigentliche Schöpfer des ‚redenden Türken' ist.
Welchen Anteil hat die Phantasie und psychische Ge-
stimmtheit Ferdinands an den Vorgängen und Omina
übernatürlichen Charakters? (Was ist an all diesen
nur ‚innere Musik' im Sinne der Romantik?)

Es ist kaum Zufall, daß *Die Automate* auch ein
Modellfall für den Hoffmannschen Stil ist. Der Wortschatz ist durchsetzt mit Ausdrücken wie magisch,
geheimnisvoll, wunderbar, mit Substantiven der Innerlichkeit, in denen das Romantische geradezu programmatisch erscheint:

> Dann fühlte ich, wie ein unnennbares Entzücken mein
> Innerstes durchbebte, wie der Schmerz der unendlichen
> Sehnsucht meine Brust krampfhaft zusammenzog, wie mein
> Atem stockte, wie mein Selbst unterging in namenloser
> himmlischer Wollust.

Das Zitat verweist zugleich auf die Katastrophenfor-
meln, die bei Hoffmann, in wörtlichen Abwandlun-

gen natürlich, aber dem Geiste nach stereotyp, immer
wieder auftauchen. Noch einfach ist, „daß der Türke
in mein Innerstes gegriffen" oder „eine fremde Macht
feindselig in mein Inneres gedrungen" sei oder „in die
tiefste Tiefe des Gemüts dringen". Aber typisch ist das
Bild mit dem Dolchstich, den Ferdinand beim Anblick
der Sängerin empfindet:

> Und es war mir, als träfe der Strahl eines Kristalltons
> meine Brust wie ein glühender Dolchstich, daß ich den
> Schmerz physisch fühlte, daß all meine Fibern und Nerven
> erbebten und ich vor unnennbarer Wonne erstarrte.

Man sieht, die ‚Katastrophenformel' gilt hier für den
Bereich, in dem Schmerz und Wonne (in höchster Potenz) einander decken. Häufig ist sie aber auch nur
Ausdruck des jähen Schrecks, des Grauens, des Ver-
nichtungsgefühls. Die Mehrzahl der kindlichen Adep-
ten des Lebens, von denen Hoffmann so oft ausgeht,
erfahren sie einmal. Sie kann auch, ebenfalls wie hier,
mit der Metapher des Strahls oder auch des elektri-
schen Schlags verbunden sein. Die Macht der fremden
Kräfte über der Wirklichkeit und unserm Leben, die
Exaltation und Ekstase des höchsten Augenblicks soll
sich darin ausdrücken; eine Macht, die eben tief ins
Innere dringt.

Wie Hoffmann das Motiv der Automate, von dem
er wie besessen ist, in seinen eigenen Spukgeschichten
verwendet, zeigt *Der Sandmann* (1815). Auch hier
handelt es sich um die Geschichte zweier Freunde,
eines temperierten und eines leidenschaftlichen, Lothar
und Nathanael. Lothar ist zugleich der Bruder von
Nathanaels Braut Clara, die nicht nur die Anmut, sondern auch den gesunden Menschenverstand verkörpert. Auch hier geht es ferner um das Einwirken eines
dämonischen Geisterreichs auf das menschliche Schicksal. Nathanael hat düstere Kindheitserlebnisse hinter

sich. Ein widerlicher Alchimist Coppelius, den er für
den Sandmann aus dem Kindermärchen hielt, hat seinen Vater zu Experimenten verführt, die mit einer für
diesen tödlichen Explosion endeten. Der gleiche Coppelius tritt aber später als Händler unter dem Namen
Coppola mit magischen optischen Instrumenten wieder an Nathanael heran. Dieser studiert bei Professor
Spalanzani, der mit Coppola eine vollendete Automate gebaut hat, die er als seine Tochter Olimpia aus-
gibt. Ein magisches, von Coppola erworbenes Glas
täuscht Nathanael die Belebtheit der Automate vor,
für die er in Leidenschaft entbrennt, der Braut ver-
gessend. Die Offenbarung, daß er eine Puppe geliebt
hat, stürzt ihn in Wahnsinn, in den ihn, scheinbar geheilt, das Wiedererscheinen des Coppelius-Coppola
von neuem verfallen läßt. Nathanael endet im Selbstmord. Seine Braut Clara verwindet das grauenvolle
Erlebnis und wird noch glücklich.

In dieser Erzählung häufen und mischen sich die
Motive, die in ihrer surrealistischen Romantik als die
Hoffmann eigentümlichen beschrieben wurden. Der
‚Sandmann‘ Coppelius ist nicht nur der Alchimist mit
dem widerwärtigen Gesicht, der zu seinen Experimenten Kinderaugen verwendet. Er ist nicht nur als Optiker magischer Mechanikus; denn er hat auch die raffinierte Puppe Olimpia mitgebaut. Er ist nicht nur
Coppelius, sondern als Coppola auch dessen „verfluch-
ter Doppelgänger und Revenant“. Aber auch Olimpia
ist eine Art Doppelgängerin (einer freilich nicht exi-
stierenden ideal-schönen Figur), die der Professor Spalanzani wagen darf, der Gesellschaft als seine Tochter
zu präsentieren. Auch hier ist der Partner dieser bös-
artigen und anrüchigen ‚feindlichen‘ Welt ein junger
Student und Dichter, durch seine überfließende Phantasie und Erregbarkeit freilich anfällig, so daß die
feindlichen Gewalten die Illusion einer lebendigen

Federzeichnung von E. T. A. Hoffmann zu „Der Sandmann"

Olimpia in ihm bewirken können. Es bleibt der fast nihilistische Hintergrund, der nicht mit den Begleitworten des Erzählers ausgeglichen ist, „daß nichts wunderlicher und toller sei als das wirkliche Leben". Was repräsentieren Coppelius und sein Doppelgänger Coppola, die mit hämischem Vergnügen Nathanael zugrunde richten, denn eigentlich? Das böse Fatum des Schicksalsdramas, das Nathanaels Schwermut ausspricht: „Wie jeder Mensch sich frei wähnend, nur dunklen Mächten zum grausamen Spiel diene." Geradeso sieht aber doch die Hoffmannsche ‚Wirklichkeit' aus, in der es von zaubernden Professoren, Beamten, koboldhaften Mechanici nur so wimmelt, die alle zumeist Böses im Schilde führen, eine vampirische Geisterschar. Sie sind überwiegend Vertreter des ‚feindlichen Prinzips'. Der Leser ahnt ihren schließlichen Sieg dumpf voraus. Ihre Opfer sind meist vielversprechende Jünglinge mit überbordender Phantasie. So kann das grausame Spiel oft regelrecht diskutieren, ob das Ganze nur ein Wahn der ansprechbaren Einbildungskraft sei oder auch reale Wirkung der postulierten fremden Mächte. Dabei ist allerdings gefährlich zu leben. Denn die Mächte versuchen nicht im eigentlichen Sinne, sondern verzaubern den nicht mehr willensfreien Patienten. Das gilt trotz der katholischen Kulisse selbst für die *Elixiere des Teufels*. Es bleibt also im ganzen die Frage nach der Weltvernunft oder -unvernunft und der Zweifel an der menschlichen Entscheidungsfreiheit bestehen. Dies gilt für das Doppelgängermotiv auch da, wo nicht massiv magische Mächte im Spiel sind. So gerade in der *Die Doppelgänger* (1821) betitelten Novelle. Die stupende Ähnlichkeit des jungen Fürstensohnes, eines verstoßenen Prinzen übrigens, mit dem Maler Haberland wird hier auf eine natürliche Ursache zurückgeführt, nämlich ein ‚Sich-Versehen' der Fürstin in den heimlich

E. T. A. Hoffmann. Bleistiftzeichnung von Wilhelm Hensel
(um 1820)

Kreisler im Wahnsinn. Bleistiftzeichnung von E. T. A. Hoffmann

geliebten Vater des Malers, den ehemaligen Minister. Das Motiv ist künstlich, doch nicht übernatürlich. Aber auch so wird die Entwirrung der Geheimnisse um die zwei Familien mit magischem Brimborium: Zigeunerweissagung, sprechender Rabe, geheimnisvoller Todfeind, durch den ‚Zufall‘ arrangiertes Treffen in der Schloßruine usw. umgeben. Die Entwirrung erfolgt mit fatalistischer Notwendigkeit, so daß das wiederholte Leitmotiv „Die Hoffnung ist der Tod! – Das Leben dunkler Mächte graues Spiel!" den von Nihilismus angefochtenen weltanschaulichen Hintergrund der fatalen Motive Hoffmanns überhaupt selbst da bezeugt, wo Zauberer und Elementargeister keineswegs auftreten.

Wenn hier die Kunstbruderschaft der beiden Freunde Haberland und Berthold deutlich auf Wackenroder und Tieck zurückweist, so findet man dieses Element auch in *Meister Martin der Küfner und seine Gesellen* (1819). Aber auch noch in anderer Hinsicht besteht eine gewisse Nähe. In den *Doppelgängern*, die ja ein Spätwerk Hoffmanns sind, zeigt sich die Fähigkeit des Dichters, handfeste bürgerliche Wirklichkeit in sich selber darzustellen, also Philistertum ohne Magie. So auch in *Meister Martin*, und hier noch vermehrt um die historische Distanz. Es ist das von der Romantik so oft dargestellte Motiv des alten Nürnberg in der Renaissancezeit. Nicht nur, daß es zugleich eine der zahlreichen Künstlergeschichten Hoffmanns ist, ruft wieder die Nähe Wackenroders herauf, sondern vor allem auch die Einleitung ad lectorem, und diese sogar in engster Stilnähe:

Wohl mag dir auch, geliebter Leser, das Herz aufgehen in ahnungsvoller Wehmut, wenn du über eine Stätte wandelst, wo die herrlichen Denkmäler altdeutscher Kunst wie beredte Zeugen den Glanz, den frommen Fleiß, die Wahrhaftigkeit einer schönen vergangenen Zeit verkünden.

Freilich folgt dann eine Novelle aus dem Bürgerleben,
wie sie der Dichter des Berglinger nicht gekonnt hätte.
Daher ist denn auch die Handlung diesmal nicht ver-
zwickt. Der Küfer Martin, Repräsentant des soliden
Nürnberger Handwerks, will aus berechtigtem Zunft-
stolz seine umworbene Tochter Rosa nur wieder an
einen Meister seiner Gilde verheiraten. Da aber sowohl
ein junger Adliger wie ein kunstfertiger Goldschmied
wie ein begabter Maler in Frage stehen, treten sie alle
unter der Vorspiegelung, zur Zunft zu gehören, in
Meister Martins Werkstatt ein. Der eine, gewalttätig
und jähzornig, ist der junge Edelmann, der durch
diese Eigenschaften bald verspielt hat. Der andere,
Friedrich, ist der junge Goldschmied. Der dritte, Rein-
hold der Maler (auch eines treffenden Bildes von Rosa),
tritt zugunsten seines Freundes Friedrich von der Werbung zurück. Es bleibt also Friedrich, der zwar auch
aus dem Hause geworfen wird, aber unter den dreien
der einzige von Rosa geliebte ist. Sie setzt ihren Willen beim Vater durch. Nur muß der junge Künstler bis
zur Hochzeit sein Meisterstück als Küfer machen. Ein
Schluß ohne Tragik, aber dem behaglichen Motiv (das
etwas von der Komödie hat) angemessen. Ist dies das
wohl reinste Stück realistischer Art ohne Zuhilfenahme des Zauberapparates, so darf man doch nicht übersehen, daß Schilderungen aus dem gleichen bürgerlichen Milieu auch in viele der Geister- und Schauergeschichten Hoffmanns miteingestreut sind.

   Ein solcher Fall ist *Das Fräulein von Scuderi* (1818
bis 1819), eine der bekanntesten Novellen Hoffmanns
Die Novelle stellt eine Art Mittelding dar zwischen
den Schauer- und Spukgeschichten und den bürgerlichen Erzählungen. Unheimliches zwar trägt sie genug an sich. Aber das liegt an der Gattung der Kri-
minalgeschichte. Es geht an sich alles natürlich zu – bis
auf eine Seite des Motivs, die aber mit den Geheim-

nissen der Psychologie des Künstlers zusammenhängt.
Der Goldschmied Cardillac, ein anscheinend ehrenwerter und solider Mann inmitten des von abenteuerlichen Mordaffären heimgesuchten Paris, ist in Wirklichkeit einer der Mörder, die nächtens umgehen.
Wieso aber mordet er? Eine magische Gewalt verbindet ihn mit den berühmten Kunstwerken seiner Hand
und zwingt ihn, sich durch Gewalt wieder in Besitz
derer zu setzen, die er aus der Hand gegeben hat.
Eigentlich widerspricht das der bürgerlichen Seite seines Wesens, aber er vermag nichts gegen den geheimnisvollen pathologischen Zwang, eine Art manischer
Besessenheit. Dem unbekannten Räuber und Mörder
der Pariser Nächte nachzujagen, seine immer wieder
verlorenen Schritte aufzuspüren bis zur endlichen Lösung – das ist das Kriminalmotiv der Erzählung. Da
die Polizei machtlos ist, so muß es die Liebe von Cardillacs eigener Tochter zu dem ehrlichen Gesellen des
Meisters sein, die die Entdeckung herbeiführt. Ein kriminologisches Rätsel wird gelöst. Aber die Frage nach
der psychologischen, magnetischen Bindung des Künstlers an sein Werk, die den allgemein respektierten Bürger zum Mörder werden läßt, bleibt in der Schwebe.
Die historische preziöse Romancière Madame de Scudéry, die der Novelle den Namen gab, spielt nur eine
– wenn auch bedeutende – Mittlerrolle bei der Lösung
des Rätsels. Entscheidend bleibt die Frage der Persönlichkeitsspaltung des Künstlers. Nach außen Bürger,
insgeheim Verbrecher, kann die Figur Cardillacs ihre
persönliche Schuld an die Möglichkeiten abtreten, die
in der Faszination des Künstlers durch sein eigenes (geniales) Werk beschlossen liegen. Die Persönlichkeitsspaltung liegt hier in der Antithese von bürgerlicher
Moral und künstlerischer Selbstbesessenheit, die keine
Grenzen kennt.
  Die vorliegende Darstellung Hoffmanns beruht auf

der Interpretation nur einiger ausgewählter Stücke aus
seinem weit umfassenderen Werk. Jeder der hier her-
ausgehobenen Gattungen und jedem der angedeuteten
Problemkreise gehört ein deutliches Mehr (der Zahl,
wenn auch nicht dem Gewicht nach) an anderen Pro-
duktionen zu. Den *Kreisleriana* und dem *Kater Murr*
sowie den interpretierten Musiknovellen wären nicht
nur weitere Musiknovellen anzuschließen, etwa *Die
Fermate* (1815) oder *Der Baron von B.* (1819), sondern auch die Singspiele (wie das frühe *Die Maske*
und das Fragment *Der Renegat*), vor allem aber seine
musikkritische Journalistentätigkeit: die Aufsätze über
Beethovens Instrumentalmusik und *Alte und neue Kirchenmusik* sowie die Fülle der Rezensionen für die
Leipziger allgemeine musikalische Zeitung und die an
Zahl geringfügigeren z. T. späteren für Berliner Zeitun-
gen und Periodika.

Zu den großen Märchendichtungen gesellen sich
Kindermärchen wie *Nußknacker und Mausekönig*
(1815), ein Geschenk für die Kinder des Freundes
Hitzig, wie auch *Das fremde Kind* (1816) oder *Prinzessin Blandina* (1814), einmal keine Erzählung, sondern ein „romantisches Spiel". Gesammelt erschien das
alles in den *Erzählungen der Serapionsbrüder*.

An die Spuk- und Schauergeschichten wären unter
vielen noch anzuschließen *Der Magnetiseur* (1813),
Das Majorat (1817), *Ignaz Denner* (1814), *Das öde
Haus* (1814). Es muß hier aber zugleich das Problem
der Rangfrage deutlich werden. Hoffmanns Produktion in dieser Gattung des Schauerlich-Gespensterhaf-
ten ist durchaus ungleichwertig. Einige Arbeiten sind
wirklich nur Visionen aus der Punschterrine. Einiges
wiederholt oder wiederholt doch annähernd Katastro-
phenvorgänge und sinkt dann gelegentlich bis an die
Grenze des Trivialliterarischen.

Was schließlich die realistische Komponente in dieser Dichtung der Hochromantik angeht, so kann sie sogar fast biedermeierliche Züge annehmen wie in *Des Vetters Eckfenster* (1821) oder der Handwerkernovelle *Meister Wacht* (1822).

Ob nun aber bei Hoffmann der Teufel in Person auftritt oder die Welt der Contes des fées sich geltend macht, ob Elementargeister und Kobolde, konversierende Affen, diskutierende Hunde und literarische Kater, Gespenster und Puppen die Welt bevölkern oder menschliche Schwäche und Anfälligkeit nur als psychologische und gesellschaftliche Probleme erscheinen – Hoffmanns Raum bleibt ein gefährdeter und gefährlicher Raum, weitgehend einem nicht greifbaren Fatum unterworfen.

VII. HEINRICH VON KLEIST

1. Leben und Existenz

Mit den bedeutenden Fortschritten, die die Kleist-
Forschung seit dem Ersten Weltkrieg machen konnte,
hat sich ein gewisses Unbehagen eingestellt, dieses
eigenwillige Genie dem Begriff Romantik zu unterstellen. Sicher geht Kleist nicht ohne Rest in ihm auf.
Aber das tun Hölderlin und Jean Paul noch weniger.
Die entscheidenden Züge von Kleists Leben und Werk,
nicht zuletzt auch seine Motivwahl, sind doch wohl
schwerlich ohne die romantische Zeitatmosphäre und
ganz konkrete persönliche und literarische Begegnungen mit Romantikern denkbar.

Die Biographie ist in diesem Fall besonders eine Einheit mit dem Werk. Heinrich von Kleist (1777 bis
1811): Die Familie ist bekannt, nicht nur Offiziere
und Landjunker, sondern auch einen der bedeutendsten Dichter der fridericianischen Zeit, Ewald von
Kleist, hat sie hervorgebracht. Da Heinrich von Kleist
schon elfjährig Kadett und fünfzehnjährig Soldat
wird, muß er seine Bildung hauptsächlich als Autodidakt erwerben. Mit ihrem Fortschreiten wird er kritisch gegen seinen Beruf, den er 1797 verläßt. Sein
ideales Ziel, eine möglichst universale Selbstbildung,
aufgebaut auf dem Vernunftglauben der Aufklärung,
legt er in seinem Lebensplan nieder, dessen Erkenntnisse er gleich auch pädagogisch an die Schwestern
und ihre Freundinnen weitergeben will. Auf noch fast
kindlicher Stufe zeigt sich hier bereits eine Charak-
tereigenschaft: die Unbedingtheit in allem, was er
treibt. Die Schule der Mädchen, die er ,bilden' will,
endet mit seiner Verlobung mit der Generalstochter
Wilhelmine von Zenge. Über dem Verhältnis zueinan-

der liegt die Prägung von der rationalistischen Popularphilosophie. Auch als Braut bleibt Wilhelmine Kleists Erziehungsobjekt. Das kommt auch ganz offen zur Sprache. Eine vollkommene Partnerin will er nicht: „Ich selbst muß sie mir formen und ausbilden." Auch Kleists Egoismus, besessene Anwendung seines aufklärerischen Idealismus auf die Verlobte ohne Rücksicht auf ihre Individualität, mußte bewirken, daß das Verlöbnis nicht hielt.

Die erste Reise, die ihn aus der östlichen Grenzstadt Frankfurt a. d. Oder herausführt, unternimmt er 1800. Sie bringt ihn nicht weiter als über das nahe Berlin und Sachsen bis nach Würzburg. Aber sie weckt sein Naturgefühl. Ihr eigentlicher Zweck bleibt verhüllt, hängt vielleicht mit sexuellen Skrupeln zusammen. Dazu kommt, daß Kleist, nach Berlin zurückgekehrt, gesellschaftlich nur eine Außenseiterrolle spielen konnte. Auch ein Staatsamt kam nicht in Frage, da er seine Existenz nach wie vor ganz auf sich selbst stellen wollte und ja auch keine solide Vorbildung hatte. In diese Zeit – 1801 – fällt der Brief an seine Lieblingsschwester Ulrike, in dem Kleist den völligen Zusammenbruch seines Aufklärungsoptimismus auf Grund seiner Kant-Lektüre kundtut. Unbedingt wie immer gesinnt, wird ihm die kritizistische Seite von Kants Philosophie zum Verhängnis. Gerade der Unterschied seiner Kant-Rezeption von der Schillers ist charakteristisch. Kant lieferte Schiller nicht nur die ästhetische Konzeption, sondern prägte auch seine Ethik und Geschichtsphilosophie in einer Weise, die ihm Sicherheit gab. Aber er hatte sich da vor allem an Kants Idealismus angeschlossen. Kleist jedoch traf Kants Kritizismus sozusagen ins Herz. Er glaubte, wie der bedeutsame Brief es belegt, wenn die Sinne trügen und die Eindrücke damit relativ und subjektiv werden, überhaupt keine Sicherheit mehr zu haben:

Der Gedanke, daß wir hienieden von der Wahrheit nichts, gar nichts, wissen, daß das, was wir hier Wahrheit nennen, nach dem Tode ganz anders heißt, und daß folglich das Bestreben, sich ein Eigentum zu erwerben, das uns auch in das Grab folgt, ganz vergeblich und fruchtlos ist, dieser Gedanke hat mich in dem Heiligtum meiner Seele erschüttert – Mein einziges und höchstes Ziel ist gesunken, ich habe keines mehr.

Diesem inneren Zusammenbruch folgt die Lösung von der Braut, an die sich eine von Unruhe und Verzweiflung bestimmte Lebensphase schließt. Auch die unsteten Reisen sind ihr Ausdruck. Paris, wohin er noch im gleichen Jahr mit der Schwester ging, war in dieser inneren Situation nicht gerade zur Beruhigung geeignet, wenn allerdings auch zur Mehrung der Welterfahrung. In dieser Hinsicht wird es doch zu einer Schule und Provokation seines Dichtertums zugleich. In Paris erschien ihm aber auch (noch immer) das alte aufgeklärte Idyll des gesunden Bauern für sich als richtige Lebensform. Das provoziert seine nach der Trennung von der Schwester angeschlossene Reise in die Schweiz. Diese führt ihn über Bern auf das kleine Inselchen im Thuner See, wo er zwar keineswegs bauert, aber für das Ländliche wie für die Landschaft schwärmt, im rousseauischen Stil. Daß hier Kleists erstes und wohl auch meistaufgeführtes Drama entworfen wird (das Lustspiel *Der zerbrochne Krug*), ist kein Zufall. Aus dem wohltätigen Einfluß der Landschaft erwächst ihm zum ersten Male die Heiterkeit der Seele, ohne die der sprühende Humor des Lustspiels nicht denkbar wäre. Er war in Bern auf die Söhne Wielands und Geßners, dazu auf den älteren Zschokke gestoßen, und *Der zerbrochne Krug* entstand im Wettbewerb um dasselbe, auf Bildvorlagen beruhende Motiv mit den Freunden. In diese Zeit fällt auch die Überarbeitung des schon vorher konzipierten Schick-

salsdramas *Die Familie Schroffenstein,* das Ausdruck
der verzweifelten Unruhe ist, vor der Kleist sich in
der Schweiz bergen wollte. Der Entwurf zum *Robert
Guiskard* reift gleichfalls heran, der auf der Rückreise
Kleists über Weimar Wieland tief berührt als eine Tragödie aus dem Geist der Antike und Shakespeares
zugleich. Das war 1802. Das folgende Jahr findet ihn
wieder in der Schweiz, wo er unter inneren Kämpfen
von der Vollendung des *Guiskard* Abstand nimmt. Die
Fortsetzung der Reise nach Frankreich endet mit einer
erneuten seelischen und physischen Krise, die auf der
Rückreise in Mainz zum Ausbruch kommt. Ihr unmittelbarer Anlaß (über den Verzicht auf den *Guiskard*
hinaus) liegt nicht klar. Resignativ jedenfalls wirkt
Kleists Suche in Berlin nach einem Ämtchen, das ihm
1804 in Königsberg zuteil wird. Damals wird aus der
Übersetzung von Molières *Amphitryon* das zweite
Lustspiel Kleists, in Verbindung übrigens mit der
Vollendung des *Zerbrochnen Krugs.* Auch beginnt sein
novellistisches Schaffen, das erst seit dem Expressionismus die ihm gebührende Wertung erfahren hat.
Dichterisches Selbstbewußtsein und Produktivität sind
nun gesichert. Doch bricht der französisch-preußische
Krieg von 1806 das Königsberger Idyll ab. In Berlin
aber verhaften den ehemaligen preußischen Offizier
die Franzosen als vermeintlichen Spion und halten ihn
bis zum Friedensschluß in Frankreich fest. Die Folgezeit führt ihn in den Kreis der Dresdener Romantiker
und damit in die Kreise der Patrioten, die die Niederlage gegen Napoleon nicht hinnehmen. 1808 gründet
er mit Adam Müller den *Phöbus,* voller Hoffnung,
aber ohne das nötige Kapital, so daß die Zeitschrift
schon 1809 wieder eingeht. Bedeutsam bleibt sie für
Kleists Entwicklung durch den Vorabdruck von Fragmenten aus den beiden ihn damals ganz erfüllenden
Dramen *Penthesilea* und *Das Käthchen von Heilbronn.*

Sie stießen auf Kritik, auch von seiten der Autorität
Goethe. Aber das beirrte Kleist auf seinem Wege nun
nicht mehr. In dieser Zeit jedoch konzipierte er auch
Die Hermannsschlacht, mit der gleichen Unbedingtheit wie früher nunmehr im Römer-, d. h. Franzosen-
Haß übergehend. Ein Hermanns-Drama als Stoff lag
ja in der deutschen Tradition, jedoch mehr pathetisch
als so kraß, wie Kleist es jetzt ausarbeitete.

Die Hoffnungen der Patrioten nach der Schlacht bei
Aspern zerschlugen sich bekanntlich. Kleist erlebt ihr
Ende in Österreich und Prag. 1810 ist er wieder in
Berlin, wo er in der Christlich-deutschen Tischgesellschaft verkehrt. Es ist die Zeit, da *Prinz Friedrich von
Homburg* entsteht und in der Kleist, wieder mit Adam
Müller, die *Berliner Abendblätter* leitet, ein Unternehmen, das die Regierung schließlich behindert, so
daß es eingeht. Kleist hat diese auch materielle Katastrophe, die seine bürgerliche Existenz zerstörte, auf-
gegeben selbst von seinen Schwestern, nicht lange überlebt. Er entscheidet sich für den Selbstmord. Im Ab-
schiedsbrief an die Schwester Ulrike heißt es: „Die
Wahrheit ist, daß mir auf Erden nicht zu helfen war.“
Eine romantisch überspannte Beamtenfrau geht am
21. November 1811 mit ihm in den Tod.

Kleists gewaltsames Lebensende war wohl letztlich
konsequent. Er hat sich so in seine Dichtung veraus-
gabt, daß er das fehlende Echo nicht ertragen konnte.
Dazu ist er zeitlebens nicht aus der Dürftigkeit herausgekommen. Beides: der Kampf um die nackte Existenz und um die seinem dichterischen Selbstbewußtsein gemäße Anerkennung, überstieg seine Kräfte.

2. Die Journalistik

Kleists Prosaaufsätze haben ihre Voraussetzung in der
Neigung des jungen Aufklärers, Briefe gelegentlich zu

Weltbetrachtungen aufzuschwellen, aber auch in seiner späteren Tätigkeit als Journalist und Zeitschriftenherausgeber. Schon die Briefe an Wilhelmine von Zenge greifen bisweilen in die Form der Abhandlung über, und die beiden dem Freunde Rühle von Lilienstern gewidmeten Abhandlungen *Aufsatz, den sichern Weg des Glückes zu finden* (1797) und *Über die allmähliche Verfertigung der Gedanken beim Reden* (1806) sind aus der Brieform entwickelt. Der zeitliche Abstand spiegelt Kleists Entwicklung wider. Der Aufsatz über das Glück „als Belohnung der Tugend" entwickelt sich auf der Grundlage der weltanschaulichen Prämisse: „Was mit der Güte und Weisheit Gottes streitet, kann nicht wahr sein" und ist pure aufklärerische Popularphilosophie, sozusagen angewandter Gellert. Nicht mehr so die Meditation *Über die allmähliche Verfertigung der Gedanken beim Reden.* Dazwischen liegt die Kant-Krise, liegen die Reisen und die ersten wichtigen dramatischen und Prosawerke, die Kleist der Romantik nähergebracht haben. Der Grundgedanke ist nämlich der rationalistischen Sprachphilosophie entgegengesetzt. Indem man im Reden, d. h. durch die Sprache, den Gedanken erst erzeugt, kehrt man die sprachliche Konventionstheorie der Aufklärung sozusagen um. War dort die Sprache durch Konvention vorgeprägt, so wurde sie zum Gefäß des vorgefaßten Gedankens. Bei Kleist erzeugt aber die Sprache (als lebendige Sprache in actu) den Gedanken selber. Dieser Prozeß ist schon als Akt des menschlichen Geistes gewissermaßen irrational. Nicht die ratio lenkt die Sprache, sondern ratio (Gedanke) bildet sich erst in ihrer Handhabung. Die aufkommende Klarheit (im wörtlichen Sinne ‚Aufklärung') liegt im Medium, in dessen Erfahrung, und nicht im abstrakten Gesetz. Der im Reden zur Klarheit gelangende Mensch wird damit zum unbewußten Objekt eines in ihm sich vollziehenden Prozesses. Es geht um den Gedanken und nicht um Gefühl oder ‚Seelenlaut‘. Also ist es auch nicht Herder. Dagegen grenzt es an die mediale Psychologie der jüngeren Romantik, obwohl Kleist Gotthilf Heinrich Schubert erst wenig später in Dresden kennenlernt. Völlig deutlich ist dieser Zusammenhang dann in dem Aufsatz *Über das Marionettentheater,* den er 1810 in die *Berliner Abendblätter* gibt.

Die Bedeutung dieses kleinen Werkes kam erst der Kleist-Interpretation unseres Jahrhunderts zum Bewußtsein. Es geht hier im wesentlichen um zwei aus dem Motiv entwickelte Gedankengänge: um die theologische und die anthropologische Seite, in die beide das ästhetische Problem integriert ist. Das ästhetische Problem ist das der vollkommenen Anmut, aber nicht im schillerschen Sinne des ‚Als ob‘ des schönen Scheines, sondern im Sinne der Ausmanövrierung des Bewußtseins, das, wo nicht ohne Rest ausgeschaltet, statt Anmut Geziertheit bewirkt. Der Erzähler läßt sich das Problem von einem Tänzer entwickeln, der seine Schlüsse aus der Beobachtung eines Marionettentheaters zieht. Die Bewegung der Marionette reagiert in ihrem Schwerpunkt („in dem Innern der Figur"), nicht in den einzelnen Gliedern. Aber der Marionettenspieler muß Herr über den Schwerpunkt sein, sich in ihn „versetzen", selber Tänzer sein. Die Bewegung teilt er der Marionette mit, deren vollkommene Anmut im Tanz auf der Abwesenheit des Bewußtseins in ihr selbst beruht. Die Puppe hat daher vor lebendigen Tänzern voraus, daß sie sich niemals „ziert". Bewegt der Spieler sie wirklich in ihrem Schwerpunkt, so reagiert sie nur, aber das vollkommen. Auf den Menschen angewendet, ergibt das auch einen geschichtsphilosophischen Aspekt. Der Sündenfall ist der Einbruch des Bewußtseins („Baum der Erkenntnis") in die bis dahin bestehende Unschuld des Menschen:

> Doch das Paradies ist verriegelt und der Cherub hinter uns; wir müssen die Reise um die Welt machen, und sehen, ob es vielleicht von hinten irgendwo wieder offen ist.

Dieses Bild zeigt wiederum keine schillersche Geschichtsphilosophie. Für Schillers Ästhetik der Grazie kann nicht die einfache Rückkehr „von hinten irgendwo" gelten. Die Entwicklung des Bewußtseins ist für Schiller menschliche Geschichtlichkeit und kann nicht rückgängig gemacht werden. Sie muß eingearbeitet werden, und der Wiedergewinn der Grazie beruht auf Schein, auf einem ‚Als ob' die ratio überwindbar wäre. Das Symbol der Puppe bei Kleist aber ist ihre Freiheit von jeder Erdschwere („antigrav"). Daher ihre Vollkommenheit gegenüber dem menschlichen Tänzer.

Der Erzähler hält das alles für eine Paradoxie. Aber es fällt ihm selber die Geschichte von dem Jüngling ein, der seine Arglosigkeit („Unschuld") und damit seine Grazie vor dem Spiegel verlor und nie wiederfand, und der Tänzer erzählt ihm die Geschichte von dem Bären, der, noch Naturwesen mit dem ganzen Instinkt, einen geübten Fechter durch seine Paraden mattsetzt, wie kein gelernter Gegner es könnte. Von hier aus ergeben sich die Schlüsse der Meditation:

> Wir sehen, daß in dem Maße, als, in der organischen Welt, die Reflexion dunkler und schwächer wird, die Grazie darin immer strahlender und herrschender hervortritt.

Reflexion also ist die eigentliche Antigrazie. Reflexion ist total auslöschbar, wie sie denn im „Gliedermann" gar nicht vorhanden ist; oder sie ist unendlich (und nicht endlich wie im Menschen). Das kann aber nur „der Gott" haben. Das besagt kaum verschleiert: der nach dem Durchgang durch die Reflexion – neuplatonisch ausgedrückt – mit der Gottheit wieder identische Mensch. Oder – im Kleistschen Bilde als „letztes Kapitel von der Geschichte der Welt":

> Mithin ... müßten wir wieder von dem Baum der Erkenntnis essen, um in den Stand der Unschuld zurückzufallen.

Der Aufsatz *Über das Marionettentheater* ist keineswegs ein Alleingang Kleists, sondern vielmehr ein scharfsinniger Ausdruck der dialektischen Beziehungen der Romantik zum Bewußtsein überhaupt, wie sie von der *Lucinde* und dem *Heinrich von Ofterdingen* bis zur Bewußtseinsverdrängung bei Gotthilf Heinrich Schubert und E. T. A. Hoffmann zutage treten.

Gegenüber dem *Marionettentheater* sind die fingierten Maler- und Dichterbriefe und die Paradoxe *Von der Überlegung* mehr nur programmatische Gedankenblitze, Nebenprodukte des bedeutsameren Werkes. Die „Paradoxe" fußt auf der Analogie zum fechtenden Bären, hier: dem Ringkämpfer, als Beispiel, daß Reflexion vor der Handlung das Gefühl verwirrt, während sie nach der Tat als Erfahrungskorrektiv wirkt. Als Mittelpunktswert erscheint die unreflektierte unmittelbare Handlung, die „Kraft, die aus dem herrlichen Gefühl quillt".

Kleists Engagement als Journalist am *Phöbus*, der vorbereiteten, aber nicht zustande gekommenen Zeitschrift *Germania* und an den *Berliner Abendblättern* hat ihn zu mancherlei Formen der Programmatik, der Zeitkritik, der Berichterstattung und der Volkserziehung provoziert. Es tritt die Form des fingierten ‚Gebetes' auf, die des parodierten Soldatenkatechismus, ja die der kaiserlichen Proklamation an das Volk, das parodierte Lehrbuch, der satirische Brief, der ironische Entwurf einer Erfindung, eine Fülle von fingierten Leserzuschriften. Natürlich gibt es auch Rezensionen und Beschreibungen von Kunsteindrücken, merkwürdige Kriminalfälle und dergleichen. Dies war nicht der Bereich, in dem Kleist die ihm eigentümlichen Gaben spielen lassen konnte. Und man merkt deutlich den Krampf eines ungeliebten, durch den Zwang hervorgerufenen Produzierens, vor allem an den Entwürfen aus der *Germania*-Zeit. Ob Kleist überhaupt ein ‚politischer' Dichter, jedenfalls der Begabung nach, war, muß mehr als bloß zweifelhaft erscheinen. Der chauvinistische *Katechismus der Deutschen* zeigt gewiß alle Unbedingtheit, deren Kleists Natur bei jedem Beginnen fähig war. Darin ist es echter Kleist. Aber die politische Einseitigkeit, ja Verblendung erscheint so groß, daß die Gegensätze Freund–Feind ins Utopische getrieben werden, im praktisch Unanwendbaren bleiben. Natürlich findet man auch die Anschauungen des Dichters Kleist in dieser Produktion hie und da wieder. So im *Gebet des Zoroaster* das dichterische Berufsbewußtsein unter dem Gesichtspunkt des Zeitrichters, dessen unbedingte Forderung mit der Wirklichkeit kontrastiert:

Durchdringe mich ganz, vom Scheitel zur Sohle, mit dem Gefühl des Elends, in welchem dies Zeitalter darniederliegt, und mit der Einsicht in alle Erbärmlichkeiten, Halbheiten, Unwahrhaftigkeiten und Gleisnereien, von denen es die Folge ist.

Und der Dichter Kleist spricht auch (von Adam Müller angeregt) aus dem Aufruf *Was gilt es in diesem Kriege?*, der idealen Utopie von einer Zukunftsgemeinschaft, in die die Deutschen ihre Kultur, aber keine Regung von nationaler Eigensucht einbringen sollen. Anders freilich klingt es im *Katechismus*. Doch auch hier ist noch die Kleistsche Mitte zu finden, etwa im 8. Kapitel, wo, echt romantisch, die durch die

Aufklärung überreizte Reflexion der Deutschen als „Unart" des lebenden Geschlechtes für den Verfall verantwortlich gemacht wird und dem Verstand die Kraft des Herzens entgegengestellt wird:

> Sie reflektierten, wo sie empfinden oder handeln sollten, meinten, alles durch ihren Witz bewerkstelligen zu können, und gäben nichts mehr auf die alte, geheimnisvolle Kraft der Herzen.

Unter den satirischen Journalistika Kleists ist eins der schlagkräftigsten das *Lehrbuch der französischen Journalistik,* vielleicht das im eigentlichsten Sinne politischste Zeugnis von Kleists Hand; unter dem, was man Rezension nennen könnte, was aber mit Recht nicht so heißt, ist die Bearbeitung einer Arnim-Brentanoschen Vorlage *Empfindungen vor Friedrichs Seelandschaft* interessant: eine Deutung romantischer Malerei aus dem Geist der Romantik selber, und zwar der literarischen mit ihrem Grundverhalten der Sehnsucht und des Einsamkeitsgefühls.

3. Erzählkunst

Kleists Novellen stehen in der deutschen Erzähltradition individuell, im eigentlichen Sinne unnachahmlich da, obwohl ihr Stil in der Moderne Nachahmung gefunden hat. Ihre Eigentümlichkeit ist nicht ganz leicht zu fixieren. Kleist schreibt eine Prosasprache, die gleichsam geballt von Sachlichkeit ist. Bei historischen Stoffen z. B. weicht er nicht wie so viele Romantiker in die Naivität des Chronikstils aus. Es geht ihm allein um konzentrierte Darstellung der Begebenheit. Dabei bekommt sein Stil (der deutlich auf das Ende mit seiner Katastrophe zielt) an Höhepunkten den Charakter eines reißenden Tempos, ohne jede schwärmerische Bewegtheit. Wie später (unter ande-

ren Umständen) Kafka macht er Elemente der Kanz-
leisprache, sozusagen beabsichtigte Trockenheit, der
Sachlichkeit der Darstellung dienstbar (z. B. das häufige „dergestalt daß ..."). Der Leser wird gleichsam
angesprungen von der inneren Logik der Fakten, einer
Unsentimentalität des puren Erzählens, die mit der
stilisierten Sachlichkeit von Goethes Novellenstil nicht
mehr zu vergleichen ist. Alles dies, obwohl des romantischen *Stoffes* genug vorhanden ist. Wo aber ein
Tieck ihn mit der Radiernadel bearbeitet, da arbeitet
Kleist mit dem Stichel, holzschnittgemäß auf die unmittelbare Wirkung der großen Züge bedacht. Feinhei-
ten kommen dabei nur selten zum Zuge. Wenn man
von einem literarischen Impressionismus reden darf,
so ist Kleist der Anti-Impressionist, ohne deswegen
Naturalist zu sein. Seine Sachlichkeit ist andersartig.
Man könnte sie fast eine Besessenheit, einen Furor
epischer Berichterstattung nennen, was auch an der
Nahtstelle des Übergangs von der bloßen Anekdote
zur regulären Novelle deutlich sichtbar wird. *Das
Bettelweib von Locarno* ist zur Kurzgeschichte entwickelte Anekdote, ebenso wie es als auf ein Minimum des Umfangs reduzierte Novelle gedeutet werden kann. Mit der Sachgerechtigkeit des Kriminalisten
geht Kleist in anderen Novellen vor. Diesem Stil wird
selbst die Legende unterworfen (*Die heilige Cäcilie*).
Dabei wimmelt es andererseits nur so von Motiven
aus der Sphäre der Wunder und des parapsychologischen Zwischenreichs.

Sucht man sich zunächst einen Überblick über die
Kleistschen Novellenmotive zu machen, so erkennt
man: unwissende Empfängnis in Ohnmacht (*Die Marquise von O.*); wunderbare Errettung zweier Liebender durch ein Erdbeben, gleichwohl ihr tragischer Tod
(*Das Erdbeben in Chili*); Gesetzesbruch aus Rechts-
gefühl mit magischer Zutat (*Michael Kohlhaas*); Sa-

krieg und legendäre Strafe (*Die heilige Cäcilie*); To-
desstrafe für eine unbedachte Tat (*Das Bettelweib von
Locarno*); Tötung der Geliebten aus Mangel an Vertrauen (*Die Verlobung in St. Domingo*); die Rache
des Bösewichts (*Der Findling*); Gottesurteil (*Der
Zweikampf*). Es sind also mehrere Kriminalfälle,
außergewöhnliche Liebesgeschichten, Ereignisse, die
auf dem Übernatürlichen und Unbewußten beruhen.
Es sind ohne Ausnahme Privatschicksale. Große Geschichte liegt am Rande oder im Hintergrunde, selbst
im *Michael Kohlhaas*. Geschichtliche Gestalten sind
nicht Träger der Handlung wie so oft in den Dramen.
Wie im *Marionettentheater* gezeigt ist, handeln die
Gestalten aus ihrem Schwerpunkt. Der Theaterdirek-
tor ist das Schicksal, an dessen Fäden sie hängen. Doch
erscheint es in den meisten Fällen nicht als das sinn-
lose Fatum des Schicksalsdramas, sondern als eine Art
Vorsehung, die rächt oder belohnt.

So einfach, wie eben dargestellt, verhält es sich aber
im einzelnen nicht. In jedem Falle arbeitet Kleists
Phantasie ein psychologisches, wenn nicht parapsycho-
logisches Problem mit ein. In der *Marquise von O.* ist
es die tiefverletzte Subjektivität der Frauenseele, die
den versöhnenden Schluß, die Ehe mit dem Sünder,
fast unmöglich macht. Im *Erdbeben in Chili* liegt
die Spannung bei der Rettung des eingekerkerten Liebespaares durch den Eingriff der Natur, sodann bei
der Frage nach der Sinnlosigkeit oder Sinnhaftigkeit
der Lynchjustiz einer durch die Geistlichkeit aufge-
hetzten Menge, der das Paar dann doch zum Opfer
fällt, Unschuldige mit hineinreißend in die Katastrophe. In der *Verlobung in St. Domingo* ist die Künstlichkeit der Situation das eigentliche Agens, da gerade
die Liebe der jungen Schwarzen zu dem Europäer sie
zwingt, ihn scheinbar zu verraten, worauf er mit ihrer
Tötung reagiert. Gewiß, das Kernmotiv ist die Kata-

trophe aus Mangel an Vertrauen. Aber der Anspruch, in der herbeigeführten Situation Vertrauen zu bewahren, grenzt ans Übermenschliche. In *Michael Kohlhaas* wiederum ist das Motiv des einfachen, aber zugleich übertrieben konsequenten Rechtsbewußtseins zwar der Kerngedanke, aber die Intrigen der Gegenpartei zwingen Kohlhaas geradezu, schließlich zum Gewalttäter zu werden und seinen eigenen Krieg gegen die korrupte Staatsordnung zu führen. Der Versöhnungsversuch Luthers (dessen Gestalt übrigens bemerkenswert echt herauskommt) muß an den Umständen, so wie Kleist sie zuspitzt, teilweise scheitern. Zugleich hat aber Kleist in die historische Novelle, deren psychologisches Motiv der Kampf mit seinem Dämon, der Unbedingtheit seines Rechtsgefühls, ist, ein vulgär-romantisches Motiv mit eingeflochten, das äußerlich ganz überflüssig ist: die Gestalt des geheimnisvollen Weibes, das ihm die Wahrsagung vom Untergang des sächsischen Kurhauses zuspielt, deren Aufzeichnung er auf dem Gang zur Richtstätte noch verschluckt. Er hat damit auch seine Personalrache am ungerechten Herrscher gefunden, während sein irdisches Rechtskonto (die restitutio ad integrum, die Bestrafung der Junker und die Hinnahme des eigenen Todes als Sühne für seine Gewalttaten) sozusagen restlos in Ordnung ist. Eine Bekehrungsnovelle ist der Kohlhaas also nicht. Das – abstrakte – Recht wird allerseits wiederhergestellt, noch vor Kohlhaas' Augen. Aber es bleibt noch die irrationale Beimischung, mit dem Verstande nicht zu erklären, aus der ihm noch die persönliche Satisfaktion gegenüber dem sächsischen Kurfürsten wird, der undurchschaubare Eingriff des Schicksals, das die Rache ist.

In den beiden Legenden-Novellen *Die heilige Cäcilie* und *Der Zweikampf* löst dann eine Art unmittelbarer Eingriff Gottes, nicht des ‚Schicksals', die Ver-

wirrungen. Der Verhöhnung der Heiligen durch eine
Bande junger Leute folgt die Strafe auf dem Fuße durch
ein offenbares Wunder. Die Heilige selber übernimmt
die Leitung der ihr zugedachten geistlichen Musik in
Gestalt der erkrankten Dirigentin. Diese Musik fällt
nun geradezu überirdisch aus und versetzt die Sünder
in einen Wahnsinn, der sie zwingt, im Irrenhause der
gekränkten Heiligen am dies fatalis auf makabre Weise lobzusingen. Die Glorifizierung der Musik ist seit
Wackenroder und dem jungen Tieck in der Romantik
manifest. Doch geht keiner von ihnen so weit wie
Kleist hier, wenn er eine ekstatische Musik, dämonische Musikparodie, den Sündern als Buße auferlegt.

Das Thema von *Der Zweikampf* ist ein mittelalterlicher Kriminalfall. Verletztes Recht stellt sich von
selbst wieder her: ein Gedanke, der Kleist immer wieder beschäftigt (als Grundthema z. B. des *Zerbrochnen Kruges*). Je verwickelter er das Thema ansetzt
desto mehr gilt seine Leidenschaft der Entwirrung. Indem aber hier das Rechtsmotiv mit dem Ordal, dem
Gottesurteil, verknüpft ist, gleitet auch diese Novelle
(wie der *Kohlhaas*) in eine metaphysische Rechtspro-
blematik über. Auf der einen Seite steht Graf Jakob
der Rotbart, des Mordes an seinem regierenden Bruder, dem Herzog von Breisach, durch schwerwiegende
Indizien verdächtigt. Auf der andern Seite steht Litte-
garde, mit der er eine Liebesnacht zur Zeit des Mordes
verlebt haben will. Das daraufhin verstoßene Edelfräulein findet einen Sachwalter in dem Kämmerer
von Trota, der sie schon lange liebt. Trota fordert
den Rotbart zum Zweikampf mit dem Charakter des
Gottesurteils. Der Ausgang ist zweideutig. Einer un-
bedeutenden Handverletzung Rotbarts steht die tödlich erscheinende Wunde des Kämmerers entgegen. So
scheint das Gottesurteil überzeugend für den Rotbart
zu sprechen. Allein, der Kämmerer genest wider Er-

warten, die Verletzung des Grafen eitert nachträglich und zerstört seinen Körper. Auf dem Totenbette bekennt er den Brudermord, aber an der Verleumdung Littegardens ist er unschuldig. Durch die Intrige einer eifersüchtigen Zofe, die in jener Nacht Littegardens Rolle spielte, hat er hier guten Glaubens gehandelt. Die Liebenden heiraten einander. Aber was ist es nun mit dem Gottesurteil? Hat es versagt, oder traf es zu? Den Kaiser stimmt das Ergebnis skeptisch. Jedoch, überdenkt man den Rechtsfall, so hat es nicht versagt. Nur daß die ewige Gerechtigkeit allerdings die Unschuldigen hart hernahm, bis nahe ans Blutgericht, dem sie nach dem Ordalritus als Verlierende verfallen waren, während der Graf anfangs entlastet scheint. Aber eben nur scheint. Er hat allen und ihm selber verborgen ja den Tod bereits in sich. Und damit hat die ewige Gerechtigkeit doch richtig gesprochen. Das Gottesurteil hat nicht versagt, nur hat es geheimnisvolle Züge der Prüfung für die Liebenden miteingemischt.

Das im *Zweikampf* in der Zofenhandlung zutage tretende Motiv der Liebesintrige steht in *Der Findling* mehr im Mittelpunkt. Der an Stelle des an der Pest gestorbenen Haussohnes von dem reichen Händler Piachi adoptierte Knabe Nicolo wächst zu einem kompletten Bösewicht heran. Kleist läßt es auch hier an der künstlichen Situation nicht fehlen. Nicolo versucht, die Adoptivmutter, die in krankhafter Inbrunst einer Jugendliebe zu einem Genueser Ritter nachtrauert, (in der Verkleidung eines Genueser Ritters) zu verführen. Es geschieht vor allem aus Rache gegen den Vater, der seinen liederlichen Lebenswandel bloßgestellt hat. Auch jetzt erfolglos, weist er die Eltern aus dem ihm überschriebenen Hause. Elvira stirbt, der alte Piachi tötet den verlorenen Sohn und muß selbst dafür an den Galgen. Die Novelle läßt keinen der Mitspieler am Leben; und ein finsterer, von böser Tat und Rache erfüllter Aspekt eröffnet sich.

Wenig anders im *Bettelweib von Locarno.* Eine mehr achtlose und unbeabsichtigte als wirklich schlechte Tat, die Aufstörung des Bettelweibes hinter dem Ofen durch den Marchese, führt hier zum Untergang des Geschlechts, was der Schloßbrand symbolisiert. Ein kleines Schicksalsdrama in Prosa: Das Bettelweib als nicht zu vertreibender Spuk rächt sich an der Familie, durch die ihm Leid geschah. Aber die Rache ist grausam, in ihrer Härte unmotiviert. Es begegnet hier, wie im *Findling,* ein gleichsam lauerndes Schicksal, immer auf dem Anstand, wie es zerstören könne.

Es bleibt die Frage, woher dieser Geist in Kleists Novellen kommt. Überprüft man diese Seite, so gehört sie von Anfang an zu seiner Erzählkunst. In der *Marquise von O.* geschieht die entscheidende Tat, während die Titelheldin ohnmächtig, „außer sich", ist. Im *Erdbeben in Chili* ist es die rasende Menge, die außer sich ist. In der *Verlobung in St. Domingo* gilt das gleiche von Gustav im jähen Augenblick seiner Mordtat. Im *Kohlhaas* tritt zum rational Geschichtlichen das magisch irrationale Motiv der Weissagung vom Untergang des kurfürstlichen Hauses. Im *Zweikampf* wird das Rätsel des Gottesgerichtes gestellt. *Die heilige Cäcilie* endet mit dem lebenslangen Außer-sich-Sein der Schuldigen. Der Schloßbrand im *Bettelweib* ist ein Akt völliger Verzweiflung, in der das Bewußtsein keine Rolle mehr spielt. Vergleichen wir aber alles dies mit dem *Marionettentheater,* so zeigt sich das Theater des Lebens gleichsam als dessen Anwendung in der Umkehrung. Geblieben ist nicht die Grazie, nirgends in Kleists Erzählungen, aber die handelnden und leidenden Menschen lassen sich in entscheidenden Augenblicken gerade nicht vom Bewußtsein bestimmen. Damit rückt Kleist unter den Aspekt jener Ro-

mantik der Nachtseite der Natur und der Seelenlehre des Unbewußten, den der ihm in Dresden bekannt gewordene Gotthilf Heinrich Schubert der jüngeren Romantikergeneration, auch E. T. A. Hoffmann,
vermittelt hat.

4. Die Dramen

Das Herzstück von Kleists dichterischer Produktion,
sein dramatisches Werk, weist ähnliche Züge auf, wie
sie an seiner Erzählkunst zutage traten, natürlich mit
den gattungsbedingten Unterschieden. Die Anfänge
liegen historisch vor seiner Bekanntschaft mit Schubert. Doch treten die Grenzen zwischen Einfluß und
bloßer Geistesverwandtschaft ohnehin nicht klar zutage. Man muß ja auch die gesamtromantische Situation berücksichtigen, in der sein Dichtertum sich entwickelt. Jedenfalls liegt Kleists Erstling *Die Familie
Schroffenstein* (ursprünglich *Die Familie Ghonorez*)
vor Zacharias Werners Schicksalsdramen. Freilich war
Tieck ihm in dieser Gattung vorausgegangen. Während der Schweizer Zeit begonnen, aber erst 1803 in
endgültiger Fassung gedruckt, spiegelt das Stück die
innere Verstörung dieser Jahre wider. Ob es ein
,Schicksalsdrama' ist, darüber sind die Meinungen nicht
einhellig (wie auch bei Grillparzers *Ahnfrau*). Mindestens steht es dieser Gattung äußerst nahe, während
der Stil sichtliche Spuren des Shakespeare-Studiums
trägt.

Das in seinen zwei überlebenden Linien sich tödlich
befeindende Grafenhaus rottet sich im Verlauf der
Handlung selber aus. Die wenigen Übriggebliebenen
versöhnen sich mit Mühe. Wieweit sie selbst in jähen
unbeherrschten Augenblicken zustoßen oder das
Schicksal zustößt, indem es diese Augenblicke herbeiführt oder doch zuläßt, mag immerhin offenbleiben.

Manches wirkt hier schon marionettenhaft, und daß
es wie ein Fluch über dem sinkenden Geschlecht lastet, wird man nicht übersehen können. Dieser Fluch
symbolisiert sich im Motiv der Blutrache, deren objektive Voraussetzungen sich aber als Täuschung erweisen. Wo gar kein Mord geschah, ist die gegen die
Mörder geschworene Blutrache keine Lösung des
Rechtsproblems. Tragischer Irrtum, freilich wie vom
Schicksal inspiriert, waltet hier vor. *Die Familie
Schroffenstein* ist ein Drama der Extreme, auch in der
Sprache. Man braucht nur den Racheschwur Ruperts
gegen den vermeintlichen Mörder seines Sohnes Peter
heranzuziehen, mit der Einleitung:

Eustache. O Gott! Wie soll ein Weib sich rächen?
Rupert.   In
    Gedanken. Würge
    Sie betend.
        (*Sie empfängt das Abendmahl* ...)
Rupert. ...
    Denn nicht ein ehrlich offner Krieg, ich denke,
    Nur eine Jagd wirds werden, wie nach Schlangen.
    Wir wollen bloß das Felsenloch verkeilen,
    Mit Dampfe sie in ihrem Nest ersticken,
    – Die Leichen liegen lassen, daß von fernher
    Gestank die Gattung schreckt, und keine wieder
    In einem Erdenalter dort ein Ei legt.

Kleist hat diese Neigung zum Extrem in sich weder
überwunden noch auch nur bekämpft. Ein Hinweis
auf die späteren Stücke *Penthesilea* und *Hermannsschlacht* genügt. Die Humanität des Aufklärungsjahr-
hunderts geht dabei über Bord. Fast könnte es scheinen, als ob der Kleist nach der Kant-Krise, sei es
nun unbewußt oder bewußt, am Geiste der Aufklärung, unter dem er angetreten war, Rache nehmen
wolle, indem er ihn durch Restitution der Leiden-
schaft(en) als eine Verfälschung der menschlichen

Wirklichkeit widerlegt. Dies wäre eine Erklärung auch dafür, daß man bei der Interpretation seiner Kunst mit der bloßen Berufung auf den romantischen Zeitgeist gelegentlich nicht auskommt. Der Rückfall bis zur Barbarei in den *Schroffensteinern*, der *Penthesilea* und der *Hermannsschlacht*, oft auch in den Novellen, lag mindestens nicht in der wohl nachprüfbaren Ästhetik der Frühromantik. Er wird aber verständlich nicht nur als Ausbruchsversuch aus den Lebenszwängen Kleists, sondern auch aus dem Totalitätsgefühl seines Charakters, der ihn psychisch und physisch von einer Lebenskrise in die andere trieb.

Doch würde man die Sucht zum Extrem falsch einschätzen, wenn man sie nur vom Negativen her deutete. Sie kann keinem Dramatiker von Größe ganz fremd sein. Sie ist ihm sogar zum Raffen und Verdichten großer Figuren unentbehrlich. Das zeigt sich am *Guiskard*-Fragment, um das Kleist gleichzeitig mit den *Schroffensteinern* kämpfte, um es dann zu vernichten und schließlich nach Jahren für den *Phöbus* aus dem Gedächtnis zu rekonstruieren. Dieser Torso hat (ähnlich wie Schillers *Demetrius*) großen, eindrucksvollen Stil, eine Art archaischer Größe, die auch das Spiel um und ohne Guiskard bewirkt. Auch hier wieder das Extrem, aber als Fundament und nicht als hyperbolisches Wirkungsmittel wie in den *Schroffensteinern*. Ein Äußerstes liegt schon im gewählten Stoff: dem anscheinend dem Ende nahen Kampf um Byzanz, dessen Kaiserin Guiskards Tochter ist. Daß den gefürchteten Normannenherzog gerade in dem Schicksalsaugenblick, der über Sieg oder Untergang entscheiden muß, die Krankheit überfällt, bringt wieder die List des Schicksals mit ins Spiel, die den Menschen gerade in der Entscheidung versucht, ihm das Übermenschliche abfordert. Das Übermenschliche ist in diesem Fall der Zwang des an der Pest erkrankten Herzogs, die

Krankheit zu verbergen, das Volk um der Sache willen zu täuschen, seine alte Kraft vorzuspiegeln. Zu gleicher Zeit wäre das Drama ein Spiegel des Gegensatzes zwischen dem großen Einzelnen und der Menge geworden, auch nach dieser Seite heroisch konzipiert. Es bleibt das Rätsel des uns vorenthaltenen Schlusses. Tragischer Untergang mußte doch wohl seine Lösung sein.

Im gleichen Jahr, in dem Kleist das *Guiskard*-Fragment vernichtet, bildet sich aber auch das Lustspiel *Der zerbrochne Krug,* dem als nächstes Stück (in Königsberg) wieder ein Lustspiel, der *Amphitryon,* folgen sollte. Das ist kein Zufall. Nicht nur weil ohnehin bei Kleist die Extreme sich berühren, sondern weil die Anfänge beider Lustspiele in relativ beruhigten Zeiten liegen: dem Schweizer und dem Königsberger Idyll.

Für den *Zerbrochnen Krug* wird man sich die zeitliche Nähe des Aufsatzes *Über die allmähliche Verfertigung der Gedanken beim Reden* vergegenwärtigen müssen. Denn das Lustspiel ist, nur mit dem Beispiel eines Rechtsfalles, eigentlich eine Repräsentation der Sprache selber, ihrer Logik und ihres inneren Verhältnisses zur Wirklichkeit. Sprache erscheint hier als Zwang zur absoluten Selbstdarstellung. Man hat es also mit dem Spiel der geheimnisvollen Dynamik der Sprache zu tun, die den Schuldigen im Reden dazu zwingt, sich bloßzustellen. Sprache erzwingt Wahrheit, indem sie das Unausgedachte weitertreibt oder das Vorausgedachte verrät. Damit ist man beim eigentlichen Deutungsproblem des *Zerbrochnen Krugs.* Das Lustspiel ist zu allererst eine reißende Sprachbewegung. Daher wurde bei der Weimarer Aufführung durch Goethe, der es in Akte einteilte, das Stück um alle Wirkung gebracht. In dieser Formfrage liegt gerade die Antiklassik Kleists. Sprachlich liefert er hier ein Beispiel für die „literarischen Saturnalien", die die frühromantische Ästhetik schon proklamiert hatte.

Weimar,

Mittwoch, den 2. März 1808,

Der Gefangene.

Oper in einem Aufzuge, Musik von Della Maria.

Frau von Bellnau, *eine junge Wittwe,*	Engels.
Resine, ihre Stieftochter,	Zwengler.
Der Commandant,	Deny.
Lieutenant Einwald,	Strobe.
Hauptmann Marbell,	Deny.
Herrmann, sein Bedienter,	Genast.
Ein Unterofficier,	Eilenstein.

Hierauf:
Zum Erstenmahle:

Der zerbrochene Krug.

Ein Lustspiel in drei Aufzügen.

Walter, Gerichtsrath,	Oels.
Adam, Dorfrichter,	Becker.
Licht, Schreiber,	Unzelmann.
Frau Marthe Rull,	Wolff.
Eve, ihre Tochter,	Elsermann.
Veit Tümpel, ein Bauer,	Graff.
Ruprecht, sein Sohn,	Wolff.
Frau Brigitte,	Silie.
Ein Bedienter,	Eilenstein.
Mägde,	Engels.
	Genast.
Büttel.	

Die Handlung spielt in einem niederländischen Dorfe bei Utrecht.

Eilfte Vorstellung im sechsten Abonnement.

Numerirte Plätze im Parterre und numerirte Stühle auf dem Balken sind belegt und können nur von Abonnenten eingenommen werden.

Balkon	:	16 Gr.
Parket	:	12 Gr.
Parterre	:	8 Gr.
Gallerie	:	4 Gr.

Anfang um halb 6 Uhr.

---

*Der Theaterzettel der Weimarer Uraufführung von Kleists
„Der zerbrochne Krug"*

Dazu ist diese Sprachbewegung Geburtshelfer des Rechtsgedankens. Dieser, durch die lügende Phantasie des Dorfrichters Adam gefährdet, klärt sich restlos im Sprachgange, der Sprachzwang ist. Adam erfindet im Reden und verrät sich zugleich stammelnd darin. Ohne diese Funktion der Hauptfigur wäre sie ein kleiner uninteressanter Bürger. Der durch einen Nachtbubenstreich aus dem Recht getretene Dorfrichter, selber unwirklicherweise Repräsentant des Rechts, wird wider Willen zur Wahrheit hingezwungen. Der Zwang ergibt sich aus dem lebendigen Gegenüber, das die anderen Figuren vertreten: Frau Marthe, Ruprecht, der Rat und der Sekretär. Eve hingegen ist aus anderen Gründen, als sie für Adam gelten, an der Verschleierung der Wahrheit mit interessiert und wird ebenfalls schließlich zum Bekenntnis gezwungen. Grenzt man die Figuren nach dem, was sie repräsentieren, voneinander ab, so verkörpert der Rat Walter das objektive Recht in seiner unangreifbaren Überlegenheit, der Schreiber Licht das Raffinement des Rechts, das sich nicht bloßstellen will, Frau Marthe die pure Rechthaberei, Eve den Konflikt von subjektivem Recht (Liebe) und Wahrheit, Adam aber das Unrecht in der Maske des Rechts, das sich durch Gedanke und Sprache selbst desavouieren muß.

Die sprachlichen Mittel, mit denen Kleist vorwiegend arbeitet, sind die Anspielung, das Wortspiel, hinter- und vordergründige Ironie. Ironie hat doppelte Funktion: subjektiv als Wissen Adams um seine Sünden, objektiv als an Adam handelnde List der Wahrheit, die ihn auf dem Wege über die List der Sprache demaskiert. Eine ‚Maskenkomödie‘ ist der *Zerbrochne Krug* also auch, aber nicht im alten Stilsinne, sondern im romantischen Tiefsinn.

Aus der Handschrift von Kleists „Der zerbrochne Krug"

~~Eve~~

~~Du gehst zum Regiment jetzt, o Ruprecht,~~

~~Dich führt der Krieg, der Himmel weiß, wohin.~~

~~Könnt ich dich von der Landmiliz befreien~~

~~Um einen Fehltritt, in der Angst gethan,~~

~~Müßt ich auf ewig jetzt von dir geschieden werden?~~

~~Ruprecht~~

~~Und schelten sie mich auch zu Hoff hinaus,~~

~~Der Schuster würf, und müßt ich gleich mich mit~~

~~Dem Menschenfresser in der Südsee schlagen,~~

~~Geh! Auch zerbrochne Mädchen will ich nicht sein.~~

~~Ich mag nichts von dir wissen. Laß mich gehn.~~

~~Frau Marthe~~

Eve

– Du gehst zum Regiment jetzt, o Ruprecht,

Wer weiß, darum denn ~~ob ich schon~~ die Muskete trägst,

Ob ich dich je im Leben wiedersehe.

Krieg ist es, bedenk, Krieg in den du ziehst:

Willst du mit solchem Grolle von mir scheiden?

Ruprecht

Groll? Nein, bewahre mich Gott, das will ich nicht.

Gott schenk dir so viel Wohlergehn, als er

Erübrigen kann. Doch kehrt ich aus dem Kriege

Gesund, mit erzgegossnem Leibe wieder,

Und würd' in Huisum achtzig Jahre alt,

So sagt ich noch im Tode zu dir: Metze!

Du willst's ja selber vor Gericht beschwören.

Frau Marthe (: zu Eve :)

Hinweg! Was sagt ich dir? Willst du dich noch

Beschimpfen lassen? Der Herr Corporal

Ist was für dich, der würdge Holzgebein,

Der seinen Stock im Militair geführt,

In dieser Hinsicht verhält es sich mit dem *Amphi-tryon* ähnlich. Begonnen als Übertragungsversuch von Molières Stück, wird die Komödie von der Mitte des II. Aktes an ohne vorherigen Plan unter Kleists Händen zu einer Art romantischem Weltanschauungsspiegel. Bei Molière ist der *Amphitryon* eine Maskenkomödie. Kleist macht ein tiefsinniges Vertauschungsspiel daraus. Die eigene Sprachbewegung emanzipiert sich von der Vorlage, die stofflich hier nicht Plautus ist, sondern Hederichs Mythologie (die Kleist auch für die *Penthesilea* zu Rate zog) und dichterisch Molière.

Amphitryon, Feldherr von Theben, schickt nach siegreicher Schlacht seinen Diener Sosias zu Alkmene als Boten. Sosias begegnet nachts seinem Doppelgänger dem Gotte Merkur, der, um ihn loszuwerden, auch vor einer derben Prügelszene nicht zurückschreckt. Merkur mußte für Jupiter Wache stehen, der als Amphitryon bei Alkmene ist. Der Gott hat Ursache, der nichtsahnenden Königin beim Abschied zuzumuten zwischen Gemahl und Geliebtem zu unterscheiden. Für die Betrogene kann aber diese Spitzfindigkeit keine Geltung haben. Ihr ist der echte Amphitryon beides Der Gott aber wollte als Ich geliebt sein, also volle Menschenliebe. Alkmene aber liebt nur den echten Gemahl. Amphitryon kehrt mit dem durch sein Doppel-Ich verprügelten Sosias zurück, nachdem Merkur-Sosias noch des echten Sosias' Frau abschütteln mußte, die natürlich in ihm ihren Mann sah. Alkmenes ungewolltes Liebesabenteuer wird nun offenbar. Amphitryon muß vernehmen, daß er, statt wie wirklich im Feldlager, angeblich die letzte Nacht als Liebesnacht bei Alkmene verbracht habe. (Ähnliches ergibt sich für die Diener-Ebene Charis–Sosias.) Jupiter muß als Deus ex machina wieder erscheinen, um das Knäuel der Mißverständnisse zu zerhauen, die für Alkmene und Amphitryon ans Leben gehen. Ein instrumentum fatale, das Diadem Jupiters, in das er seinen Anfangsbuchstaben (J statt A) hineingeschmuggelt hat, fehlt nicht.

Was vorher der Tiefsinn der Komödie genannt wurde, beruht einmal auf der schon durch die Kant-Krise ausgelösten alten Frage: Was ist Wahrheit? Sie wird beantwortet damit, daß alle Menschen sich täuschen oder zu täuschen sind; im Sinne also des Leidens an Kants Kritizismus. Literarisch dramatisch ist sodann die Art der Erkenntnishilfe, das kernromantische Doppelgängermotiv, und zwar mit allen nihilistischen Ingredienzien. Das Ich sieht sich, mit seinem Doppelgänger konfrontiert, sozusagen aus der Welt ausgestoßen. Das geschieht auch (außer bei Sosias auf trivialer Ebene) mit Amphitryon:

> Was für ein Schlag fällt dir, Unglücklicher!
> Vernichtend ist er, es ist aus mit mir.

Und etwas später:

> Ihr ewgen und gerechten Götter!
> Kann auch so tief ein Mensch erniedrigt werden?
> Von dem verruchtesten Betrüger mir
> Weib, Ehre, Herrschaft, Namen stehlen lassen!

Das ist der Amphitryon, der von seinem Doppelgänger Zeus auch sagt, dieser habe ihn „aus dem Gedächtnis der Welt", „aus des Bewußtseins eigner Feste" gedrängt. Auf der Diener-Ebene des Sosias heißt das (gut friedrich-schlegelisch):

> Und kurz ich bin entsosiatisiert,
> Wie man Euch entamphitryonisiert.

Hier zeigt sich, daß Kleist auch in dieser Komödie die Hintergründigkeit der Sprache als eines Mediums des Tiefsinns der Welt ins Spiel bringt, ihre beziehungs-

reiche Doppeldeutigkeit als Weltanschauung akzep-
tierend. Als Existenzmöglichkeit nach dem Doppelgän-
gerspiel bleibt für Alkmene und Amphitryon denn
auch nur die Erkenntnis eines Sinns, der in der symbolischen Identität von göttlicher und irdischer Liebe
liegt.

Mit der *Penthesilea,* von der ein Fragment im *Phöbus* erschien und die er, fast vollendet, mit nach Dresden
nahm, bleibt Kleist im Bereich der antiken Mythologie. Zur Aufführung kam das fertige Stück zu seinen
Lebzeiten nie. Dem Geist des klassischen Weimar konnte es nicht gemäß sein. Wie *Der zerbrochne Krug* so
hat auch die *Penthesilea* keine Akteinteilung. Es ist
auch hier eine Frage des reißenden Tempos, Ausdruck
von Penthesileas eigener Seelenverfassung:

> . . . eh' würdest du
> Den Strom, wenn er herab von Bergen schießt,
> Als meiner Seele Donnersturz regieren.

Für dieses Drama einer schließlich rasenden und ent-
hemmten Leidenschaft zieht man am besten die einschneidende Änderung heran, die Kleist am antiken
Penthesilea-Mythos vornahm. Die gängige Version,
wie sie Hederich bringt, läßt Penthesilea im Kampfe
mit Achill vor Troja untergehen, der sie tödlich ver-
wundet und anschließend in den Fluß Skamander
wirft, da sie über die Grenzen ihres Geschlechts hinaus gehandelt habe. Bei Kleist geht Achilles, auf grau-
enhafte Weise von ihren Hunden und eigenen Zähnen
zerrissen, unter. Es ist die Haßliebe des Weibes, das
sich verschmäht glaubt. Der aus Kleists Novellen
(*Verlobung in St. Domingo, Kohlhaas*) bekannte tragische Irrtum waltet auch hier. In der Todesszene naht
sich Achill versöhnlich. Die Rachsucht der Mänade
nimmt es nicht wahr. Die Tat geschieht ferner ohne
Bewußtsein, im vollkommenen Außer-sich-Sein Pen-

Heinrich von Kleist. Anonymes Ölgemälde

Wilhelm von Humboldt. Stahlstich von M. Lämmle nach
Franz Krüger

thesileas. Als sie Bewußtsein und Willen wieder hat, stirbt sie dem Haß-Geliebten durch letzten Einsatz ihrer Willenskräfte nach. Ob Eudo C. Masons Vermutung stimmt, daß Kleist bei der literarischen Quelle Hederich in den auf derselben Seite stehenden Artikel „Pentheus" hineingeraten sei (der ja wirklich von Mänaden zerrissen wird), mag dahingestellt bleiben. Wichtiger ist das Motiv des Außer-sich-Seins, wie es auch das *Käthchen von Heilbronn* beherrscht. Wessen der Mensch im Vor-, Unter- und Halbbewußten fähig werden kann, damit hat sich die romantische Mystik und Seelenlehre fast besessen beschäftigt. Unzweifelhaft gehört Kleist in diese Strömung hinein, unbeschadet natürlich der Originalität, mit der er dem Hörer das Schrecklichste auf der Bühne zumutet, weil Hemmungen durch die Konvention an Höhepunkten und Katastrophen für ihn nicht bestehen, weder im Hinblick auf die Motive noch auf den sprachlichen Ausdruck. Noch krasser als der Tod Achills ist ja die letzte derartige Katastrophe, die Tötung des jungen römischen Verführers durch Thusnelda vermittelst des Bärenzwingers in der *Hermannsschlacht*, weil sie in kalter und berechnender Glut erfolgt, nicht im jähen Augenblick der Leidenschaft, der in der *Penthesilea* bestimmend ist. Aber auch *Penthesilea* ist alles andere als ein Schicksalsdrama. Kleist läßt ausdrücklich die Oberpriesterin mit Meroe und Prothoe von ihr sagen:

> Unmöglich wärs ihr, zu entfliehn?
> Unmöglich,
> Da nichts von außen sie, kein Schicksal, hält,
> Nichts als ihr töricht Herz –
> Das ist ihr Schicksal!

Es ist aber ein ,Herz' im Ausbruch wilder Liebeswut, nach dem Kleistschen Gesetz in Manie sich erfüllend.

Was in *Penthesilea* die totale Vernichtung des Bewußtseins im entscheidenden Augenblicke ist, das ist das Traummotiv im *Käthchen von Heilbronn*. Und auch die gleichsam magische Bindung des dramatischen Liebespaares findet sich wieder. Indessen war *Das Käthchen von Heilbronn oder die Feuerprobe* für die damalige Zeit bühnengerechter als die *Penthesilea*, und so war das „historische Ritterschauspiel", von der mißglückten Weimarer Aufführung des *Zerbrochnen Krugs* abgesehen, denn auch das einzige noch zu Lebzeiten Kleists aufgeführte seiner Dramen (1810 in Wien). Dazu verhalfen schon Stoff und Gattung. In Ritterschauspielen genoß die romantische Zeit sich selbst in ihrer starken Rückneigung zum Mittelalter. Da es sich aber schon um die spätere Phase der Romantik handelt, hatte sie auch das Organ für den Traum als den Schauplatz des Unbewußten, für Magnetismus, Hypnose und Somnambulismus, was alles im *Käthchen* zum Ausdruck kommt.

Es dreht sich hier alles um den „geheimen Zug", der die Handwerkertochter unwiderstehlich zu dem Grafen Wetter vom Strahl hinreißt, so daß sie sich nach der ersten Begegnung in des Vaters Werkstatt aus dem Fenster stürzt, genesen dem Grafen überall hin folgt, auf sein suggestives Geheiß wieder ins Elternhaus zurückkehrt, den Ausweg ins Kloster ausschlägt, dann doch wieder den Grafen vor einem Anschlag warnt, vom Grafen sich ihr Traumgeheimnis im Schlaf durch Hypnose entlocken läßt, um schließlich als Kaisertochter anerkannt und des Grafen Frau zu werden. Das Geheimnis, das Schlüsselmotiv, ist der dem Grafen und Käthchen gemeinsame Traum in der Silvesternacht, der das Rätsel der fürstlichen Herkunft des Bürgermädchens löst und dem Grafen den Mut gibt, im Gottesgericht vor dem Kaiser dafür einzutreten, waffenlos mit dem Blick allein den Gegner bezwingend. Man sieht, wie sich in dieser Handlung die Wunder häufen, jedoch in Gestalt von Träumen, Suggestionen, Somnambulismus und Telepathie, also auf der Ebene der Nachtseiten-Naturwissenschaft der jüngeren Romantik. Diese psychischen Beziehungsmedien verhelfen wiederum auch Rechtsfällen zur Lösung: Käthchens fürstlicher Geburt und den verbrecherischen Listen der Intrigantin Kunigunde von Thurneck. Mit dem Freispruch des Grafen vor dem geheimen Femegericht setzt ja auch das Ganze ein. Offenbar sind hier himmlische Mächte geheimnisvoll mit den Unschuldigen im Bunde (wie z. B. auch bei der Rettung Käthchens aus dem brennenden Schloß). Der Mensch aber steht im inneren Rapport zu ihnen. Durch Überwindung oder Ausschaltung des Bewußtseins, durch die Anspannung des Willens vermag er den Schein zu durchbrechen, was die Vernunft nicht vermag, und dem Wesen, d. h. der eigentlichen Wahrheit und Wirklichkeit, zum Siege zu verhelfen. Der stark romantische Charakter der Motive wie der ganzen romanzenhaften Ritter- und Liebeshandlung mischt dem Stück – zum ersten Mal bei Kleist – ausgesprochen lyrische Töne bei, die eindrucksvoller sind als die der Gedichte.

Dies gilt auch für *Prinz Friedrich von Homburg*, Kleists letztes Drama. Und damit verbindet sich zugleich ein anderer Aspekt: wie nach Kleists eigener Deutung das Käthchen die „Kehrseite der Penthesilea" geworden sein soll, ein Spiegel der Macht der „Hingebung", so mag beim *Prinzen von Homburg* ein anderer Vergleich statthaben, der mit Schillers *Tell*. Beide Dramen sind ähnlicherweise als Ausdruck eines politischen Nationalismus gedeutet worden, der *Tell* als Schweizer Patriotenstück, der *Homburg* als brandenburg-preußisches. Beide Dichter haben zu diesem Mißverständnis selber beigetragen, da sie ihre Dramen (die ja keine Tragödien sind) festspielartig mit natio-

nalen Tönen auslaufen lassen. Es sind aber beides ihrem Kern und ihrer Tiefe nach nur sekundär Preis-
dichtungen auf Nation oder Staat, primär sind es Dramen menschlicher Entscheidung, die nicht auf politischer Ebene liegt, sondern im Humanen selbst. Bei
Schiller geht es um das Problem, ob der Mord an
sich erlaubt sei, bei Kleist um den freien Entschluß
zum Tode als Sühne des gebrochenen Gesetzes.

Für Kleist kommt noch ein anderes Motiv hinzu,
das bei Tell nicht mitspielt: der Fall in die allzu
menschliche Todesfurcht und seine Überwindung aus
der Kraft des menschlichen Ethos. Daß das Schicksal
dabei mit einer gewissen Grausamkeit waltet, die den
Prinzen buchstäblich an den Rand des Grabes führt,
ist wieder Kleistsche Eigenart. Ein Rückblick auf den
Kohlhaas zeigt das Verfahren auch dort. Mit dem
Käthchen verwandt wiederum ist das Motiv des
Außer-sich-Seins des Prinzen: bei der Szene vor der
Schlacht, in der die Befehle ausgeteilt werden, die er
für seinen Part nicht vernimmt, da er innerlich nicht
anwesend ist, sondern nachtwandlerisch absent, wie
am Schlusse. Diese Szene im Garten, in der der Prinz
mit verbundenen Augen zum Tode geführt zu werden
glaubt, in Wirklichkeit aber zur Erfüllung seiner Wünsche gelangt und der Prinzessin verlobt wird, ist auch
sprachlich ein Höhe- und Reifepunkt Kleistscher
Kunst, zugleich in ihrer Zartheit den dichterischsten
Stellen des *Käthchens* ebenbürtig, wenn nicht überlegen. Die ganze 10. Szene des V. Aktes muß man da
als Einheit nehmen. Doch ist der Höhepunkt der kurze
Monolog des Prinzen, der sie einleitet:

> Nun, o Unsterblichkeit, bist du ganz mein!
> Du strahlst mir, durch die Binde meiner Augen,
> Mit Glanz der tausendfachen Sonne zu!
> Es wachsen Flügel mir an beiden Schultern,
> Durch stille Ätherräume schwingt mein Geist;

Und wie ein Schiff, vom Hauch des Winds entführt,
Die muntre Hafenstadt versinken sieht,
So geht mir dämmernd alles Leben unter:
Jetzt unterscheid ich Farben noch und Formen,
Und jetzt liegt Nebel alles unter mir.

Da es eine Phantasie in der Illusion des unmittelbar
nahen Todesaugenblicks ist, ist ihre Funktion zugleich
lyrisch und dramatisch, in beidem von überzeugender
Dichte.

Welchen Weg aber hat Kleist bis zu diesem Punkte
genommen? Von der nachtwandlerischen Absenz des
Prinzen über den Reitersieg gegen Befehl, der den
totalen Sieg in der Schlacht verhindert, über den Trotz
des vermeintlichen Siegers in der Haft zur nackten
Todesfurcht, unter der er sogar auf Natalie verzichten
kann, um nur physisch weiterzuleben. Sodann die
preußisch-kantische Gewissensentscheidung, die ihm
der Kurfürst selber zuschiebt und deren Forderung
der Prinz unter Überwindung des Todesgrauens sich
beugt, schließlich nach dem inneren Sieg die unerwar-
tete äußere Lösung: in „reißender Zeit" genug, um
den Prinzen noch einmal in Bewußtlosigkeit fallen zu
lassen.

Es ist das Drama eines Helden in der Schwäche,
nicht im Trotz oder Triumph der Kraft. In diesem
Sinne bewirkt es Desillusionierung bis an die äußerste
Grenze. Um so menschlicher wird dadurch die Ge-
samtwirkung. Der anfällige (ein wenig weichliche)
Mann entscheidet sich freiwillig für die Gültigkeit des
Gesetzes und verzichtet damit auf das geliebte Leben.
Der Marionettendirektor fehlt auch hier nicht. Es ist
der Kurfürst, der die Fäden in geheimer Überlegenheit
über alle ‚Zufälle' in der Hand hat und für die Notwendigkeit auch der letzten Entwirrung einsteht.

Wenn der *Homburg* hier als nicht-politisches Drama interpretiert wurde, so ist das bei der ihm voran-

gehenden *Hermannsschlacht* freilich nicht möglich. Im Gegensatz zum *Käthchen* und zum *Homburg* dient das Historische hier nur als durchsichtige Maske. Die Wirklichkeit ist eine grimmige Aktualität, Ergebnis der Prager Krise und der aus ihr resultierenden Enttäuschung des Patrioten Kleist. Der reine Kostümcharakter des Historischen zeigt sich auch in Äußerlichkeiten. Die altgermanische Thusnelda hat eine Laute (wie Frau von Schiller); Fragen, wie die moderne der aufgelösten Schlachtordnung, der verbrannten Erde, des Partisanenkrieges nach spanischem Muster, werden miteingemischt. Die Parallele Rom/Paris ist so aufdringlich sichtbar wie die andere Analogie zwischen Cheruskern und Preußen-Österreich. Hermann ist der erfundene überlegene Gegenspieler Napoleons. Daher ist auch er hier der Marionettenspieler, dessen überlegenes Bewußtsein mit den Römern, den germanischen Fürsten, ja selbst Thusnelda spielt. List und Lüge sind seine Mittel. Seine Größe liegt allein in der Selbstlosigkeit bei Verfolgung seines patriotischen Zweckes. Extrem ist hier alles, auch daß es um Austoben der Rache geht, nicht bloß um Vernichtung des Gegners. Das zeigt am deutlichsten die Ventidius-Handlung, die auch eine harte Bühnenzumutung bedeutet. Es wird hier nicht nur über Leichen gegangen, sondern über zerstückte Leichen. Kleists Extremismus zeigt sich hier politisch. Es ist nicht seine beste Seite. Der Nenner ist Franzosenhaß und eine der Realität gegenüber utopische Freiheitsidee, für die der Zweck jedes Mittel heiligt. Wo die Sprache ihre Zweideutigkeit verrät, wie so oft bei Kleist, ist es nicht jene metaphysisch hintergründige Zweideutigkeit, hinter der die echte Wahrheit steht, sondern eine nur taktische Zweideutigkeit, hinter der die patriotisch legitimierte List sich versteckt.

Kleist mußte auch im politischen Drama wie stets

ein Äußerstes geben. Es war nicht das eigentliche Territorium seines Genies. Wo es um das Äußerste im Allgemeinmenschlichen ging, hat er, den romantischen Tendenzen der Zeit verhaftet, doch eine starke Subjektivität mit einbringend, im Drama, in der Novelle, aber auch in der ästhetischen Besinnung dem bedeutenden Gesetz, nach dem er angetreten, genügt.

VIII. POLITISCHE ROMANTIK. DER ANTEIL AN DER ZEITGESCHICHTE

1. Prämissen

Man hätte der deutschen Romantik nach dem Gesetz, nach dem sie angetreten, in den sich anbahnenden schweren geschichtlichen Konflikten ein Verharren in Gedankenreichtum und Tatenarmut prophezeit. Dem war aber nicht so. Mit oder ohne persönliche kriegerische Teilnahme an der Erhebung haben die Vertreter der Romantik sich sogar in erstaunlichem Maße engagiert. Es geht dabei nicht nur um theoretisches Engagement, wie es Fichte mit seinen *Reden an die deutsche Nation* und Schleiermacher mit seinen Predigten bezeugten, Kleist, Adam Müller, Görres, Arndt, Gentz mit ihren Zeitschriftengründungen. Man muß auch den zeitweisen Übergang der Brüder Schlegel in die österreichische Diplomatie, den Wilhelm von Humboldts und Arndts in den preußischen Dienst ins Auge fassen. Erst in zweiter Linie tritt dazu die Legion der Freiheitssänger und der Kriegsfreiwilligen wie Chamisso, Schenkendorf, Eichendorff und Theodor Körner. Die Ursachen und Wirkungen werden hier zu untersuchen sein. Denn es ist im Verlaufe der Zeit, seit dem Zweiten Weltkrieg, (nicht nur bei Journalisten) ein eher billiger Slogan geworden, die Romantik wesentlich mitverantwortlich zu machen für den deutschen Chauvinismus. Ein Gran Wahrheit – wie so oft – liegt auch hier in der Verzerrung. Abgesehen davon, daß der Chauvinismus an sich eine internationale Erscheinung ist und keine speziell deutsche und die Deutschen auch nicht seine geistigen Urheber sind, stellen sich die Dinge von der hier zuerst anzusprechenden Literatur aus wesentlich komplizierter dar. Daß die Romantik innerhalb der Geschichte des deutschen Nationalbewußtseins eine wesentliche Rolle spielt, ist unbestreitbar. Doch ist dieser Komplex, wie gesagt, keine spezifisch deutsche Erbsünde.

Das 18. Jahrhundert hatte zwar ein Nationaltheater gefordert, auch eine nationale Dichtung überhaupt, aber keineswegs im Sinne des späteren Nationalismus. Gewiß, man litt am Fehlen einer gemeinsamen (anstatt einzelstaatlichen) geschichtlichen Substanz, die die meisten Großen als Voraussetzung auch einer bedeutenden deutschsprachigen Dichtung erkannt hatten, von Möser bis Goethe. Aber eben: Geschichte um der Kultur willen, nicht umgekehrt. Wurde der geistige Gegensatz zu den Franzosen schon bei Lessing und dann im Sturm und Drang virulent, so erhob man dagegen Shakespeare auf den Schild, der auch kein Deutscher war. Die Ebene blieb ästhetisch, die Grundform des Denkens international und kosmopolitisch. Wo immer Vernunft anspruchsvoll auftrat, da bediente man sich ihrer arglos und vorurteilslos. Auch die Weimarer Klassik war durchaus übernational, nicht nur ihrem Kulturmodell Griechenland gegenüber, sondern auch in ihrem Sinn für Weltliteratur überhaupt, den Herder schon vor Goethe bezeugte.

Napoleon aber, mit dessen Auftreten sich die Weltgeschichte änderte, wird auch das geschichtliche Schicksal der hohen Zeit der Romantik. Es zwang sie, von ihrem ursprünglich apolitischen Weg in die Innerlichkeit mitten hinein in die politische Zeitgeschichte. Daß die Romantik sich nicht sträubte, sondern wohl vorbereitet war, lag in ihrer Beziehung zur Geschichte überhaupt, ihrer intensiven Bindung an die deutsche Vergangenheit, deren hohe Zeit sie in Mittelalter und Reformation sah. Nicht zufällig: denn es waren die vorrationalen Epochen, Epochen noch der

Ganzheit und Fülle des Menschlichen. Aber es war in
erster Linie wiederentdeckte *deutsche* Vorzeit.

Novalis sah noch eine europäische Christenheit, mit
der deutschen Kultur als Glied eines höheren Organismus. Auch Wackenroders Dürerbild war nur *eine*
begeisterungswürdige Ausdrucksform in seinem Kunst-
kosmos, an Wert der Kunst Raffaels gleichgestellt,
aber nicht überlegen. Jedoch beides lag noch vor dem
politischen Desaster, das an die Existenz ging und
eine neue Form von Patriotismus notwendigerweise
heraufrief. Mit der Niederlage Preußens 1806/07 und
den Demütigungen Österreichs setzte ein Umdenken
der Geister ein, die sich überhaupt geschichtlich verantwortlich fühlten. Erst unter dieser Voraussetzung
wurden Fichtes *Reden an die deutsche Nation* möglich wie Schleiermachers Engagement als Prediger der
ausziehenden Generation, die gelassenere Teilnahme
der Eichendorff und Arnim an den Befreiungskriegen,
aber auch die hektische Schenkendorfs und Körners
oder der rasende Radikalismus Kleists. Die Brüder
Schlegel engagierten sich als Diplomaten an der Seite
des Berufsdiplomaten Gentz. Wilhelm von Humboldt
und Ernst Moritz Arndt, beide ursprünglich liberale
Denker (wie natürlich auch der Freiherr vom Stein),
stellten sich in den Dienst der nationalen Erhebung,
Stein und Arndt, wie bekannt, sogar als Emigranten
in Rußland. Görres baute mit anderen Gesinnungsge-
nossen sein katholisches Deutschland am Rhein. So
lieferte in der Tat die Romantik in vollem Einsatz
die geistigen Waffen für die Erhebung gegen Napoleon und, das konnte gar nicht anders sein, die ihr
zugrundeliegende Erweckung eines Nationalbewußtseins, wie es das 18. Jahrhundert noch nicht gekannt
hatte. Daß es, man mag es bedauern, bis zum politisch
Religiösen getrieben wurde, lag an der Zeitsituation
und den Ursprüngen der Romantik. „Heilig Vater-

land" – man denkt hier doch schließlich zuerst an Hölderlin – ist gewiß so etwas wie ein mythischer Mißbrauch des theologischen Wortschatzes. Doch beruhte der Begriff damals nicht, wie im 20. Jahrhundert, auf der Funktion eines Religionsersatzes nach vorausgegangenem Atheismus, sondern auf einer zeitbedingten Anwendung von Pietismus wie Katholizismus auf die eigene aktuelle Geschichtlichkeit. Das ist ein Wesensunterschied zum modernen Chauvinismus, für den die Romantik nur simplifizierend verantwortlich gemacht werden kann, und auch dann nur in bezug auf Auswüchse wie etwa den Unfug des Turnvaters Jahn. Dagegen wäre hier daran zu erinnern, daß das Junge Deutschland, mit dem das Steuer nach links herum geht, zu Feuerbach und Marx hin, sowohl die Mehrzahl der Töne wie auch seinen Freiheitsgedanken noch immer der politisch engagierten Romantik der Napoleonischen Ära entlehnt. *Der Gott, der Eisen wachsen ließ* wäre ebensowohl aus der Feder Herweghs wie aus der ebenso grimmigen seines Autors, Arndts, denkbar gewesen. Die Romantik sah in Vorzeit, Sage und Hohenstaufermythos (für sie in aufrechten Gestalten der Vergangenheit) zuvörderst eine sinnbildliche Ethik, jedoch nicht die Mittel, eine zynische Ideologie der Macht durch geschichtliche Modelle zu tarnen. Das Verhältnis der Romantik zur Geschichte ist eine unter vielen Äußerungsformen der ihr eigenen Dialektik. Man kann dieses Phänomen ganz deutlich bei einem der Kronzeugen selber, bei Eichendorff, nachlesen. Eichendorffs Ansatz seines Rückblicks auf die Geschichte der romantischen Literatur von 1846 ist die Fixierung des Deutschen auf Beschaulichkeit und Innerlichkeit, nicht auf die Tat. Er merkt selber den logischen Widerspruch kaum, wenn er später ohne Vorbehalt die Befreiungskriege als den natürlichen Schritt der Romantiker von der Geschichte als Vergangenheitsspiegel zur aktuellen Geschichtlichkeit im nationalen Engagement gegen Napoleon interpretiert. Das ist nicht Logik, sondern die der Romantik wesensimmanente Dialektik. Als historische Schuld oder doch erhebliche Mitschuld kann man das nur von der ebenfalls zeitbedingten Situation nach 1945 ansprechen.

2. Wilhelm von Humboldts Engagement

Unter denen, die Theorie und Tat auf eine vorbildliche Weise zur Einheit brachten, steht die universale Gestalt Wilhelm von H u m b o l d t s vielleicht an erster Stelle. Diese Universalität bedeutet allerdings auch eine Zugehörigkeit sowohl zur Klassik wie zur Romantik, wenn man ihn in die großen Zeitströmungen einordnen will. Humboldt (1767–1835) wuchs in dem Schlößchen Tegel auf. Der Hauslehrer der beiden Brüder Wilhelm und Alexander war zeitweise kein Geringerer als Joachim Heinrich Campe, später waren es die besten Lehrer, die Berlin aufbrachte. Studiert haben die Brüder aber in Frankfurt an der Oder und in Göttingen, unter weitesten Gesichtspunkten. In Göttingen erweiterte Wilhelm sein juristisches Studium unter dem Einfluß Christian Gottlob Heynes um die Humaniora und zugleich um das Studium Kants. Übrigens trat er in Göttingen in erste Berührung mit August Wilhelm Schlegel. 1788 knüpfte er persönliche Beziehungen am Rhein mit Johann Georg Forster und Friedrich Jacobi an und erlebte den Vorabend der Revolution, eine erste geschichtliche Erfahrung für den späteren Staatsmann, in Paris. Die Bildungsreise ging weiter durch Süddeutschland in die Schweiz, wo ihn Lavater enttäuscht. Schon damals taucht in einem Brief an Forster der für den jungen Humboldt bereits charakteristische neuhumanistische Satz auf – im Geiste Goethes und der späteren Romantik:

Mir heißt in das Große und Ganze wirken, auf den Charakter der Menschheit wirken, und darauf wirkt jeder, sobald er auf sich und bloß auf sich wirkt.

Es ist die Vorwegnahme seines späteren Verhaltens: erst Ausbildung der Individualität, dann ,auf das Ganze wirken'. Es folgt die erste Zeit in Thüringen. In Erfurt verlobt er sich mit Caroline von Dacheröden, einer der großen Frauengestalten der romantischen Ära, die imstande war, alles Geistige mit ihm zu teilen. Varnhagen rühmte ihr Anmut, frisches und lebhaftes Temperament und Tiefe nach, zusammen mit der Anlage zur Versenkung in sich („in eine Art romantischen Dämmerlebens"). Aus dieser Beziehung erwuchs die je länger, je innigere zum Hause Schillers, aus der später das schöne und wesentliche Schiller-Bild Humboldts möglich wurde. In Kommunikation mit Goethe trat Humboldt damals noch nicht, wohl aber mit Karl Theodor von Dalberg in Erfurt. Nach kurzem erneuten und gesellig reichen Aufenthalt in Berlin, in dem Humboldt auch die Salons der Henriette Herz und der Rahel oft besuchte und der ihm dazu die nähere Bekanntschaft mit Friedrich Gentz eintrug, begannen die Jahre auf den Gütern der Frau „in einer unabhängigen, selbstgewählten, unendlich glücklichen Existenz" (so an Forster). Es ist die Praxis jenes universalen humanistischen Bildungsgedankens, den er später auf den preußischen Staat und seine höheren Schulen übertragen sollte:

Wirke auf andere durch das, was du bist.

Äußere Unabhängigkeit von Staatsämtern gehörte mit zu Humboldts Freiheitsbegriff, die freilich er sich leisten konnte. Ungesellig war auch diese noble Privatexistenz nicht, denn sie verbindet sich mit den reichen Jahren des engsten Verkehrs mit Schiller in Jena, zu

dem nun noch ein engeres Verhältnis zu Goethe tritt
und weiter die Begegnung mit den Jenenser Frühromantikern, Fichte und den Schlegels sowie Sophie Mereau
und Hölderlin. Man konnte Weltbildung damals auch
in Jena und Weimar sich zueignen, zumal wenn ein
jahrelanger Aufenthalt in Italien sich anschloß. Zuerst, 1797, wurde wegen der Kriegsläufte allerdings
ein längerer Paris-Aufenthalt daraus, in dem die Humboldts ein Haus hielten, wo auch Madame de Staël
und Benjamin Constant regelmäßig verkehrten. Das
dauerte, bis 1799 die Familie zu dem Bruder Alexander nach Spanien ging. 1801 ist sie wieder in Thüringen und Tegel. Damals ergibt sich der große Wendepunkt: der universale Privatmann Humboldt tritt in
den Staatsdienst als Gesandter in Rom. Hier war der
Ort, wo das Humboldtsche Haus mit seiner Fähigkeit,
Talente und Intelligenzen an sich zu ziehen, noch besser zur Geltung kam als in Paris. Neben den inter-
nationalen Besuchen aus der großen Welt und der Ge-
lehrtenrepublik sammelten sich hier die Künstler, an
erster Stelle Bertel Thorvaldsen, Christian Daniel
Rauch, Antonio Canova. Dazu fanden August Wilhelm
Schlegel und die Tiecks sich ein. Das dauerte bis
gerade über den unglücklichen preußisch-französi-
schen Krieg hinaus. 1808 wurde Humboldt zum preußischen Kultusminister ernannt, mit der ausdrücklichen Absicht, die geistige Reorganisation des zerschla-
genen Staates durch eine überragende Persönlichkeit
tragen zu lassen. Humboldt umgab sich dabei mit Rat-
gebern wie Schleiermacher, Fichte und dem Altphilologen Wolf. Das geschah zunächst noch von Königsberg aus, dann in Berlin, wo er die Universitätsgrün-
dung betrieb, die 1810 erfolgte. Das Bildungsziel und
Erziehungssystem nach Humboldts Idee hat mehr als
ein Jahrhundert überdauert. Humboldt aber ließ sich,
statt an seine Rückkehr in das geliebte Privatleben zu

denken, an eine Nahtstelle der europäischen Politik versetzen: auf den Botschafterposten beim Kaiserhof in Wien. Hier konnte er nicht nur seine Erfahrung, sondern auch seine Humanität mit einbringen, besonders auch auf den Friedenskongressen von Wien und Paris. In London vertrat er, 1817 bis 1818, noch einmal seinen Staat. Der durch und durch loyale, aber auch liberale Staatsmann zog sich zurück, als die Restauration das preußische Staatswesen zu bestimmen begann: 1819, jedoch nicht in öffentlicher Resignation. Er hielt, ganz auf seine sprachvergleichenden Studien konzentriert, teils in Berlin haus, teils in dem 1824 fertig gewordenen neuen Schinkelbau in Tegel, den er mit den erworbenen Antiken ausstattete und zu einem großartigen Ausdruck seines klassischen Stilgefühls machte. Staatlichen Aufträgen wie etwa der Stipendiendirektion für die Künstler in Rom oder der Mitbegründung des Neuen Museums, auch einer erneuten Mitgliedschaft im Staatsrat, entzog er sich selbst in dieser Situation in keinem Falle. So kann man den Abschluß seiner staatsmännischen Funktionen nicht mit dem Jahr 1819 gleichsetzen. Den Verlust Carolinens hat er nicht verschmerzt, wenn er sie auch noch um sechs Jahre überlebte.

Die Grundlage von Humboldts Bildungstheorie, auf deren Fundament er auch seine Rechts- und Geschichtsanschauung aufbaut, steht schon früh klar. Sie findet sich als erster Satz im 2. Kapitel der frühen Schrift *Ideen zu einem Versuch, die Grenzen der Wirksamkeit des Staates zu bestimmen* (entstanden 1792):

Der wahre Zweck des Menschen – nicht der, welchen die wechselnde Neigung, sondern welchen die ewig unveränderliche Vernunft ihm vorschreibt – ist die höchste und proportionierlichste Bildung seiner Kräfte zu einem Ganzen. Zu dieser Bildung ist Freiheit die erste und unerläßliche Bedingung.

Seine Grundlage ist die universelle Bildungsidee der
Klassik wie der Romantik. Daß sie eine Staatsphilosophie einleitet, ist charakteristisch. Der Staat, dessen
„Grenzen" hier ausdrücklich bestimmt werden sollen,
ist um des Menschen willen da, nicht umgekehrt. Er
hat die Freiheit zu garantieren, die dieser zur Entfaltung seiner Persönlichkeit braucht. Es ist noch nicht
die Situation nach 1806, in der ein Adam Müller das
Hauptgewicht auf den Ordnungsgedanken legt.

Nicht anders als mit der Staatsphilosophie verhält
es sich mit Humboldts Geschichtsphilosophie. Die Berliner Akademie-Rede von 1821 *Über die Aufgabe des
Geschichtsschreibers* expliziert, wie das historische
Material totes Material bleibt, wenn nicht eine lebendige Subjektivität es durchdringt und (wie schon
Schiller gewußt hatte) gleichsam aus dichterischer
Kraft neu gestaltet. Voran lag hier schon Humboldts
enge Berührung mit Schellings Geschichtsphilosophie.
Daher die Betonung der divinatorischen eigenen schöpferischen Kraft des Geschichtsschreibers:

> Das Geschehene aber ist nur zum Teil in der Sinnenwelt
> sichtbar, das übrige muß hinzuempfunden, geschlossen, er-
> raten werden.

Humboldt stellt also echt romantisch auf das ‚Ahn-
dungsvermögen' ab. Dabei und damit hat der Historiker den Sinn für die Wirklichkeit zu wecken, der in
ihm selber „das Gefühl der Flüchtigkeit des Daseins
in der Zeit" voraussetzt. Wie der Künstler hat der
Geschichtsschreiber dabei „die Nachahmung der organischen Gestalt" im Auge, im Gegensatz zu den prä-
judizierenden Ideen des Philosophen. Der Historiker
soll nicht eigentlich generalisieren, sondern das eigentümliche Spiel der Kräfte im Weltgeschehen in seiner
Individuation erkennen. Es ist charakteristisch, daß
Humboldt eine Klassifizierung der Geschichtsschreiber

ablehnt, weil sie der Individualität, dem Genie, zu
nahetreten würde (wobei er die „menschliche Individualität" als „eine in der Erscheinung wurzelnde Idee"
begreift). Verwirklichung einer Idee ist aber auch das
Ziel der Geschichte. Diese Idee der Menschheit muß
an den Begebenheiten selbst abgelesen werden (nüchtern *und* divinatorisch).

Auch auf diesen Gebieten sind Humboldts Ansichten (die z. B. Hegel durchaus nicht teilte) übergreifende Fassungen der mit dem Menschlichen gegebenen
Spannungen zwischen Objektivem und Subjektivem.

In der letztzitierten Schrift kam Humboldt auch
schon auf sein persönliches zentrales Forschungsgebiet:
die Sprachen. Humboldt war, auf die Mittel und Möglichkeiten seiner Zeit gesehen, ein Sprachforscher von
hohen Graden. Wenn seine berühmte Untersuchung
Über die Kawi-Sprache auf der Insel Java in positivistisch linguistischem Sinne von heute überholt ist, so
ist es nicht die sprachphilosophische Einleitung, die
posthum durch Alexander zum Druck kam: *Über die
Verschiedenheit des menschlichen Sprachbaues und
ihren Einfluß auf die geistige Entwicklung des Menschengeschlechts* (1836). Das Werk hat Humboldt bis
in die Tage vor seinem Tode beschäftigt. Die „Einleitung" enthält die sprachphilosophischen Kenntnisse
und Konzeptionen von Jahrzehnten. Dabei ist sie nicht
nur eine Phase der von Friedrich Schlegel angeregten
romantischen Sprachphilosophie, die auch hier die Ursprünge aufdecken wollte, sondern vor allem auch eine
Wirkung Herders (nicht Hamanns und auch nicht
Kants). Als Konzeption einer großangelegten Sprachtheorie ist sie bis heute nicht ‚überholt', sondern ein
steter Reiz zur Auseinandersetzung geblieben, selbst da,
wo diese kritisch-polemisch ausfällt.

Eigentlich findet sich hier eine konkrete Anwendung des (Herder-)Humboldtschen Humanitätsgedan-

kens: Sprache nicht als Schöpfung des Menschen (oder
gar wie bei Hamann als Schöpfung Gottes), sondern
als Schicksal und Geschichte des Menschen, bildend-
gebildet. Zugleich ist Sprache aber Individualisierung,
stark ausgedrückt: Subjektivierung der Völker in ihrem
Verhältnis zueinander. Damit ist sie, wie schon für
Herder, vor allem aber für die Romantik, konstituie-
rend für die Nationen. Nation ist Sprachgemeinschaft,
ohne Rücksicht auf staatliche Grenzen. Doch ist die
Bildung von solchen ‚nationalen' Sprachgemeinschaf-
ten erst die Folge eines langen geistigen Prozesses.
Hierauf legt Humboldt den größten Wert: „Verschie-
denartige Offenbarwerdung der menschlichen Geisteskraft" ist für ihn der letzte Sinn der Weltgeschichte.
Es ist zugleich die Voraussetzung für die Entwicklung
großer Individualitäten in der auch individuellen
Kollektivform der Nation. Ein Humboldtscher media-
ler und Leitbegriff ist dabei der der „inneren Sprachform". Diese ist Voraussetzung der empirischen Sprache, die reale, Sprachbildung in Bewegung setzende
(Platonische) Idee, die das Menschliche konstituiert;
wie gesagt in allen auch nationalen Erscheinungsformen. Sprache ist aber zugleich Denk-Voraussetzung
wie Denk-Bewegung. Von hier aus gesehen ist die
Nation die Sprache und, umgekehrt, Nationalsprache
also nicht gleich Sprache der verschiedenen Rassen,
sondern Erscheinung des Geistes der Völker. Diese
Völker aber sind geschichtliche Gebilde, aus Vermischung und Verschmelzung entstanden; wobei die
Sprache zugleich als auctor mitwirkt und dann
Spiegel des Geistes ist. In dieser Anschauung Humboldts lebt die ganze sprachphilosophische Bewegung
von Herder bis Schelling mit, ohne seine Originalität
jedoch zu beeinträchtigen. Freilich, es bleibt Funda-
mentalerkenntnis. Weder an sprachpsychologische
noch -soziologische Faktoren hat Humboldt gedacht.

Sein Geschichtsprinzip ist das der organischen Entwicklung, Ergebnis sowohl des Goetheschen wie des romantischen Denkens.

In die Literaturgeschichte im engeren Sinn gehört Humboldt als Sonettdichter. Es ist nicht nur so, daß der hohe Anforderungen an sich selbst stellende Denker einfach an der klaren Sonettform Gefallen gefunden hätte. Seine Beziehung zu dieser Gedichtgattung ist vielmehr nah mit deren Geschichte unter den Händen der Romantiker verknüpft. Während Humboldts Studienjahren 1788 und 1789 in Göttingen übertrug Gottfried August Bürger seine Sonettbegeisterung auf den jungen August Wilhelm Schlegel, womit die Gattung in Deutschland nach dem Barock aufs neue belebt wurde. Entscheidender war noch das Weimarer ‚Sonettenjahr‘ 1808, als Goethe in Wettstreit mit Zacharias Werner trat und diese Gedichtgattung zur romantischen Modeform wurde (zuerst übrigens angeregt von August Wilhelm Schlegel und Tieck). Ihr verfällt auch Humboldt, er schreibt einen Sonettzyklus *Weibertreue,* den er für sein poetischstes Werk hält. Auf jeden Fall dürfte er sein romantischstes Werk sein. Die Riesenzahl der Alterssonette (ungefähr 1200) entbehrt nicht eines pedantischen Beigeschmacks. Die Gattung wird nun zur tagebuchähnlichen Aussage in gebundener Form und kann natürlich unter dieser Zweckbestimmung die innere Freiheit und Phantasiefülle der besten romantischen Dichter kaum noch erreichen. Gedanklich, als Ideenspiegel von Humboldts vier letzten Lebensjahren, also für die innere Biographie des großen Humanisten, bieten die Alterssonette natürlich Material genug. Wenn sie aber die Glätte A. W. Schlegels und die Dichte Goethes bei diesem Formspiel nicht erreichen, so haftet vielen Stücken eben eine gewisse Unbehilflichkeit, um nicht zu sagen sprachliche Mühe an, dem Rhythmischen, Syntakti-

schen, der Stilisierung, der Wortwahl: kurz, der vorgegebenen petrarkischen Form gerecht zu werden.

Anders dagegen verhält es sich mit der freien An-
sprache und Selbstaussprache in der Briefform. Humboldt gehört durchaus zu den Großen der an Brief-
schreibern nicht gerade armen Epoche. Das Bedürfnis
nach Aussprache in den Briefen, die in der persönlichen Sphäre bleiben und nirgends mit Blick auf die
Nachwelt geschrieben sind, war ein Teil seiner durchaus dialogischen Persönlichkeit. Es konnte sich äußern
auf der Höhe vollkommener geistiger Partnerschaft
wie in den Briefen an Goethe, Schiller, Caroline und
natürlich auch Alexander oder auch im Ausdruck einfach hilfreicher Freundschaft vom Standpunkt der
Altersweisheit wie in den *Briefen an eine Freundin*
(Charlotte Diede, eine Jugendbekanntschaft von un-
seligem Charakter und Schicksal), der der Alternde
seine erzieherische Weisheit schlicht mitteilt.

3. Staatstheorie: Adam Müller

Unter den Romantikern, die Ästhetik und Staatsphilosophie in ihrem Werk gemeinsam trieben, ist neben
Humboldt, Gentz und Arndt der bedeutendste Adam
M ü l l e r (1779–1829). Ursprünglich zum Theologen
bestimmt, dann durch die romantische Philosophie
fasziniert, wandte er seine konkreten Studien seit 1798
in Göttingen an die Rechtswissenschaft und später in
seiner Heimatstadt Berlin an die Naturwissenschaften.
Reisen in die nordischen Staaten und ein Zwischenspiel
in Polen folgten und bereiteten den Schritt innerlich
vor, der ihn 1805 in Wien zur katholischen Kirche
führte. Die Freundschaft mit Gentz hat da mitgewirkt.
In den Jahren 1806 bis 1809 setzte er sich in Dresden
fest, wo er Vorlesungen über die deutsche Literatur,
über die dramatische Poesie, über die Idee der Schön-

heit hielt. Aus denen von 1809 über die Staatswissenschaften entstanden seine berühmten *Elemente der Staatskunst*. Es waren dies auch die Jahre der patriotischen Zusammenarbeit mit Kleist. Für anderthalb Jahre ging er wieder nach Berlin, wo er, trotz seines Verkehrs in den maßgeblichen politischen Zirkeln, nicht recht Fuß fassen konnte. Er wandte sich wie Gentz nunmehr ganz nach Österreich. Auch in Wien hielt er Vorlesungen (*Über die Beredsamkeit*). Politisch aber setzte er sich ganz ein bei der Befreiung Tirols 1813. Das brachte ihm, der den Kaiser 1815 mit nach Paris begleitete, eine österreichische Diplomatenkarriere ein, nur an kleineren deutschen Höfen freilich. In Sachsen, wo er Generalkonsul war, erschien noch eine Abhandlung, die auch die Problematik seiner Konversion widerspiegelt: *Von der Notwendigkeit einer theologischen Grundlage der Staatswissenschaft und Staatswirtschaft* (1819). Ohne dieses offenbar persönliche Bedürfnis, seine Staatstheorie und Staatsphilosophie mit seinen religiösen Überzeugungen in Einklang zu bringen, kann man sie nicht zutreffend verstehen. Man muß sie protestantischerseits auf dem Hintergrund des politischen Novalis und auch Kleists verstehen, den er in einem für seine Gesichtspunkte und seinen Charakter höchst aufschlußreichen Brief an Gentz gegen diesen in Schutz genommen hat, mit einem für die Zeit ungewöhnlichen Verständnis von Kleists absoluter Genialität.

Adam Müllers Ästhetik wie Staatsphilosophie ist mit zwei Begriffen zu bezeichnen: mit dem der „Lehre vom Gegensatz" und dem Organismusgedanken. Beide rühren sie direkt von Schelling und indirekt auch von Fichte her. Fichte hatte bereits in *Der geschlossene Handelsstaat* den Organismusgedanken auf den Staat übertragen, Schellings Naturphilosophie beruhte auf ihm. Aber sie beruhte auf der Idee einer „Organisation ins Unendliche fort", einer permanenten „Wechselwirkung der Teile". Wir sind dieser theoretischen Konzeption auch schon bei Humboldt begegnet, der darin wieder Fichte verwandt ist. Fichte hatte 1797 formuliert:

In dem organischen Körper erhält jeder Teil immerfort das Ganze, und wird, indem er es erhält, dadurch selbst erhalten; ebenso verhält sich der Bürger zum Staat.

Daß nun die Anwendung des Organismusgedankens bei Adam Müller so konservativ ausfällt, liegt nicht nur an seiner stark theologisch bedingten Denkrichtung, sondern auch an dem Eindruck, den ihm der durch Gentz vermittelte Burke machte, zusammen mit der Tendenz von Novalis' Staatsphilosophie. Diese Tendenz war bekanntlich durchaus antirevolutionär, wie ja auch Goethe folgerichtig dezidierter Vertreter der Organismusidee und damit Gegner der Französischen Revolution war. Nun ging aber Adam Müllers Denken durchaus eigene Wege. Der romantische Denker legt, gleichermaßen für Natur, Kunst und Staat, ein besonderes Gewicht auf das *Leben* des Organismus. Und hierzu braucht er die *Lehre vom Gegensatz* (1804). Absolutes Sein ist für ihn ein zu statischer Begriff. So bildet er zum Organismus den terminus „Antorganismus", der alles das zusammenfaßt, was als „Summe der Reaktionen" auf Bewegung und Wachstum des Organismus feindselig antwortet, das Leben des Organismus dadurch aber erst provoziert. Aus dieser „Wechselwirkung" resultiert dann eine Kette der Fortentwicklung zu höheren Organismen und entsprechend höheren Antorganismen (z. B. „Der Organismus der grundbesitzenden und der Antorganismus der umherschweifenden, dienenden Familie zum höheren Organismus des Staates; der Organismus der handelnden Seemächte und der Antorganismus der ackerbauenden

Landstaaten zum höheren Organismus des politischen Gleichgewichts und so fort"), die Auffassung πόλεμος πατὴρ πάντων, zugleich auch der logische Dreischritt, aber nicht im Epochensinn Hegels, sondern ontologisch verankert. Der dialektische Prozeß, in dem die Höherentwicklung sich vollzieht, geschieht also im Aufeinanderprallen der Gegensätze, ihrer Versöhnung, dem Aufbrechen neuer Gegensätze und so fort. Nach Adam Müllers Meinung wird mit der *Lehre vom Gegensatz* dem Leben höhere Gerechtigkeit erwiesen, als abstrakte Systeme es vermögen. Nun ist freilich von der *Lehre vom Gegensatz* nur das erste Buch erschienen. Der Plan sah auch noch ein zweites und drittes vor, in denen die Theorie auf den Staat (II) und auf Religion und Kirche (III) hätte angewendet werden sollen. Eingegangen sind aber diese Ideen vollauf in die 1808 bis 1809 in Dresden gehaltene Vorlesungsreihe *Die Elemente der Staatskunst*. Auch diese 36 Vorlesungen gehen von der Idee aus, wenden sie auf Staat und Ökonomie an und schließen im VI. Buch mit der Betrachtung *Vom Verhältnis des Staates zu der Religion*. *Die Elemente der Staatskunst* als Ganzes gesehen, müssen heute so provozierend, ja reaktionär wirken wie Novalis' Konzeption von der Christenheit oder Europa. Denn sie sind nicht nur antiaufklärerisch und antirevolutionär, was den Organismus- und damit auch den Ordnungsgedanken angeht, sondern auch als Position entsprechend konservativ. Dies sowohl hinsichtlich der ihnen zugrundeliegenden Rechtsidee wie des Versuchs, den Staat auch theologisch einzubauen unter dem Gesichtspunkt z. B., „daß Christus nicht bloß für die Menschen, sondern auch für die Staaten gestorben sei". Legt man heutige Maßstäbe an, so mag das weitgehend überlebt erscheinen, zumal man mit Adam Müllers Staatsphilosophie in totalitären Zeiten Mißbrauch getrieben hat. Dennoch bleibt sie ein fesselndes und eindrucksvolles Zeugnis romantischen Staatsdenkens zu seiner Zeit. Hier beobachtet ein von den Verhältnissen der Idee zum ‚realen' Leben geradezu faszinierter Betrachter Leben und Weben, Kriege und Versöhnungen der Staaten von einer lebendigen Geschichtsidee aus, im Gleichgewicht von Systematik und Realismus. ‚Gleichgewicht' ist überhaupt, im Zusammenhang der Lehre vom Gegensatz und der Konzeption des Staates als Organismus, einer der Grundbegriffe von Adam Müllers Philosophie. Er ist zugleich auch Ausdruck des romantischen Universalitätsgedankens. Harmonisierung des weltlichen mit dem geistlichen Staatsbegriff gehört dazu.

Von einer eigentlichen Weiterentwicklung Müllers seit der *Lehre vom Gegensatz* kann man schwerlich sprechen. Seine Staatslehre wirkt auch auf seine Ästhetik ein. Die gleichfalls in Dresden 1806 gehaltenen *Vorlesungen über die deutsche Wissenschaft und Literatur* handeln (in der VII.) über *Die organische Weltansicht* und (in der IX.) über den *Deutschen Staatsgedanken*. Die Staatsvorlesung geht geradezu aus von dem „deutschen Begriff des Staates, als eines großen organischen Körpers, den die Gesellschaft und ihr gesamtes äußeres und inneres Interesse bildet".

Adam Müllers Eintreten für Kleist, dessen *Amphitryon* er 1807 herausgab und mit dem zusammen er den *Phöbus* redigierte und mit eigenen Beiträgen füllte, ist dabei ein Zeugnis für eine nicht enge Natur. Denn die Verschiedenheit der beiden ist nicht zu übersehen. Während Kleists Denkweg und dichterische Richtung sich zunehmend auf das Gebiet des Un- und Halbbewußten konzentrierten, trieb Adam Müller Geschichte des Selbstbewußtseins im schellingschen Sinne nicht allein in seinen philosophischen Schriften, sondern auch in seiner ausgedehnten literaturkritischen Produktion, die von den Griechen über Shakespeare,

spanische, französische und italienische Literatur im
weiten Spannungsbogen bis zu seiner Gegenwart reichte.

4. Görres, Gentz, Varnhagen

Es würde ein Glied in der Kette fehlen, wenn man
neben der politischen Romantik in Preußen und Österreich den höchst wirksamen Einsatz einer der führenden Gestalten der Heidelberger Romantik vergäße,
Joseph Görres. Der zu ihrer Zeit enthusiastisch-mysti-
sche Ausleger der deutschen Volksbücher und der asia-
tischen Mythologie, der Naturphilosoph voll schwärmerischer Dunkelheit, hatte damals schon eine politische Vergangenheit. Wie Forster und Caroline Schle-
gel-Schelling war er in die Revolutionswirren in Mainz
zur Klubisten-Zeit verstrickt. Noch im Jünglingsalter,
engagierte er sich hier auf der linksradikalen Seite und
war Mitglied der Mainzer Delegation, die in Paris
vergeblich um die Vereinigung der Landschaft mit
Frankreich nachsuchte. Damals schon trat er als Rhe-
tor auf und erwies sein Geschick als Literat durch
Gründung eines Parteijournals *Das rote Blatt*. Nach
dem Scheitern der Revolutionspläne vollzog Görres
eine Kehrtwendung. Sie führte ihn mitten in die Heidelberger Romantik hinein und damit auch in deren
zunächst auf Geschichte und Überlieferung begründe-
tes Nationalbewußtsein. Der Befreiungskrieg sah ihn
bewußt nicht bei den Waffen, sondern als den Herausgeber des *Rheinischen Merkur* (1814–16), den er zur
propagandistischen ‚Großmacht‘ im Westen Deutschlands ausbaute. Der politische Standort wurde von
zwei Gesichtspunkten bestimmt: dem antinapoleoni-
schen und dem katholischen (dem er sich immer mehr
zugewandt hatte). Das Blatt hat zu seiner Zeit eine
unvergleichbare geistige Rolle gespielt. Der Agitator
Görres war dabei, entgegen der Tendenz seiner Ju-

gend, zum Verfechter der Idee der Heiligen Allianz
geworden. Man konnte nach Napoleons Sturz nicht
über Görres hinwegsehen, der sich ein bedeutendes
nationales Verdienst erworben hatte. Er wurde Unter-
richtsdirektor am Mittelrhein, aber nur für kurze Zeit,
da sein dezidierter Katholizismus nicht ins preußische
Konzept paßte. 1816 wurde der *Rheinische Merkur*
schon verboten. Drei Jahre später, nach seiner Schrift
Deutschland und die Revolution, konnte er sich einer
Festungshaft nur durch eine Flucht in die Schweiz
entziehen. Von der Rückkehr an datiert zwar eine
veränderte Richtung seiner Weltanschauung, die immer
konservativ-katholischer wurde, nicht aber ein Nach-
lassen des politischen Engagements dieses Romantikers. Sie ist nicht mehr so tagesgeschichtlich aktuell
wie zur Zeit des *Rheinischen Merkur,* sondern spekulativ staats- und kirchenpolitisch (*Europa und die Revolution,* 1821; *Die heilige Allianz,* 1822); dies auch in
den Kulturkämpfen der dreißiger und vierziger Jahre, in
die er noch einmal (von 1838 an) mit einer Zeitschrif-
tengründung (*Historisch-Politische Blätter*) und mit
seiner im protestantischen Deutschland berüchtigt gewordenen Schrift *Athanasius* (1838) eingriff. Über-
blickt man die Wandlungen vom roten Revolutionär
über den ebenso hingegebenen Vorkämpfer des nationalen Selbstbewußtseins zum unbedingten Apologeten
seiner Kirche, so scheint der Mann nicht diffus, sondern in erster Linie folgerichtig in der Intensität seines
romantisch-politischen Engagements.

In den Kreisen der politisch tätigen und interessierten Romantiker spielt der Schlesier Friedrich von
G e n t z (1764–1832) eine bemerkenswerte Rolle: als
geselliger Kopf, der mit aller Welt Beziehungen hatte,
als diplomatischer Stilist in den Jahren der Erhebung,
als rechte Hand Metternichs und exzellenter Briefschreiber. Gentz hatte seine Studien bei Kant in Kö-

nigsberg begonnen, es aber zugleich auf allseitige Bildung angelegt, die ihm schon früh die Freundschaft mit Wilhelm von Humboldt eintrug. Noch blutjung (21 Jahre alt) trat er in den preußischen Staatsdienst. Denn sein eigentliches Fach war die Rechtswissenschaft. Daneben führte er schon damals ein mondänes Leben, zu dem ihn nicht nur seine Stellung berechtigte, sondern auch seine Anlage zum Witz und zur eleganten Geselligkeit überhaupt. Varnhagens Nekrolog formulierte in seinem Porträt Gentzens zu Recht:

Das eigentliche Element desselben war das Gespräch in aller Beweglichkeit der mannigfachsten Form: zu erörtern, zu untersuchen, zu begründen, zu überführen, in allem Wechsel des Tons und der Dialektik, mit heiterer Laune, mit scharfem Unwillen, mit kurzen Schlagreden, mit wallender Ausführung, immer angeregt, leicht begeistert und entzückt!

Diese Eigenschaften hat auch der spätere, steifere Diplomat in Metternichs Staatskanzlei bewahrt. Der jugendliche Gentz im Berlin der achtziger und neunziger Jahre freilich begann seine literarische Laufbahn mit einem kräftigen Einsatz für die Französische Revolution. Varnhagen bemerkt dazu scharfsinnig, daß Gentz' spätere radikale politische Umkehrung, die ihn zum Todfeind der Revolutionen werden ließ, vielleicht nur auf Grund der geheimen Fortdauer der einstigen Liebe zu verstehen sei. In der Tat war Gentz' erste literarische Leistung die Herausgabe und Übersetzung von Edmund Burkes *Betrachtungen über die französische Revolution* (1793), die ihn zur Besinnung gebracht hatten. Sein Ruf als Übersetzer und bald auch Leiter von Zeitschriften (*Neue deutsche Monatsschrift, Historisch-Politisches Journal*) war begründet, obwohl schon nicht mehr im Vorfeld der Auseinandersetzungen um die Revolution. Das trug ihm die Zuneigung der High-Society, besonders der fremden Diplomaten ein. Er hatte es nötig, denn er lebte verschwenderisch. Der englische Botschafter lud ihn in sein Land, wo Gentz ebenfalls glänzende Figur machte. Und aus der preußischen Schuldenmisere befreiten ihn die Österreicher, in deren Dienste er 1803 tritt. Metternich zog den ihm schon Vertrauten 1812 in die Staatskanzlei, auf Grund seiner Beweglichkeit, aber auch seiner politischen Schriften. Gentz hat, so Varnhagen, „Meisterwerke geliefert in dieser Epoche, Schriften, die auch in ganz veränderten Zeiten immer wieder gelesen zu werden verdienen, gleich denen der großen Redner des Altertums". Das bezeichnet in der Tat seine auch literarische Wirksamkeit im Kampfe gegen Napoleon neben und mit seiner Kabinettstätigkeit. Von Gentz stammten z. B. auch die Kriegserklärung Österreichs 1813 und die Manifeste von 1809 und 1813, dazu, noch aus der Zeit der tiefsten Erniedrigung 1806, die im europäischen Sinne bedeutenden *Fragmente aus der neuesten Geschichte des politischen Gleichgewichts in Europa*. Freilich schrieb er ebenso die im Geiste der Restauration gehaltenen Invektiven gegen Görres und seinen patriotischen *Rheinischen Merkur* und *Über das Wartburgfest* (1815 und 1818) sowie den Eingang zu den berüchtigten *Karlsbader Beschlüssen* (1819). Und der späte tour d'horizon: *Betrachtungen über die politische Lage Europas* (1831) zeigte denn auch einen anderen Gentz als den der einstigen Fragmente: einen unbedingten Verfechter des monarchischen Prinzips, und zwar im restaurativen Sinne:

Kein Krieg, sondern Schutz gegen Angriff, keine Zerstörung, sondern Erhaltung des Bestehenden – dies wird die Seele des europäischen Systemes sein, wie solches von den Bedürfnissen der Staaten gefordert wird.

Dieses System war aber das Metternichsche. Die Pariser Julirevolution wird darin verharmlost, das Ge-

spenst der Anarchie an die Wand gemalt, der von der
Romantik inspirierte Ordnungsgedanke nach wie vor
vertreten. Gentz gehörte deshalb auch wie sein Chef
Metternich zu den Bestgehaßten in der Ära der unterdrückten Burschenschaften und des Jungen Deutschland.

Persönlich bot auch seine Lebensart leicht Angriffs-
punkte. Es wäre aber falsch, sie von der oberflächlichen Seite des Salonlöwen und Elegants in Berlin und
Wien zu nehmen. Schon seine hohe Qualität als Briefschreiber spricht gegen bloße Vordergründigkeit, wenn
er sicher auch ein Roué des Lebens war. Unter diesem
Gesichtspunkt wird man auch die späte Leidenschaft
des über Sechzigjährigen zu der berühmten Tänzerin
Fanny Elßler, erwidert und bis zu seinem Tode bewährt, zu beurteilen haben.

Freund aller Welt wie Gentz und unermüdlicher
Mittler zwischen den Individualitäten, Kreisen und
Cliquen der Hoch- und Spätromantik war auch Karl
August V a r n h a g e n v o n E n s e (1785–1858). Der
Düsseldorfer hatte eigentlich mit dem Medizinstudium begonnen, in Berlin, wo er alsbald in die damalige intensive romantische Geselligkeit geriet, Fichte
und August Wilhelm Schlegel hörte und mit Chamisso
den Musenalmanach herausgab. Das war vor dem
Kriegsjahr 1806. Die Folgezeit findet ihn als österreichischen Offizier und 1814 im Gefolge Hardenbergs am Wiener Kongreß und in Paris. Im gleichen
Jahr heiratet er Rahel Levin, und ihr Salon wird zu
einem der bekanntesten Treffpunkte des intellektuellen Berlins über Jahre hin. Diese geistige Geselligkeit
konnte sich allerdings erst entfalten nach dem Abschluß der Diplomatenjahre als preußischer Geschäfts-
träger am badischen Hofe. 1819 mußte er sie beenden,
da er einen allzu demokratischen Standort einnahm.
So ehrenwert der Grund der Verabschiedung war,

blieben doch Mißvergnügen und Enttäuschung zurück
und färbten des öfteren auch die Urteile des damals
ja noch jugendlichen Geheimrats a. D. Varnhagen hat
mit erwünschter Präzision seine Erlebnisse bis zum
Wiener Kongreß in den *Denkwürdigkeiten des eigenen
Lebens* festgehalten, einer der großen Autobiographien
der Zeit, spannend und klar, jedoch nicht lapidar geschrieben; wie er denn auch im persönlichen und brieflichen Verkehr zwar Esprit und Beweglichkeit hatte,
jedoch auch zur bloßen Geschwätzigkeit, ja Klatsch-
sucht neigte. Dazu trug seine berufslose Existenz im
Berlin der Restaurationszeit wie des Jungen Deutschland und noch der Märzrevolution verständlicherweise
bei. Er war nicht nur der gegebene Freund, sondern
auch der gegebene Gönner für jüngere Talente. Aber
sein von echter Liebe getragener Briefwechsel mit Rahel wie auch seine Erinnerungen an sie, die er 1833 verlor, sind Zeugnisse eines nicht kleinen Geistes wie auch
bedeutende Beiträge zur Zeitgeschichte, noch heute al
solche unentbehrlich. Das gleiche gilt in noch eminen-
terem Sinne von seinen Tagebüchern, die in 14 Bänder
posthum (1861–70) erschienen und die Kultur- und
Zeitgeschichte auf Grund der allseitigen Beziehungen
und der universalen Sachkenntnis des Autors in einer
unvergleichlichen Weise spiegeln. Reicht Varnhagen
Leben noch weit in die nachromantische Epoche hin
ein, so blieb er doch von der Romantik, freilich auch
von Goethe her, geprägt und, wenn damals auch noch
nicht führender Schriftsteller, so doch als Offizier und
Diplomat gehört er zur politischen Romantik in de
Zeit der Befreiungskriege.

5. Ernst Moritz Arndt

Ernst Moritz A r n d t (1769–1860) entstammte di
rekt dem noch in der väterlichen Generation leibeige

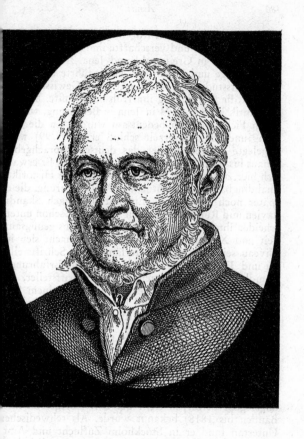

Ernst Moritz Arndt. Anonymer Holzschnitt

nen Bauerntum der Insel Rügen. Seine Begabung setzte
sich gleich durch und verschaffte ihm die Möglichkeit
des Studiums in Greifswald und Jena. Arndt begann
als Theologe und Historiker. Doch führte er nur das
Geschichtsstudium durch, übrigens aus Gewissensgründen,
da die Aufklärung ihn früh beeinflußte. Mit der
Romantik kam er 1794 in Jena in Berührung, wo vor
allem Fichte für ihn bedeutsam wurde. An die Stu-
dien- und Hauslehrerzeit schloß er (1798/99) weit-
angelegte Fußreisen über das deutsche Sprachgebiet
hinaus bis nach Ungarn und Frankreich an. Er erwarb
sich hier, aus eigener Initiative, die für den Historiker
unabdingbare Weltkenntnis und Welterfahrung, die er
später noch durch seine Emigrationen nach Skandinavien und Rußland ergänzen sollte. Dies schon unterscheidet ihn von der kümmerlichen Selbstgenügsam-
keit und Xenophobie eines Jahn und macht sich im
Niveau seiner späteren vaterländischen Schriftstelle-
rei und Dichtung geltend. Es war die Erfahrungsgrundlage für den glänzenden Reiseschriftsteller, der
er auch war; wie man denn überhaupt seinem Stil,
der voll, klar, sinnlich und beredt war, die einfache
Herkunft des Autors frühzeitig schon nicht mehr anmerkt.

Von 1800 an lehrte er als Geschichtsdozent in Greifswald und griff schon damals auch tätig in die Landes-
geschichte ein in der Frage der Beseitigung der Leib-
eigenschaft. In den Wirbel der Bewegung gegen Napoleon geriet er 1806, als der erste Band seiner großangelegten Zeitkritik *Geist der Zeit* (fortgesetzt in 4
Bänden bis 1818) bekannt wurde. Als schwedischer
Untertan fand er in Stockholm Zuflucht und Amt.
Die Verbindung von Wissenschaft und politischem
Handeln in seiner Existenz war damit auf Lebenszeit
besiegelt. Sie wurde offenbar, als Arndt 1809 unter
falschem Namen vom sicheren Schweden in das ge-

Einzug Napoleons durch das Brandenburger Tor 1806.
Lithographie von L. Wolf

Theodor Körner, Friesen und Hartmann auf Vorposten, 1813.
Gemälde von G. F. Kersting (1815)

fährliche Berlin ging und schließlich 1812 in Petersburg im Kreise der preußischen Emigranten landete, die höchst aktiv den Zaren für einen europäischen Aufstand gegen Napoleon gewinnen wollten. Der damalige Sekretär Steins hat noch im Altersrückblick in *Meine Wanderungen und Wandelungen mit dem Reichsfreiherrn H. K. F. vom Stein* (1858) eins der besten autobiographischen Werke der Zeit hinterlassen. Von 1812, besonders aber 1813 an wird er zum bedeutendsten Liedersänger und politischen Flug- und Zeitschriftenautor des Augenblicks. Der Dank des Vaterlandes, die Geschichtsprofessur in Bonn, wurde ihm bald verkümmert durch die 19 Jahre währende Suspension, die ihm die Burschenschaftsverfolgung wegen seines Einflusses auf die junge Generation eintrug. Es hinderte Arndt nicht, in der Paulskirche 1848 an der kleindeutschen Lösung mitzuwirken, solange diese zur Debatte stand. Seine Stimme hatte noch bis zu seinem Tode großes Gewicht. Unanfechtbar und integer, ehrwürdig durch sein lebenslanges Engagement, stand er im Alter noch unter den Jungen da, für die er vor allem auch der handelnde Romantiker war. Die Patriarchenrolle, die ihm das so häufige Schicksal des sich selbst Überlebens ersparte, war aber in erster Linie begründet auf der Bedeutung einer in sich geschlossenen Persönlichkeit, erst in zweiter auf der Tradition, die er vertrat.

Was Arndts Werk angeht, so muß man ihm gleiche Bedeutung als Prosaist wie als Lyriker zubilligen. Schon seine frühen Reisebeschreibungen zeigen seine stilistischen Möglichkeiten. Sie spiegeln autobiographisch seine erste Europareise und die anschließenden Aufenthalte in Schweden bis 1803, dem Jahr, in dem auch die bedeutende geschichtskritische Arbeit *Germanien und Europa* erscheint. Der Stil dieser frühen Schriften, die noch nichts mit den politischen Problemen der napoleonischen Unterdrückung zu tun haben (können), ist ganz unspekulativ, empirisch, aber doch geschichtsphilosophisch durch Konzeption und Erkenntnisziel. Er erklärt auch, warum Arndts späterer Patriotismus im Vergleich zu seinem Epigonen Jahn immer noch eine Form von Universalität ist: kein Monolog, sondern innerer Dialog mit einem gedachten Partner und daher mit jeder Möglichkeit zur Selbstkritik ausgestattet. Die breite, frühgesammelte Erfahrungsgrundlage ist ohne Zweifel eine der Voraussetzungen für die Fülle und Klarheit der Diktion. Wie ein Selbstbekenntnis findet man daher in den *Ideen über die höchste historische Ansicht der Sprache* (1805) die Stelle:

> Der Teutsche gesteht geradezu, daß alles, was geschieht, ihm merkwürdig ist; er hat die Weite des Chaos, wo alles und nichts beieinander liegt; der Fleißige sammelt.

Das ist, in der Sprache Friedrich Schlegels und Novalis', die Erfahrung als realistische Grundlage der Weltbetrachtung. Keine Wehmut, sondern Offenheit. Keine vage Sehnsucht, sondern Wille zur Konkretheit:

> So liegen die alten Geschichten vor uns, in jener jugendlichen Unbefangenheit, Einfalt und Naturkraft, die uns zauberisch fesselt.

Das ist die volle eine Seite der Romantik, die der Begeisterungsfähigkeit, aber ohne die andere, die Versuchung der Schwermut.

> Die Geschichte hat für den sinnenden Menschen keine höhere Aufgabe und für den erfindenden Genius keine innigere Lust, als hie und da die Erfüllung der Zeiten zu erblicken.

So heißt es in den *Ansichten und Aussichten der teutschen Geschichte* (1812). Solche Stellen mögen hier auch als Stilproben stehen, Zeugnisse eines einfachen und doch reichen Wortschatzes, eines nuancierten Sinnes für den Satzrhythmus, der zu einer – nirgends gemachten – eindrücklichen Form von Rhetorik führt. Arndts Stil hat sich in erster Linie nicht nur an universaler Lektüre gebildet, sondern an Luthers Sprache unmittelbar orientiert. Das merkt man schon in seiner Frühzeit, bevor der Flugschriftenautor des Befreiungskrieges zu direkten Luther-Kontrafakturen übergeht. Diese Beziehung schließt Arndt eher an Herder als an die meisten Romantiker an. Persönlichkeit und Wort Luthers haben ihn stärker noch durchdrungen und bestimmt als den Theologen Schleiermacher. Daher eignet Arndts starker Innerlichkeit als Gegengewicht auch Luthers sprachlicher Realismus: sein derbes Zugreifen, sein Sinn für Pointe, die Konkretheit seines Wortschatzes.

Doch ist nicht nur Arndts Sprache, sondern auch sein theologischer Standort, seine überall hervortretende christliche Ethik, von Luther geprägt. Arndts Geschichtsanschauung darf man als eine Form von lutherischem Humanismus bezeichnen, mit allen ihren Konsequenzen gegen die Aufklärung. *Germanien und Europa* geht von einer Begründung des Staates vom Menschen her aus, nicht umgekehrt:

> Ewig soll der Mensch, dessen Kräfte der Staat nicht alle binden darf, höher stehen als der Staat; es ist also das schlimmste Zeichen, wenn man den Staat immer höher stellt als den Menschen.

Der Mensch aber ist für Arndt ausdrücklich die Einheit von Leib, Seele und Geist. Diese Einheit hat die im Laufe der Jahrhunderte sich ständig mehr durchsetzende Aufklärung, als einseitige Hypertrophie der Ratio, zerrissen. Die ursprüngliche Ablehnung Preußens durch Arndt ist von daher zu verstehen. Der friderizianische Staat erscheint ihm als ein seelen- und herzloses Gebilde, bestimmt durch das Ursprungsland der Aufklärung und ihres religionslosen Zynismus, Frankreich. So war der große König für Arndt „nur bestimmt, als ein wunderbares Meteor aufzuleuchten und keine Fruchtbarkeit und Lieblichkeit hinter sich zu lassen". Die Künstlichkeit der neueren aufgeklärten Zeiten führt zu entsprechenden Urteilen über die Wirkungen der Aufklärung in der Gegenwart. Schon im ersten Band von *Geist der Zeit* heißt es:

Erstarrung und Leerheit sind die beiden Hauptzeichen der Gegenwart,

oder

So steht das Geschlecht der jetzt Lebenden, arm, ohne Unschuld und ohne Geist, zu klug für die Erde, zu feig für den Himmel.

Das unterscheidet sich von dem Geschichtsoptimismus wenigstens der älteren Romantik, und es bezeichnet den Gegensatz zu Arndts Menschenbild und Bild vom Volke, wie es sein müßte:

Wenn in einem Volke das Scharfe, das Spitzige, das Geistige, das Schlaue und Pfiffige durchaus vortritt, wenn das Schwärmerische, das Fromme, das Selige, das Einfältige, das Treue und Gläubige von ihm als Wahn oder gar als Dummheit verlacht und verspottet wird, dann ist der Boden des Lebens und der Liebe in ihm ausgebauet, es ist ein ausgebauetes und erschöpftes Volk.

Das ist auf dem Höhepunkt seines politischen Berufungsbewußtseins in der von Arndt allein bestrittenen Zeitschrift *Der Wächter* (1813) gesagt, durchaus im Geiste der Romantik, aber nicht in der naiven jugendlichen Begeisterung der Schenkendorf oder Theodor Körner, sondern im Geiste der Herderschen Besonnenheit. Nur von diesem überzeitlichen Welt- und Geschichtsbilde aus ist die Leidenschaft richtig zu verstehen, mit der er sich von 1806 bis 1815 direkt enga-

giert: Napoleon als der altböse Feind, die babylonische
Hure, schließlich vom Fluche Gottes geschlagen; oder
seine Bejahung des Hasses (als Kehrseite der Liebe),
den er im 3. Bande von *Geist der Zeit* als „Haß! mutiger, lebendiger Wind in die Segel der Seele", als Schirm
und Stärke anredet. Auch der *Kurze Katechismus für
teutsche Soldaten* (1812) oder die Schrift *Der Rhein,
Teutschlands Strom, aber nicht Teutschlands Grenze*
(1813) sowie die Lieder und Gesänge aus dieser Zeit beruhen auf diesen Grundlagen und nicht, wie die patriotischen Ergüsse Kleists, auf einer in der Freund-Feind-
Leidenschaft überhitzten romantischen Individualität.

In dieser politischen wie in der unpolitischen Lyrik
Arndts drückt sich sowohl die eher herbe als schwärmerische Begeisterung des Volksmannes aus wie die
Innigkeit einer bedeutenden Individualität. Arndts
Gedichte in den Ausgaben zu seinen Lebzeiten von
1803 bis 1860 (seinem 90. Jahr), zu denen man auch
die *Lieder für Teutsche*, die *Bannergesänge und Wehr-
lieder* von 1830 als Ausdruck seiner antinapoleoni-
schen Periode zu zählen hat, sind, historisch geordnet,
wie sie in der letzten Ausgabe erscheinen, die Spiegelung einer außergewöhnlich in sich geschlossenen poetischen Kraft, das Gegenteil eines ‚Zerrissenen'. Es ist
natürlich, daß der Historiker in der frühen Lyrik noch
den Ton des Göttinger Hains, gelegentlich auch Klopstocks hört. Doch fehlt hier schon beinahe ganz die
Schwermut des ossianischen Jahrhunderts. Der überwiegende Ton ist der eines ganz mit der Welt, Gott
und sich einigen Ich: Heiterkeit, Begeisterung, Lebens-
freude. In einem sehr charakteristischen Selbstzeugnis
von 1799 (*An Karl Heinrich Beck*) mit dem variierten
Motiv „Die alte Zeit war gute Zeit" vertritt er die
bleibende Schönheit der Welt und die Ethik, die Wehmut zu überwinden und ohne Reflexion das Tüchtige
zu tun:

> Die Hand her! lassen wir die Geister,
> Ideen und Monaden ruhn
> Und lernen erst das erste tun!
> Dann sind wir aller Dinge Meister.

Das ist, auf der Höhe der Romantik, kein Zeitbewußtsein nach der Mode.

Das unter Schiller-Einfluß stehende Gedicht *Lehre
an den Menschen* zeigt denselben Weltaspekt:

> Tor, du weinst? daß Erd' und Himmel brechen,
> Stürze mit, doch weine nicht.

Beide Zitate aus der Frühzeit belegen seine Abneigung
jedenfalls gegen die sentimentale Seite der Romantik,
was keinen Mangel an Gefühlskraft und Innigkeit
bedeutet. Im Gegenteil ist gerade auch in der Lyrik
die individuelle Mischung von aufrechter Nüchternheit und Gemüt, von Kraft und Zartheit für Arndt
bezeichnend. Nirgends findet sich bei ihm Resignation
oder gar nihilistische Anfechtung. Das zeigen *Lebens-
mut* und *Lebenslied* (1800), ja selbst die Pointe der
Trilogie *Gesang der Schicksalsschwestern*, die noch
über Schillers *Nänie* hinausgeht:

> Nur der Staub ist verweslich,
> Das Schöne kann nie verderben.

Natürlich ist Arndts handfester Optimismus nicht so
einseitig, daß er das Motiv der Klage, besonders der
Totenklage, einfach überginge. Man braucht dazu nur
unter den geistlichen Gedichten seine Totenlieder
(*Grablied, Abschied von der Welt* und das zweite
Grablied) zu vergleichen. Aber es heißt dort:

> Drum woll'n wir fröhlich singen
> Ein Lied von Tod und Grab.

Arndts Sicherheit, auch die im Säkularen, beruht auf
Glaubenszuversicht, auf Luthers „gnädigem Gott".

Neben den politischen Liedern sind es gerade die geistlichen Lieder, bezeichnenderweise die zumeist auch religiösen Kinderlieder, in denen seine Lyrik den gerechten Ausdruck findet. Arndt hat 1819 seine noch heute in der Geschichte des Kirchengesanges bedeutende Schrift *Von dem Wort und dem Kirchenlied* geschrieben, einen Abschied an die Zeit „der großen Hungersnot", die Aufklärung. Er vertritt eine Auswahl für die „mager und dürftig" gewordenen Gesangbücher, die nur die „mit Feuer und Kraft gestempelten" Lieder zur Geltung bringt. Von den damals entstandenen Liedern Arndts haben sich mindestens zwei bis heute in den Kirchengesangbüchern gehalten, das Abendmahlslied *Kommt her, ihr seid geladen* und das Bekenntnislied *Ich weiß, woran ich glaube.*

Wie er den Ton für Kinder zu treffen weiß, zeigt das einzige Stück aus seiner Balladendichtung, das volkstümlich geworden ist, die *Ballade* von 1809: „Und die Sonne machte den weiten Ritt / Um die Welt", ein Gedicht, das die sonst der Gattung anhaftende Schwere ganz abwirft und sich in der Mythologie von Sonne, Mond und Sternen geradezu zierlich bewegt, „in den freundlichen Spielen der Nacht". Es ist auch kein Zufall, daß eins der meistgesungenen Weihnachtslieder *Du lieber heil'ger frommer Christ* aus dem Bereich seiner Kindergedichte stammt. Naturmythische und altdeutsch tragische Motive in volkläufigen Strophen gelingen ihm nicht so überzeugend wie Uhland.

Arndts politische Gedichte passen sich z. T. auch an balladeske Formüberlieferung an. Einen Teil davon findet man als Beigaben zum *Katechismus*. Natürlich wird in diesem Bereiche die lutherische Stoßkraft politisiert zum national-religiösen Fanatismus, wozu des öfteren auch eine kirchenliedhafte Form säkularisiert wird. So etwa in *Schlachtgesang* (1810):

> Zu den Waffen! zu den Waffen!
>   Komm, Tod, und laß die Gräber klaffen!
>   Komm, Hölle, tu den Abgrund auf.

Der Satan in derselben Strophe ist natürlich Napoleon. So auch in *Lied der Rache* (1811), wo der Kampf um die Freiheit ganz auf der Ebene des heiligen Kampfes für Gott gegen die Teufel geführt wird in einer nicht mehr besonnenen (in der späteren Ausgabe von Arndt gemilderten) Form:

> Drum zur Rache auf! zur Rache!
> Erwache, edles Volk! erwache!
> Und tilge weg des Teufels Spott!
> Schlage, reiße, morde, rase!
> Zur Flamme werde! brenne, blase
> In jeden Busen ein den Gott.

Man muß sich bei solchen Exzessen vergegenwärtigen, wofür Arndt eintritt, auch am Schluß dieses Liedes: für die Freiheit, auf die ein jedes Volk Anrecht hat. Für das gleiche, was das volkläufig gewordene Lied dieser Zeit *Der Gott, der Eisen wachsen ließ, der wollte keine Knechte* aussagt. Für dieses Motiv hatte Arndt sich mit einer Leidenschaft engagiert, die auch seine männliche ‚Besonnenheit‘ überwältigen konnte. Es lag in seinem Wesen wie in seiner Zeit – man mag es von einem späteren Standort aus tragisch nennen –, daß durch die ständige Berufung auf Gott die christliche Freiheit Luthers und die Ehre des politisch Freien dabei nicht mehr sauber voneinander zu trennen blieben (z. B. besonders in *Gebet bei der Wehrhaftmachung eines deutschen Jünglings*). Man atmet dagegen auf, wenn Arndt seine Treffsicherheit im Volkston für das eigentlich politische Lied anwendet wie etwa in dem ebenfalls volkläufig gewordenen Blücher-Lied: *Was blasen die Trompeten?* Zum Teil dient als formales Vorbild das alte historische Lied, aber auch die

Ballade (*Die Leipziger Schlacht*) oder spruchähnliche Gedichtformen (*Wer ist ein Mann*). Erstaunlich bleibt jedenfalls an Arndts Lyrik, welche Gegensätze sie in sich vereinigt.

6. Preußische und sächsische Patrioten

Im Gegensatz zu dem handfesten Luthertum Arndts steht die religiöse Grundierung des Patriotismus bei Max von Schenkendorf (1783–1817). Dieser preußische Junker aus der gleichen Schicht wie Kleist kam vom ostpreußischen Pietismus und Mystizismus her. In Tilsit und Königsberg aufgewachsen, nicht ohne Reifeschwierigkeiten, da die Eltern getrennt lebten, brachte er es doch zum Abschluß eines juristischen Studiums in Königsberg und nach den Befreiungskriegen gerade noch zum Regierungsrat, kurz vor seinem frühen Tode. Die Kreise, in denen er in Ostpreußen verkehrte, lasen und diskutierten Jakob Böhme, Novalis und andere Dichter der Frühromantik, von den Klassikern vor allem Schiller. Dies prägte auch die Selbstbildung Schenkendorfs, die er, im Grunde gesellig, durch die Kommunikation ergänzte. Es mag etwas daran sein, daß man ihm nachsagte, einen überwiegenden Anteil an ihr hätten die Frauen gehabt: seine exzentrische Mutter, seine spätere Frau Henriette Barkley, auch die Mystikerin Juliane von Krüdener. Literarisch bestimmt war er jedenfalls vom Mittelalter-Bild der Romantik, wie er sich denn auch gleich Eichendorff für die Erhaltung der Marienburg einsetzte. Als der unglückliche Krieg 1806 ausbrach, hatte Schenkendorf eine Art Hausverwalterstelle im Königsberger Schloß. Mit in den Krieg zu ziehen gedenkt er nicht. Dafür ist es die Zeit seiner intensivsten Romantikerlektüre. Doch steht die patriotische Hauptrichtung seiner Produktivität, die eben damals einsetzt, von vornherein fest, so auch seine Parteinahme an der Vorbereitung der Befreiung.

Wie Novalis und Kleist wurde ihm in dieser Zeit die Königin Luise zu einer Art vaterländischem Symbol. Deutlich werden zur selben Zeit auch schon die von der pietistischen Herkunft und Erziehung mitbestimmten katholisierenden Neigungen. Sie waren auch im Umkreise der Frau von Krüdener, deren Zirkel er sich 1812 in Karlsruhe anschloß, nicht fernliegend. Doch blieb es wie bei Novalis bei einem romantischen Bildungskatholizismus, vor allem aus Begeisterung für das katholische Mittelalter. Zur Konversion kam es nicht.

Der Ausbruch des Befreiungskrieges verschlug ihn in das schlesische Hauptquartier, zu Fouqués Truppe. Es war aber eine literarische Funktion, zu der er verwendet wurde: die des sozusagen beamteten Kriegsdichters. Und in der Tat entstammt ihr die Masse von Schenkendorfs Lieddichtung, auf den Stationen von Schlesien bis Paris. Ein Teil dieser Lieder traf derart den Volkston, daß ihre Wirkung der politischen Dichtung Arndts nicht viel nachstand. Da der Dichter schon zwei Jahre nach dem Abschluß des Krieges starb, blieb es, im Gegensatz zu Arndt, bei dieser weitgehend zweckgebundenen Produktion, die an sich schon geschichtlich-soziologisch bedingt und begrenzt sein mußte. Vieles geriet hier zur frommen patriotischen Phrase wie etwa das *Volkslied:*

> O heilig, heilig Band,
> Liebe zum Vaterland,
> Heb unsere Brust!
> Tönend brichst du hervor,
> Schmelzend im Wonnechor
> Schwingst du dich sternempor
> Vaterlandslust.

Daß dies eine Verwechslung von Volkslied und pietistischer Hymne ist, wobei noch die Königin Luise
als quasi Mutter Maria gepriesen wird, ist nicht zu
verhehlen. Aber es ist nicht die Verehrung der Königin
als heilige Weihegestalt, es sind die abgegriffenen vaterländischen Topoi in manchmal geradezu mechani-
scher Anwendung, die hier vieles fragwürdig machen,
ihre Anwendung auf jeden Stand unter der Maske des
Volksliedes, die den Propagandacharakter das Dichterische oft genug überwiegen läßt.

Immer noch erstaunlich ist die Zahl der Lieder, die
sich durchgesetzt haben. Da ist *Freiheit, die ich meine,*
dann *Erhebt euch von der Erde* (Soldatenmorgenlied),
das Jägerlied *Nach grüner Farb' mein Herz begehrt,*
das aktualisierte Standeslied *O Bauernstand, o Bauern-*
stand, Wie mir deine Freuden winken (Frühlingsgruß
an das Vaterland) und schließlich, besonders kennzeichnend für die Eigenart von Schenkendorfs politischer Lyrik, *Wenn alle untreu werden* (Erneuter
Schwur). „Erneut“, weil es sich hier ja um eine bewußte Kontrafaktur von einem der geistlichen Lieder
des Novalis handelt. Was bei diesem Christus gegolten
hatte, wird, unter Beibehaltung des Kirchenliedtones,
auf die alte vaterländische Größe übertragen, auf die
„Brüder“ nunmehr im Sinne der Kampfgefährten
„treu wie die deutschen Eichen“. Man kann an Schenkendorfs aufrichtiger persönlicher Frömmigkeit nicht
zweifeln. Davon zeugt die große Gruppe seiner reinen
Glaubens- und Andachtslieder. Schlimmer ist sicher
bei ihm die leichte Politisierbarkeit der religiösen Ge-
fühlsenergien, ihre Säkularisierung in einem Zustand
patriotischer Begeisterung, den er für noch religiöse
Begeisterung hielt. Zweideutige und schwüle Töne
konnten dabei entstehen, auch sie durch politische Romantik ausgelöst.

Ein Lieblingskind der politisch aufgewühlten Zeit ist Theodor K ö r n e r (1791–1813), nicht allein seiner Dichtung wegen, sondern auch wegen seiner schönen Jugendlichkeit und seines frühen Todes auf dem Schlachtfeld. Zeit und Nachwelt sahen in ihm eine Symbolfigur für ein gleich engagiertes Dichten und Leben. Die Züge verändern sich etwas, wenn man näher hinsieht. Der junge Student des Bergfaches, der, gerade 20jährig, zum Hoftheaterdichter in Wien avancierte, war durch das Elternhaus prädestiniert für die Literatur. Der Vater, Gottfried Körner, Schillers und Goethes Freund und Diskussionspartner, war, weit über das Liebhaberische hinaus, ein Ästhetiker von wirklicher Bedeutung, und das Haus Körner in Dresden stellte ein Zentrum geistiger Geselligkeit dar. Die Beziehung zu Schiller war bis zu dessen Tode eng geknüpft, und der schon als Knabe literarisch sich versuchende Theodor ist denn auch weitgehend ein Schiller-Epigone geblieben. Er verband aber die Bildungseindrücke aus dem Elternhause mit der leichten sächsischen Eloquenz, und in der kurzen Zeit, in der er in Weimar und Wien vorzeitig Furore machen konnte, entwickelte er sich zum Vielschreiber von fast unheimlicher Fertilität. Daß das allenthalben verwöhnte Glückskind den Entschluß aufbrachte, sich nicht nur wie Schenkendorf als literarischer Etappenkrieger verwenden zu lassen, sondern sich in die ersten Reihen der Kampftruppen zu stellen, spricht am meisten für den ererbten guten Charakterkern. Gerade das war es, was ihn über seine literarische Bedeutung hinaus noch für das ganze 19. Jahrhundert zu einem (pädagogisch grundierten) Vorbilde machte: die Einheit von Dichtung und Leben innerhalb des ihm zugespielten Schicksalsaugenblicks. Ohne diesen wäre voraussichtlich nur ein ziemlich routinierter Epigone Schillers und der Romantik, ein Routinier im histo-

Theodor Körner. Kupferstich nach einem Ölgemälde
von Dora Stock

rischen Drama und im Lustspiel, zur vollen Entwicklung gekommen.

Der politische Lyriker von *Leier und Schwert* (mit den dazu gehörigen Nachlaßgedichten) wirkte als zündender Freiheitssänger, kaum weniger als Arndt. Aber das literarische Schwergewicht lag nicht hier, sondern in Körners dramatischem Werk, das ihm die allzu leicht erworbene Gunst des Weimarer und Wiener Theaterpublikums eintrug. Körners Gedichte begleiten zunächst die Zeitereignisse: den Tod Andreas Hofers oder der Königin Luise; die Hoffnungen, die sich an den Sieg von Aspern knüpften; die von Todesgedanken bestimmte Musik Louis Ferdinands; den Brand von Moskau (dies noch zum Teil in Sonetten, der romantischen Mode folgend), die Einsegnung des Lützowschen Freikorps, die Erhebung des Volkes (*Frisch auf, mein Volk! die Flammenzeichen rauchen*). Das Pathos dieser Gedichte ist nicht das lutherische Arndts, sondern das klassische Schillers. Das *Gebet während der Schlacht* („Vater, ich rufe dich") hat, seinem religiös-politischen Inhalt gemäß, hymnischen Ton. Schon wagt Körner, wie die anderen Romantiker, gelegentlich die Unterlegung eines Liedtextes unter eine ältere Volksliedweise. So im *Lied der schwarzen Jäger* oder im *Reiterlied*. Daraus entwickeln sich eigne Liedformen wie die später durch die Liederbücher noch lange populär bleibenden *Das Volk steht auf, der Sturm bricht los,* das *Trinklied vor der Schlacht,* vor allem das *Schwertlied* („Du Schwert an meiner Linken"). Das dichterisch wertvollste Gedicht aus *Leier und Schwert* ist eine Kunstform: ein Sonett *Abschied vom Leben,* die volle Einheit von Traum und Dasein, freilich begünstigt durch den Augenblick: die schwere Verwundung mit dem Blick auf den nahen Tod. Dies reicht über die Sammlung *Knospen* schon existentiell hinaus, auch über die anderen Sonette und die an

Schiller, teilweise auch an Goethe orientierten Balladen und Idyllen.

Seinen Namen gewann er durch die Mühe, die sich
der alte Goethe aus Freundschaft zu dem Vater mit
dem Dramatiker Körner gab, und in Wien durch den
(in böser Gegenwart) dem Nationalstolz schmeicheln-
den *Zriny*. Goethes Protektion ging in diesem Falle
weit. Sein Urteil über die ihm vorgelegten Einakter
Körners *Die Braut* und *Der grüne Domino* (1811), völlig belanglose Stücke, konnte lauten:

> Die beiden Stücke Ihres lieben Sohnes zeugen von einem
> entschiedenen Talente, das aus einer glücklichen Jugend-
> fülle mit Leichtigkeit und Freiheit sehr gute und angeneh-
> me Sachen hervorbringt.

Die jugendliche „Leichtigkeit" stimmt. Nur könnte
man sie auch Mangel an Selbstkritik nennen. Wenn
man bedenkt, wie Goethe das wirkliche Genie Kleist
behandelt hatte, ist seine Sorge für die Aufführung
der Körnerschen Dramatisierung von Kleists Novelle
Die Verlobung in St. Domingo – Toni – schlechthin
nicht zu verstehen. *Toni* ist allerdings äußerst geschickt
gemacht, mit allem Spürsinn für ein Weimarer Publikum, das an Iffland und Kotzebue gewöhnt war.
Körner hat nämlich den tragischen Schluß der Kleist-
Novelle zu einem Happy-End mit allen Registern, in
diesem Falle in tönenden Schiller-Jamben umfunktio-
niert. Kleist hätte sich vermutlich dabei im Grabe
umgedreht. Aber dem Vulgärgeschmack der späten
Romantik und dem Formdiktat der Goetheschen Mu-
sterbühnen entsprach es eben.

Das zweite Stück, dessen sich Goethe annahm, hieß
Die Sühne und verhielt sich zu seinem Modell, Zacharias Werners *24. Februar*, ähnlich epigonal wie die *Toni*
zu Kleist. Spätromantiker war also Theodor Körner
nicht nur als Patriot, sondern auch als Formeklektiker.

Auf diesem Hintergrund muß man auch die beiden historischen Tragödien *Nikolaus Zriny* und *Rosamunde* verstehen, mit denen Körner sich die reichdotierte Wiener Hofdramaturgenstelle gewann. Beide Dramen stehen wieder durchaus unter Schillers Schatten. Nur die Zeitsituation machte es möglich, fünf lange Akte hindurch in immer gleichem hochgespannten Pathos deklamieren zu hören. Opfertod für das Vaterland: das ist bei Körner ausgewalzte Maxime und nicht Leidenschaft. Natürlich ist das Schiller-Pathos außerdem noch prall gefüllt mit Sentimentalität. Wer das Modell: die Liebeshandlung zwischen Max und Thekla mit der Parallelhandlung zwischen Juranitsch und Helene vergleicht, bemerkt den Unterschied sofort. Dazu macht sich das Fehlen des psychologischen Interesses bei Körners Gestalten fühlbar. Gewiß ist der *Zriny* mit seinem Hauptmotiv, dem politischen und religiösen Selbstopfer des Feldherrn, für die Sache der Nation angesichts ihrer tödlichen Bedrohung durch den Sultan Soliman ein antinapoleonisches Schlüsselmotiv, hierin auf einer Ebene mit Kleists *Hermannsschlacht*. Aber eben das war 1812 mit Hilfe des Formerbes und der vereinfachten Ideenwelt Schillers nicht mehr durchzuführen. Die Zeit hatte es überholt.

In dem auf den *Zriny* folgenden historischen Trauerspiel *Rosamunde* liegen die Dinge nicht besser. Es geht um einen tödlichen Konflikt zwischen der rachsüchtigen Königin (illustriert an Eleonore von Poitou, der Frau Heinrichs II. von England) und der unschuldig-schuldigen Königsgeliebten Rosamunde Clifford, die dem Gift ihrer legitimen Nebenbuhlerin in einer besonders wirkungsvollen Greuelszene erliegen muß. Jedoch ist *Rosamunde* so wenig ein Problemdrama, wie *Zriny* ein schillersches Ideendrama ist. Schiller und Shakespeare, gleichermaßen unglaubhaft nachgeahmt, unter Zuhilfenahme romantischen Kostüms –

das ergibt noch keine reifen Tragödien trotz allen
Bühnenapplauses. Gewiß, politische Romantik ist auch
dies, aber ein Menetekel der Möglichkeit, zu der sie in
unreifen Händen führen kann.

Als eher skurriler Seitentrieb der politischen Romantik kann das Treiben des Turnwesens gelten, dessen Grundgedanke die systematische Ertüchtigung der
Jugend für die Vaterlandsverteidigung war. Eine or-
ganisierte Jugendbewegung mit einem eigenen Ritual
und einer ebenso eigenartigen puristischen Fachspra-
che (um nicht von Jargon zu reden) ließ alles hinter
sich, was der barocke Purismus realisiert hatte. Wie die
Form, so war auch der Inhalt bestimmt von einer
furchtbaren Deutschtümelei, primitivem Welschenhaß,
verbunden mit einer Geistfeindlichkeit, wie sie später
in nationalistischen Wellen immer wieder anzutreffen
ist. Dies war ein – freilich verkleinbürgerlichter – romantischer Zug, politisiertes Epigonentum der antira-
tionalistischen Strömung schon vom Sturm und Drang
her. Von der körperlichen Tüchtigkeit ging, da sie
nicht nur als Mittel begriffen wurde, die bewußte und
gepflegte grobe Freimütigkeit und das Bramarbasie-
ren des Durchschnittsturners aus. Die Fahne mit den
vier F („frisch, fromm, fröhlich, frei") verriet nicht
nur in der gequälten Alliteration die Teutschheit, sondern in der unbedenklichen Einordnung des „fromm"
auch den zu vaterländischem Zweck säkularisierten
Pietismus.

Der Initiator und Meister dieses Treibens war der
‚Turnvater' Friedrich Ludwig J a h n (1778–1852).
Er erlebte es, daß die Turner zusammen mit den Burschenschaften in die erste Schußlinie der Restauration gerieten, verboten und verfolgt wurden. Er erlebte es aber auch noch, daß die Zeit ihn und sie
wirklich überholte. Der lärmige Patriotismus, die Bie-
dermannsethik, die sprachliche Salbaderei, das ordens-

ähnliche Zeremoniell wurde schon Heine und den Jungdeutschen zum beliebten Gegenstand des Gespöttes. Der greise Jahn um 1850 konnte unter der damaligen Jugend nur als (bestenfalls ehrwürdiges) Relikt wirken, das man als Museumsstück noch aufsuchte.

Der Turnvater hatte aber einen nicht zu unterschätzenden Einfluß als Schriftsteller. 1810, mitten in der Zeit der inneren Vorbereitung der nationalen ‚Erweckung‘, brachte er sein Buch *Deutsches Volkstum* heraus, gleichzeitig mit der höheren Wirkung, die Arndt entfaltete. Das voraussichtlich von Jahn zuerst gebrauchte Wort ‚Volkstum‘ wird zum Titel einer Art staatlicher und gesellschaftlicher Utopie. Diese Utopie ist zunächst weltanschaulicher Art (in der Einleitung), wird aber dann mit schnurriger Pedanterie immer konkreter, über die Volksgrenzen hinein bis zu Verhaltensanweisungen an das bürgerliche Leben, z. B. Versicherungswesen, Witwen- und Armenversorgung, Meßwesen, Unterricht usw. Natürlich ist auch die Kirche unter dem Gesichtspunkt der „Deutschheit“, das (erlaubte) Bücherwesen und nicht zuletzt die genaue Anleitung für das Familienleben nicht vergessen. Der Gesichtspunkt ist gewiß einheitlich, aber von der Einheitlichkeit einer fixen Idee. Diese setzt eine öffentliche staatliche Einflußnahme bis in die Intimsphäre voraus, wie sie erst in jüngeren totalitären Systemen realisiert wurde. Es wäre die Diktatur der altdeutschen Biederkeit herausgekommen, das Gegenteil der vermeintlichen Freiheit: Denn was ist Jahns Deutschheit?

Vollkraft, Biederkeit, Gradheit, Abscheu der Winkelzüge, Rechtlichkeit und das ernste Gutmeinen waren seit einem paar Jahrtausenden die Kleinode unseres Volkstums.

An diesem deutschen Wesen soll natürlich auch die Welt genesen, vor allem aber hätte es innerhalb de

„Turnvater Jahn." Anonyme Lithographie

Jahnschen Staatsutopie der einzelne Deutsche damit
zu tun gehabt. Eine Fülle von Rängen mit alt- oder
neudeutschen Namen bis zum Fürsten hinauf hätte für
‚volkstümliche' Ordnung und vor allem Einheit zu
sorgen gehabt. Das wäre bis zur Vorschrift einer gemeinsamen Volkstracht gegangen:

> Ohne eine allgemeine Volkstracht bringt es kein Volk
> hoch in den ... Künsten.

Die Tüftelei geht bis in die Einzelheiten des Kostüms.
Das Jahr wird entsprechend mit Volksfesten deko-
riert, darunter auch der Buß- und Bettag – als Erinnerung an die Schlachten bei Hochkirch und Jena:

> Kein Tanz, kein Spiel, kein Handel, keine öffentlichen
> Vergnügungen.

Alte Bräuche werden für die Feste vorgeschrieben. Bei
den Schauspielen gilt „Jeder welsche Gesang muß auf
der Bühne aufhören". Entsprechend gibt es eine vor-
geschriebene teutsche Literatur mit Lehrbüchern des
Vaterländischen: „Unteutsche unvolkstümliche Bücher" gelten als Hochverrat:

> Die mit Gewalt sich erregenden, sich eingeisternden Rei-
> mer-, Dichter- und Schrift-linge lohne man aus wie Alexan-
> der der Makedonier.

Natürlich gehört das „Weib" in diesem System in die
Kinderstube und an die Kunkel. Keine noch so ortho-
doxe pietistische Sekte könnte das Leben intoleranter
in Rubriken ordnen als diese Gesetzlichkeit einer na-
tionalstaatlichen Utopie. Da sie aber ziemlich an das
fixierte Hirn der Individualität, die sie ausgeheckt hat,
gebunden bleibt, kann sie nicht als typisches Ergebnis
‚der' politischen Romantik angesprochen werden, eher
als ein krankhafter Sproß, so wie auch Kleists Freund-
Feind-Fanatismus, fast gleichzeitig mit Jahn, krankhafte Züge an sich trägt.

IX. JOSEPH VON EICHENDORFF

1. Leben und Lyrik

Für viele ist Joseph von Eichendorff (1788 bis 1857) mit seinem Werk der eigentliche Repräsentant dessen, was sie überhaupt unter Romantik verstehen. Diese Ansicht gründet sich vor allem auf die Wirkung seiner Lyrik. Der Romancier, Novellist, Lustspieldichter bestimmt, vielleicht von den beiden Novellen *Aus dem Leben eines Taugenichts* und *Das Marmorbild* abgesehen, das Bild seiner Bedeutung weit geringer. Daß dieser dezidierte Katholik aus dem preußischen Randgebiet Oberschlesien zur jüngeren Berliner Romantik stieß, war in der protestantischen Hauptstadt, die auch den katholisierenden Klosterbruder Wackenroder und E. T. A. Hoffmann beherbergte, dazu eine Reihe von prominenten Konvertiten des Romantikerkreises, nichts so Außergewöhnliches. Eichendorff, geborener Katholik, war seiner Kirche treu, deren Interessen er schließlich auch im Ministerium vertrat, aber nicht ultramontan und militant.

Eichendorff wuchs auf dem Schloß Lubowitz, seinem Geburtsort, auf, dem Stammsitz der Familie inmitten einer ausgedehnten Waldlandschaft, die sein Naturgefühl prägte. Seine Gymnasialzeit absolvierte er in Breslau im üblichen Stil der adligen Konventualen. 1805 bezog er die Universität Halle a. d. Saale, übrigens, wie schon bisher, in Gemeinschaft mit seinem ihm eng verbundenen älteren Bruder Wilhelm. Eichendorffs Tagebücher reichen schon bis Breslau zurück und begleiten auch die Hallenser Zeit. Sie bezeugen starke Eindrücke von Henrik Steffens, Tieck, Goethe, dem Lauchstädter Theater. Auch zu einer bescheidenen Reise über den Harz zur Nordsee kommt es.

Die Brüder führen ein vorwiegend ästhetisch gesellinges Dasein und kümmern sich noch nicht um Politik. Der preußische Zusammenbruch im Feldzug 1806/07 scheint sie so gut wie nicht zu berühren, zumal auch die Idyllik von Lubowitz von den Franzosen nicht gestört wird. Entscheidend wird, daß die Fortsetzung des Rechtsstudiums nach dem Krieg in Heidelberg stattfindet.

In der Zeit von Mai 1807 bis Mai 1808, die die Brüder Eichendorff in Heidelberg verbringen, steht dort die Romantik, vertreten durch Arnim, Brentano und Görres, noch in voller Blüte. Daß Eichendorff nicht im Sinne einer entschlossenen literarischen Parteizugehörigkeit zu ihr zählte, hat Franz Schultz wohl mit Recht hervorgehoben. Aber er war seiner ganzen Mentalität nach dem Kreise um die *Wunderhorn*-Herausgeber und dem Interpreten der deutschen *Volksbücher* zugewandt und hat sich vor allem dem Einfluß von Görres geöffnet. Am nächsten aber stand ihm in Heidelberg Isidorus Orientalis (Graf Otto Heinrich von Loeben), der eine sentimental raffinierte Variante romantischen Literatentums vertrat. Mit Loeben und dessen Kreis verbindet ihn Freundschaft und ein intimer Bund („Eleusinischer Bund"), und es hat Eichendorff später einiges gekostet, sich aus diesem Verhältnis wieder zu lösen; eine Notwendigkeit, zu deren Erkenntnis ihn der kritische Friedrich Schlegel reizte. Daß aber gerade durch Loeben Eichendorff zum vollen Genuß und Empfinden der Heidelberger Atmosphäre kam und nicht einfach als Satellit der bedeutenderen Romantiker, bleibt bestehen. Andererseits hatte Eichendorff unzweifelhaft neben der schwärmerischen auch eine solid bürgerliche Seite. Sie bestimmt seine Brautwahl 1809 aus dem heimatlichen Kreise, in dem er aufwuchs. Im gleichen Jahr 1809 ist Eichendorff wieder in Berlin, wo er Brentano näher tritt als in Heidelberg und der eher enthusiastische Einfluß von Görres durch den sachlicheren Adam Müllers abgelöst wird. Doch wurde Eichendorff noch nicht in Berlin ansässig. Von 1810 bis 1813 lebt er in Wien, wo er sein Rechtsstudium abschließt, außerdem aber noch sein erstes umfassendes Werk, den Roman *Ahnung und Gegenwart*, schreibt. In und vor Heidelberg entstand die frühe Lyrik. In Wien bildet sich der Erzähler. In den Befreiungskriegen wurde er nicht eigentlich eingesetzt, obwohl er sich den Lützowern anschloß. Einige Jahre nach seiner Rückkehr mußte er noch in Schlesien verwarten, bis er 1820 endgültig Beamter wurde. Zuletzt leitete er das Dezernat für katholisches Kirchen- und Schulwesen im Kultusministerium bis zum Beginn seines Ruhestandes 1844. Die dreizehn Jahre, die ihm danach noch geschenkt wurden, verlebte er an wechselnden Orten, doch starb er in seinem Stammland Schlesien.

Eichendorffs Erzählkunst bildet sich nach dem Erscheinen von *Ahnung und Gegenwart* (1815) über fast zwei Jahrzehnte hin vor allem in Novellen aus (*Das Marmorbild, Aus dem Leben eines Taugenichts*, beide 1826; *Schloß Dürande*, 1837). Erst spät kommt es noch einmal zu einem Roman, *Dichter und ihre Gesellen* (1834), dem man die Spuren des Alters schon anmerkt. Die Ernte der Lyrik wurde wenig später (1837) eingebracht. In die Altersperiode aber fallen noch die Erinnerungen an *Halle und Heidelberg* und die stark konfessionell bestimmte Darstellung der Romantik, wichtig dennoch als Rückschau auf Mit- und Selbsterlebtes.

Man muß sich vergegenwärtigen, daß ein großer Teil von Eichendorffs bekanntesten Gedichten nach dem Vorbild von Goethes *Wilhelm Meister* in die Romane eingelegt ist bzw. im Kontext der Handlung gelesen werden sollte, um ganz verständlich zu wer-

den. So ist das Gedicht, das die *Wanderlieder* eröffnet, zugleich Auftakt der Romanhandlung von *Ahnung und Gegenwart. Frische Fahrt* ist nicht nur allgemeiner Ausdruck von Eichendorffs Stimmungslyrik,
sondern auch des Lebensgefühls, das den Grafen Friedrich auf der Fahrt donauabwärts beglückend beherrscht:

> Laue Luft kommt blau geflossen,
> Frühling, Frühling soll es sein!
> Waldwärts Hörnerklang geschossen,
> Mut'ger Augen lichter Schein;
> Und das Wirren bunt und bunter
> Wird ein magisch wilder Fluß,
> In die schöne Welt hinunter
> Lockt dich dieses Stromes Gruß.
>
> Und ich mag mich nicht bewahren!
> Weit von euch treibt mich der Wind,
> Auf dem Strome will ich fahren,
> Von dem Glanze selig blind!
> Tausend Stimmen lockend schlagen,
> Hoch Aurora flammend weht,
> Fahre zu! Ich mag nicht fragen,
> Wo die Fahrt zu Ende geht!

Frühe Lyrik des Dichters, aber bereits sein voller Ton.
Er wird ihn vielfach variieren, aber nicht eigentlich
entwickeln. Es ist bei Eichendorff alles gleich da, was
er zu geben hat, und es bleibt so. Bei dem Versuch,
undatierte Gedichte auf ihre Frühe oder Späte fest-
zulegen, kommt man mit dem Mittel der Stilanalyse
nicht weit.

Was aber ist nun hier da? Keine aufgelöste, sondern
eine wohldurchgeführte Form und Struktur. Die Verse
sind die von der Romantik bevorzugten trochäischen
Vierheber, die beiden Strophen sind parallel gebaut:
Kreuzreime für jede Strophenhälfte. Starke und schwache Versenden alternieren genau. Zur Formfrage der

Eichendorffschen Lyrik gehört auch die Kürze (hier also die nur Zweistrophigkeit). Überlange Gedichte finden sich nur selten bei ihm. Dagegen kürzt er oft bis zu spruchähnlichen Formen. Das will heißen, daß der Dichter sich keinen geschwätzigen Gefühlsschwärmereien hingibt, sondern sich sehr wohl knapp zu halten weiß, auch wo es sich um reine Stimmungsgedichte handelt wie in *Frische Fahrt*. Dem entspricht das Festhalten an der Logik, auch wo die äußere Form auf Assoziationen weist („Und das Wirren bunt und bunter..." „Und ich mag mich nicht bewahren!"). Es ist die Logik der Steigerung, die das Gedicht bestimmt, nicht ein Experimentieren mit Formen der Unmittelbarkeit. Unmittelbar kann Eichendorff in der Stimmung sein. Er ist es nicht in den von ihm gewählten Ausdrucksformen. Sein Ausdrucksmittel ist die vorgeprägte Liedstrophe, die er nicht einmal in allen von der Romantik wiedererweckten Varianten handhabt. Er begnügt sich mit dem vorgeformten Reichtum lyrischer Formen, hat aber nicht eigentlich den Ehrgeiz, ihn zu vermehren. Daher fehlen bei ihm hymnische Formen und fehlt auch das Wagnis des freien Rhythmus. Man wird sehen, daß dies noch einen anderen Aspekt hat: den der Wiederholung und Selbstwiederholung und damit der Formelhaftigkeit.

Frische Fahrt verweist auch darauf. Es ist ein Gedicht der Frühlingsseligkeit junger Gesellen, die das Erlebnis unbekannter Ferne mit dem des erwachenden Jahres verbinden. Frühzeit hier und Frühzeit dort. Romantisch ist nicht nur dies beides, sondern auch die Inanspruchnahme mehrerer Sinnenbereiche für den Stimmungsaugenblick. Der erste Vers schon gibt die Milde und die Farbe der Luft zugleich. Der dritte die begleitende Musik, die zweite Strophenhälfte die Farbigkeit als Metapher und die nun mitreißende Bewegung des Stroms. Klang, Farbe und Bewegung tra-

gen auch die zweite Strophe. Der großartig dynami-
sche Eindruck des Liedes beruht darauf.

Man kann das Gedicht auch nach bestimmenden
Stichwörtern lesen. Dann ist der Frühling verbunden
mit der lauen Luft, den Klängen der Waldhörner, dem
Locken des Stroms in die Ferne, dem Glanz, der über
allem liegt, den verlockenden tausend Stimmen und
der flammenden Morgenröte. Man wird dabei gewah-
ren, daß dies weitgehend romantische Topoi sind, auch
wo sie nicht konventionell metonymisch angesprochen
werden wie die Morgenröte als Aurora (nach der üblichen Mythologie aus der Lyrik des 18. Jahrhunderts).
Der Hörnerklang ist schon bei Tieck Topos.

Die eben beschriebene Eigenart von Eichendorffs
Lyrik hat ihr den Ruf der Begrenztheit der Töne eingetragen. Das ist aber nur von einem ebenfalls be-
grenzten Standpunkt aus richtig. Gewiß erkennt man
ein Eichendorff-Lied leicht am Ton. Gewiß kann man
oft fast vorausberechnen, was kommen wird. Aber
Epigone ist er deswegen noch nicht. Das Geheimnis
seiner Wirkung liegt in der Fähigkeit, sich mit dem
Motiv, ohne manierierte Künstlichkeit, schlicht, aber
echt bewegt zu identifizieren. (Das ist ein Unterschied
z. B. zu der im Ton ihm verwandten Lyrik Uhlands.)
Dazu bedarf es freilich des „Zauberwortes", das die
schlafenden Dinge in ihrem poetischen Grunde wahrnimmt und zum Leben erweckt wie in der einfachen
Strophe, die mit Recht von H. J. Lüthi als Schlüssel
von Eichendorffs Lyrik angesprochen wurde:

> Schläft ein Lied in allen Dingen,
> Die da träumen fort und fort,
> Und die Welt hebt an zu singen,
> Triffst du nur das Zauberwort.

Das „Zauberwort" ist das Bild für die dichterische
Inspiration, die auch aus dem Schlichtesten die poeti-

sche Wirklichkeit entwickeln kann. Doch ist das nicht als Rückfall in die Idyllik des 18. Jahrhunderts zu verstehen. An *Frische Fahrt* ist nämlich noch eines zu beobachten: die Sphäre des Wagnisses, sich mit der „schönen Welt" einzulassen. Sie drückt sich aus in Versen wie „Und das Wirren bunt und bunter / Wird ein magisch wilder Fluß" und „Fahre zu! Ich mag nicht fragen, / Wo die Fahrt zu Ende geht!" Hinzu müßte man noch nehmen das Locken des Stromes, das Dahintreiben vor dem Winde, die selige Blindheit, die den Wanderer vor dem allgemeinen Glanze befällt. Die „schöne Welt" hat nämlich zwei Seiten. Sie hat bei Eichendorff etwas Verlockendes, Sirenenhaftes, nicht nur etwas selig Blendendes, sondern auch Verblendendes. Wer sie erlebt, der setzt sich auch aus. Die Wortschicht, in der das hier zutage tritt, ist gekennzeichnet durch Formulierungen wie „das Wirren", „magisch wild" und vor allem den Vers „Und ich mag mich nicht bewahren!" Er, der Anfangsvers der zweiten Strophe, korrespondiert genau mit dem Strophenschluß: „Ich mag nicht fragen, / Wo die Fahrt zu Ende geht!" Das ist nicht bürgerlich, auch nicht einfach selbstsicheres Burschentum. Es ist das Eingehen auf die Provokation des magischen Reizes. Der Jüngling auf dem Strom läßt sich willentlich ‚locken' und vor dem Winde treiben. Er *will* sich treiben lassen, ohne nach dem Ende zu fragen. Das ist das romantisch Unbürgerliche, Bewegung um der Bewegung willen, Hingabe um der Hingabe willen. Es gehört unlöslich auch mit Eichendorffs Weltanschauung zusammen, der katholisch geprägten, für die die schöne Welt zugleich auch die Welt des schönen Scheins sein muß, hinter dem das Gefährliche lauert. Nicht umsonst hat Eichendorff (vor Heine) denn auch im *Waldgespräch* Brentanos Loreley-Mythos ins Gefährliche und Rachsüchtige weiterentwickelt.

Programmatisch findet sich dieses stete In-Frage-
Stellen der schönen Welt durch den Homo religiosus
in dem Lied von den *Zwei Gesellen*. Hier konfrontiert
Eichendorff den Bürger mit dem Phantasten (der
gleichbedeutend mit dem Romantiker ist). Die Aus-
gangssituation ist wie oft und auch in *Frische Fahrt*
die der in den Frühling ausziehenden Jünglinge und
Freunde. Aber das Gedicht lenkt schon mit der 2.
Strophe über zur Frage: Was wird daraus? Der erste
wird der wohlhabende Familienvater, der aus seinem
gesicherten Eigentum behaglich „ins Feld hinaus" sieht.
Der zweite wirft sich in den geheimnisvoll verlok-
kenden Strom der Welt, gibt sich den „tausend Stimmen vom Grund" hin und taucht „müde und alt"
schließlich wieder hervor, untauglich für die ‚reale'
Welt, in der der erste Geselle solide Heimat gefunden
hat. Jedoch: der erste hat nichts gewagt, sondern nur
das Nächstliegende ergriffen. Der zweite hat dem Ruf
des „Grundes" nachgegeben. Aber er wurde verbraucht
und ausgesogen von den Mächten, zu denen es ihn
trieb. Er hat gewagt, aber nicht gewonnen. Sicher hat
er mehr erfahren vom Geheimnis der Welt als sein im
Bürgerlichen verbliebener Geselle. Doch hat ihn das
Wagnis nur verzehrt, ihm keine, etwa innerlichere
Existenz gegeben. Eichendorff läßt das Gedicht aus-
klingen mit dem Schluß des Dichters: „Ach Gott,
führ uns liebreich zu Dir!"

Die zwei Gesellen stellen einen christlich dualistischen Standort des Dichters dar. Mit Romantik identisch wäre dies allein indessen nicht, wenn nicht die
Grenzen beider Gesellen so deutlich herauskämen, die
des Philisters wie die des Romantikers. Der Philister
resigniert vor dem Höheren (oder Tieferen). Aber er
ist glücklich in seinen Grenzen der Behaglichkeit und
der Normalität des Lebens, die er weitergibt. Der romantische Geselle dagegen läßt sich mit dem Unge-

heuren ein und verzehrt sich dabei vor der Zeit. Sein
(ästhetisches) Leben bleibt unfruchtbar. Doch war der
Einsatz mutiger als der des andern. Eichendorff wägt
also ab. Seiner Parole *Krieg den Philistern* (Titel eines
Dramas von 1824) nach billigt er die Resignation des
Bürgers für das traute Heim nicht. Dessen Glück ist ein
kleines Glück. Im Sich-treiben-Lassen des Romantikers liegt – vielleicht – das Geheimnis tieferer Erfahrung, aber auch die Gefahr der Selbstzerstörung. Daher gilt das Gebet des Schlußverses dem einen wie dem
andern. Sie sind beide erlösungsbedürftig. Man darf
aber nicht vergessen, daß für Eichendorff die Vorstellung der ‚Schönen Fremde' (wie in dem gleichnamigen Gedicht) ambivalent ist. Dort ist nämlich mit
ihr verbunden der Traum vom alten heidnischen Italien und „redet trunken die Ferne / Wie von künftigem,
großen Glück!" Dies Fernengefühl und die Tiefe von
Glück und Schmerz hat nur der untergehende Geselle.
Ihm bleibt aber ins Stammbuch geschrieben das „Hüte
dich, bleib wach und munter!", mit dem das Gedicht
Zwielicht schließt.

In der Mitte zwischen den Extremen liegt der
Traum, der der Phantasie ihr Recht gibt, aber den
Träumenden noch nicht den zerstörenden Mächten an-
heimstellt:

> Gedanken gehn und Lieder
> Fort bis ins Himmelreich.
>   *(Der wandernde Musikant)*

Ganz natürlich aber geht der Traum nicht nur ins
Lichte und Helle des volkstümlich gewordenen Liedes
Wem Gott will rechte Gunst erweisen. Er kann auch
als Schauer und Ahnung kommen:

> Mein irres Singen hier
> Ist wie ein Rufen nur aus Träumen.
>   *(Nachts)*

Wenn der Traum sich aus der Stille und Einsamkei
des noch unerfahrenen Ich auf „des Lebens Schau
spiel", das „buntbewegte", richtet, ist er gleichbedeu
tend mit der Fülle der Welt als Ort der menschliche
Geschichtlichkeit. Dann trägt er Wanderlieder de
Heiterkeit. Er kann aber auch resigniert und schwer
mütig sein, desillusioniert vor der Wirklichkeit. E
kann auch auf Unbestimmtes, Dumpf-Geahntes deu
ten, wie es vor allem das bei Eichendorff sich wieder
holende „wirr" ausdrückt: Da er kaum wie einer an
deren Vorstellung der Phantasie und ihren Stimmunge
unterworfen ist, sind die Variationsmöglichkeiten kaun
ausschöpfbar, wenn auch von Eichendorff nach Kräfte
ausgeschöpft als Traum der Fremde und Weite, ebens
aber als Rücktraum in die Heimat und Kindheit.

Für den Traum der Ferne steht vor allem Italien ein
So wie die deutsche Landschaft als Waldesrauschen
Hörnerklang, Lerchenruf, als Strom, Wolkenzug, Fern
sicht, verwunschener Park topisch immer wieder er
scheint, so knüpft sich der Traum von Italien, den
Land der Kunst und der Sonne, aber auch der heidni
schen Dämonen weitgehend (da Eichendorff die An
schauung fehlte) an Stichwörter, wie sie Goethes Mi
gnon-Lied überliefert hat. So das andere Lied zweie
Gesellen (*Sehnsucht*):

> Sie sangen von Marmorbildern,
> Von Gärten, die überm Gestein
> In dämmernden Lauben verwildern,
> Palästen im Mondenschein,
> Wo die Mädchen am Fenster lauschen,
> Wann der Lauten Klang erwacht
> Und die Brunnen verschlafen rauschen
> In der prächtigen Sommernacht.

Italien, wie es sich der Schlesier vorstellt: Marmorbil-
der, Palazzi, Serenaden. Die verwilderten Gärten abei
und die rauschenden Brunnen gehören auch zum nor-

dischen Landschaftserlebnis Eichendorffs. Eine solche
Mischung von Nord und Süd, wie sie für Eichendorff
charakteristisch ist, findet sich immer wieder. So in
Täuschung:

> Da sah ich fern im Lande
> Der alten Tiber Lauf,
> Im Walde lagen Trümmer,
> Paläste auf stillen Höh'n,
> Und Gärten im Mondesschimmer –
> O Welschland, wie bist du schön!

Auch hier ausdrücklich als Traum bezeichnet, sind die
Vorstellungen ähnlich gemischt wie in dem innerhalb
der Sammlung folgenden Gedicht *Schöne Fremde,* in
dem noch die alten Götter und die Myrtenbäume das
Vokabular für Italien vervollständigen. Die gleiche
Kombination bietet das Italiengedicht *Rückkehr*:

> Da singt eine Fei auf blauem Meer,
> Die Myrten trunken lauschen.

Man hat das Gefühl, daß, wenn Eichendorff je nach
Italien gekommen wäre, das Ergebnis sich kaum an-
ders dargestellt haben würde. Denn auch die nördliche
Wald- und Stromlandschaft, die er kannte, gerät dem
Dichter unter der Hand zur Darstellung in topischer
Form.

Dennoch muß das nicht ein Zeichen von Armut sein.
Das Eichendorffsche Gedicht wirkt so wenig wie der
alte Minnesang oder der Barock durch seine „stehenden Motive". Es wirkt, wie die Dichtung dieser vergangenen Epochen, durch die Kunst des Strophenbaus,
der Klangmalerei, der Ausnützung rhythmischer Möglichkeiten. *Die zwei Gesellen* sind in einer Strophe
gehalten, die den normalen Vierzeiler um einen 5. Vers
bereichert. In der Reimordnung ist er als vorletzter
eingeschoben, aber nicht als Waise, d. h. reimlos, sondern als Steigerung des a-Reimes (Schema: a b a *a* b).

Das ergibt einen Steigerungseffekt, der schließlich die
ganze Strophe über die Monotonie des Gleichlauts
hinausträgt. In den Strophen, in denen das Gedicht
vom Überschwellenden auf das Abschwellen wechselt,
hat der eingefügte Reimvers aufstauende Funktion.
Wer sich über den Rhythmus Rechenschaft gibt, der
bemerkt den freien Gebrauch des Daktylus in Verbindung mit anderen Metren (gelegentlich auch als Anapäst lesbar), mit dem das Gedicht seinen bewegten
Ton erhält. (An den Höhepunkten kommt der Daktylus durch den freien Gebrauch des Partizips Präsens
zustande: klingend, singend.) Schließlich wirkt sich
die audition colorée aus, die Häufung von hellen oder
dunklen Vokalen je nach dem Strophenton: „in die
hellen / Klingenden, singenden Wellen" oder „Und wie
er auftaucht' vom Schlunde, / Da war er müde und alt"
oder die Verbindung von hell und dunkel auf Grund
einer romantischen Synästhesie: „Verlockend' Sirenen,
und zogen / Ihn in der buhlenden Wogen / Farbig klingenden Schlund." Es ist derselbe faszinierende Einsatz des Klangs, der, ebenfalls mit Synästhesie, die
Frische Fahrt eröffnet („Laue Luft kommt blau ge-
flossen"), dort sogar noch stärker durch Alliteration
mitbewirkt. Man muß also Eichendorffs Lyrik nicht
nur mit dem Blick auf die stehenden Motive lesen,
sondern auch auf die formale Souveränität, d. h. nicht
so sehr auf Wiederholung als auf die Variation. Es
gibt Eichendorff-Gedichte, die ausschließlich durch
Klang oder Rhythmus leben wie z. B. das zweite der
beiden Gedichte *Der Soldat:*

> Wagen mußt du und flüchtig erbeuten,
> Hinter uns schon durch die Nacht hör ich's schreiten,
> Schwing auf mein Roß dich nur schnell
> Und küß noch im Flug mich, wildschönes Kind,
> Geschwind,
> Denn der Tod ist ein rascher Gesell.

*Joseph von Eichendorff. Jugendbildnis in spanischer Tracht
von Joseph Raabe (1809)*

Justinus Kerner. Bleistiftzeichnung von C. Müller (1834)

Die Strophe, eins der schönsten Kurzgedichte Eichendorffs, lebt vor allem aus dem Rhythmus: einer Kombination aus Trochäen, Daktylen und Anapästen. Doch ist das, wie überhaupt bei Eichendorff, dem die antikische Seite Mörikes ganz abgeht, nicht im archaisierenden Sinne zu verstehen. Vielmehr kennzeichnet die germanische Senkungsfreiheit (nebst der der beschwerten Hebung) seinen Umgang mit dem Rhythmus. So kann ein im Deutschen höchst seltener Vers aus drei Anapästen ganz natürlich entstehen wie die letzte Zeile: „Denn der Tod ist ein rascher Gesell." Das ist keineswegs eine Ausnahme. Das Gedicht *An die Waldvögel* („Konnt' mich auch sonst mit schwingen / Übers grüne Revier...") wirkt noch viel bestimmter durch die über vier Strophen gehenden Anapäste zu Beginn der Verszeile, ein Triumph rhythmischer Steigerung ohne Berechnung; denn regelmäßig durchgeführt ist der anapästische Anklang nicht. Von Pedanterie also keine Spur. So kann eine Bewegung entstehen, die das Wilde, Abenteuerliche, ja Jähe, die absolute Freiheit vom Bürgerlichen, die in der soldatischen Existenz liegt, zu konzentriertem Ausdruck bringt. Dabei ist jeder Laut, wie auch das durchaus beherrschte Reimschema, zugleich Zucht und Beherrschtheit.

Es muß bei diesen aus den beiden ersten Zyklen der Sammlung von 1837 (*Wanderlieder* und *Sängerleben*) stellvertretend gewählten Beispielen bleiben. Sie enthalten keineswegs nur Gedichte der Sehnsucht und der Schwermut, der Fülle des Überschwangs jugendlicher Existenz auf dem Wege zu unbekannten Fernen, der Erinnerung und des Genusses des Augenblicks. Sie sind auch Spiegel des dichterischen Selbstbewußtseins und, sogar gerne, verbunden mit diesem, Zeugnisse eines – manchmal überaus graziösen – Humors. Gerade sein Vorhandensein macht im Kontrast die dunklen Töne glaubwürdig. Man muß da an ein so ausgesprochenes Scherzgedicht wie *Ein Auswanderer* denken oder *Lustige Musikanten* oder an das *Wanderlied der Prager Studenten*, an *Entgegnung*, *Der Isegrimm*, *Der Glücksritter*. Selbst in dem Teil *Frühling und Liebe*, in dem naturgemäß die innig ernsten und auch dunklen Töne eine bedeutende Rolle spielen, tritt eine Fülle von Scherzgedichten auf, z. T. mit Affinität zur Zierlichkeit des Rokoko (*Frühlingsnetz, Übermut, Der Polack, Die Jäger, Die Geniale* usw.). Das wird im Gesamtaufbau der Sammlung freilich aufgewogen durch die Gruppe *Totenopfer*, in der Wehmut, Erinnerung und Trauer Ton, Klang und Motiv bestimmen. In den *Geistlichen Gedichten* kommt Eichendorffs treuer Katholizismus gebührend zu Worte. Beide Zyklen drücken natürlich auch Eichendorffs Todesanschauung aus, in deren Gestaltung er Meister ist. Sie kann christlich sein, braucht es aber nicht. Der Überschwang von Novalis' *Hymnen an die Nacht* mit ihrer Feier des Todes kann noch den alternden Eichendorff zu einem seiner schönsten Gedichte hinreißen:

Todeslust

Bevor er in die blaue Flut gesunken,
Träumt noch der Schwan und singet todestrunken;
Die sommermüde Erde im Verblühen
Läßt all ihr Feuer in den Trauben glühen;
Die Sonne, Funken sprühend, im Versinken,
Gibt noch einmal der Erde Glut zu trinken,
Bis, Stern auf Stern, die Trunkne zu umfangen,
Die wunderbare Nacht ist aufgegangen.

Man muß sich eher wundern, daß dies in der Ausgabe unter den *Geistlichen Gedichten* erscheint. Denn es ist ein ausgesprochen ästhetisches Symbolgedicht und als solches mit seinem Todesmotiv durchaus den Gedichten C. F. Meyers verwandt, in denen herbstliche Fülle,

Ernte und Lese in ihrer Affinität zu einem gesteigerten Todesaugenblick dargestellt werden. Schwanengesang, die Glut der Traube und der Abendröte, die Sternennacht, in der sie trunken aufgeht – hier erscheint der romantische Tod als höchster, und zwar ästhetischer Augenblick. Die Konzentration zeigt sich auch formal durch die Wahl von Reimpaaren (statt Kreuzreimen), die bei Eichendorff eher selten sind, hier vor allem aber der Klangkonzentration zu dienen haben, unter der das ganze Gedicht mit seiner souveränen Lautmalerei steht.

Mit der Eigenart des Dichters hängt es auch zusammen, daß Eichendorff seine lyrische Epik nicht Balladen nennt, sondern *Romanzen*, obwohl vieles darin (z. B. *Waldgespräch*, *Die Riesen*, *Kaiser Albrechts Tod*, *Der Schatzgräber*, *Der Kehraus*, *Die Räuberbrüder*) ausgesprochen balladesk wirkt. Manches freilich hier Untergebrachte (*In einem kühlen Grunde*, *Der Schnee*, *Der stille Grund*) hat so überwiegend lyrischen Ton, daß höchstens die Bezeichnung Romanze darauf paßt.

Zwischen *Sängerleben* und *Frühling und Liebe* hat der Dichter eine Abteilung *Zeitlieder* eingeschaltet, die seine Gegenwart ansprechen, freilich unter dem bezeichnenden Motto „Wo ist der sichre Halt?", das auch über den *Zwei Gesellen* stehen könnte. In der Tat hat dieses Gedicht, zieht man die Nixenmythologie ab, ja auch eigentlich das Problem der menschlichen Geschichtlichkeit zum Motiv. So hier, direkt oder indirekt, der ganze Zyklus. Indirekt: als Feier des Lebens im Stil der nicht zeitgebundenen Lyrik wie in *Der Riese* oder *Sängerfahrt* oder *Der Jäger Abschied* („Wer hat dich, du schöner Wald"). In *Der Riese* ist es der Gefangene, in dessen Turm nur verworren die Stimmen der Wirklichkeit dringen, in denen er „mit Schaudern und mit Lust" das geschichtliche Leben ahnt:

> Es rührt ihm wie ein Riese
> Das Leben an die Brust.

In *Sängerfahrt* ist es das Todesgefühl, das zu dem Trinkspruch der „rüstigen Gesellen" führt:

> O Leben, wie bist du schnelle,
> O Leben, wie bist du schön!

Die Motive des Vaterlandes und der Brüderlichkeit werden berührt, aber das Gedicht bleibt ein unpolitisches Lied, in dem die Gefährlichkeit der geschichtlichen Zeit nur ganz von ferne anklingt. Es gibt ferner die Antithese von Einst und Jetzt, durchweg romantisch als Klage um die vergangene gute Zeit (*Auf dem Schwedenberge, An –, Bei Halle*), oder, wie in *O Täler weit, o Höhen,* die romantische Hemmung, in die geschichtliche Welt einzutreten aus der Geschlossenheit des Idylls.

Jedoch auch die direkt politischen Zeitlieder klingen bei Eichendorff anders als bei Ernst Moritz Arndt oder Schenkendorf. Seine Gedichte aus der Zeit der Freiheitskriege verzichten nahezu immer auf nationales Pathos trotz nationaler Töne. Eichendorff verschmilzt diese vielmehr mit der Lebens- und Geschichtserwartung junger Menschen, die in die Feldschlacht ziehen:

> In den Sieg, in den Tod und weiter,
> Bis daß wir im Himmel sind!   (*Soldatenlied*)

Sein Traumleben und sein Naturgefühl schaltet er nicht aus, sondern bringt sie ein in das Aktuelle. So etwa in „Windsgleich kommt der wilde Krieg geritten" (*Waffenstillstand der Nacht*) oder im Gedicht *An die Lützowischen Jäger.*

Verschlüsselt ferner hat Eichendorff sein Zeitbewußtsein auch in Ironie, mit der er sogar dem Alten seine Überlebtheit bescheinigt, der Umkehrung also

der oben berührten Klage über das vergangene Einst.
Ein solches Gedicht ist das von Walther Rehm erst
erschlossene *Prinz Rokoko,* wo die höfische Vergangenheit zierlich dargestellt wird, aber das Herauf-
kommen eines Neuen mit der Elementargewalt der
Natur begründet wird:

> Laß die Wälder ungeschoren,
> Anders rauscht's, als du gedacht,
> Sie sind mit dem Lenz verschworen,
> Und der Lenz kommt über Nacht.

Das ist politisch gemeint, wenn natürlich auch nicht
im revolutionären Sinne des Jungen Deutschland, sondern im Sinne einer organischen Entwicklung, die aber
unaufhaltsam ist. Die politische Meinung ist nämlich
schon früh sichtbar. Man braucht nur das Gedicht
Klage von 1809 zu vergleichen. Da ist von der Gott-
verlassenheit dieser „dummen Zeit" die Rede:

> Denn eine Zeit wird kommen,
> Da macht der Herr ein End,
> Da wird den Falschen genommen
> Ihr unechtes Regiment.

So etwas ist natürlich auf die Franzosenzeit gemünzt
wie viele andere politische Lieder um 1810 bis 1814.
Aber Zeitkritik ist es auch, die Eichendorff in den
offen politischen oder den verborgen politisierenden
Gedichten von den zwanziger Jahren bis zur Märzrevolution treibt. So in *Hermanns Enkel* mit der herben Kritik der Entwürdigung des Altdeutschen zur
Mode in Tracht und Gehabe der zwanziger Jahre und
in *Der neue Rattenfänger* mit der Verhöhnung der
„Vaterländerei". Nicht allein in den *Zeitliedern* hat
der spätere Eichendorff die „moderne Ritterschaft"
aufs Korn genommen, den Zeittyp auch des Journalisten der jungdeutschen Zeit verspottet (*Blonder Rit-*

ter). Der allen politischen oder halbpolitischen Gedichten gemeinsame Standort erschließt sich deutlich aus dem Sonett *Mahnung*. Es ist der religiöse Standpunkt des Dichters, der Gott die Lenkung der Weltgeschichte zuschreibt und die frechen Autonomietendenzen der Gegenwart (1839) verurteilt:

> Genug gemeistert nun die Weltgeschichte!
> Die Sterne, die durch alle Zeiten tagen,
> Ihr wolltet sie mit frecher Hand zerschlagen
> Und jeder leuchten mit dem eignen Lichte.

Der Dichter sieht die Weltgeschichte als das Weltgericht sich wieder einmal offenbaren. Die Mahnung, in der Entscheidung treu zu bleiben, und der Gedanke, daß Gott in actu über dem Einzelnen wie über der Geschichte steht, prägt seine Zeitlyrik wie seine poésie pure.

2. Epik

Zwei bedeutende Romane sind uns von Eichendorff überkommen: *Ahnung und Gegenwart* (1811, veröffentlicht 1815) und *Dichter und ihre Gesellen* (1834). Sie bekunden seinen Rang auch als Erzähler im Verein mit den weit bekannteren Novellen. Die Verbindung mit der Lyrik stellen die überaus zahlreichen Gedichteinlagen her. Seine Erzählart, nicht absichtlich ironisch verwirrt wie die Jean Pauls, sondern Eichendorffs Auffassung von der ‚Verworrenheit‘ des Lebens an sich entsprechend, ist in gewisser Weise amorph. Zwar finden seine Romanhelden einen sinnvollen Abschluß ihres trotz vieler Diskussionen nicht gerade rationalen Lebensweges, so daß beide Romane nicht Fragmente bleiben. Aber sie hinterlassen den Eindruck, daß es mit den Abenteuern so auch noch eigentlich hätte weitergehen können. Sie sind nicht äußerlich, aber der inneren Form nach romantisch aufs Unendliche gerichtet. Die Resignationen an den Schlüssen: das Auswanderungs- und das Klostermotiv heben diesen Eindruck noch auf, da im Verzicht auf die „schöne Welt" zugleich eine Entscheidung, sie zu überfliegen, getroffen wird. Die starke Betonung des Landschaftlichen innerhalb des bestimmenden Wander- und Reisemotivs macht die Romane zudem zu einem Stimmungsspiegel und verwischt wirklich harte Konturen. Auch dies gehört zu der lyrischen Komponente von Eichendorffs Erzählkunst. In beiden Romanen gehen als zentrale Figuren junge Menschen auf teilweise abenteuerlichen Wegen ins Leben hinein, das sie in sich verstrickt, sie entscheidungsfähig macht oder wieder abstößt. Nicht nur Reise- und Liebesabenteuer machen diesen Weg aus, sondern auch die Wirkung der Welt auf ihr Dichtertum. Denn überdies sind die Romane auch Künstlergeschichten. Wie denn nicht nur der kompositorische Einfluß des *Wilhelm Meister,* sondern ebenso der des Romans der Frühromantik zu spüren ist. Romantisch ist auch das Motiv der Freundschaft, das Eichendorff nicht allein um seiner selbst willen in beiden Romanen in den Vordergrund stellt, sondern auch, wie so gern in seiner Lyrik, als Mittel zur Polarisierung des Bürgerlichen und des Romantischen. Damit steigert das Freundschaftsmotiv die Kunst des Charakterisierens. (Selbst da, wo es nur zum Typisieren kommt, was auch der Fall sein kann.)

Ahnung und Gegenwart ist, auf die Hauptgestalt, den jungen Grafen Friedrich, hin gesehen, ein Künstler- wie ein Bekehrungsroman. Eine Umkehrung des *Wilhelm Meister* also, wenn man so will. Auch erfolgt die Absage an die Welt am Schluß nicht in jener logischen Entwicklung stufenweise wie Wilhelm Meisters Eintritt in die Realität. Eichendorffs beide Romane nehmen die Welt als „das Wirren bunt und bunter". Innere und äußere Abenteuer kommen auf die jugendlichen Helden zu: Freundschaft, Geselligkeit, Liebe, Eintritt in die Geschichte. Menschen verschiedenen Berufs und Charakters kreuzen und verbinden ihre Wege. Gewiß, die Erlebnisse hinterlassen ihre Spuren, aber öfters könnte es auch anders ausgehen. Der Zufall spielt entscheidender mit als die innere Notwendigkeit. So mag es bei Eichendorff bedenklich sein, von eigentlichen Entwicklungsromanen zu reden, obwohl ein gewisser Reifeprozeß ihrer Konzeption nicht abzusprechen ist. Aber dieser Reifeprozeß entwickelt nicht die Jünglinge zu Männern im goetheschen Sinne. Dafür läuft zuviel lyrisch Stimmungshaftes mit unter, fehlen oftmals die klaren Konturen. Typisch ist allerdings die Einschmelzung der geschichtlichen Aktualität in die enthusiastische Existenz der jungen Gesellen.

Ahnung und Gegenwart setzt ein mit jener frühlingsseligen Fahrt des dichtenden Grafen Friedrich donauabwärts, die ihm die ersten Abenteuer bringt: den Überfall in der Waldmühle und die Aufnahme auf Leontins Schloß, dessen schöne Schwester Rosa er schon unterwegs kennengelernt hat. Auf dem Schlosse befreundet er sich mit dem (Berufs-)Dichter Faber, dessen Künstlertum unbedingt auf das bewegte Leben gerichtet ist als das Friedrichs. Hinzu tritt im Getriebe der Geselligkeit ein Edelfräulein, Julie, die später im Franzosenkriege Leontin vor den Feinden retten und am Schluß seine Frau werden wird. Sie ist als Charakter ein Kontrast zu Rosa: eine Schönheit von innerlicher Bedeutung, während Rosa dem Glanz der Welt zugewandt ist. Ihr wird später durch die Heirat mit dem Erbprinzen ebenso Genüge geschehen, wie Juliens gebildeter Existenz die Ehe mit dem menschlich und geistig bedeutenden Leontin entspricht.

Beide beweisen übrigens eine menschliche Realität im Bereich der Tat, da nicht nur Leontin sein Leben Julien verdankt, sondern diese ihm auch das ihre, indem er sie aus dem brennenden Schlosse rettet.

Zu diesen beiden Frauengestalten tritt noch eine dritte, die Gräfin Romana, mehr als eine bloße Schönheit in der Residenzgesellschaft, eine poetische Existenz voller Leidenschaft und innerer Zerrissenheit. Nachdem sie alles auf den Besitz Friedrichs gesetzt hat, der ihre Liebe nicht erwidert, endet sie im Selbstmord. Romana hat im Roman die dunkle romantische Seite des Lebens zu vertreten, zugleich die Sinnlichkeit der Welt als Anfechtung Friedrichs, des Künstlers und geistigen Menschen. Es gibt aber neben Friedrich und der fröhlichen Täterfigur Leontins auch noch einen resignierten Romantiker, den Eremiten Rudolf, Friedrichs Bruder, an dessen Lebenslauf eine dritte menschliche Erfahrungsmöglichkeit sich bezeugt. Das Schema der beiden Gesellen im Roman geht nach ihrer Anlage aus. Nach bestandenem Krieg und Heilung ihrer Wunden vertieft sich der eine in die Heilige Schrift und entscheidet sich für den Rückzug ins Kloster, der andere zieht in die Ferne der neuen Welt, um sein Leben in Gemeinschaft mit Julie frei vom Ballast Europens ganz neu aufzubauen. Die Gestalt des Eremiten Rudolf dient als Kontrastfigur zu seinem Bruder Friedrich. Rudolf ist eine romantische Faust-Figur, vom Leben, von der Liebe und der Sinnlichkeit, von Kunst und Philosophie enttäuscht, im Grunde ein haltloser Nihilist, der zum Schluß verzweifelt sich der ägyptischen Magie ergeben will. Davon sticht Friedrich in seiner offenen und in sich ruhenden Art um so deutlicher ab; gegenüber Rudolfs finsterem „Ich kann nicht *glauben*" fühlt Friedrich sich geistig geborgen in seinem Glauben, zu dessen Unanfechtbarkeit er sich schließlich durchgerungen hat. Von diesem

Standort aus kommt es kurz vor Schluß zu dem prophetischen Urteil über die Zeit, das seinem Eintritt ins
Kloster innere Glaubwürdigkeit verleiht.

Denn aus dem Zauberrauche unsrer Bildung wird sich
ein Kriegsgespenst gestalten, geharnischt, mit bleichem To-
tengesicht und blutigen Haaren; wessen Auge in der Einsamkeit geübt, der sieht schon jetzt in den wunderbaren
Verschlingungen des Dampfes die Lineamente dazu aufrin-
gen und sich leise formieren. Verloren ist, wen die Zeit un-
vorbereitet und unbewaffnet trifft ... Denn aus ihren Fu-
gen wird sie noch einmal kommen, ein unerhörter Kampf
zwischen Altem und Neuem beginnen, die Leidenschaften,
die jetzt verkappt schleichen, werden die Larven wegwer-
fen, und flammender Wahnsinn sich mit Brandfackeln in
die Verwirrung stürzen, als wäre die Hölle losgelassen,
Recht und Unrecht, beide Parteien, in blinder Wut einander
verwechseln.

Man muß sich vergegenwärtigen, daß der *junge*
Eichendorff diese aus einer umfassenderen Zeitkritik
gezogenen Zeilen geschrieben hat. Sie prophezeien eine
Weltauseinandersetzung als Folge und Ablösung des
„Zauberrauchs unsrer Bildung". Es ist der katholische
Antirationalismus, der hier seine Sicherheit einer
von ihm bestimmten Romantik mitgibt. Seine Haupt-
frage ist die der Bewährung im Lebenskampf zwischen Himmel und Hölle. Friedrich bezeugt dies in
seiner Entscheidung.

Nur wenig verändern sich Schauplatz und gesellschaftliche Ebene, Lebensalter und Freundesbeziehung
in *Dichter und ihre Gesellen* gegenüber dem früheren
Roman. Auch die Entscheidung über die künftigen
Lebenswege am Schluß erinnert an *Ahnung und Gegenwart*. Eine Variante aber wird man in der Beschränkung des Lebens auf die dichterische Existenz
zu sehen haben, deren drei Typen Graf Viktor-Lothario, Fortunat und Otto darstellen, während de

vierte des Freundeskreises, Walter, den gutmütigen,
aber ungenialen Bürger zu repräsentieren hat, der im
Familienidyll sein Genüge findet. Zwischen ihm und
Fortunat besteht die alte Heidelberger Burschenfreund-
schaft, und die Handlung zeigt wieder einmal die
zwei Gesellen; mit dem Unterschied freilich, daß der
geniale Partner hier nicht untergeht, sondern seinen
(unbürgerlichen) Platz in der Welt findet. Die extre-
meren Seiten des Künstlertums demonstrieren Lothario
und Otto. Otto geht an seiner Sentimentalität und
Zerrissenheit zugrunde. Lothario aber wird sich am
Ende aus der dichterischen Existenz in die geschichtliche werfen, ein „geistliches Soldatenherz", das den
Kampf der Zeit zwischen Engeln und Teufeln in seiner
Mitte mit ausfechten will, anders als der gleichfalls
geistlich gesinnte Friedrich in *Ahnung und Gegenwart*.
Lothario ist freilich auch sehr anderer Art. Er fällt
eigentlich unter kein Dichterschema, genausowenig wie
unter ein Aristokratenschema. Er scheint mit der Welt
zu spielen, ja geradezu sich über sie lustig zu machen
in den Verkleidungen, hinter denen er seinen Grafen-
titel verbirgt. Er scheint sich an nichts zu binden als
an die totale Freiheit im Gesellschaftlichen wie im
Geistlichen. Und obwohl Eichendorff ihn selber als
einen schon berühmten Dichter vorstellt, der alle Menschen rührt und verzaubert, bekennt er doch sein Lebensprogramm dem Freunde Fortunat in bewußter Ab-
grenzung von aller ‚Literatur':

Zum Teufel, ich bin keine Äolsharfe, die nur Klang gibt,
wenn ein Poet ihr Wind vormacht! Ist das Leben schön, so
will ich auch schön leben und selber so verliebt sein wie
Romeo und so tapfer wie Götz und so tiefsinnig wie Don
Quijote. Um die Schönheit will ich freien, wo ich sie treffe,
und mich mit den Philistern drum schlagen, daß die Haare
davonfliegen. Warum sollte man so ein lumpiges Men-
schenleben nicht ganz in Poesie übersetzen können?

Historisch interpretiert heißt dies, daß Graf Viktor-
Lotharios Programm gleichbedeutend mit der totalen
Poetisierung der Existenz ist, wie die Frühromantik
sie vertrat. Er ist absoluter Romantiker im Gegensatz
zu dem einfach verrückten Dryander, dem begabten,
aber haltlosen Otto, aber auch zu dem unbeschwer-
teren und unkomplizierten Fortunat.

Ohne Zweifel erweist sich Lothario auch als die
interessanteste Figur des Romans, gerade weil sie nicht
untergeht. Dieser Dichter greift nach der leibhaften
„Lurelei", der wilden spanischen Gräfin Juanna, die
er entführen will, die sich aber in ihrem unbändigen
Freiheitsdrang in den Fluß stürzt. Lothario kommt
auch hierüber hinweg, ohne es im Grunde ganz ver-
winden zu können.

Das 2. und 3. Buch dieses Romans gestalten sich
zusehends zu einer Folge von Capriccios abenteuer-
lichsten Charakters. Nicht nur daß der Schauplatz
nach Rom hinüberwechselt, wo sich die Gestalten der
Schloßgesellschaft durch unglaubwürdige Zufälle z. T.
wiedertreffen, wo Fortunat seine künftige Frau, die
kleine Marquesa Fiametta, findet, wo Otto verwildert
und verdirbt und die merkwürdigsten Maskenspiele
vorfallen. Es wird hier auch am deutlichsten, wie der
spätere Eichendorff erzählerisch verfährt: antihisto-
risch und unrealistisch mit Bewußtsein, ja programmatisch. Rom ist vertauschbar mit jeder alten deutschen
Stadt bei Mondschein. Morgenfrühe, rauschende Wäl-
der, verwilderte Parks – es ist alles wie daheim und
nur eine äußere Übertragung des Schauplatzes. Wie in
Deutschland wandeln Frauen, Dichter und ihre Gesellen mit Lauten oder Gitarren, zu denen sie ihre Lieder absingen. Es zeigt sich deutlich, daß Eichendorff
keinen Wert auf das Charakteristische (etwa der
Schweiz, Roms, Neapels) legt. Überall tritt dieselbe
verwirrende schöne Welt entgegen; eine Nuance nur

von mehr Farbigkeit und mehr Dämonie liegt über den südlichen Zonen, wie sich auch an den Novellen erweisen wird.

Das Maskenspiel des Lebens, durch das die beiden eigentlichen Helden Fortunat und Lothario hindurchgehen müssen, hat für beide den Sinn gesteigerter Erfahrung, den einer eigentlichen Entwicklung wohl nur für den Grafen Viktor-Lothario. Nur er erfährt unwiederbringliche Verluste in der Leidenschaft wie in seiner Anschauung von Menschen- und Künstlertum, die ihn verändern. Fortunat teilt diese Entwicklung des Freundes nicht. Er erscheint auch am Schluß als der phantastische Dichterbaron, der sich eben die Verbindung seines Lebens mit dem Süden, mit der zierlichen Fiametta, leisten kann. Es ist nur die Besiegelung seiner phantastischen Existenz, die er mit einer gewissen hartnäckigen Ruhe bewahrt. Der Dichter Viktor-Lothario aber, immer schon der Welt als Komödie innerlich zugewandt, spielt seinen letzten Akt: „Gräber, Hochzeit, Gottes grüne Zinnen und die aufgehende Sonne als Schlußdekoration", ähnlich Friedrich in *Ahnung und Gegenwart,* als Akt der Entscheidung zum Priestertum – wohlgemerkt zum bewußten Welt-Priestertum, nicht zum Mönch. Er gibt diese seine Entscheidung den Freunden bekannt mit einer Absage an die ästhetisch romantische Existenz, die auch er bisher gelebt hatte:

Nein, Freunde, genug endlich ist des weiblichen Sehnens, wer gibt uns das Recht zu klagen, wenn niemand helfen mag! Nicht morsche Mönche, Quäker und alte Weiber; die Morgenfrischen, Kühnen will ich werben, die recht aus Herzensgrund nach Krieg verlangt. Auch nicht übers Meer hinüber blick ich, wo unschuldige Völker unter Palmen vom künftigen Morgenrot träumen, mitten auf den alten, schwülen, staubigen Markt von Europa will ich hinuntersteigen,

die selbstgemachten Götzen, um die das Volk der Renegaten tanzt, gelüstet's mich umzustürzen und Luft zu hauen
durch den dicken Qualm, daß sie schauernd das treue Auge
Gottes wiedersehen im tiefen Himmelsgrunde.

Am Ende steht also Eichendorffs Katholizismus als
ausdrückliches Bekenntnis in seinen beiden Romanen.
Aber nach Form wie Gehalt bleiben sie beide erzromantisch.

Übrigens unterstreicht *Dichter und ihre Gesellen* im
Vergleich mit *Ahnung und Gegenwart* noch einmal
die Problematik der Wiederholung, der symbolischen
Formelhaftigkeit bei Eichendorff. Man findet nicht
nur allgemeine Anlehnung an *Wilhelm Meister,* sondern Kopie der Theater- und Mignon-Sphäre (z. B.
die Schauspielergesellschaft auf dem Schloß, Cordelchen als Philine). Noch problematischer aber will die
Selbstwiederholung Eichendorffs erscheinen (die Gräfin Juanna als Variation der Gräfin Romana, Friedrichs und Lotharios Absage an die Welt, vor allem
die Fülle gleichartiger Wander- und Sängerszenen.
Hier zeigt sich die Neigung zur Topik in der Tat als
Grenze, deren Überschreiten man vielleicht dem vorgerückten Alter des Dichters zuzuschreiben hat.

Das Thema zahlreicher Eichendorff-Lieder (auch
einiger aus den Romanen): die verführerische Dämonie des Heidnischen in Verbindung mit dem Italien-
Motiv, regiert ganz und gar die Novelle *Das Marmorbild* (1819). Deutschland reicht hier einmal überhaupt nicht herein. Die Novelle grenzt, wenn man
nicht einfach als Illusion nehmen will, was dem jungen Nobile Florio begegnet, an die Gattung des Kunstmärchens. Das Gerücht von der Wiedererweckung der
alten Heidengöttin Venus, wenn der Frühling kommt,
hat sich zur Sage verdichtet. Die Sage selbst gibt der
Sänger Fortunato mit christlicher Tendenz (Ablösung
der Venus durch die Madonna) in einem Liede zum

Aus dem Leben

eines

Taugenichts

und

das Marmorbild.

Zwei Novellen

nebst einem Anhange

von

Liedern und Romanzen

von

Joseph Freiherrn von Eichendorff.

Berlin, 1826.

In der Vereinsbuchhandlung.

Titelblatt der Erstausgabe von Eichendorffs
„Aus dem Leben eines Taugenichts"

besten. Was sich aber in der Novelle vorher abge-
spielt hat, das ist die Realisierung der Legende für
Florio. Florio erkennt nicht nur die Züge der in einer
Mondscheinnacht von ihm gefundenen Venus-Statue
in einer seltsamen Frauengestalt wieder, einer Art ver-
südlichter Lorelei in einem Zaubergarten, sondern
stößt auch auf den Verführer und Kuppler Donati,
den er ahnungsvoll verabscheut. Auf dem Schloß der
Venus rediviva mit der Schönen allein erlebt er ihre
Entzauberung (ihre Rückkehr in das Steinbild am Gar-
tenweiher). Diese Entzauberung ist zugleich die Rückkehr Florios aus der Selbstentfremdung im Reiche der
Venus in das wirkliche Leben. Die Schlußszene führt
ihm die schöne Bianca als Braut zu, deren Lieblichkeit
vor der prächtigen Schönheit der Venus Florio gar
nicht erkannt hatte.

So ist *Das Marmorbild* Wander- und Sängernovelle,
Ahnung und Gegenwart im Kleinen. Das „Hüte dich,
sei wach und munter!" gilt auch für ihre religiöse Tendenz. Bei dem Schauermotiv der steinernen und lebendigen Venus mit seiner Affinität zur Doppelgängerschaft ist man versucht, an E. T. A. Hoffmann zu
denken. Außerdem bekämpfen sich auch bei Eichendorff die beiden feindlichen Principia. Doch ist der
Novellentyp Eichendorffs von dem Hoffmanns deutlich, nicht nur sprachlich, verschieden. Das dunkle
Geschick, die Nachtseite, begreift nicht, wie bei Hoffmann mindestens vorwiegend, die ganze Welt. Außerhalb der Traum- und Zaubersphäre der Venus und
ihres dämonischen Begleiters Donati herrschen Helle
Fröhlichkeit, Geborgenheit, zu der Florio aus der Anfechtung nur zurückzufinden hat.

Reise- und Künstlernovelle ist auch *Aus dem Leben
eines Taugenichts* (1826). Wie die um ein Jahrzehnt
spätere geschichtliche Erzählung *Das Schloß Dürande*
ist dies, so seltsam es klingen mag, eine der weniger

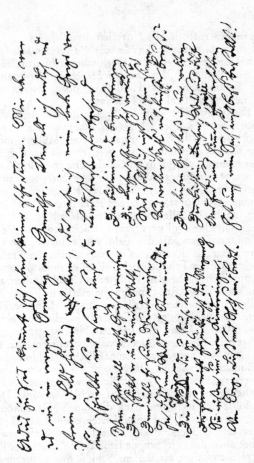

Aus der Handschrift von Eichendorffs
„Aus dem Leben eines Taugenichts"

sozusagen realistischen Novellen des Dichters – ‚realistisch‘ im Gegensatz zum *Marmorbild* verstanden. Dort spielt sich etwas legendär Mythisches leibhaftig, nicht nur im Traum, ab. Im *Taugenichts* scheint der Phantasie des Helden alles wunderbar, doch löst es sich schließlich rational ohne Rest auf.

Die Verwandtschaft der Ereignisse mit dem Märchen liegt ausschließlich an der Phantasie des *Taugenichts*, des in die Welt aufgebrochenen Müllerssohnes. Ihr scheint alles wunderbar; er selber erweist sich immer mehr als ein ‚Hans im Glück‘. Die erste Station ist Wien, wohin ihn, sozusagen aus notwendigem Zufall, der Wagen der Gräfin und ihrer Pflegetochter mitnimmt. Die Gunst der Damen setzt ihn erst als Gärtner, dann als Zolleinnehmer ein. Als solcher führt er ein idyllisches Philisterdasein mit Schlafrock und Zipfelmütze. Doch hält das nicht vor, zumal er die Unerreichbarkeit des Besitzes der vermeintlichen Grafentochter, die er heimlich liebt, einsehen muß. So bricht er aus dem drohenden Philisterium nach Italien auf. Auch auf dieser Reise spielen die merkwürdigsten Zufälle. Ausgerechnet auf die als junger Maler verkleidete wirkliche junge Gräfin trifft er, die von einem ebenfalls als Maler verkleideten Nachbargrafen entführt wird. In dieses Liebesmaskenspiel sieht sich der Taugenichts auf einem lombardischen Schloß dann gründlich verwickelt. Über Rom, wo ihn neue Abenteuer erwarten, kehrt er enttäuscht von „dem falschen Italien“ auf das Wiener Grafenschloß zurück. Dort enthüllt sich nach und nach die ganze Maskenkomödie, die man z. T. auf seine Kosten gespielt hat. Leonhard und Guido sind keine verkleideten Maler mehr. Aber auch die „viel schöne liebe Fraue“ erscheint ihm jetzt demaskiert als die im Schloß nur aufgezogene Waise, die ihn wieder liebt und nun seine Braut werden kann.

Dies ist nur das dürre Handlungsgerüst, das kaum etwas verrät von der kindlichen Anmut, der reinen Torheit, die dem Taugenichts zu eigen sind in der Erfahrung der bunten wunderbaren Welt. Eine Maskenkomödie in Prosa, von serenem Humor beherrscht. Das erste Mal zudem, daß Eichendorff sich einen ‚bürgerlichen' Helden setzt und keine Edelleute oder Studenten. Denn die drei Prager, die der Taugenichts auf der Rückreise trifft, steuern zwar eines der meistgesungenen Eichendorff-Lieder (*Nach Süden nun sich lenken . . .*) bei, bleiben aber doch Nebenfiguren. Und die Schloßsphäre hat nur die Funktion, die verspielte Liebesaffäre des Taugenichts bis zur Hochzeit zu führen. Dennoch ist der Taugenichts, obzwar nicht hochgeboren, alles andre als ein Bürger. Der Philister in der Zolleinnehmer-Periode bleibt ebenso drollige Verkleidung, aber nicht Wesen, wie die Rolle eines adligen Schloßbewohners in Italien. Was Eichendorff reizte und ihm auch vollkommen gelungen ist, das bleibt die Darstellung, wie ein rechtes Kind Gottes in seiner Unschuld von der Freiheit des Wanderns durch die Welt Gebrauch macht und dabei, geheimnisvoll regiert, ahnungslos sein Glück macht: Das Menschliche über und zwischen den Ständen, sozusagen die Sublimierung von Eichendorffs Jünglingsbild.

Novellen mit Abenteuer-, Reise-, Studentenmotiven sind in der Mehrzahl auch die anderen Eichendorff-Erzählungen. Humor herrscht in *Viel Lärmen um Nichts, Auch ich war in Arkadien, Die Entführung, Die Glücksritter*. Doch mischt sich in diese Novellen, im Gegensatz zum *Taugenichts*, mehr Satire ein, speziell Literatursatire. So etwa der „Herr Publikum" als Schloßbesitzer (*Viel Lärmen*), der Gasthof „Zum goldenen Zeitgeist" mit dem skurrilen Professor (in *Arkadien*), das Hallenser Burschentum (in *Die Glücksritter*). Als Novelle mit tragischem Ausgang bildet bei

Eichendorff *Das Schloß Dürande* (1837) einen Aus-
nahmefall. Ob es Zufall ist, daß es sich dabei auch um
die einzige politische Erzählung Eichendorffs handelt?
Denn das ist sie, trotz ihrer natürlich auch ausdrücklich privaten Seite. Wie in Eichendorffs komischen
Novellen das Spiel mit der Wahrheit hinter den Masken kaum je fehlt, so führt hier eine tragische Verken-
nung der Wahrheit zur Katastrophe. Aber diese Katastrophe ist verbunden mit dem Motiv der Französischen Revolution. Der Jäger des Grafen Dürande,
Renald, hütet nach der Eltern Tod seine Schwester
Gabriele in seinem Hause sorgfältig vor der bösen
Welt. Er kann nicht hindern, daß ein ihr unbekannter
ritterlicher Mann Verbindung zu ihr findet. Renald
bringt Gabriele in ein Kloster, aus dem sie bald nach
einem Besuch des jungen Grafen entflieht. Renald
glaubt natürlich an eine Entführung, zumal er in Paris unter verdächtigen Anzeichen abgewiesen wird und
auf seine Beschwerden, die er bis zum König hin vor-
bringt, ins Irrenhaus gesteckt wird. Er befreit sich
daraus, kehrt nach Dürande zurück, wird der Führer der Revolution am Ort und stürmt das Schloß.
Das Ergebnis ist der Tod des jungen Grafen von Re-
nalds Hand und auch der Gabrielens. Vorher hatten
sie sich ihre Liebe gestanden. Renald erfährt erst später, daß keine Entführung stattgefunden hatte, daß
vielmehr Gabriele dem von ihr wirklich Geliebten gefolgt war, um ihm verkleidet zu dienen. Renald ver-
vollständigt das morose Ende durch Selbstmord in
den Trümmern des von ihm in Brand gesetzten Schlos-
ses. Eine tragische Täuschung also ist die Voraussetzung des dramatischen Schlusses, bei dem sämtliche
Spieler auf dem Platze bleiben. So sensationell geht
es sonst bei Eichendorff nicht her. Die politische Komponente mag das wenigstens mit erklären. Renald,
Glied der gräflichen Dienerschaft, sieht in seiner Herr-

schaft den Tyrannen ohne Hemmungen. Er selbst und
Gabriele sind die Opfer aus dem Volke. Das untergehende Königtum und sein System schützt aber die
Verbrecher, da sie Aristokraten sind. So wirft ihn
nicht nur die Geschichte, sondern auch bittere Erfahrung in die Arme der Revolution. Aber der alte Eichendorff hat keine Revolutionsnovelle mit geschichtlicher
Rechtfertigung schreiben wollen. Er läßt den jungen
Grafen Gabriele nicht entführen, nicht verführen, sondern wirklich lieben und schließlich mit ihr sterben,
als ob sie sein angetrautes Weib wäre. Renald fühlt
sich, die wahren Verhältnisse erkennend, widerlegt und
vollzieht nun die Rache an sich selbst. Die Revolution
dürfte hier der eigentliche Eichendorffsche Dämon und
Verführer sein, unter Mitschuld freilich des ancien
régime.

Der späte Eichendorff hat seine Erzählfreude auch
in gebundener Form, in Versepen zum Ausdruck kommen lassen (*Julian*, 1852; *Robert und Guiscard*, 1855),
die weit unter seiner Novellenkunst liegen. Sie sind
nicht im epischen spanischen Trochäus gehalten (oder
doch nur in wenigen romanzenhaften Partien), auch
nicht reimlos, so daß man strukturell eher von Bal-
ladenzyklen sprechen könnte, zumal auch hier einzelne schöne lyrische Gedichte eingefügt sind. Aber so,
als ein Gemisch mit großer Souveränität gehandhab-
ter Strophenformen, vermögen sie als Ganzes keine
Wirkung auszuüben. Die Heidelberger Romantik in
Robert und Guiscard findet man anderswo bei Eichendorff eindrücklicher; die historischen Stoffe aus der
Zeit des Übergangs vom römischen Heidentum zum
Christentum bedeuten größtenteils Altersformalismus,
späte Wiederaufnahme des *Marmorbild*-Südmotivs,
nur mit deutlicher direkter Moral. So etwa in den
Schlußversen von *Julian*:

Du aber hüt' den Dämon, der in der Brust dir gleißt,
Daß er nicht plötzlich ausbricht und wild dich selbst
zerreißt.

3. Dramatik und Erinnerungsprosa

Bedeutender denn als Versepiker ist hingegen Eichendorff als Dramatiker. Und zwar nicht in der Tragödie, obwohl er Tragödien wie *Ezelin von Romano*
(1828) und *Der letzte Held von Marienburg* (1830)
geschrieben hat. Diese stehen unter dem Zeichen Shakespeares und Calderóns und unterscheiden sich in der
Langatmigkeit nicht von den historischen Dramen und
Ritterschauspielen der Zeit, d. h. der durch Sturm und
Drang und die Romantik aufgekommenen Mode. Die
Genialität Eichendorffs kommt vielmehr in den Lustspielen zum Zuge, in *Krieg den Philistern* (1823),
Meierbeths Glück und Ende (1827), *Die Freier* (1833).

Krieg den Philistern ist ein weitgefaßter Mummenschanz, durch und durch Literatursatire, und krankt,
wie das geistesverwandte *Pandaemonium Germanicum*
von Lenz oder der von Eichendorff auch weidlich
ausgenutzte *Gestiefelte Kater* von Tieck, an der Problematik der Aufführbarkeit. Das „dramatische Märchen in fünf Abenteuern" zieht, wie Tieck es auch
tut, Zuschauer, Verfasser und Kritiker als Mitspieler
in die Aktionen mit hinein, aber auch spezifische Vertreter der zeitgenössischen Deutschtümelei unter Bar-
dennamen, in denen, wie auch in den sentimentalen
Figuren, Eichendorff die Romantik selber und ihre
Früchte parodiert. Auch das politische Rednertum und
seinen Stil nimmt der Narr aufs Korn, der sich am
Schluß als der „leibhaftige Doppelgänger" des „Verfassers" herausstellt. Parodiert wird hier also alles,
nicht nur der Philister Grobianus schlägt die Philister
wie die „Poetischen" zusammen tot. Die Rasanz der

komischen Handlung, der freie Mutwille, der überall
herrscht, ist zugleich zu verstehen als Kampf gegen
den stockigen Zeitgeist der Langeweile:

Regent. Es steht die Zeit auf einmal furchtbar still,
  Rings an der eigenen Langweiligkeit
  Verstirbt das Volk . . .

Der kritische Gesichtspunkt ist universal, die ganze
Zeit umgreifend mit ihren romantischen wie bürgerlichen Auswüchsen.

Eine Farce großen Stils also, deren Witz die „Tragödie mit Gesang und Tanz" *Meierbeths Glück und
Ende* durchaus nicht erreicht. Zwar streiten sich hier
die Nationen in ihren Auswüchsen: die Berlinerin, der
galante Herr aus Paris, Scotts Waverley, zwar treten
zaubernde Zigeuner auf und, wie bei Lenz, „zerspreng-
te Literatoren", wohlgemerkt Trivial-Autoren, als deren Sprecher Meierbeth selber mitfungiert:

Meierbeth (*schwärmerisch*).
  Wie an Liebchens Schlafgemache
  Rings der Welten Bau vertost!
  Mund, wo fändest du noch Sprache,
  Wenn die ganze Seele kost?

Aber die Satire ist allzu zugespitzt und dadurch weniger amüsant als im Philister-Spiel.

Als bühnenfähigstes Stück Eichendorffs hat sich sein
letztes, *Die Freier,* erwiesen. Man spürt ihm an, daß
der Dichter hier sich noch einmal einen Heidenspaß
mit den Menschen macht. Die Atmosphäre des Taugenichts: Grafenschloß, eine Gesellschaft aus Aristokra-
tie, Philistertum, Schauspieler, Sänger, Musikant und
Dienerschaft gemischt. Die Werbungshandlung in beiden Sphären – es formt sich, diesmal in allem bühnen-
gerecht, zu einem Wirbel von Verkleidung, humoristischem Mißverständnis, witzigem Gegeneinander.

In manchem, nicht nur dem Maskenspiel, sondern auch dem romantischen Wortspiel, erinnert die Komödie an Büchners *Leonce und Lena*. Ein Präsidenten-Neffe (Graf Leonhard), auf Selbständigkeit erpicht, läßt sich durch den Ruf der Gräfin Adele, die das ebenso ist, provozieren, in Künstlerverkleidung auf ihr Schloß zu gehen. Dort stellen sich auch noch ein echter Schauspieler und ein Musikant ein, beides verbummelte Typen, sowie der seine lederne Pedanterie nur mühsam hinter der Maske eines reisenden Flötisten bergende Hofrat Fleder (als geheimer Abgesandter des Präsidenten). Das sind die überall gefoppten Freier; denn Gräfin und Kammerjungfer haben auch ihre Rollen gewechselt, und Flora, die Zofe als Gräfin, wird von allen angeschwärmt. Die echte Gräfin freilich ist auch die Düpierte, da sie Leonhard erst am Schluß erkennt. Satire könnte hier höchstens Satire auf Menschentypen sein, die sich bloßstellen. Es überwiegen aber bei weitem die humoristischen Täuschungssituationen.

Weniger bekannt als der Dichter Eichendorff ist seine Rolle als Memoirenschreiber, Literaturkritiker und Historiker. Aus seinen Memoiren herausgelöst oder doch aus ihnen entwickelt sind die beiden Stücke, die unter dem Titel *Erlebtes* zusammengefaßt wurden (*Der Adel und die Revolution* und *Halle und Heidelberg*). Wenn auch das erste mehr Wissen aus Tradition als aus der eigenen Erinnerung enthalten mußte, so kommt doch ein brillant formuliertes Kulturbild heraus, auch dies voller Humor, stilistisch frei und elegant (vgl. das Vorwort). Selbsterlebte, wenn auch durch die historische Konzeption sanft distanzierte Erinnerung ist die Schilderung der eigenen Studenteneindrücke in Halle und Heidelberg. Es ist keine Universitätsgeschichte, sondern ein noch immer innig bewegtes Bild vor allem des Heidelberg der jüngeren Romantik, das etwas schwärmerisch Dionysisches an sich hat noch im Altersstil des Dichters. Hier wird unvergleichlich das Atmosphärische dargestellt:

Die damaligen Universitäten hatten überhaupt noch ein durchaus fremdes Aussehen, als lägen sie außer der Welt. Man konnte kaum etwas Malerischeres sehen als diese phantastischen Studententrachten, ihre sangreichen Wanderzüge in der Umgebung, die nächtlichen Ständchen unter den Fenstern imaginärer Liebchen, dazu das beständige Klirren von Sporen und Rapieren auf allen Straßen, die schönen jugendlichen Gestalten zu Roß, und alles bewaffnet und kampfbereit wie ein lustiges Kriegslager oder ein permanenter Mummenschanz. Alles dies kam aber erst zu rechter Blüte und Bedeutsamkeit, wo die Natur, die, ewig jung, auch am getreusten zu der Jugend hält, selber mitdichtend studieren half.

In der Mitte der vierziger Jahre steuerte Eichendorff zu einem katholisch kulturpolitischen Organ, den *Historisch-politischen Blättern* eine Artikelfolge *Zur Geschichte der neueren romantischen Poesie* bei. Es folgten einige weitere unter anderen Titeln bis zum Jahr der Märzrevolution. In der Folgezeit überarbeitete er dies alles und fügte es zu einer *Geschichte der poetischen Literatur Deutschlands* (1857). Eichendorffs Interesse war kein eigentlich historisches. Die Disproportion zwischen dem 1. und 2. Teil zeigt das an. Die Zeitspanne vom germanischen Altertum bis zur Aufklärung nimmt kaum mehr als die Hälfte des Raumes ein, den dann der 2. Teil „Die neuere Romantik" beansprucht. Es bleibt damit ein Werk pro domo: in der Hauptsache Darstellung der Epoche, die er selbst erlebte und deren Hauptrepräsentanten einer er selbst gewesen war. Doch führte ihn sein kritisches Selbstbewußtsein in den abschließenden Partien immerhin bis zu Immermann, Heine, Stifter und der Droste. Die Ablösung der Romantik durch das ihm fremde Junge Deutschland ist ihm bewußt. Das Urteil des Katholiken mußte hier ablehnend sein. So etwa als er vom neueren Drama und Sozialroman von „offenbaren Studien zu diesem Simonismus der Sinnlichkeit" spricht:

> Vorzüglich aber ist dieses menschenfreundliche Evangelium in alle Welt ausgefahren durch unsere modernste Lyrik, die in der Tat bereits ihre Saturnalien feiert und das goldene Kalb des Materialismus jauchzend umtanzt ... Der maître de plaisir aber auf diesem Karneval ist Heinrich Heine.

Man sieht, was charakteristisch ist für Eichendorffs Literaturgeschichte: daß er sich gar keine Mühe gibt, die Maske des Historikers sine ira et studio vorzunehmen. Er bietet bewußt ein Selbstzeugnis, und zwar ein parteiisch engagiertes. Aber das kritische Engagement gilt nicht nur dem Jungen Deutschland etwa oder der alten Aufklärung, sondern durchaus auch den Wirkungen der Romantik selber. Interessant in diesem Zusammenhang ist das gewandelte Urteil über seinen einstigen Freund Loeben:

> Und so entstand, gleichwie beim babylonischen Turmbau, allmählich jenes wunderliche Gemisch von Mystizismus, katholischer Symbolik und protestantischer Pietisterei, jener konventionelle Jargon altdeutscher Redensarten, spanischer Konstruktionen und welscher Bilder, der fast an des simplizianisch deutschen Michels verstümmeltes Sprachgepräng erinnert, und insbesondere bei *Loeben* (Isidorus Orientalis) unbewußt sich selber parodiert. Da bezieht sich alles mit einer Art von priesterlicher Feierlichkeit auf den Beruf des Dichters und die Göttlichkeit der Poesie, aber die Poesie selbst, das ursprüngliche, freie, tüchtige Leben, das uns ergreift, ehe wir darüber reden, kommt nicht zum Vorschein vor lauter Komplimenten davor und Anstalten dazu.

Hier wird ein Auswuchs der Romantik vom Standpunkt des Realismus widerlegt („die Poesie selbst, das ursprüngliche, freie, tüchtige Leben"). An denselben

Loeben hat auch Ludwig Uhland warnend geschrieben:
„Wahrlich, wir dürfen uns nicht so über das Leben hin-
wegsetzen." Es gibt also eine früh- oder vorrealisti-
sche Erkenntnis bei den alternden, ehemaligen Romantikern selber. Sie gilt bei Eichendorff außer für Loeben
etwa auch für die süßliche Trivialromantik von Red-
witz' *Amaranth* und „jene innere Zerrissenheit", welche die letzten Stadien der Schule charakterisiert.
Eichendorffs Kritik der Romantik ist also auch Selbstkritik und damit vielleicht objektiver als sein Urteil
vom unverrückbaren Standort seines Glaubens. Stil
wie Tendenz sind nicht wissenschaftlich. Aber als Al-
ters- und Selbstzeugnis eines Romantikers hat seine
Altersprosa einen unersetzlichen, auch wissenschaftlichen Wert. Übrigens hat der Alternde nach seinem
Rücktritt vom Amt 1844 mit ausgesprochenem Stilgefühl sich auch als Übersetzer aus dem Spanischen versucht (*Geistliche Schauspiele von Calderón*, 1846–53).
Weitere unvollendete Übertragungen sind neuerdings
aus dem Nachlaß veröffentlicht.

X. DER ROMANTIKERKREIS IN SCHWABEN

1. Justinus Kerner und sein Haus

Wie die Romantik in Berlin ihre festen gesellschaftlichen Mittelpunkte hatte, sei es in den Salons der
reichen oder intellektuell hervortretenden Familien,
sei es in der Weinstube von Lutter und Wegner, so
sammelten sich auch die schwäbischen Romantiker um
einen außerordentlich geselligen Ort: um das Haus
Justinus Kerners nächst der Burg Weibertreu in Weinsberg. Dieser hatte es alsbald nach seiner Vokation als
Oberamtsarzt bei der durch die Sage der Weiber von
Weinsberg berühmten Burg, deren Turm er mit Äols-
harfen ausstattete, gebaut und mit Gärten umgeben;
ein romantisches Refugium comme il faut, den süd-
deutschen Verhältnissen angepaßt, mit Raum genug
für Gäste aus der Nähe wie aus der Ferne. Diese kamen gelegentlich auch wie Graf Loeben um magnetischer Kuren willen. Denn Kerners Tätigkeit als experimentierender parapsychologischer Arzt war in ganz
Deutschland bekannt und lockte auch eine Fülle von
Neugierigen. Der Kern der Geselligkeit aber war der
engere Kreis mit Uhland, Mayer, Schwab, dazu dem
poetischen Grafen Alexander von Württemberg. Auch
Mörike kam vom nahen Cleversulzbach öfters ins Ker-
nerhaus, wenn er auch nicht zum eigentlichen Freundeskreis gehörte. Die Anziehungskraft in die Ferne
wirkte vor allem auf Lenau, dessen Gedichte durch
Schwab zuerst zum Druck gelangten. Er wurde zum
permanenten Hausgast der Kerners, dem schwäbischen
Dichterkreis zugesellt, vor und nach seinem Amerika-
Abenteuer. Sieht man über diesen engeren Kreis hinaus, so hat von der Staël und der Krüdener bis zu
Freiligrath, Strauß, Mesmer, Auerbach und Geibel sich

*Im Garten bei Justinus Kerner. Stahlstich nach einem Ölgemälde
von H. Rustige (1867)*

das geistige Leben der Zeit in diesem Romantikerhause eingefunden. Das Register der Gäste dürfte dem des Varnhagenschen Salons durchaus ebenbürtig sein.

Der Besitzer dieses Hauses und gesellige Mittelpunkt dieses Kreises, Justinus K e r n e r (1786–1862), war Ludwigsburger wie Mörike, Strauß und Vischer, kam aus einem respektablen Beamtenhaus und wurde nach dem frühen Tod seines Vaters durch die Förderung des Philologen und Dichters Karl Philipp Conz Mediziner und Naturwissenschaftler in Tübingen. Dort beginnt bereits die Freundschaft mit Uhland und Karl Mayer, mit Schwab und mit Varnhagen, der Kerners Wesen übrigens ganz ausgezeichnet charakterisiert: „Seine Augen haben etwas Geisterhaftes und Frommes, sein Herz kann er unwillkürlich schneller schlagen machen, aber es nicht ebenso wieder hemmen... Alles zauberhaft Magnetische tritt bei ihm in auffallender Stärke hervor. Er selbst hat etwas Somnambules, das ihn auch in Scherz und Lachen begleitet..." 1808 schloß Kerner mit dem Medizinstudium ab; zu gleicher Zeit trat er mit ersten Gedichten in Leo von Seckendorffs *Musenalmanach* und Arnims *Zeitung für Einsiedler* hervor. 1807 verlobte er sich mit der Professorentochter Friederike Ehmann, dem ‚Rickele‘, seiner vorbildlichen späteren Hausfrau. Ihren Tod 1854 hat Kerner zwar noch um acht Jahre überlebt, aber in ständiger Erinnerung und Hoffnung auf die Wiedervereinigung. Die Grabsteininschrift lautet bezeichnenderweise: „Friederike Kerner und ihr Justinus."

Kerners frühe Arbeiten stehen unter dem Zeichen der Zusammenarbeit mit Uhland und der Polemik gegen Cottas *Morgenblatt für gebildete Stände*. Einmal ging der dezidierte Schwabe über die Grenzen hinaus bis nach Hamburg, Berlin und Wien. Das war 1809/10. Dann wird er seßhaft, von 1819 an in Weinsberg. In dieser Epoche entsteht ein Großteil seiner Gedichte

Klecksographie von Justinus Kerner aus dem handschriftlichen Buch
„Höllenbilder"

und entscheidet sich seine Naturwissenschaft nach der ‚Nachtseite' hin, also in der Richtung Schuberts (*Geschichte zweier Somnambulen*, 1824; *Die Seherin von Prevorst*, 1829; *Eine Erscheinung aus dem Nachtgebiete der Natur*, 1836). Seine eigenen magnetischen Heilversuche, Geisterbeschwörungen und mystischen Experimente (zum Teil mit dem Tübinger Parapsychologen Eschenmayer zusammen) weckten nicht nur die Neugier, sondern auch den Spott der Zeit (Immermann, Heine). Kerner mit seinem ausgeprägten Humor ließ sich das wenig anfechten. So lebte er der Zeit eine merkwürdige Variante von Spätromantik vor: eine Mischung von bürgerlichem Familien- und Amtsidyll und ganz unbürgerlicher mystischer Experimentierfreude, beides verbunden durch den Sinn nicht nur für die Komik der Welt, sondern auch für die eigene. Die *Klecksographien* von 1857 bezeugen seine Möglichkeit, sogar das Makabre als humoristisch erscheinen zu lassen.

Kerners Existenz, seine Art zu leben und zu produzieren, erscheint als wunderlich, von der Zeit zuletzt überholt, überhaupt schlecht begreifbar, wenn man sich nicht dazu klarmacht, daß dieser Romantiker seine Kindheit noch im 18. Jahrhundert verlebte, daß seine letzten Altersjahre aber ins Jahrzehnt vor der Reichsgründung fielen, seine letzten Werke in die fünfziger Jahre, in eine längst nicht mehr romantische Geschichtsepoche also. Bettina von Arnim ist ein ähnlicher Fall. Doch paßt sie im Alter ihre Inhalte den Sozialanschauungen des Jungen Deutschland an, während Kerner bis zuletzt seinen romantischen Mystizismus bewahrte, als dieser schon längst ein Anachronismus geworden war.

Seine Kinderjahre hat Kerner behaglich-warm im *Bilderbuch aus meiner Knabenzeit* (1849) geschildert. Ein früheres dichterisches Selbstzeugnis sind die *Rei-*

Ludwig Uhland. Ölgemälde von G. M. Morff (1818)

Wilhelm Hauff. Ölgemälde von Eberhard Wächter

seschatten (1811). Dieses Frühwerk ist alles andere
als ein Reisebericht der großen „Fahrt" nach Nord-
deutschland und Österreich von 1809. Es ist wirklich
eine „Schattenreihe", in der Reisestationen, imaginäre
Orte, mögliche und ganz surrealistisch-traumhafte
Vorgänge und Situationen ineinander verschmelzen
auf eine Weise, die nicht zufällig bis auf Novalis
zurückgeht. Dies gilt vornehmlich auch für das Märchen *Die Heimatlosen* von 1816 (urspr. Titel *Der
Wanderer zum Morgenrot*). Die Schattenbilder, die die
Reisestationen wiedergeben, bieten das vertraute Bild
romantischer Erzählweise: eingelegte Lyrik aus Kerners Frühzeit wie bei Eichendorff, verstreute Schätze
aus *Des Knaben Wunderhorn*, den Figuren in den
Mund gelegt, einmontierte dramatische Spiele. Die Logik der Ereignisfolge verzichtet häufig auf äußere Verbindungen und gibt dem bloßen Assoziieren viel Gewicht. So sprechen die Figuren beziehungs- und geheimnisvoll, da sie mehr wissen als der Leser. Nicht
umsonst ist einer der Reisenden, der verwirrte Dichter
Holder, aus dem kranken Hölderlin sublimiert.

„Im Grunde der See", sprach er nun ruhig, „wo die
Meerfrau reitet, da klingt Koralle und Muschel ... im
Schloß von Kristall, da geht's hoch her. Meine Mutter,
die brachte mir Blumen, als ich in der Wiege lag ... die Mutter
aber hatte die Blumen geholt bei der Nachtfrau im Walde,
... da brachte sie eine Lilie, die war groß ... und war ver-
schlossen eine Knospe, ... Da war es Nacht, und sie stellte
die Lilie vor die Wiege in ein Glas Wasser ... da ging die
Lilie im Mondschein auf ..."

Die Stelle zeigt nicht nur die zugrundeliegende poetische Mythologie, die die Ratio ausschaltet, sondern
auch die gelegentlich bis zum Grotesken gehende Mischung der Extreme. Denn auch Hölderlin-Holder ist
Kerners Humor unterworfen. Die Gegensätze lösen
einander mit Windeseile ab, so daß Sentimentalität

kaum Zeit findet aufzukommen. Bewußt zieht Kerner keine Grenze zwischen Unsinn und Tiefsinn – so wenig wie zwischen den Wirklichkeitsebenen. So bewirken die Töne der Maultrommel etwa folgende Verwandlung:

> Da wandelten sich die Laute in kleine feurige Kreise und Linien, und die gestalteten sich bald zu all den Tälern, Bergen und Auen, die wir so froh einst durchgingen.

An anderer Stelle erweisen sich Postknecht und Pferde als bloße Surrogate für Pferde und Postknecht. Und das ist schon verborgene Literatursatire (die dem Cottaschen *Morgenblatt* gilt). Weitgehend ist, von der *Reiseschatten* bis zu den *Klecksographien,* die Kernersche Romantik eine mit Humor gesättigte Enthüllung solcher verborgener, tieferer Wirklichkeit hinter der äußeren Erscheinung. Kerner spielt das durch ein ganzes Sammelsurium von der früheren Romantik schon entdeckter Werte durch: Nachtszenen, Landschaften mit Ruinenstaffagen, stilles Familienglück (das wie bei Hoffmann auch Fratzenhaftes hinter sich hat), Fremde und Zigeuner, die Überfahrt am Schreckenstein (mit Harfnerin); schließlich, was Brentano und Arnim (und Tieck) nun immer gesammelt und angewendet hatten an Volksbüchern und Volksliedern und zu romantischer Bedeutung erhoben. Auch das alte Nürnberg Wackenroders mit seinem Dürer fehlt nicht. Eklektizismus? Dazu ist die Kernersche Form zu individuell und ursprünglich. Für eine Vision mit dem Geisterzug in nächtlicher Kirchenruine braucht es nicht die Kenntnis Caspar-David-Friedrichscher oder Schwindscher Bilder. Kerners Dichtung griff einfach, reizbar wie sie war, aber auch schwäbisch humorvoll, wie sie ebenfalls war, das romantische Zeitgut und Zeitgefühl durch all ihre Erscheinungsformen in spielender Verwandlungsfreude auf.

Wenn die *Reiseschatten* auch bei aller romantischen Topik das Leben als Traum und den Traum als Leben doch im Sinne des Beginns und einer heraufkommenden Zukunft nehmen, muß man zur ganzen Erscheinung Kerners bemerken, daß sie überwiegend dem Vergangenen zugewandt ist und daß Wehmut und Rückerinnerung deutlich überwiegen. Selbst in die naturphilosophischen und parapsychologischen Experimente spielt das hinein: Geister und „Geistinnen" sind z. T. Revenants. Im Scherz bringen das die *Klecksographien* mit ihren „Hadesbildern". Da diese Bilder, zu denen Kerner seine Verse machte, direkt aus Tintenklecksen (schwäbisch ‚Tintensäuen') entwickelt sind, spiegeln sie sogar, ins Humoristische transponiert, sozusagen das geisterhaft Unmittelbare wider, das auch seiner mystischen Naturwissenschaft zugrunde lag: *Die Poltergeister in und um Weinsberg,* die Immermann im *Münchhausen* drastisch parodiert.

Daß aber Erinnerung gar nicht nur spiritistisch, sondern auch recht handfest empirisch sein kann, zeigt die merkwürdig an den späten Rilke gemahnende Stelle aus dem Märchen *Die Heimatlosen*:

Nur eine schwache Erinnerung haben wir jetzt noch von der Lust, die uns in früher Kindheit das Essen eines Apfels, einer Kirsche, eines Stückleins Brot verursachte ... Seit wir auf eigenen Füßen gehen, seit wir unserer Mutter, der Erde, entwöhnt sind, will uns, was so ganz von ihr genommen ist wie Kraut, Frucht und Brot, nicht mehr so munden.

Rilkes bekannter später Brief an Witold von Hulevisž macht daraus ein System der hinschwindenden Dinge.

Nicht nur Kerners späte Lyrik (*Der letzte Blütenstrauß*, 1852; *Winterblüten*, 1859) ist vorwiegend Rückschau in die Vergangenheit: die Kindheit, das Eheglück, die verstorbenen Freunde, sondern auch ein Teil der frühen Verse und der Gedichte der Reifezeit ist es. Die politischen Gedichte vor und zu dem tollen Jahr 1848 zeigen, wie zu erwarten, das konservative romantische Ordnungsdenken und die Ablehnung der ‚Roten‘. Zeitrückgewandt ist z. T. deutlich auch die Naturlyrik, gelegentlich programmatisch. Am bekanntesten aus der Gruppe solcher Gedichte gegen die „dampfestolle“ Zeit ist das von Keller in einem Gegengedicht attackierte Lied *Im Grase* („Laßt mich in Gras und Blumen liegen / Und schaun dem blauen Himmel zu“). Die tiefe Abneigung des romantischen Naturgenießers und Poeten gegen die Technik und ihre naturfremden Maschinen bricht hier (und in einigen verwandten Gedichten) durch.

Das Thema der alten, ewigen, unzerstörbaren Natur entspricht so wie das der Wehmut und des Leides auch Kerners dichterischer Selbstauffassung: in strahlender Form in *Die schwäbische Dichterschule* („und ihr Meister heißt – Natur“) und in *Poesie*:

> Poesie ist tiefes Schmerzen,
> Und es kommt das echte Lied
> Einzig aus dem Menschenherzen,
> Das ein tiefes Leid durchglüht.
>
> Doch die höchsten Poesieen
> Schweigen wie der höchste Schmerz,
> Nur wie Geisterschatten ziehen
> Stumm sie durchs gebrochne Herz.

Hier hat man die Tag- und die Nachtseite von Kerners lyrischem Grundton, der ihm am dichtesten im Lied gelingt. Aus diesem Bereich ist auch einiges volkstümlich geworden wie vor allem *Wohlauf noch getrunken den funkelnden Wein*. Auch im Balladesken, das der rückgewandten Seite seiner Weltanschauung entsprach und das er in vielfachen Formen pflegte, konnte er eine volkstümlich glückliche Hand haben (*Preisend mit viel schönen Reden*). Das Wichtigste und das Persönlichste aber bleiben seine aus Erinnerung und Gegenwart heraufgerufenen Lieder wie *Herbstgefühl, Alte Laute, Wo zu finden?, Auf das Trinkglas eines verstorbenen Freundes* (von Schumann komponiert), um nur einige zu nennen. Ton und Klang sind eigen, gewiß auch schwäbisch getönt, aber in den zartesten und schönsten Stücken überprovinziell.

2. Ludwig Uhland

Trotz der auf eine große Bildungsbreite bis zur Jugendliteratur hin berechneten Popularisierungen der *Deutschen Volksbücher* und der *Sagen des klassischen Altertums* seines Freundes Schwab steht der Name Uhlands noch heute als der einzig allgemein bekannte der ‚Schwäbischen Schule' da. Auch er verdankt das freilich seiner ungewöhnlich standfesten Rolle im Lehrplan der Schulen bis in unser Jahrhundert hinein. Durch die beiden: Uhland und Schwab (wohl auch noch durch die Märchendichtung Hauffs) wurde gerade die schwäbische Spätromantik ein erheblicher Erziehungsfaktor, mit dem nur wenige Norddeutsche wetteifern konnten.

Ludwig Uhland (1787–1862) hatte bedeutende, ja geniale Züge, aber unter einem bürgerlich nüchternen Habitus verborgen. Herkunft wie Eigenart haben hier mitgesprochen. Die Anekdote aus den Akten des Kernerhauses ist bekannt, nach der ein Mitreisender im Postwagen die Berufe der Reisegefährten zu erraten suchte und den Dichter auf einen reisenden Uhrmacher taxierte. Bescheidene Nüchternheit (er lehnte später den Pour le mérite und den Maximiliansorden ab) war in der Tat die Mitgift des Theologen-Enkels und Juristen-Sohns. Sie erleichterte dem späteren politischen Uhland, dem altrechtlichen Württemberger Abgeordneten und dem Parlamentsmitglied von 1848, die Rolle eines echten Volksmanns.

Der Tübinger, ohne eigene Mitbestimmung in die juristische Laufbahn gelenkt, hat nicht nur diese gewissenhaft bis zur Rechtsanwaltspraxis durchgestanden, sondern von der Schule an sich eine weltläufige literarische Bildung angeeignet. Sie war nicht nur auf das Deutsche und Nordische beschränkt, sondern warf sich nach dem Tübinger Abschluß 1810 in dem darauf folgenden Pariser Jahr auch ganz intensiv auf die romanischen Sprachen (Altfranzösisch und Spanisch). Es war überhaupt ein Jahr der Weltbildung für den später nicht mehr weit herumgekommenen Gast aus der schwäbischen Provinz. In Paris hat Uhland auch die Hauptfundamente für seinen späteren Beruf als Professor der Germanistik in Tübingen gelegt, den er nach einigen Jahren unbesoldeter Ministerialtätigkeit in Stuttgart endlich erreichte. Die erste Sammlung seiner Gedichte erschien 1815. Sie enthält vor allem Lied- und Balladengut aus der Zeit vor und nach Paris. Für lange Zeit, z. T. durch sein Engagement in der Landespolitik, war er dann als Lyriker nahezu unproduktiv. Erst ab 1834 setzte eine neue Gedichtströmung ein, wohl auch auf Grund der Erkenntnis, daß er sich als Dramatiker nicht durchzusetzen vermöchte. Das hat er in den Jahren nach 1815 erfahren, in denen eine Menge durchwegs historischer dramatischer Fragmente entstanden, darunter eines der besten der vielen Konradin-Torsi der Zeit. Zwei Pläne hat er vollendet: *Ernst, Herzog von Schwaben* (1817) und *Ludwig der Bayer* (1818, jedoch viel später veröffentlicht). In der Flut der historischen Dramen gehören diese beiden Uhland-Stücke durch ihre verborgene Verbindung mittelalterlicher und gegenwärtiger politischer Problematik aber in die vorderste Reihe. Die zwanziger Jahre hat er seinen äußerst sorgfältigen mediävistischen Kollegs gewidmet. Eine *Darstellung der Poesie des Mittelalters* wurde erst posthum veröffentlicht. Aber sein *Walther von der Vogelweide,* das Muster einer gut geschriebenen Monographie unter den damaligen Verhältnissen, konnte 1822 herauskommen. In den dreißiger Jahren engagierte er sich für die Sagenforschung (*Mythus von Thor, Mythus von Odin*) und, in Verbindung mit ihr, für das alte Volkslied. Aus dieser Sammler- und Forschertätigkeit erwuchs die nach dem *Wunderhorn* bedeutendste romantische Volksliedersammlung *Alte hoch- und niederdeutsche Volkslieder* (1844/45). Doch war der große Unterschied zum *Wunderhorn* der, daß die Hand des Wissenschaftlers hier verläßliche Texte vermittelte, während das *Wunderhorn,* eingestandenermaßen ein Liebhaberunternehmen, sorglos umgedichtet, ergänzt und weggelassen hatte, auch den Unterschied zwischen ‚Volkslied‘ und ‚Kunstlied‘ keineswegs hatte genaunehmen wollen.

Das letzte einschneidende Ereignis im Leben des schon mehr als Sechzigjährigen war das Jahr 1848 mit seinen Folgen. Der zähe Rechtssinn Uhlands (der ja eben auch geschulter Jurist war) hielt ihn im Frankfurter Parlament und Rumpfparlament, fern von den extremen Flügeln, in einer realistischen Mitte, in der er nicht das Unerreichbare wollte, für das Erreichbare aber unnachsichtig einstand.

Trotz einiger humoristischer Balladen war Uhland weitgehend humorlos. Maßvolle Begeisterung für seine Vergangenheitsstoffe, Beweglichkeit und Zartheit des inneren Sinns für seine lyrischen Motive, Tüchtigkeit und Ernst in seiner Wissenschaft, Rechtlichkeit und Verantwortungsbewußtsein als Politiker – darauf beruht seine Eigenart, ganz und gar im Gegensatz zu dem nächsten Freunde Justinus Kerner, dessen sprühende Spiel- und Experimentierfreude und Sinn für

die Komik der Welt, auch dessen Mystizismus ihm
vollkommen abging.

Man muß die Uhlandsche Dramatik, von der hier
die beiden ausgeführten Dramen und die Konradin-
Szenen zur Sprache kommen, unter einem auch für die
Entwicklung seiner Lyrik gültigen gemeinsamen Gesichtspunkt betrachten: dem des ihm eigenen merkwürdigen Verhältnisses von Romantik und Realismus.
Schon der Charakter Konradins zeigt das. Er ist jugendlich glühend und fürstlich großzügig, aber in jedem Augenblick Vertreter auch der geschichtlichen
Kontinuität: des Erbes. Zugleich aber ist er auch fähig,
realistisch zu denken:

> Nicht das einzelne Land
> Ist unser Ziel. Von jedem Fleck der Erde
> Kann unser Streben ausgehen.

Innerhalb der vielen Konradin-Dramen und -Entwürfe
der Hohenstaufen-Mode steht das einzig da.

Herzog Ernst und *Ludwig der Bayer* haben das gemeinsame Motiv des Rechtes (nicht unverwandt dem
Rechtsgedanken in Stifters *Witiko*). In diesem Sinne
sind sie beide Ideendramen. Bemerkenswerterweise
wurde der *Herzog Ernst* nicht nach der Sagenfassung
im Volksbuch (die Uhland als Sagenforscher für sich
behandelt hat), sondern nach der Geschichte konzipiert. In Kaiser Konrad II. und seinem Stiefsohn Ernst
prallen zwei historische Kräfte aufeinander: ‚das‘
Recht, auf das die Allgemeinheit (hier die Ordnung
des Reiches) ewig Anspruch haben muß, stößt in tragischer Konfliktsituation mit der Rechtlichkeit des
Einzelnen zusammen, die hier zugleich identisch mit
unbedingter Freundestreue ist (Herzog Ernst und Werner von Kyburg). Der tragische Tod erscheint im Gegensatz zu den gängigen Katastrophen in den gleichzeitigen Schicksalsdramen durchaus folgerichtig. Die

Ordnungsidee hat das höhere Recht, zu siegen, als die intakte Rechtlichkeit der Individualität. Dies ist aber auf die Gegenwartswirren und Probleme von Uhlands Zeit übertragbar, und es ist weiter übertragbar auf Uhlands konkrete eigene politische Grundsätze.

Ähnlich verhält es sich mit der Kontinuität zwischen Geschichte und Gegenwart in *Ludwig der Bayer*. Hier sind die Protagonisten die beiden Gegenkönige Ludwig und Friedrich der Schöne von Österreich. Es sei hier angemerkt, daß, im Gegensatz zur Zeitmode, diese Uhland-Dramen Männerdramen sind, ohne irgendwie bestimmende sentimentale Liebeshandlung. So achtet Ludwig, der rechtmäßige Kronenträger, im Gegner durchaus den Menschen vor dem (selbstsüchtigen) Politiker. Darin liegt die moralische Begründung seines Sieges, der doch nur Kompromiß ist, freiwillige Teilung der Herrschgewalt (verwandt mit der Lösung, die Arminius dem Marbod in Kleists *Hermannsschlacht* anbietet). Die Schlußworte Ludwigs lauten:

> In dieser innigen Umarmung sei
> Auf ewig ausgesöhnt der Krieg,
> Der uns entzweit hat und das deutsche Volk.

Uhland war in Frankfurt Vertreter der großdeutschen Partei. Nicht anders hier. Nur daß der Bayer hier für das gegenwärtige Preußen steht. – Formalsprachlich bleibt der Dramatiker Uhland vor allem Schiller, indessen auch Goethe stark verpflichtet.

Uhlands Balladen- und Romanzendichtung ist dem Umfang nach allein fast doppelt so stark wie die Lieder, die vaterländischen Gedichte, die Sinngedichte, die Sonette und Ottaven zusammen. Diese Beobachtung deutet zunächst auf eins: nämlich, daß er als Lyriker (im engeren Sinne) nicht geschwätzig war, sondern eher sparsam mit dem Wort. Das war in der

Zeit der Spätromantik nicht selbstverständlich und gilt beispielsweise für Schwab, Mayer, ja Kerner nicht. Es ist auch keine Folge der nüchternen Komponente seines Wesens, sondern seines überall ausgeprägten Verantwortungsbewußtseins. Schon das „Vorwort", das er der ersten Auflage der Gedichte 1815 vorausschickt, zeigt eine Distanzierung von der Sentimentalität seiner frühen Gedichte:

> Anfangs sind wir fast zu kläglich,
> Strömen endlos Tränen aus;
> Leben dünkt uns zu alltäglich,
> Sterben muß uns Mann und Maus.

Das Gedicht eröffnet zugleich den Aspekt auf spätere Lieder, die ‚gesünder' ausfallen sollen. Zugleich wird der Zusammenhang von krank und gesund mit dem Zustand des öffentlichen Wesens hergestellt („Fehlt das äußre freie Wesen, / Leicht erkrankt auch das Gedicht"). Mit der Befreiung des Volkes (1815) kann es wieder genesen. Das ist kein Hurra-Patriotismus, sondern die schlichte Einbettung auch der subjektiven Gattung der Lyrik in die Geschichtlichkeit – ein mit der Romantik keineswegs selbstverständlich gegebener Zug. Es setzt dies vielmehr eine essentielle Verbindung von Romantik und Realismus voraus. Biedermeier ist es auch nicht, sondern eher „des Lebens ernstes Führen" als Romantiker, mit dem Gesichtspunkt der Goetheschen Männlichkeit. Jedenfalls gilt für Uhlands Lyrik, daß sie den Hang nicht weniger Romantiker zum Nebulosen teilt und sich früh von einigen Jugendsünden dieser Art distanziert. Das bekannte Kurzgedicht *Die Kapelle* von 1805 mit der sentimentalen Pointe: „Hirtenknabe, Hirtenknabe! / Dir auch singt man dort einmal", gehört so gut dazu wie die Sentimentalität von *Mein Gesang* (ebenfalls 1805):

> Was bleibt mir, als in Trauertönen
> Zu singen die Vergangenheit,
> Und als mich schmerzlich hinzusehnen
> In neue goldne Liebeszeit?

Diese Töne, die noch in seinen Beiträgen zu Arnims *Zeitung für Einsiedler* nachklingen, hat Uhland erstaunlich schnell überwunden. Traum, Sehnsucht, Ahnung treten schon von 1807 an als Selbstzweckmotive zurück. Die Liebesgedichte aus dieser Zeit, zumeist konzentriert sparsam im Umfang und daher um so echter wirkend, legen das Schwergewicht bereits in den Pointen auf Wirklichkeitsnähe, die aber keine biedermeierliche Resignation ist. So *Lauf der Welt, Waldlied, Untreue, Die Abgeschiedenen, Bauernregel* (alle 1807). Die Furcht vor dem Mörder im Walde wird weggeblasen. Was da geraschelt hat, war das Liebchen (*Waldlied*). Die schwere fremde Traumgestalt weicht der wirklichen Anwesenheit des Mädchens:

> Da aber seh ich deine lieben Augen,
> Ach, deine blauen, trauten Augen,
> Und jeder fremde Schein entweicht.
>
> *(Untreue)*

Das ist doch Eindämmung des Romantisch-Traumhaften durch das Realistische. Es gibt aber (im gleichen Jahre) auch die andere Seite: die Sublimierung des Wirklichen ins Traumhafte. So in der schönen Strophe *Seliger Tod* (1807):

> Gestorben war ich
> Vor Liebeswonne;
> Begraben lag ich
> In ihren Armen;
> Erwecket ward ich
> Von ihren Küssen;
> Den Himmel sah ich
> In ihren Augen.

– ein Gedicht von goethescher rhythmischer Konzentration und Geschlossenheit.

Weltzugewandten Geist hauchen auch die *Frühlings-*
lieder (überwiegend 1811–14) aus, von denen *Früh-*
lingsglaube („Die linden Lüfte sind erwacht") es durch
die Schubertsche Vertonung zu weltweiter Resonanz
gebracht hat. Übrigens war Uhland selbst seine Stellung für eine gesunde und gegen eine kranke Romantik
durchaus bewußt. Eine Eichendorff verwandte Welt-
lust war auch seine Sache, nicht aber die Nachtseite
der Natur und die Hypertrophie des Frommen. In
„Singe, wem Gesang gegeben" findet sich die den
Freund Kerner kritisch ansprechende Strophe:

> Fahret wohl, geheime Kunden,
> Nekromantik, Alchimie!
> Formel hält uns nicht gebunden,
> Unsre Kunst heißt Poesie.

Der Titel dieses bekannten Liedes von 1812 heißt denn
auch *Freie Kunst*. Nicht anders die Absage an die
romantische Religionsschwärmerei in *Bitte* (1816):

> Will einer merken lassen,
> Daß er mit Gott es hält,
> So muß er keck erfassen
> Die arge böse Welt.

Das ist, gegen Pietismus und Katholisieren, der pure
Luther. Die beiden hier zitierten Strophen mögen prä-
zisieren, in welchem Sinne das Wort ‚realistische‘ Romantik bei Uhland nach seinem eigenen Selbstbewußtsein gilt. Daß es trotzdem keine Verbürgerlichung (im
Sinne von Eichendorffs erstem Gesellen) ist, zeigt eben
das Stichwort der ‚freien Kunst‘. Die *Wanderlieder*
(bis auf eines 1811) atmen den gleichen Geist. Die
eindrücklichsten sind das früheste (*Lebewohl*) mit seinen freien schönen Anapästen und das letzte (*Heim-*

kehr), nur vier, aber unerhört dichte und bewegte Verse:

> Oh, brich nicht, Steg! du zitterst sehr.
> Oh, stürz nicht, Fels! du dräuest schwer.
> Welt, geh nicht unter, Himmel, fall nicht ein,
> Eh' ich mag bei der Liebsten sein!

Gerade eine solche konzentrierte Kurzform kann bezeugen, daß der auffallende Anteil an ein- bis höchstens dreistrophigen Gedichten bei Uhland nicht auf Armut zurückgeht, sondern auf künstlerisch wohlbedachte Sparsamkeit mit dem Wort. Wo Uhland lang wird, z. B. in den *Vaterländischen Gedichten*, da hat er keineswegs sein Bestes gegeben. Das schönste ,Vaterländische' findet sich unter den Liedern (*An die Mütter, An das Vaterland, Lied eines deutschen Sängers*). In dieser Richtung liegt übrigens auch Uhlands Neigung zum Sinngedicht, das er teils in antiker distichischer Form, teils auch als deutsches Spruchgedicht gepflegt hat. Hier bringt es der Alternde etwa zu dem herrlichen Vierzeiler *Auf den Tod eines Kindes* (1859):

> Du kamst, du gingst mit leiser Spur,
> Ein flücht'ger Gast im Erdenland;
> Woher? wohin? Wir wissen nur:
> Aus Gottes Hand in Gottes Hand.

Dieser Formtypus war es, der ihm lag, obwohl er auch, was nicht verwunderlich ist, Sonette und Ottaverime geschrieben hat, einige davon (wenigstens strophenweise) eindrücklich und klangvoll, doch ohne die augenblickliche Wärme seiner lyrischen Kurzformen.

Merkte man den Natur- und Liebesgedichten schon die Schlichtheit des Volkstons an, die mit den Sammlungen des Liedforschers korrespondierte, so steht natürlich die Balladen- und Romanzendichtung weit stärker unter dem Eindruck der Überlieferung in Ton und Motiv, wie sie nicht nur das romantische Erbe, sondern auch seine wissenschaftliche Leidenschaft ihm zutrug. Der Formenreichtum, der Uhlands Balladen- und Romanzendichtung kennzeichnet, ist bekannt. Er reicht vom ungereimten spanischen Trochäus über alt- französische und provenzalische Formen bis zu hans- sachsischen Knittelversen, einer Fülle von Volkslied- tönen zurück zur Nibelungenstrophe und natürlich auch englischen Balladenmodellen. Der passionierte Philologe hat mitgewirkt. Aber auch hier findet sich ein ähnliches Problem wie bei der Entwicklung von der frühen zur reifen Lyrik: das der Sentimentalität und der leicht damit verbundenen Handlungslosigkeit. *Ich hatt' einen Kameraden* ist keine Ballade, sondern ein ausgesprochenes Ich-Lied der Freundschaft, wenn es auch in der Schlacht spielt. Als solches ist es, un- abhängig von der erworbenen Volkstümlichkeit, eines von Uhlands besten Gedichten.

Dagegen erweist sich eine ganze Reihe besonders der frühen Balladen entgegen den qualitativen Gesetzen, die für die Gattung gelten, als tränenselig, verschwom- men und handlungsarm (*Entsagung, Die Nonne, Der Kranz, Der Schäfer, Der Sänger, Der Pilger* usw.). Unter diesen Balladen, zumeist aus der Frühzeit, ist alles, selbst das durch die Schule populäre *Das Schloß am Meer*, Stimmungsgedicht und ohne Handlung, manchmal sentimental bis an die Grenze des Kitsches. Auch wo das angebotene oder vollzogene Lebensopfer als Wirklichkeit gegeben ist (wie in *Die sterbenden Helden* oder *Der blinde König*), überwiegt etwas Me- ditatives und die Sentimentalität. Und innerhalb der Balladensphäre ist das nicht nur eine Jugendsünde, sondern kommt durchaus auch noch in der späteren Gedichtströmung ab 1834 vor *(Die versunkene Krone, Die Glockenhöhle)*. Wo Uhland sich im volksliednahen Ton bewegt, da konnten auch Balladen von ihm volkstümlich werden (*Der Wirtin Töchterlein*, 1809; *Der weiße Hirsch*, 1811). In seiner Reifezeit hat er den für echte Balladen wirksamen körnigen Ton getroffen, zumal im historisch-epischen Bereich. So in den Karls-Balladen, in *Bertran de Born, Des Sängers Fluch, Ver sacrum, Das Glück von Edenhall* oder dem *Rausche-bart*-Zyklus. An Stoffreichtum hat es ihm nicht gemangelt, wenn gelegentlich auch an der epischen Darstellungskraft. Aus der Geschichte der deutschen Ballade ist er nicht wegzudenken bis heute.

3. Der weitere Kreis und Umkreis

Die stärksten schon biedermeierlichen Züge im Kreis um Kerner und Uhland finden sich bei Gustav S c h w a b (1792–1850) und Karl M a y e r (1786–1870). Schwab war eigentlich Theologe, zuletzt in Stuttgart Dekan und Mitglied des Konsistoriums, ebensosehr aber Pädagoge und betriebsamer Schriftsteller: Redakteur und *Musenalmanach*-Herausgeber. Nachhaltige Wirkung übte er durch seine Nacherzählung der *Schönsten Sagen des klassischen Altertums* (1838–40) und der *Deutschen Volksbücher* (1836/37), durch seine Anthologie *Buch der schönsten Geschichten und Sagen* (1836/37) und die *Fünf Bücher deutscher Lieder und Gedichte. Eine Mustersammlung mit Rücksicht auf den Gebrauch in den Schulen* (1835).

Schwabs eigene Gedichte (zuerst 1828/29) sind überwiegend harmlose Lieder und Balladen, harmlos sowohl von der Form her, die zumeist auf die Tradition des 18. Jahrhunderts zurückgeht; harmlos auch in den Motiven (*Abendsegen, Auf ein paar gestickte Rosen, Heuernte, Schlittenlied* usw.). Es war nicht seine Art, etwas Neues zu wagen, und das entspricht ja auch seiner Ader als Sammler der Überlieferung.

Es lohnt sich vielleicht, seine beiden bekanntesten

Balladen *Das Gewitter* und *Der Reiter und der Bodensee* unter diesem Gesichtspunkt zu berühren. Die erste Ballade von den vier Generationen („Urahne, Großmutter, Mutter und Kind") ist bürgerlich dem Schauplatz nach: Die Familienstube mit Ofen und Spinnrad am Abend vor dem Feiertag bei nahendem Gewitter. Es ist ein Kontrastmotiv: hier das Familienidyll, dort das unheimlich drohende Element. Als dann der Blitz einschlägt, ist die kümmerliche Pointe:

> Vier Leben endet ein Schlag –
> Und morgen ist's Feiertag.

Ausgerechnet also vor dem bürgerlichen Feiertag muß so etwas passieren. Daß das Motiv überhaupt gewählt werden konnte, ist schon für das Bürgertum der Restaurationszeit in seinen vier Pfählen bezeichnend – aber romantisch ist das nicht mehr.

Nicht anders verhält es sich mit der Bodensee-Ballade, bei der stilistisch Schiller und Uhland Pate gestanden haben. Das Motiv aber ist nicht ihres Geistes. Was für ein Balladenheld, der „noch heut mit dem Pferd in den sichern Kahn" will, aber versehentlich den gefrorenen See überreitet, um, als man ihm das klarmacht, nachträglich am Schrecken zu sterben? („Da seufzt er, da sinkt er vom Roß herab.") Ein Held mit Biedermeiernerven.

Gustav Schwab war immerhin nicht nur Pädagoge von Berufung, sondern, diese Begabung mit der Literatur ganz natürlich verbindend, auch Schriftsteller von Beruf, äußerst belesen, vielseitig, mit Sinn für Wert und Rang. Dies kann man von Karl Mayer nicht sagen. Mayer, Beamtensohn und selber Jurist, wobei er es zu hohen Rängen brachte, muß als der eigentliche Dilettant des schwäbischen Dichterkreises bezeichnet werden. Seine anspruchslosen *Naturbilder* (nicht nur die von ihm selber so genannten) ähneln nicht nur der idyllischen Lyrik des 18. Jahrhunderts, sondern sind auch auf die inzwischen doch eingetretene Romantik hin gesehen Blau- und Gelb-Veigelein-Poesie, ohne Leidenschaft und ohne große Symbole, still-besinnlich. Die idyllische Topik herrscht vor. Was soll ein Gedicht wie *Mein Eigentum* noch in der Nach-Goethe-Zeit, das bei Baggesen, Matthisson oder Salis knapp noch zeitgerecht gewesen wäre:

> Wo dunkelgrüne Erlenbäume
> Sich flechten durch die Hügelwiesen
> Und Wälder die lichtgrünen Räume
> Mit ihrem Schattenwurf umschließen,
> Dort, wie in meinem Eigentume,
> Bin ich, mit Amsel, Bach und Blume.

Es gibt natürlich auch bei ihm romantische Kirchhof- und Ruinen-Staffage, aber eben nicht mehr. Zuneigung und Förderung von seiten der Freunde haben sein Bild wohl über sein Talent hinaus erhöht.

Die stärkste Erzählerbegabung des schwäbischen Romantikerkreises ist Wilhelm H a u f f (1802–27). Beamtensohn, aufgewachsen in Stuttgart und Tübingen, mittelmäßiger Schüler, aber frühzeitiger Vielleser, studierte er in Tübingen und schloß dort ab mit den Fächern Philologie, Philosophie, Theologie (1824). Die nächsten beiden Jahre war er Hauslehrer. Sie sind auch die Jahre seiner literarischen Entwicklung. Es ist erstaunlich, was er in der kurzen ihm noch bestimmten Zeit von drei Jahren als Schriftsteller aus sich gemacht hat. Dem *Märchen-Almanach auf das Jahr 1826* folgen in kurzen Abständen die *Mitteilungen aus den Memoiren des Satan*, die Clauren-Parodie *Der Mann im Mond* und der historische Roman *Lichtenstein*, endlich die *Phantasien im Bremer Ratskeller* – eine fast unheimliche Produktivität, ähnlich wie sie in den letzten Lebensjahren Wilhelm Waiblingers zu beobachten ist.

Das am meisten populär gewordene Werk Hauffs
ist sein historischer Roman *Lichtenstein*. Der Untertitel besagt, daß es eine „romantische Sage“ sei. Das
kann aber hier nicht mehr bedeuten, als daß die Handlung eben erfundene Handlung ist. Dies gilt eindeutig
jedoch nur für das Liebespaar Marie, die Tochter des
Lichtensteiners, und Georg von Sturmfeder, den armen
Ritter, der durch außerordentliche Kriegstaten die
Hand der Geliebten gewinnt. Insofern schrieb Hauff
einen zünftigen Ritterroman, aber keine „Sage“. Ausgesprochen historisch ist das Kostüm, die schwäbische
Burg und die zeitliche Fixierung auf das Jahr 1519,
das der Vertreibung Ulrichs von Württemberg durch
den Schwäbischen Bund. Die private Liebeshandlung
läuft in diesem Geschehen nur sozusagen mit, umgeben
und mitbestimmt durch lauter geschichtliche Figuren
wie Frundsberg, Sickingen, Hutten, vor allem den
Herzog selbst, dessen eindrucksvolle Gestalt, mächtig
und schwankend, eine Charakterprobe darstellt, die
das ganz unindividuelle Jungheldentum des Sturmfeder samt seiner Werbung um die Lichtensteinerin an
Spannung durchaus überwiegt. Der Gattung nach gehört also die umfangreiche Erzählung nicht zur romantischen Sagenliteratur, sondern ausgesprochen zu
dem aus der Romantik entwickelten historischen Roman. Dort aber zählt sie nicht zu den erstrangigen
Leistungen trotz einer langwährenden Behauptung in
der Jugendliteratur.

Dagegen sind Hauff Novellen und Märchen von
Rang gelungen. Er übernimmt die Form der Rahmenerzählung aus der Novellistik für seine Märchen-
zyklen, und zwar geschickt und spannend. Seine Märchen gliedern sich in drei jeweils durch einen Erzählrahmen verbundene Zyklen: *Die Karawane, Der
Scheik von Alessandria und seine Sklaven* und *Das
Wirtshaus im Spessart*. Orientromantik prägt die bei-

den ersten, bis auf eine deutsche Kleinstadtgeschichte (*Der junge Engländer*). Sogar im *Wirtshaus im Spessart* findet sich dagegen noch eine Erzählung aus der Zeit Harun al Raschids. Sonst herrscht dort naturgemäß deutscher (und ein englischer) Sagenstoff vor. Von den orientalischen Märchen sind Stücke wie *Die Geschichte von Kalif Storch, Die Geschichte von dem kleinen Muck* oder *Der Zwerg Nase* in den klassischen Bestand des deutschen Kunstmärchens eingegangen und von da auch in die Jugendliteratur. *Das Wirtshaus im Spessart* enthält als wohl bedeutendstes Stück die Schwarzwaldsage *Das kalte Herz*. Sowohl diese Sage wie auch die Erzählung vom *Jungen Engländer*, die nicht Märchen ist, zeigen die Wirkung des *Schlemihl* wie E. T. A. Hoffmanns, dem Hauff überhaupt vielfach verpflichtet ist. Wie im *Schlemihl* der Schatten mechanisiert wird, so wird im *Kalten Herz* dem verführbaren Kohlenmunkpeter an Stelle des fühlenden und lebendigen Organs durch den teuflischen Berggeist ein gefühlloser Stein eingesetzt (und wieder ausgetauscht). Die Erzählung vom *Jungen Engländer*, den sein Herr zum Salonlöwen dressiert, während er in Wirklichkeit gar kein Mensch, sondern ein Orang-Utan ist, durch und durch gesellschaftssatirische Novelle, gehört schon zu der zeitkritischen Prosa Hauffs. Denn es handelt sich in seinen Schriften dieser Richtung um echte Zeitkritik, nicht bloß um Literatursatire, sondern um parodistische Distanzierung auch von den gesellschaftlichen Formen des herankommenden Biedermeier.

Kernpunkt dabei wird allerdings die Polemik gegen den trivialen Vielschreiber Hofrat Karl Heun, der unter dem Namen Heinrich Clauren sehr wirksam für das untere Publikum schrieb. Auf ihn war die unter Claurens fingiertem Namen veröffentlichte Satire *Der Mann im Mond* gemünzt, die einen Prozeß zur Folge hatte, auf den Hauffs eigentliche Auseinandersetzung mit dem Geschichtenfabrikanten, die *Kontroverspredigt über H. Clauren*, folgte. *Der Mann im Mond* war eine so vollkommene Parodie von Claurens Manier, daß dieser wegen Plagiates klagte. Doch war die Figur Claurens für Hauff nur der willkürlich herausgegriffene Prügelknabe für die Zeitmißstände, die er eigentlich ins Auge faßte.

Die *Mitteilungen aus den Memoiren des Satan* bezeugen besser das allgemein kulturpolitische Anliegen. Sie sind Bürgerschreck und vernichtende Satire auf die Gesellschaft der Zeit, wie sie sich an den Tables d'hôtes und bei ästhetischen Tees heuchlerisch-anspruchsvoll und dabei leer auslebte, ein Feldzug gegen die Sentimentalität und die Halbbildung, indirekt natürlich ein Plädoyer für das Echte, das in dieser Gesellschaft nicht zu Hause sein kann. Die *Memoiren* stehen wieder unter dem Einfluß und unter der Laune E. T. A. Hoffmanns. Sie lassen den Satan als Herrn von Natas unter der Maske des Salonlöwen auftreten, hinter der verborgen er seine Verführungen treibt. Im Verlauf der Erzählung wechselt er die Masken, richtet soviel Unheil an wie möglich und hinterläßt schließlich das Manuskript seiner Memoiren dem Ich-Erzähler. Sie enthalten nach den Hotel-Abenteuern in den *Studien des Satan* die Parodie der damaligen Universität, der Professoren wie der Studenten, das Treffen des Satans mit dem Ewigen Juden in Berlin (auch dieses Motiv von Hoffmann her) mit der Parodie des ästhetischen Tees, die eine doppelte ist, da eine wirklich gute Novelle vorgetragen wird, die die Teegesellschaft nichts als langweilt, ferner *Satans Besuch bei Herrn von Goethe* mit der Parodie von dessen oft nichtssagendem Altersstil und endlich den *Festtag im Fegefeuer*. Satan gibt ihn zu Ehren seiner Großmutter und läßt dabei die Stutzer europäischer Nationen, zu diesem Tage beurlaubt, in Schaustellungen und Theater auf ihre makabren Kosten kommen. Alles dies ist mit Witz wie mit Eleganz erzählt, vor allem, wenn man in Rechnung stellt, daß der Autor ja eigentlich noch Anfänger war.

Erstaunlich früh zur Reife gekommen ist Hauff auch als Novellist. Schon die tragische Liebesnovelle *Der Fluch* aus den *Memoiren* hat Rang. Nicht anders die selbständig erschienenen Novellen, unter denen *Die Bettlerin vom Pont des Arts* und *Jud Süß* hervorragende Vertreter der Gattung sind. *Jud Süß* ist übrigens keine antisemitische Novelle, zu der sie die Verfilmung des ‚Dritten Reiches‘ machen wollte. Das zeigt deutlich der Passus im Schlußkapitel:

> Beides, die Art, wie dieser unglückliche Mann mit Württemberg verfahren konnte, und seine Strafe sind gleich auffallend und unbegreiflich zu einer Zeit, wo man schon längst die Anfänge der Zivilisation und Aufklärung hinter sich gelassen, wo die Blüte der französischen Literatur mit unwiderstehlicher Gewalt den gebildeteren Teil Europas aufwärts riß.

Es ist eine tragische Episode der Württembergischen Geschichte, in der der allmächtige Minister, gewiß nicht ohne eigene Schuld, die Rolle des Protagonisten spielte; jedoch hätte die Historie sie auch einem andern zuspielen können. Nicht umsonst steht da „unglücklicher Mann“.

Die Novelle von der Bettlerin vom Pont des Arts ist, entsprechend ihrer moderneren und abenteuerlicheren Liebeshandlung, zugleich ein Beispiel dafür, wie weit die Spätromantik schon den Geist der psychologischen Erzählung erreicht hat.

Ganz und gar romantisches Phantasiespiel im Geiste der Serapionsbrüder ist dagegen die Erzählung *Phantasien im Bremer Ratskeller*, eine Traumgeschichte nach dem Genuß der uralten Weine dort. Der im Keller zurückgebliebene Reisende verbringt eine phantastische Nacht, in der die Weingeister auftreten, auch der Roland vom Markt, und von denen der Erzähler sich schließlich bis auf die Höhe des Domturmes emporgeprellt glaubt. Keine andere Pointe als der phantastische Geist des Rausches.

Wilhelm Hauff nimmt eine eigentümliche Mittelstellung zwischen den Zeiten ein. Einerseits wie in seinem Ritterroman, seinen Märchen oder auch in seinen *Phantasien* ist er Spätromantiker, und auch seine zu Volksliedern gewordenen Soldatenlieder (*Morgenrot, Steh ich in finstrer Mitternacht*) verweisen ihn dahin. Andrerseits ist er als Literatursatiriker (und Literatursoziologe) aber auch schon Kritiker der Trivialromantik à la Clauren und der ‚biedermeierlichen‘ Gesellschaft samt ihrer ästhetischen Teekultur, die er spaßeshalber nicht nur in den *Memoiren des Satan* geißelt, sondern im *Ästhetischen Club* sogar bis in die Kreise der Handwerksburschen herunterprojiziert. Von den Schwaben ist er so der unnachsichtigste Zeit- und Gesellschaftskritiker.

Der einzige unter den schwäbischen Romantikern, den man existentiell unbürgerlich nennen kann, ist der frühverstorbene genialische Wilhelm W a i b l i n g e r (1804–30). Waiblinger, Beamtensohn aus Heilbronn, war eine Sturm-und-Drang-Natur, leidenschaftlich, jäh, byronisch zerrissen. Auf dem Stuttgarter Gymnasium war er Schüler Gustav Schwabs, frühzeitig Literaturschwärmer mit eigenen Versuchen, der in der auffallenden Tracht des Kotzebue-Mörders Karl Sand einherging. Schon bevor sie Kommilitonen am Tübinger Stift werden, lernt er Eduard Mörike und Wilhelm Hartlaub kennen, vor allem aber entwickelt er aus den Besuchen beim kranken Hölderlin und der Kenntnis des *Hyperion* seinen diesem angepaßten Roman *Phaëton*. Zu gleicher Zeit entstanden die *Lieder der Grie*

Wilhelm Waiblinger. Selbstbildnis. Federzeichnung

chen, ebenfalls aus dem Eindruck von Hölderlins pin-
darischem Stil hervorgegangen. Der neugriechischen
Sache konnten sie in diesem *stilo alto* wenig nützen.
Immerhin war Waiblinger damals nicht mehr als 18
Jahre alt. Aus dem engen Tübinger Freundeskreise
mit Mörike, Hartlaub und Ludwig Bauer bricht er
zuerst 1823 nach Italien aus. Die Tendenz seiner Dichtung zeigt schon damals teilweise dionysische Elemente,
seine Briefe sind in Syntax und Wortschatz Nachklänge des alten Sturm und Drang. Eine Liebesaffäre
mit einer Professorentochter, die zur Distanzierung
Mörikes und Bauers von ihm führt, erschüttert seine
Stellung in Tübingen und führt 1826 zu seinem endgültigen Aufbruch nach dem geliebten Italien. Die
freie Existenz in Rom kam seinem Bohemien-Charak-
ter entgegen, obwohl er zeitweise bittere Not litt. An
geregelte literarische Arbeit konnte er sich schwer ge-
wöhnen, obwohl er nicht unproduktiv blieb und einige
seiner schönen italienischen Landschaftsdarstellungen
für Theodor Hells *Abendzeitung* lieferte. Wir besitzen
aus dieser Zeit auch Urteile Platens über ihn, der sein
Talent anerkennt, ihm auch finanziell hilft, aber von
Waiblingers damals entstandenen *Liedern des römischen Karneval* (1828) an Schwab schreibt, daß sie
„eine so ganz faunische Brunst atmen". Etwas in seiner
Misere half ihm ein Almanach-Auftrag Georg Reimers
in Berlin. Aber er wußte sein Leben so wenig einzurichten wie einst Christian Günther. Verworrene Liebesgeschichten auch in Rom kamen hinzu. Alles das
hängt sicher mit seinem verfrühten Tod an der Schwindsucht zusammen. Sicher auch sein hektisches Produzieren in seinen letzten Lebensjahren mit vielen Reise-
skizzen aus Italien und erstaunlicher Lyrik wie den
‚erotischen' *Liedern aus Pompeji* und den z. T. Goethes
Römischen Elegien nachgeformten *Bildern aus Neapel.*
    Der Gebrauch, den Waiblinger von dem Wort ‚Lie-

der' macht, gilt in den allermeisten Fällen nicht für gereimte Liedstrophen, sondern für reimlose Formen im spanischen trochäischen Vierheber, vorwiegend aber in antiken Odenstrophen und dem elegischen Maß. Der Reim überwiegt nur in den frühesten Gedichten, vor allem in schillerschen Strophenformen. Stofflich hat Waiblingers Lyrik eine Affinität nach rückwärts zu Heinse und Platen, nach vorwärts zu Leuthold. Nahezu alles aus seiner Reifezeit ist rhythmisiertes Reisebild, mit subjektiven Stimmungen vermischt. Von hier aus gesehen, gehört er in den Historismus, jedoch in einen auf Italien spezialisierten. Daß das Erlebnis oder der Eindruck der Reisen oder die Erinnerung an die ‚heiligen' Stätten Roms, der Campagna, Süditaliens und Siziliens häufig über die bloße Impression hinausgeht, daß die vielen Oden (mit Vorliebe für die sapphische Strophe) keine monotone Wirkung hervorrufen, zeugt von seinem Talent. Viel ist Lob der Ewigen Stadt aus der Situation des leidenschaftlichen Wahlrömers.

> Aber das Schönste ist Rom, was mir in Rom noch gefiel.
> Darum erwählt mein Herz mit Deiner Pinienhügel
> Blühenden Gärten so gern, süßer Gianicolo, dich!

Natürlich spürt man auch Hölderlin in solchen Versen; was dieser an Griechenland, hat Waiblinger an Rom gewandt.

Unter den vielen Rom und seiner Landschaft gewidmeten Gedichten ist das stark subjektiv bestimmte *Abschied von Olevano* eine Art Schlüsselgedicht. Auf die Eingangsstrophen, in denen das glühende, doch auch das „arme getäuschte" Herz unter seinem Schicksal mit dem Krieger in der Schlacht und dem Schiffer im Orkan verglichen wird, folgt die Rom-Strophe:

> Still, Herz, dein wartet Rom! noch empfängt dich heut
> Sein uralt Tor, und größerer Herrlichkeit

> Schwermüt'ge Reste wirst du schauen,
> Schäm dich des wen'gen, das du beweinest!

Die Anspielung im letzten Vers gilt der Heimat und
der Jugend. Das Wiedersehen mit Rom aber ist der
gewaltige Augenblick. Die Zukunft ist Herbstgefühl,
Todesahnung: „mir reifen keine Früchte; Blüten, /
Aber hesperische, sind mein alles." Die Inbrunst all
der Preisgedichte auf historische Stätten und gegenwärtige Landschaften scheint manchmal aus einer
Ahnung von der Kürze der ihm bestimmten Zeit her-
zurühren. Es verschiebt sich dann der Gesichtspunkt
des Mittzwanzigers unversehens zum Standpunkt des
Älteren, wo nicht Alten. Verfrühte Resignation mischt
sich so in dieser Lyrik mit provozierendem, manchmal
dionysischem Lebensgefühl, dessen weltanschaulicher
Grundton Religion im antik heidnischen Sinne ist.

Verglichen mit den trotz aller Romantik schon mit
biedermeierlichen Zügen ausgestatteten anderen Schwaben, auch im Vergleich mit dem Freunde Mörike, bietet sich so das Bild einer merkwürdig klassisch-romantischen Mischform. Mörikes ‚reine' Antike erreicht sie
nicht. Goethes römische Existenz ist sie nicht mehr;
Hölderlins großartiger Mythos der Antike sieht sich
hier nicht ohne epigonale Züge nachgeformt. Wie das
alles sich mischt, mag das 5. der *Sizilianischen Lieder*
(*Agrigent*) zeigen. Es ist im elegischen Vers gehalten
wie die andern auch und setzt mit dem Preis der Tempel ein:

Euch umglüht Natur, und selbst aus dem Grab in der Mauer
Strebt der blühende Baum mächtiger Aloe noch.
Jüngst so irrt' ich im Grün, mir lachten goldene Früchte,
Hier entsprang der Granat, dort die Orange dem Laub.
Eine Nachtigall schlug, und die Tempel entragten den
                       Hainen,
Da erfüllete mir Wehmut das einsame Herz,
Unaussprechliche fast. So oft ins zerfallene Leben,

Oft in die Trümmer des Glücks, oft in der Liebe Verlust
Klagt ein süßer, ein seliger Laut, mit der Nachtigall Stimme,
Und das Schöne vielleicht wohnet am liebsten im Schmerz.

Die Distichen können sich sehen lassen in der großen
Tradition seit der Klassik. Sie haben Stilgefühl und
sind einfach schön. Man könnte Vorklänge an Rilke
in ihnen finden. Ein Spätromantiker, begabt auch mit
der mörikeschen Affinität zu einer subjektiv getönten
Antike, hat sie geformt mit nazarenischer Inbrunst,
aber am antiken Objekt wie einst Heinse.

Übrigens hat Waiblinger auch über einen klaren und
eindringlichen Prosastil verfügt, wie seine *Erinnerungen aus der Kindheit* zeigen, vor allem aber die durch
Sachlichkeit und Begeisterung zugleich suggerierten
Reisebilder in Prosa, z. B. *Der Frühling in den Ge-
birgen Latiums.*

4. Der fremde Gast: Nikolaus Lenau

Die Spätromantik in ihrer deutlichsten Ausprägung als
Leiden am Erbe und schwermütige Zerrissenheit, als
undisziplinierte Leidenschaft im Leben und Versuch,
sich mit den Mitteln der Philosophie zu retten, spiegelt
sich in der Erscheinung Nikolaus L e n a u s (Abbre-
viatur aus Nikolaus Niembsch Edler von Strehlenau)
(1802–50). Obwohl in Ungarn geboren, gehörte er der
Abstammung nach nur von Mutters Seite dahin, von
Vaters Seite in den schlesischen Adel. Aufgewachsen
zwischen einer ihn verwöhnenden Mutter und einer
überstrengen Großmutter, entbehrte er schon in der
Erziehung, daß sein ruheloses Temperament besonnen
gelenkt wurde. Der Dichter hat in vier Fakultäten
hospitiert. Überall blieb er Dilettant: in der Philosophie, an die er sich immer wieder hilfesuchend wandte;
in der Landwirtschaft, die er einem Freunde zuliebe
wählte und die er in Amerika als Siedler 1832 ver-

geblich in die Praxis umsetzen wollte; in der Medizin, mit der er der philosophischen Spekulation das biologisch-anatomische Rückgrat geben wollte. Auch das Jura-Studium hat er nicht abgeschlossen. Doch wußte er in den Wiener Dichter- und Musikerkreisen Fuß zu fassen. 1831 suchte er Hilfe bei Kerner und der Autorität der anderen schwäbischen Spätromantiker. Dann kam das mißglückte Amerika-Abenteuer, schließlich nur noch zwischen Österreich und Schwaben wechselnder Wohnsitz, bis zum Ausbruch des Wahnsinns 1844, der zu einer dauernden Internierung in Anstalten führte. Zwischen Leidenschaft und Resignation schwankt auch sein Verhältnis zu den Frauen. Die Jugendliebe zu Bertha bricht er auf ersten, nicht erwiesenen Verdacht hin ab. Die Beziehung zu Charlotte Gmelin bringt er niemals ins reine, trotz der brieflich vorgegebenen Leidenschaft bis zum Tode. Dazu kommt das verhängnisvolle Verhältnis zu Sophie Löwenthal, der Frau eines Freundes, der er „verfallen" ist, ohne sie lassen zu können. Der letzte Versuch nach der aufgehobenen Verlobung mit Caroline Unger, auf diesem Wege Ruhe zu finden, war die Brautzeit mit einer Frankfurterin. Die Hochzeit kam durch den Ausbruch des Irrsinns nicht mehr zustande.

Ähnlich schwankend und ruhelos war auch Lenaus Verhältnis zu Religion und Philosophie. Wie Platen ging er den Weg vom positiven Kinderglauben über die Philosophie bis zur Verneinung. Allein, es war keine folgerichtige Entwicklung vom Christen zum schönheitsdurstigen Heiden, sondern ein Zickzackkurs von Extrem zu Extrem. Auf die Distanzierung von der Jugendgläubigkeit folgt der Versuch, sich mit dem antiken Stoizismus einzurichten. Danach will er sich an Spinozas und Schellings Pantheismus orientieren – ohne Befriedigung. Nun flieht er in den Mystizismus des schwäbischen Freundes Kerner.

Wie sehr Lenau auf diesem Wege in die Nähe eines baren Nihilismus geriet, zeigt das Ende seiner *Faust*-Dichtung (1835), in der er Faust nur durch Selbstmord enden lassen kann. Allein zwei Jahre später sieht man ihn wieder in der Nähe des Offenbarungsglaubens, den er gegen David Friedrich Strauß und die Jung-deutschen im *Savonarola* (1837) verteidigt, jedoch eher halben Herzens. *Die Albigenser* (1842) versuchen, mit hegelschen Gedankengängen sich wieder geltend machende nihilistische Zweifel zu besiegen. Gerade diese drei vollendeten, nach Lenaus eigener Bezeich-nung „lyrisch-epischen" Dichtungen sind weder das eine noch das andere, sondern Lehr- und Weltanschau-ungsgedichte: nicht einem geschlossenen Weltgefühl entstammend wie der Urfaust, sondern Bildungsaus-einandersetzung. Der Zweifel, den Lenaus Faust ver-körpert, ist nicht der Wolframs oder Descartes'. Er ist letztlich die Verzweiflung des durch die Philosopheme des Jahrhunderts gegangenen Erben, der nach einem festen Halt sucht, dem aber sowohl die frische Kampf-lust wie das Selbstbewußtsein des aufklärerischen Atheisten abgeht. Also auch kein Reimarus. Das zeigen gleich im Anfang die Worte Fausts im Gebirge, vor dem Abgrund:

> Wie wird mir nun zumut mit einem Mal!
> Wie faßt mich plötzlich ungekannte Qual!
> Ich fühl's: des Glaubens letzter Faden reißt.

Dem entspricht, daß der Haltsuchende kurz vor sei-nem Ende noch aufstöhnt:

> Könnt' ich vergessen, daß ich Kreatur.

Der Kampf des Lenauschen Faust läuft auf eine übermenschliche Anstrengung hinaus, die auseinander-fallende Welt auf mystisch pantheistischem Wege wie-der zur Einheit zu verbinden. Das Ende aber ist die

Rückkehr des Gescheiterten zu einer Felsenklippe, von der aus er ins nackte Nichts schaut. Die Illusion wird vollständig durch das dialektische Spiel mit Wirklichkeit und Traum. Er macht sich den Teufel, das menschliche Irren, so auch den eigenen Pakt mit dem Bösen zu einem trüben Traum Gottes. Aus diesem Traum will Faust sich zur Realität befreien durch den Griff zum Messer, mit dem er sich ersticht:

> Ich bin ein Traum mit Lust und Schuld und Schmerz,
> Und träume mir das Messer in das Herz!

Das letzte Wort hat aber Mephistopheles:

> Du warst von der Versöhnung nie so weit,
> Als da du wolltest mit der fieberheißen
> Verzweiflungsglut vertilgen allen Streit,
> Dich, Welt und Gott in eins zusammenschweißen.

Es war also alles Illusion. Der sein Heil in der Philosophie (der Romantik) suchende Faust war ein Mensch auf der Flucht vor sich selbst und der Wirklichkeit. Er konnte, im Gegensatz zu Goethes Figur, nicht anders enden denn als Selbstmörder in den Armen des Teufels. Drei Jahre nur nach Goethes *Faust* II schlägt das Motiv ins Nihilistische aus. Kierkegaards radikale Abrechnung mit der Romantik stand ja damals auch vor der Tür.

Wie bei Kierkegaard, wie ja auch bei Grabbe, so tritt zum Faust-Thema bei Lenau das Thema des Don Juan, nicht im ausdrücklichen Vergleich freilich, sondern als nun naheliegendes Motiv für sich. Das „dramatische Gedicht" *Don Juan* ist nur aus dem Nachlaß erhalten, zwar einschließlich der Schlußszene, nicht aber vollständig in dem, was vorhergehen sollte. Konzeption und Ausführung sind in die Jahre 1842 bis 1844 zu datieren. Das Vorhandene basiert weniger auf Mozart-Da Ponte als auf der spanischen Barockfas-

sung des Tirso de Molina, deren deutsche Übersetzung
(1841) Lenau kannte. Lenaus Szenenfolge gibt, nach
der Einleitungsszene, in der sein Bruder ihn erfolglos
bekehren will, Don Juans Liebesabenteuer und -strei-
che in zum Teil faszinierenden Versen von hoher
sprachlicher Schönheit und dramatischer Kraft. Von
der Katastrophe des Klosters, in das Don Juan mit
seinen verkleideten Dirnen eingebrochen ist, über die
verschiedenen erotischen Stadien mit der Gräfin Maria,
der Dame auf dem Maskenball, Clara und der Her-
zogin Isabella geht der Weg des Verführers zum Kirch-
hof mit der Statue des erschlagenen Gouverneurs und
von da zu dem letzten Freudenmahl. Entgegen Mozart-
Da Ponte übernimmt hier der Sohn des toten Gouverneurs die Rache, indem er, was er an früheren Geliebten und illegitimen Kindern Don Juans auftreiben
kann, mit diesem konfrontiert. Don Juan benimmt
sich auch hier als großer Herr, indem er sie alle in
seinem Testament bedenkt. Aber – und dies ist das
Lenaus Grundwesen Entsprechende und seiner Faust-
Version Verwandte – dahinter steckt schon ein Akt
der Resignation. Lenaus Don Juan ist da schon nicht
mehr der unreflektierte Verführer, wie ihn Kierkegaard gleichzeitig bei Mozart aufdeckt, sondern ein
reflektierender, müde werdender, von seinen Taten
gelangweilter, todesahnender, nur halb noch trotziger,
im Grunde also schon gebrochener Kraftmensch. Wie
bei Kierkegaard tritt das Motiv des ästhetischen Lebens in die Nähe des Todes durch die Langeweile.
Don Juans Laufbahn muß erfüllt sein, sobald er sich
als Alternder zu fühlen beginnt und zur Einsicht
kommt: „O daß versiegen muß der reichste Bronnen."
Don Juans letzter Monolog ist noch Philosophie des
Genusses, aber resignative, ohne Hoffnung auf ewige
Verjüngung. So ergibt sich logisch der Schluß, in dem
Don Juan Don Pedro, den Stellvertreter der Rache,

zuerst als Fechter lächerlich macht, dann aber freiwillig den Degen wegwirft mit den Worten:

> Mein Todfeind ist in meine Faust gegeben;
> Doch dies auch langweilt wie das ganze Leben.

Der tödliche Stich des von Don Juan freigegebenen Gegners folgt. Dieser Abschluß ist nicht moralistisch in der großartigen Weise des Höllenspektakels bei Mozart. Er ist psychologisch-spätromantisch: Konsequenz des Sich-selbst-Fallenlassens einer auf Grund der Langeweile reflektierenden und damit erst zum Nihilisten werdenden Don-Juan-Figur.

Darauf folgt mit *Savonarola* der Versuch, das Welträtsel andersherum, wieder christlich-theologisch zu lösen. Lenau stand damals unter dem Einfluß seines gläubigen dänischen Freundes Martensen, der ihm den Stoff vermutlich angetragen hat. Es kam aber nicht das beabsichtigte Gegenstück zum *Faust*-Ende heraus. Das Motiv hätte die eindeutige Widerlegung der verweltlichten Kirche durch den Märtyrer der Liebe, die von Gott ausgeht, in ihrer unbedingten Erscheinung in dem radikalen Mönch ergeben müssen. Savonarola bekehrt aber Lorenzo Medici nicht. Dieser hält an dem Trostcharakter des antiken Schönheitskultes fest wie Thomas Manns Lorenzo in *Fiorenza*. So deckt das Versepos eher die innere Zwiespältigkeit des Dichters auf.

Nicht anders steht es mit den „freien Dichtungen" *Die Albigenser*. Der *Faust* bestand in Dialogfolgen, der *Savonarola* war eine Art Romanzenzyklus, *Die Albigenser* sind ein lockeres Gefüge von Gedichten, halb epische Erzählung, halb lyrisches Selbstbekenntnis. Die Sicherung vor der nihilistischen Weltangst wird hier bei Hegel gesucht, während der Stoff dem *Savonarola* verwandt bleibt wie auch dem Hussitenthema, von dem er nur die Ziska-Romanzen noch z

Schloß Lichtenstein. Gemälde von Johann Jakob Müller (um 1830)

Nikolaus Lenau. Ölgemälde von Carl Rahl (1834)

vollenden vermochte. Immer ist es der gleiche Gegensatz: verweltlichte und zynisch machtpolitische Kirche
auf der einen Seite, die Unbedingtheit reformato-
rischer Neuerer auf der anderen. Hegelisch im Geschichtsphilosophischen erscheint schon das der Dichtung vorangestellte Motto:

> Daß alles Schöne muß vergehn
> Und auch das Herrlichste verwehn,
> *Die* Klage stets auf Erden klingt;
> Doch Totes noch lebendig wähnen,
> Verwirrt das Weltgeschick und bringt
> Das tiefste Leid, die herbsten Tränen.

Hier wird die berechtigte Klage der Klassiker (z. B. in
Schillers *Nänie*) um die Vergänglichkeit auch des
Schönen abgehoben von der illusionären Anschauung
der Geschichte, die auf der Lebendigkeit auch noch
des Toten bestehen will. Das aber ist nichts anderes als
tiefes Leiden am unrealistischen Geschichtsverhältnis
der Romantik (wie der Spätromantiker Lenau es jetzt
selber faßt). Hegels Geschichtsphilosophie bietet da
anscheinend einen Halt, den Halt der unvergänglichen
Gesetzlichkeit von These, Antithese und Synthese. Das
Motto sah im künstlichen Aufrechterhalten von schon
geschichtlich Totem eine Verwirrung des Weltgeschicks.
Eins der ersten Albigenser-Gedichte (*Frühling*) nimmt
das noch einmal auf:

> Dem einz'len ist, was er versäumt, verloren;
> Der Menschheit auch, was einmal sie verscherzt;
> Kein Augenblick wird zweimal hier geboren,
> So herb es auch die Weltgeschichte schmerzt.

Man kann hieraus dialektisch entweder Trost oder
Verzweiflung schöpfen. Lenau suchte unzweifelhaft
den Halt im geschichtsphilosophischen Gesetz der Epo-
chenablösung. Die Albigenser werden mit Feuer und

Schwert ausgerottet. Den Papst trifft der Fluch der
gefolterten Seelen. Aber eigentlich haben Thesis und
Antithesis beide nicht das volle Recht auf ihrer Seite.
Der Standpunkt der Weltgeschichte ist ein höherer:
nicht Wiederholung des Augenblicks, sondern über die
Zeiten hin das gleiche Gesetz. Die Schlußverse der
Dichtung lauten nämlich:

> Den Albigensern folgen die Hussiten
> Und zahlen blutig heim, was jene litten.
> Nach Huß und Ziska kommen Luther, Hutten,
> Die dreißig Jahre, die Cevennen-Streiter,
> Die Stürmer der Bastille, und so weiter.

Das revolutionär Unbedingte als Geschichtsprinzip
also.

Trotz der verschiedenen weltanschaulichen Stützen,
nach denen Lenau in seinen epischen Geschichtszyklen
als Gedankenlyriker greift, bleibt eine schwermütige
Geschichtsanschauung der Grundton. Die Schwermut
seiner Natur- und Liebesgedichte ist auch nicht wie in
den Versepen angeboren und zugleich Bildungserlebnis
für den Epigonen; hier liegt das Übergewicht beim
Angeborenen, aus dem später auch die Krankheit sich
entwickelt. Die ersten Jugendgedichte, Odenversuche
auf Klopstocks und Höltys Spuren, sind nicht mehr
als Lehrlingsarbeit. Doch findet sich im Suchen nach
der ihm gemäßen Form schon früh auch das Sonett
und Ghasel. Im *Ghasel* (nach platenschem Muster)
drückt Lenau zuerst sein eigenes unseliges Zeitverhältnis aus:

> Doch immer schweigt noch mein Geschick – ich lausch und
> weine noch.

Weil er die eigene Ungestilltheit und Sehnsucht in die
dargestellte Natur hineinlegt, muß seine Naturdich-
tung schwermütig dunkel gefärbt sein. Daß er das er-

sehnte Idyll der *Reiseempfindung* nicht erlangen kann,
daß es dem heiteren und erdenfesten Jäger gehört, das
nächtliche Häuschen unter Birken und Rosen mitsamt
der Liebsten darin, daß er selber aber als Heimatloser
traurig zurückbleibt, ist ihm schon frühe Erkenntnis.
In *Das Mondlicht* („Dein gedenkend irr ich einsam")
ordnet sich die Zeit völlig dem Ich und seiner Liebe
unter. Sie steht still in den Tagen der Trennung, sie
hastet überschnell vorbei im Augenblick des Genusses.
Das Leiden an der Zeit zeigt sich noch schärfer in
einem Gedicht wie *Nebel:*

> Nimm fort, was mich so traurig macht,
> Auch die Vergangenheit!

Schon dies ist nicht mehr Romantik. Es ist der Hinblick auf die Qual der Erinnerung. Die *Schilflieder*
von 1831 (an Charlotte Gmelin) können als Modell
gelten für die außergewöhnliche Überführung von
Naturdarstellung in die völlige Verschmelzung von
Ich und Landschaft. Das leidende und sehnsüchtige
Ich macht die Natur ganz zum Träger seiner Stimmungen. Hier gewinnt Lenau bezeichnenderweise seinen eigensten und echtesten lyrischen Ton. So werden
schon im ersten Lied des kleinen Zyklus Landschaft
und Seele in Bewegung aufgelöst. Die Landschaft, mü-
des und trauriges Moor in der Dämmerung, Bild des
Entbehrenden, verliert ihre Melancholie:

> In mein stilles, tiefes Leiden
> Strahlst du, Ferne! hell und mild.

So sieht er in seiner Phantasie das aufgelöste Haar der
Geliebten im Gewittersturme wehen, vernimmt er in
den Nachtgeräuschen über dem Teich die verhallende
Stimme der Liebsten, erregt der mondbeglänzte Wei-
her den Gedanken an sie in süßer Trauer. Kein Zweifel, daß überhaupt die Auswahl aus der Natur, die

Lenau trifft, in höchstem Maße von seiner Subjektivität (auch in eroticis) bestimmt ist.

Die *Waldlieder*, mehr als ein Jahrzehnt später entstanden, bedeuten den Versuch, der dichterischen Darstellung der reinen Natur wieder stärkere Selbständigkeit zu geben. Voraus geht Lenaus Wiederannäherung an pantheistische Gedankengänge (wie bei dem Weg vom *Savonarola* zu den *Albigensern*). Schon das Bekenntnis des ersten Stückes: „Natur, will dich ans Herz mir legen!" bezeugt das. Der Dichter gibt sich jetzt als „heiter und frei", die Macht der Elemente hat seinen Willen gehärtet. Erinnerung verbannt er jetzt bewußt beim Eintritt in die Waldlandschaft, weil sie „Räuber" der reinen Naturverbundenheit ist. Natur ist nicht „gemeine" Natur, sondern im rechten Augenblick Vermählung mit dem Geist. Aber auch mit Gott trifft sich mystisch die Seele:

> So rauscht und lauscht die Seele,
> Daß Gott sich ihr vermähle,
> Fühlt schon den Odem wehn,
> In dem sie wird vergehn.

Das vielleicht bedeutendste der *Waldlieder* ist das fünfte. In ihm herrscht eine Stimmung wie in Nietzsches Lied an den Mistral. Winden und Gewittern wird frei die Brust geboten, die geheime Sprache der Bäume und Naturdämonen soll entziffert werden. Diese Geheimsprache der Natur ist aber, wie einst bei Novalis, auf echt romantische Weise zugleich auch die der Dichtung:

> Und im Kelch der feinsten Moose
> Tönt das ewige Gedicht.

So ist der Zyklus der *Waldlieder*, so lyrisch er empfunden scheint, doch zugleich pantheistische Gedankenlyrik. Der Wille zum All-Einen beherrscht sie, aber

die innere Zerrissenheit des Dichters hebt er nicht auf.
Wenn auch das letzte der *Waldlieder* die Vergänglichkeit gezwungen pantheistisch als „heimlich still vergnügtes Tauschen" interpretieren möchte, so ist es
doch wohl auch kaum Zufall, daß das erste ein Kirch-
hofsgedicht, das letzte (übrigens auch das letzte Wort
des Dichters) ein Lied des Herbstes und der Verwe-
sung ist. Dies bleibt nun einmal Lenaus Grundton.

Daneben freilich gibt es auch z. B. lyrische Reisebilder, in denen ein heißer Atem des Lebens pocht,
nicht nur die bekanntesten, die Zigeunergedichte, sondern auch, unter manchen hellen und vitalen Früh-
lingsliedern, eine so gesteigerte Naturfreude wie in
Liebesfeier, das die erwachende Natur als eine Art
mystischer Messe nimmt:

> Der Lenz hat Rosen angezündet
> An Leuchtern von Smaragd im Dom;
> Und jede Seele schwillt und mündet
> Hinüber in den Opferstrom.

Das Lied hat seinen kongenialen Vertoner in Robert
Franz gefunden; wie es denn überhaupt nicht grundlos
ist, wieviel von Lenaus eigentlicher Lieddichtung komponiert worden ist. Über der Fülle seiner lyrischen
Vierzeiler tritt oft zurück, daß er auch ein Meister
im Sonett, in der Ode und anderem romantischen
Formerbe war. Ja, eine Seite seines Wesens war es
sogar, an der Leichtigkeit des Umgangs mit der romantischen Formüberlieferung zu leiden, da seine ausgebildete Subjektivität, auch gerade seine Schwermut,
im Grunde nach der unmittelbarsten Ausdrucksmög-
lichkeit suchte.

1. Iffland und Kotzebue

Der Literaturhistoriker würde sich ein falsches Bild
machen, wenn er sich die Bühne in der zweiten Hälfte
des 18. und den ersten Jahrzehnten des 19. Jahrhunderts als von den großen Dramen der Lessing, Schiller
und Goethe, vielleicht gar noch Kleist, beherrscht vorstellte. Dieser so theaterfreudige Zeitraum, dessen
eigentliches Leben und Weben darzustellen Sache der
Theatergeschichte wäre, würde gleichwohl historisch
verfälscht, wenn man ihn sub specie allein der Dramatik hohen Ranges auffassen wollte. Gewiß: Lessing wie
Schiller wie Goethe haben ihre bedeutende Funktion
auch als Dramaturgen. Doch würde man durchaus
fehlgehen, wenn man das Bedürfnis des Theaterpublikums mit ihren höchsten Ansprüchen identifizierte.
Schillers *Macbeth*- oder *Nathan*-Inszenierung, Goethes weniger als halben Herzens aufgenommene Mäzenatenrolle für Kleist – sie bedeuten literatursoziologisch mehr Bildung und Experiment als den Alltag.
Dieser lag, ob in Wien, Berlin, München, Mannheim
oder Hamburg, nicht zuletzt auch in Weimar, sowohl
beim Können der stets fluktuierenden Ensembles wie
beim Unterhaltungsbedürfnis der damals noch höfischen wie bildungsbürgerlichen Schichten. Im österreichisch-bajuwarischen Raum gab es zudem – in Wien
eindeutig bis zu Sonnenfels – das Ventil des Volkstheaters, einschließlich des Stegreifstücks. Hält man
dagegen das Erziehungsdrama Lessings und das idealistische der Weimarer Klassiker, so wird da eine Kluft
zwischen dem damit erstrebten ,Nationaldrama' und
der vom Barock her kommenden freieren Tradition

sichtbar, die im 18. Jahrhundert im Streit um die Berechtigung des Harlekins gipfelt. Das freie Stegreifstück kann auf eine sozusagen herzlich familiäre Weise ein auch wenig ‚gebildetes‘ Publikum ansprechen. Der Bildungsehrgeiz der Aufklärung (Gottsched, Neuberin) schaltet es aus. Der Erziehungsanspruch der *Schaubühne als eine moralische Anstalt betrachtet* vertieft diese Spaltung, je idealistisch klassischer sich die Situation entwickelt. Was im Barock noch nicht nötig war: die Scheidung der Stände nach intellektuellem Maße – das tritt jetzt ein. Das klassische Drama (im weiteren Sinne, seit Lessing, begriffen) will den Hörer emporziehen, aber unter der Voraussetzung, daß er gewillt ist, intellektuell mitzugehen. Dabei aber bleibt das einfache Publikum auf der Strecke. Die bisherige soziale Funktion der Bühne ändert sich. *Nathan, Iphigenie, Tasso, Wallenstein* sprechen diese Schicht nicht an. Diese Dramengattung ist sprachlich wie ästhetisch für sie zu hoch gespannt. Materiell ausgedrückt: ein Intendant oder Bühnenleiter, der auf diesen Rang allein abstellt, muß früher oder später Bankrott machen. Das hat niemand deutlicher erkannt als der Realist Goethe in seiner Funktion als Bühnenleiter. Weder sein noch das Berliner oder Wiener Repertoire ließ das Bedürfnis des ‚National‘-Publikums nach minder intellektueller Kost unberücksichtigt. Auf den bedeutenderen Bühnen deutscher Zunge überhaupt wirkte sich die Spannung zwischen Bildungsanspruch und Unterhaltungsbedürfnis von unten her als Diadochenkampf der Truppen und ihrer Intendanten überall aus.

Intellektueller Bildungsanspruch als das prodesse des Horaz und Unterhaltungsbedürfnis des höfischbürgerlichen Publikums, die delectatio also, mußten irgendwie ausgeglichen werden. Als Vermittler in ihrer Stellung als Dichter wie als Dramaturgen und Intendanten dürfen Iffland und Kotzebue gelten, zwei be-

deutende Theaterpraktiker mit dem Blick für das
Wirksame, keine Neuerer und schon gar keine Revolutionäre des Bühnenwesens, aber Vertreter der Mitte
mit dem Spürsinn für das Mögliche. Dieser Spürsinn
für das Mögliche, der allein ein Hof- oder Stadt-
theater, zu schweigen von einer Bühne mit ‚Nationaltheater'-Anspruch, funktionsfähig erhalten konnte,
war in den oberen Regionen nicht so wie noch zu
Lessings und Schillers Zeiten erhalten geblieben. Nicht
unaufführbar, aber doch kaum aufführbar waren
schon des älteren Goethe Festspiele wie die *Pandora*
oder der zweite Teil des *Faust*. Die Romantiker gar
machten sich überhaupt keine Gedanken über das Büh-
nen-Mögliche oder -Unmögliche ihrer Erfindungen.
Geht man von den Dichtern zu den Truppen herunter,
so zeigt sich die Situation noch lamentabler. Neben
den Stars, die um die Helden- und Heroinenrollen
kämpften, gab es nur selten einigermaßen konforme
und überzeugende Ensembles. Die Zeit der genialen
Wanderprinzipale war dahin. So konnte man häufig
nicht einmal Shakespeare oder die großen Franzosen
zu Aufführungen von gleichmäßigem Niveau bringen.
Die Tatsache von Tiecks weitberühmtem Vorlesertum,
seiner Kapazität, die Illusion einer vollkommenen
Aufführung etwa eines Shakespeare-Stücks als lesen-
der Mime zu wecken – sie zeigt als Zeitsymptom die
Resignation gegenüber dem zeitgenössischen Thea-
ter-Ensemble. Mit klassischen Helden- und romantischen Phantasiestücken konnte ein Intendant der
Zeit nicht nur nicht ein Repertoire bestreiten, er
konnte es nicht einmal darauf aufbauen, Volkserziehung hin oder her. Der Ausgleich mit dem Unterhaltungsbedürfnis des (schließlich zahlenden) Publikums,
das auf eine ihm ohne intellektuelle Anstrengung zu-
gängliche Weise ergötzt (im Lustspiel) oder gerührt
(im Schauspiel und in der Tragödie) sein wollte, mußte

auf dem Wege des Kompromisses erfolgen. Das Ergebnis war schon im 18. Jahrhundert, dessen erwachsene Söhne Iffland wie Kotzebue noch beide sind, eine die Alltagskassen füllende bürgerliche Stückefabrikation mediokren Ranges. Hieran ändert nun, sieht man die Dinge realistisch, die klassische Zeit der großen Theaterleitungen kaum sehr viel. Die Rolle, die die Zeit den Iffland und Kotzebue, wenig später den Schicksalsdramatikern zuwies, zeigt das eigentlich recht deutlich. Beim Schicksalsdrama könnte man wenigstens noch sagen, daß hier die Romantik in Erkenntnis der soziologischen Lage halb bewußt Trivialromantik geworden sei, sich auf das Niveau der Vulpius und Zschokke herabgelassen habe, so daß eine Analogie zur trivialen Hintertreppen- und Gespensterepik zustande kam. Allein, dabei war nun wieder das Gesetz der Abstumpfung wirksam, da eben das Haarsträubende nur transitorisch wirksam ist.

August Wilhelm I f f l a n d (1759–1814), ein Hannoveraner aus guter Familie, von den Eltern zum Pfarrberuf bestimmt, hat seine ganze Existenz schon vom 18. Jahre an auf das Theater gestellt. Die Geschichte seiner Entwicklung hat er selber in *Meine theatralische Laufbahn* (1798) so geschildert, daß die ganze Faszination sichtbar wird, die das Schauspiel schon seit seiner frühen Kinderzeit auf ihn ausübte. Bereits den Vierjährigen bezauberte die Illumination der Friedensfeier von 1763: „Das große, glänzende, bunte Bild aus jener Nacht" ließ das Kind für lange nicht los. Die Eltern haben erst zu spät eingesehen, daß die Illusion des Theaters, die dem Sohne bereitwillig gewährt wurde, für diesen zur eigentlichen Existenz wurde. Molière, Lessing, Shakespeare, die z. T. die besten deutschen Wandertruppen in der Residenz darboten, lenkten Ifflands Phantasie ein für allemal in die Richtung des Spiels, der Mimik, der Nachah-

mung, der öffentlichen Wirkung, schließlich auch
durch eigene dramatische Produktion. So entlief er vor
dem drohenden Theologiestudium denn 1777 zu Eck-
hof, der ihm gerade noch die erste Ausbildung geben
konnte. Nach dessen Tod hat Iffland, inzwischen mit
seinem Vater versöhnt, sich für mehr als ein Jahrzehnt
an das Mannheimer Nationaltheater gebunden, dessen
Ruhm von diesem Schauspieler weithin repräsentiert
wurde. Den Theatererfolg der *Räuber* verdankte Schiller in erster Linie der genialen Interpretation des Franz
Moor durch Iffland. (In der Autobiographie heißt es
geradezu: „Franz Moor war für mich ein eigenes
Fach...") Die Mannheimer Jahre, durch die Revolu-
tionskriege immer wieder schwer erschüttert, bedeute-
ten für Iffland nicht nur die Zeit der Entfaltung eines
unstreitig großen Schauspielertalents, sondern erste
Übung auch in den Funktionen des Theaterdirektors,
da der Intendant Dalberg sich aus der Stadt seines
Theaters zurückzog, sobald Kriegsgefahr im Verzuge
war. Diese Bewährung trug Iffland 1796 den Ruf
nach Berlin unter beneidenswerten Bedingungen ein.
Indessen fiel dem an das lebhafte süddeutsche Publikum Gewöhnten der Kontakt zu dem Publikum der
Aufklärungsmetropole in Deutschland jahrelang
schwer. Er fand ihn gleichwohl, und seine Treue im
Napoleonischen Krieg brachte ihm 1811 denn auch die
Funktion des Generaldirektors der Königlichen Schauspiele ein. Aber er war damals schon ein kranker
Mann. Die letzten aufreibenden Rollen, die er sich im
Siegesjahre 1814 noch zumuten konnte (den Tell und
den Luther in Zacharias Werners *Weihe der Kraft*),
zwingen ihn zum Rücktritt von der Bühne, dem bald
der Tod folgen sollte.

Iffland hat nicht nur in seiner Autobiographie eine
Art Lehre der Schauspielkunst an den eigenen Erfahrungen angedeutet, sondern auch schon vorher (1784)

August Wilhelm Iffland als Franz Moor in Schillers „Die Räuber"

Fragmente über Menschendarstellung gesammelt, worin er unermüdlich Argumente für sein stets verfolgtes Ziel, das Ansehen des Berufsschauspielers durch die Hebung des Standesethos zu steigern, gibt. Er hat, in Mannheim wie in Berlin, auch viel für die soziale Sicherung seiner Ensembles getan, aber eben unter der Vorbedingung hoher sittlicher Anforderungen. Eine große Rolle spielt im Wortschatz der Fragmente das Wort „edel". Ein Charakterdarsteller muß selbst edel sein oder doch sein wollen, wenn er als Spieler groß und glaubwürdig wirken soll. Um aber edel zu sein, muß man „Bildung der Seele" haben. Nimmt man diesen Standpunkt ein, so darf und muß man sich in der Funktion eines „Volkslehrers" sehen. Wie weit liegt das von der Soziologie des Komödiantentums ab, die in den gleichen Jahren Goethes *Wilhelm Meisters theatralische Sendung* noch gibt! Nicht mehr Philine, sondern Aurelie und ein noch ernsthafterer Serlo, als Goethes Roman ihn zeigt, sind das Ideal. An Philine ist nur der Körper schön. Der Idealschauspieler Ifflands soll auch schöne Seele und Geist sein. Was dieses großen Mimen Meditationen über seinen Beruf dem alten, so unbürgerlichen Stand geben sollten, war eine neue Berufsehre, die ihn auf dem Wege über sittliche und ästhetische Bildung erst am Ende zur Genialität berechtigen sollte.

‚Bürgerlich' muß das Stichwort bleiben für Ifflands eigenes Schriftstellertum. Es wollte nicht autonom genial sein, wie Werk und Person des jungen Schiller, zu deren Erfolg der Darsteller Iffland so Entscheidendes beigetragen hat. Was er selber schrieb, waren gebrauchsfähige Stücke für seine Bühnen und deren bürgerliches Publikum. Für Mannheim allein hat er deren rund drei Dutzend geschrieben. Schon hieran zeigt sich der Unterschied zur sparsamen Produktion der Klassiker, in der jedes Drama ein Schlag, eine Tat, ein Treffer sein sollte. Iffland aber schrieb dramatische Gebrauchskunst, Kunsthandwerk mit dem Spürsinn für das Bedürfnis der Mittelschicht. Darin war wenig persönliche Eitelkeit investiert, und es stimmt vollauf das Urteil Walter Horace Brufords in seiner umfassenden Darstellung des Dramas der Goethezeit, die bei der Wertung zugunsten Ifflands hierin den eigentlichen Unterschied zu dem Vielschreiber Kotzebue sieht. Der eine wollte dem Theater dienen, der andere es beherrschen.

Dieser zweite Matador der Alltagsbühne der Goethezeit war sogar geborener Weimaraner. August Friedrich Ferdinand K o t z e b u e (1761–1819), später in Rußland geadelt, Schüler noch von Johann Karl August Musäus, brachte es zu einem eher überraschend abenteuerlichen Leben und Tod. Das Abenteuerliche aber lag bei ihm mehr nach der politischen Seite hin als nach der seines Theaters. Die charakterliche Eindeutigkeit Ifflands ging Kotzebue ab. Die Unbedenklichkeit seines Ehrgeizes wie auch seiner persönlichen Eitelkeit läßt ihn als alles andere als harmlos erscheinen. Vielleicht ist es zuviel gesagt, daß er ein Doppelleben führte. Das Trivialdrama, das er (in einem Umfang von etwa vierzig Bänden, fast das Dreifache des Werkumfangs des auch schon fruchtbaren Iffland) der deutschen Bühne geliefert hat, mag immerhin den Anteil der Phantasie auch an der eigenen Karriere mitbegreiflich machen. Kotzebues früheste Eindrücke liegen bei der Weimarer Bühne, deren Folge dann eigene Liebhabertheatergründungen des Rechtsstudenten sind, die ihm wiederum eine frühe Routine im Schreiben von Gebrauchsstücken verschaffen. Seine Bindung an Rußland und dessen baltische Provinzen beginnt schon 1781. Zweimal in seinem Leben brachte ihm dieser Sprung die Direktion des Deutschen Theaters in Petersburg. Über eine relativ kurze Tätigkeit in Wien führt ihn sein Weg nach Weimar zurück, auch dies zunächst nur vorläufig, bis zur zweiten Theaterleitung in Petersburg. Hier gipfelt das Abenteuer seines Lebens in einer bald durch den Zaren zurückgenommenen Verbannung nach Sibirien. Aus dieser Zeit rührt seine zweideutige Verbindung zum russischen Hofe her, die ihn seit der Restauration 1813, versehen mit dem russischen Staatsratsrang und einem für die bescheidenen deutschen Verhältnisse enormen Rubelgehalt, als Berichterstatter wieder nach Berlin und Weimar versetzen wird. Der jungen Generation der studentischen Freiheitskämpfer gegen Napoleon galt Kotzebue als reaktionärer Spitzel obersten Ranges. Und so wurde denn auch sein Tod nicht ein literarischer, sondern ein politischer Skandal. Kotzebues Ermordung durch den fanatischen Studenten Karl Sand hat die eigentliche Restauration, die Verfolgung der Burschenschaften und der mit ihnen sympathisierenden intellektuellen Freiwilligen von 1813, zusammen mit dem Wartburgfest, erst eigentlich ausgelöst. Man muß sich angesichts eines Werkes von äußerster Fruchtbarkeit vergegenwärtigen, daß, neben einem breiten journalistischen Prosaopus, die mehr als zweihundert Stücke Kotzebues nicht nur anderswo, sondern unter Goethes Theaterleitung jahrelang den bürgerlichen Alltag auch des Weimarer Theaters ausmachten. Soziologisch Ifflands bürgerlicher Gebrauchsproduktion nicht unverwandt, sprach das Kotzebuesche Gebrauchsstück eben die gleiche Schicht an. Tränen wie Satire freilich ergossen sich bei ihm outrierter, unbedenklicher auch in der Sprachform, aus.

Es wäre sinnlos, die Breite dieser Produktion im einzelnen historisch oder ästhetisch interpretieren zu wollen. Man muß sie vom allgemeinen Gesichtspunkt ihrer Wirkungsmöglichkeit auf ein Bürgertum anschauen, das weit vom Heute entfernt ist. Das heißt: man muß versuchen, den Dramentyp mit seinen gesellschaftlichen Voraussetzungen soweit noch möglich zu begreifen. Mit Iffland wie mit Kotzebue setzt sich die moralisch empfindsame Sphäre des Rationalismus, seiner Bühne sowohl wie der Wochenschriften, über Klassik und Romantik hinweg bis in die Restaurationszeit hinein fort. Das bedeutet Theater als Erbaulichkeit, als Rührung und Rührseligkeit, als Tugend und Opfer, als Selbstbeschränkung und Gutmütigkeit, als Maß also in jeder Hinsicht (außer im Empfindsamen). Überflüssig zu sagen, daß es sich ferner dabei um angewandte christliche Güte und Billigkeit, Abneigung gegen Intrige und alles Böse handelt. Tragik kann hier nicht gedeihen, weil die Grundlage allzu optimistisch ist. Die Strafe folgt, gelegentlich recht massiv, der Untat, wo nicht auf dem Fuße, so doch über kurz oder lang. Kaum anders ist es mit dem Lohn. Das so typisch bürgerliche Verhältnis zum Gelde in der Form des glücklichen Zufalls, des Erbes, des moralisierenden Testamentes, der Rettung aus bitterer Armut und drückenden Schulden bleibt diesem Genre erhalten, selbstverständlich um den Preis des Tiefgangs. Aber diese Zuschauerschicht will Ehebrüche, Verführungen, berufliche Untreue, höfische Intrige eben auf diesem Niveau gesühnt, die Reue honoriert, die Guttat sinnlich sichtbar ausgezahlt wissen. Das Drama wird zum Hauptbuch. Natürlich können die gleichen Konflikte auch noch mit dem Reiz des Historischen ausgestattet werden, der es erlaubt, noch einiges anscheinend Fremde, Wunderliche und Wunderbare dem Rezept für die Gegenwart beizumischen. Letzten Endes muß man sich über die Widerstandskraft des Publikums gegen die so unvermeidlich erzeugte Langeweile wundern.

Eine Dramatik dieser Art drückt sich als Trauerspiel im wesentlichen nur im Familienstück aus, ist jedoch prädestiniert für das Lustspiel. Die Konkretheit realistischer Intimität kann ihr eignen, nicht die Größe entscheidender Tat. Das Possierliche, Skurrile, Groteske der kleinen Welt ist dieser bürgerlichen Wirklichkeit integriert und überall mit Händen zu greifen. In all dem ist eine legitime Tradition von dem großen Lustspiel des 18. Jahrhunderts beschlossen: von Lessing und Holberg. Und es ist wohl letztlich dies, was die Wirkung mindestens von Kotzebue über Deutschland hinaus für ziemlich lange Zeit sicherstellt. Kotzebues *Die deutschen Kleinstädter* oder auch sein *Pachter Feldkümmel von Tippelskirchen* sind der Gattung wie dem Motiv nach nicht nur legitime Kinder französischer Muster, sondern auch im Geist und in der Form ebenso legitime Nachkommen des großen dänischen Lustspieldichters. (Goethe mit seinem Aktualisierungsversuch Holbergs im *Bürgergeneral* hat dessen natürliche Eindeutschung nicht wie Kotzebue zuwege gebracht.)

Zunächst aber soll hier von dem Älteren, von Iffland die Rede sein, dessen Wirkung zeitgebundener geblieben ist. Dabei muß das schon frühe Urteil auch heute noch Geltung haben, daß seine gelungensten Stücke die der Mannheimer Periode sind, das heißt die in den achtziger Jahren entstandenen. Zu Beginn steht ein typisches Offiziersstück *Albert von Thurneisen* (1781), unaufführbar über die Epoche hinweg, für den historisch Interessierten jedoch thematisch reizvoll als eine genaue Zwischenform des Motivs der Ehre im Raum des Übergangs von Lessings *Minna von Barnhelm* zu Kleists *Prinz von Homburg*. Der Unterschied zu Lessing ist freilich, daß es hier nicht um die scharfsinnig durchschaute Paradoxie des traditionellen Ehrbegriffs geht, andererseits auch nicht um die tödliche Härte der Entscheidung bei Kleist. Der Held dieses ersten Iffland-Dramas stellt noch immer im Aufklärungssinne eine Art Märtyrer der Ehre dar, gegen die er verstieß und die er wiederherstellen mußte. Zwischen Lessings Tellheim-Dialektik und Kleists Homburg-Entscheidung für den Tod kommt noch einmal die von Lessing in der *Hamburgischen Dramaturgie* persiflierte aufgeklärte sittliche Märtyrerideologie zum Wort. Das Pathos ist daher beträchtlich. Das gilt schon bedeutend weniger für das nächste Stück Ifflands, dem der junge Schiller den Titel gegeben hat *Verbrechen aus Ehrsucht* (1784). Man darf aber nicht an Schillers eigenen Novellentitel *Der Verbrecher aus verlorener Ehre* denken. Die Schiller-Novelle ist unvergleichlich viel sublimer im Psychologischen. Ifflands bürgerliches Stück („Ein Familiengemälde") ist keine Tragödie. Es hat ein Happy-End, und seine soziologische Bindung geht nicht vom Volke aus, sondern ist von der Welt des bürgerlichen Beamtentums und seiner Berührungen mit der Hofsphäre bestimmt, die nun einmal die seine ist und deren Darstellung er denn auch nach seiner gesellschaftlichen Erfahrung als Realist beherrscht. Rechtlichkeit und Ehrlichkeit (und natürlich deren Gegensätze) sind die tragenden ethischen Werte und Konfliktstoffe. Der Dramen-‚Held' ist aber eigentlich der Sünder, der Sohn des Rentmeisters Ruhberg, der die vom Vater verwaltete Staatskasse angreift, um die aus seiner dolce vita erwachsenen Schulden mit dem Diebsgut zu decken. Dies also ist das Verbrechen aus Ehrsucht, das den rechtlich denkenden Vater fast das Leben kostet. Der Sohn aber ist (das alte Thema des 18. Jahrhunderts) das Produkt einer verfehlten Erziehung durch die adlige Mutter. Diese Teilung der Schuld macht ihn schließlich der Verzeihung würdig. Doch ist der patriarchalisch eigenwillige andere Vertreter äußerster Rechtlichkeit, der Oberkommissar Ahlden, der Kontrolleur der bestohlenen Kasse, in aller seiner charaktervollen Eckigkeit und Anstößigkeit der innere Held, Repräsentant sozusagen des kategorischen Imperativs, der, sich selbst überwindend, dem Sünder wegen dessen rechtlicher Familie schließlich aus der Patsche hilft. Alles dies ist einigermaßen kraß in Handlungen und Charaktergegensätzen ausgeführt, zu denen auch noch die leichtfertige Oberflächlichkeit der höfischen Repräsentanten hinzutritt. Doch greift es trotz aller Aufklärungsideologie schwerlich über die gesellschaftliche Wirklichkeit der Zeit hinaus. Iffland hat eben dieses Familienmotiv noch in zwei weiteren Stücken fortgesetzt. Im Grunde bleibt es weitgehend das Modell für sein Gesellschaftsstück. *Die Jäger* (1785), diesmal „ein ländliches Sittengemälde", stellt die Ständeklausel nicht um. Der alte Oberförster bleibt der Ruhberg-Ahlden-Typ, seine Frau, zwar nicht prunksüchtig, sondern nur schwatzsüchtig, fungiert teilweise als Unheilstifterin. Der Sohn vereinigt tüchtige und haltlose Züge in sich, wie der junge Ruhberg, ohne freilich zum Verbrecher aus verletztem Ehrgefühl zu werden. Dafür spielt der Amtmann von Zeck mit seiner Tochter Kordelchen eine ähnliche Intrigantenrolle wie die Adelsclique für die Ruhberg-Familie. Auch hier kommt schließlich alles Verwirrte wieder in Ordnung dank der Rechtlichkeit der Familie und Familienfreunde. Der Försterssohn, wegen Intrigantenmordes bereits verhaftet, geht als Unschuldiger aus der Affäre hervor, das bürgerliche Sittengemälde erhält seine jeden befriedigende Lösung. Ifflands Stärke ist nicht die Fülle der Erfindung. Eher liegt sie in der Konkretheit der Variationen, also in der Charakteristik.

Die Grenze Ifflands aber nimmt man vor allem im Lustspiel wahr. Den Übermut zur bloßen Posse bringt er nicht auf. Das rührende Motiv aus seinen Charakter-, Sitten- und Familienschilderungen führt er auch in seine Lustspiele ein. Man kann es an Ifflands vielleicht wirksamster Komödie *Die Hagestolzen* (1793) beobachten, für die eine Art Epilog zu schreiben Goethe nicht unter seiner Würde hielt. Auch hier Hofrats- und Geheimratssphäre, weiter unten die der Bedienten, dazwischen der ehrliche Bauer, dessen Familie schließlich die redliche Braut für den Hofrat liefert. Gellertsche und vossische Idylle in Synthese. Der Bedientensphäre verbleibt die goldonische Intrige, aber nicht der goldonische Witz. Kaum verständlich, daß Goethe sich mit so etwas einließ, wenn nicht der Stand der Theaterkasse es ihm nahelegte.

Dies alles ist nun bei Kotzebue ganz anders. Literarhistorisch liegt bei ihm gerade das Schwergewicht auf dem Sektor von der Posse zum Lustspiel. Von seinen Rührstücken ist das berühmteste *Menschenhaß und Reue* (1789): Ehebruchsdrama mit Versöhnung und damit Ausschaltung des bei dem betrogenen Manne natürlicherweise eingerissenen Menschenhasses. Das ist rationalistische Tugendlehre, die gleich zwei Fliegen mit einer Klappe schlägt. Immer wieder wird es übrigens das Verführungsthema sein, mit dem Kotzebue die Neugier eines im Grunde muffigen Publikums routiniert angeht. Aber auch dies ist ja nicht original. Original dagegen ist bei Kotzebue der Instinkt für das Komische. Hier entfaltet er eine weit über Iffland hinausgehende Spielfreude mit dem Allzu-Menschlichen. Für die Romantiker war er eine Art Buhmann wie Friedrich Nicolai. Er hat sich in einer Fülle von Anspielungen in seinen Lustspielen gerächt, und durchaus nicht ohne Esprit. Freilich war *Der hyperboräische Esel,* seine Auseinandersetzung vor allem mit den Brüdern Schlegel, kein Kassenstück. Überdies spiegelte es die Neigung des Autors zum Denunziantentum wider. Aber es wäre auch ungerecht zu unterstellen, daß hier das eigentliche Genre Kotzebues zu finden sei. Dieses lag vielmehr in einer zugleich wohlberechneten wie sich selbst genießenden Neigung zur totalen Posse, die durchaus nicht vom grünen Tische aus, sondern mit gutem französischen und holbergischen Handwerk gemacht wurde. Ihre Tugend war zugleich die konkrete Weltkenntnis des Autors.

Von Kotzebues komischen Stücken wäre vielleicht noch manches andere länger bühnenfähig geblieben als das Lustspiel *Die deutschen Kleinstädter* (1803), wenn nicht gerade dieses ein sozusagen ewiges Thema der deutschen Wirklichkeit humoristisch-satirisch aufgegriffen hätte. Die jüngste, durch Hans Schumacher vorbildlich besorgte Ausgabe der *Deutschen Kleinstädter* faßt Vorgeschichte und Wirkungsgeschichte des Stückes leicht zugänglich zusammen. Man darf von der französischen Vorlage, die die dortige Provinz meint, absehen. Das Gesellschaftskritische ist durch Kotzebue in nahezu vollkommener Lebenswahrheit auf die deutsche Kleinstadt um 1800 übertragen (noch dazu eine aus dem sächsischen Raum). Der komische Mythos von Krähwinkel wird hier begründet. Dabei brauchte es für den satirischen Kern: die leere Titelsucht als Sinnbild des Mehr-Scheinens als man ist, des Pariser Boulevardstück-Modells nicht. Dies ist nämlich schon ein Thema nicht erst der deutschen Aufklärungs-, sondern bereits der Barocksatire. Man könnte Sabines, des raffinierten kritischen Kindes Krähwinkels, Worte ihrem Sinne nach auch in den moralischen Wochenschriften finden:

Ein Titel, lieber Freund, ein Titel! Ohne Titel kommen Sie in Krähwinkel nicht fort. Ein Stück geprägtes Leder gilt hier mehr als ungeprägtes Gold. Ein Titel ist hier die Handhabe des Menschen, ohne Titel weiß man gar nicht, wie man ihn anfassen soll. Hier wird nicht gefragt: hat er Kenntnisse? Verdienste? sondern, wie tituliert man ihn? Wer nicht zwölf bis fünfzehn Silben vor seinen Namen setzen kann, der darf nicht mitreden.

Daß hierin auch ein Stück Bosheit gegen die kleine Residenz Weimar sich einmischt, erkennt man nicht nur an den (für die Aufführung von Goethe geschriebenen) Allusionen auf die Frühromantiker.

Wie meist siegt gegen die widrigen Umstände einer extremen Provinzialität der Mutterwitz, den Sabine, die Bürgermeisterstochter von Krähwinkel, vertritt. Olmers, ihr Geliebter aus der Residenz, aus der sie gerade von einem Bildungsaufenthalt zurückgekehrt ist, erweist sich ihr darin als unterlegen. Indem er seinen Geheimratstitel bis zuletzt verschweigt, setzt er den Segen der fürchterlich bürgerlichen Familie immer wieder aufs Spiel. Das durch Mutterwitz weltkluge Mädchen muß den ahnungslosen Residenzler immer wieder auf die Realität der Kleinstadt stoßen. So wird denn, mit viel Glück, am Ende der Nebenbuhler, der „Herr Bau-, Berg- und Weginspektorssubstitut Sperling", der Stadtliterat und für Kotzebue die willkommene Konstruktion des romantischen Neuerers, schließlich ausmanövriert. Der Geheimratstitel von Olmers obsiegt. Das alles ist nicht gerade tief. Aber es ist ein recht lebenswahrer common sense, der das Lustspiel trägt. Der Instinkt Kotzebues für aktuellen Witz bewährt sich. Hier ist er Iffland überlegen, der im Bereiche des Alltagsdramas vom Idealismus nur selten lassen kann.

Wie Iffland das Ruhberg-Thema, so hat auch Kotzebue das Krähwinkel-Thema zu wiederholen versucht. Indessen, man konnte das wohl mit gleicher Schlagfertigkeit nicht tun, ohne das Motiv zu Tode zu reiten. Der Vergleich der Kleinstädter mit einer der Fortsetzungen, deren Titel vielleicht nicht zufällig auf Wieland zurückgeht, *Des Esels Schatten oder Der Galatag in Krähwinkel* (1809), würde das deutlich machen. Kotzebue war eben ein Vielschreiber, und mit der Originalität im Sinne eigener Erfindung nahm er es ohnehin nicht so genau. Auch in diesem Sinn ist er ein Epigone des 17. und 18. Jahrhunderts, der unbedenklich das Erbe ausmünzt. Das gilt nicht nur für die zahllosen Bearbeitungen von Lustspielvorlagen, sondern zum Teil auch für seine Travestierungen antiker Stoffe (*Ariadne auf Naxos, Das Urteil des Paris* u. ä.). In diesem Genre knüpft er an Wieland an, wie er denn auch im Ritterstück, im Orientthema und, außerhalb des Dramas, als Novellen- und Schauergeschichtenschreiber das Genre der Spieß, Cramer, Vulpius und Gesellen mitvertritt. Alles in allem: mit Kotzebue ging einer der gewandtesten Literaten der Zeit und ein raffinierter Kenner der Bedürfnisse des bürgerlichen Theaters dahin, kein Dichter.

2. Das Schicksalsdrama und seine Parodie

Zum Bühnenalltag der Zeit gehört auch das vorwiegend historische Drama der Schiller-Epigonen wie Joseph von Collin, August Klingemann, Theodor Körner. Dies ist sozusagen das Trivialdrama der Nationalromantik, jedoch nur mit neuem Stoff gefüllt. Die Form kommt über Epigonentum der Klassik nicht hinaus. Dagegen erwächst, ebenfalls aus der Doppelwurzel Klassik–Romantik, eine eigene Modevariante des Dramas, das berüchtigte ‚Schicksalsdrama‘. Ergab sich als Stichwort für die Wirkung des Trivialdramas Ifflands und Kotzebues mehr oder weniger vollkommene Rührung oder Komik, so ist das Stichwort des Schicksalsdramas das Schaudern. Dieses Bedürfnis des bürgerlichen Theaterpublikums hat spezifisch die jüngere Romantik geweckt, die sich hierin mit den Schauermotiven der Ritter-, Räuber- und Gespenstergeschichten der unteren Unterhaltungsliteratur vom Ende des 18. Jahrhunderts begegnet. Was für Kotzebues phantastische Themen galt, das gilt potenziert auch

hier. Aber auch die Frühromantik hat einen prominenten Vermittler: Tieck. Für die Spekulation auf die
Nerven des Zuschauers, wie sie das Schicksalsdrama
treibt, ist denn auch Tieck mehr verantwortlich als
Schiller. Schiller entfaltet den Prototyp doch immer
noch von der Antike her: sowohl im *Wallenstein* wie
in der *Braut von Messina.* Tieck in seinen frühen Dramen benutzt das Schicksalsmotiv bereits im Sinne der
Reizbarkeit des Publikums für möglichst abgründige,
ja pränihilistische Schauer. Auf ihm mehr als auf Schiller beruht daher auch Kleists ‚Schicksalsdrama‘ *Die
Familie Schroffenstein.* Anderthalb Jahrzehnte vor
dem sogenannten historischen Beginn der Gattung mit
Zacharias Werner und dementsprechend auch lange
vor Kleist finden sich alle Elemente in Tiecks *Karl
von Berneck* (1795). Dort läßt der Dichter die Frau
des erschlagenen Kreuzritters zu dem Mörder sagen:

> Es ist nicht ohne Bedeutung, daß Walter gerade in der
> Johannisnacht starb, in derselben Nacht, da Ulf seinen
> Bruder mordete und diese Burg eingeweiht wurde.

und bringt die ganze Häufung makabrer Jubiläen, die
sozusagen transzendentale Bedeutung haben soll. Die
Schicksalsphilosophie formuliert dann der Sohn, der
natürlich als Rächer auftritt:

> Ich bin doch wohl ohne Schuld. Sollte es nicht sein kön-
> nen? Der Mensch wird geboren, ohne daß er es weiß, seine
> innerlichen Gedanken sind Träume, und äußerlich erzeu-
> gen sie indes andere Träume, die wir Taten nennen, und
> von denen er nichts weiß.

Ein vielsagender Beleg für die wirklich doppelte Wurzel des Schicksalsdramas. Denn dies ist nicht Schillers
oder gar der antike Schicksalsbegriff. Das äußerliche
Fatum zerstört hier Verantwortung und Schuld. Die
Taten geschehen (Vorwegnahme auch des *Homburg-*

Motivs) in einer Art Bewußtlosigkeit, die wiederum
identisch ist mit der magischen Traumwirklichkeit der
Romantik. Ein *Wallenstein*-Motiv könnte auf diesem
Boden gar nicht gedeihen. Nicht Ethik, sondern Mystik dominiert. Der Einschlag von Gottesgericht ist nur
das Feigenblatt für das Ausweichen vor der Person
und ihrer Schuld. Das hat niemand anders als Tieck
selber in gereifteren Jahren rückblickend erkannt:

> Wie sehr dieses Schicksal von jenem der griechischen
> Tragödie verschieden war, sah ich auch damals schon ein,
> ich wollte aber vorwitzlich das Gespenstische an die Stelle
> des Geistigen unterschieben.

Das Gespenstische an die Stelle des Geistigen unter-
schieben: eine bessere Formel könnte man für die Vorgänge um das Schicksalsdrama kaum finden. Sie gilt
auch mutatis mutandis nicht nur für das triviale
Schicksalsdrama von Zacharias Werner bis zu Grillparzers *Ahnfrau,* also für das Sensationsstück, sondern
ebenso für die höhere Gattung, wie sie sich bei Kleist
(*Familie Schroffenstein* und *Käthchen von Heilbronn*)
und Achim von Arnim (*Halle und Jerusalem*) individuell entfaltet hat. Diese beiden Autoren sind nicht
so begrenzt, daß in ihnen die magische Weltanschauung der Romantik so versteinerte und erstarrte wie im
Durchschnittsstück der Gattung, die Zacharias Werner
und seine Nachfolger als Modeform zu verantworten
haben.

Zacharias W e r n e r (1768–1823), Inaugurator und
zweifellos bedeutendster Vertreter der Gattung, kam
aus der Sphäre des ostpreußischen Pietismus, und
zwar in seiner schwülen Form. Seine starke Sinnlichkeit, die sein Auftreten in Romantikerkreisen sogar
als zweideutig erscheinen läßt, bleibt bezeichnend.
Nach juristischem Studium und Beamtenlaufbahn, auf
der er schon in Warschau E. T. A. Hoffmann und

dessen Kreis berührt, beginnt sein ruheloses Wander-
leben, über dessen erotische Abenteuer man allenthalben sprach. Den psychologischen Schlüssel für sein
Leben muß man vielleicht in der Figur des Anton Rei-
ser bei Karl Philipp Moritz suchen. Nach nicht weniger als drei geschiedenen Ehen, bei deren einer man im
boshaften Berlin von einer Abtretung der Frau an
seinen Behördenchef sprach, führt ihn sein Leben 1811
zur Konversion in Italien und 1814 zur Priesterweihe.
Danach werden seine Predigten eine der vielen reiz-
vollen Sensationen des Wiener Kongresses. Werners literarische Laufbahn entspricht der Spannung von Religion und roher Sinnlichkeit in seiner Natur. Von
seiner Romreise, die in der Bekehrung gipfelte, hat
Jakob Minor kaum mit Unrecht formuliert, daß „Got-
tesdienst und Phallusdienst gleichmäßig seinen Weg
bezeichneten".

Werners eigentliches literarisches Debüt war das
Drama *Die Söhne des Tales* (1803/04), vor der Konversion, eine freimaurerische Utopie von einer geheimen Gesellschaft völlig synkretistischen Charakters. In
der späteren Selbstinterpretation sagt Werner, er habe
natürlich den Katholizismus damit gemeint. Nicht so
leicht kam der Ostpreuße freilich mit seinem Luther-
Drama *Die Weihe der Kraft* weg (1807). Hier war
nichts umzudeuten, sondern nur zu widerrufen. So
schrieb er denn 1814 *Die Weihe der Unkraft*. Daß dies
möglich war, bezeichnet den Mann. Schon vorher hatte
sich sein Weg mit der Weimarer Klassik und der Romantik gekreuzt. Mit Werners Besuch in Weimar brach
dort die ‚Sonettenwut' aus, der Wettkampf in dieser
Gattung, dem wir mindestens Goethes herrliche Stücke
verdanken. Goethe war es auch, der 1808 die Anregung zu Werners berühmtem Schicksalsdrama *Der 24.
Februar* gab, in der ausgesprochen pädagogischen Absicht, das zuchtlose Talent zur Ordnung zu rufen.

Was er erreichte, war, daß Werner nach seinen beiden
Weltanschauungsspielen, von denen vor allem das Lu-
ther-Festspiel eine Unform war, tatsächlich einen Einakter schrieb, dazu noch unter Wahrung der drei Einheiten und mit dem Minimum von drei Personen.
Außerdem stieg er aus den historischen und weltanschaulichen Höhen ins untere Milieu ab, in die Regionen Ifflands und Kotzebues. Formal war das in der
Tat etwas oder alles. Nur vom Motiv und seiner
Durchführung her bedeutete es wenig. Denn in antikisch zusammengepreßter Räumlichkeit, Zeitlichkeit
und Handlung ist ein Äußerstes an Schauerlichkeit
der Wirkung erstrebt und erreicht. Das Motiv entstammt dem Volks- und Bänkelliede und ist der Mo-
ritatensphäre gemäß mit gespenstischer Schauerlichkeit
geradezu aufgeladen. Es handelt sich um das Motiv
des ausgewanderten, unerkannt mit schwerer Geldkatze ins Elternhaus zurückkehrenden Sohnes, den der
eigene Vater des Goldes wegen nächtens erschlägt.
Familientragödie, Kriminaldrama mit Mord und Totschlag zugleich, zähneklappernde Bösewichte, die zu-
rückbleiben, um nach dem Raubmord am eigenen Kind
in Verzweiflung und Selbstmord zu enden – es ist
eigentlich ganz schön für drei Szenen, zumal wenn
man das deskriptive Wie noch dazu in Rechnung stellt.
Dieses Wie sieht so aus: Vorangeschickt ist gleich ein
Bekenntnis-„Prolog an deutsche Söhne und Töchter"
(nach der Konversion), in dem das Stück als „Schreck-
gedicht", als Nachtgespinst, als „Nachhall gleichsam
eines Sterberöchelns" bezeichnet wird und in dem die
christliche Jugend eifrig vor dem sich fortzeugenden
Fluch der bösen Tat gewarnt wird. Das Stück selber
aber, wie es Goethe 1809 in Weimar aufführen ließ,
beruht durchaus nicht auf dem christlichen Schuld-
und Sühnegedanken. Über der dreiköpfigen Familie
des Schweizer Bauern Kunz Kuruth, seiner Frau und

Der

vierundzwanzigste Februar.

Eine

Tragödie

in

Einem Akt.

Von

Friedrich Ludwig Zacharias Werner.

Leipzig und Altenburg,

F. A. Brockhaus.

1815.

Titelblatt der Erstausgabe von Zacharias Werners
„Der vierundzwanzigste Februar"

Kurts, des unerkannten Sohnes, lastet mehr ein tran-
szendentales Pech, das sich immer wieder am dies fatalis, dem 24. Februar, am locus fatalis, der Hütte an
der Gemmi, und am instrumentum fatale, dem Messer,
mit dem die Gedanken- oder wirklichen Morde vom
Großvater zu den Enkeln geschehen, makaber bewährt.
Das fatale Messer hängt an der Wand, daneben als
anderes Mordsymbol eine Sense und schließlich eine
Uhr, die natürlich bei der Tat auf Mitternacht zu
zeigen hat. Das Fatum wird damit von vornherein auf
Gespensterniveau gesenkt. Dementsprechend mischen
sich düstere Ahnungen und grausige Erinnerungen dauernd schon in die Handlung bis zur Tat. Was aber ist
nun eigentlich, nüchtern gesehen, früher geschehen?
Familienstreit des Bauern Kunz mit seinem Vater, bei
dem im Zorn der Sohn das fatale Messer „schmeißt".
Allein, er trifft gar nicht. Der Alte stirbt an einem
Schlaganfall, verflucht aber die Familie vor seinem
Abgang. Nächster Vorgang: als das passierte, war die
Frau schwanger. Der nach seinem Tode geborene Enkel wird wieder am 24. Februar im Spiel mit dem
gleichen Messer, das nach dem Großvater geschmissen
wurde, sein Schwesterchen schlachten, in Imitation der
eben vollzogenen Schlachtung eines Huhnes. Es ist
der gleiche Sohn, der wieder am 24. Februar unerkannt zurückkehrt und seinerseits durch den vom
Bankrott bedrohten Vater seiner gefüllten Geldkatze
wegen mit dem gleichen instrumentum fatale umgebracht wird. Er selbst bezeichnet dies in der Agonie
als Sühne. Kein nüchterner Beobachter wird das dem
Enkel abnehmen können, über dem das „Wehe dir"
eines auf jede Psychologie verzichtenden Fluches ruht.
Das am Schluß den *Räubern* abgestohlene Motiv der
Selbstangabe des Mörders bei Gericht katholisch-
christlich zu interpretieren wäre ziemlich absurd. Der
vergeblich auf Schuld und Sühne hin von dem späteren

Priester Werner interpretierte Typ des Schicksalsdramas weist vielmehr auf ein böses, tückisches, romantisch-nihilistisches Fatum hin, dessen Schläge gar nicht dem wirklichen Schuldcharakter der Tat entsprechen. Es ist reine Dämonie, die hier waltet, den Armen ‚schuldig' werden läßt und seiner Qual und Strafe überweist. Auch psychologische Konsequenz findet sich in all dem nicht. Die Häufung von Grausigem und Schauerlichem geschieht um ihrer selbst willen. Je mehr die Gattung zur Modeform wird, desto stärker schlägt dieses trivial-romantische Element durch. Es ist ein ästhetisches, kein ethisches oder gar religiöses Element. Dagegen wühlt das Stück geradezu in der Anfälligkeit des romantisch erzogenen sentimentalen Lesers für mystisch-nachtseitige Bedeutungszusammenhänge und soll an allen Nerven zerren. Kontrastierend nebeneinander spielt sich ab der entscheidende Entschluß Kunzens, den Raubmord am Fremden zu realisieren, und das ahnungslose Selbstgespräch des bedrohten Sohnes, der bereits erwägt, wie er sich als Sohn und Retter zu erkennen geben soll. Dazu betet der Ahnungslose ausgerechnet: „Wenn ich einmal soll scheiden." Dies korrespondiert wiederum mit Herders *Edward*-Ballade, deren vatermörderische Verse nebenan die Mentalität der Eltern bannen. Kein grausiges, ahnungsvolles Motiv wird außer acht gelassen, nicht der Blick auf die Wanduhr und die Sense, nicht das nach 28 Jahren noch immer am gleichen Ort hängende fatale Messer, nicht die hier auch noch bemühte Parodie des Paternosters („Vater unser, der mich hat verflucht"). Und als der Mörder die Kammer betritt, fehlt's denn auch nicht an der Introduktion: „Du, ist's nicht, als ob's hier nach Leichen riechen tut?" Hier bemächtigt sich ein kitschiger Mechanismus der Freiheit des Menschen, dessen Koppelung mit dem Finger Gottes nur eine billige empfindsame Tarnung ist. In Wirklichkeit

herrscht die spätromantische Welt der Puppe und der
Marionette, die durch unsichtbare Fäden determiniert
bleiben, die aber zugleich recht geschickt ins Kleinbürgerliche der Rührseligkeit und Mitleidsbereitschaft
transponiert ist. Fatalismus als Religionsersatz für Hinz
und Kunz, mit den Mitteln eines wirklichen Zug-
stückes.

Formal beruht es auf der Erschließung des englischen und des spanischen Dramenverses durch die Romantik. Entsprechend bereits erzogen, nahm das bürgerliche Publikum keinen Anstoß an der Stilisierung
gräßlicher Realitäten von Mord und Totschlag, an-
geblichem Gottesurteil und Hochgericht, durch den
Shakespeare-Vers bei Zacharias Werner oder den spanischen trochäischen Vierheber bei seinen Nachfolgern.
Eine echte Traditionslinie führte hinsichtlich der Dra-
mentechnik auch zum Mordsspektakel des Barock wie
zum vorklassischen Fatalismus. Man sollte sich das
ebenso bewußt machen wie die Tatsache, daß das
Schicksalsdrama gegen Jahrhundertende in moderne-
rer Form noch einmal Urständ feiern wird: im Naturalismus nämlich erobern sich Ibsens *Gespenster* wie
Gerhart Hauptmanns Jugenddramen die deutsche Bühne von neuem mit Motiven der Krankheit und des
Verfalls, die den alten Fatalismus durch einen moder-
nisierten Determinismus von gleicher Unausweichlich-
keit ganz legitim fortsetzen werden.

Von den Nachfolgern Werners sind zunächst Adolf
Müllner und Ernst von Houwald noch zu nennen.
M ü l l n e r (1774–1829), ein Neffe Gottfried August
Bürgers, war Rechtsanwalt in seiner Heimatstadt Weißenfels und begann seine Schriftstellerlaufbahn erst
in dieser Stellung für die Liebhaberbühne der mitteldeutschen Kleinstadt auf Grund des Eindruckes von
Werners Stück, das man kurz zuvor dort aufgeführt
hatte. So ist denn auch sein erstes Schicksalsdrama

Der 29. Februar (1812), ebenfalls ein Einakter, eine Art Kontrafaktur des Vorbildes, und zwar diesmal ein „Erbförster"-Drama, dessen szenische Vorbemerkung die Schicksalsrequisiten Zacharias Werners gleich sozusagen verdoppelt:

Das Stück spielt im Waldhause des Försters. Ein Zimmer mit Haupttür und Seitentür. Auf der ersten sind die Tage der letzten Woche im Februar eines Schaltjahrs angeschrieben; unterm Saturn der 29ste. Ein Kamin mit vorspringender Esse, ein Schirm davor, Jagdgerät an den Wänden und ein Schleifstein mit einem Schwungrad in der Stube.

Eine Försterfamilie mit ihrem elfjährigen Sohn. Auch diesem Kinde ist ein Schwesterchen im Tode vorangegangen, wenngleich nicht von ihm selber im kindlichen Spiele ‚geschlachtet'. Und auch hier endet die Handlung mit der Erdolchung des Sohnes durch den Vater. Den Zusammenhang mit Zacharias Werner zu verschleiern, hat sich der Liebhabermime Müllner also nicht gerade angestrengt. Nur daß der Familienfluch hier durch einen Fremden ausgelöst wird, der ausgerechnet am Jahrestag einer dem Försterehepaar unbekannten Familienschuld erscheint. An diesem auf der Tür aufgezeichneten Schaltjahrstag (deutlicher kann man es wohl nicht machen) hat nämlich des Försters Vater die Ehe mit einer jüngeren Schwester seiner Frau gebrochen, woraus eine verheimlichte Tochter hervorging. Der an Schauergeschichten gewöhnte Hörer ahnt die aus der Antike kitschig entlehnte Pointe: die Förstersfrau ist jenes Kind, und unwissend lebt das Paar im Inzest. Der Ehebruchs- und Todestag des sündigen Alten wird nun zum Gerichts- und Katastrophentag für die unschuldigen nachkommenden Generationen. Allerdings hatte der Alte die Ehe des Försterpaares mit seinem Fluche bedacht, ohne aber zu sagen, weshalb. Der dies fatalis wird damit gegenüber

Zacharias Werner buchstäblich verdoppelt: 1. ist es
der Geburtstag des Alten, 2. der Tag seines Ehebruchs,
3. der Tag der unerlaubten Hochzeit der nichtsahnenden Geschwister, 4. der dadurch bewirkte Todestag des Alten, 5. der Tag, an dem das Töchterchen aus
der Geschwisterehe ertrinkt, 6. der Tag des Stückes,
das heißt der Entdeckung verjährter Frevel und rüh-
renderweise der auch des Endes von Vater und Sohn,
denn der Vater ersticht den Knaben, um ihn damit
von dem Fluch seiner Erzeugung zu erlösen. Wie bei
Werner stellt er sich dann dem Gericht. Doch erscheint
bei Müllner alles plumper und barock übertriebener,
nicht nur die sechsfache Bedeutung des dies fatalis,
sondern auch die rührselige Sentimentalität des elfjährigen Kindes, das um seinen eigenen Tod zu bitten
hat.

Das Anrüchigste jedoch, was man Müllners Schick-
salsspektakel vorzuwerfen hat, ist, daß er je nach Bedürfnis neben diesem tragischen Schluß auch ein Happy-End zur Verfügung stellte. In dieser Fassung hieß
das Stück dann *Der Wahn*. Der fremde Oheim bringt
da dem im Wahn, Geschwister zu sein, sich zernich-
tenden Försterpaare einen Taufschein, der das Gegenteil beglaubigt. Rührende Schlußszene: „Das Auge gen
Himmel."

Die Hauptwirkung Müllners auf der Bühne ging
von dem Vierakter *Die Schuld* aus (1816), in dem das
Schicksalsmotiv durch die Verbindung mit dem romantischen Ritterschauspiel noch weiter aufgeheizt ist.
Hier wird der Indizienbeweis geführt (man darf die
Affinität des Schicksalsdramas zur Kriminalhandlung
nie außer acht lassen), daß Graf Orindur, ein skan-
dinavischer Feudalherr mit spanischer Frau, in Wirklichkeit ein untergeschobenes Kind aus Spanien ist. Er
erweist sich als der Bruder des ersten Mannes seiner
Frau Elvire, den er selber umgebracht hat, um sie zu

August von Kotzebue. Kupferstich

Johann Wolfgang Goethe.
Kreidezeichnung von Karl Christian Vogel von Vogelstein (1824)

gewinnen. Die an sich schon fragwürdige Verwandtenehe wird so mit dem Brudermordmotiv gleich gekoppelt. Hier ist denn auch die Strafe in potenziertem Sinne rührend, unter Mitwirkung von Harfenbegleitung: Duell von Vater und Sohn, Lösung durch den Papst, Doppelselbstmord des Ehepaares. Der Monolog des Grafen in der 5. Szene des IV. Aktes spiegelt den häufig nur schlecht verborgenen Nihilismus dieses Schicksalsmotivs jedem heutigen Leser repräsentativ wider.

Ernst von H o u w a l d (1778–1845), ein Lausitzer Gutsherr mit dem Bildungsgang der pietistischen Franckeschen Stiftungen und der Hallenser Universität, betreibt das Schicksalsdrama als gefühlvollen Sport. *Die Freistatt* (1817) und *Die Heimkehr* (1818) schon heben ihn von seinen Vorgängern deutlich ab. Von Zacharias Werners dichterischem Instinkt und Müllners kriminalistischem Intellekt findet sich kaum noch eine Spur. Houwald, übrigens im Leben ein empfindsamer Familienvater und Jugendschriftsteller, setzt noch ausschließlicher auf das Herzzerreißende. In der *Freistatt* herrscht Totengräberromantik, vermischt mit dem Motiv politischer Verfolgung und einem rührend verwickelten Eheschicksal, alles unter der Maske der Ritterzeit. In der *Heimkehr* ist es das formelhafte Motiv (ebenfalls wie bei Werner aus der Volksballade bekannt) von der Rückkehr des Gatten, der seine Stelle im Hause durch einen andern ersetzt findet. Instrumentum fatale ist das mit Blumen frisch geschmückte Bild des Heimkehrers, der das Familienglück der zweiten Ehe rettet, indem er Gift nimmt.

Seinen Ruhm indessen machte Houwald mit dem Zweiakter *Der Leuchtturm* (1819) und dem Fünfakter *Das Bild* (1818/19). Hier häuft sich in der Familie des Turmwächters und seines wahnsinnigen älteren Bruders, der zugleich nach dem Topos vom *Wilhelm Mei-*

ster her Harfner ist, das Verkennen der Verwandtschaft von Vater, Sohn, Bruder und Schwester und verlorener Frau schon fast zu einem Wirrwarr. Jedoch kommt es nicht zu einem tragischen Schluß. Das gilt auch für *Das Bild*. In beiden Fällen realisiert sich das ursprüngliche Motiv des Schicksalsdramas, die Vernichtung des ganzen Geschlechtes, schon nicht mehr. In *Das Bild* verbindet sich das trivial-romantische Feudalstück mit dem noch nicht trivialisierten Künstlerdrama. Außerdem wird das ebenfalls romantische Nachtseitenmotiv der Telepathie mit eingemischt. Zum Schluß jedoch herrscht allein rührende Wehmut, Läuterung und Versöhnung. Für die Gattung des Schicksalsdramas ist übrigens bezeichnend, wie auch das Künstlermotiv, vom *Wilhelm Meister* bis in die jüngere Romantik hinein ein ernsthaftes psychologisches Problem, hier völlig entpsychologisiert erscheint. Bei Houwald geht es im oberflächlichen Strudel der Fatalität mit unter und wird zur bloßen modischen Variante degradiert. Der Zeiger der Gattung weist überall auf dauernde Vergröberung. So erging es ihr auch zum Beispiel mit Kotzebues *Schutzgeist* (1817), der in Weimar aufgeführt wurde. Das Titelmotiv ersetzt das Fatum. Ihm liegt die Rettung der Unschuld und die Überweisung der Schuld an die Hölle ob: ein Zauber- und Rührstück, schon kaum mehr als eine Reihe wirkungsvoller lebender Bilder.

Literarhistorisch relevanter als die Schicksalstragödie selber ist beinahe ihre Wirkungsgeschichte bis ins Junge Deutschland hinein. Heinrich H e i n e (1797–1856) wird mit zwei zünftigen Schicksalsdramen debütieren: *Almansor* (1821) und *Radcliff* (1822). Angesichts dieses witzigen Genies kann man von einer erstaunlichen Wirkung der Gattung sprechen. Über den *Almansor* hat der später so kritische und zur Persiflage neigende Geist allen Ernstes geäußert:

In dieses Stück habe ich mein eigenes Selbst hineingeworfen, mit samt meinen Paradoxen, meiner Weisheit, meiner Liebe, meinem Hasse und meiner ganzen Verrücktheit.

Damals wollte der junge Heine noch nicht der Totengräber der Romantik sein, sondern sie mit klassisch-plastischen Elementen durchdringen. In diesem Sinne enthält der Versprolog zum *Almansor* die Stelle:

> Romantisch ist der Stoff, die Form ist plastisch,
> Das Ganze aber kam aus dem Gemüte.

Eine Reklassifizierung der Gattung, die nicht nur auf die antikische Wurzel zurückgeht, sondern ausdrücklich auch auf die französische Tragödie (Racines *Phèdre et Hippolyte* und Voltaires *Zaire* werden als Vorbild genannt). Stofflich bezieht Heine sich auf eine Romanze aus Fouqués *Zauberring*. Die ursprüngliche Unerbittlichkeit des Geschlechteruntergangs (hier im spanisch-maurischen Milieu) versucht Heine wieder zu erreichen. Dazu muß der wenig humane Glaubenskampf zwischen Christentum und Islam herhalten. Nach dem dadurch erzwungenen Selbstmord der beiden Liebenden Almansor und Zuleima meditiert der oberflächlich christianisierte maurische Vater skeptisch fatalistisch über den Trostcharakter des Christentums:

> Der Allmacht Willen kann ich nicht begreifen,
> Doch Ahnung sagt mir: Ausgereutet wird
> Die Lilie und die Myrte auf dem Weg,
> Worüber Gottes goldner Siegeswagen
> Hinrollen soll in stolzer Majestät.

Hier herrscht eher wieder das zynische Schicksal Zacharias Werners als die Mittellage Houwalds.

Nicht so vermochte Heine sich auf dem nordisch-ossianischen Schauplatz der schottischen Familientragödie *William Radcliff* zu behaupten. Wieder wird

topisch die *Edward*-Ballade bemüht, dazu das Nachtseitenmotiv des Somnambulismus. In dieser Welt kann
das ‚Plastische‘ keinen Raum haben. Eher ist es das
Nebulose (im Wortsinne), das hier vorherrscht. Tele-
pathische Übertragung einer unseligen unerfüllten Liebe der älteren Generation auf die jüngere, die Wiederholung also eines magischen Leidenschaftsmotivs,
bei der die Menschen nur so hingesichelt werden. Dazu
eine vielsagend wahnsinnige alte Amme, die eben die
Edward-Ballade zitiert; schließlich zwei immer wieder auftauchende Nebelgestalten, die zuerst nur winken, als alle tot sind, sich aber „hastig in die Arme"
fallen. Alles dies dürfte das Gegenteil von ‚Plastik‘
sein.

Im Gegensatz zu Heine erntete Franz G r i l l p a r -
z e r (1791–1872) mit seinem Erstling *Die Ahnfrau*
von der Wiener Uraufführung 1818 an mehr Ruhm,
als er später hören mochte. Er versuchte im Nachhin-
ein den Charakter des Stückes als eines Schicksalsdramas überhaupt abzustreiten, was aber vergebene
Liebesmüh bleiben mußte. Doch hat die Schicksalstragödie hier einmal in der Hand eines wirklichen
Dichters vielleicht ihre weiteste Möglichkeit verwirklicht. *Die Ahnfrau* ist die Prunkform der Gattung,
nicht Ein- bis Zweiakter, sondern klassisch im Aufbau
der fünf Akte, romantisch als Geschichtsdrama aus
der Ritterzeit und im Vers, dem trochäischen Vierheber. Das Schicksalsmotiv hat der junge Grillparzer
verdoppelt. Die Ahnfrau ist selber auf die Familien-
katastrophe hinwirkendes Fatum, zugleich aber Instrument einer höheren, rächenden und sühnenden
Macht. Vielleicht darf man es als ein biedermeierli-
ches Moment bezeichnen, daß andererseits der Zynismus des Schicksalsmotivs dadurch aufgelöst wird, daß
das Schicksal als Ahnfrau zum mitfühlenden Schicksal
wird. Da sie zugleich aber Instrument der absoluten

Notwendigkeit der Geschlechtersühne sein muß, bleibt
dennoch in ihr die Tragik verdoppelt. Es handelt sich
um die Tragik des untergehenden Geschlechtes und
des Jaromir, auf der anderen Seite aber auch um die
persönliche Tragik der Ahnfrau, die einst mit ihrem
Ehebruch die Familienschuld begründete. Nun möchte
sie als Gespenst die Nachkommen schützen, muß aber
um ihrer eigenen Entsühnungsbestimmung willen deren Ende mit eigener Hand fördern. Das war ein
faszinierendes Motiv für die gefühlssüchtige Bieder-
meiergesellschaft: nicht nur zerrissene Menschen, nein,
ein zerrissenes Gespenst, das die menschliche Sentimentalität auch noch aufs Geisterreich übertrug. Ein
weiteres Argument für die Wirkung war natürlich die
Räuberromantik um den Helden Jaromir, aus der dann
die frevelhafte Geschwisterliebe hervorgeht. Auch hier
ist das Ödipus-Thema für den sentimentalen Bühnenalltag verdoppelt: Geschwisterliebe und Vatermord
treten für Jaromir zueinander. Gut, daß er wenigstens im Todesaugenblick noch das Gespenst der Ahnfrau hat, um sich aufklären zu lassen.

Mit allen diesen Figuren: dem alten Grafen, mit
Bertha, mit Jaromir, *wird* gehandelt. Sie sind eigener
Entscheidung nicht mächtig. Symbol dieses Verfügens
über den Menschen ist der Dolch, der, vor Jahrhunderten Sühne der Schuld der Ahnfrau, unter düsteren
Ahnungen durch Berthas Hand an Jaromir kommt,
um diesem wieder zur Tötung des Vaters zu dienen.
Es fehlt also nichts zur vollendeten Schicksalstragödie.
Nur daß das Fatum hier nicht fühllos, sondern mit-
fühlend ist. Das Schicksalsdrama mündet hier in Bie-
dermeiersentimentalität ein.

Es hatte sich gleichzeitig schon überlebt. Das be-
legt auch die Tatsache, daß es Gegenstand lebhafter
Parodie zu werden beginnt. Der Wiener Ignaz Franz
C a s t e l l i (1781–1862) bringt schon 1818 eine sol-

che unter dem Titel *Der Schicksalsstrumpf. Tragödie in 2 Akten von den Brüdern Fatal*, auf die Ludwig R o b e r t s (1778–1832) *Kassius und Phantasus oder der Paradiesvogel. Eine erz-romantische Komödie mit Musik, Tanz, Schicksal und Verwandlung* (1825) u. a. folgen. Die Gefühligkeit der Gattung überschlägt sich und kommt auch soziologisch nur noch nach ihrer lächerlichen Seite an. In dieser Produktion sonst zweitrangiger Autoren nun finden sich aber auch einige Stücke von eigener literaturhistorischer Bedeutung: Platens Komödien *Die verhängnisvolle Gabel* (1826) und *Der romantische Ödipus* (1828). Das frühere Stück richtet sich geradewegs gegen den Unfug, zu dem sich das Schicksalsdrama ausgewachsen hat; das spätere faßt auch die Romantik im weiteren Sinne ins Auge. August Graf von P l a t e n -Hallermünde (1796–1835), eine der zwar umstrittenen, aber in keiner Weise mit dem Makel des bloßen Epigonentums abzutuende Erscheinung von unzweifelhaft lyrischer Genialität, hat sich mit seinen Komödien heftig im Richtungsstreit der Zeit engagiert, übrigens nicht allein mit ihnen. Er selbst begriff sich dabei als „Aristophanide". Sicher hat er dem deutschen Lustspiel aristophanische Formelemente integriert. Da war der Klassizist am Werke. Doch läßt die Gesamtform ebensosehr an die zeitironischen romantischen Lustspiele Tiecks und Brentanos denken. Platens Spiel mit kaleidoskopisch gewählten Rhythmen (jambische Trimeter, Hinkjamben, Anapäst und Trochäus) ist ein typisch romantisches Formspiel, demgegenüber die Einführung der Parabasen von Aristophanes her einen eher sekundären Wert hat. Dazu provozieren sie zur bloßen Wiederholung der Frechheiten, die der an Kotzebue, Iffland und an der Schicksalstragödie hängende Kleinbürger bereits im Text helldunkel zu spüren bekam. Schon bei Tieck war dieses Mit- und Zwischen-

spiel des Dichters, eine Überforderung des durch-
schnittlichen Hörers im Geistreichen, nicht recht an-
gekommen. Verdoppelung bzw. Wiederholung der
Pointen in der Komödie ist gerade kein Zug besonderer Genialität. Es mag damit zusammenhängen, daß
es nicht die praktischen Aufführungen waren, die diese Literaturpamphlete unter die Leute brachten, sondern Vorlesungen in Kreisen höheren Niveaus (Schelling). Man hat es bei Platen mit einem Vertreter der
Zwischengeneration zu tun, die unter dem vollen Erbe
der Goethezeit klassischer wie romantischer Prägung
steht. Gewiß eine Konstellation für Epigonen, jedoch
in ihrem Generationsschicksal sich mehr oder weniger
individuell abfindend. Der Ansbacher, einstiger Kadett,
Page und Offizier, aber nie befriedigt von dieser Karriere, die sein Stand ihm zuwies, von 1818 an Student
in Würzburg und Erlangen und dort Schüler Schellings, entwickelte sich zu einem fast manischen Wahl-
italiener, wie er denn auch in Sizilien frühzeitig da-
hingerafft wurde auf der Flucht vor der Cholera, der
er gleichwohl erlag. Seine literarischen Fehden, deren
Produkt die Komödien sind, erklären sich ganz einfach aus dem Hineinreichen seiner Lebenszeit in die
Epoche des Jungen Deutschland, die ihn nicht nur mit
der Spätromantik, sondern auch mit Heine und Immermann in Konflikt bringt.

In der *Verhängnisvollen Gabel* (1826) heißen die
Hauptpersonen nach dem antiken Idyll Damon, Mopsus, Phyllis. Daneben gibt es den handfesten Wirt
zur Gabel, den Heine parodierenden Schmuhl als Chorus und das Gespenst Salome, das natürlich die Fa-
milienahnfrau des Schäfers Mopsus ist. Diese Mischung der Sphären gehört übrigens auch zum komischen Prinzip des *Romantischen Ödipus*, wo den antiken Namen die orientalischen Dreikönigsnamen Mel-
chior und Balthasar und auch die modernen Hofpoeten

Kind und Kindeskind (*Freischütz*) beigesellt werden.
Die verhängnisvolle Gabel ist ein Teil des gestohlenen
Tischgeschirrs des Schäfers Mopsus, der einzig zurück-
gebliebene; „verhängnisvoll", weil es das gleiche gute
Stück ist, mit dem einst Salome, die Ahnfrau, „un-
schuldigerweise" den Tod ihres Mannes verursachte.
Damit geht das Spiel in Parodie von Grillparzers
Ahnfrau über:

Auch muß ich dafür nun tot umgehen und vielleicht bis
                                     meines Geschlechtes,
Das viel Unglück in der Gabel ererbt, letztäußerster Sprosse
                                     verschieden.
Doch mein Ursohn, weh, weh, weh mir! hat zwölf paus-
                                     backige Kinder.

Außerdem mischt sich die Kriminalhandlung um die
gehobene Schatztruhe fortan mit der *Ahnfrau*-Tragö-
die, mit Vertauschungen, Mord und Totschlag wie es
sich gehört.
    Dieser Typus der Platen-Komödie geht über die
Parodie des Schicksalsdramas letztlich hinaus. Er hat
auch die weitere Funktion eines Narrenspiegels sowohl
des spätromantischen Bühnenbetriebs wie des sentimentalen Publikumsgeschmacks, der ihn trug. Das gilt
genauso für den *Romantischen Ödipus* (1829), dessen
parodistische Pointe ebensowohl auf den namentlich
genannten „N(immermann)" zielt wie auf Tieck und
Arnim und ihr gern geübtes Spiel mit dem Theater im
Theater. So wird die Rahmenhandlung als Probeauf-
führung des letzten romantischen Geistesproduktes
Nimmermanns zur Gelegenheit, das bewundernde Publikum als Reisenden und den Verstand als exiliert
auftreten zu lassen. Dazu der Beifall meckernde Chor
der Heidschnucken in der Lüneburger Heide. Der Verstand öffnet den Heidschnucken wie dem Publikum
die Augen über den (zu Unrecht) als Repräsentanten

der Romantik genommenen Genius Nimmermanns, so
daß dieser schließlich, seines Lebenselements, des Beifalls, beraubt, vor aller Augen überschnappt. Das alles
ist sehr witzig, doch wohl *zu* witzig, um das Durch-
schnittspublikum zu erreichen. Das gilt natürlich auch
für das zum „Vorzeitsfamilienmordgemälde" ausge-
stattete Ödipus-Zwischenspiel, dessen letztes Ziel die
Widerlegung der Verschwommenheit und Formlosigkeit der Romantik überhaupt ist. Platen läßt dabei
zum Beispiel Tiecks berühmtes Gedicht *Süße Liebe
denkt in Tönen* durch die Hofdichter Kind und Kindeskind pseudoromantisch glossieren. Gegen die romantische Formlosigkeit richtet sich das Motiv der
Sphinx, die nunmehr als Straßensperre nicht mehr die
Lösung eines Rätsels, sondern bloß ein fehlerloses Di-
stichon einfordert, woran die modernen Dichter mas-
senweise scheitern:

> Ein traurig Los bestimmten mir die Mören:
> Ich muß verbannt, auf diesem öden Berge,
> So lang ich lebe, schlechte Verse hören,
> Und dies Geschlecht bestrafen dann als Scherge.

Vielleicht spricht aus dieser späteren Komödie noch
deutlicher der Klassizist Platen. Aber bei ihm ist es
weniger erstaunlich, als wenn der ältere Tieck die
Schicksalstragödie „eine rohe Barbarei" nennt und von
Zacharias Werners „verruchtem Zeug" spricht. Das
zeigt, wie um 1830 eine beliebte Modeform sich gründlich überlebt hat. Überdies bricht um diese Zeit die
Epoche des Jungen Deutschland an, das an saftiger
Kritik des spätromantischen Dramas denn auch nicht
gespart hat. Einer der genialsten literaturkritischen
Führer dieser linksrevolutionären neuen Bewegung,
Ludwig Börne, mag daher auch hier für den Kehraus
des Schicksalsdramas sprechen:

Unsere Bühne ist nur reicher an Armut geworden. Was sie unter Schicksal verstehen, habe ich nie verstanden; ich habe nie verstanden diese Mischung von antiker und romantischer Denkweise, dieses christliche Heidentum. Entweder ist der Tod ein liebender Vater, der sein Kind aus der Schule des Lebens abholt, und dann ist er untragisch; oder er ist der menschenfressende Kronos, der seine eigenen Kinder verschlingt, und dann ist er unchristlich. Euer Schicksal aber ist ein Zwitter, unfähig zum Zeugen und zum Gebären.

DER SPÄTE GOETHE

I. DATEN

Goethes Alter verläuft, äußerlich gesehen, in nicht unbewußt selbstbegrenzten Bahnen. Das Haus am Frauenplan, in dem Besucher aus aller Welt einander die Türe reichen, bleibt der familiäre und gesellschaftliche Mittelpunkt. Bei sich und in Jena sieht Goethe nach und nach nicht nur den Jenenser Kreis der Romantiker, sondern nahezu alle bedeutenden Anhänger der ‚romantischen Schule'. Einige davon treten ihm näher, oder doch wenigstens zeitweise wie das Ehepaar Brentano, Arnim, natürlich die Schlegels, Schelling, Novalis' Lehrer: der Bergrat Werner, Steffens, Ritter, später die Brüder Boisserée. Für die Verbindung zur romantischen Malerei sorgt die neue Beziehung zu Runge, für die zur Musik sorgen die alten Freunde Zelter und Reichardt, später der junge Mendelssohn. Auch das geistige Ausland findet sich ein: Oehlenschläger, Madame de Staël mit Constant, Emerson, Thackeray, Spontini, wozu auch die in Karlsbad und Marienbad nach Teplitz angeknüpften und zum Teil nach Weimar gezogenen österreichischen und russischen Bekanntschaften kommen. Denn diese Reisen, in Abständen zu einer gewissen Altersgewohnheit geworden, bildeten, zusammen mit denen in die Rhein- und Mainlandschaft, einen weiteren, nicht mehr überschrittenen konzentrischen Kreis um die festgehaltene Weimarer Mitte. Weder Italien noch die Schweiz, noch Frankreich kamen mehr in Betracht. War es Sorge um die Gesundheit, der ja auch sämtliche böhmischen Reisen dienen sollten, oder eine andere Form von Altersgewohnheit – es gehört zum Bilde von **Goethes Alter,** diese Weimarer Seßhaftigkeit, für deren resignative Bestimmtheit der Unfall vom 20. Juli 1816 mit dem Wagen auf der Fahrt nach Baden-Baden sinnbildlich stehen mag, der Goethe zur Aufgabe der Reise überhaupt veranlaßt.

Freilich die Geschichte ließ ihm nicht jederzeit die erwünschte Ruhe. Die zugleich bewunderte und beunruhigende Gestalt Napoleons tritt Goethe, besonders nach der persönlichen Begegnung in Erfurt, sozusagen in den Weg. Sie wirkt als neuartige und erschütternde Erfahrung des Genies, in diesem Falle des politischen Genies. Die historische Gleichzeitigkeit hat dabei schon vorher auf Goethes persönliche Existenz sich entscheidend ausgewirkt. Er wird nach der Schlacht bei Jena von Franzosen persönlich attackiert und durch Christianes Dazwischentreten befreit. Das geschieht am 15. Oktober 1806, am 19. legitimiert Goethe sein so lange das Ärgernis Weimars bildendes Verhältnis mit Christiane und damit auch endlich den inzwischen fast 17jährig gewordenen Sohn August. Mehr als anderthalb Jahrzehnte hat er zu diesem durch die größere Geschichte ihm abgerungenen Entschluß gebraucht. Sein leicht bewegliches Herz behielt er gleichwohl. Minchen Herzlieb, Marianne von Willemer, Ulrike von Levetzow werden noch in sein Leben treten und ihm die innere Bewegtheit der Leidenschaft erhalten. Von einer gewissen Erstarrung und Versteifung kann also nur im Bereiche der äußeren Biographie die Rede sein. Sogar Christianes Tod 1816, obwohl durch die während Leidenschaft zu Marianne von Willemer beschattet, bedeutet einen erschütternden Einschnitt in seinem Leben. Kaum anders hat er, wenn auch weniger gesprächig, auf einen anderen Verlust, den des lebenslangen fürstlichen Freundes Karl August 1828 reagiert. Ähnlich schweigsam hat er den Tod des Sohnes August in Rom 1830 verarbeitet, der ihn mit der Schwiegertochter Ottilie und den Enkelkindern allein am Frauenplan zurückließ. Dies ist sozusagen die Zuspitzung der Alterssituation, für die schon lange vorher das legendäre Bild des ‚Weisen‘, des Ratgebers, des autoritativen Kunstrichters, des immer mehr auf seine Sammlungen konzentrierten Historikers, Naturwissenschaftlers und Autobiographen zutreffend ist. Eingesponnen in seinem Weimarer und Jenaer Kreis, aber offen für jeden europäischen oder amerikanischen Besucher, hingegebener Sammler, aber kulturell so introvertiert, daß der Politiker in ihm als unsicher (im Grunde abgeschoben) in Erscheinung tritt, von einer seltsamen, zugleich distanzierten und unmittelbaren Menschlichkeit – dies alles nicht ohne begleitende Züge der Versteinerung –, so ersteht das Bild von Goethes Alter. Daß dies zugleich die Epoche des *Divan* und des *Faust* II sein konnte, ist das Erstaunliche. Es ist aber eben auch gleicherweise die Epoche der Riemer und Eckermann, der Sekretäre und pedantischen Aufzeichner jedes Wortes, das fiel oder diktiert wurde, Repräsentanten der Sammelleidenschaft, die Goethe im Alter nun auch auf seine eigenen Äußerungen und Gedanken übertrug, nicht immer auf hohem Niveau, wie z. B. sein kurialer, wenn nicht zopfiger, von Platitüden nicht freier Briefstil belegt.

Mit Schillers Tod war die eigentliche klassische Stilepoche zu Ende gegangen. Es wird sich erweisen, daß Goethe mit dem Verlust der drei großen Freunde Herder (1803), Schiller (1805) und Wieland (1813) recht eigentlich in seine Altersepoche eintritt, in der er die Sphäre des 18. Jahrhunderts und damit seiner eigenen früheren Entwicklung von sich abstreift, um den Geistesströmungen des neuen Jahrhunderts sich anzuschließen, und zwar wieder als führende Figur, deren Wandlungsfähigkeit offenbar ist. Die Zäsur mit Goethes Tod 1832 stellt daher eine Zäsur innerhalb eines neuen Jahrhunderts dar. Aus der Klassik ist Goethe aber schon gründlich selber ausgebrochen und hat sich gerade auch der jüngeren Generation (Arnim, Brentano) zeitweise sogar weit geöffnet, wie sowohl das großartige Fragment *Pandora* (1808) als auch der *Westöstliche Divan* (1816) und in der Prosa *Die Wahlverwandtschaften* (1809) zur Genüge beweisen werden. Das Wort ‚Altersstil‘, das Zauberwort der Goethe-Forschung seit dem ausgehenden 19. Jahrhundert, ist daher nur cum grano salis zu akzeptieren. Es sei denn, man verstehe es auch unter dem Gesichtspunkt einer ganz außergewöhnlichen Offenheit für das Neue in dem Sinne, wie die Nachlaß-Stanzen *Abschied* es zusammenfassen:

> Wir ehren froh mit immer gleichem Mute
> Das Altertum und jedes neue Gute.

Diese Liberalität hätte der klassische Schiller nicht aufgebracht. Sie spiegelt genau die Offenheit wider, die Goethe im neuen Jahrhundert nicht zum Petrefakt werden läßt, sondern seine bedeutende und führende Mitspielerschaft bei der Grundlegung des Zukünftigen bedingt. Als Goethe 1832 stirbt, hat das Junge Deutschland schon begonnen, seine revolutionären Parolen zu verkünden. Schon vorher, oder doch zu gleicher Zeit, setzt der Frührealismus ein. Es sind die gleichen Jahre, in denen die Romantik sich zu Ende lebt. Sie hat ihre späte Stunde nicht im Gegensatz zu, sondern weithin mit dem späten Goethe erfüllt. In der Tat: Hier liegen alle Ansätze zum neuen Jahrhundert, die zur Zeit von Schillers Tode noch nicht vorhanden waren. Das beglaubigt nicht zuletzt der Abschluß des posthum erst erscheinenden zweiten Teils des *Faust.* Über die Romantik hinaus visiert er zukünftige Entwicklungen an, die erst im Naturalismus des ausgehenden Jahrhunderts ihre volle Bedeutung erweisen sollen.

Selbstverständlich war Goethes andauernde Wirksamkeit auch eine Frage der Größe und Rangordnung.

Goethes Haus am Frauenplan in Weimar. Lithographie

Die normative Einseitigkeit Schillers und die Goethesche ‚Läßlichkeit‘ (die vorher als Offenheit bezeichnet
wurde) sind im Grunde Unterschiede, die eine Zwiespältigkeit schon im Wesen der deutschen Klassik selber verraten. Um so viel minder Goethe Idealist als
Schiller war, um so viel mehr war seine Aufnahme
und Verarbeitungsfähigkeit jedes „neuen Guten" umfassender. Diese Elastizität verstärkt sich bei Goethe
eher seit Schillers Tod. Sie läuft wohl kaum zufällig
gleichzeitig mit der Ausweitung des naturwissenschaftlichen Dilettantismus und der Sammlerpassion des Alternden ins Universale. Was den ‚Altersstil‘ im engeren Sinne angeht, so kann er noch immer unerhörten
Reichtum haben, wie das lyrische und dramatische
Spätwerk es ausweist. Es ist eine ganz singuläre Mischung von Nähe und Ferne zum Gegenstand. Was
aber die Prosasprache angeht, so weist sie häufig,
schon in den *Wahlverwandtschaften,* in den *Wanderjahren,* in den Rückerinnerungen wie der *Italienischen
Reise* oder den *Annalen,* ebenfalls natürlich in den
des Meisters Stil noch übertreibenden Gesprächen mit
Eckermann oder den Aufzeichnungen Riemers eine
bewußt distanzierende Dämpfung und eine Beimischung von Kurialstil auf, zu der ein manchmal auch
geradezu nichtssagendes und das Maß bis zur Politesse
treibendes Charakterisieren und Werten gehört. Dieser Stil ist oft parodiert worden, am genialsten von
Thomas Mann in *Lotte in Weimar.* Hier mischen sich
Kanzlei, Naturwissenschaft und allgemeine Temperierung zu einer Ausdrucksart, die oft dermaßen typisiert,
daß die erstrebte Treffsicherheit zu einer Konventio-
nalsprache erstarren kann, deren Auswechselbarkeit
(z. B. der Epitheta) ins Gehör springt. Weisheit und
Platitüde können hier unmittelbar nebeneinander stehen. Hierzu gehört auch der Stil, in dem Goethe sich
direkt oder an Dritte urteilend über den dichterischen

oder wissenschaftlichen Nachwuchs brieflich ergehen kann. Bewegung und Bewegtheit kann man hier weitgehend nur noch als Voraussetzung der Form, nicht in Form und Ausdruck selber mehr wahrnehmen: nämlich als das innere Ringen um Bewahrung einer (gemessenen) Lebendigkeit in einer Epoche einer das Lebensganze bereits durchformenden Stilisierung.

Das Winckelmann-Porträt von 1805, denn so muß man *Winckelmann und sein Jahrhundert. In Briefen und Aufsätzen, herausgegeben von Goethe* nennen, ist, der bewußten Absicht nach, eher Porträt-Plastik als -Gemälde. Das ist nicht nur bildlich zu verstehen, sondern Winckelmann ist wirklich ‚Gegenstand', der aus der Materie in Licht und Schatten modelliert werden soll. Das ist schon an der Form der mit Titel versehenen Abschnitte zu spüren. Diese (Antikes, Heidnisches, Freundschaft, Schönheit, Katholizismus usw. bis Welt, Unruhe, Hingang) verzichten grundsätzlich auf den Artikel und verraten dadurch von vornherein die Konzentration einer stilisierten Wesensschau, die auf den knappsten Ausdruck zielt. Dem entspricht das Abstraktum im Stil. Ganz weit tritt dagegen das Konkretum zurück, wo immer es sei. Das kann dann so geraten:

> Wenn die gesunde Natur des Menschen als ein Ganzes wirkt, wenn er sich in der Welt als in einem großen, schönen, würdigen und werten Ganzen fühlt, wenn das harmonische Behagen ihm ein reines, freies Entzücken gewährt – dann würde das Weltall, als an sein Ziel gelangt, aufjauchzen und den Gipfel des eigenen Wesens und Werdens bewundern.

An diesem Satz aus dem Kapitel „Antikes" ist nicht nur das absolute Übergewicht des Abstraktums im (erst noch beginnenden) ‚Altersstil' aufschlußreich, sondern auch die Temperierung des Adjektivs (gesund, groß, schön, würdig, wert, harmonisch, rein, frei), dessen Häufung ebenso wie die substantivische Abstraktion den Gegenstand unter einer Art Perspektive der zusammenfassenden Weisheit stellt: in diesem Falle ist es antikische Existenz. Doch gilt die Erinnerung an sie nur als Hinweg zu Winckelmanns Persönlichkeit. Diese soll eben als „ganz und abgeschlossen, völlig im antiken Sinne" erscheinen. Um diese Persönlichkeit im wortplastischen Abbild geht es in der ganzen Schrift. Winckelmann erscheint in ihm als der repräsentative Typ des in Deutschland sub specie hellenitatis Möglichen. Alles: Heidentum, Freundschaft, Schönheit, Gefühl, Kennerschaft, Philosophie, Erfahrung Roms, dichterischer Stil, das Leben als sors und fortuna, die Weltläufigkeit, Glück und Unruhe und der daraus folgende jähe Tod, bildet gemeinsam die Geschlossenheit und innere Notwendigkeit einer vorbildlichen klassischen Persönlichkeit. Das zeigt das Schlußwort „Hingang".

Der Nachruf auf den langjährigen älteren Freund Wieland von 1813 bringt auch dessen Persönlichkeit auf den Nenner der Redlichkeit, der Sorgfalt, der Arbeitsenergie, des Weltbürgers, der „ganz eigentlich für die größere Gesellschaft geboren" war, „ein talentreicher Mann, verständig, vorsichtig, umsichtig, erfahren, wohldenkend und mäßig". Die heitere Sinnlichkeit, die romantische Phantastik in der Entwicklung Wielands unterschlägt der jetzt schon nachklassische Goethe keineswegs. Noch in den Anmerkungen zu der Übersetzung von *Rameaus Neffe,* dem witzigen Dialog Diderots (ebenfalls 1805), erscheint die klassizistische Norm in stärkerer Analogie zur Ästhetik des Winckelmann-Aufsatzes. Und dennoch würde man schon hier in den Urteilen über Shakespeare und Calderón (Stichwort „Geschmack") in deutlicher Spannung zum französischen bon goût erste Anklänge einer Offenheit für Romantisches feststellen können, etwa in dem Passus über die Andersartigkeit von Griechen und Nordländern in der „geschmackvollen Sonderung und Läuterung der verschiedenen Dichtarten". Die im

nachfolgenden Satze ausgesprochene Wertung Shakespeares und Calderóns zeigt eine Schiller kaum zuzu-
trauende Offenheit:

> Wäre nicht durch die romantische Wendung ungebildeter
> Jahrhunderte das Ungeheure mit dem Abgeschmackten in
> Berührung gekommen, woher hätten wir einen Hamlet,
> einen Lear, eine Anbetung des Kreuzes, einen standhaften
> Prinzen?

Das ist eher romantische als klassische Wertung. Ausgesprochen ist sie hier schon zeitgleich mit Schillers
Tod.

Die Übergangszeit spiegelt sich in Goethes Rezensionen in der *Jenaischen Allgemeinen Literatur-Zei-
tung* (nach der schon recht weit der Romantik entge-
genkommenden von Hebels *Alemannischen Gedichten*
vom Februar 1805), besonders deutlich in der *Wunderhorn*-Rezension vom Januar 1806. Gewiß war das
Wunderhorn Goethe selber gewidmet. Aber Goethes
Position ist keineswegs allein durch dieses persönliche
Moment, das ihn ausdrücklich mit der jüngeren Romantik in Verbindung brachte, bestimmt. Die Lauda-
tio ist ein Erzeugnis der nach Schillers Tod eintretenden fast befreiten Offenheit Goethes, im Gegensatz
zu der klassischen (klassizistischen) Exklusivität der
Propyläen-Zeit.

> Von Rechts wegen sollte dieses Büchlein in jedem Hause,
> wo frische Menschen wohnen, am Fenster, unterm Spiegel,
> oder wo sonst Gesang- und Kochbücher zu liegen pflegen,
> zu finden sein . . .

Frische Menschen – das klingt wie ein erinnerndes
Zurücktasten zu der Volksliedpassion unter Herders
Vorzeichen. Dabei übernimmt Goethe die Volkslied-
theorie Arnims nicht. Er setzt ihr sogar eine in der
Volksliedforschung bis heute nachwirkende eigene De-

finition entgegen, die sich besonnen von der romantischen Ursprungsthese absetzt, die das Volkslied aus der schöpferischen Anonymität der Einfachheit des ‚Volkes‘ entstehen läßt:

Diese Art Gedichte, die wir seit Jahren Volkslieder zu nennen pflegen, ob sie gleich eigentlich weder vom Volk noch fürs Volk gedichtet sind, sondern weil sie so etwas Stämmiges, Tüchtiges in sich haben ...

Er betrachtet das Volkslied damit noch immer von einem sozusagen klassischen Gesichtspunkt aus und hütet sich, sich dem mystischen Ursprünglichkeitsgedanken der Romantik selber unterzuordnen. Aber die so uminterpretierte Volksdichtung wertet er als „so wahre Poesie als sie irgend nur sein kann“. Schillers in der Bürger-Rezension ausgesprochene pädagogische Konzeption des Volksdichters läßt Goethe damit hinter sich. Arnim und Brentano waren denn auch entzückt und interpretierten die Rezension durchaus als Stimme eines Bundesgenossen.

Der Calderón-Enthusiasmus der Romantiker färbte, wovon schon die Rede war, auf den empfänglichen Goethe ab. Der Weg war hier direkt über August Wilhelm Schlegel gegangen, dessen Calderón-Übersetzungen in Kontakt mit Goethe nach und nach entstanden. Das war sogar noch zu Schillers Lebzeiten gewesen. Aber erst 1807/08 reift diese romantische Anregung ganz aus. Damals kommt auch der Einfluß Adam Müllers hinzu. Was Goethe unter diesen Eindrücken verfolgt, ist, wie das Tagebuch ausweist, ausdrücklich „romantisches Motiv“ oder auch „romantisches Sujet“. Doch führen die direkten Einflüsse zu nichts als wenigen hingeworfenen Fragmenten. Eine wirkliche umfassende und tiefgreifende Wirkung der vielfältigen Beziehungen zur Romantik in Goethes eigener Produktion erweist erst das Festspiel *Pandora* (ursprünglich *Pan-*

dorens Wiederkunft), von dem leider auch nur der erste Teil 1807/08 fertig wurde. Von dem zweiten Teil, der das Urmotiv der Wiederkunft erst hätte bringen sollen, verfügen wir nur über einen Entwurf in Stichworten, der manchen Deutungsversuch hervorgerufen hat. Die Ursache für den Abbruch der dramatischen Arbeit sind *Die Wahlverwandtschaften*. Im Roman konnte Goethe die wohl auch in die *Pandora* hineinspielende Liebe zu Minchen Herzlieb, der Pflegetochter im Frommannschen Hause in Jena, offenbar eher in geschlossene Form fassen als im Drama. Beide Werke stehen somit biographisch in innerer Beziehung zueinander.

Die Einwirkung der Romantik auf dieses großartige Alterswerk besteht gleichartig für den Inhalt wie die Form. Im Unterschied zum *Prometheus*-Fragment aus Goethes Sturm-und-Drang-Zeit ist das Gewicht des in Erinnerung an die früh verlorene Liebe zu Pandora fast vergehenden Prometheus-Bruders Epimetheus jetzt gleich groß geworden. Epimetheus aber ist der Romantiker so wie Prometheus der Klassiker (im Gegensatz zu seiner früheren Funktion als Empörer gegen die Götter). Nun fungiert Prometheus mit seinen Handwerkern und Kriegern als der männliche Täter und Schutzherr jeder Ordnung. Darin verkörpert er ganz Gegenwärtigkeit. Ihm gegenüber ist der Bruder Epimetheus (beide sind mit Bewußtsein auch nach Etymologie ihrer Namen konzipiert) der vom Gefühl bestimmte, bis zur Selbstvernichtung gehende Titan der Stimmung, dem die Gegenwart gleich dem Romantiker schal und leer ist. Er ist natürlich der Weichere, der Schwankende und Hilflose. Prometheus stellt ihm das Ideal des wahren Mannes, der die Tat ist, gegenüber. Epimetheus aber bleibt im Bereich des Ästhetischen, den er dem Tätertum des Bruders gegenüber vertritt. Die mythische Konzeption sah vor, daß aus der Verbindung des Prometheus-Sohnes Phileros und der Epimetheus-Tochter Epimeleia die göttliche Stiftung eines neuen Weltalters höherer Kultur hervorgehen sollte. Die Synthese war auch geschichtlich gemeint: das erinnernde Existieren in der Vergangenheit (Epimetheus) und die ebenso einseitige Bindung an die Ordnung des Gegenwärtigen (Prometheus) – die Trennung in Romantik und Klassik – sollten in einer zukunftsfrohen Synthese aufgehoben werden, für die die Verbindung der Bruderskinder das Symbol sein sollte. Die Götter in ihrer Gesamtheit hätten dies nach dem Entwurf segnen sollen. Beide Brüder müssen ihre geistige Intensität in höherer Verbindung einer zivilisierten Zukunft vererben. Der Mythos ist also vorwiegend geschichtsphilosophisch, Vorklang auf Hegel, wenn man so will, Nachklang von Herders Geschichtsphilosophie. Die Gegensätze müssen erst einander gegenübertreten, wie sie es in der Antithese der beiden Brüder tun. Sie müssen sich in der jüngeren Generation Phileros–Epimeleia nach tragischen Anfechtungen aufheben. Die Hilflosigkeit der einen Seite (Epimetheus) und die fast überpointiert hart zugreifende klassische ‚Männlichkeit' auf der anderen können jede für sich die Zukunft der Kultur nicht bestimmen. Sie müssen in der Zukunft einander ergänzen. Die Leidenschaftlichkeit des Phileros muß gebrochen werden. Die Hilflosigkeit Epimeleias muß aber ebenso an seiner Festigkeit zum Charakter werden. Goethe führt das Problem bis zum Biegen oder Brechen durch mit dem Motiv des Selbstmordversuches des Phileros. Erst dann läßt er die Verbindung der hoffenden Fürsorge (Epimeleia) und des Pathos unbedingter Leidenschaft (Phileros) zu. Klassik ist dies nicht mehr. Man kann es auch aus dem Titelmotiv der Pandora schließen, der Allbeschenkenden, der Einseitigkeit sich ebenso entziehenden Geliebten des Epimetheus, die zudem auch

Epimeleias Mutter ist. Sie erscheint als das Abbild der Schönheit in weiblicher Gestalt schlechthin.

Romantisch angeregt und angereichert ist auch die Form der *Pandora*. Der jambische Trimeter anstelle des üblichen dramatischen Blankverses hat zwar ein klassisches Fundament und findet sich bereits im Helena-Akt des *Faust* sieben Jahre früher. Aber die gereimten Intermezzi zum Beispiel des Phileros und des Epimetheus sind voller rhythmischer Experimente, die die traditionelle Metrik nur ungenau bezeichnen kann. Da begegnen einander Anapäst und Daktylus, fügen sich zu Amphibrachien und anderen Taktformen, die im Deutschen ein Wagnis bedeuten. Aus der romantischen Anregungssphäre (spanisches Theater) gehen die Partien in vierfüßigen Trochäen hervor, zum Teil bezeichnenderweise finden sie sich in der Traumwelt. Da sind die bewegten daktylischen Kurzverse der Lieder der Schmiede und Hirten, die gereimten Strophen der Krieger, sind die trochäischen Fünfheber der Eos und des Prometheus am Schluß.

Die weit durchgeformte Kunst erweckt hier den vollkommenen Anschein unmittelbarer Bewegung und Bewegtheit. Zusammen mit andern Höhepunkten wie Epimetheus' Klagegesang („Der Seligkeit Fülle, die hab ich empfunden") oder Phileros' Fragestrophe („So glaubest du, Vater, nun sei es getan") oder seinem Lied der Liebeserwartung („Zu freieren Lüften hinaus, nur hinaus!") spiegelt das Festspiel ein unerhörtes sprachliches Niveau: Fülle und Konzentration zugleich. Bei allem aber geht es eigentlich um eine Schönheitslehre, um die vis superba formae. So Phileros:

> Nun sage mir, Vater, wer gab der Gestalt
> Die einzige furchtbar entschiedne Gewalt?

So Epimetheus auf Pandora:

Sie steiget hernieder in tausend Gebilden,
Sie schwebet auf Wassern, sie schreitet auf Gefilden,
Nach heiligen Maßen erglänzt sie und schallt,
Und einzig veredelt die Form den Gehalt . . .

Die Frage ist schon nicht mehr, ob diese Art des In-
sistierens auf der Form klassisch *oder* romantisch sei,
da auch die „Form" so viele romantische Elemente in
sich aufgenommen hat. Doch hängt hiermit noch eine
weitere stil- und gattungsgeschichtliche Frage zusammen. Eine gewisse Rückneigung zum Barock ist sowohl
in einzelnen Fällen des Stils der *Pandora* (Wortkom-
position, überpointierter, bis auf mehrere Worte sich
erstreckender Reim) spürbar wie auch an der Gattung
des Festspiels selber. Sie gehört soziologisch, wie seit
der Weimarer Frühzeit auch das Singspiel, zum ‚höfischen‘ Goethe. Auch das ist ein nachbarockes Element, das Maskenzüge und Annäherung auch an die
Oper in sich schließt und nicht allein eine gewisse
festliche Zweckgebundenheit. Vor der *Pandora* entsteht das Jahrhundertspiel *Palaeophron und Neoter-
pe*, nach ihr das schuldbewußte Siegesspiel des politisch
wenig oder doch anders engagierten Goethe für 1814
Des Epimenides Erwachen. In diesem Rahmen muß
man gattungsgeschichtlich die *Pandora*, freilich im Abstand des Ranges, sehen. In allen sind Opernelemente
mit im Spiel, wie das auch später für *Faust* II zu gelten hat. Arie, Rezitativ, Kantate, Chor, alles weist auf
die Barockoper zurück, nicht zuletzt Theater im Theater: faustischer Mummenschanz und Maskenzüge für
den Weimarer Hof. Das ist aber zugleich eine mittelbare Verstärkung des Romantischen, das ausdrücklich
auf die Phantasie- und Formenwelt des Barock sich
selber zurückbezog.

Gleichzeitig entsteht der Roman *Die Wahlverwandtschaften* (1809), ursprünglich im Rahmen von Goethes
damaligen Novellenentwürfen geplant. Goethes spä-

tere eigéne Interpretation aus den *Annalen* weist auf
einen absoluten Charakter der Subjektivität, der zugleich die Nähe zum romantischen Romantypus enthüllt:

Niemand verkennt an diesem Roman eine tiefleiden-
schaftliche Wunde, die im Heilen sich zu schließen scheut,
ein Herz, das zu genesen fürchtet.

Das letzte („ein Herz, das zu genesen fürchtet") geht
über das Werther-Motiv hinaus und schließt das empfindliche Welt- und Selbstgefühl der Romantiker dafür in sich ein. Es setzt die romantische Subjektivität
voraus, die tiefer geht als die des Sturm und Drang
und schließt gerade die Verwandtschaft mit dem *Werther* aus, auf die hin noch Franz Muncker in seiner
Ausgabe des Romans folgern wollte. Denn es geht
auch über das frühere Goethesche Motiv der Selbst-
befreiung im Werk hinaus.

Die Romanfabel steht in symbolischer Analogie zum
Titelmotiv. Vier Menschen stehen zueinander, wie
chemische Elemente und Stoffe sich zueinander verhalten. Der Begriff ‚Wahlverwandtschaften' ist also
nicht ad hoc gebildet und auch nicht vage metaphorisch. Er ist ein exakter naturwissenschaftlicher Begriff, aus Goethes Beschäftigungen mit Wandlungen
und Mischungen der Chemie hergenommen und aufs
Menschliche bezogen. Das ist nicht gleichgültig für die
weltanschauliche Seite des Romanes. Chemische Zu-
sammensetzung und Metamorphose unterliegt dem
Naturgesetz barer Notwendigkeit. In diesem Bereich
kann von Freiheit und Entscheidung nicht die Rede
sein. Die bildliche Gleichsetzung des Eros, der menschliche Verbindungen oder Abstoßungen bewirkt, mit
den chemischen Verbindungen bedeutet die letztliche
Ausscheidung des sittlichen Freiheitsgedankens Kants
und Schillers aus dem Konflikt der Ehe und der Leiden-

Die
Wahlverwandtschaften.

Ein Roman

von

Goethe.

Erster Theil.

Tübingen,

in der J. G. Cottaischen Buchhandlung.

1809.

Titelblatt der Erstausgabe von Goethes „Wahlverwandtschaften"

schaft. Wo aber hatte sich dieser Prozeß bereits vollzogen? In der Romantik, die mit dem *24. Februar* von
Zacharias Werner unmittelbar unter Goethes Augen
bereits offen zum Schicksalsdrama übergegangen war,
die fatalistischen Elemente in Roman und Drama
(Tieck, Kleist, Brentano, Arnim) gar nicht miteinge-
rechnet. 1807/08 war Zacharias Werner in Weimar,
entfachte die ‚Sonetten-Wut‘ und schrieb im Auftrag
Goethes sein erstes Schicksalsdrama. 1807/08 sind die
Jahre der *Pandora* und der Konzeption der *Wahlverwandtschaften*. Diese Zusammenhänge lassen sich
schwerlich ignorieren. Unter diesem historischen wie
systematischen Gesichtspunkt muß man von vornherein Inhalt und Tendenz der Fabel sehen. Soziologisch
spielt die Handlung unter Landedelleuten mit dem
Hintergrund des höfischen und des Offiziersmilieus.
Dadurch unterscheidet sich Goethes Roman nicht von
der Mehrzahl der vorromantischen und romantischen
Romane, höchstens von dem eigenen, dezidiert bürgerlichen *Werther*. Ein verspätet zueinander gekommenes
Paar (beide nach vorangegangener erster Ehe), Eduard
und Charlotte, nehmen auf ihrem Gut, in dessen
Ausstattung sie ihren eigentlichen Beruf sehen, einen
Freund, den Hauptmann, und eine Nichte Charlottes,
Ottilie, die sie sich gradeswegs aus dem Internat verschreiben, in ihre Hausgemeinschaft auf – gegen ursprüngliche ungute Vorahnungen Charlottes. (Auch
dies letzte Motiv korrespondiert mit dem Fatalismus
der Romantik.) Es kommt hier alles, wie es kommen
muß. Und es kommt sogar auf romantisch-mystische
Weise, in enger Berührung zu Magnetismus und Telepathie. Dabei hatte damals diese Phase der Romantik
gerade erst angefangen. Es war auch dieses also eine
fast augenblickliche Einstimmung.

Die Erzählhandlung hat dies natürlich auch psychologisch zu stützen und wahrscheinlich zu machen, was

angesichts der Zuspitzungen, die Goethe ihr gibt, nicht
gerade leicht ist. Die Peripetie liegt im 12. Kapitel des
1. Teils, und zwar für beide Paare. Eduard und Ottilie
umarmen sich zum ersten Male. Den Hauptmann über-
mannt es. Er wagt Charlotte zu küssen. Von Eduard
heißt es in diesem Zusammenhang ausdrücklich:

> Von diesem Augenblick an war die Welt für Eduarden
> umgewendet: er nicht mehr, was er gewesen, die Welt nicht
> mehr, was sie gewesen. Sie standen voreinander, er hielt
> ihre Hände, sie sahen einander in die Augen, im Begriff,
> sich wieder zu umarmen.

Nun ist aber doch ein großer Unterschied zwischen
den beiden Wahlverwandtschaften. In das Verhältnis
des Hauptmanns zu Charlotte und Charlottes zum
Hauptmann tritt zum Gesetz der Stoffe, die zueinander gehören, das Sittengesetz und behauptet sich
auch. Daher ist auch die Tragik beider Paare eine
grundverschiedene. Die Charlottes und des Hauptmanns besteht in selbstbeherrschter Resignation. Das
zeigt der Schluß. Sie werden einander nicht heiraten,
auch als durch den Tod Eduards und Ottilies der bürgerliche Weg dazu frei wäre. Jeder von ihnen wird
das Leben in seinen Grenzen und Bestimmungen weiter bestehen. Das ist die würdige Form, die die erlebten Schicksale ihrem Selbstgefühl vorschreiben. Ganz
anders dagegen Ottilie und Eduard. Sie müssen sterben,
weil sich in ihnen die ‚Wahlverwandtschaft' ohne die
Sittlichkeit realisiert.

Der spätgeborene Sohn Eduards und Charlottes, unter den schon gegebenen Verhältnissen empfangen, hat
die Augen Ottilies und die Züge des Hauptmanns.
Das erkennt schon erschrocken der Taufzeuge, der
nicht in die Verhältnisse verstrickt ist.

Mit solchen der Normalität widerstreitenden, die
Randgebiete des Seelischen und das Äußerste des na-

türlich Möglichen streifenden Motiven hat Goethe sich von der auf Gesetz und Norm beruhenden Klassik entfernt und mit der Nachtseite der Natur eingelassen. Hier liegt das eigentliche Interesse, nicht bei der Diskussion der Eheproblematik, die man früher gern in den Vordergrund stellte. Eduard und Ottilie müssen vergebens ringen, da sie unter dem Gesetz der Wahlverwandtschaften, also der Natur als Notwendigkeit, stehen. Doch sind sie ja nicht chemische Stoffe oder Elemente, sondern lebendige Menschen innerhalb einer menschlichen Welt, in der die Sittlichkeit die Institution der Ehe unauflöslich fixiert hat. Der Konflikt ist daher sowohl ein Konflikt der Herzen wie deren Konflikt mit der menschlichen Gesellschaft. Er kann nur ‚gelöst‘ werden durch die Selbstaufhebung der am stärksten vom Eros Getroffenen im Tode. Gilt das Gesetz der Wahlverwandtschaften für Individualfälle vom Ich zum Du, so müssen die Partner in ihrer Form bleiben, der der Hingerissenheit zum andern, aber um den Preis des Lebens, da Konventionalität und Institutionalität der Gesellschaft die Konsequenz der freien Liebe nicht zulassen. Täten sie das, so müßte die Ordnung dem Chaos weichen. So weit aber ist Goethe noch Klassiker, um die ästhetische Selbstzweckhaftigkeit der Frühromantiker Friedrich Schlegel und Novalis mit ihrer Theorie vom fruchtbaren Chaos nicht mitzumachen. Ein Kind der *Lucinde* sind die *Wahlverwandtschaften* trotz aller hier hervorgehobenen Affinität zur Romantik denn doch nicht.

Titelblatt und -kupfer der Erstausgabe von Goethes
„West-östlicher Divan“

Frankfurt am Main von der Gerbermühle aus gesehen.
Kupferstich nach Rosine Städels Aquatintablatt mit Goethes
eigenhändiger Widmung und Unterschrift

Noch einmal wird Goethe der Romangattung über Jahre hin redliche Arbeit widmen, die sich bis in sein höchstes Alter hinzieht. Es geht dabei allerdings um kein neues Motiv. Schiller bereits hatte die innere Nötigung zu einer Fortsetzung des *Wilhelm Meister* angeregt, vom Unbefriedigenden oder doch Unpräzisen des Schlusses von 1796 dazu veranlaßt. Sein Argument, die teilweise Offenheit und Unbestimmtheit von Wilhelms Charakter, war vom klassischen Menschenbild her formuliert, und der klassische Goethe, der so auf dem Begriff der Männlichkeit insistierte, konnte sich ihm nicht wohl verschließen. Was sich endlich als allmählich festerer Plan nach Schillers Tod bildete (1807), das war die Konzeption eines neuen Teils, der damals schon den Titel *Wilhelm Meisters Wanderjahre* erhielt. Der Beginn der Arbeit folgte auf dem Fuß. Aber von der Veröffentlichung der ersten Proben 1809/10 bis zum Erscheinen des 1. Teils der *Wanderjahre* 1821 (in vorläufiger Form) verging mehr als ein Jahrzehnt. Diese später wesentlich erweiterte Ausgabe trägt aber einen Untertitel ... *oder die Entsagenden.* Das ist deutlich genug in Antithese zu den *Wahlverwandtschaften* gesagt. Es bezeichnet das ethische Gesetz, dem die Handelnden fortan unterworfen sind oder doch sein sollen. Da die sogenannte Vollendung der *Wanderjahre* erst 1829 zustande kommt (in Wirklichkeit bleibt das Werk einer der großen Torsi in der deutschen Literatur), ist hier ein Spiegel von Goethes eigener schmerzlicher Alterserfahrung gegeben, in dem von dem Urbild der Pandora (Minchen Herzlieb) über die im *Divan* angesprochene Marianne von Willemer bis zur vergeblich umworbenen Ulrike von Levetzow alle dem alten Goethe aufgezwungenen Entsagungen miterscheinen.

Der Pseudo-Abschluß, im Gegensatz zu *Faust* II und in Analogie zur *Italienischen Reise* in Wirklichkeit ein Abbruch, erübrigt es, in der ‚Vollendung‘ den Wert des Werkes zu suchen. Es ist nicht einmal romantisch ‚offene‘ Form, sondern schlichthin ein Konglomerat, künstlich für die Buchproduktion freigegeben.

Man wagt nicht, dem Alten einen Vorwurf daraus zu machen. Ganz bestimmt war es leichter, den *Faust* II zu vollenden, als diese Fortsetzung und Ergänzung eines zum Unförmlichen aufgeschwellten, aber in seiner bedeutenden Sprachform eigentlich vorher schon ‚abgeschlossenen‘ Romantorsos. Dieser klammerte eine Fülle von nicht der Romanform zugehörigen Kurzgeschichten (Novellen wie Märchen) in sich ein und verband sie in stellenweise nur dürftiger Fügung mit Wilhelm Meisters und der Seinen weiterer Lebensgeschichte. Das Überwiegen des inhaltlichen Gesichtspunktes allein, wie das 19. Jahrhundert es repräsentiert, konnte wohl auf Grund eines gemutmaßten Tiefsinns den *Wanderjahren* eine unangefochtene Bedeutung zusprechen. Heute ist dies wohl kaum mehr möglich, und man ist eher geneigt, Wolfgang Menzels Formel von den „gemeinplätzlichen, aber tief lautenden Sentenzen“ zu akzeptieren.

Es läßt sich kaum abstreiten, daß Goethes Altersstil in Brief und Prosawerk nicht nur in den bis 1821 erschienenen Partien der *Wanderjahre* zur Parodie reizen konnte, sondern auch in Hinsicht auf die Selbstredaktion eigener Werke und die Läßlichkeit, mit der er sie dem Publikum offerierte. Das zunächst von der Zeit kaum erkannte Gift, das die *Meister*-Parodie von Wilhelm Pustkuchen (ab 1821) gegen Goethe ausstreute, kann man nicht als ganz unverdient bezeichnen. Sie nahm beides: den Altersstil und den Charakterkern Goethes in den fingierten Gesprächen zwischen den aus den *Lehrjahren* bekannten Personen unter ihren Zerrspiegel; zwar unschwer erkennbar vom Standpunkt eines pfarrherrlichen Muckertums aus, aber von diesem her um so ätzender. Jedenfalls war der Schaden nicht gering, da damit eine ganze Fronde auf den Plan gerufen wurde. Auch mit den Partien, die Goethe bis 1829 zu den *Wanderjahren* nachlieferte, war eine souveräne Widerlegung leider nicht gegeben. Er entsagte, wie schon angedeutet, einer wirklichen Vollendung selber und ließ so das Publikum mit Fragmenten, Auszügen, fingierten Briefen sich schließlich einem mehr als lockeren Schluß gegenüberfinden. Das Fragwürdigste ist vielleicht das Moment der Fehlberechnung des Umfangs, mit dem Goethe drei Bände der Ausgabe letzter Hand zu füllen meinte. Es kamen aber nur zwei heraus, und Goethe übergab die Sache einfach Eckermann, der dann für angehängte Füllsel nicht erzählender, sondern aphoristischer Art zu sorgen hatte. Auf diese Weise traten die *Betrachtungen im Sinne der Wanderer* und *Aus Makariens Archiv* hinzu. So hat man denn in den *Wanderjahren* episch fast mehr von Goethe dem Novellisten als von Goethe dem Romancier. Die Romanhandlung wird, wenigstens partienweise, zu einer Art Rahmenhandlung für kürzere Erzählungen wie der *Neuen Melusine*, dem *Mann von fünfzig Jahren*, dem *Nußbraunen Mädchen*, der *Pilgernden Törin*. Alles dies führt eher von der Romanhandlung ab als diese weiter. Das dichte symbolische Alterswerk, die *Novelle*, 1797 schon begonnen, aber erst 1827 vollendet, dem Herman Meyer erst kürzlich eine profunde Studie gewidmet hat, hat Goethe dagegen nicht mehr in die *Wanderjahre* aufgenommen.

Zum Bedeutendsten des Konglomerates gehört die

der zentralen Handlung am natürlichsten eingepaßte *Pädagogische Provinz*. Zwar bedeutet das Wort ‚Provinz‘ in diesem Zusammenhang eher eine Art Elfenbeinturm, einen Jugend- und Lehrerstaat im Staate, der in strenger Abgeschlossenheit zu gedeihen hat. Noch mehr aber bedeutet sie eine Art Bildungsutopie, deren Ausschließlichkeit nicht als Selbstzweck gedacht ist, sondern als Mittel, durch die richtige Erziehung zu einem ganz neuen Zustand der Gesellschaft zu gelangen. Nicht jeder Inhalt, wohl aber die Form der *Pädagogischen Provinz* hat bis in die Schulgemeinden und Landerziehungsheime unseres Jahrhunderts wie Salem, Wickersdorf, Odenwaldschule als Modell gewirkt. Den sozialreformerischen Inhalt der *Provinz* wird man mit der Sozialutopie des sterbenden Faust zusammen sehen müssen. Goethes eigene Ideen aber waren bereits geprägt durch die fortschrittlichen Vorgänge in der damaligen Pädagogik: weniger durch Pestalozzi selbst als durch seines Schülers Fellenberg berühmte Schulgründung in Hofwil bei Bern. Das Miteinander von handwerklicher und geistiger Erziehung, von indirektem Bestimmen und Selber-wachsen-Lassen wurde dort in eindringlicher Form geprobt. Letztlich ging es auch hier um eine Grundidee der Aufklärung: um das Selbstbestimmungsrecht des sich noch bildenden und ausbildenden jungen Menschen, worin auch die Überwindung der alten Standesunterschiede und Standesschulen miteingeschlossen war. Daß Pestalozzi selber die Internatsschule nur als einen unvollkommenen Ersatz des Elternhauses ansah, kümmerte Goethe dabei nicht (der sich übrigens auch auf Fichte berufen konnte). In der Rückbetrachtung von der heutigen Zeit aus mag man wieder wie das 19. Jahrhundert versucht sein, das Schwergewicht der pädagogischen Konzeption auf die bekannte Lehre von den drei Ehrfurchten abzustellen. Sie ist letzten Endes formale

Voraussetzung und quasi religiöse Zielsetzung, wichtigste Form und Grenze der Weltanschauung zugleich. In der Ehrfurcht vor dem, was unter und über uns ist, liegen Naturphilosophie und Schöpfungsreligiosität, in der Ehrfurcht vor dem, was uns gleich ist, liegt die klassische Humanität beschlossen. Achtet man aber auf das Formale der drei Ehrfurchten, so kann man nicht verkennen, daß sie die Funktion des Mediums einer in sich geschlossenen ästhetisch-harmonischen Bildung haben, die die klassische Menschlichkeit in gleichsam utopischer Vollendung ausdrücken soll. Handwerk, Kunst, Sport, Meditation und geschlossene Form, aus der niemand ausbrechen darf, ergeben zusammen das Bild einer ausgewogenen, männlich verantwortlichen und daher undilettantischen Lebens- und Existenzform, in der Spezialisierung und Universalität einander wechselseitig bedingen.

Das pädagogische Fundament der ganzen Bildungsutopie drückt der Alte unmittelbar vor Wilhelms und Felix' Eintritt in die Provinz in deutlichem Gegensatz zum Humboldtschen Bildungsideal aus:

Allem Leben, aller Kunst muß das Handwerk vorausgehen, welches nur in der Beschränkung erworben wird. Eines recht wissen und ausüben gibt höhere Bildung als Halbheit im Hundertfältigen. Da, wo ich Sie hinweise, hat man alle Tätigkeiten gesondert; geprüft werden die Zöglinge auf jedem Schritt; dabei erkennt man, wo seine Natur eigentlich hinstrebt, ob er sich gleich mit zerstreuten Wünschen bald da, bald dort hin wendet. Weise Männer lassen den Knaben unter der Hand dasjenige finden, was ihm gemäß ist; sie verkürzen die Umwege, durch welche der Mensch von seiner Bestimmung, nur allzu gefällig, abirren mag.

Die Praxis dazu bildet Wilhelms zweimaliger Besuch der Provinz.

Kaum zu verkennen ist an den Zügen dieser Utopie

der aufklärerisch-freimaurerische Hintergrund (die ganze Gruppe der Logen-Gedichte Goethes fällt ja auch in die Zeitphase von 1815–30), die bis zum Statischen gehende Mythologie eines klassischen Wirklichkeitsgedankens, der als überzeitliche Einsicht die scheinmoderne Beweglichkeit der Prinzipien und Methoden bestimmt. Das Übermaß des Symbolischen in Alltag und Fest der Pädagogischen Provinz, die Unantastbarkeit der ordnenden Institutionen, die Apodiktik der zugrunde gelegten, doch nur außergewöhnlich metaphorischen Religiosität, die sich auch in der Deutung und Ordnung der Künste ausdrückt – alles dies kann nicht übersehen lassen, daß ein Ordnungssystem und ein sich selbst als absolut begreifendes Menschenbild dem Ganzen zugrunde liegen. So anregend die *Pädagogische Provinz* bis in unser Jahrhundert gewirkt haben mag: sie ist eine Konzeption aus Goethes Alter, in der alles nicht nur meditiert, sondern bis ins Letzte ausgeklügelt ist, eine Dogmatik des scheinbar Außerdogmatischen, formal keine Romanepik, sondern vorwiegend allegorische Didaktik wie jede Utopie.

Wilhelm Meister selbst hat Goethe sich dementsprechend für den Beruf eines Chirurgus entscheiden lassen, einen unmittelbar nützlichen, handwerklichen, nicht akademischen Beruf, der bewußt weitab liegt von seinen Anfängen als Theaterdilettant. So gilt denn die Ordnungsanschauung der Gesellschaft vom Turm wie der Pädagogischen Provinz cum grano salis für den ganzen, trotz allem großartigen Torso der *Wanderjahre*.

IV. ALTERSLYRIK

Der rein historische Gesichtspunkt legt es nicht zwingend nahe, die Goethesche Lyrik des Alters mit der ‚Sonetten-Wut‘ der Jahre 1807/08 beginnen zu lassen. Erich Trunz in seiner Hamburger Goethe-Ausgabe setzt Goethes Produktion in dieser lyrischen Gattung vielmehr an das Ende der Klassik, stellt aber die Möglichkeit einer Einordnung des Zyklus auch in die Alterslyrik anheim. In der Tat muß man diese Freiheit in Anspruch nehmen. Denn auch das von Trunz hervorgehobene Thema der Entsagung ist erst in seiner Zuspitzung ein zentrales Motiv des Goetheschen Alters, für *Wahlverwandtschaften* wie *Wanderjahre*, für *Faust* II wie für den weltanschaulichen Aspekt der Alterslyrik außer dem *Divan* gültig. Dieses Thema ist nicht die Kehrseite, sondern die persönliche Konsequenz, die aus der Erschütterbarkeit des Herzens auch noch des beginnenden und vollendeten Greisenalters folgt. In der Phase der eigentlichen Klassik Goethes war Entsagung noch Ethos der Männlichkeit gewesen. Im späteren Alter wird sie unverhüllt subjektiver bis zur Verzweiflung der *Trilogie der Leidenschaft*. Der starke Anteil des Spruchgedichts und des Widmungsgedichts an der Alterslyrik ist eine andere Konsequenz aus dem Ringen mit der verhängten Lebenszeit. Sie hat Fluchtcharakter ins Unverbindliche der Gelegenheit oder Über-Objektive der Weltanschauung. Dennoch besteht kein Zweifel, wie allein die *Pandora* und die *Wahlverwandtschaften* erweisen, daß das eigentliche individuelle Problem auch in der Lyrik der innere Kampf um die Hoffnungslosigkeit der Leidenschaft ist. Freilich steht dieses Motiv mitten inne zwischen Gedanken-, Geselligkeits- und Gelegenheitsgedichten, und neben den über Jahrzehnte zerstreuten

Leidenschafts- und Entsagungs-Gedichten der Spätzeit bis zu den Dornburger Gedichten der letzten Lebensjahre liegt als der große einzigartige Block das *Divan*-
Gedicht. In ihm werden die gewonnenen lyrischen
Formen des Altersstils integriert dem leicht bewegten
Herzen der früheren jugendlichen Leidenschaften, Ob-
jektives und Subjektives miteinander verschmolzen zu
einem einzigartigen, bisher ungehörten Ton.

Dies gilt nun freilich bei dem Sonettenzyklus nur
für einzelne Stücke. Den Grund kann der Historiker
nicht übergehen. Die Sonette sind ein Spiel, das bei
weitem nicht so hoch angelegt ist wie die selbstgefun-
dene ost-westliche innere Dialogform im *Divan*. Dieses
Spiel wird geschichtlich hervorgelockt durch die Jenenser Romantik, zu der 1807, als Goethe es aufnimmt,
in zugegebenem Wettstreit, Zacharias Werner und der
führende Übersetzer Johann Diederich Gries eben gestoßen sind. Die Brüder Schlegel waren darin schon
vorangegangen, August Wilhelm Schlegel von G. A.
Bürger aus. In den Paralipomena zu den *Annalen*
(1807) heißt es:

> ... und so war diesmal die von Schlegel früher meister-
> haft geübte, von Werner ins Tragische gesteigerte Sonetten-
> form höchst willkommen.

Aber nicht nur hinsichtlich der Form bezieht Goethe
sich ausdrücklich auf die Anregung durch die Romantiker. Er tut es auch in ausdrücklichem Bezug zum
Tode Schillers, den er in Jena doppelt empfindet:
„... und der aufs neue empfundene Verlust forderte
Ersatz." Mitten aus der Berührung mit dieser Sphäre
entsteht Goethes Sonetten-Zyklus. Hatte er an Werners Sonetten die Leidenschaft hervorgehoben, so be-
nutzte er die Form selber als deren Fassung. Fassung
und Damm: das vielleicht bedeutendste 1. Stück *Mächtiges Überraschen* hat das schon als Motiv:

Ein Strom entrauscht umwölktem Felsensaale,
Dem Ozean sich eilig zu verbinden;
Was auch sich spiegeln mag von Grund zu Gründen,
Er wandelt unaufhaltsam fort zu Tale.

Dämonisch aber stürzt mit einem Male –
Ihr folgen Berg und Wald in Wirbelwinden –
Sich Oreas, Behagen dort zu finden,
Und hemmt den Lauf, begrenzt die weite Schale.

Die Welle sprüht, und staunt zurück und weichet,
Und schwillt bergan, sich immer selbst zu trinken;
Gehemmt ist nun zum Vater hin das Streben.

Sie schwankt und ruht, zum See zurückgedeichet;
Gestirne, spiegelnd sich, beschaun das Blinken
Des Wellenschlags am Fels, ein neues Leben.

Ausbruch und Zurückdämmung des Stroms als Bild
der Leidenschaft – nicht allein die Bindung an die 14
festgelegten Verszeilen der humanistischen Gattung
gehört zu diesem Thema, sondern auch die Stilisierung
(in Strom – Ozean – Tal – Welle – See – Gestirne –
neues Leben), die keine Individualisierung oder gar
Lokalisierung zuläßt, ist Symbol des Dammes, der hier
aufgerichtet wird. Man kommt nicht ohne die Asso-
ziation aus, daß das Symbol des Stromes hier nicht
gleichbedeutend mit dem früheren des Mahomet ist.
Im *Mahomet* bezeichnete der Strom den unwidersteh-
lichen Zug jugendlicher Bewegung, die sich schließlich
in der pantheistisch gemeinten freudebrausenden Rückkehr in das All des Vaters Okeanos erfüllt. Im Sonett
ist es der Strom des Alterns. Das Leben eilt „unaufhaltsam fort zu Tale". Aber, entgegengesetzt dem
Strom-Mythos aus *Mahomet*, stellt sich ihm Dämonisches entgegen – Oreas mit ihren Stürmen – und hemmt
die Unaufhaltsamkeit der Bewegung zum Ozean. Aus
dem Strom wird nun der gewaltsam zurückgedämmte
See, in dem die Gestirne sich spiegeln und „ein neues

Leben", ein „mächtiges Überraschen", wie der Titel andeutet, anhebt.

Was die *Sonette* von den früheren Erotica, vor allem den *Römischen Elegien,* unterscheidet, das ist zunächst der starke Einschlag von reflektivem Spiel. Nicht selten reflektiert der Dichter auf sein Dichten selber (III, IV, IX, X). Die im Hintergrund dauernd anwesende Bewußtheit des Liebesopfers als Gedicht drückt sich auch als Reflexion auf die gewählte Gattung, das Sonett, selber aus: So in *Nemesis:*

> Ich höre wohl der Genien Gelächter;
> Doch trennet mich von jeglichem Besinnen
> Sonettenwut und Raserei der Liebe.

Raserei der Liebe ist etwas Spontanes, Emphatisches. Reflexion und Spontaneität werden hier zusammen gesehen. Und das ist bezeichnend für die Mehrzahl der Stücke, aus denen nur wenige (so *Mächtiges Überraschen, Freundliches Begegnen, Abschied, Die Liebende abermals*) die Leidenschaft unmittelbar gestalten. Einige der Sonette sind humoristisch (so III und XIII). Aber die beiden Gesprächs-Sonette (XIV und XV), die direkt auf die Sonettform als Spiel zurückreflektieren, verraten doch die überwiegende Abwesenheit der Spontaneität: „Ihr liebt, und schreibt Sonette! Weh der Grille!" (XIV) „Ich zweifle doch am Ernst verschränkter Zeilen!" (XV). Vielleicht ist die Art von Goethes Sonettieren auch symptomatisch für sein Verhältnis zur Romantik. Er greift die von den Romantikern wiederentdeckte Sonettform, im Wettstreit mit Schlegel, Werner und Gries, auf. Aber obwohl das Thema die Leidenschaft ist wie in den *Wahlverwandtschaften* und bei der Epimetheus-Gestalt der *Pandora,* läßt er sich nur in reflektierendem Abstand mit der romantischen Modeform ein.

Noch Konrad Burdach hat in der Einleitung zu

seiner Ausgabe des *West-östlichen Divan* (in der Jubi-
läumsausgabe von der Hellens) bald nach der Jahrhundertwende mit dem Satze eingesetzt: „Dem ‚West-
östlichen Divan' steht heute die Mehrzahl der Gebildeten fremd und kühl gegenüber." Burdach macht dafür
sowohl die außergewöhnlichen Verständnisschwierig-
keiten wie den „blassen Silberton Goethescher Alters-
poesie, der nicht selten in dunkle oder harte Schwere
versinkt" verantwortlich. Diese Zeit und ihre Wer-
tungsmaßstäbe sind vorbei. Zwar stellt Ernst Beutler
noch 1943, eine Generation später, fest: „...aber der
Nation ist er kein vertrauter Besitz." Doch der Ton
des Beutlerschen Vorwortes verweist auf neuerwor-
bene Möglichkeiten des Verstehens, die man nur aufdecken muß. Beutler kommentiert nach seinem her-
meneutischen Ansatz denn auch nicht Gedicht um
Gedicht, sondern Buch um Buch nach dem Gesichtspunkt des inneren Zusammenhanges und der Proportion. Die Beutlersche Ausgabe ist nur der Ausdruck
einer Renaissance des späten Goethe überhaupt, eines
Wiedererwachens nicht nur des Interesses der Litera-
turwissenschaftler an dem Phänomen des Goetheschen
Altersstiles, sondern auch Symptom erneuter unmittelbarer Kontakte zwischen dem Leser und Goethes Alterswerk. Aber nicht um die weltliterarischen, historischen Verbindungen und Erkenntnisse geht es in
erster Linie, wie auch Goethes eigene Anhänge:
*Noten und Abhandlungen zu besserem Verständnis des
West-östlichen Divans,* vielleicht allzu reich befrach-
tet, dem Leser der Gedichte zumuten. Es geht ebenso
um die ästhetische Autonomie, die dichterische Imma-
nenz eines erheblichen Teils der Gedichte, die gerade
in den letzten drei Jahrzehnten, unabhängig vom Interesse der Literaturwissenschaft, wieder und zum Teil
ganz neu sich darbot. Die Wissenschaft reagierte ihrerseits auf das empfindlicher gewordene Organ des

Goethe-Lesers für die Qualität der *Divan*-Gedichte
mit Arbeiten wie denen von Hans Pyritz, Paul Hankamer, Hans Heinz Schaeder, Helmut Plessner, Karl
Viëtor, im Editorischen von Erich Trunz.

Die biographischen Zusammenhänge sind bekannt.
Im August 1814 erfolgte der erste Kontakt mit dem
Geheimrat von Willemer und seiner Pflegetochter und
baldigen Frau Marianne. In Frankfurt intensivierte
sich, dann auch auf der Gerbermühle, dem Landsitz
am Main, die Beziehung schnell bis zur Leidenschaft.
Persönlich erstreckte sich das nur über kurze Zeit: bis
zur letzten Begegnung im September 1815 in Heidelberg. Poetisch erweitert sich die Dimension. Die Bindung an den Orientstoff, der zugleich als symbolische
Maske dient, durch die der Liebende, sich verhüllend,
spricht, muß man historisch als angelegt schon im frühen Goethe verstehen, beim späten Goethe nur als
einen Ausdruck seiner Alterswendung zur Weltliteratur. Morgenländische Dichtung – das steht schon, als
begeisterte Prägung Herders, mit über Goethes Frühzeit. Und Herder bereits hatte dies weltliterarisch verstanden: vom Alten Testament bis nach Indien hin.
Diese frühen Anregungen konnten bei Goethe durch
das Übergewicht der Antike in seiner klassischen Periode zurückgedrängt werden. Beinahe mit innerer
Notwendigkeit werden sie wieder virulent, als die
Welt- und Form-Offenheit der Romantik den Reichtum auch des nicht-antiken ‚ewigen Orients‘ Goethe
wieder ins Bewußtsein hebt. Dies war erst eigentlich
nach Schillers Tod möglich. Es entsprach aber auch
Goethes „ständiger Verjüngung" durch die einander
ablösenden Altersleidenschaften. Das eigene Bedürfnis
nach Erweiterung, Öffnung für noch nicht gehand-
habte Töne, Aufsuchen der weltanschaulichen Werte,
wo immer sie zu haben wären, kommt dabei den Anregungen entgegen, die ihm aus den vielfältigen mensch-

lichen und sachlichen Berührungen mit der Romantik zufließen. Den bloßen äußeren Einfluß der romantischen Entdeckung der Weltliteratur brauchte der Schüler und Freund Herders vielleicht weniger als das Fluidum. Denn historisierend ist der *Divan* im Verhältnis zu seinen persischen Vorlagen überhaupt nicht. Das erklärt auch weitgehend die das Oxymoron streifende Formel „westöstlich" im Titel. In ihr ist ein historisierender (also auch formaler) bloßer Anschluß an eine welthistorische Vorlage von vornherein auszuschließen. Es bleibt dafür die Verschmelzung des östlichen Fluidums mit westlich-abendländischer Existenz. Der Sprach- und Begriffsschatz bereichert sich an orientalischem Bild und Motiv. Aber er ahmt nicht nach, sondern versucht, die inneren menschlichen Bezugsmöglichkeiten von Orient zu Okzident in eroticis wie religiosis, im Gesellschaftlichen wie im Individuellen als humane Möglichkeiten dichterisch zu verwirklichen. Der im *Divan* jeglicher Äußerung zugrunde liegende Humanitätsgedanke bedeutet die Fortsetzung der Klassik, jedoch mit andern Mitteln als der abendländisch-griechischen Tradition. Auf nichts anderes zielten die 1814 aufgenommenen intensiven Studien des Hafis und der Dichter seines Kulturkreises, weitgehend angeregt durch den Orientalisten Joseph von Hammer-Purgstall (1774–1856), von denen die *Noten und Abhandlungen zum Divan* Zeugnis ablegen.

Die Jahre hindurch energisch in ihrem Stiltypus festgehaltene und fortgesetzte *Divan*-Produktion erschien als Buch erst 1819. Doch kennen wir die Entstehungsdaten der allermeisten Gedichte ziemlich genau. Goethe hat die Gedichte nach biblischem Vorbild in Bücher eingeteilt. Es sind, wieder nicht zufällig, deren zwölf. In der Mitte steht als Fall eigener Gattung das *Buch der Sprüche*. Doch kann keine Rede davon sein, daß diese Sprachform sich nur hier findet. Die Gattung des Spruchgedichtes ist allen Büchern beigemischt, im *Buch der Sprüche* nur regiert sie das Ganze. Auch hier muß man wieder bemerken, daß Gedankenlyrik in Spruchform eine für Goethes Alterslyrik kennzeichnende Form des weltanschaulichen Gedichtes ist, entsprechend der Rolle der Meditation, der Erinnerung, der Zeit- und Gesellschaftskritik, auch des Niederschlags der naturphilosophischen Reflexion in Goethes Altersphase. Man hat früher (z. B. Burdach) das *Divan*-Gedicht vielleicht zu sehr unter diesem Gesichtspunkt der Altersweisheit und zu wenig unter dem der Totalität der dichterischen Existenz genommen. Aber Zentren wie das *Buch der Liebe* oder das *Buch Suleika* sollte man nicht zu eng mit der andern Seite, mit der Gedankenlyrik verbinden.

Die Zahl der Gedichte in den einzelnen Büchern variiert stark, von zwei bis sechsundfünfzig. Die beiden schon nach ihrem Umfang (von 48 und 56 Stükken) hervortretenden Bücher sind das *Buch Suleika* und das *Buch der Sprüche*. Die beiden Kurzbücher sind das *Buch des Timur* und das *Buch des Parsen*. Auch das *Buch Hafis*, das *Buch der Parabeln* und das *Buch des Paradieses* umfassen nicht mehr als ein Dutzend Gedichte. Der Sinn dieser Zählung kann nur sein, klarzustellen, daß Goethe keinen gleichgewichtigen Aufbau der Sammlung beabsichtigte. Die Raffung des Materials in zwölf Bücher war mehr eine symbolische Handlung als eine strukturelle. Sie war eine lockere Gruppierung, nicht ein Akt klassischen Aufbaues. Auch hierin zeigt sich die Affinität zur freieren Form der Romantik und die Entfernung von der gleichgewichtigen Harmonie der Klassik. (Nicht nur einzelne Gedichte sind unklassisch, die Gruppierung ist es.)

Der Einsatz des ersten Buches, das Gedicht *Hegire* (= Hidschra) ist schon durch seinen Titel, der auf die Analogie zu Mohammeds Zug von Mekka nach

Medina anspielt, Programm, das sich auf die ganze Sammlung erstreckt. Das Thema ist das der ‚Patriarchenschaft‘, des ‚Ursprungs‘, der Weite des Glaubens, die allesamt nur unter Hirten und Liebenden – von jeher und noch heute – zu finden sind. Die Grundlage der Bewegung dorthin kommt aus dem Durchschauen der Geschichte mit all ihrem vordergründigen Lärm als einer Form der Entfremdung des Menschen von sich selbst:

> Nord und West und Süd zersplittern,
> Throne bersten, Reiche zittern,
> Flüchte du, im reinen Osten
> Patriarchenluft zu kosten!

Eine offen zugegebene Flucht aus der Gegenwart also, der Gegenwart der spätnapoleonischen Zeit und der Vergänglichkeit der Reiche dieser Welt. Auch dies könnte in seiner Form jeder Frühromantiker gesagt haben. Flucht also ins ahistorisch Idyllische? Man wird es nicht ganz verneinen können. Denn es geht auch hier um das einfache Leben der Hirten und der Handelskarawanen, der Schenken, der Liebenden und der anakreontischen Dichter (die Stilsphäre ist bei Goethe nicht zu trennen). Der alte, schon für Italien maßgebende Begriff der Verjüngung tritt hier auf orientalisch wieder in sein Recht:

> Unter Lieben, Trinken, Singen
> Soll dich Chisers Quell verjüngen.

Diese Verjüngung ist aber natürlich nicht nur physisch zu verstehen. Das zeigt das anschließende Motiv der Sprache in ihrem Zusammenhang mit der Ratio. Da ist die Rede von des „Ursprungs Tiefe", die der Dichter gleichsetzt mit der Inspiration der Sprache durch Gott:

> Wo sie noch von Gott empfingen
> Himmelslehr' in Erdesprachen
> Und sich nicht den Kopf zerbrachen.

Dem korrespondiert:

> Wie das Wort so wichtig dort war,
> Weil es ein gesprochen Wort war.

Man glaubt Hamann und Herder wieder aufleben zu
sehen: die Sprache nicht Sache des Intellekts, sondern
unmittelbar von Gott her; das Wort nicht Schrift (die
schon eine Intellektualisierung ist), sondern lebendig
nur als gesprochenes (bei Herder gesprochen = gesungen) Wort. Diese Beziehung zum gesprochenen =
gesungenen Wort (also je ursprünglicher, desto dichterischer) greift Goethes letzte Strophe expressis verbis
wieder auf, nachdem er auf die Wirklichkeit des Lie-
besgedichtes verwiesen hat:

> Wisset nur, daß Dichterworte
> Um des Paradieses Pforte
> Immer leise klopfend schweben,
> Sich erbittend ew'ges Leben.

Das dichterische Selbstbewußtsein, das sich hier ausdrückt, berührt sich mit dem des Klassikers Goethe
durch die vorsichtige, ja zarte Form, in der es um
Dauer bittet. Am Abschluß der Elegie *Euphrosyne*
äußerte es sich einerseits apodiktischer, andererseits
klassisch resignativer, als Anspruch auf einige Dauer,
aber nicht ewige Dauer.

Man sollte dies erste Gedicht des *Buch des Sängers*
gleich mit dem abschließenden *Selige Sehnsucht* in
einem Atem nennen. Denn dieses herrliche Lied vertieft den Rückweg ins Ursprüngliche der *Hegire* bis
ins Elementare des freiwilligen Selbstopfers. Der Ausgangspunkt:

> Das Lebend'ge will ich preisen,
> Das nach Flammentod sich sehnet.

schließt nämlich die Selbstzufriedenheit im Idyll, die
Hegire nicht vermieden hatte, sogar dezidiert aus. Mit

Goethes Altersterminologie: das Gesetz der Polarität,
des Wechsels von Systole und Diastole, das noch das
schönste Stück der *Talismane* in der Mitte des Buches
(„Im Atemholen sind zweierlei Gnaden") in vollkommener Symbolik hervorhebt, wird ergänzt durch die
‚Steigerung' in *Selige Sehnsucht*. Im Titel liegt noch
nicht unmittelbar die Paradoxie des Gesetzes der Steigerung, wohl aber indirekt. Die selige Sehnsucht ist
nämlich Sehnsucht nach dem Tode, wenn auch unbewußte. Die Seligkeit liegt in der Verbindung von
Eros und Thanatos: Die „fremde Fühlung" im Augenblick des erotischen Kairos bezeugt sich dann in den
beiden folgenden Strophen als Verwirklichung des Gesetzes der Steigerung im Humanen. Der Liebesaugen-
blick ist nicht ein Ende, sondern ein Beginn: „Auf zu
höherer Begattung." Die Analogie zum Schmetterling,
der, gebannt durch das Licht, sich selber verbrennt, ist
Symbol für jedes Leben an sich, das erst im Selbstopfer
das Ziel der Sehnsucht verwirklicht:

> Und solang' du das nicht hast,
> Dieses: Stirb und werde!
> Bist du nur ein trüber Gast
> Auf der dunklen Erde.

Die naturwissenschaftliche Analogie gibt dem Selbstopfer hier den ausdrücklichen Charakter des Gesetzes,
das die Überwindung der Grenze der irdischen Gestalt
(der Begrenzung, der Verfestigung) als höchste Steigerung des Lebens ins Auge faßt. Goethe ist hier der
Romantik wieder näher als der Klassik, obwohl die
klassische Ballade *Der Gott und die Bajadere* das Motiv auch schon kennt. Innerhalb des *Buch des Sängers*
muß man dies im Zusammenhang sehen mit dem Grie-
chengedicht *Lied und Gebilde* („Mag der Grieche seinen Ton / Zu Gestalten drücken"), wo dem plastisch
Hellenischen das moderne Romantische in ausdrück-

licher Antithese gegenübergestellt wird mit dem Einsatz „Aber uns":

> Aber uns ist wonnereich
> In den Euphrat greifen,
> Und im flüss'gen Element
> Hin und wieder schweifen.

Auch dies ist eine Art Bekenntnis. Bekenntnis zum romantischen Paradox, in dem das Wasser als Stoff einer Art ‚Plastik' des Unendlichen erscheint. Novalis steht hier näher als Schiller.

Ganz eigentümlich erscheint die Stilform, wie sie sich im *Buch des Sängers* darstellt. Sie beruht auf einem distanzierten und zugleich vertrauten Verhältnis zur Sprache. Beides zeigt sich in einer (rein phänomenologisch) dem Barock nicht unverwandten manieristischen Gewaltsamkeit, die souverän über Grammatik, unter Umständen auch über Bedeutungstradition hinweggehen kann. Ganz besonders lebt der Reim davon. Als Beispiel die erste Strophe aus *Liebliches*:

> Was doch Buntes dort verbindet
> Mir den Himmel mit der Höhe?
> Morgennebelung verblindet
> Mir des Blickes scharfe Sehe.

Nicht weniger als drei Neuprägungen ganz manieristischer Natur innerhalb von zwei Verszeilen. Ähnlich verhält es sich in dem gleichen Gedicht mit den Mohnen, die sich „nachbarlich erstrecken" und „Felder streifwärts freundlich decken" oder mit dem „Nutzend Blumenzierde pflegen" in der letzten Strophe. Verben wie Adverbien werden ungewöhnlich strapaziert. Gewiß, dem Stil des *Divan*-Gedichtes haftet eine ausgesprochene Tendenz zum mot rare wie zum seltenen, künstlichen Reim an. Es ist die Reimbindung über mehrere Silben oder mehrere Worte hin, aus der z. B. das Gedicht *Dreistigkeit* mit seinen provozieren-

den Reimen (überall an / Schall an – Lauf stört / aufhört – Erzklang / Herz bang) lebt. Alles dies ist aber
auch sprachliche Provokation, keineswegs nur Ausge-
fallenheit der Manier. Neubildung von Abstrakten wie
„Morgennebelung“ oder „fremde Fühlung“ sind zugleich auch Versuch, den verfestigten Boden der traditionellen Sprache umzubrechen, so gut wie die Bildun-
gen „morgentaulich“, „bebuscht“, „auf und nieder
trösten“, „beknieen“, „hinfeuchten“ (als transitiv sogar), „enthauchen“ (ebenfalls als transitiv) zwar
grammatisch gewaltsam entstehen, aber dem lyrischen
Stil zugleich eine ungewohnte, konzentrierte Färbung
und Bewegung verleihen. Zu diesem durchaus bewußten Spiel gehört auch im Gedicht *Hatem* (aus dem
Buch Suleika) das berühmte Wortspiel mit dem eigenen Namen:

> Du beschämst wie Morgenröte
> Jener Gipfel ernste Wand,
> Und noch einmal fühlet Hatem
> Frühlingshauch und Sommerbrand.

Daß der Reim durchsichtig erfordert, Goethe statt
Hatem zu lesen, ist symbolische Zweideutigkeit wie
bei dem „eins und doppelt“ von *Gingo biloba*. Spiel
und Spielsymbol sind aber im höchsten Sinne zu nehmen als eine Art mystischer Gestaltentausch, als Metamorphose im Sinne einer Symbolik des Lebendigen,
des beweg- und erschütterbaren Daseins an sich. Subjektiv gesehen ist daher das Spiel im *Divan* nur der
Fassade nach ein Spiel zwischen Orient und Okzident.
Der Substanz nach ist es die Ebene, auf der Vergänglichkeit und Altern zur Synthese mit Lebendigkeit und
Jugend gebracht werden sollen. Nicht Maskentausch,
sondern Gestaltenwandel. Auch nicht irdische Ehe oder
Außer-Ehe, sondern mystische Hochzeit ist zum Beispiel das Motto über dem *Buch Hafis*.

> Sei das Wort die Braut genannt,
> Bräutigam der Geist;
> Diese Hochzeit hat gekannt,
> Wer Hafisen preist.

Wort für Wort könnte dieser Spruch von Novalis sein,
wenn man die spezifisch Goethesche Verkleidung Hafis sich ersetzt dächte durch: Wer den Dichter preist.
Angesichts dieses Sachverhalts sind die literarhistorischen Streitereien, welche von den einzelnen Gedichten auf Suleika-Marianne gemünzt seien oder nicht,
sekundär und unwichtig. Ob etwa das Gedicht *Bedenklich* („Soll ich von Smaragden reden, / Die dein
Finger niedlich zeigt?") im *Buch der Liebe* sich an Marianne richtet oder an die ephemere Begegnung mit
einer jungen Holländerin, das ist angesichts der Mystik
der Metamorphose, bei der die irdische Person in ihren
Grenzen als gewichtiger Gegenstand zurücktritt, noch
nebensächlicher als sonst. Hier hat man auch die Frage
nach den Marianne zuzuschreibenden Liedern aufzu-
greifen. Die erstaunliche Möglichkeit, daß die Liebende selbst in Goethes Ton eintrat, wurde aus dem Wesen
dieses Stils selber erklärt. Sie hat aber ihren Grund
ebenso in der existentiellen Voraussetzung des ganzen
Divan, die soeben als Entgrenzung des Subjekts durch
Metamorphose beschrieben wurde.

   Dem entspricht, was das *Buch Hafis* über das *Buch
des Sängers* hinaus vom Dichter auszusagen hat:

> Weiß denn der, mit wem er geht und wandelt,
> Er, der immer nur im Wahnsinn handelt?
> Grenzenlos, von eigensinn'gem Lieben,
> Wird er in die Öde fortgetrieben,
> Seiner Klagen Reim', in Sand geschrieben,
> Sind vom Winde gleich verjagt;
> Er versteht nicht, was er sagt,
> Was er sagt, wird er nicht halten.   (*Anklage*)

Die Anti-Orthodoxie und die Unbürgerlichkeit, das
Verdächtige der dichterischen Passion und Freiheit, es
steht beides der romantischen Dichtungsauffassung
nahe; denn der Dichter findet sich hier sozusagen
außerhalb des Gesetzes. Man kann ihn in seinem Enthusiasmus weder für die kirchlichen noch für die bürgerlichen Wirkungen seines Worts haftbar machen. Er
hat Narrenfreiheit. Deutlich bleibt aber die Abgren-
zung vom Epigonentum:

> Zugemeßne Rhythmen reizen freilich,
> Das Talent erfreut sich wohl darin;
> Doch wie schnelle widern sie abscheulich,
> Hohle Masken ohne Blut und Sinn.   (*Nachbildung*)

Es ist die Selbstrechtfertigung des eigenen Altersstils, der eben nicht tote Form sein soll, sondern „neue
Form" in „Nachbildung", das heißt aber in Nach-
eiferung des Größten. Dazu gehört auch das Wissen
um die Mehrdeutigkeit des Wortes:

> Denn, daß ein Wort nicht einfach gelte,
> Das müßte sich wohl von selbst verstehn.   (*Wink*)

Die Trennung des *Buchs der Liebe* vom *Buch Suleika*
durch die dazwischenliegenden drei reflektierenden
Bücher (*Buch der Betrachtungen, Buch des Unmuts,
Buch der Sprüche*) hat vielleicht grade hierin ihren
Grund. Das dem *Buch Suleika* noch vorgeschaltete
Buch des Timur eröffnet mit seinen nur zwei sichtlich
persönlichen Gedichten den Weg zu dem wohl intim-
sten Buch des *Divan*. Dem gegenüber ist das *Buch der
Liebe*, unmittelbar an das *Buch Hafis* anschließend,
ganz überwiegend (vielleicht mit Ausnahme von *Ge-
heimes*) mehr objektive Betrachtung *der* Liebe als jenes
Bruchstück der großen Konfession, das sich im *Buch
Suleika* auftut.

Der Name Suleikas, der dem doch wohl dichterisch

stärksten Buch den Namen gibt, findet sich schon,
nicht zufällig, am Abschluß der vorangehenden Bücher der *Betrachtungen* und des *Timur.* Die Suleika-
Strophe aus dem *Buch der Betrachtungen* ist später
entstanden und hat den Sinn, gleich beim Auftreten
des Namens in der endgültigen Anordnung des *Divan*
die ganze Tiefgründigkeit des Leidenschaftsmotivs, sozusagen in der mystischen Einheit neuplatonischer
Prägung festzuhalten:

> *Suleika spricht*
> Der Spiegel sagt mir, ich bin schön!
> Ihr sagt: zu altern sei auch mein Geschick.
> Vor Gott muß alles ewig stehn,
> In mir liebt ihn, für diesen Augenblick.

Im eigenen Anliegen der Verjüngung wider den historisch rationalen Zeitablauf begegnet hier auf der Seite
der Geliebten der Anspruch auf Dauer im Wechsel,
auf Ewigkeit auch der augenblicklichen Erscheinung
der Schönheit als Spiegelung Gottes. Das Helena-Sym-
bol aus dem *Faust,* die heidnischere Fassung der gleichen Idee, liegt nicht weit. Gleich das präludierende
Gedicht *Einladung* hat als Motiv die Wirklichkeit des
Liebesaugenblicks, des Jetzt und Hier. Und die Gunst
des Augenblicks („Aber daß du, die so lange mir er-
harrt war... Jetzt mich liebst"), die in der späten
Liebe gerade dem Alternden zuteil wird, führt dann
alsbald zum Maskenspiel mit den Namen Suleika und
Hatem, die zu ausdrücklichen Taufnamen erhoben
werden. Die beiden Taufgedichte sind am gleichen Tag
im Mai 1815 entstanden. Unmittelbar danach erfolgt
der erste Gedichtaustausch „Nicht Gelegenheit macht
Diebe" (*Hatem*) und „Hochbeglückt in deiner Liebe"
(*Suleika*). Im ersten stellt der Liebende sein Leben
ganz unter ihr Zeichen. In Mariannes Antwort, einem
Gedicht des vollendeten Glücks der Hingabe und der

Einheit der Partner im Glück des Gebens und Neh-
mens („Gib dich mir aus freier Wahl"; „Meine Ruh',
mein reiches Leben / Geb ich freudig, nimm es hin!"),
begegnet man zum ersten Mal der fast bestürzenden
Einstimmungsfähigkeit Mariannes in Goethes *Divan*-
Ton.

Marianne hat sich, als alte Frau, Herman Grimm,
der ihre Identität mit Suleika als erster bekannt gab,
gegenüber (1869) aus der Erinnerung nur zu vier eigenen Gedichten im *Divan* bekannt: „Außer dem ‚Ost-
und Westwinde' habe ich nichts auf meinem Gewissen,
als allenfalls noch ‚Hochbeglückt in deiner Liebe' und
‚Sag, du hast wohl viel gedichtet'. Doch habe ich manches angeregt, veranlaßt und erlebt." Hans Pyritz hat
mit seinen stilkritischen Maßstäben den Anteil Mariannes einleuchtend noch erweitert. Suleikas zwei
Strophen: „Als ich auf dem Euphrat schiffte", die
Darstellung des Traums von dem im Strom verloren-
gegangenen Geschenk des Geliebten, endeten ursprünglich mit der Frage: „Sag, Poete, sag, o Goethe! / Was
bedeutet dieser Traum?" (Das vorangehende Reim-
wort ist „Morgenröte".) Im *Divan* erscheint die Strophe mit der Änderung von Goethes Hand: „Sag,
Poete, sag, Prophete". Es ist das weniger berühmte
verhüllende Spiel mit dem Namen als das spätere, zuerst erkannte Gedicht Hatems „Locken, haltet mich
gefangen" es treibt. Dort war es durchsichtiger.

Man sollte sich, wenn man das von Marianne aner-
kannte „Sag, du hast wohl viel gedichtet" mit Hatems
Antwortstrophe zusammen liest, bewußt sein, daß dieser ‚Wechsel' durch Suleikas Fragen, die ironisch-miß-
trauisch sind, das Problem der Konventionalität der
Topoi überhaupt aufwirft. (Holde Blicke, Zähne blen-
dend klar, Wimpernpfeile, Lockenschlangen.) Topos
bleibt zwar nicht ganz Topos, wenn die Geliebte ihn
als solchen erkennt und damit auch hintergründig in

Frage stellt. Aber ästhetisch gewichtiger sind die nachfolgenden Wechsel. Die Antwort Suleikas auf Hatems „Locken, haltet mich gefangen" („Nimmer will ich dich verlieren") wird man in der Tat wohl kaum Marianne zuschreiben können, sondern als eine Selbstdeutung Goethes aufzufassen haben.

Über weitere Wechsel-Gedichte der Fiktion Goethes, von denen „An des lust'gen Brunnens Rand", auch „Volk und Knecht und Überwinder" wohl die faszinierendsten sind, geht der Aufbau des Buches zu den beiden Marianne zugehörigen Gedichten „Was bedeutet die Bewegung" und „Ach, um deine feuchten Schwingen". In ihnen ist das schöpferische Eingehn auf Goethes Ton wohl am erstaunlichsten. Auch schwingt in ihnen noch eine Wärme mit, die durchaus nicht jedem authentischen Goethe-Gedicht der Sammlung eignet. Schon der Anruf an den Ostwind: „Seiner Schwingen frische Regung / Kühlt des Herzens tiefe Wunde" ist von unvergleichlich dichterischer Konzentration und Glaubwürdigkeit des Gefühls. Dem entspricht die letzte Strophe:

> Ach die wahre Herzenskunde,
> Liebeshauch, erfrischtes Leben
> Wird mir nur aus seinem Munde,
> Kann mir nur sein Atem geben.

Das Goethesche Verjüngungsmotiv ist hier aufgenommen und wird in der Selbstauffassung der Geliebten zur Gabe an sie selber.

Das korrespondierende Lied an den Westwind, in dem das Mädchen das Leid der Trennung in der gleichen Strophenform zum Ausdruck bringt, steht im Range um nichts nach. Doch ist der Stimmungsunterschied deutlich. Hier sind keine Diminutive möglich, tritt die durchwehte Landschaft zurück oder wird identisch mit der Liebenden selber:

> Blumen, Augen, Wald und Hügel,
> Stehn bei deinem Hauch in Tränen.

Die freudige Sehnsucht nach Erfüllung („Bringt der Ost mir frohe Kunde?") wird im Liede an den Westwind zur ethisch gedämpften Bewegtheit des Leidens, die sich nur „sanft" und „bescheiden" mitzuteilen wagt. Das „Doch vermeid, ihn zu betrüben, / Und verbirg ihm meine Schmerzen" gehört zur Selbstentäußerung, durch die Liebe sich in ‚Persönlichkeit' umsetzt. Es erfolgt ja denn auch auf das Westwind-Gedicht die Antwort Goethes, die wohl der Höhepunkt seines eigenen Anteils am *Buch Suleika* ist:

> Ist es möglich! Stern der Sterne,
> Drück ich wieder dich ans Herz!
> (*Wiederfinden*)

Der Impetus des herrlichen Gedichtes ist der der Hingerissenheit, wie ihn außer der Eingangsstrophe auch die letzte zum Ausdruck bringt:

> So, mit morgenroten Flügeln,
> Riß es mich an deinen Mund.

Es ist ganz selbstverständlich, daß gegenüber dem Höhepunkt der persönlichen Durchdringung des Stoffes im *Buch Suleika* die noch nachfolgenden Bücher, schon des Topischen wegen, sich nicht auf dem gleichen lyrischen Niveau halten können. Gewiß hat das *Schenkenbuch*, gebunden an das persisch anakreontische Motiv des Weins und der Trunkenheit, der Nüchternheit und des Maßes, des schönen Schenken und des alternden Dichters seine originale Seite gegenüber der breiten anakreontischen Tradition in Deutschland. Aber zu ganz überlegenen Stücken läßt es der verbindliche Topos so selten kommen. Anspielung und Wortspiel treiben hier ihren Spaß; nicht ohne gelegentlichen Übergang ins Groteske.

Im kurzen *Buch der Parabeln* hat man wenigstens wieder den Genuß eines unverkrampften Humors.

Wie einen Block hat Goethe vor dem abschließenden *Buch des Paradieses,* das wieder weithin dem *Buch Suleika* korrespondiert, das *Buch des Parsen* eingeschoben, das lediglich aus dem 19strophigen *Vermächtnis altpersischen Glaubens* und einem angehängten anakreontisierenden Spruchgedicht besteht. Das Hauptgedicht hebt sich auch im Formalen heraus: trochäische Fünfheber (nicht die gewohnten Vierheber) in zwei Reimpaaren (nicht im außerhalb der eigentlichen Spruchgedichte dominierenden Kreuzreim) machen hier eine Strophe aus. Davon bekommt das Ganze einen dem Versepos sich nähernden Charakter. Doch ist es vorwiegend Gedankenlyrik, ein dogmatisches Gedicht, Lehrpoesie. Es will ein Weltbild aufstellen, auf Grund des parsischen Feuer- und Lichtglaubens. Mit *Selige Sehnsucht* berührt es sich von daher („Werdet ihr in jeder Lampe Brennen / Fromm den Abglanz höhern Lichts erkennen"). Doch steht das Motiv des Selbstopfers und der Metamorphose hier nicht zur Diskussion. Es ist eher ein der Aufklärung verwandter Lichtglaube. Die Mischung von Sonnen- und Feuerglauben mit dem Ethos innerweltlicher Arbeit, von der aus der Gedanke des allgemeinen Priestertums sich begründet, ist, mit deutlicher Energie hervorgehoben, das konstituierende Element dieses Lehrgedichtes, dessen retardierende Funktion im Aufbau des *Divan* bemerkenswert ist. Unverkennbar richtet Goethe mit diesem Gedicht, nachdem er sich so vielfältig und intensiv im *Divan* auf die Romantik eingelassen hat, kurz vor dem Abschluß eine Art Damm klassischer Gesinnung auf. Zum Chaotischen oder Anarchischen durfte die Offenheit dieser Jahre nicht ausarten. Dem entspricht auch Goethes Verhalten im Leben. Die gleichzeitige, aus der eigenen Jugend wiederholte Offenheit für altdeutsche Kunst, die das ständige Zusammensein mit Sulpice Boisserée in den Rhein- und Maingegenden bewirkte, schon durch sein Verhältnis zum *Wunderhorn* vorbereitet, nahm er nicht allzuviel später wieder zurück. Das bewirkten nun wieder die nicht fortentwickelten Klassizisten, die ihn in Weimar umgaben. Man kann das *Vermächtnis altpersischen Glaubens* als einen Wink auffassen, daß er die Sache der Romantik auch im *Divan* nicht bis zum Letzten treiben würde. Daran ändert auch das abschließende *Buch des Paradieses* nichts mehr.

Das Huri-Motiv, das eigentliche Kernmotiv dieses Buches, ist eine spielend metaphysische letzte Verwandlung unter denen, die der *Divan* sich gestattet. Himmlische Liebe im symbolischen Gewande des Ostens und irdische Liebe verklären und steigern sich gegenseitig voller Anspielungen auf Diesseitiges wie Jenseitiges. Die Zwiegespräche zwischen Huri und Dichter in den Wechseln *Einlaß* und *Anklang* spielen zwischen beiden Welten, der irdischen Vorwelt und der Paradieseswelt, hin und her. Wie überall, so ist auch an seinem Schluß der *Divan* ein Spiel, in dem Goethe die Karten gemischt hat. Geistigkeit und Sinnlichkeit, Erinnerung und Sehnsucht, Geschichte und Gegenwart, das topische Liebes- und Schenkenmotiv und intimste Erfahrung der Leidenschaft – das sind alles Chiffren für die Synthese West-Östlich.

Die lyrische Produktivität Goethes hat bis in seine letzten Lebensjahre vorgehalten, wenn auch, wie schon der *Divan* bewies, der Anteil der Spruch- und, außerhalb des *Divan*, der Widmungs- und Gelegenheitsdichtung zusehends die stärkere Altersströmung wurde. Die *Trilogie der Leidenschaft* mit der Marienbader *Elegie* (1823/24) und die Dornburger Lieder (1828) ragen als die wohl bedeutendsten Gedichte der letzten Periode hervor. Diese zeitlich spätere Gruppe knüpft

an die *Vollmondnacht* aus dem *Buch Suleika* an,
Goethe hat selbst das Dornburger Gedicht *Dem auf-
gehenden Vollmonde* zu dem *Divan*-Stück in Beziehung gesetzt:

> Willst du mich so gleich verlassen?
> Warst im Augenblick so nah!
> Dich umfinstern Wolkenmassen,
> Und nun bist du gar nicht da.
>
> Doch du fühlst, wie ich betrübt bin,
> Blickt dein Rand herauf als Stern!
> Zeugest mir, daß ich geliebt bin,
> Sei das Liebchen noch so fern.
>
> So hinan denn! hell und heller,
> Reiner Bahn, in voller Pracht!
> Schlägt mein Herz auch schmerzlich schneller,
> Überselig ist die Nacht.

Nicht nur dieses Motiv ist die späte Verwirklichung
des Gedenkaugenblicks aus der Vollmondnacht des
Divan. Auch die Strophenform und die Art der Reimbindung knüpfen an den bevorzugten Stiltypus im
Divan an.

Die Dornburger Zeit, unmittelbar nach dem Tode
Karl Augusts 1828, war überlegt der inneren Verarbeitung dieses menschlichen Verlustes auch durch philosophische Meditation und naturwissenschaftliche Arbeit bestimmt. Die Spuren dieser inneren Spannung
und Lösung von ganz Subjektivem durch ganz Objek-
tives sind in den Dornburger Gedichten unverkennbar.
Wolkenmassen, Stern (als Metapher für den Mond-
körper), dann die „reine Bahn" im ersten Gedicht;
Nebelschleier, Äther, Ostwind, die drei Phasen des
Sonnenumlaufs (Aufgang, Schein, Untergang) dienen
zur Überwindung schmerzlicher und zur Empfindung
selig gefüllter Zeit, die auch das zuinnerst Subjektive
gleichsam der ewigen Naturgesetzlichkeit einordnet.

Die Dornburger Schlösser. Lithographie (um 1830)

In beiden Gedichten geht es wieder, wie in Goethes
Frühe, um erfüllte Zeit, um den Kairos. Man sollte
präziser noch ergänzen: um auch im Alter immer noch
erfüllbare Zeit. Die innere Beseligung und Spannung
vor allem des *Divan* ist hier, ein Jahrzehnt nach dessen
Erscheinen, noch immer gegenwärtig, weit mehr als
etwa in dem bloß wiederholenden Spiel der das Per-
sische ins Fernöstliche transponierenden *Chinesisch-
deutschen Jahres- und Tageszeiten,* die das Jahr 1829
noch bringt. Diese könnten zum großen Teil auch
schon im *Divan* gestanden haben, wirken aber gerade
dadurch mehr als Nach-Klang und weniger als echte
Fortdauer oder Erneuerung der tiefen Erschütterung,
wie die Dornburger Gedichte und die Marienbader
Elegie sie widerspiegeln, auch noch das zur Zeit der
Trilogie der Leidenschaft entstandene (durch Liese-
lotte Blumenthal erst auf diese Zeit rückdatierte) Gedicht *Der Bräutigam* mit seiner echten Rückbeziehung
auf den Osten als den Raum der ewigen Wiederkehr
der Sonne, in dem die Liebenden Dauer verspüren.

Die *Trilogie der Leidenschaft,* Ergebnis der in den
Jahren 1823/24 Goethe wiederum erschütternden Werbung um Ulrike von Levetzow, ist zusammengefügt,
also nicht als Trilogie konzipiert. Ihr Kernstück bil-
det die Marienbader *Elegie,* die das *An Werther* ge-
richtete einleitende Gedicht und die drei Strophen
Aussöhnung umrahmen. Der durch alle drei Gedichte
durchgehende Vers ist der Blankvers, doch variiert in
An Werther die Strophenlänge zwischen 6 und 12 Zeilen, während die beiden andern Gedichte die feste
Form einer 6zeiligen Strophe nirgends durchbrechen.
Ausdrückliche Rückbeziehung liegt nicht nur auf den
Werther vor, sondern auch auf den *Tasso* (mit dem
Schlußvers des Gedichtes *An Werther* und dem Motto
über der Marienbader *Elegie*). Beide Selbstzitierungen
oder doch bedeutsame Anspielungen beziehen sich auf

die Ursache der mächtigen inneren Bewegung des Dichters: auf Abschied und Wiedersehn. Auf Abschied ist das ganze *Werther*-Gedicht gestellt. Und zwar ist es sowohl Abschied von der berühmten Romanfigur seiner Jugend wie Werthers „gräßliches Scheiden" vom Leben, wie das menschliche Gesetz überhaupt. Es ist Goethe souverän gelungen, den ursprünglich ironischen Abschiedsansatz, der der Romanfiktion von einst gilt, durch Verschmelzung mit der Wiederholung als menschliches Gesetz mit seinem eigenen Altersschicksal noch einmal zur Deckung zu bringen. Auf diesem Wege, und nicht über die Subjektivität Werthers kann dessen Schicksal stellvertretend werden. Die Marienbader *Elegie* mag sowohl als ein durch die Höhe des dichterischen Ranges faszinierender Versuch der Selbstrechenschaft wie des befreienden Sich-Auffangens gelten. Entstanden auf der Rückreise von Marienbad im schicksalsschweren Jahr 1823, nachdem Goethes Werbung gescheitert war, ist sie der Grundstimmung nach wirkliche Elegie, mitten aus dem Abschied heraus entworfen, wenn auch das elegische Maß fehlt. Das Bewegende am Stil des Gedichtes liegt bei dem Verhältnis der streng durchgehaltenen Form zu einem Wortschatz, der, ganz anders als etwa bei Schiller, eine Offenheit des Gefühls bis zur Selbstverzehrung überall verrät. Die *Elegie* erweist sich insofern als eine Parallele zum Stil der *Pandora*, deren Motiv nicht umsonst in der letzten Strophe ausdrücklich wiederaufklingt. So ist denn auch das ‚Offene' am Stil der *Elegie* (wie in den Klagen des Epimetheus) romantischem Ausdruck nicht fern. Das gilt vor allem für die attributiven Verbindungen voller subjektiver Nuancierung: „Die Stunden glichen sich in zartem Wandern" oder „Der Kuß, der letzte, grausam süß, zerschneidend / Ein herrliches Geflecht verschlungner Minnen" oder „Wie leicht und zierlich, klar und zart

gewoben" oder als Metapher des Himmels: „Und
wölbt sich nicht das überweltlich Große, / Gestalten-
reiche, bald Gestaltenlose?" Gewiß gibt es die Topoi
des Goetheschen Altersstils hier auch. Aber ihnen hält
das Individuelle anderer Prägungen das Gleichgewicht.
Neben den klassischen Worten wie „ewig schön, blauer
Äther, froher Tanz, klar beweglich, aufs lieblichste,
heiterer Frieden, selige Höhe" stehen dem Epimetheus-
Stil der *Pandora* so nahe Verse wie:

> Mich treibt umher ein unbezwinglich Sehnen,
> Da bleibt kein Rat als grenzenlose Tränen.

> So quellt denn fort und fließet unaufhaltsam –
> Doch nie geläng's, die innre Glut zu dämpfen!
> Schon rast's und reißt in meiner Brust gewaltsam,
> Wo Tod und Leben grausend sich bekämpfen.

Oder, ganz epimetheisch: „Mir ist das All, ich bin mir
selbst verloren."

Alles dies zeigt ebensowohl das hohe Maß an Erschütterung wie an Kraft der Selbstbegrenzung. Die
Erschütterung reicht bis ins Innerste: „ins Herz zurück!" Der Versuch, die Trennung zu verarbeiten,
führt zur Aufbietung der letzten Kraft, dem Individuellen allgemeinen, stellvertretenden Charakter zu
verleihen. Zwischen *Divan* und *Faust*-Schluß (wie es
ja auch der Chronologie entspricht) steht die erotische
‚Mystik' der Leidenschaft in der *Elegie*. Das Drängen
Goethes von epimetheischer Subjektivität zur Allge-
meingültigkeit des ursprünglich persönlich Erfahrenen
zeigt auch der Stil an, wo er mit dem bestimmten
Artikel das zugleich Gesetzmäßige des inneren Vor-
gangs überall zum Ausdruck bringt; das Abstraktum,
auf andere Weise als Schiller, aber nicht minder gewichtig dem Subjektiven gesellend. Nur dadurch aber,
daß die eine konkret bleibt, ist die letzte Strophe der
Elegie, die Epimetheus-Strophe, als wirkliche Schick-

salsstrophe erkennbar, in der Götter die Trennung verhängen und den leidenschaftlich Verstrickten damit vernichten:

> Sie drängen mich zum gabeseligen Munde,
> Sie trennen mich – und richten mich zugrunde.

Man muß sich vergegenwärtigen, daß diese Verse der Verzweiflung (wie die ganze *Elegie*) nach dem dritten Stück der *Trilogie der Leidenschaft*, *Aussöhnung*, entstanden sind, das also entgegen der Anordnung das frühere Gedicht ist.

Goethe ist lebenslang nicht nur Lyriker im engeren Sinne des Wortes gewesen, sondern, zumal wenn man summiert, was sein längeres Leben ihm ermöglichte, vielleicht nicht minder Gedankenlyriker als Schiller. Jedoch war er es auf andere Weise. Gedankenlyrik in vielfältigen Formen gehörte bei Goethe zum Überfluß seiner Natur, ergab sich als letzte Konsequenz aus seiner Universalität. Bei Schiller dagegen war sie Selbstbeweis einer weniger universalen Anlage. Daher lebt seine Gedankenlyrik aus einem existentiellen Pathos. Auch tritt noch etwas anderes hinzu. Schillers philosophische Basis beruhte ausschließlich auf der Aufklärung, von den Sensualisten bis zu Kant. Goethe dagegen hat sich Kant nur mehr oder weniger widerwillig durch Schiller erschließen lassen. Seine Ursprünge lagen vielmehr beim Neuplatonismus und dessen mystischen Konsequenzen, zu denen er auch Spinoza rechnete. Seine enge Beziehung zur Gefühlsphilosophie Jacobis und auch Herders stand ebensowenig im Widerspruch zu den panentheistischen Grundlagen seiner Naturwissenschaft wie sein Ausgang von Neuplatonismus und Mystik. Das mußte Goethe – auch in seiner klassischen Zeit – in ganz anderem Sinne aufgeschlossen machen für den romantischen philosophischen Idealismus Schellings und Novalis', in gewisser Hinsicht auch für die jüngere Naturphilosophie der Romantik. Hielt sich Schiller einseitig beim Geist, so war Goethe dieser nur im universalen Sinne als Partner der Natur Erkenntnisgegenstand. Aber nicht nur hierin war er ‚Realist'. Goethes Weltanschauung war Anschauung im eigentlichen Sinne. Sie bezog bewußt Oberfläche und Kern aller Lebensäußerungen in sich ein. Man kann es auch an der Fülle der Formen ablesen, in denen sie sich ausdrückt. Erich Trunz hat in der Hamburger Ausgabe die verschiedenen Wellen, in denen während Goethes Altersperiode weltanschauliche Dichtung besonders komprimiert zum Ausdruck drängte, dargestellt. Und natürlich dürfte man Goethes lyrische Produktivität im Bereich der praktischen Lebensweisheit wie der philosophisch-naturwissenschaftlichen Besinnung auf Gott und Welt streng genommen auch nicht trennen von der *Farbenlehre,* den *Wanderjahren* und dem zweiten Teil des *Faust.* Nur von der Form her (eben der des Gedichtes) kann diese Trennung als legitim gelten. Vom Gehalt her ergibt sich aus der Prosaform der *Maximen und Reflexionen* etwa ein nicht minder gewichtiger weltanschaulicher Ertrag. Dieser versteckt sich in der Gedankenlyrik in vielen Formen: Epigramm, Parabel, Legende, Priamel, Sprichwörtlichem, aber auch in Strophen von altdeutscher bis zu weltliterarischer Prägung, die Goethe auch übernational mischt, z. B. im *Divan.* Selbstverständlich ist diese Vielfalt von Formen nicht denkbar ohne das Studium der Vorläufer, das der alte Goethe sehr genau genommen hat, von Erasmus' und Agricolas bis zu Zinckgrefs Sprichwörtersammlungen. Die *Divan-* Zeit bringt orientalisches Spruchgut hinzu. So entsteht eine weltliterarisch epigrammatische Spruchdichtung des Alters, der sozusagen nichts Menschliches fremd ist, auch nichts Kosmisches. Formgeschichtlich für die Altersphase bezeichnend ist der überwiegende Ver-

zicht auf die distichische Form, wie die Spruchsamm-
lungen der klassischen Zeit (*Venetianische Epigramme,
Weissagungen des Bakis, Vier Jahreszeiten* sowie die
Xenien) sie ausgebildet hatten. Man kann in der Tat
von einer Rückkehr Goethes zu dem Vergnügen an
altdeutschen Spruchformen aus seiner Sturm-und-
Drang-Zeit sprechen, zu der sich das frisch aufgenommene Orientalische nunmehr gesellt. Beides entspricht
seiner gleichzeitigen Offenheit für die Romantik, genauer für die Ergebnisse ihrer kosmopolitischen Sammelleidenschaft altdeutscher wie fremder Formen.

Der Spruchdichtung von Goethes Alter eignet ein
soziologisch konkret bedingtes Spielmoment. Die zahllosen mehr oder weniger epigrammatischen Gedichte
„an Personen", die Goethes Anordnung von der
Spruchdichtung trennt, gehören in Wahrheit größtenteils dennoch dazu, von der Form her gesehen jedenfalls. Sie sind aber ausgelöst durch die Bedürfnisse des
höfischen Alltags wie Festtags und der riesenhaft an-
geschwollenen Korrespondenz. Der Anspruch an ihn,
sich bei jeder Gelegenheit, oft auch aus purer Konvention, zu äußern, wird, indem Goethe ihm genügt, für
ihn selber nicht nur zur Routine im Kurzgedicht, sondern offenbar auch zum Reiz. Daher rührt zu gewissen
Zeiten auch die freiwillige Geläufigkeit in Kurzformen spruchartiger Gebilde oder ausdrücklicher Spruch-
weisheit in Strophen. Dies löst sozusagen eine Ketten-
reaktion aus: das Bedürfnis, Weisheit in Spruchform
auszudrücken (auch wenn eine Gelegenheit minderen
Ranges nach Feier oder Widmung zu verlangen scheint),
fordert Meditation oder beruht schon auf ihr. In diesem Sinne wird man die Altersepigrammatik, ob Ge-
legenheits- und Widmungsgedicht oder nicht, das Pa-
rabolische, Legendäre und Gesellschaftliche (wie z. B.
die Logengedichte) als eine Strömung zusammen mit
der eigentlich weltanschaulichen Altersdichtung philo-

sophischer und insbesondere naturphilosophischer Art
ansehen müssen: eben als eine in vielen Formen versteckte Gedankenlyrik, die man letztlich nur formtypologisch, aber kaum vom Gehalt her trennen kann.
Das Wesentliche ist hier der Ausdrucksreichtum, in
dem Altersweisheit und -philosophie sich verwirklicht.

Zu der etwa gleichzeitig mit den Sonetten und der
Arbeit an der *Pandora* einsetzenden Spruchdichtung
des späten Goethe gehören die 1815 erschienenen 43
Sprüche *Gott, Gemüt und Welt* und die 209 Sprüche
Sprichwörtlich; dazu die *Zahmen Xenien* (erschienen
ab 1820) sowie die unter dem Stichwort *Invektiven*
aus dem Nachlaß gesammelten, späteren Stücke dieser
Abteilung. Positive und negativ-kritische Aussagen stehen in diesem ganzen, z. T. erheblich aktuell-engagier-
ten Opus nebeneinander. Der Kommentar Goethes
selbst zu dem Worte „zahm" vor „Xenien" – „eine
contradictio in adjecto im eigentlichen Sinne" – anerkennt den polemischen Anteil auch hier. Die Spannweite reicht von theologischer Meditation und naturphilosophischen Aphorismen in Reimen bis zur Volksweisheit oder doch einfacher, die ganze Breite des Lebens erfassender Reflexion bis zur Kultur-, vor allem
Literaturkritik erbarmungslos satirischer Tendenz, die
sich aller Mittel des Witzes, der Anspielung, auch der
Grobheit bedient. So kann in *Gott, Gemüt und Welt*
das naturphilosophische Theologicum „Was wär' ein
Gott, der nur von außen stieße..." oder der Schick-
salsspruch in silesiusscher Form „Wie? wann? und wo?
– Die Götter bleiben stumm! / Du halte dich ans *Weil*
und frage nicht *Warum?*" neben der Alltagsweisheit
von den Bauern in der Schenke und dem Amtmann
oder dem Tanz der Bübchen und Mädchen stehen.
Oder der bekannte naturphilosophische Spruch
„Willst du ins Unendliche schreiten, / Geh nur im
Endlichen nach allen Seiten" neben populärer Propa-

ganda für die *Farbenlehre.* Praktisch ethische Weltkenntnis, bei der formal vor allem Luther und Logau
Pate gestanden haben, ist das Feld von *Sprichwörtlich.* Vollends die *Zahmen Xenien* breiten sich über
eine breite Fläche von Tagesfragen und realistischen
Motiven aus, bemüht, unter der Oberfläche und ihrer
Aktualität pragmatisch das Grundsätzliche aufzuspüren:

> Wer in der Weltgeschichte lebt,
> Dem Augenblick sollt' er sich richten?
> Wer in die Zeiten schaut und strebt,
> Nur der ist wert, zu sprechen und zu dichten.

Der überzeitliche Blickpunkt („Nichts vom Vergäng-
lichen, / Wie's auch geschah! / Uns zu verewigen, / Sind
wir ja da.") ist eminent auf menschliche Geschichtlichkeit gerichtet, auf das Verhältnis etwa von Genie und
Menge, von Jugend und Alter, Autorität und Erziehung, Theorie und Praxis, Wahrheit und Lüge, Barbarei und Bildung, Diktatur und Freiheit, Europa und
Orient (im Gefolge des *Divan*), Dichter und Literaten,
Klassik und Romantik:

> Wir sind vielleicht zu antik gewesen:
> Nun wollen wir es moderner lesen.

Zur Geschichtlichkeit gehört aber auch die kritische
Besinnung des Europäers unter weltgeschichtlichem
Aspekt. So findet sich im Nachlaßteil der *Zahmen Xe-
nien* der vielzitierte Spruch *Den Vereinigten Staaten:*

> Amerika, du hast es besser
> Als unser Kontinent, das alte,
> Hast keine verfallene Schlösser
> Und keine Basalte.
> Dich stört nicht im Innern
> Zu lebendiger Zeit,
> Unnützes Erinnern
> Und vergeblicher Streit.

Benutzt die Gegenwart mit Glück!
Und wenn nun eure Kinder dichten,
Bewahre sie ein gut Geschick
Vor Ritter-, Räuber- und Gespenstergeschichten.

Hierin steckt die ganze Problematik des Historismus,
das Problem des lastenden europäischen Erbes, des
Verfalls und der Versteinerung, des Vorbeilebens an
„lebendiger Zeit“, *das* Lebensproblem der bürgerlichen
Restaurationsepoche. Zugleich ist hier der Ausbruch
aus der Romantik erfolgt, indem die Zukunft auf dem
Grunde frisch ergriffener Gegenwart des historischen
Krams der „Ritter-, Räuber- und Gespenstergeschichten“ entraten soll. Die bloße Geschichte wird zur Geschichtlichkeit des Menschen im gegenwärtigen Ent-
scheidungsaugenblick. Das heißt, es herrscht auch in
dieser Welt der Sprüche die Polarität von Alt und Neu,
zu der Kontinuität und Ursprünglichkeit beide gehören.

Dem gegenüber sind die *Invektiven* aus dem Alter
recht sehr actualia, die der geistig literarischen Tages-
kritik zu dienen haben, zum Teil in naturalistischer
Schärfe. So vor allem die ihren trivialen Gegenstand
eigentlich zu ernst nehmenden *Invektiven* gegen Böt-
tiger und Kotzebue, in denen ein Wortschatz mit
Vulgarismen wie „Flegel“, „Pratschen“, „Huren“,
„Kloake“ und „beschissen“ sich präsentiert. Wenn der
Zweck es zu erfordern scheint, geht es in den Spruch-
gedichten altdeutsch derb und vulgarisierend zu.

In innerem Zusammenhang mit der in die Breite
entfalteten realistischen Welt der Spruchdichtung steht
ganz natürlich auch die im eigentlichen Sinne philoso-
phisch-weltanschauliche Lyrik von den ersten Auseinandersetzungen mit den Anregungen Schellings bis
zu den späteren der zwanziger Jahre und dem eigen-
ständigen Gedankengedicht vom Typus der Logenlie-
der oder der *Urworte. Orphisch.* Die Verwebung die-

ser Gedichte mit den Sprüchen zeigt schon das *Pro-oemion*, das 1816 entstandene Strophen mit den um weniges vorher liegenden Spruchversen aus *Gott, Ge-müt und Welt* („Was wär' ein Gott, der nur von außen stieße") verschmilzt. Obwohl es sich hier um ausge-sprochene Natur- und Religionsphilosophie handelt, in der das Abstraktum den Wortschatz bestimmt, ist keine Verwechselung des Goethe-Tones mit dem der Schillerschen Gedankenlyrik möglich. Goethes philo-sophische Gedichte beziehen auf eine andere Weise das Abstraktum in sich ein, indem sie es mit dem Sinn-lichen verschmelzen. Er bringt das teils durch das Ad-jektiv, teils durch das Verbum fertig. (So ist es übri-gens auch in *Faust* II.) Das *Prooemion* gilt nicht einer feststehenden (Vernunft-)Größe, sondern dem unbe-kannten Gotte, dessen Verhältnis zur Natur geflissent-lich in der Schwebe bleibt:

> Ihm ziemt's, die Welt im Innern zu bewegen,
> Natur in sich, sich in Natur zu hegen.

Der Bezug des Menschen auf diese Vorstellung der Gottheit geht nur über Bekanntes, über Gleichnis und Bild:

> Es zieht dich an, es reißt dich heiter fort,
> Und wo du wandelst, schmückt sich Weg und Ort.

„Gott und Welt" sind hier monistisch begriffen, als Einheit, in der das Begrenzte und Meßbare sich auf-hebt: „Und jeder Schritt ist Unermeßlichkeit." Das ist ohne Zweifel im Einklang mit der Romantik. Und die Verbindlichkeit des dogmatisch-konfessionellen Got-tesbegriffs hat zurückzutreten hinter dem Universum „im Innern", aus dem die Völker- und Weltreligionen die Unterschiede ihres Gottesbegriffes schöpfen.

Die Auseinandersetzungen mit Anregungen durch Schelling beginnen mit dem enthusiastischen Gedicht

Weltseele, das auch den Titel von Schelling übernimmt. Der Grundgedanke „Und so empfangt mit Dank das schönste Leben / Vom All ins All zurück" bleibt aber den anderen erhalten (*Dauer im Wechsel:* „Laß den Anfang mit dem Ende / Sich in Eins zusammenziehn." – *Eins und Alles:* „Weltseele, komm, uns zu durchdringen!" – *Vermächtnis:* „Das Sein ist ewig: denn Gesetze / Bewahren die lebend'gen Schätze, / Aus welchen sich das All geschmückt."). Dem entspricht auch das „Nichts ist drinnen, nichts ist draußen: / Denn was innen, das ist außen" des *Epirrhema* und der Natur-Geist-Universalismus des *Antepirrhema* von 1819/20, die Goethe auf *Die Metamorphose der Pflanzen* und auf *Die Metamorphose der Tiere* im Aufbau seiner Gedichtsammlung folgen läßt. Auch polemisch gibt er zu gleicher Zeit (1820/21) diesem romantisch-naturphilosophischen Einheitsgedanken in den Gedichten *Allerdings* und *Ultimatum* Ausdruck. Es ist die Polemik gegen Hallers Gedicht *Die Falschheit menschlicher Tugenden* („Ins Innre der Natur dringt kein erschaffner Geist, / Zu glücklich, wann sie noch die äußre Schale weist!"). Dem gegenüber setzt Goethe sein entschlossenes: „Wir denken: Ort für Ort / Sind wir im Innern." (*Allerdings*) und: „Ist nicht der Kern der Natur / Menschen im Herzen?" (*Ultimatum*). Die Gegenseite gilt ihm als die Front der „Philister". Es ist ein präzises Bekenntnis gegen den Dualismus in Philosophie und Naturwissenschaft. In allen diesen Gedichten ist nichts statisch wie in der trennend ordnenden Weltanschauung des Rationalismus, die auch Hallers Weltbild begründete. Es ist vielmehr alles dynamisch, hochbewegt in Metamorphosen und Übergängen, wie es auch für die Schellingsche Philosophie bezeichnend ist. Nicht zufällig werden so *Die Metamorphose der Pflanzen* und *Die Metamorphose der Tiere,* beide in der klassischen hexametrischen Form, gerade von diesen Gedichten eingerahmt, obwohl sie schon früher entstanden sind.

Das wohl tiefsinnigste und wohl auch am grundsätzlichsten gemeinte philosophische Gedicht aus Goethes Altersperiode sind die Stanzen *Urworte. Orphisch* (1817/18), die Goethe mit dem zweiten Druck von 1820 auf Grund ihrer Dunkelheit mit einem eigenen ausdrücklichen Kommentar versah. Die *Urworte* entstanden aus einer erneuten Beschäftigung mit der Mythologie, darunter auch mit der romantisch-symbolischen Creuzers. Die ‚orphische' Interpretation der Antike gehört zu dem Komplex auch der klassischen Walpurgisnacht. Aufgedeckt hatte diese okkult chthonische Seite des Altertums aber wieder die Romantik (neben Creuzer und Görres vor allem die frühen Schriften Friedrich Schlegels). Auch hier mußte also Goethe jetzt in eine von der Romantik angesetzte Sicht der Antike eingehen. Goethe ist bemüht, in konzentriertester Form eine philosophische Anthropologie der Person wie der Gattung zu geben, die unter der Polarität des ehernen Gesetzes und der Freiheit steht. Das drückt schon der bekannte Schlußvers der ersten Strophe aus: „Geprägte Form, die lebend sich entwickelt." Die Systematik der Überschriften wird zugleich aufgelockert durch die Geschichte. Denn Goethes Selbstkommentar zu „Das Zufällige" definiert die Freiheit subjektiver Geschichtlichkeit ausdrücklich auch als Freiheit vom Kollektivgesetz der Rasse, legt sie in die Erscheinung der Mischung und Kreuzung, die vor allem die Fülle individueller Variationen bewirken. Die in „Zufall" und „Liebe" mögliche geschichtliche Freiheit wird dann in der anschließenden Strophe wieder zur „Nötigung", der Einfügung in Bedingung und Gesetz. Die Subjektivität stößt auf ihre Grenzen, sie erkennt sich als „scheinfrei". Doch die letzte Strophe nimmt der Grenze ihre Härte, indem sie die „Hoffnung" ins Spiel bringt:

> Ihr kennt sie wohl, sie schwärmt durch alle Zonen –
> Ein Flügelschlag! und hinter uns Äonen.

Die Hoffnung vermag die Freiheit im grenzenlosen Sinne zu erreichen, weil sie, mit der Reichweite der christlichen spes ausgestattet, innere Freiheit ist, mehr als Tyche und Eros sie im Raum des Diesseitigen allein bieten konnten.

Überdenkt man, was am Werk des alten Goethe Gedicht ist, als Ganzes, so sieht man sich zuerst vor einer Produktion von imponierender Breite. Sie erfaßt nicht nur die wesentlichen und bedeutenden menschlichen Motive, sondern, durch das Medium der Gedankenlyrik, auch den Bereich der Objektivität von der Aneignung jedweder Volksweisheit bis zum hohen philosophischen Ausdruck, ja sogar zu optischer oder geognostischer Motivik. Die Gruppe der Logen-Gedichte berührt auch bewußt Soziales.

Der Breite der Themen- und auch Gattungswahl steht die Fülle der Rangunterschiede zur Seite. Es kann keine Rede davon sein, daß die Altersdichtung in gebundener Form sich stets auf gleichem Niveau bewege. Die Rangunterschiede fallen schon innerhalb des *Divan* ins Auge. Die Entscheidung, hier zu sichten und das innere und formale Gewicht jeweils festzustellen, das Dichte vom nur Geschwätzigen zu trennen, bleibt keinem Leser vorenthalten. Die in dieser Altersdichtung enthaltene Weltanschauung hat Einheit, insofern sie auf der panentheistischen Linie von Plotin bis zur romantischen Philosophie liegt. Doch darf man sich nicht darüber täuschen, daß sie keineswegs überall den gleichen Ernst hat. Gerade in Weltanschauung und Weisheit der Spruchdichtung regiert häufig der Schalk. Und auch hier hätte eine strengere Selbstkritik der Masse wohl die Auswahl vorgezogen.

V. NATUR- UND SELBSTBETRACHTUNG

Goethes mit dem Alter keineswegs abnehmende, sondern sich steigernde Beschäftigung mit der Naturwissenschaft kann auch der Literaturhistoriker, der hier nicht Fachmann ist, nicht übergehen. Denn sie ist sachlich wie persönlich nicht zu trennen von dem, was das dichterische Alterswerk an Weltanschauung vertreten zu können glaubt; wie denn einige der besprochenen naturphilosophischen Gedichte von Goethe in den *Beiträgen zur Morphologie* gebracht wurden. Auch die menschliche Gestalt des Dichters würde ohne Berücksichtigung dieser Bestrebungen, die zu seinem Existenzbewußtsein gehörten, an innerer Fülle und an Universalität verlieren. Nur muß man sich darüber klar sein, daß eine Einbeziehung dieser Sphäre sich auf das biographisch Notwendige und das sachlich vom Literarischen her Naheliegende beschränken muß. Zu einer Einordnung Goethes in die Geschichte der Naturwissenschaft ist der Literaturhistoriker nicht befugt.

Der reinen Funktion und Form nach gehört die Naturwissenschaft in Goethes Altersperiode auch mit in den Bereich des Sammelns und Redigierens der eigenen Lebensakten. Mit Tagebüchern, mit *Dichtung und Wahrheit,* mit der *Italienischen Reise,* mit der ihm bewußten Aufzeichnung seiner Gespräche stehen auch die späten naturwissenschaftlichen Sammlungen so gut wie Aphorismen und Sprüche im engen Zusammenhang. Das allen Gemeinsame ist das Goethesche Selbstbewußtsein, das in der Aufzeichnung und Sammlung verstreuter Funde einen Wert an sich sieht, in der Bewahrung des von ihm Geleisteten immer etwas Gewichtiges. Das eigentlich Bedeutende ist daher auch hier nicht, ob der Optiker, der Geognost und Mine-

raloge, der Anatom jeweils im Sinne der Fächer sich
äußert, sondern ob das die empirischen Einzeldiszipli-
nen im Sinne des Bildungsgedankens zur Universalität
verbindende Grundinteresse sichtbar wird. Dies ist aber
ebensosehr durch Spekulation wie durch Empirie bestimmt, was einst schon Schiller bei Goethes Deutung
der Urpflanze scharfsinnig erkannt hatte. Alles Einzelne steht bei Goethe unter einem mehr oder weniger
sichtbaren Systemzwang, ihm selbst nur sehr teilweise
bewußt. Sieht man also von den beobachteten Details
ab und versucht, sich über das Methodologische und
Prinzipielle klarzuwerden, so bemerkt man, daß Goethe als Geognost durchaus an der neptunistischen Ent-
stehungstheorie festhält. Das Schema *Bildung der Erde* von 1807 sieht die Folge „Entstehung aus dem
Flüssigen. Anfang der Erstarrung. Weichen des Flüssigen" vor. Dabei geht es Goethe um das organische
Werden, die „Sukzession". „Wie sich das Geschehene
auseinanderentwickelt uns darstellt." Schon in diesem
Schema berührt sich die naturwissenschaftliche Sicht
mit der geistesgeschichtlichen, mit Orpheus, Hesiod,
der biblischen und der indischen Schöpfungsgeschichte.
Von den alten Mythologien wird die Linie bis zur
Romantik, das heißt bis zu Novalis' Lehrer, dem Bergrat Werner, durchgezogen. Das sind die Grundinteres-
sen, unter deren Nenner man die zahllosen Einzelbe-
obachtungen z. B. gelegentlich der böhmischen Reisen
zu sehen hat. Auch in der Mineralogie erweist sich
Goethes Betonung des Metamorphosen-Gedankens. Es
wird deutlich bei der Einordnung des Granits und
seiner Übergangsformen: „... so daß man recht das
augenblickliche Werden, das Schwanken, das Übergehen zu beachten genötigt" (*Gneis und Granit,* 1807).
Dem entspricht der Gedanke vom *Dynamismus in der
Geologie* (1811), der wieder am Granit und seinen
Metamorphosen durchgeführt wird. So geht der Ge-

danke der Genese bis zu den Karlsbader Notizen von 1819 durch, die den bezeichnenden Titel *Eines verjährten Neptunisten Schlußbekenntnis. Abschied von der Geologie* tragen (obwohl Studien und Aufzeichnungen durchaus weitergehen). In ihnen findet sich die aufschlüsselnde Notiz zu *Amerika, du hast es besser*:

Nord-Amerikaner glücklich, keine Basalte zu haben. Keine Ahnen und keinen klassischen Boden.

Auch hier ist sichtbar, wie eng die Nähe am Gedicht sein kann. Sowohl der Metamorphosen-Gedanke wie der des Neptunismus und der der Stellung des Granits und Basalts in der Genese haben ihre Transformation ins Gedicht erfahren, die beiden letztgenannten Motive in den *Zahmen Xenien* vom abgesetzten König Granit und dem pseudovulkanischen Teufel Basalt und der andere in dem Gedicht auf Bergrat Werner, der das „poseidonische Reich" noch vertrat, während man nun dem Hephästos huldigt.

Noch weiter ins Sinnbildliche getrieben, ist das alles in die Klassische Walpurgisnacht des *Faust* II eingegangen. Nachdem dort Seismos den Berg aus der Tiefe gehoben hat, trifft Homunkulus auch die Philosophen Anaxagoras und Thales, die den ganzen Streit zwischen Neptunisten und Vulkanisten vor ihm noch einmal durchexerzieren. Thales ist natürlich der Neptunist, der auf das lebendige Fließen der Natur pocht:

Sie bildet regelnd jegliche Gestalt,
Und selbst im Großen ist es nicht Gewalt.

Goethe hat auch seinen Organismusgedanken zu seinem Verhältnis gegenüber Kant, Herder und Schiller und später der romantischen Philosophie in ausdrückliche Beziehung gesetzt (*Einwirkung der neueren Philosophie*, 1817, erschienen 1820 in der *Morphologie*).

Er begründet dort seine Abneigung gegen den Teleolo-
giegedanken der Aufklärung, dessen Überwindung
durch Kant er lobt und mit dem eigenen Studium der
Bildung und Umbildung organischer Naturen in Beziehung setzt. Zur selben Zeit entwirft er den *Vor-
schlag zur Güte*. Er meint damit die Verpflichtung
zur Selbstprüfung des Menschen in seinem Verhältnis
zur Natur, für das er apodiktisch als Ausgangspunkt
festlegt:

Die Natur gehört sich selbst an, Wesen dem Wesen; der
Mensch gehört ihr, sie dem Menschen.

Auch das rückblickende Schema *Naturwissenschaftlicher Entwicklungsgang* von 1821 hebt, über das Geo-
gnostische hinausgreifend, Probleme heraus, die gerade
die romantische Naturwissenschaft interessierten: Galvanismus, tierischer Magnetismus, und hält fest „Glaube an die Verwandtschaft magnetischer und elektrischer Phänomene". Deutlich ist in diesem allen das
Bemühen des alten Goethe, sich auch hier distanziert
vom Parteienstreit zu verhalten („Man hat nichts Altes festzuhalten, das Neue nicht abzulehnen noch zu
beneiden."). Dies liegt auf der gleichen Ebene wie Goethes Freude (in *Bedeutende Fördernis durch ein einziges geistreiches Wort*, 1823) über das „gegenständliche
Denken", das ihm in einer naturwissenschaftlichen
Schrift zugesprochen wurde. Er zögert nicht, diese Formel auf seine eigene Dichtung wie auf seine Naturwissenschaft anzuwenden, so daß ein höherer und all-
gemeingültigerer Standort sichtbar wird als der des
Autors, der die Formel für Goethe prägte.

In diesem Geiste sieht der alte Goethe auch sein
Verhältnis zu *Analyse und Synthese* (1829). Der Aufsatz läuft auf eine Apologie der Synthese hinaus, im
bewußten Gegensatz zur Analytik des Aufklärungs-
jahrhunderts:

Ein Jahrhundert, das sich bloß auf die Analyse verlegt und sich vor der Synthese gleichsam fürchtet, ist nicht auf dem rechten Wege; denn nur beide zusammen, wie Aus- und Einatmen, machen das Leben der Wissenschaft. Eine falsche Hypothese ist besser als gar keine . . .

Die Anspielung auf seine Theorie der Systole und Diastole, die er im *Divan* in „Im Atemholen sind zweierlei Gnaden" dichterisch versinnlicht hatte, ist nicht zufällig. Goethe will sich prinzipiell auch als Naturwissenschaftler über den Gegensätzen halten, und so kann er weder Dogmatiker noch Skeptiker sein, das heißt einseitig, und muß auch diese Grundhaltung von der Polarität der Dinge her verstehen.

Geht es bei dieser Denkrichtung (Erdbildung, Metamorphose, Dialektik der Polarität) um die Seite des Dynamischen, der Bewegung, so hängt mit dem Bildner Goethe der andere bevorzugte Begriff seines Alters zusammen, der der „Morphologie". Goethe versteht darunter aber nicht die Fixierung der „Gestalt", er möchte statt „Gestalt" lieber „Bildung" sagen, weil „nirgends ein Ruhendes, ein Abgeschlossenes" vorkommt. „Gestalt" sollte nur als Arbeitshypothese, als Idee akzeptiert werden. Morphologie bedeutet daher eher, daß das Gewicht der Betrachtung auf dem Urphänomen oder dem Typus liegt statt auf dem Prozeß oder Akt der Verwandlung und Entwicklung. Das Prinzip jedoch der organischen Entwicklung begründet auch die Morphologie. Urtier und Urpflanze stellt Goethe im Vorwort zur *Morphologie* ausdrücklich zusammen mit der Erforschung der Erdbildung in die Gemeinsamkeit mit Herder und dessen Bildungskonzeption in den *Ideen:*

Unser tägliches Gespräch beschäftigte sich mit den Ur-Anfängen der Wasser-Erde und der darauf von alters her sich entwickelnden organischen Geschöpfe.

Von der späten Position der *Geschichte meines botanischen Studiums* (1817) aus sieht er die zurücklie-
gende Konzeption der Urpflanze als „ursprüngliche
Identität aller Pflanzenteile", als „sinnliche Form einer
übersinnlichen Urpflanze". Der alte Goethe (*Zur Morphologie*, „Probleme", 1823) hat noch immer an der
Spannung zwischen Dynamik und Statik der Natur
laboriert:

> Die Natur hat kein System; sie hat, sie ist Leben und
> Folge aus einem unbekannten Zentrum, zu einer nicht er-
> kennbaren Grenze.

Das ist wieder der Versuch, sich dem Statischen zu
entziehen. Zugleich aber macht Goethe hier denselben
Versuch gegenüber der Metamorphose:

> Sie führt ins Formlose, zerstört das Wissen, löst es auf.

Ihr setzt er das Gegengewicht eines „zähen Beharr-
lichkeitsvermögen dessen, was einmal zur Wirklichkeit
gekommen" entgegen.

Man muß sich gegenwärtig halten, daß diese *Hefte
zur Morphologie* mit dem Untertitel *Erfahrung, Betrachtung, Folgerung durch Lebensereignisse verbunden*, wie sie von 1817 an erscheinen, Lebens- und Exi-
stenzzeugnisse sind, in die die Orphischen Urworte
miteingegangen sind; Sprüche und Aphorismen, das
Anti-Haller Gedicht *Unwilliger Ausruf* neben all den
scheinbaren Einzelheiten. Sie sind zugleich auch Autobiographie, Redaktion aufgesammelter Notizen, Mar-
ginalien, Einfälle, Erinnerungen wie das *Glückliche
Ereignis*, der Bericht von dem Gespräch über die Urpflanze mit Schiller. So werden ja auch die beiden
Metamorphosen-Elegien zwei Jahrzehnte nach ihrer
Entstehung hier in diese lockere Rechenschaftsform
miteingebaut.

Wie die Umschreibung des Gesetzes, des Typus, des

Urphänomens als Ausgang unendlicher Entwicklung durch den späteren Begriff der Morphologie zu fassen gesucht wird, zugleich aber im engsten Zusammenhang mit der eigenen dichterischen Existenz, so muß man auch die kompendiöse, alles überschattende, zäh, ja eigensinnig über Jahrzehnte durchgehaltene Auseinandersetzung Goethes mit den Problemen der Optik nicht unter dem Zeichen der Spezialisierung, sondern unter dem der Universalität der Weltanschauung sehen.

> Wär' nicht das Auge sonnenhaft,
> Die Sonne könnt' es nie erblicken;
> Läg' nicht in uns des Gottes eigne Kraft,
> Wie könnt' uns Göttliches entzücken?

Das ist die neuplatonische Voraussetzung, der auch das Lied Lynkeus' des Türmers: „Zum Sehen geboren, zum Schauen bestellt", korrespondiert. Für Goethe bedeutete die Farbenlehre neben seinem Neptunismus wohl die zutiefst weltanschauliche und zugleich ästhetische Seite seiner Naturwissenschaft. Schon in den frühen Studien der Jahre kurz vor 1800 zieht er die Verbindung zwischen der Wahrnehmung des optischen Phänomens und ihrer ersten poetischen Verarbeitung durch das Medium der Phantasie. Später wird er Faust sagen lassen: „Am farbigen Abglanz haben wir das Leben." Dies ist kaum weniger als ein eigenes Bekenntnis. Auf jeden Fall erklärt es mit das Engagement, das Goethe über vier Jahrzehnte bewahrte, trotz der Ablehnung, die seine Farbentheorie, besonders in ihrer Polemik gegen Newton, bei Zunft und Publikum fand. Man darf übrigens nicht vergessen, daß Goethes ursprünglicher Ausgangspunkt bei dem Phänomen der Farbe sein Verhältnis zur Malerei und seine eigene dilettantische Praxis in diesem Bereich war. Natürlich war Subjektivität im Spiele, da man bemerken muß, daß Goethe Newton und Newtonianer mit einem im sach-

lichen Gegensatz kaum begründeten Haß verfolgte.
Vielleicht schwingt etwas davon im Vorwort zur *Farbenlehre* von 1808 mit:

> Die Farben sind Taten des Lichts, Taten und Leiden.

Das ist in bewußter Analogie zum humanen Bereich
formuliert, nicht aber im Sinne exakter Naturwissenschaft und gilt für das ganze Vorwort, in dem Goethe
auch die Dreigliederung seiner beabsichtigten Arbeit
vorlegt: 1. „Entwurf einer Farbenlehre", 2. „Enthüllung der Newtonischen Theorie", 3. „Historische Untersuchungen und Vorarbeiten". (Dazu 4. ein „supple-
mentarer Teil".) Der Einsatz zum *Entwurf einer Farbenlehre* ist demnach der Aufbau der sichtbaren Welt
aus dem Licht, seiner Schöpfung: der Farbe, dem Auge
als dem aufnehmenden Organ. Goethe beruft sich auf
die vom Pietismus her ihm wohlvertraute Unterscheidung von innerem und äußerem Licht:

> Wir können in der Finsternis durch Forderungen der
> Einbildungskraft uns die hellsten Bilder hervorrufen. Im
> Traume erscheinen uns die Gegenstände wie am vollen Tage.

Damit ist aber der Begriff der Optik sowohl nach der
physiologisch-psychologischen Seite wie nach der der
ästhetischen Einbildungskraft erweitert. Anders konnte es wohl für Goethe nicht sein. Und es erklärt sein
Insistieren auf dem Licht als Urgegebenheit, aus der
die Farben durch die Gegensätze und Abstufungen von
hell und dunkel entspringen, im Gegensatz zu Newton,
für den das (weiße) Licht aus dem Zusammenwirken
der Spektralfarben entsteht.

Goethe hat sich den Nachweis, wie bekannt, eine
Menge (durch das Ziel präjudizierter) Experimente
kosten lassen, ein Dilettant im hohen Wortsinne des
Begriffes, den er selber immer wieder im Verdruß über
die Zunft betonte. Es ist ihm dabei bewußt, daß er

methodologisch hier auch Philosophie treibt, im Bestreben, „die Phänomene bis zu ihren Urquellen zu
verfolgen, bis dorthin, wo sie bloß erscheinen und
sind..." Er baut das in der fünften Abteilung („Nach-
barliche Verhältnisse. Verhältnis zur Philosophie")
denn auch weiter aus. Physiker und Philosoph treffen
einander, wenn sie beide um die Erkenntnis des Urphänomens ringen. Der Physiker gerät dabei auf die
Höhe und zugleich an die Grenze der Empirie. Der
Philosoph beginnt seine Arbeit an dieser Stelle. Nicht
umsonst schließt der *Entwurf* mit dem Abschnitt „Al-
legorischer, symbolischer, mystischer Gebrauch der
Farben", der „Urverhältnisse andeutet", die sowohl
der menschlichen Anschauung als der Natur angehö-
ren. Und nicht umsonst zieht auch das „Schlußwort"
die Parallele zwischen dieser naturwissenschaftlichen
Arbeit und dem Verhältnis des Künstlers zum Dilettanten. Des letzteren Recht liegt beim Gewicht der
Empirie:

> Die Wissenschaften ruhen weit mehr auf der Erfahrung
> als die Kunst, und zum Erfahren ist gar mancher geschickt.

Diese Grundhaltung bestimmt die Farbenlehre durch
alle drei Teile: den didaktischen, polemischen, historischen. Aber man darf sich das Ganze nicht als eine im
strengen Sinne systematisch aufgebaute Arbeit vorstel-
len. Eher ist die Farbenlehre eine nicht ohne Mühe zu-
sammenredigierte ungeheure Sammlung von Materialien zum Thema und zum Teil noch weit darüber hinaus, ähnlich den *Heften zur Morphologie.* Man merkt
das insbesondere auch am geschichtlichen Teil, unter
dem Goethe eine Fülle von Biographien vom Altertum
bis zum 18. Jahrhundert subsumiert, bei denen gelegentlich nur mit einem Satz vom Verhältnis der Aufgeführten zur Optik die Rede ist. Was die mehr oder
weniger aphoristisch lapidaren weltanschaulichen oder

ernst aufs Allgemeine zielenden Bemerkungen angeht,
so ist für sie charakteristisch, daß sie zum Teil aus
Entwürfen und Zusammenhängen stammen, die Goethe zwischen der *Farbenlehre*, den *Maximen und Reflexionen* und den *Wanderjahren* aufgeteilt hat. Ebenso aber besteht eine Affinität zwischen etwa der „Konfession des Verfassers" am Schluß der Geschichte der
Farbenlehre und *Dichtung und Wahrheit*, da die „Konfession" zur reinen Autobiographie wird und, als sich
selbst äußerst wichtig nehmender Rückblick, der literarischen Gattung nach damit in das Genre der *Italienischen Reise*, der *Annalen* und von *Dichtung und
Wahrheit* übergeht. Auch hierin, formtypologisch gesehen, ist die *Farbenlehre* ,alter Goethe': Zeugnis des
Sich-selber-geschichtlich-Werdens und der Sammelleidenschaft der dafür dienlichen Dokumente mit einem
Gran der Verachtung für den Leser, wie sie (außer in
Dichtung und Wahrheit) in den andern oben genannten Selbstzeugnissen der Altersperiode unüberhörbar
mitschwingt. Etwas vom Mephisto des zweiten *Faust*-
Teils macht sich hier geltend. In den Eckermannschen
Aufzeichnungen der Gespräche ist es ebensowohl wahrzunehmen. Viel Resignation und ein wenig Hybris,
beides dem Alter gemäße Erscheinungen, haben daran
mitgewirkt.

Wie Goethes naturwissenschaftliche Schriften die
innere und äußere Verbindung zum dichterischen Werk
bezeugen, so ist auch in dem umfassenden autobiographischen Bereich seiner Altersperiode umgekehrt die
Beziehung zu seiner Naturanschauung sichtbar. Man
kommt ohne sie nicht aus, wenn man sich die Bedeutung von *Dichtung und Wahrheit*, deren ,Zweiten
Teil': der *Italienischen Reise* und der *Tages- und Jah-
reshefte* (*Annalen*) innerhalb dieses seines Alters vergegenwärtigen will. Ein ungenutzter Vorwort-Ent-

wurf zu *Dichtung und Wahrheit* ist für diese inneren
Beziehungen ein sprechender Beleg:

> Ehe ich diese nunmehr vorliegenden drei Bände zu schrei-
> ben anfing, dachte ich sie nach jenen Gesetzen zu bilden,
> wovon uns die Metamorphose der Pflanzen belehrt. In dem
> ersten sollte das Kind nach allen Seiten zarte Wurzeln trei-
> ben und nur wenig Keimblätter entwickeln, im zweiten der
> Knabe mit lebhafterem Grün stufenweis mannigfaltiger ge-
> bildete Zweige treiben, und dieser belebte Stengel sollte
> nun im dritten Beete ähren- und rispenweis zur Blüte hin-
> eilen und den hoffnungsvollen Jüngling darstellen.

Der naturwissenschaftliche Organismusgedanke wird
hier also zum Prinzip der literarischen Konzeption.
Aber unter den breiten autobiographischen Tendenzen
von Goethes Spätzeit gilt er ausschließlich für *Dichtung und Wahrheit,* da weder die *Italienische Reise*
noch die *Annalen* dieser organologischen Komposi-
tionsweise folgen. Als Kunstwerk, im eigentlichen Sinne ein Meisterstück seiner Gattung sogar, kann allein
Dichtung und Wahrheit gelten. Die Publikationen der
anderen autobiographischen Schriften sind für die Veröffentlichung redigiertes Material, dessen Reiz bei der
Italienischen Reise in der zunächst weitgehend quellen-
mäßigen Reproduktion einer einst erlebten Daseins-
wende besteht, nicht im Konglomerathaften der späteren Teile. Die *Annalen* sind eben das, was der Titel
besagt; ihr Reiz liegt im zusammenfassenden historischen Rückblick aus der Altersperspektive. Gemeinsam haben die zustandegekommenen autobiographischen Publikationen die lange Dauer der sich über
Jahrzehnte hinziehenden Entstehungszeit. Die Arbeit
an *Dichtung und Wahrheit* beginnt 1808; der vierte
Teil erscheint erst posthum. Die *Annalen* umfassen den
sich *Dichtung und Wahrheit* anschließenden, als Ganzes genommenen Lebensabschnitt der Weimarer Epoche bis zum Jahre 1822. Die Gespräche mit Ecker-

mann fangen im Über- und Rückblick Erkenntnisse
und Selbstinterpretation der spätesten Altersperiode
auf. Nimmt man die *Campagne in Frankreich* noch
als autobiographischen Akzent hinzu, so bleibt kaum
eine Lücke. Es kann hier aber nicht um die Inhalte
der Selbstfixierung in den autobiographischen oder
den aphoristischen Äußerungen und Selbstäußerungen
des alten Goethe gehen, zu denen natürlich auch die
Wanderjahre und die *Maximen und Reflexionen* gehören. Relevant sind hier nur die verschiedenen Ausdrucksformen.

Und da wird für *Dichtung und Wahrheit* nach seiner Struktur und seiner epischen Tendenz die Affinität
zum historischen Roman im Gegensatz zu den andern
autobiographischen und reflektiven Formen noch immer Gewicht haben. Diese Erwägung der Gattung
stimmt auch gut zu der oben zitierten Selbstäußerung
Goethes über die organologische Komposition in Analogie zur Metamorphose der Pflanzen. In reiner Form
haben wir die sorgfältig entfaltende künstlerische Disposition, die *Dichtung und Wahrheit* zugrunde liegt,
allerdings nur in den von 1811 bis 1814 fertiggestell-
ten drei ersten Teilen vor uns. Sie sind in *einem* Ar-
beitszug entstanden. Dann setzt, auf Zureden Ecker-
manns, nach einer Pause von mehr als anderthalb Jahrzehnten, die Arbeit wieder ein. Doch ist der vierte
Teil von Eckermann redigiert und also nicht mehr
völlig original. Das Gesamtwerk ist sorgfältig dispo-
niert: zwanzig Bücher, jeder der vier Teile zu fünf
Büchern. Das Werk baut Goethes Herkunft und Entwicklung bis zum Übertritt an den Weimarer Hof mit
Überlegung in die Geschichte des Zeitalters und ihrer
geistigen Tendenzen ein. Der künstlerische Maßstab
liegt dabei nicht auf der Ökonomie des Umfangs. Das
bekannte Beispiel der ‚Literaturgeschichte des 18. Jahrhunderts‘ sprengt durchaus die angemessene Propor-

Aquarell Goethes aus der Campagne in Frankreich:
Französischer Grenzpfahl mit der Jakobinermütze und der
Aufschrift: Passans cette terre est libre
(von Goethe an Friedrich Jacobi geschenkt)

tion. Dennoch ist sie weder einfach Exkurs noch Einmontierung. Ihre Ausdehnung gehört zur geduldig langsamen organischen Entfaltung und Verwurzelung des Individuums Goethe, zur Atmosphäre, die zu Gedeihen und Metamorphose der Pflanze notwendig ist. Der ausladende, zugleich innig nahe und schelmisch distanzierte Sprachstil vermag selbst die im Sachlichen liegende Breite als notwendiges Glied der Komposition, das man keineswegs missen möchte, dem epischen Fluß der Darstellung zu integrieren. So bleibt der ‚organologische‘ Sinn des Aufbaues gewahrt, ohne daß man die gewollte Unpedanterie im Räumlichen als Formverstoß empfindet. Seit Herman Grimms *Vorlesungen über Goethe* ist man auf die epische Kunst von *Dichtung und Wahrheit,* also die entscheidende Formfrage, aufmerksam geworden. Auch auf das sozusagen ‚technisch‘ Kunstvolle der Einsätze und Schlüsse von Büchern und Teilen (inklusive die Motti) muß sich eine solche Betrachtung beziehen.

Im Vergleich zu der (bis zum früher als geplant eintretenden Abschluß) bewußt im Aufbau und Stil durchgeführten epischen Kunstform von *Dichtung und Wahrheit* wirkt nun freilich die *Italienische Reise,* so wie sie in ihren drei Teilen von 1816, 1817 und 1828/29 redigiert wurde, keineswegs als geglückte Einheit. Stilwille und Wirkungsabsicht wechselten von Teil zu Teil, vor allem naturgemäß zwischen den beiden ersten und dem letzten. Der erste Teil läßt die Quellen sprechen: Briefe, Tagebücher, Aufzeichnungen von Naturbeobachtungen, und bietet damit eine noch recht authentische Nachspiegelung des längst vergangenen italienischen Augenblicks. Hier gehört dem Alter Goethes nicht viel mehr als die sinnvolle Zusammenstellung des verschiedenen Ausdrucks der Unmittelbarkeit, aus der jene Quellen flossen. Die Zuordnung folgt dem historischen Verlauf und bindet

sich damit weitgehend an das Erlebnis des Tages. Der
zeitliche Raum, den der erste Teil umfaßt, reicht vom
3. September 1786 bis zum 21. Februar 1787. Die Daten bezeichnen die Flucht aus Karlsbad und das Ende
des ersten römischen Aufenthaltes. Der zweite Teil
setzt mit der Abreise nach Neapel ein, enthält als
Kernstück die Sizilien-Reise und schließt mit dem zweiten Neapolitaner Aufenthalt (22. Februar 1787 bis
6. Juni 1787). Er hat noch die Geschlossenheit des historischen Ablaufs mit intensivem Rückgriff auf Brief-
und Tagebuchquellen, doch sind die redaktionellen
Eingriffe und späteren Stilisierungen erheblicher und
spürbarer. Im dritten Teil „Zweiter römischer Aufenthalt vom Juni 1787 bis April 1788" wird alles
lockerer oder läßlicher. Die Gliederung wird hier sche-
matisch monatsweise durchgeführt. Aber schon im ersten Monat Juni sieht man sich der sich allmonatlich
wiederholenden Überschrift „Korrespondenz" gegenüber, dann einer anderen „Bemerkung" und einer dritten „Nachtrag". (Davon ist „Korrespondenz" keineswegs wörtlich zu nehmen, sondern meint verwendetes
Tagebuch ebensogut wie verwendeten Brief.) Im Monat Juli wird das Stichwort „Korrespondenz" abgelöst
durch „Bericht Juli" und dann durch „störende Naturbetrachtung", wobei nun die Gliederung nach Ta-
gesdaten völlig wegfällt. Das Nebeneinander von
„Korrespondenz" und „Bericht" bürgert sich damit
ein. Aber nicht genug damit. Der Monat Dezember
bringt die Einschaltungen „Moritz als Etymolog" und
den breiten Exkurs über „Philipp Neri, der humoristische Heilige". Man sieht sich einer völligen Auflösung der ursprünglichen Formkonzeption gegenüber,
ein Eindruck, den etwa der wortwörtliche Abdruck
der italienischen Aufnahmeurkunde in die Arcadia cum
sigillo im Januar 1788 nur verstärken kann. Dann
wird der Monatszyklus durch die Einschaltung von

„Das römische Karneval" unterbrochen und, kaum
wiederaufgenommen, durch den Auszug aus Karl Philipp Moritz' *Über die bildende Nachahmung des Schönen.* Hieran ist nichts zu retten. Der dritte Teil der
Italienischen Reise war kein Kunstwerk mehr, sondern
ein Akt bloßer Vollständigung.

Wie Goethe die *Italienische Reise* schließlich nur zu
einer losen Zusammenfügung, die den Charakter mehr
der Eilfertigkeit als der Notwendigkeit nicht verleugnen kann, führt, sie zugleich aber zu einer Fortsetzung
von *Dichtung und Wahrheit* zu erklären versucht, so
ist er auch anderwärts verfahren. Die Erstausgabe der
Campagne in Frankreich 1792 und der *Belagerung
von Mainz* stand noch unter der später gestrichenen
Überschrift *Aus meinem Leben II. Abschnitt 5. Teil.*
Es war also die Absicht, die *Campagne* als weiterer
Teil der Autobiographie an die Reihenfolge *Dichtung
und Wahrheit* (bis 1775) und *Italienische Reise* (1786
bis 1788) anzuschließen. Die Lücke hätte diesmal nicht
ein reichliches Jahrzehnt, sondern nur vier Jahre be-
tragen. Wenig mehr wäre herausgekommen, wenn
auch die nach Goethes Tod durch Eckermann besorgte *Schweizer Reise im Jahre 1797,* die Goethes Testament ebenfalls mit *Dichtung und Wahrheit* in Verbindung setzt, zu mehr als einer bloßen Quellensamm-
lung aus Briefen und Tagebüchern geworden wäre.
Das wurde sie aber nicht. Und so gehört sie der Gattung nach nicht zu den großen autobiographischen
Entwürfen des späten Goethe, sondern bleibt Surrogat.

Ebenso gilt dies für Goethes Rückspiegelung der
für sein Inneres so entscheidenden Reisen nach Süd-
westdeutschland, auf denen ihn Boisserée als begei-
sterter Interpret der altdeutschen Kunstschätze begleitet und deren Höhepunkt die Begegnungen mit Marianne von Willemer sind. Es ist dies die Zeit einer
einmalig bleibenden Offenheit Goethes für Architek-

tur und bildende Kunst des Mittelalters, in Begleitung eines von dieser Epoche faszinierten Romantikers, und in der Rezeptivität des durch die Leidenschaft zu Marianne wieder besonders erschütterbar gewordenen Organismus. Was aber als Nachklang (im Rahmen der autobiographischen Strömung) 1816 und 1819 in Form von Zeitschriftenaufsätzen in *Über Kunst und Altertum* herauskam, das waren locker aufeinander folgende Impressionen, zum Teil auch Bekenntnisse des gewesenen Klassikers zum (mit romantischen Augen gesehenen) Mittelalter, die in derselben Zeitschrift, z. T. unmittelbar, wieder desavouiert wurden. Goethes Stellung zu dem mittelalterlichen Erbe war für kurze Zeit, unterstützt durch den lebendigen Reiseeindruck der Rhein- und Maingegenden, die aufgeschlossenste, eine Wiederanknüpfung zugleich an seine Sturm-und-Drang-Zeit. Seine klassizistische Umgebung in Weimar aber sorgte dann alsbald wieder für die Reaktion. Und man muß auch eingestehen: das *St.-Rochus-Fest zu Bingen* ist eben eine Reise- und Festbeschreibung, orts- und zeitgebunden und von daher realistisch. Das ganze Erlebnis ist auf Italien hin stilisiert. Nicht umsonst erscheint gleich anfangs der italienische Gipsfigurenmann, der, der frohen und heiteren Gegend gemäß, buntangemalte Heilige feilbietet. Nicht umsonst ist das romantische Sujet der Kapellenruine, die auf grüner Matte ihre mit Efeu begrünten Mauern wundersam reinlich, einfach und angenehm erhebt, durch die klassischen Epitheta (reinlich, einfach und angenehm) sozusagen entschärft. Auch sorgt Goethe für die Einmischung der „Leidenschaft zur Naturkunde", ehe alles sich in die Vitalität des **Festes ausweitet. Hier stehen dann Festpredigt und Volksfest beieinander. Das wenigste also ist dabei** ‚Kunst und Altertum'. So bekommt nicht zufällig das zur Tagesrechenschaft zurückbiegende Supplement des

Rochusfestes den impressionistischen Titel *Im Rhein-
gau Herbsttage,* auch dies unter dem Zeichen fröhlichen Lebensgenusses als Gast der romantischen Bren-
tano-Familie in Winkel am Rhein. Dem Leser muß
aber auffallen, daß in dem anderen, Köln gewidmeten
Kapitel, trotz der Rolle Boisserées als Enthusiasten
der alten Kölner Kunst, der spätgoethesche kuriale
Stil geradezu Triumphe feiert, sicherlich ein Symptom
der Gespaltenheit Goethes selbst in dieser Zeit. Sogar
die Schilderung der Boisseréeschen Sammlung in diesem Zusammenhang ist nicht eigentlich Faszination,
sondern eher distanziert bewundernde Anerkennung
auf Grund historisch bemühter Vergleiche, kaum Sache des Herzens. „Der Entschluß, Gegenwärtiges heft-
weise herauszugeben" (eben in *Kunst und Altertum*)
ist trotz aller lebendigen Erlebnispartien nicht zu verkennen. Er bestimmt die sich selbst historisierende Unform des Ganzen.

VI. FAUST. DER TRAGÖDIE ZWEITER TEIL

Die eigentlich hochklassische Stilpartie aus der Arbeit am *Faust* war der Helena-Akt von 1800 gewesen. Doch hatte dieser seine Einordnung in das Ganze so wenig gefunden wie andere Fragmente aus den Jahren 1797 bis 1801. Das durch „Vorspiel" und „Prolog im Himmel" bereits ausdrücklich zum Weltdrama ausgeweitete, im Umfang nicht mehr auf einen Abend begrenzbare Stück mußte neu ansetzen, das heißt auf den 1806 endlich abgeschlossenen 1. Teil die Fortsetzung folgen lassen. Der Schluß des 1. Teiles gehörte ja auch der Frühzeit noch an und war entworfen noch vor der späteren klassisch-universalen Konzeption. Man weiß, wie Goethe die Beseitigung des Torso-Charakters gerade bei diesem Drama am Herzen lag, dessen 2. Teil nicht mehr zu seinen Lebzeiten erscheinen sollte, aber noch kurz vor seinem Tode mit dem wirklichen, dem Erlösungsschluß, fertig und versiegelt wurde. In der Tat ist diese Arbeit seines Alters, in die im Laufe von Jahrzehnten eine Unmenge von Materialien eingearbeitet wurde, im Gegensatz zu den autobiographischen Schriften und zum *Wilhelm Meister,* eine saubere Einheit in klassischen fünf Akten geworden, deren Experimentieren mit Rhythmus und Reim freilich ebenso deutliche Spuren romantischer Phantasie trägt wie der gewagte Wechsel der Motive und Schauplätze. Gerade dies wird natürlich immer die Problematik der Aufführbarkeit ausmachen. Und so wird auch der Streit, ob Bühnenstück oder Lesedrama, nicht verstummen.

Goethe hat in einem Stichwort-Entwurf für die beiden Teile des *Faust* nach Abschluß von *Faust* I 1806 seine Absicht für das Ganze in folgende Formel gebracht:

Lebens-Genuß der Person von außen gesehen erster Teil.
In der Dumpfheit Leidenschaft. Taten-Genuß nach außen
zweiter und Genuß mit Bewußtsein. Schönheit. Schöpfungs-
Genuß von innen.

In der Tat hatten die Ergänzungen, mit denen seit
der *Zueignung* 1797 der 1. Teil abgerundet wurde,
der Ausweitung von Faustens Welterfahrung gedient.
Es blieb bei einer ständig weiter gezogenen Sphäre
immer durstigeren Aneignens. Jetzt steht für den 2.
Teil das Programm auf Tat, Schönheit, Genuß mit
Bewußtsein. Der dumpfen Verführerpassion für Gretchen folgt im 2. Teil logisch die willentliche und bewußte Helena-Handlung, deren Kern der Helena-Akt
schon vorgeformt hat. Klassik und Romantik treffen
einander auch hier. Helena ist *die* Schönheit der Klassik (antizipiert schon im Spiegel-Motiv der in Rom
entstandenen Hexenküchen-Szene). „Genuß mit Bewußtsein" ist dagegen das große Thema der Frühromantik. Erst durch diese Ausweitung des Schauplatzes
um die Antike wird die Gotik des 1. Teils mit ihren
mittelalterlichen Städten, mit der Obersphäre der
christlichen Geisterwelt und der Untersphäre des
Blocksbergs und der Walpurgisnacht auf die Ebene
des Welttheaters gehoben. Überdies begegnen beide
Welten einander im Fratzenhaften der „Klassischen
Walpurgisnacht". Menschheitsbühne wird der *Faust*
auch durch das Eintreten in die Geschichte und dann
durch die Kreisbewegung der Rückkehr zum Christ-
lich-Metaphysischen im Erlösungsschluß.

Goethe hat das Ganze auf die fünf klassischen Akte
gebracht. Der erste führt von der shakespearischen Szene „Anmutige Gegend", der Elfenszene mit Ariel als
Wortführer unter dem Motto des Elfenchores: „Fühl
es vor! Du wirst gesunden;/Traue neuem Tagesblick."
über Fausts großen Monolog („Des Lebens Pulse schlagen frisch lebendig") mit seinem weltanschaulichen

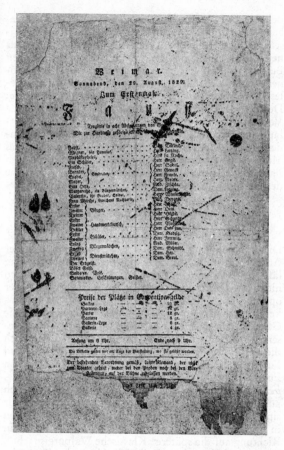

Theaterzettel der Erstaufführung des „Faust" in Weimar 1829
(später als Löschpapier benutzt)

Bekenntnis („Am farbigen Abglanz haben wir das Leben.") zum Eintritt Fausts in die Geschichte, am Kaiserhof. Hier führt sich zunächst Mephistopheles als
neuer Narr und dann als Finanzminister ein, der den
Betrug des Papiergeldes erfindet und damit den drohenden Staatsbankrott verhindert. Der Mephistopheles dieser Szenen zeigt die neue Verarbeitungsstufe:
Der Herr des Blocksbergs tritt zurück; der verfeinerte
Verführertyp der Romantik löst ihn ab, ein dem Welt-
lauf angepaßter Zyniker. Dem entspricht im folgenden die geradezu programmatische Überführung des
Mummenschanzes vor dem Kaiser aus der deutschen
Fastnacht ins römische Karneval, mit dem Spruche
des Herolds:

> Denkt nicht, ihr seid in deutschen Grenzen,
> Von Teufels-, Narren- und Totentänzen;
> Ein heitres Fest erwartet euch.

Dieser Mummenschanz hat sein Schwergewicht in der
Anmut, nicht der Würde. Die ironische Distanzierung
läßt die Verwechselung mit dem wielandschen Rokoko
nicht zu. (Eher noch ließe sich, angesichts auch der
opernhafteren Form, an die *Zauberflöte* zurückdenken.) Im übrigen war ja Goethe seit langem an die
Gattung höfischer Maskenzüge gewöhnt. Unter diesem Zeichen steht die florentinische Partie wie auch
die antikische des Auftrittes der Grazien, Parzen und
Furien, der zum allegorischen Wechselgesang von
Furcht, Hoffnung und Klugheit wird. Daß dies alles
betont Allegorie ist, vernimmt man auch ausdrücklich
aus dem Munde des Knaben Wagenlenker („Denn wir
sind Allegorien"), der König Plutus heranführt. Schon
in dieser Szene erweitert sich das Bild der Antike in
Richtung auf die spätere „Klassische Walpurgisnacht".
Fratzenhaft ist schon Zoilo-Thersites; der Tanz der
Faunen, Satyrn, Nymphen mit Gnomen, Riesen und

Wilden Männern ist es nicht weniger. Der Hintersinn des Plutus-Spiels als Kern der Gaukelei ist dabei von Mephistopheles wohl berechnet: es soll die Gier nach Plutus' Gold reizen und den Kaiser mit der unlautern Geldquelle versöhnen, die durch Zauberei Hof und Land jäh überspült. Aber die geweckte Gier führt dann zum Verlangen des Kaisers nach der Beschwörung Helenas, die mit Faustens ekstatischer Verstrikkung und einem Knalleffekt endet.

In diesen Zusammenhang hat Goethe aber das Motiv von Fausts Gang zu den Müttern eingefügt, das Philologen und Philosophen immer wieder zu neuen Interpretationen gereizt hat. Aber ob die Mütter die Ideen sein sollen oder nicht – zu allererst und im wörtlichen Sinne haben sie die Funktion eines Schlüsselwortes: Keine Kraft der Magie, die griechische Schönheit zu beschwören, ohne den Dreifuß der Mütter; und der Weg dahin wiederum nicht ohne Mephistopheles' magischen Schlüssel. Der Funktion nach ist das Motiv zunächst eine Parallele zur Vorbereitung von Fausts scheinhaftem Liebesidyll mit Helena im 3. Akt. Diese Vorbereitung leistet im 2. Akt die Traum- und Zaubersphäre der „Klassischen Walpurgisnacht". Ohne diesen zweiten Gang zu den Elementen und Urkräften auch nicht die zweite Erscheinung Helenas und die Erfüllung von Faustens „unendlicher Sehnsucht". Das zweite Kennzeichen des Ganges zu den Müttern ist die Sphäre der totalen Entgrenzung:

> Um sie kein Ort, noch weniger eine Zeit.

Und noch einmal Mephistopheles:

> Kein Weg! Ins Unbetretene,
> Nicht zu Betretende.

Die Sphäre, die Faust zu betreten hat, ist das Formlose in aller Form. Hier versagen alle Sinne, das Gehör

wie das Gesicht. Es ist das Wagnis des Sich-Einlassens
mit dem „leeren Nichts", es kann sogar nur mit Schau-
der genannt werden. Denn es ist zugleich das Unerhörte:

> Den Müttern! Trifft's mich immer wie ein Schlag!
> Was ist das Wort, das ich nicht hören mag?

Hier spricht Faust den oft zitierten Vers:

> Das Schaudern ist der Menschheit bestes Teil.

Denn Fausts eigenes pantheistisches Selbstbewußtsein
hat sie heraufbeschworen. Auf jeden Fall also wird
in dem Motiv der Mütter Goethes Wille sichtbar,
Fausts unbändigem Willen eine bisher noch unerhörte
Erfahrung von Urkräften und Wurzeln des Daseins
zuteil werden zu lassen. Der Maßlosigkeit der durch
das leere Nichts gegebenen Erfahrung entspricht durch
die Sehnsucht nach der höchsten Form der Durchgang
durch die totale Formlosigkeit. Dies geht über jeden
Charakter des Abenteuers hinaus. Das unterscheidet
den Gang zu den Müttern von der „Klassischen Walpurgisnacht" im nächsten Akt, die den Charakter des
Abenteuers voller Wunderneugier bewahrt und ja auch
die beabsichtigte Losbittungsszene im Hades nicht enthält. Man muß sich hier doch vergegenwärtigen, daß
der ganze 2. Akt späte Vor- und Zwischenschaltung
(1826–30) für den 3., den Helena-Akt ist, der ja
schon seit 1800 vorgeformt ist. Eine zweieinhalb bis
drei Jahrzehnte spätere Ergänzung hat Goethe hier
der ältesten Partie von *Faust* II vorgeschaltet. Geht
man vom Ende des 1. Aktes, dem Zusammenbruch
Faustens beim Mummenschanz aus und zur Verwirklichung des Eros bei Beginn des 3. Aktes über, so stellt
sich der späte 2. Akt als Niederschlag des Goetheschen
Organismusgedankens heraus. Vom Scheitern der
Faustschen Helena-Passion direkt zur Realisierung auf

Faustens Ritterschloß – das wäre anorganisch gewesen. Es galt also, Voraussetzungen und Vorstufen für
den Mittelpunkt von Fausts Daseinserfüllung (zugleich auch kompositorisch genau die Mitte von *Faust*
II) zu finden. Der Hintergrund der Arbeit für den
2. Akt ist demnach der Versuch des ganz späten Goethe, als Dramatiker die Helena-Handlung fortschrei-
tend organisch zu motivieren, so daß nichts als unbe-
gründet oder abrupt mehr erscheinen kann.

Die Lücke zwischen 1. und 2. Akt schließt die neue
Studierzimmerszene, übergehend in das Laboratorium,
wo gerade Homunkulus entsteht. Mephisto, der den
ohnmächtigen Faust in sein altes gotisches Studierzim-
mer gebracht hat, gibt gleich anfangs das Stichwort
für den ganzen Akt:

> Wen Helena paralysiert,
> Der kommt so leicht nicht zu Verstande.

Es ist alles wie zuvor, ausdrücklich: Wiederholung, die
Mottenkiste der alten Zauberei (Chor der Insekten).
Wagner, nunmehr an Faustens Stelle getretener Naturforscher, dazu Famulus und Bakkalaureus, letzterer mit
der köstlichen Spottszene zwischen seiner grünen Jugend
und Mephistos verdächtigem Alter. Die Ironie dieser
Szene, deren Gegenstand Wissen und Forschen zugleich ist, leitet nun zu Wagners Labor über, in dem
das künstliche Menschlein in der Phiole gerade entsteht. Daß die besondere Ironie dieses real vorgestell-
ten Unterfangens der mystisch experimentellen Nachtseiten-Naturwissenschaft der Romantik gilt, liegt an-
zunehmen nicht fern. Doch braucht es das phantastische Motiv, um die Fuge zur „Klassischen Walpurgisnacht" und von dieser zu Helenas Erscheinen zu schließen, die zugleich die Fuge zwischen Mittelalter und
Homer, Romantik und Klassik ist. Homunkulus jedenfalls gibt als Ausgangspunkt die reine Antithese

Romantik–Klassik. Die Synthesis findet Mephistos
künstlicher kleiner „Vetter" in der Erinnerung an die
gerade stattfindende „Klassische Walpurgisnacht", der
in sich schon paradoxen Wortverbindung:

> Romantische Gespenster kennt ihr nur allein;
> Ein echt Gespenst, auch klassisch hat's zu sein.

So werden Faust und Mephisto vom Tatendrang (der
eben auch Drang zur Synthesis ist) in die griechische
Gespenster- und Hexenwelt Thessaliens hineingelockt,
eine durch und durch ironisch betrachtete Welt, höchst
fremd dem Schillerschen Idealbild der Antike. Antike
vom Gesichtspunkt des Blocksbergs aus gesehen – wie
unschillerisch und natürlich auch dem klassischen Goethe fremd. Nur der durch die Romantik gegangene
späte Goethe konnte antiken Stoff unter solchen Griff
bekommen. Die Ironie schon der Walpurgisnacht und
des Walpurgisnachtstraums – beide zu Beginn des
Jahrhunderts entstanden und dann dem 1. Teil eingefügt – war bereits nicht mehr *Xenien*-Polemik, sondern *Athenäum*-Ulk im Geiste Friedrich Schlegels gewesen. Die „Klassische Walpurgisnacht" geht womög-
lich noch darüber hinaus. Man muß sich vergegenwärtigen, daß das echte „Schaudern" durch den Gang
zu den Müttern bereits vorweggenommen war. Ein
solches Motiv läßt sich aber ohne Schaden nicht wiederholen. Daher ist das Eintauchen Fausts und Mephistos unter der Führung des Homunkulus in die
Unterwelt der altgriechischen Geisterlandschaft schon
in sich ironisch-grotesk, was der Gang zu den Müttern keineswegs war. Also schon die Ausgangssitua-
tion gibt sich romantisch-ironisch. Das Entscheidende
aber ist, daß Goethe (könnte man sagen: in einer Art
Anfall von Eifersucht?) das von der Romantik wiedererweckte grotesk ‚Fratzenhafte' nun auch als eine
Möglichkeit der Antike darstellen möchte. Er hat dazu

die eifrigsten Quellenstudien getrieben, für seine archaischen Fabelwesen Kupferstichwerke wie die *Anti-
chità di Ercolano* und auch Raffaels Grotesken eifrig
ausschlachtend. Mephisto bezeichnet die Urnähe dieser Welt hier noch einmal:

> Seh ich, wie durchs alte Fenster
> In des Nordens Wust und Graus
> Ganz abscheuliche Gespenster,
> Bin ich hier wie dort zu Haus.

Auch diese Wiederholung zeigt deutlich, daß es Goethe (außer um die Ironie) um die Darstellung einer
vorklassischen und vorbiblischen archaischen Tiefen-
sphäre geht, in der Thessalien und Blocksberg noch
nicht geschichtlich auseinandergetreten sind, sondern
im Vitalen eng verwandt dastehen. Zugleich freilich
ist die „Klassische Walpurgisnacht" auch eminent Geschichte, doch nicht im vertikalen Sinne. Es regt sich
hier dumpf sozusagen alles miteinander in Gleichzeitigkeit. Überraschung, Spott, Feierlichkeit, nach allen
Seiten verspritzte Urwahrheit: Geschichtsphilosophie,
Erdgeschichte, Erotisches, Politisches, Literatursatiri-
sches – alles verbindet sich zu einem fast atemlosen
Tanz der Vorgänge, Begegnungen und Eindrücke für
Faust und Mephisto. Daß diese Geister der Urwelt
mit beiden ihr Spiel treiben – „Vom Harz bis Hellas
immer Vettern!" –, ist jetzt Mephistos resignative Erkenntnis. Es wird niemals zu eruieren sein, was alles
Goethe mit dem teils sanften, teils bissigen Humor der
antiken Zwitterwesen hat parodieren wollen. Homunkulus etwa erlebt den in die griechische Naturphilosophie rückprojizierten Streit der Neptunisten und
Vulkanisten (Thales und Anaxagoras) mit, der eine
durchgeführte Parodie ist, nicht nur Allusion. Die antike Archaik (von Goethe indessen, wie schon angedeutet, aus der Spätzeit Pompejis und Herkulanums

abgelesen) wird mit dem Auftreten der Phorkyas, in deren Maske dann Mephisto hineinschlüpft, und der vielgliedrigen Gesellschaft der Meerwunder zugleich zu einer Art Parodie des Grotesken überhaupt ausgeweitet. Hierzu gehört auch das Auftreten des Proteus. Das Ende der „Klassischen Walpurgisnacht" führt aus dem Wirbel der losgelassenen Kräfte und Mächte zum „Entstehen", das heißt zur Selbstvernichtung des Homunkulus, „von Proteus verführt" am Muschelthron von Galatee. Der Mensch aus der Retorte hat nun unter dem Motto „So herrsche denn Eros, der alles begonnen!" den organischen Werdegang von der Urfeuchte aus nachzuholen. Das Naturgesetz behält das letzte Recht: Was die Klassische Walpurgisnacht für das Schicksal Fausts bedeutet, hat sich schon lange vorher in der Chiron-Szene entschieden. Hier dringt Faust unter Überwindung der Kategorie Zeit zu Manto, der Seherin, vor, von ihr zu Persephoneia, um Helena von den Toten loszubitten: die Parallele zum Mütter-Motiv, die keine Szene wird.

Die Klassische Walpurgisnacht macht so, wenn auch auf dem Wege ziemlich schwarzer Magie, die von Faust besessen geforderte reale Verbindung mit dem Ideal der Schönheit möglich. Von Persephoneia losgebeten, kann Helena (vor dem Palaste des Menelaos zu Sparta) zum Leben wiedererwachen, wenn auch unter der durch Phorkyas-Mephisto unheilkündend vorgebrachten Bedrohung durch die Rache des Gatten für Troja. Die Handlung wird durch das Spiel Helena–Phorkyas mit dem Chor ganz antikisch entfaltet. Die Versmaße wechseln, alle ebenfalls antik, von jambischen Trimetern zu den Kurzversen (bis zum Zweiheber hin) des Chores und bis zu trochäischen Oktonaren, die aber, wenn man sie nach der Zäsur in Vierheber auflöst, bezeichnenderweise den klassischen spanischen Vers ergeben (wie ihn die Romantiker angeregt haben).

Der Schauplatz wechselt von Sparta zu den Szenen „Innerer Burghof" und „Schattiger Hain". Die auftauchende mittelalterliche Burg hat die Funktion, Faust, der von seiner Zeit aus ja Realität gewinnen muß, als einen Fürsten der Ritterzeit nun der antiken Königin begegnen zu lassen. Hier schieben sich ganz folgerichtig Shakespeare-Verse vor die antiken, so wie die Reimstrophen des Lynceus auch formal die Transfiguration der Szene ins Neuzeitliche einleiten. Die seit der Diskussion um Shakespeare, um Romanze, Volkslied und mittelalterliches Epos wache Begeisterung für die Konfrontation von Antike und Neuzeit (Mittelalter–Shakespeare) wird hier mehr als ein halbes Jahrhundert nach ihrem Einsetzen selber zur Dichtung. Helena wird in dieser Szene reimen lernen, symbolisch für die neue Partnerschaft.

Diese führt, nachdem Faustens Heer den Menelaos geschlagen hat, dann zum zweiten Teil des 3. Aktes, zum Schauplatz „Arkadien". Hier verwirklicht sich Faustens Leidenschaftstraum, die Verbindung mit Helena, und hier wird Euphorion gezeugt, der „Genius ohne Flügel", dem die Kraft zum Sprunge mitgegeben, aber die des Fluges (auf die er hindrängt) versagt ist. Daß hier, in seiner Mitte, das Drama offen zur Allegorie wird, weil hinter dem Euphorion-Motiv ein Denkbild steckt und kein Symbol, kann nicht geleugnet werden. Erde und Luft, Schwerkraft und Schnellkraft, vereinen sich in Euphorion, dessen Trieb zum freien Flug schon seinen Untergang voraussehen läßt. Da der Bund der Eltern auf magischer Wiedererweckung Helenas beruht, kann auch er so wenig von Dauer sein wie das Leben des flüchtigen Knaben, der aus ihm entstand, ja, der geradezu die Allegorie dieser Flüchtigkeit darstellt. Denn diese „Phantasmagorie" soll ja als Eros *wirklich* sein. Als magisches Spiel ist sie aber surrealistisch.

Das emblematische Künstlertum Euphorions ist ohne
Zweifel ‚modern‘, nicht klassisch; eine Wirkung eben
der Synthese von Alt und Neu, die in der Verbindung
der Eltern liegt. Daß Goethe selber aber dieses allegorische Moment bewußt war, läßt er in den Wechsel-
strophen zwischen Phorkyas-Mephisto und Chor laut
werden:

> Höret allerliebste Klänge,
> Macht euch schnell von Fabeln frei!
> Eurer Götter alt Gemenge,
> Laßt es hin, es ist vorbei.

> Niemand will euch mehr verstehen,
> Fordern wir doch höhern Zoll:
> Denn es muß von Herzen gehen,
> Was auf Herzen wirken soll.

Ganz im Sinne der romantischen Theorie wird hier die
Basis der antiken mythischen Objektivität verlassen
und die Subjektivität einer Kunst der Innerlichkeit,
als ihre moderne Ablösung, verkündet. Euphorions un-
stillbarer Drang, sozusagen anorganisch wie Homunkulus sich zu entwickeln (in rasendem Tempo, nicht
Stufe für Stufe), gleicht schwerlich zufällig dem romantischen Drang nach dem Unendlichen, dem Absoluten. Sein Motto:

> Immer höher muß ich steigen,
> Immer weiter muß ich schaun.

hat Goethe bewußt als das Anti-Idyll gemeint. Dieses
antiidyllisch-heroische Selbstbewußtsein Euphorions
reißt ihn hin zum Fluge und zum Absturz. Es ist ein
bewußtes Vabanquespiel mit dem Leben, aus dem er
zwar als Ikarus hervorgeht, aber auch im Scheitern als
Ikarus. Es ist nicht mehr das Individuum, sondern das
Emblem, die Allegorie, deren Körperliches sogleich
verschwindet, deren Kleid, Mantel und Lyra aber als

Attribute liegenbleiben. Wenn Euphorion, wie sich zeigte, den romantischen Dichter in sich verkörperte, so weisen sein Scheitern und sein Tod, der die Mutter von Faustens Seite zu Persephoneia zieht, auf Goethes Absicht, in dem Motiv auf die Grenzen der Romantik hinzuweisen. In der Gesamthandlung liegt offene Ironie genug.

Mit der Auflösung des Chors der Helena-Dienerinnen ins elementare Leben („Zwar Personen nicht mehr") schließt der Akt. In die Abgesänge der Chor-Partien hat Goethe an die Auseinandersetzung mit dem Ästhetischen noch eine naturphilosophische Meditation integriert, mit starkem pantheistischen Akzent in der Richtung des „All-Lebens". Die letzte Gruppe des dem Leben als Element zurückgegebenen Chores erhält dabei die Aufgabe, die ganz und gar nicht apollinische, die dionysisch-silenische Antike: den losgelassenen Rausch des Bacchischen zu benennen. Die Entdeckung dieser Seite hat Goethe aber gewiß nicht von Schiller, sondern außer von sich selber von den Entdeckungen der Frühromantik (Friedrich Schlegel) bezogen. Die Gegensätze berühren sich auch hier. Vorher Dichtkunst als Allegorie und Schönheit, ihr Gegenstand als ‚Phantasmagorie'. Am Schluß die Auflösung in Trunkenheit und Ekstase. Alles aber unter dem gemeinsamen Zeichen der Antike, deren Bild sich für Goethe weit vom Ausgangspunkt Winckelmann entfernt und der mehr zwiegesichtigen Interpretation der Romantiker angenähert hat, der Vorschule zu Bachofen.

Der 4. Akt mit den Szenen „Hochgebirg", „Auf dem Vorgebirg" und „Des Gegenkaisers Zelt" zeigt einen keineswegs gebrochenen Faust. Aus dem elementarisch-magischen Wirrwarr, in dem das arkadische Abenteuer mit Helena sich auflöste, ersteht der im Hochgebirge durch seine Wolke abgesetzte, gelassene

Faust des Eingangsmonologs, der distanziert wie ein
Kunstkenner in östlicher Ferne das Idealbild der
Schönheit, nicht mehr die eine Person, sondern „Juno-
nen ähnlich, Ledan, Helenen" gewahrt. Die hohe
Stimmung wird durch das Auftreten Mephistos in Sie-
benmeilenstiefeln abgekühlt und vom Ästhetischen auf
das Geschichtliche gelenkt. (Das Siebenmeilenstiefel-
Motiv gehört zur Abkehr von Euphorion, ist Parodie
der Romantik, Tiecks, Chamissos). Das überleitende
Streitgespräch zwischen Faust und Mephisto lenkt, ins
Mythische transponiert, wieder auf die Erde zurück,
indem es Mephisto im Sinne des Seismos der „Klassischen Walpurgisnacht" die gewaltsame vulkanistische
Erdentstehung verfechten läßt. Faust vertritt dagegen
mit überlegenem Gleichmut die organische Oreogra-
phie:

> Da grünt's und wächst's, und um sich zu erfreuen,
> Bedarf sie nicht der tollen Strudeleien.

Mephisto, der Verfechter der vulkanischen Erdentstehung („als noch da drunten, siedend / Der Abgrund
schwoll und strömend Flammen trug"), wird von
Faust hochmütig-souverän als der teuflische Interpret
der Natur abgewiesen. Mephistos eigenes Argument:
„Tumult, Gewalt und Unsinn!" läßt wieder die politische Verbindung des vulkanistischen mit dem revolutionären Motiv des Goethe der neunziger Jahre sichtbar werden. Es wird ja dem Teufel selber in den Mund
gelegt. Der Dialog über die Natur aber hat nur die
Funktion, für Fausts Streben nach dem Unbedingten
und Neuen eine barocke Eremitage mit Park und Lust-
haus und Harem zu bauen, eine nach der ästhetisch
erotischen nicht haltbare Existenz. Diese erledigt Faust
mit drei Worten „Schlecht und modern". Auch hierin
verbirgt sich Parodie der Wirkungen der Romantik.
Aber schon in der Szene „Hochgebirg" wird deutlich,

in welcher Richtung Goethe jetzt die Faust-Existenz
weiterleiten wollte. Der Wegweiser zeigt von der
ästhetisch sinnlichen Existenz zur geschichtlichen, zur
Tat und Leistung. Das liegt schon in Faustens Antwort
auf Mephistos Lusthaus-Vorschlag:

> Mitnichten! dieser Erdenkreis
> Gewährt noch Raum zu großen Taten.
> Erstaunenswürdiges soll geraten,
> Ich fühle Kraft zu kühnem Fleiß.

Im 4. Akt heißt das Lebensziel:

> Herrschaft gewinn ich, Eigentum!
> Die Tat ist alles, nichts der Ruhm.

Damit wird eine ethische Wendung vollzogen. Fausts
Streben richtet sich jetzt aus der Ungeschichtlichkeit
der privaten Existenz des Genießens zur Geschichtlichkeit historischer Tat. Diese Tat setzt schon hier an bei
der Bewältigung einer prometheisch-elementarischen
Aufgabe, die vorerst noch eine rein formale Herrscher-
tat darstellt: die Eindämmung des Meeres durch
menschliche Geisteskraft. Die „Zwecklose Kraft un-
bändiger Elemente" soll dem Gesetz unterworfen werden. Es ist noch einmal das Spiel, das Geist und Ordnung gegen Mephistos „Tumult, Gewalt und Unsinn"
setzt, ein zugegeben ästhetisches Spiel. Dieses Motiv
kommt zu seinem eigentlichen Austrag, um einen entscheidenden Schritt weiterzutrieben, unmittelbar vor
Fausts Todesaugenblick im 5. Akt, unter Anwesenheit
der Lemuren. Dort stehen die ebensoviel zitierten wie
mißbrauchten Verse:

> Eröffn' ich Räume vielen Millionen,
> Nicht sicher zwar, doch tätig-frei zu wohnen.

Im 4. Akt führt Faustens Wunsch, den geist- und
zwecklosen Ozean in seiner Ausdehnung zu beschrän-

ken (wie bei dem Heeresaufgebot gegen Menelaos im
2. Akt), erneut zu Mephistos steter ultima ratio: der
Gewalt. Sämtliche Partien des 4. Aktes stecken voller
politischer Satire: der schwache Kaiser, Spielball der
Kirche und der Fürsten, dem Mephisto aus Gründen
der zynischen Macht hilflos ausgeliefert – alles ist Er-
nüchterung der romantisch mittelalterlichen Kaiser-
idee. Aber nicht nur das. Es ist auch Entmythologisie-
rung ihrer Erneuerung durch die jugendlichen Freiheitskämpfer von 1815, Kinder der Romantik und
nicht der Klassik. Ihnen wird eine historische Realität
vorgehalten, die ihren Idealismus gründlich dämpfen
soll. Der Schlag geht aber natürlich auch aktuell nach
der andern Seite: nach Wien und dessen Abhängigkeit
von Kirche und Reichsfürsten. Es trifft die Satire also
sowohl die Misere des deutschen Bundes und der Restauration nach 1815 wie die von Goethe ungeliebte
und nie akzeptierte Entstehung des Nationalismus im
romantischen Idealismus der jugendlichen Freiwilligen.

Nach dieser die Grenzen von Vergangenheit und
Gegenwart überspielenden Handlung, in der Faust in
die Geschichte eingreift und sich das Recht auf die
Küsten gewinnt, setzt der 5. Akt ein.

Man muß sich, für den Ausklang der irdischen Existenz Faustens, den illusionären Charakter seines Weges in die Geschichtlichkeit gegenwärtig halten. Der
Weg zum Herrn des kaiserlichen Strandes wurde nicht
wirklich durch Fausts Eingriff in die Geschichte ge-
ebnet. Fausts Tüchtigkeit spielte dabei überhaupt
keine Rolle. Mephistos „allegorische Figuren" Habe-
bald, Raufebold und Eilebeute haben hier alles getan.
Faustens Anteil ist, subjektiv wie objektiv, pure Illusion. Und es ist der Sinn des 5. Aktes, das Illusionäre
auf die Spitze zu treiben, wenn der erblindete Faust
vor seinem schon geschaufelten Grabe in der Szene

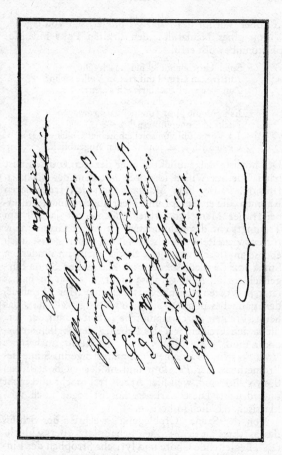

Goethes eigenhändige Niederschrift der Schlußszene aus
„Faust. Zweiter Teil"

„Großer Vorhof des Palasts", hingerissen von eigener Vision eines Neulandes, den uralten Pakt mit Mephisto unbewußt erfüllt:

> Solch ein Gewimmel möcht ich sehn,
> Auf freiem Grund mit freiem Volke stehn.
> Zum Augenblicke dürft ich sagen:
> „Verweile doch, du bist so schön!
> Es kann die Spur von meinen Erdetagen
> Nicht in Äonen untergehn. –"
> Im Vorgefühl von solchem hohen Glück
> Genieß ich jetzt den höchsten Augenblick.

Der höchste Augenblick ist aber der des Todes. Er ist nach Goethes Willen identisch mit dem der höchsten Illusion. Fausts Fata Morgana von den fruchtbaren Räumen, die er, Sumpf und Meer abgewonnen, Millionen freier Menschen öffnen möchte, ist ja nur ein Traumgesicht des Erblindeten. Es ist im Grunde eine fortentwickelte Prometheus-Vision. Aber sie ist auch ebenso mythisch wie diese. Sie ist nicht im modernen Sinne sozialistisch, sondern im klassischen Sinne bürgerlich-sozial. Man vergesse nicht, daß das in Fausts letzten Worten viermal auftauchende ‚frei' (Freiheit) den ganz bestimmten Sinn von „tätig-frei" hat, das heißt: Freiheit durch männliche Arbeit („Nur der verdient sich Freiheit wie das Leben, / der täglich sie erobern muß."). Sie allein verleiht das Recht, auch freies Volk zu sein. Es ist eine Gesinnungsfrage im Sinne des Prometheus, der *Pandora* und modernen Sozialideen deswegen fremd, weil hier Arbeit frei macht und nicht unterdrückt. Dieses Arbeitsethos ist sogar noch vorklassisch, nämlich lutherisch.

Von der Szene „Grablegung" wechselt der Schluß des 5. Aktes zu dem letzten Schauplatz „Bergschluchten". Begleitende Chöre und lyrische Strophen der Einzelnen verstärken den Operncharakter unter immer deutlicherem Rückverweis auf den Barock. Spät-

barock: Johann Rist, ‚die 2. schlesische Schule‘, auch
bajuvarisch-österreichische Strophenformen (im Stil
etwa des Laurentius von Schnüffis), vor allem dakty-
lische Kurzverse mit künstlichen Klangwirkungen und
Mehrsilbenreimen. Die Anachoreten-Landschaft von
„Bergschluchten" entstand aus der Anschauung der
Fresken im Campo Santo zu Pisa. Sie entspricht auch
im Theologischen dem Organismusgedanken von Goethes naturwissenschaftlicher Weltanschauung (die ihrerseits auf der Stufenlehre des Neuplatonismus ruht).
Denn um „Stufen zum Ewigen" handelt es sich bei den
verschiedenen Regionen, in denen die mystischen Pa-
tres, die seligen Knaben, die verschiedenen Grade der
Engel (Reminiszenzen an Swedenborg) und schließlich
Faust, den man mit dem Doctor Marianus „in der
höchsten, reinlichsten Zelle" identifizieren müßte, ver-
klärt sind. Faust, in dieser Sphäre begnadigt und erlöst
durch die Fürbitte der Sünderinnen, zu denen als Una
Poenitentium sich Gretchen gesellt – dieser vor dem
Tode Goethes noch versiegelte Abschluß mußte der
späteren *Faust*-Forschung Probleme über Probleme zu
erörtern geben; Theologen und Philosophen nicht weniger als den literarisch-ästhetischen Interpreten.
Schon die unmittelbare Nach-Goethe-Zeit empfand
die stilisierte Vieldeutigkeit dieses Schlusses, der ebensosehr dem Charakter eines Vermächtnisses gleichkam,
wie er auch teilweise Mystifikation sein konnte. Friedrich Theodor Vischers Stilparodie in einem fingierten
3. Teil zeugt von dem Gefühl eines sogar hochintelli-
genten Lesers, sich vielleicht hier spielerisch mystifi-
ziert zu sehen. Denn sie richtet sich durchaus nicht nur
auf die Deutobolde, sondern auch gegen die Substanz
und ihre Form selber.

In der Tat bleibt die Mystik der Regionen und Sphären des Vorhimmels bis zur höchsten der Mater glo-
riosa und des alles abschließenden Chorus mysticus

alles andere als leicht durchschaubar, einschließlich
der Bedeutung des Schlüsselverses:

> „Wer immer strebend sich bemüht,
> Den können wir erlösen."

Eine neue, liberale Form von Verdienstethik, wie sie
immer wieder der Fortschrittsoptimismus in diese Verse
hineingedeutet hat, widerspricht durchaus dem ‚skep-
tischen Realismus' des späten Goethe. Aber auch die
Gnade, die ‚von oben' teilnehmen kann, ist schwerlich
einfach als die christliche gratia praeveniens zu deuten.
Die Schlüsselverse sind, wie so vieles beim alten Goethe, eher symbolische Verschlüsselung als Aufschluß.

ANHANG

BIBLIOGRAPHIE

von Adrian Hadorn

Aufgenommen wurden, außer den allgemeinen Darstellungen und Anthologien, unter den alphabetisch angeordneten Autorennamen Neudrucke, Gesamt- und Teilausgaben und eine Auswahl von Abhandlungen. Nicht aufgeführt sind die Erstdrucke. In jedem Falle sind für genaueres bibliographisches Arbeiten nach dem Leitfaden P. Raabes (*Einführung in die Bücherkunde zur deutschen Literaturwissenschaft*, ⁷1971) folgende Bibliographien beizuziehen:

K. Goedeke: *Grundriß zur Geschichte der deutschen Dichtung.* Aus den Quellen. 2. bzw. 3. ganz neu bearb. Aufl., Bd. 4, II ff., 1893 ff.

G. v. Wilpert u. A. Gühring: *Erstausgaben deutscher Dichtung. Eine Bibliographie zur deutschen Literatur 1600–1960*, 1967.

J. Körner: *Bibliographisches Handbuch des deutschen Schrifttums*, ⁴1966.

J. Hansel: *Bücherkunde für Germanisten.* Studienausgabe, ⁵1968.

J. Hansel: *Personalbibliographie zur deutschen Literaturgeschichte.* Studienausgabe, 1967.

R. F. Arnold: *Allgemeine Bücherkunde zur neueren deutschen Literaturgeschichte*, 4. Aufl. neu bearb. v. H. Jacob, 1966.

W. Kosch: *Deutsches Literatur-Lexikon.* Biographisches und bibliographisches Handbuch, 4 Bde., ²1949–58. 3. völlig neu bearb. Aufl., hg. v. B. Berger u. H. Rupp, 1968 ff.

H. W. Eppelsheimer (Hg.): *Bibliographie der deutschen Literaturwissenschaft* (ab Bd. 2 bearb. v. C. Köttelwesch, ab Bd. 9: *Bibliographie der deutschen Sprach- und Literaturwissenschaft*, hg. v. C. Köttelwesch), 1957 ff.

F. Schlawe: *Die Briefsammlungen des 19. Jahrhunderts.* Bibliographie der Briefausgaben und Gesamtregister der Briefschreiber und Briefempfänger 1815–1915, 2 Bde., 1969.

Vergleiche auch die einschlägigen Artikel im *Reallexikon der deutschen Literaturgeschichte*, 2. Aufl. neu bearb. u. hg. v. W. Kohlschmidt u. W. Mohr, Bd. 1 ff., 1955 ff. (mit ausführlicher Bibliographie zu den einzelnen Artikeln).

Einzelhinweise auf die *Allgemeine Deutsche Biographie* (1875 bis 1912) und auf *Die großen Deutschen,* Deutsche Biographie, hg. v. H. Heimpel, Th. Heuss u. B. Reifenberg, 5 Bde., ²1966, wurden weggelassen.

ABKÜRZUNGEN

DL	= Deutsche Literatur, Sammlung literarischer Kunst- und Literaturdenkmäler in Entwicklungsreihen, 1928 ff.
DLD	= Deutsche Literaturdenkmale des 18. und 19. Jahrhunderts, begründet von B. Seuffert, 1881 ff.
DNL	= Deutsche Nationalliteratur, begründet von J. Kürschner, 1882 ff.
DVjs.	= Deutsche Vierteljahrsschrift für Literaturwissenschaft und Geistesgeschichte, 1923 ff.
GRM	= Germanisch-Romanische Monatsschrift, 1909 ff.
JbfdH	= Jahrbuch des Freien Deutschen Hochstifts, 1902 ff.
Monatshefte	= Monatshefte für deutschen Unterricht, deutsche Sprache und Literatur, 1899 ff.
ZfdPh.	= Zeitschrift für deutsche Philologie, 1869 ff.
UB	= Reclams Universal-Bibliothek.

TEXTSAMMLUNGEN

B. v. Wiese (Hg.): *Das neunzehnte Jahrhundert,* 1965 (Die deutsche Literatur. Texte und Zeugnisse, hg. v. W. Killy).

F. Martini u. W. Müller-Seidel (Hg.): *Klassische deutsche Dichtung* in 22 Bden., 1962–66.

DL, Reihe Romantik, hg. v. P. Kluckhohn, 24 Bde., 1937 ff.

O. F. Best u. H.-J. Schmitt (Hg.): *Die deutsche Literatur. Ein Abriß in Text und Darstellung.* Bd. 7 Klassik, hg. v. G. Wirsich-Irwin; Bd. 8 u. 9 Romantik I u. II, hg. v. H.-J. Schmitt, 1974 (UB: 9625–28, 9629–32, 9633-36).

H. Haberland u. W. Pehnt (Hg.): *Frauen der Goethezeit in Briefen, Dokumenten und Bildern von der Gottschedin bis zu Bettina von Arnim.* Eine Anthologie, 1960.

H. H. Houben: *Zeitschriften der Romantik* (Nachdr. d. Ausg. 1904) 1969.

J. Körner (Hg.): *Krisenjahre der Frühromantik. Briefe aus dem Schlegelkreis*, Bd. I u. II, 1936 f., ²1969. Bd. III (Kommentar), 1958.

ALLGEMEINE DARSTELLUNGEN

E. Ermatinger: *Deutsche Dichter 1750–1900. Eine Geistesgeschichte in Lebensbildern.* 2 Teile, überarbeitete Neuaufl. v. J. Göres, 1961.

B. Markwardt: *Geschichte der deutschen Poetik.* Bd. 3: Klassik und Romantik, 1958.

F. Martini: *Das Wagnis der Sprache*, ⁵1965.

W. H. Bruford: *Kultur und Gesellschaft im klassischen Weimar 1775–1806*, 1967.

B. v. Wiese (Hg.): *Deutsche Dichter des 19. Jahrhunderts. Ihr Leben und Werk*, 1956.

Zur Romantik

R. Ayrault: *La genèse du romantisme allemand*, 1961.

R. Benz: *Die deutsche Romantik*, 1937, ⁵1956.

G. Brandes: *Hauptströmungen der Literatur des 19. Jahrhunderts*, Bd. I, 1: Die romantische Schule in Deutschland. Neu bearb. Ausg., 1924.

M. Brion: *L'Allemagne romantique*, 2 Bde., 1962 f.

H. Bühler: *Studien zum Menschenbild im Roman der Frühromantik*, 1969.

R. Haym: *Die romantische Schule*, 1870; ⁵1928 hg. v. O. Walzel; Neudr. 1961.

R. Huch: *Die Romantik*, 2 Bde., 1899–1902 (zahlr. Aufl., zuletzt in: R. H., Literaturgeschichte und Literaturkritik, 1969, S. 17 bis 646 = Wiederabdruck der 16. Aufl., 1931).

P. Kluckhohn: *Das Ideengut der deutschen Romantik*, 1941, ⁵1966.

W. Kohlschmidt: *Form und Innerlichkeit*, 1955.

H. A. Korff: *Geist der Goethezeit*, 4 Bde., 1923–53, ²1964 (Bd. 3: Frühromantik, Bd. 4: Hochromantik).

E. C. Mason: *Deutsche und englische Romantik. Eine Gegenüberstellung*, 1959, ²1966.

H. Mayer: *Zur deutschen Klassik und Romantik*, 1963.

H. Prang: *Begriffsbestimmung der Romantik*, 1968.

W. Rehm: *Griechentum und Goethezeit. Geschichte eines Glaubens*, 4. verb. Aufl., 1969.

T. Steinbüchel (Hg.): *Romantik. Ein Zyklus Tübinger Vorlesungen*, 1948.

F. Schultz: *Klassik und Romantik der Deutschen*, 2 Bde., 1935–40, ³1959.

H. Steffen (Hg.): *Die deutsche Romantik. Poetik, Formen und Motive*, 1967.

F. Strich: *Klassik und Romantik*, 1922, ⁵1962.

H. G. Thalheim: *Zur Literatur der Goethezeit*, 1969.

M. Thalmann: *Zeichensprache der Romantik*, 1967.

R. Wellek: *Konfrontationen. Vergleichende Studien zur Romantik* (aus dem Amerikanischen), 1964.

B. v. Wiese (Hg.): *Deutsche Dichter der Romantik. Ihr Leben und Werk*, 1971.

Zu einzelnen Gattungen

A. Closs: *The Genius of the German Lyrik*, 1962.

E. Ermatinger: *Die deutsche Lyrik in ihrer geschichtlichen Entwicklung von Herder bis zur Gegenwart*, 2 Bde., ²1925.

B. v. Wiese (Hg.): *Die deutsche Lyrik. Form und Geschichte*. Bd. 2: Interpretationen. Von der Spätromantik bis zur Gegenwart, 1970.

F. Beißner: *Geschichte der deutschen Elegie*, 1941 (Grundriß d. germ. Philologie 14).

H. Rosenfeld: *Das deutsche Bildgedicht. Seine antiken Vorbilder und seine Entwicklung bis zur Gegenwart*, 1935.

G. Lukács: *Die Theorie des Romans. Ein geschichtsphilosophischer Versuch über die Formen der großen Epik*, 1963 (¹1920).

W. Killy: *Romane des 19. Jahrhunderts. Wirklichkeit und Kunstcharakter*, 1967.

H. H. Borcherdt: *Der Roman der Goethezeit*, 1949.

G. Witkowski: *Das deutsche Drama des 19. Jahrhunderts*, 1904.

E. Devrient: *Geschichte der deutschen Schauspielkunst*, 5 Bde., 1848–74.

B. v. Wiese: *Die deutsche Tragödie von Lessing bis Hebbel*, ⁶1964.

J. Minor (Hg.): *Das Schicksalsdrama*, 1884 (DNL 151).

F. Sengle: *Das historische Drama in Deutschland. Geschichte eines literarischen Mythos*, ²1952.

H. A. Glaser: *Das bürgerliche Rührstück*, 1969.

E. Dosenheimer: *Das deutsche soziale Drama von Lessing bis Sternheim*, 1949.

R. Daunicht: *Die Entstehung des bürgerlichen Trauerspiels in Deutschland*, 1963.

K. Holl: *Geschichte des deutschen Lustspiels*, 1923.

AUTOREN

A r n d t , Ernst Moritz
Sämtliche Werke, hg. v. H. Rösch u. a., 14 Bde., 1892–1909.

K. H. Schäfer u. J. Schawe: *E. M. A. Ein bibliographisches Handbuch 1769–1969*, 1971.

R. Fahrner: *E. M. A. Geistiges und politisches Verhalten*, 1937.

A r n i m , Achim von
Sämtliche Werke, hg. v. W. Grimm, 19 Bde., 1839–48.

Werke, auf Grund der Erstdrucke hg. v. W. Migge, 1963.

Werke, hg. v. A. Schier, 1920.

Achim und Bettina in ihren Briefen. Briefwechsel, hg. v. W. Vordtriede, 2 Bde., 1961.

Zeitschrift für Einsiedler, in Gemeinschaft mit C. Brentano hg. v. A. v. A. (Nachdruck d. Ausg. 1806) 1962.

O. Mallon: *A.-Bibliographie* (Nachdr. d. Ausg. 1925) 1965.

Goedeke, Bd. 14, S. 119–134.

R. Guignard: *A. v. A.*, 1953.

G. Rudolph: *Studien zur dichterischen Welt A. v. A.s*, 1958.

A r n i m , Bettina von
Werke und Briefe, hg. v. G. Konrad u. J. Müller, 5 Bde., 1959–61.

Briefwechsel mit Goethe, hg. v. R. Steig, [2]1927.

Die Günderode, 2 Bde., 1840; hg. v. H. Amelung, [2]1914, 1925.

H. Wyss: *B. v. A.s Stellung zwischen den Romantikern und dem jungen Deutschland*, 1935.

M. J. Zimmermann: *B. v. A. als Dichterin*, 1958.

B a a d e r , Franz Xaver von
Sämtliche Werke, 16 Bde., 1850–60.

Werke, 1922.

Schriften, hg. v. M. Pulver, 1921.

J. Siegl: *F. v. B. Ein Bild seines Lebens und Wirkens*, 1957.

B a g g e s e n , Jens Immanuel
Poetische Werke in deutscher Sprache, hg. v. den Söhnen des Ver-
    fassers, 5 Teile, 1836.
Goedeke, Bd. 6, S. 161–165; Bd. 15,1, S. 432–443.
L. L. Albertsen: *B. zwischen Vorromantik und Biedermeier,* 1965
    (ZfdPh. 84).

B o n a v e n t u r a s. Ernst August Friedrich Klingemann.

B r e n t a n o , Clemens
Gesammelte Werke, hg. v. H. Amelung u. K. Viëtor, 4 Bde., 1923.
Werke, hg. v. F. Kemp u. a., 4 Bde., 1963–68.
Werke in 1 Bd., ausgew. u. m. e. Nachwort vers. v. H. Geno, 1966.
Briefe, hg. v. F. Seebaß, 2 Bde., 1951.
Briefwechsel mit S. Mereau, hg. v. H. Amelung, 2 Bde., [2]1939.
Briefe an Emilie Linder, hg. v. W. Frühwald, 1969.
J. Behrens, W. Frühwald, D. Lüders: *Zum Stand der Arbeiten an
    der Frankfurter B.-Ausg.,* 1969 (JbfdH, S. 398–426).
O. Mallon: *B.-Bibliographie* (Nachdr. d. Ausg. 1926) 1965.
W. Kosch: *C. B.,* 1943.
W. Pfeiffer-Belli, *C. B.,* 1947.
E. Staiger: *B.,* in: E. Staiger, Die Zeit als Einbildungskraft des
    Dichters, [2]1953.
H. M. Enzensberger: *B.s Poetik,* 1961.
W. Hoffmann: *C. B. Leben und Werk,* 1966.
B. Gajek: *Homo Poeta. Zur Kontinuität der Problematik bei C. B.,*
    1971.

C h a m i s s o , Adelbert von
Werke, Leben und Briefe, hg. v. J. E. Hitzig, 5 Bde., [2]1842.
Gesammelte Werke, hg. mit biogr. Einleitung v. M. Koch, 4 Bde.,
    1883.
Werke, hg. v. M. Sydow, 2 Bde., 1907.
Sämtliche Werke in 4 Bden., hg. u. eingel. v. L. Geiger, 1922.
Gedichte und Versgeschichten, Ausw. u. Nachw. v. P. v. Matt,
    1971 (UB 313/314).
Peter Schlemihls wundersame Geschichte, o. J. (UB 93).
Goedeke, Bd. 14, S. 144–162.
R. Riegel: *A. de Ch., sa vie et son œuvre,* 2 Bde., 1934.

C l a u r e n , Heinrich s. Karl Gottlieb Samuel Heun.

E i c h e n d o r f f , Joseph von
Sämtliche Werke, hist.-krit. Ausg., hg. v. W. Kosch u. A. Sauer, fortgef. v. H. Kunisch, 1908 ff. (Zum Plan der Fortsetzung s. Vorwort zu Bd. 8 v. H. Kunisch, 1962.)
Dichtungen, ausgew. u. hg. v. F. Schultz, 2 Bde., 1910.
Werke und Schriften, hg. v. G. Baumann, 4 Bde., 1957–60,[2] 1966 ff.
Werke, hg. v. W. Rasch (Nachdr. d. Ausg. 1955) 1966.
P. Stöcklein (Hg.): *E. heute. Stimmen der Forschung* (m. Bibliographie) [2]1966.
Aurora, Jahresgabe d. E.-Stiftung, 1–12, 1929–43. 13 ff., 1953 ff.
J. Kunz: *E. Höhepunkt und Krise der Spätromantik* (Nachdr. d. Ausg. 1951) 1967.
H. Pörnbacher: *J. Frhr. v. E. als Beamter. Dargestellt auf Grund bisher unbekannter Akten*, 1963.
P. Stöcklein: *J. v. E. in Selbstzeugnissen und Bilddokumenten*, 1963.
O. Seidlin: *Versuche über E.*, 1965.
H. J. Lüthi: *Dichtung und Dichter bei J. v. E.*, 1966.

F i c h t e , Johann Gottlieb
Sämtliche Werke, 8 Bde. (Nachdr. d. Ausg. 1845 ff.) 1924.
Gesamtausgabe der Bayer. Akad. d. Wiss., hg. v. R. Lauth u. H. Jacob, 1964 ff. (Reihe I: Werke, 4 Bde., 1964–70; Reihe II: Nachgelassene Schriften, 3 Bde., 1962–71; Reihe III: Briefwechsel, 2 Bde., 1968–70.)
Briefwechsel, krit. Gesamtausg. v. H. Schulz, 2 Bde., 1925.
H. M. Baumgartner u. W. G. Jacobs: *J. G. F.-Bibliographie*, 1968.

F o r s t e r , Johann Georg
Siehe Bd. IV dieser Literaturgeschichte.

F o u q u é , Friedrich de la Motte
Ausgewählte Werke, 12 Bde., 1841.
Auswahl, hg. v. W. Ziesemer, 3 Teile, 1908.
Undine, o. J. (UB 491).
Goedeke, Bd. 14, S. 188–203.

G e n t z , Friedrich von
Ausgewählte Schriften, hg. v. W. Weick, 5 Bde., 1836–38.
Tagebücher aus dem Nachlaß Varnhagens von Ense, 4 Bde., 1873 bis 1874; Supplement von A. Fournier u. A. Winkler, 1920.
Staatsschriften und Briefe, Auswahl von H. Eckart, 2 Bde., 1921.

Briefe von und an G., hg. v. F. K. Wittichen u. E. Salzer, 4 Bde., 1909–13.

G. Mann: *F. v. G.*, 1947.

G o e t h e , Johann Wolfgang

Für die Werke s. Bd. II dieser Literaturgeschichte.

Carl August. Briefwechsel mit G., hg. v. H. Wahl, 3 Bde., 1915 bis 1918.

Briefwechsel mit seiner Frau, hg. v. H. G. Gräf, 2 Bde., 1916.

Briefwechsel zwischen G. und Zelter, hg. v. M. Hecker, 3 Bde., 1913–18.

Briefwechsel mit Marianne von Willemer, hg. v. M. Hecker, [4]1922.

G.s Briefwechsel mit einem Kinde, hg. v. G. Konrad, 3 Bde., 1960.

Bettinas Leben und Briefwechsel mit G., hg. v. R. Steig u. F. Bergemann, [2]1927.

J. P. Eckermann: *Gespräche mit G.*, hg. v. H. H. Houben, [25]1959.

F. Müller: *Unterhaltungen mit G.*, hg. v. E. Grumach, 1956.

G. und die Romantik, Briefe mit Erläuterungen, hg. v. C. Schüddekopf u. O. Walzel, 2 Bde., 1898/99.

G.-Bibliographie, begr. v. H. Pyritz unter redaktioneller Mitarbeit v. P. Raabe, fortgef. v. H. Nicolai u. G. Burkhardt unter redaktioneller Mitarbeit v. K. Schröter, 1965.

P. Hankamer: *Spiel der Mächte. Ein Kapitel aus G.s Leben und G.s Welt*, 1943.

A. Fuchs: *G. Un homme face à la vie. Essai de biographie intérieure*, 1946.

H. Pyritz: *G. und Marianne von Willemer*, [3]1948.

W. Dilthey: *Das Erlebnis und die Dichtung*, 1906, [13]1957.

H. Leisegang: *G.s Denken*, 1932.

E. Spranger: *G.s Weltanschauung. Reden und Aufsätze*, 1946.

G. Schaeder: *Gott und die Welt. Drei Kapitel G.scher Weltanschauung*, 1947.

W. Flitner: *G. im Spätwerk. Glaube, Weltsicht, Ethos*, 1947.

F. Strich: *G. und die Weltliteratur*, [2]1957.

P. Stöcklein: *Wege zum späten G.*, [2]1960.

R. Friedenthal: *G. Sein Leben und seine Zeit*, 1963.

A. Henkel: *Entsagung*, [2]1964.

F. Strich: *G.s Faust*, in: F. Strich, Der Dichter und die Zeit, 1947, S. 171–184.

A. Fuchs: *Le Faust de G.*, 1973.

K. May: *Faust II. Teil. In der Sprachform gedeutet*, 1962.

W. Emrich: *Die Symbolik von Faust II*, ³1964.

E. C. Mason: *G.s Faust. Its genesis and purport*, 1967.

H. Meyer: *Diese sehr ernsten Scherze. Eine Studie zu Faust II*, 1970.

Th. Friedrich u. L. J. Scheithauer: *Kommentar zu Goethes Faust. Mit Faust-Wörterbuch u. Faust-Bibliographie*, 1959, Neubearb. 1974 (UB 7177–80/80a).

W. Benjamin: *G.s Wahlverwandtschaften*, in: W. Benjamin, Schriften, hg. v. Th. W. Adorno, 1955.

W. Killy: *G., Die Wahlverwandtschaften*, in: W. Killy, Wirklichkeit und Kunstcharakter, 1963.

W. Emrich: *Das Problem der Symbolinterpretation im Hinblick auf G.s Wanderjahre*, 1952 (DVjs. 26).

J. Steiner: *Sprache und Stilwandel in G.s Wilhelm Meister*, 1959.

K. Burdach: *G.s Westöstlicher Divan*, in: K. Burdach, Vorspiel 2, 1926.

K. Viëtor: *G.s Alterslyrik*, in: K. Viëtor, Geist und Form, 1952.

W. Lentz: *G.s Noten und Abhandlungen zum West-östlichen Divan*, 1958.

M. Mommsen: *Studien zum West-östlichen Divan*, 1962.

K. Jahn: *G.s Dichtung und Wahrheit: Vorgeschichte, Entstehung, Kritik, Analyse*, 1908.

G ö r r e s , Johann Joseph

Gesammelte Schriften, hg. im Auftrag der G.-Gesellschaft v. W. Schellenberg u. a., 16 Bde., 1926–58.

G. Bürke: *Vom Mythos zur Mystik, J. v. G.' mystische Lehre und die romantische Naturphilosophie*, 1958.

F. Schultz: *J. G. als Herausgeber, Literarhistoriker, Kritiker im Zusammenhang mit der jüngeren Romantik* (Nachdr. d. Ausg. 1902) 1967.

R. Habel: *J. G., Studien über den Zusammenhang von Natur, Geschichte und Mythos in seinen Schriften*, 1960.

G r i l l p a r z e r , Franz
Siehe Bd. IV dieser Literaturgeschichte.

G r i m m , Jakob und Wilhelm

J. G., *Kleinere Schriften*, 8 Bde., 1864–84, ²1890.

W. G., *Kleinere Schriften*, hg. v. G. Hinrichs, 4 Bde., 1881–87.

Brüder G., *Kinder- und Hausmärchen*, hg. v. F. Panzer, 1961;
F. von der Leyen, 2 Bde., 1962.
Briefwechsel der Brüder G., hg. v. W. Schoof, ²1963.
Briefwechsel der Brüder G. mit K. Lachmann, hg. v. A. Leitz-
mann, 2 Bde., 1925–27.
W. Schoof: *W. G. Aus seinem Leben*, 1961.
H. Gerstner: *Die Brüder G.*, 1970.

G r o s s e , Karl
Der Genius. Aus den Papieren des Marquis C. v. G., 4 Bde., 1791
bis 1794.
G. Hartmann: *K. G.s ‚Genius‘*, 1957.

G ü n d e r o d e , Karoline von
Gesammelte Werke, hg. v. L. Hirschberg, 3 Bde. (Nachdr. d. Ausg.
1920–22) 1970.
B. von Arnim: *Die G.*, 2 Bde., 1840; hg. v. H. Amelung, ²1914,
1925.
A. Naumann: *C. v. G.*, 1957.

H a u f f , Wilhelm
Sämtliche Werke, hg. v. G. Schwab, 5 Bde., 1840.
Sämtliche Werke, hg. v. H. Engelhard, 2 Bde., 1961/62.
Werke, auf Grund der von M. Drescher besorgten Ausg. neu hg. v.
G. Spiekerkötter, 3 Bde., 1961.
Goedeke, Bd. 9, S. 188–216.
H. Hofmann: *W. H.*, 1902.
I. Otto: *Das Bild der Dichterpersönlichkeit W. H.s und das Bild
des Menschen in seinen Werken*, 1967.

H e b e l , Johann Peter
Sämtliche Werke, 8 Bde., 1832–34.
Werke, hg. v. W. Altwegg, 3 Bde., 1943; 2. Aufl. in 2 Bden., 1958.
Gesamtausgabe, hg. v. W. Zentner, 3 Bde., 1968–72.
Werke, hg. v. E. Meckel, 2 Bde., 1968.
Briefe, hg. v. W. Zentner, 2 Bde., 1939, ²1957.
Alemannische Gedichte. Original u. hochdt. Übertr. v. R. Gäng,
hg. v. W. Zentner, 1960 (UB 8294/95/95a).
Goedeke, Bd. 15, S. 742–817.
W. Altwegg: *J. P. H.*, 1935.
W. Zentner: *J. P. H.*, 1965.
R. M. Kully: *J. P. H.*, 1969.

H e i n e , Heinrich
Siehe Bd. IV dieser Literaturgeschichte.

H e m s t e r h u i s , Frans
Philosophische Schriften, hg. v. J. Hilß, 2 Bde., 1912.
J. E. Poritzky: *F. H., seine Philosophie und ihr Einfluß auf die deutschen Romantiker,* 1926.
U. Flickenschild: *Novalis' Begegnung mit Fichte und H.,* Diss. Kiel 1947 (masch.).

H e u n , Karl Gottlieb Samuel (Psd. Heinrich Clauren)
Sämtliche Werke, 25 Bde., 1826–29.
Schriften, 80 Bde., 1827–29.
Gesammelte Schriften, 25 Bde., 1851.
H. Liebing: *Die Erzählungen H. C.s als Ausdruck der bürgerlichen Welt- und Lebensauffassung in der beginnenden Biedermeierzeit,* 1931.

H ö l d e r l i n , Friedrich
Sämtliche Werke (Große Stuttgarter H.-Ausgabe), hg. v. F. Beißner, 7 Bde., 1943–72.
Werke und Briefe, hg. v. F. Beißner u. J. Schmidt, 3 Bde., 1969.
Sämtliche Werke und Briefe, hg. v. G. Mieth, 2 Bde., 1970.
Gesammelte Briefe, eingel. v. E. Bertram, 1935.
H.-Jahrbuch, begr. v. F. Beißner u. P. Kluckhohn, hg. v. W. Binder u. A. Kelletat, 1948 ff.
M. Kohler u. A. Kelletat, *H.-Bibliographie 1938–50,* 1955. (Fortgef. im H.-Jahrbuch 1955 ff.)
P. Böckmann: *H. und seine Götter,* 1935.
W. F. Otto: *Der Dichter und die alten Götter,* 1942.
N. v. Hellingrath: *H.s Vermächtnis,* eingel. v. L. v. Pigenot, 1944.
F. Beißner: *Der Streit um H.s Friedensfeier,* 1955 (Sinn und Form VII, 5. Heft).
W. Binder: *H.s Friedensfeier,* 1956 (DVjs. 30, S. 295–328).
L. Ryan: *F. H.,* 1962.
A. Pellegrini: *F. H., sein Bild in der Forschung* (übers. v. Chr. Gaßner), 1965.
H. Eine Chronik in Text und Bild, hg. v. A. Beck u. P. Raabe, 1970.
W. Binder: *H.-Studien,* 1970.

H o f f m a n n , Ernst Theodor Amadeus

Sämtliche Werke, hist.-krit. Ausg., hg. v. C. G. v. Maassen, 9 Bde., 1908–28.

Werke in 15 Teilen. Auf Grund der Hempelschen Ausg. neu hg., mit Einl. u. Anm. vers. v. G. Ellinger, ²1927.

Dichtungen und Schriften sowie Briefe und Tagebücher, hg. u. m. einem Nachwort vers. v. W. Harich, 15 Bde., 1924.

Sämtliche Werke, hg. v. W. Müller-Seidel u. a., 5 Bde., 1960–65.

Briefwechsel, ges. u. erl. v. H. v. Müller u. F. Schnapp, 3 Bde., 1967–69.

Tagebücher und literarische Entwürfe, hg. v. H. v. Müller, 1915, neu hg. v. F. Schnapp, 1971.

J. Voerster: *160 Jahre E. T. A. H.-Forschung. 1805–1965. Eine Bibliographie mit Inhaltserfassung und Erläuterungen,* 1967.

H. Steinecke: *Zur E. T. A. H.-Forschung,* 1970 (ZfdPh. 89, S. 222 bis 234).

G. Ellinger: *E. T. A. H. Sein Leben und seine Werke,* 1894.

W. Harich: *E. T. A. H.,* 2 Bde., 1922.

H. Mayer: *Die Wirklichkeit E. T. A. H.s.* In: H. Mayer, Von Lessing bis Thomas Mann, 1959.

H. G. Werner: *Darstellung und Deutung der Wirklichkeit im dichterischen Werk H.s,* 1962.

H. Müller: *Untersuchungen zum Problem der Formelhaftigkeit bei E. T. A. H.,* 1964.

N. Reber: *Studien zum Motiv des Doppelgängers bei Dostojewskij und E. T. A. H.,* 1964.

L. Köhn: *Vieldeutige Welt. Studien zu den Erzählungen E. T. A. H.s und zur Entwicklung seines Werkes,* 1966.

H o u w a l d , Ernst Christoph von

Sämtliche Werke, 5 Bde., 1851.

O. Schmidtborn: *Ch. E. Frhr. v. H. als Dramatiker* (Nachdr. d. Ausg. 1909) 1968.

H u m b o l d t , Wilhelm von

Gesammelte Schriften, hg. v. A. Leitzmann u. B. Gebhardt, 17 Bde., 1903–36.

Über die Verschiedenheit des menschlichen Sprachbaus und ihren Einfluß auf die geistige Entwicklung des Menschengeschlechts (Nachdr. d. Ausg. 1831) 1935.

Ideen zu einem Versuch, die Grenzen der Wirksamkeit des Staats

zu bestimmen, m. e. Nachw. v. R. Haerdter, 1967 (UB 1991 bis 1992/92a).
Schriften zur Sprache, hg. v. M. Böhler, 1973 (UB 6922–24).
Briefe an eine Freundin, ausgew. u. eingel. v. A. Leitzmann, 1919.
Goedeke, Bd. 14, S. 502–579.
A. Leitzmann: *W. v. H.s Sonettdichtung*, 1912.

I f f l a n d , August Wilhelm
Dramatische Werke, 16 Bde., 1798–1802.
Theater, 24 Bde., 1843.
E. Kliewer: *A. W. I.*, 1937.
K. H. Klingenberg: *I. und Kotzebue als Dramatiker*, 1962.

J e a n P a u l (Psd. für Johann Paul Friedrich Richter)
Sämtliche Werke, hist.-krit. Ausg., hg. v. E. Berend u. a. (bisher 33 Bde.), 1927 ff.
Werke, hg. v. N. Miller u. G. Lohmann, Nachwort v. W. Höllerer, 6 Bde., 1959–66.
Briefe, hg. u. erl. v. E. Berend, 4 Bde., 1922–26.
E. Berend: *J. P.-Bibliographie*, neu bearb. u. erg. v. J. Krogoll, 1963.
J. Krogoll: *Probleme und Problematik der J.P.-Forschung 1936 bis 1967*, 1968 (JbfdH, S. 425–523).
Hesperus. Blätter der J. P.-Gesellschaft 1–30, 1951–66.
Jahrbuch der J. P.-Gesellschaft 1 ff., 1966 ff.
E. Berend: *J. P.s Persönlichkeit (im Urteil der Zeitgenossen)*, 1913.
J. Alt: *J. P.*, 1925.
W. Harich: *J. P.*, 1925.
M. Kommerell: *J. P.*, [3]1957.
U. Schweikert: *J. P.*, 1970.

K e r n e r , Justinus
Dichtungen, 1834.
Magikon. Archiv für Beobachtungen aus dem Gebiete der Geisterkunde und des magischen Lebens, 5 Bde., 1840–53.
Gesamtwerke in 4 Bden., hg. v. Th. Kerner, o. J.
H. O. Burger: *Aus dem Kreise der Schwäbischen Romantik. Unveröffentlichte Briefe von J. K.*, 1929 (Euphorion 30).
W. Volke: *Die Handschriften des Schiller-Nationalmuseums. J. K. und Ludwig Uhland*, 1962 (Jahrbuch der Deutschen Schiller-Gesellschaft 6, S. 554–615).
Das Leben des J. K., hg. v. K. Pörnbacher, 1967.

K l e i s t, Heinrich von
Werke und Briefe, hist.-krit. Ausg. v. G. Minde-Pouet, R. Steig u. E. Schmidt, 5 Bde., o. J.
Sämtliche Werke und Briefe, hg. v. H. Sembdner, 2 Bde., ⁵1970.
Werke und Briefe, dtv-Gesamtausgabe, hg. v. H. Sembdner, 7 Bde., 1964.
Geschichte meiner Seele. Ideenmagazin. Das Lebenszeugnis der Briefe, hg. v. H. Sembdner, 1959.
Berliner Abendblätter, hg. v. H. v. K. Neudr. m. e. Nachwort v. H. Sembdner, 1959.
K. Kanzog: *Prolegomena zu einer hist.-krit. Ausg. der Werke H. v. K.s. Theorie und Praxis einer modernen Klassiker-Edition,* 1970.
M. Levèvre: *Kleistforschung 1961–67,* 1969 (Colloquia Germanica, S. 1–86).
E. Rothe: *K.-Bibliographie, 1945–60,* 1961 (Jahrbuch der Deutschen Schiller-Gesellschaft 5, S. 414–547).
G. Fricke: *Gefühl und Schicksal bei H. v. K. Studien über den innern Vorgang im Leben und Schaffen des Dichters,* 1929.
F. Gundolf, *H. v. K.,* ³1932.
P. Böckmann: *K.s Aufsatz über das Marionettentheater,* 1927 (Euphorion 28, S. 218–253).
K. Lugowski: *Wirklichkeit und Dichtung,* 1936.
F. Koch: *H. v. K. Bewußtsein und Wirklichkeit,* 1958.
G. Blöcker: *H. v. K. oder das absolute Ich,* 1960.
C. Hohoff, *H. v. K. in Selbstzeugnissen und Bilddokumenten,* ³1963.
R. Ide: *Der junge K.,* 1961.
H. Mayer: *H. v. K. Der geschichtliche Augenblick,* 1962.
J. Maass: *K., die Fackel Preußens. Eine Lebensgeschichte,* 1966.
R. Ayrault: *H. v. K.,* 1966.
H. v. K.s Lebensspuren. Dokumente und Berichte der Zeitgenossen, hg. v. H. Sembdner, 1969 (Bd. 8 der dtv-Gesamtausgabe).

K l i n g e m a n n, Ernst August Friedrich
Kunst und Natur. Blätter aus meinem Reisetagebuche, 3 Bde., 1819–28.
H. Burath: *A. K. und die deutsche Romantik,* 1948.
Unter dem Pseudonym B o n a v e n t u r a
Nachtwachen. Nach Rahel Varnhagens Exemplar m. e. Nachwort hg. v. R. Steinert, 1916.

Nachtwachen. Im Anhang: Des Teufels Taschenbuch, hg. v. W. Paulsen, 1964 (UB 8926/27).

D. Sölle-Nipperdey: *Untersuchungen zur Struktur der Nachtwachen von B.*, 1959.

R. Brinkmann: *Nachtwachen von B. Kehrseite der Frühromantik*, 1966.

W. Kohlschmidt: *Zwischen Moralismus und Spiel. Der Anonymus der Nachtwachen von B. und sein Werk*, in: Festschrift B. Tecchi, Bd. 2, 1969, S. 367–378.

J. Schillemeit: *B. Der Verfasser der 'Nachtwachen'*, 1973.

K ö r n e r , Theodor
Werke, hg. v. A. Stern. 2 Bde. 1889 (DNL 152/153).
Werke, hg. v. A. Weldler-Steinberg, 1908.
Leben und Briefwechsel nebst Mitteilungen über die Familie Körner, hg. v. A. Wolff, 1858.
Briefwechsel mit den Seinen, hg. v. A. Weldler-Steinberg, 1910.
A. Kohut: *Th. K.*, 1891.
E. Kammerhoff: *Th. K.*, 1911.

K o t z e b u e , August von
Sämtliche dramatische Werke, 44 Teile, 1827–29.
Theater, 40 Bde., 1840 ff.
Das Drama der klassischen Periode II, 2 (K. u. Collin), hg. v. A. Hauffen, o. J. (DNL 139, 2).
Ausgewählte Lustspiele von A. v. K., 1907.
Die deutschen Kleinstädter. Ein Lustspiel in vier Akten (1803). Text und Materialien zur Interpretation, besorgt von H. Schumacher, 1964 (Komedia 5).
Die deutschen Kleinstädter, Nachw. v. Otto C. A. zur Nedden, o. J. (UB 90).
J. Mathes: *K.s Briefe an seine Mutter*, 1970 (JbfdH, S. 304–436).
F. Cramer: *K.s Leben, nach seinen Schriften und nach authentischen Mitteilungen dargestellt*, 1820.
J. Minor: *Über K.*, 1894.
G. Rabany: *K. Sa vie et son temps, ses œuvres dramatiques*, 1903.
K. H. Klingenberg: *Iffland und K. als Dramatiker*, 1962.

L e n a u , Nikolaus
Sämtliche Werke und Briefe, hist.-krit. Ausg., hg. v. E. Castle, 6 Bde., 1910–23.
Sämtliche Werke und Briefe, hg. v. H. Engelhard, 1959.

Faust. Gedicht. Mit Dokumenten zur Entstehung und Wirkung, hg.
   v. H. Steinecke, 1971 (UB 1524/25/25 a).
G. Häntzschel, *N. L.* (Forschungsreferat), in: J. Hermand u. M.
   Windfuhr (Hg.), zur Literatur der Restaurationsepoche 1815 bis
   1848, 1970, S. 62–107.
H. Bischoff: *N. L.s Lyrik*, 2 Bde., 1920/21.
M. Schaerffenberg: *N. L. Dichterwerk als Spiegel der Zeit*, 1935.
W. Martens: *Bild und Motiv im Weltschmerz. Studien zur Dich-
   tung L.s*, 1957.
J. Turoczi-Trostler: *L.* (aus dem Ungarischen v. B. Heilig), 1961.
L.-Forum, Vierteljahresschrift für vergleichende Literaturforschung,
   1 ff., 1969 ff.

L o e b e n , Otto Heinrich Graf von (Psd. Isidorus Orientalis)
Gedichte, 1810.
Rosengarten, Dichtungen, 2 Bde., 1812.
Gedichte, o. J. (DLD 135).
Goedeke, Bd. 6, S. 108–110.
S. Janke: *Isidorus Orientalis. Ein Beitrag zur Wesensbestimmung
   der deutschen Spätromantik*, 1962.

M a t t h i s s o n , Friedrich von
Schriften, 8 Bde., 1825–29.
Literarischer Nachlaß, hg. v. F. R. Schoch, 4 Bde., 1832.
Goedeke, Bd. 5, S. 428 f.

M a y e r , Karl
Lieder, 1833.
Autobiographie, 1864.

M ü l l e r , Adam Heinrich
Die Elemente der Staatskunst, 1809; mit einer Einführung, erklä-
   renden Anmerkungen und bisher ungedruckten Originaldoku-
   menten vers. v. J. Baxa, 2 Bde., 1922.
Kritische, ästhetische und philosophische Schriften, hg. v. A.
   Schroeder u. W. Siebert, 2 Bde., 1967.
A. M. Lebenszeugnisse, hg. v. J. Baxa, 2 Bde., 1966.

M ü l l n e r , Adolf
Dramatische Werke, 8 Bde. u. 4 Erg.bde. m. Gedichten, Kritiken,
   1828–30.
Das Schicksalsdrama (Werner, M., Houwald), hg. v. J. Minor, o. J.
   (DNL 151).

J. Minor: *Die Schicksalstragödie in ihren Hauptvertretern*, 1883.

G. Koch: *A. M. als Theaterkritiker, Journalist und literarischer Organisator*, 1939.

Novalis (Psd. für Friedrich von Hardenberg)

Schriften, hist.-krit. Ausg., hg. v. P. Kluckhohn u. R. Samuel, 4 Bde., 1929; 2. erg., erw. u. verb. Aufl.: Die Werke Friedrich von Hardenbergs, 1960 ff.

Werke, hg. u. komm. v. G. Schulz, 1969.

Werke, Briefe, Dokumente, hg. v. E. Wasmuth, 4 Bde., 1953–57.

Schriften, hg. v. J. Minor, 4 Bde., 1923.

Briefwechsel mit Friedrich Schlegel, hg. v. M. Preitz, 1967.

Fragmente, hg. v. E. Kamnitzer, 1929 (nach Sachgebieten).

Heinrich von Ofterdingen. Roman. Textrevision u. Nachw. v. W. Frühwald, 1965 (UB 8939–41).

G. Schulz: *N. in Selbstzeugnissen und Bilddokumenten*, 1969.

W. Müller-Seidel: *Probleme neuerer N.-Forschung*, 1953 (GRM, N. F. 3, S. 274–292).

W. Dilthey: *N.*, in: W. Dilthey, Das Erlebnis und die Dichtung, [14]1965.

M. Kommerell: *N. Hymnen an die Nacht*, in: M. Kommerell, Geist und Buchstabe der Dichtung, [5]1963.

H. Kamla: *N. Hymnen an die Nacht*, 1945.

K. May: *Wilhelm Meister und Heinrich von Ofterdingen*, in: K. May, Form und Bedeutung, [2]1963.

R. Samuel: *Heinrich von Ofterdingen*, in: Der deutsche Roman, hg. v. B. v. Wiese, 1963.

W. Vordtriede: *N. und die französischen Symbolisten*, 1963.

W. Malsch: *‚Europa‘. Poetische Rede des N.*, 1965.

N. Beiträge zu Werk und Persönlichkeit Friedrich von Hardenbergs, hg. v. G. Schulz, 1970.

Platen-Hallermünde, August Graf von

Sämtliche Werke, hist.-krit. Ausg., hg. v. M. Koch u. H. Petzet, 12 Teile in 6 Bden. (Nachdr. d. Ausg. 1910) 1969.

Gedichte. Ausw. u. Nachw. v. H. Henel, 1968 (UB 291/292).

F. Redenbacher: *P.-Bibliographie*, 1936.

G. Häntzschel: *A. v. P.* (Forschungsreferat), in: J. Hermand u. M. Windfuhr (Hg.), Zur Literatur der Restaurationsepoche 1815 bis 1848, 1970, S. 108–150.

R. Unger: *P. in seinem Verhältnis zu Goethe*, 1903.

K. Steigelmann: *P.s Ästhetik*, 1925.

H. Jobst: *Über den Einfluß der Antike auf die Dichtung A. v. P.s*, 1928.

W. Heuß: *P.s dramatische Werke*, 1935.

S a l i s - S e e w i s , Johann Gaudenz von
Gedichte, hg. v. Matthisson, 1793.
Werke, 1941.
Goedeke, Bd. 5, S. 430.

S c h e l l i n g , Friedrich Wilhelm Joseph
Sämtliche Werke, hg. v. K. F. A. Schelling, 14 Bde., 1856–61.
Werke, nach der Originalausg. in neuer Anordnung hg. v. M. Schröter, 6 Bde. u. 6 Erg.bde., 1927–59.
Briefe und Dokumente, hg. v. H. Fuhrmans, 1. Bd. 1775–1809, 1962.
Philosophie der Mythologie, 2 Bde. (Nachdr. d. Ausg. 1856/57) 1957.
K. Fischer: *Sch. Leben, Werke und Lehre*, hg. v. H. Falkenheim, [4]1923.
H. Knittermeyer: *Sch. und die romantische Schule*, 1929.
Sch.-Studien, Festgabe für M. Schröter zum 85. Geburtstag, hg. v. A. M. Koktanek, 1965.
H. J. Sandkühler: *F. W. J. Sch.*, 1970.

S c h e n k e n d o r f , Max von
Sämtliche Gedichte, hg. v. E. Gross, 1910.
A. Hagen: *M. v. Sch. Leben, Denken und Dichten*, 1863.
P. Czyan: *Neue Beiträge zu M. v. Sch.s Leben, Denken und Dichten*, 1906/07 (Euphorion 13, S. 787–804; 14, S. 84–101, 577–587).

S c h l e g e l , August Wilhelm
Sämtliche Werke, hg. v. E. Böcking, 12 Bde., 1846/47.
Kritische Schriften und Briefe, hg. v. E. Lohner, Bd. 1 ff., 1962 ff.
Vorlesungen über dramatische Kunst und Literatur, krit. Ausg., eingel. u. m. Anm. v. G. V. Amoretti, 2 Bde., 1923.
Über Literatur, Kunst und Geist des Zeitalters, Ausw. aus den kritischen Schriften, hg. v. F. Finke, 1964 (UB 8898–8900).
Athenäum, hg. v. A. W. u. F. Sch. 1798–1800; Nachdruck mit einem Nachwort v. E. Behler, 1960.
Krisenjahre der Frühromantik, Briefe aus dem Sch.-Kreis, hg. v. J. Körner, 3 Bde., [2]1969.

Briefe von und an A. W. Sch., hg. v. J. Körner, 2 Bde., 1930.
A. W. u. F. Sch. im Briefwechsel mit Schiller und Goethe, hg. v.
   J. Körner u. E. Wienecke, 1926.
W. Richter: *A. W. Sch.*, 1953.

S c h l e g e l , Caroline
Briefe aus der Frühromantik, hg. v. E. Schmidt, 2 Bde. (Nachdr.
   d. Ausg. 1913) 1970.

S c h l e g e l , Dorothea
Florentin, o. J. (DL, Reihe Romantik, Bd. 7).
H. Finke: *Der Briefwechsel Friedrich und D. Sch.s 1818–1820
   während D.s Aufenthalt in Rom*, 1923.

S c h l e g e l , Friedrich
Sämtliche Werke, hist.-krit. Ausg., hg. v. E. Behler u. a., 35 Bde.,
   1958 ff.
Kritische Schriften, hg. v. W. Rasch, ²1964.
Lucinde, Roman, hg. v. K. K. Polheim, 1963 (UB 320/320 a).
Briefe an seinen Bruder, hg. v. O. Walzel, 1890.
Briefe von und an F. und D. Sch., hg. v. J. Körner, 1926.
Briefwechsel mit Novalis, hg. v. M. Preitz, 1957.
E. Behler: *Der Stand der Sch.-Forschung*, 1957 (Jahrbuch der
   Deutschen Schiller-Gesellschaft 1, S. 253–289).
J. Minor: *F. Sch. 1794–1802. Seine prosaischen Jugendschriften*,
   2 Bde., 1882.
V. Santoli: *Frammenti critici e scritti di estetica*, 1937.
E. Behler: *F. Sch. in Selbstzeugnissen und Bilddokumenten*, 1966.

S c h l e i e r m a c h e r , Friedrich Ernst Daniel
Sämtliche Werke, 30 Bde., 1834–46.
Vertraute Briefe über Lucinde, hg. v. R. Frank, 1907.
Monologen, hg. v. F. M. Schiele u. H. Mulert, 1914.
Ästhetik, hg. v. R. Odebrecht, 1951.
Über die Religion, hg. v. H. J. Rothert, 1957; m. e. Nachw. v.
   C. H. Ratschow, 1969 (UB 8313–15).
Briefe, Auswahl von H. Mulert, 1924.
W. Dilthey: *Das Leben Sch.s*, ²1922.
F. Beißner: *Sch.s Lehre von Gott*, 1970.

S c h u b e r t , Gotthilf Heinrich
Ansichten von der Nachtseite der Naturwissenschaft, 1808.
Die Geschichte der Seele, 1830.

Reise durch das südliche Frankreich und durch Italien, 2 Bde., 1827.

Reise in das Morgenland, 3 Bde., 1838 f.

Vermischte Schriften, 2 Bde., 1857–60.

Die Symbolik des Traumes (Nachdr. d. Ausg. 1814, m. e. Nachw. v. G. Sauder) 1968.

Goedeke, Bd. 10, S. 179–183.

S c h w a b , Gustav

Neues deutsches allgemeines Commers- und Liederbuch, 1815, ³1820.

Fünf Bücher deutscher Lieder und Gedichte. Von A. v. Haller bis auf die neueste Zeit. Eine Mustersammlung mit Rücksicht auf den Gebrauch in Schulen, 1835, ⁵1871.

Die deutschen Volksbücher, 1842.

Gedichte, hg. v. G. Klee, 1882.

Die schönsten Sagen des klassischen Altertums, hg. v. K. Schefold, 3 Bde., 1948.

Goedeke, Bd. 8, S. 246–252.

S o l g e r , Karl Wilhelm Ferdinand

Nachgelassene Schriften und Briefwechsel, hg. v. L. Tieck u. F. v. Raumer, 2 Bde., 1826.

Erwin. Vier Gespräche über das Schöne und die Kunst, hg. v. R. Kurtz, 2 Bde. (Nachdr. d. Ausg. 1815) 1907.

Vorlesungen über die Ästhetik, hg. v. K. W. L. Heyse, 1829.

Tieck and S. The complete correspondence, by P. Matenko, 1933.

M. Boucher: *S. Esthétique et philosophie de la présence*, 1934.

O. Walzel: ‚*Allgemeines' und ‚Besonderes' in S.s Ästhetik*, 1939 (DVjs. 17, S. 153–182).

R. Wildbolz: *Der philosophische Dialog als literarisches Kunstwerk*, 1952.

B. Grunert: *S.s Lehre vom Schönen in ihrem Verhältnis zur Kunstlehre der Aufklärung und der Romantik*, 1960.

S t e f f e n s , Henrik

Was ich erlebte, aus der Erinnerung niedergeschrieben, 10 Bde., 1840–44.

St.' Lebenserinnerungen, Auswahl v. F. Gundelfinger, 1908.

F. Karsen: *H. St.' Romane. Ein Beitrag zur Geschichte des historischen Romans*, 1908.

E. Huesmann: *St. in seinen Beziehungen zur deutschen Früh-romantik*, 1930.
E. Rosenstock: *H. St.* Schlesische Lebensbilder 4, 1931.

Tieck, Ludwig
Sämtliche Schriften, 28 Bde. (Nachdr. d. Ausg. 1828–54) 1966 f.
Nachgelassene Schriften, hg. v. E. Köpke, 2 Bde., 1855.
Werke, hg. v. M. Thalmann, 4 Bde., 1963–66.
Franz Sternbalds Wanderungen, Studienausgabe, hg. v. A. Anger, 1966 (UB 8715–21).
Der gestiefelte Kater, hg. v. H. Kreuzer, 1964 (UB 8916).
Briefwechsel mit den Brüdern Schlegel, hg. v. H. Lüdeke, 1930.
Gedichte, Faksimiledruck nach der Ausg. von 1821–23. M. e. Nachwort v. G. Kluge, 3 Bde., 1967.
M. Thalmann: *Hundert Jahre T.-Forschung,* 1953 (Monatshefte 45, S. 113–123).
R. Paulin: *Der alte T.* (Forschungsreferat), in: J. Hermand u. M. Windfuhr (Hg.), Zur Literatur der Restaurationsepoche 1815 bis 1848, 1970, S. 247–262.
R. Minder: *Un poète romantique allemand: L. T.,* 1936.
E. Staiger: *L. T. und der Ursprung der deutschen Romantik*, in: E. Staiger, Stilwandel, 1963.
W. Kohlschmidt: *Der junge T. und Wackenroder*, in: H. Steffen (Hg.), Die deutsche Romantik, 1967.

Uhland, Ludwig
Werke, hg. v. W. Wocke, 8 Bde., o. J.
Dichtungen, Briefe, Reden. Eine Auswahl v. W. P. H. Scheffler, 1963.
Gesammelte Werke, hg. v. H. Fischer, 6 Bde., 1892.
Schriften zur Geschichte der Dichtung und Sage, hg. v. A. v. Keller u. a., 8 Bde., 1865–73.
Gedichte. Vollständige, krit. Ausg., auf Grund des handschriftlichen Nachlasses bes. v. E. Schmidt u. J. Hartmann, 2 Bde., 1898.
Briefwechsel, hg. v. J. Hartmann, 4 Teile, 1911–16.
Goedeke, Bd. 8, S. 213–246.
H. Schneider: *L. U. Leben, Dichtung, Forschung,* 1920.
H. O. Burger: *Schwäbische Romantik. Studie zur Charakteristik des U.-Kreises,* 1928.

H. Thomke: *Zeitbewußtsein und Geschichtsauffassung im Werke U.s*, 1962.

Varnhagen von Ense, Karl August Ludwig Philipp
Denkwürdigkeiten und vermischte Schriften, 9 Bde., 1837–59.
Ausgewählte Schriften, 19 Bde., 1871–76.
Tagebücher, hg. v. L. Assing, 14 Bde., 1861–70 (dazu Registerband v. H. H. Houben 1905).
Goedeke, Bd. 6, S. 176–183.
R. Haym: *V.*, 1863 (Preuß. Jahrbücher 11).

Varnhagen, von Ense, Rahel
Briefwechsel mit August Varnhagen von Ense, hg. v. F. Kemp, 1967.
Briefe von und an R. V., hg. v. A. Weldler-Steinberg, 1912, [4]1925.
Briefwechsel mit A. v. Marwitz, hg. v. F. Kemp, 1966.
R. V. und ihre Zeit. Briefe 1800–33, hg. v. F. Kemp, 1968.
O. Berdrow: *R. V. Ein Lebens- und Zeitbild*, 1900.
H. Arendt: *R. V.*, 1959.

Wackenroder, Wilhelm Heinrich
Werke und Briefe, hg. v. F. v. d. Leyen, 2 Bde., 1910.
Herzensergießungen eines kunstliebenden Klosterbruders, hg. v. O. Walzel, 1921; Nachw. v. R. Benz, o. J. (UB 7860/61).
Phantasien über die Kunst, hg. v. W. Nehring, 1973 (UB 9494/95).
Reisebriefe, hg. v. H. Höhn, 1938.
G. Fricke: *Bemerkungen zu W.s Religion der Kunst*, in: G. Fricke, Studien und Interpretationen, 1956.
B. Tecchi: *W. H. W.* (a. d. Italienischen v. C. Rießner), 1962.
W. Kohlschmidt: *W. und die Klassik*, in: W. Kohlschmidt, Dichter, Tradition und Zeitgeist, 1965.
W. Kohlschmidt: *Bemerkungen zu W.s und Tiecks Anteil an den Phantasien über die Kunst*, in: Philologia Deutsch. Festschrift W. Henzen, 1965.
E. Hertrich: *Joseph Berglinger. Eine Studie zu W.s Musikerdichtung*, 1969.
M. Frey: *Der Künstler und sein Werk bei W. H. W. und E. T. A. Hoffmann*, 1970.

W a i b l i n g e r , Wilhelm
Gesammelte Werke, hg. v. H. v. Canitz, 9 Bde., 1839 f.
Ausgewählte Werke, hg. v. P. Friedrich, 1922.
K. Frey: *W. W. Sein Leben und seine Werke*, 1903.

W e r n e r , Zacharias
Sämtliche Werke, 13 Bde., 1840–44.
Dramen, hg. v. P. Kluckhohn (Nachdr. d. Ausg. 1937) 1964.
Tagebücher, hg. v. O. Floeck, 2 Bde., 1939/40.
Briefe, hg. v. O. Floeck, 2 Bde., 1914.
Der vierundzwanzigste Februar, hg. v. J. Krogoll, 1967 (UB 107).
Goedeke, Bd. 14, S. 956–970.
P. Hankamer: *Z. W. Ein Beitrag zur Darstellung des Problems der
    Persönlichkeit in der Romantik*, 1920.
F. Stuckert: *Das Drama Z. W.s*, 1926.
G. Kozielek: *Das dramatische Werk Z. W.s*, 1967.

ABBILDUNGSVERZEICHNIS

Kursive Seitenzahl bezeichnet den Stand einer Bildtafel
neben der genannten Textseite

REGISTER

Das Register enthält die Namen aller Autoren, Künstler, Philosophen, Literaturhistoriker und der im Zusammenhang der Darstellung bedeutenden Zeitgenossen, jedoch aus der Bibliographie nur die Namen der in der Darstellung behandelten Autoren. Kursive Seitenzahlen verweisen auf die eingehendere Behandlung eines Autors.